Jürgen Schulte
Der Jäger

Jürgen Schulte

DER JÄGER

Lehrbuch für die Jägerprüfung

Kapitel Jagdwaffenkunde
von Fred Erlenhardt

2., neubearbeitete und
erweiterte Auflage
36 Farbtafeln
414 Zeichnungen und
Schwarzweißfotos
14 Tabellen

E.U.
VERLAG
EUGEN
ULMER

Zeichnungen: Dietrich Bornhalm, Celle,
und Bernhard Pöppelmann, Emsdetten (Greifvögel)

CIP-Titelaufnahme der Deutschen Bibliothek

Schulte, Jürgen:
Der Jäger: Lehr- und Nachschlagewerk /
Jürgen Schulte.
Kapitel Jagdwaffenkunde von Fred Erlenhardt.
[Zeichnungen: Dietrich Bornhalm und
Bernhard Pöppelmann (Greifvögel)].
2., neub. u. erw. Auflage
Stuttgart: Ulmer, 1990
ISBN 3-8001-1074-1

Wollgrasweg 41, 7000 Stuttgart 70 (Hohenheim)
Printed in Germany
Einbandgestaltung: A. Krugmann, Freiberg/Neckar
Satz: Filmsatz Jovanović, Ruhstorf/Rott
Druck und Bindung: Passavia GmbH, Passau

Vorwort

Das vorliegende Buch soll dem Jagdscheinanwärter die für eine Jägerprüfung erforderlichen Kenntnisse vermitteln und dem ausgebildeten Jäger als Nachschlagewerk dienen.
Der Band hält sich mit seinen Ausführungen an die Bestimmungen der Jägerprüfungsordnungen der Bundesländer. Die Sachgebiete Wildtierkunde entsprechend dem Stand moderner Wildbiologie sowie Jagdwaffenkunde nach dem neuesten technischen Stand sind besonders umfangreich ausgefallen. Hiermit soll die Bedeutung beider Fächer für den auszubildenden und den später dieses Wissen anwendenden Jäger unterstrichen werden.
Größere Teilabschnitte sind durch kurze einprägsame Merksätze zusammengefaßt. Am Schluß abgehandelter Kapitel wird der Stoff durch Fragen wiederholt.
Das umfangreiche Jägerwissen muß später in die Jagdpraxis umgesetzt werden. Es ist deswegen unabdingbar, Reviergänge in Begleitung erfahrener Jäger mitzuerleben oder auch an Einzel- und Gesellschaftsjagden, wenn nicht gleich als Jäger, so als Treiber teilzunehmen: „Die Erkundung aller Wahrheit ist die Praxis".
Gerade auf dem Gebiet der Jagd, wo die Vielfältigkeit der Natur immer andersartige Gegebenheiten liefert und oftmals schwer berechenbare Entscheidungen verlangt, kommt es darauf an, umfassendes Wissen und Erfahrungen zu sammeln.
Hervorzuheben ist die Mitarbeit von Forstoberamtsrat a.D. Friedrich Förch bei der Durchsicht aller Manuskripte. Er schöpfte aus der Fülle seines umfassenden praktischen und theoretischen Wissens. Nicht minder hat Dietrich Bornhalm durch seine Zeichnungen und Bildtafeln sowie durch wertvolle textliche Hinweise das vorliegende Buch erst zu einem wirklichen Lehrbuch werden lassen. Seine selbständige Arbeit entspringt hohem Einfühlungsvermögen in alle Vorgänge der freien Natur. Frau Dr. Arjes und Forstoberinspektor Arjes haben mich dankenswerterweise eingehend zum Thema „Jagdhundewesen", Forstoberamtsrat Smeddinck beim „Jagdrecht und verwandten Recht" beraten. Büchsenmachermeister Schasiepen gab wertvolle Hinweise für die Jagdwaffenkunde.

Celle, im Sommer 1985
Jürgen Schulte

Vorwort zur 2. Auflage

Der große Zuspruch für die 1. Auflage hat mich ermutigt, die Neuauflage in bewährter Form zu belassen, sie allerdings dem neuesten wissenschaftlichen, technischen und rechtlichen Stand anzupassen und in den Teilen Erste Hilfe bei Jagdunfällen, Land- und Waldbau sowie Landschaftspflege zu erweitern.
Professor Dr. med. vet. V. Moennig bin ich dankbar, daß er als Viruloge sich der Durchsicht der den Menschen gefährdenden viruellen und bakteriellen Erkrankungen angenommen hat. Forstoberamtsrat H. Smeddinck war mir behilflich, das Thema „Jagdrecht und verwandtes Recht" auf den neuesten Stand zu bringen und zu erweitern. Bei der Beschaffung von Wildackerpflanzen- und Wildkräutersaatgut war mir der Geschäftsführer der Zweigstelle Steinhorst der Deutschen Saatveredelung, R. Morgenstern, behilflich. Die daraus gezogenen Pflanzen dienten Dietrich Bornhalm als Vorlage für die neu hinzugekommenen Zeichnungen. Zudem hat D. Bornhalm sich mit viel Einsatz der Gestaltung der zusätzlichen Farbtafeln von geschützten Tieren und Pflanzen angenommen.
Besonderer Dank gilt außerdem Revierjagdmeister H.-J. Borngräber (Jägerlehrhof Jagdschloß Springe), Forstamtmann K. Hoffmann, Revierjäger I. Ortlepp und Dr. K. Schulte. Allen Rezensenten und kritischen Lesern bin ich für ihre wertvolle Unterstützung bei der Überarbeitung der 2. Auflage verbunden.

Burgdorf, im Sommer 1990 Jürgen Schulte

Inhalt

Erste Hilfe bei Jagdunfällen

Jagdhundewesen

Jagdwaffenkunde

Wald- und Landbau

Landschaftspflege

Jagdrecht und verwandtes Recht

Prüfungsreviergang

Wildtierkunde

1 Allgemeine Zoologie

1.1 Zoologische Einteilung unserer Tierwelt

Die Zoologie benennt in der Systematik folgende Ordnungsstufen:

1. Reich
2. Unterreich
3. Stamm
4. Unterstamm
5. Klasse
6. Ordnung
7. Unterordnung
8. Familie
9. Unterfamilie
10. Gattung
11. Art

Das Tierreich untergliedert sich in

Unterreich – einzellig
mit Tierstamm Urtiere

Unterreich – vielzellig
mit Tierstamm Schwämme
Hohltiere
Würmer
Fadenwürmer
Gliedertiere
Weichtiere
Stachelhäuter
Chordatiere

Zu den Chordatieren gehört der Unterstamm der Wirbeltiere, mit dem wir uns im Rahmen der Wildtierkunde zu befassen haben.
Der Wirbeltierkörper teilt sich auf in Kopf, Rumpf, Schwanz. Er wird vom Achsenskelett getragen, das in den Schädel einmündet. Der Schädel umfaßt das Gehirn sowie folgende Sinnesorgane: Auge, Nase, Gehör und statisches Organ. Das Gehirn besteht aus Vorder-, Zwischen-, Mittel-, Hinter- und Nachhirn. Von hier aus gehen Nervenstränge zu den Sinnesorganen und Innereien.
Der Unterstamm der Wirbeltiere unterteilt sich in die Klassen:
Fische, Lurche, Kriechtiere, Vögel und Säugetiere.

1.2 Bau des Wildkörpers

Das Skelett der Vögel und Säugetiere wird unterteilt in

1. Achsenskelett:
Wirbelsäule
Hals-, Brust-, Rücken-, Lenden-, Sakral-, Schwanz- } Wirbel

2. Gliedmaßen-Stützskelett:
Schulter-, Becken- } Gürtel
Scham-, Sitz- } Bein

3. Gliedmaßenskelett:
Oberarm und Oberschenkel
Unterarm und Unterschenkel
Hand und Fuß

Der Oberarm bzw. Oberschenkel besteht aus einem Knochen, der Unterarm aus Elle und Speiche bzw. Waden- und Schienbein.
Hand und Fuß setzen sich aus Hand- und Fußwurzel, Mittelhand und Mittelfuß sowie aus den Finger- und Zehenknochen zusammen (Abb. 1).
Die Wirbelsäule ist nach vorne durch das Kopfskelett verlängert.

Dieses gliedert sich in
Nasenbein, Stirnbein, Scheitelbein, Hinterhauptbein } von oben gesehen
Gaumenbein, Pflugscharbein, Keilbein, Paukenbein, Felsenbein } von unten gesehen

Je nach Extremitätengebrauch unterscheidet man:
Sohlengänger: Hand und Fuß werden gänzlich aufgesetzt (Bär, Dachs, Affe).
Zehengänger: Mittelhand und Mittelfuß werden aufgerichtet. Beide sind gegenüber diesen Gliedmaßen beim Sohlengänger länger und schmaler.

Abb. 1. Skelett der Säugetiere.

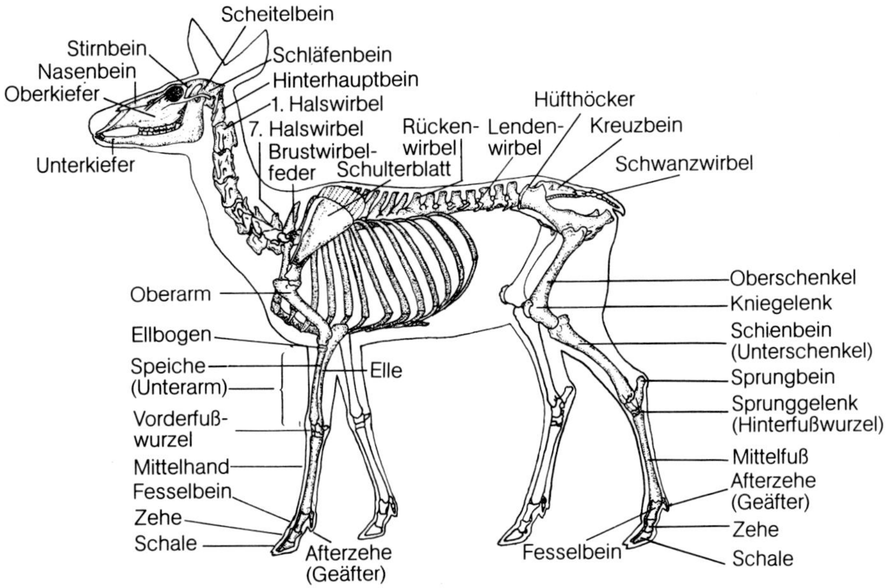

Nur die Zehen berühren den Boden (Hund, Katze, Marder, Fuchs).

Spitzengänger: Zehen sind aufgerichtet. Finger und Zehen mit den dazugehörigen Mittelhand- und Mittelfußknochen sind in ihrer Anzahl zurückgebildet (Pferd, Reh, Wildschwein).

Spitzengänger teilen sich auf in:

Paarzeher: Der 3. und 4. Finger tragen, wobei der 3. und 4. Mittelhand- und Mittelfußknochen verschmelzen (Reh). Hier werden weiterhin 2 Gattungen, nämlich Neuwelthirsche, auch Trughirsche (Reh, Elch, Ren) und Altwelthirsche, auch Echte Hirsche (Rothirsch, Damhirsch), unterschieden. Bei ersteren sind der 2. und 5. Mittelfußknochen mit den Zehenknochen verbunden. Bei letzteren laufen 2. und 5. Mittelfußknochen zum Röhrbein hin.

Unpaarzeher: Der mittlere Zehenknochen bleibt allein bestehen und trägt allein (Pferd).

Der Flügel des Flugwildes zeigt starke Abweichungen vom Gliedmaßenskelett des Säugetieres (Abb. 2).

Alle Wirbeltiere haben eine Unter- und Oberhaut. Sie bietet Schutz gegen äußere Einwirkungen, ins-

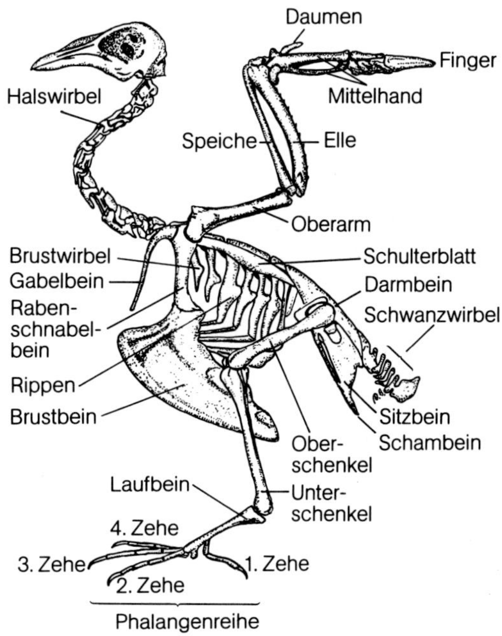

Abb. 2. Skelett der Vögel.

besondere durch eine zusätzliche Haar- und Federschicht Schutz gegen Wärmeverlust.

Bei unserem Haarwild unterscheiden wir
Grannenhaar,
Leithaar (Masse der Haare),
Woll- und Unterhaar (Unterwolle).

1.3 Verdauung der wildlebenden Tiere

Die Verdauung beginnt bereits in der Mundhöhle mit den Zähnen bzw. bei den Vögeln mit dem Schnabel.
Da die Zähne des Schalenwildes für den Jäger in vielen Fällen bei der Altersfeststellung am erlegten Stück eine bedeutende Rolle spielen, soll hierüber folgendes ausgeführt werden:

Wir unterscheiden
Schneidezähne (Incisivi),
Eckzähne (Canini),
Backenzähne als
vordere Backenzähne (Prämolaren),
hintere Backenzähne (Molaren).

Milchzähne werden mit kleinem Anfangsbuchstaben der Zahntypen gekennzeichnet, Dauerzähne mit großem Anfangsbuchstaben, also:

i = Milchschneidezahn (Incisivi)
I = Dauerschneidezahn (Incisivi)
c = Milcheckzahn (Canini)
C = Dauereckzahn (Canini)
p = vorderer Milchbackenzahn (Prämolar)
P = vorderer Dauerbackenzahn (Prämolar)
M = hinterer Dauerbackenzahn (Molar)

Letzterer kommt nur als Dauerbackenzahn vor, alle übrigen unterliegen dem Zahnwechsel (Ausnahme Schwarzwild). In diesem Zusammenhang verdient die allgemein im Text erwähnte Zahnformel erläutert zu werden, z.B. Rehgebiß:

Milchgebiß

$$\frac{0\ 0\ 0}{i_1\ i_2\ i_3}\ \frac{0}{c}\ \frac{p_2\ p_3\ p_4}{p_2\ p_3\ p_4} \times 2 = 20$$

vereinfacht

$$\frac{0}{3i}\quad \frac{0}{1c}\quad \frac{3p}{3p}\quad \times 2 = 20$$

vereinfacht

$$\frac{0}{3}\quad \frac{0}{1}\quad \frac{3}{3}\quad \times 2 = 20$$

Der untere Eckzahn aller Cerviden sieht wie ein vorgerückter Schneidezahn (i_4 bzw. I_4) aus.

Dauergebiß

$$\frac{0\ 0\ 0}{I_1\ I_2\ I_3}\ \frac{0}{C}\ \frac{P_2\ P_3\ P_4}{P_2\ P_3\ P_4}\ \frac{M_1\ M_2\ M_3}{M_1\ M_2\ M_3} \times 2 = 32$$

vereinfacht

$$\frac{0}{3I}\quad \frac{0}{1C}\quad \frac{3P}{3P}\quad \frac{3M}{3M}\quad \times 2 = 32$$

vereinfacht

$$\frac{0}{3}\quad \frac{0}{1}\quad \frac{3}{3}\quad \frac{3}{3}\quad \times 2 = 32$$

Je nach Lebensweise des Tieres sind die Zahntypen verschieden ausgebildet. So trägt das Raubwild besonders kräftige und spitze Eckzähne (Fangzähne) sowie spitze Backenzähne. Als Reißzähne werden im Oberkiefer der letzte Prämolar und im Unterkiefer der erste Molar bezeichnet. Pflanzenfresser haben hingegen verkümmerte oder keine Eckzähne und stumpfe Backenzähne (Abb. 3).

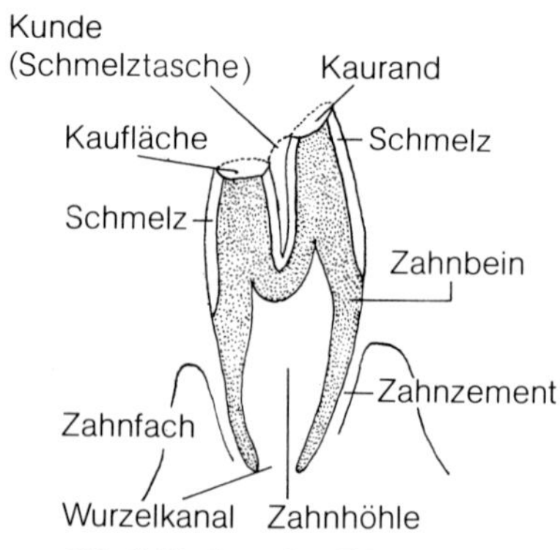

Abb. 3. Backenzahn (Pflanzenfresser).

Mischfresser, wie Wildschweine, zeigen vierhöckerige Zähne. Auf die Mundhöhle folgen der Rumpfdarm mit Speiseröhre, Magen, Dünndarm, Enddarm. Je nach Tierart gibt es sehr verschiedene Verdauungstrakte: Vögel haben einen Muskelmagen,

Wiederkäuer einen Mehrfachmagen. Die Därme der Pflanzenfresser sind länger als die der Fleischfresser. Nagetiere haben ungewöhnlich lange Blinddärme. Diesen kommt der Zelluloseaufschluß zu, der beim Wiederkäuer im Wiederkäuermagen vorgenommen wird.
Der Wiederkäuermagen arbeitet wie folgt:
Die aufgenommene Äsung wird intensiv durchgekaut und abgeschluckt, wobei sie in den Pansen gelangt. Von da kommt sie in den Netzmagen oder die Haube. Von hier wird sie hochgewürgt und in der Mundhöhle erneut durchgekaut, abermals abgeschluckt und über die Schlundrinne – d.i. eine Passage oberhalb der Haube – dem Blättermagen zugeführt. Hier wird der Äsung Wasser entzogen und für Weiterbeförderung in den Labmagen gesorgt, wo Enzyme die eigentliche Verdauung einleiten (Abb. 4).

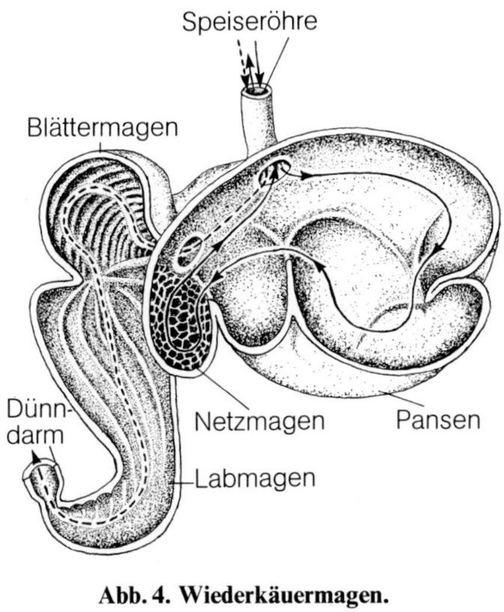

Abb. 4. Wiederkäuermagen.

* Trughirsche (Elch, Reh, Ren) weisen Rudimente der Mittelhandknochen II + V auf, die keine Verbindung zu den Handwurzelknochen haben.

2 Spezielle Wildtierkunde**

2.1 Haarwild und sonstige Haartiere

Elchwild, *Alces alces* L.

Systematik
Ordnung: Artiodactyla, Paarhufer
Unterordnung: Ruminantia, Wiederkäuer
Familie: Cervidae, Hirsche
Unterfamilie: Odocoilinae, Trughirsche*

Weidmannssprache

Hirsch, Elchhirsch:	männliches Tier
Alttier, Elchtier:	weibliches Tier
Schaufel:	Geweih
Stangenelch, Stangler:	Elch mit Stangengeweih
Kapitalschaufler:	besonders starker Elch
Schopf:	Trägermähne
Bart:	Kehlsack
Troll:	schnelle Gangart
Schellen:	Berühren der Schalen durch die Afterklauen (Oberrücken) im Troll

Aussehen, Decke, Gewicht (Abb. 5 und 6)
Der Elch ist der größte Vertreter der Familie der Hirsche. Sein massiger Körper wird von langen Läufen getragen. Das Stockmaß europäischer Elche beträgt 1,7 m, das seiner überseeischen Alaska-Verwandten 2 m. Der muskulöse Hals trägt ein langes Haupt mit langem Windfang und mit einer die Unterlippe überlappenden Oberlippe. Die Lichter sind klein, die beweglichen Lauscher ähnlich den Ohren der Pferde. Beide Geschlechter tragen einen Kehlbart, ein fleischiges, behaartes Gebilde. Junge haben einen längeren Bart als alte Elche (der Elchbart des Jägerhutes wird aus dem Widerristhaar gezupft). Der Wedel ist auffallend kurz und erreicht höchstens $^1/_3$ der Lauscherlänge. Das Haar der Decke ist brüchig, aber stark fettig. Der Haarwechsel vollzieht sich zwischen April und Juni. Ein Winterhaarwechsel findet nicht statt, vielmehr wird das Sommerhaar zum Winter hin länger. Die Farbe der Decke variiert zwischen silbergrau (Schimmel) und dunkelgraubraun (Rappen).

Abb. 5. Elchhirsch. △

Abb. 6. Elchtier mit Kalb. ▽

Elchkälbern fehlt die allen Cerviden eigene Kälberfleckung. Drüsen sind als Voraugendrüsen, Zwischenklauendrüsen (an allen 4 Läufen) und Metatarsalorgan im Bereich des Mittelfußes der Hinterläufe unterhalb des Sprunggelenkes vorhanden. Das Gewicht aufgebrochener Stücke schwankt zwischen 150 kg für weibliches Elchwild in Schweden und 200 kg für solches aus Alaska. Alttiere erreichen ihr Höchstgewicht zwischen 6 und 7 Jahren.
Hirsche in Schweden erreichen aufgebrochen allenfalls 220 kg, während Alaskaelche 300 kg erzielen. Das Lebendgewicht wäre zu verdoppeln. Das Höchstgewicht wird im Alter von 11 Jahren erzielt.
Fährte: Das Trittsiegel des Elchhirsches ist größer, breiter und vorne stumpfer als das längliche Trittsiegel des Alttieres. Die Schrittweite der männlichen Stücke ist größer als die der weiblichen Stücke. Sie macht bei Sprüngen bis zu 3,5 m aus. Elche halten Wechsel, allerdings mit längeren Zeitabständen. Im Schnee sind Fährtenunterschiede zwischen den Geschlechtern nicht auszumachen.
Losung: Die feste Winterlosung weist oftmals Holzfaserreste auf, die weichere Sommerlosung dagegen unverdaute Grünpflanzenteile. Beide Losungen haben ovale Form. Die Übergangslosung im Frühjahr fällt kuhfladig.
Trophäe: Im Gegensatz zu allen anderen Hirscharten sitzt das Geweih auf seitlich abstehenden Rosenstöcken, die mit zunehmendem Alter völlig waagerecht werden. Das Geweih besteht aus einer augsprossenfreien Stange, die sich bogenförmig fortsetzt (Stangenelch) oder in eine Schaufel mit wenigen oder auch vielen Enden mündet (Schaufelelch). Die Schaufel kann in Teilschaufeln geteilt sein.
Nur männliche Stücke tragen Kopfschmuck. Die Geweihentwicklung beginnt im 2. Lebensjahr mit normaler Spießbildung. Im Jahr danach weist das Geweih eine Gabel auf, um danach mindestens Sechser zu werden. Anschließend entstehen – sofern der Elch nicht nur Stangenelch bleibt – Schaufeln. Der Entwicklungshöhepunkt liegt vor Vollendung des 10. Kopfes. Anschließend setzt der Hirsch wieder zurück. Das Phänomen der Erstlingsgeweihbildung im Jahr der Geburt gibt es beim Elch ebenso wie beim Rehbock, allerdings nicht so häufig. Das Elchgeweih ist Anfang September fertig ausgebildet, d.h. auch gefegt. Schon 6 Wochen später wirft der ältere Elch wieder ab, jüngere Elche tragen das Geweih bis zum Ausgang des Winters. Die Masse der Hirsche wirft im Dezember ab. Die beste Schaufelbildung haben die ostsibirischen und Alaska-Elche. Der Europäische Elch tritt in aller Regel als Stangenelch oder allenfalls mit schwach entwickelten Schaufeln auf.

Gebiß

$$\frac{0}{3}\ \frac{0}{1}\ \frac{3}{3}\ \frac{3}{3} \times 2 = 32$$

Grandeln sind nur sehr selten vorhanden. Das Dauergebiß ist bereits mit 18 Monaten voll ausgebildet. Die Schneidezähne sind härter als die Backenzähne. Der Abnutzungsgrad letzterer entspricht dem der Rehbackenzähne. Die Zahnhöhle der Schneidezähne ist restlos mit Ersatzdentin gefüllt. Im Gegensatz zu den anderen Hirscharten schleifen sich beim Elch die Schneidezahnseiten stärker als die Schneidezahnspitzen ab.

Massiger Körper – bis zu 2 m Stockmaß
April bis Juni Haarwechsel (nur einmal im Jahr)
Gewicht bis 200 kg bei Elchtier
bis 300 kg bei Elchhirsch
Stangen- und Schaufelgeweihe ohne Augsprossen
32 Zähne ohne Grandeln

Lautäußerung: Nicht weit hörbar, weil phonetisch tiefer als beim Rothirsch ist der Brunftschrei. Je jünger der Hirsch, desto höher die Tonlage. Das Mahnen des Elchtieres gilt dem Elchhirsch.
Verbreitung: Als ausgesprochenes Waldtier bevölkert der Elch heute fast alle Nadelwälder Nordamerikas, Asiens und Nord- und Osteuropas. Sein Vorkommen in der Waldsteppe war und ist nur auf Zeiten starker Vermehrung beschränkt. In Europa kommt der Elch derzeit in der Sowjetunion, in Finnland, Schweden, Norwegen und Polen vor. In Asien lebt er in Sibirien, in der Mandschurei und Mongolei. In Nordamerika reicht seine Verbreitung von Alaska im Norden bis Alberta, Colorado und Utah im Süden. Die West-Ost-Ausdehnung seiner Verbreitung reicht vom Atlantik bis zum Stillen Ozean. Entsprechend seiner Verbreitung unterscheidet man folgende geographische Unterarten (HEPTNER und NASIMOWITSCH, 1974):

1. Europäischer Elch
2. Kaukasischer Elch
3. Ostsibirischer Elch
4. Ussuri-Elch
5. Alaska-Elch
6. Felsengebirge-Elch
7. Westkanadischer Elch
8. Ostkanadischer Elch

Lebensweise: Der Elch ist ein Waldtier. Er unternimmt aber auch Wanderungen in die Tundren und Buschzonen der Steppen. Die Verbreitung beschränkt sich hauptsächlich auf die Ebene. Das schließt sein Vorkommen in schwach hängigen Gebirgswäldern nicht aus. Als Idealbiotop gilt der Laub-Nadelholz-Mischwald. Bei großer Ungezieferplage im Sommer sucht er oft Gewässer auf, in denen er bis zum Träger steht.

Verhalten: Alte Hirsche leben in Hirschrudeln, aber auch alleine; junge Hirsche stehen mit dem Kahlwild zusammen. Elche sind sehr standorttreu. Territorien werden nicht wie bei vielen anderen Wildarten energisch verteidigt. Im Winter kommt es an bevorzugten Äsungsplätzen zu Elchmassierungen. Insbesondere verlassen Tiere ihre Einstände in höheren Lagen und wandern ins Tal.

Die Zahl der Äsungsperioden liegt ähnlich hoch wie beim Rehwild (etwa 10). Nur dort, wo sie erheblich gestört werden, suchen sie unzugängliche Tageseinstände auf. Bei unerträglicher Hitze und Insektenplage streben sie zu windigen Bestandesrändern oder Gewässern.

Elche rinnen ausgezeichnet, Ruhe und Schlaf genießen sie sitzend (liegend).

Sie halten Wechsel ein. Die Fluchtdistanz zum Menschen liegt oft unter 50 m.

Sinne: Elchwild vernimmt und windet besonders gut. Der Gesichtssinn ist weniger gut ausgeprägt.

Fortpflanzung, Brunft, Setzzeit: Normal entwickelte Elche sind im Herbst des 2. Lebensjahres geschlechtsreif. Bei hoher Wilddichte wird dieser Zeitpunkt um ein Jahr hinausgeschoben. Die Brunftzeit beginnt sehr unterschiedlich. Sie beginnt im ersten Septemberdrittel und dauert bis zu 2 Monaten. Die Hauptbrunft liegt in der 2. Septemberhälfte. Alttiere werden in Intervallen von 14 Tagen bis zu 48 Stunden brunftig. Sobald sie beschlagen worden sind, werden sie nicht erneut brunftig. Nachbrunften im November/Dezember sind häufig.

Elche leben polygam; das schließt nicht aus, daß sie sich teilweise paarweise finden. Sobald das weibliche Stück aber nicht mehr brunftig ist, kümmert sich der Hirsch um ein anderes brunftiges Stück.

Das männliche Stück schlägt suhlenartige Brunftkuhlen (es suhlt aber nicht) und näßt hier hinein. Durch zusätzlichen Austritt von Sperma beim Nässen nehmen diese Orte einen strengen Brunftgeruch an.

Der Beschlag dauert nur wenige Sekunden und wird mehrmals täglich auf demselben Stück Kahlwild wiederholt.

Die Tragzeit dauert 235 Tage. Das hochbeschlagene Stück sucht vor dem Setzakt abgelegene Orte auf. Setzzeit ist im Mai. Das Alttier setzt im Sitzen. In den ersten beiden Tagen nach der Geburt werden die Kälber auch so gesäugt und zwar bis 6 × mit 3–3,5 l Milch täglich.

Zuwachsrate, Geschlechterverhältnis: Das Elchtier setzt 1–2, selten auch 3 Kälber. Die Zuwachsrate ist abhängig von der Populationsdichte, dem Äsungsangebot, dem Jagddruck und dem Raubwildvorkommen. Das Geschlechterverhältnis beträgt 1 : 1, kann sich allerdings etwas zu Gunsten der weiblichen Stücke verschieben, da die Sterblichkeitsrate männlicher Stücke durch Brunftkämpfe, Abmagerung nach der Brunft und Jagddruck höher ist. 75 % der Kälber überstehen das erste Lebensjahr, bei hohem Beutedruck nur 50 %.

> Der Elch ist ein Waldtier. Er ist sehr standorttreu. Elche vernehmen und winden besonders gut. Die Brunftzeit beginnt Anfang September und dauert bis zu 2 Monaten. Die Setzzeit ist Mai. Es werden 1–3 Kälber gesetzt. Das Geschlechterverhältnis beträgt 1 : 1.

Äsungsansprüche: „Der Elch frißt den Wald.“ Hiermit hat G. JÄGER das festgestellt, was auf diese Wildart ganz besonders zutrifft; der Elch ist ein bedeutender Wildschadenverursacher. Forstwirtschaft in Mitteleuropa und Elchwild sind miteinander unvereinbar. Nur die Großflächen Nordamerikas und der Sowjetunion, wo ohnehin forstlich nur extensiv gewirtschaftet wird, können mit dieser Hirschart leben. Die Hauptäsung machen Knospen, Blätter und Triebe aus. Bevorzugt werden Weiden, Erlen, Aspen,

Eichen, Birken, Ahorn, Eschen, Traubenkirsche, Ebereschen, Tannen, Wacholder, weniger die Kiefer; nicht verbissen werden Fichte und Lärche. Zu dieser Baumäsung bis 2 m Höhe kommen im Sommer noch Kräuter, Farne, Pilze und Gräser, allenfalls noch Milchhafer. Wo die Lieblingsäsungspflanzen fehlen, stellt sich der Elch auf andere vorhandene Pflanzen um. So werden in nördlichen Regionen im Winter oft Kiefernnadeln anstelle dort nicht mehr wachsender Laubhölzer geäst, ebenso Faulbaum oder auch die allgemein verschmähte Fichte. In Gefangenschaft nimmt Elchwild auch gerne Kartoffeln, Kohl und Mohrrüben an. Im Winter schält es gerne.
Über den Wasserbedarf kann man bisher keine konkreten Angaben machen. Er gilt jedoch als beträchtlich, da Elchwild oft beim Schöpfen beobachtet wird. Im Winter wird statt Wasser Schnee aufgenommen.
Feinde: Neben dem Menschen kommen Wolf, Bär, Luchs und Vielfraß (dieser eher als Luderverwerter) als Feinde in Betracht.

Bejagung

Jagdarten: Pirsch zu Fuß, zu Pferde oder mit dem Wagen. Ansitz am Wechsel und Brunftplatz, Rufjagd, Drücken mit dem Elchhund. In Skandinavien ist die Jagd z.Z. der Brunft untersagt. Jagdzeiten nach BJagdG: keine.

Zur Wiederholung und Kontrolle

- Welcher Hirschart ist der Elch am nächsten verwandt?
- Wie nennt man seine Trophäe?
- Wo kommt der Elch in Europa vor?
- Wann brunften Elche?
- Welche Äsungsansprüche stellt das Elchwild?
- Welche Jagdarten werden ausgeübt?

Rotwild, *Cervus elaphus* L.

Systematik

Ordnung: Artiodactyla, Paarhufer
Unterordnung: Ruminantia, Wiederkäuer
Familie: Cervidae, Hirsche
Unterfamilie: Cervinae, Echte Hirsche

Weidmannssprache (Abb. 7)

Rothirsch, Hirsch Edelhirsch, selten Geweihter:	männliches Stück Rotwild
Rottier, Alttier:	weibliches Stück Rotwild ab 1.4. des 2. Lebensjahres
Gelttier:	weibliches unfruchtbares Stück
Hirsch vom 1. Kopf, Schmalspießer:	männliches Stück Rotwild ab 1.4. des 1. Lebensjahres bis zum 31.3. des Folgejahres
Schmaltier:	weibliches Stück Rotwild ab 1.4. des 1. Lebensjahres bis zum 31.3. des Folgejahres
Übergehend Tier:	Schmaltier, das in der Brunft des 2. Lebensjahres nicht mit Erfolg beschlagen wird
Hirschkalb:	männliches Stück bis 31.3. des auf die Geburt folgenden Jahres
Wildkalb:	weibliches Stück bis 31.3. des auf die Geburt folgenden Jahres
Lecker, Graser:	Zunge
Grandel:	Eckzahn im Oberkiefer des Rotwildes
Bast:	Schutzschicht auf dem Geweih während der Geweihentwicklung
Kolbengeweih:	Bastgeweih
Kolbenhirsch:	Hirsch mit Bastgeweih
Kolbenzeit:	Zeit, während der der Hirsch ein Bastgeweih trägt
Feist:	Fett
Feisthirsch:	Hirsch mit abgeschlossener Geweihbildung, der Feist durch Aufnahme reichlicher Äsung anlegt. Zeit zwischen Kolben- und Brunftzeit
Brunft:	Paarungszeit des Rotwildes
Brunftig:	paarungswillig (gilt für das weibliche Stück)
Beschlagen:	Decken, Vollziehen der Paarung

Abb. 7. Rothirsch.

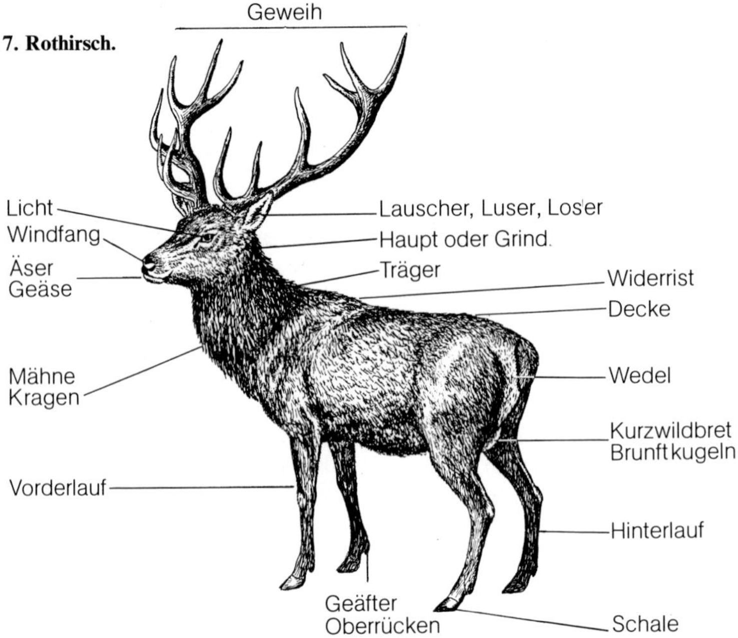

Beschlag:	Deckakt
Brunftfleck, Brand:	dunkler Fleck vor der Brunftrute während der Brunft durch Spermaaustritt
Brunfthirsch:	Hirsch in der Brunft
Brunftrute:	männliches Geschlechtsteil
Brunftplatz:	Ort, an dem das Rotwild brunftet
Brunftgeruch:	ziegenartiger Geruch, durch Sperma hervorgerufen
Brunftschrei, Schrei:	Lautäußerung des Hirsches während der Brunft
Schreien, Röhren, Orgeln, Knören, Melden, Trenzen:	Lautäußerung des Hirsches während der Brunft
Abbrunften:	Beenden der Paarungswilligkeit
Abschlagen:	1. ein stärkerer Hirsch vertreibt den schwächeren 2. Absägen des Geweihes, um die Trophäe präparieren zu können
Beihirsch:	geringer Hirsch, der neben dem Platzhirsch beim Rudel steht
Abwerfen:	Abstoßen der Geweihstangen
Himmelszeichen, Wenden:	Abbrechen von Zweigen in Dikkungen durch das Geweih des ziehenden Hirsches
Himmelsspur:	Schlag- und Fegestellen
Fegen:	Abscheuern des Bastes nach abgeschlossener Geweihbildung
Schlagen:	Bearbeiten junger Bäume mit dem bereits gefegten Geweih
Drossel:	Luftröhre
Drosselknopf:	Kehlkopf
Dünnung:	Flanken des Schalenwildes von den Rippen bis zur Keule
Tränenhöhle:	Vertiefung unterhalb der Lichter, woraus Drüsensekret ausgeschieden wird
Vorschlag:	Vorderteil des Stückes bis zur 3. Rippe
Forkeln:	einen Geschlechtsrivalen mit dem Geweih verletzen
Geräusch:	Herz, Leber, Lunge, Nieren

Gescheide:	Därme und Pansen
Großes Gescheide:	Pansen (Magen)
Kleines Gescheide:	Därme
Gesäuge, Spinne:	Euter
Mönch, Plattkopf:	Hirsch, der nie ein Geweih schiebt (Ursache: hormonelle Störungen)
Rudel:	Rotwildverband
Hirschrudel:	Hirschverband
Kahlwildrudel:	weiblicher Rotwildverband
Äsen:	fressen
Schöpfen:	trinken
Rinnen:	schwimmen
Suhle:	Wasserloch, in dem sich das Rotwild wälzt
Malbaum:	ständiger Scheuerbaum unweit der Suhle
Mahnen:	Lautäußerung des weiblichen Stückes (nasal)
Wimpelschlagen:	Auseinanderwerfen eines Ameisenhaufens mit dem Geweih
Wechsel:	ständiger Weg, den alles Schalenwild nimmt
Wundbett:	Ort, an dem sich krankes Wild niedertut

Aussehen, Decke, Gewicht

Das Rotwild ist, abgesehen vom Elchwild, die größte Wildart Deutschlands.

Körperlänge:	1,90–2,40 m
Widerristhöhe:	1,15–1,40 m

Körpergewicht

Kälber–Geburtsgewicht:	7– 8 kg
Kälber ab 2 Monate:	30– 40 kg
Schmaltiere:	40– 60 kg
Alttiere:	60– 80 kg
geringe Hirsche:	70–100 kg
starke Hirsche:	100–150 kg

Man nimmt nach Gewichtsfeststellungen an, daß der Hirsch mit dem 7. Kopf, das Kahlwild mit 5 Jahren ausgewachsen ist. Der Kopf des Rotwildes ist besonders lang, der des Kahlwildes länger als der des Hirsches.

Das Haar ist im Sommer rotbraun, im Winter graubraun. Allerdings gibt es hier ausgeprägte geographische Unterschiede. So ist das Rotwild im östlichen Verbreitungsgebiet eher grau als braun gefärbt. Das Rotkalb weist eine bauch- bis rückenseitige Kälberfleckung auf. Ab der 7. Woche verschwindet diese Jugendfärbung allmählich.

Völlig neu sind folgende Erkenntnisse WÖLFELS (1982): Frischgesetzte haben außerhalb der weißen Fleckung eine Rotwildwinterkleidfärbung, die erst nach 6 Wochen von der typischen Sommerfärbung körperregional abgelöst wird. Dabei haben Wildkälber bis zur 2. Lebens-Woche kürzere Stirnhaare als die Hirschkälber. Dadurch wirkt die frontale Kopfpartie der weiblichen Kälber oberhalb der Lichter dunkler. Zusätzlich hebt sich nur bei den Wildkälbern während desselben Zeitraumes eine helle halbmondförmige Zone oberhalb der eben beschriebenen Stirnregion ab.

Andersgefärbte Stücke kommen selten vor. Bisweilen treten Albinos auf. Ursache für die weiße Farbgebung sind fehlende Pigmente. Schwarzfärbung, die beim Rehwild häufiger vorkommt, fehlt beim Rotwild.

Der Spiegel der Sommerdecke sieht gelblichbraun, der der Winterdecke gräulichweiß aus.

Der Haarwechsel zum Sommerhaar vollzieht sich im April/Mai, der zum Winterhaar im September/Oktober.

Zusätzlich bildet sich beim Hirsch im August die Mähne.

Beim Rotwild kennen wir folgende Drüsen:

1. Talgdrüsen: sie fetten Haare ein
2. Duftdrüsen: sie dienen der Kommunikation

   Voraugendrüse unterhalb des Lichtes (fälschlich „Tränengrube“ genannt): die Drüse sondert bei Erregung (Brunft) ein zähflüssiges Sekret ab. Sie ist beim Kalb stärker entwickelt als beim ausgewachsenen Stück, beim Alttier nur noch schwach erkennbar, womit belegt zu sein scheint, daß vom Kalb durch die stark aktive Drüse ein stark olfaktorischer Reiz auf das führende Alttier übertragen wird. Beim Alttier geht die Geruchsverbindung zum Kalb vom Individualgeruch des Gesäuges aus. Auf diese Weise finden sich Alttier und Kalb im Rudelverband wieder.

   Im Bereich des Mittelfußes der Hinterläufe ist unterhalb der Sprunggelenke die *Laufbürste* (Metatarsalorgan) zu finden. Hieraus wird unbewußt Drüsensekret entleert. Sie dient der Fährtenmarkierung.

Die *Zwischenklauensäckchen*, die ebenfalls der Fährtenmarkierung dienen, sind beim Rotwild gering entwickelt.
Die *Wedeldrüse* sitzt im Bereich des 8./9. Schwanzwirbels. Sie ist für das Rudeltier Rotwild von großer Bedeutung, insbesondere beim Wiederzusammenfinden zersprengter Rudel.

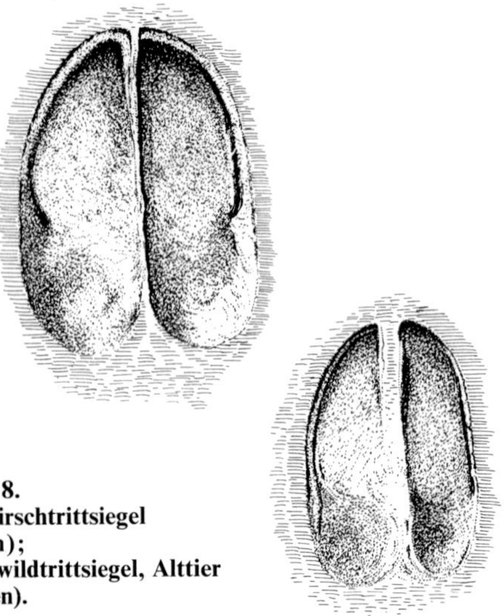

Abb. 8. Rothirschtrittsiegel (oben); Kahlwildtrittsiegel, Alttier (unten).

Fährte (Abb. 8): Die Fährte gibt Aufschluß über Art, Geschlecht und Stärke des Wildes; sie setzt sich aus den einzelnen Tritten bzw. Trittsiegeln zusammen.
Zur genaueren Geschlechter- und Stärkenunterscheidung kannten unsere Vorfahren 72 hirschgerechte Zeichen, wovon heute nur noch ein Bruchteil bekannt ist.
Die Rotwildfährte unterscheidet man von anderen Schalenwildfährten nach folgenden Kriterien:

1. Die Größe des Trittsiegels ist kein absolut sicheres Unterscheidungsmerkmal, da z.B. geringe Hirsche Schalenabdrücke hinterlassen, die auch von einem guten Damschaufler oder Keiler erreicht werden.
2. Vielmehr sollte zunächst die anatomische Anlage der Oberrücken begutachtet werden; diese sind beim Rotwild, allerdings auch beim Damwild, grundsätzlich in Verlängerung der eigentlichen Schale zu finden (Abb. 9). Beim Schwarzwild steht hingegen das Geäfter (Oberrücken) seitlich vor und wird im Gegensatz zu dem des Rot- und Damwildes immer abgedrückt (bei letzteren nur in der Flucht).

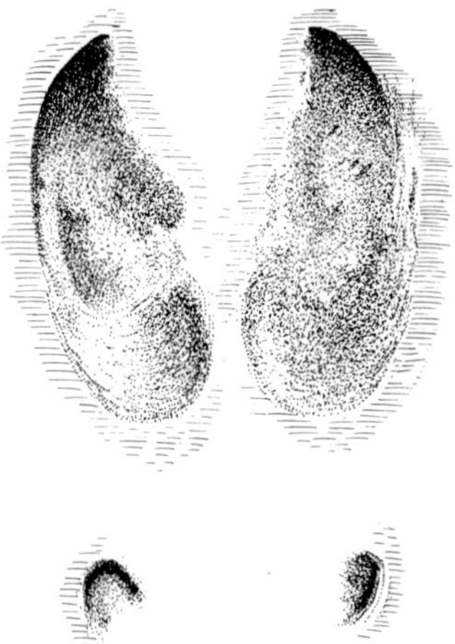

Abb. 9. Trittsiegel, Rothirsch (flüchtig).

3. Gut hingegen lassen sich Rot- und Damfährte anhand der Ballengröße unterscheiden: Während der Ballen im Schalenabdruck des Rotwildes $^1/_4$–$^2/_5$ der Gesamtlänge der Schale ausmacht, ist die Größe des Ballens beim Damwild mit $^1/_2$ der Trittlänge anzugeben. Beim Rehwild macht die Ballenlänge nur noch $^1/_3$ der Bezugsgröße aus.
4. Die Schrittweite übertrifft die der anderen Wildarten bei weitem. So hat ein guter Hirsch eine Schrittweite von über 70 cm, ein guter Keiler nur eine von etwa 45 cm. Auch die Geschlechter können an der Schrittweite unterschieden werden: Ein Alttier macht max. 60 cm weite Schritte.

Zusätzlich lassen sich die Geschlechter wie folgt an besonderen Merkmalen der Fährte unterscheiden (Abb. 10a + b).
Schrank ist der Abstand von linker Trittsiegelmitte zur rechten. Er sagt etwas über die Breite des Wildkörpers aus. Es ist demnach verständlich, wenn der Hirsch stärker als das Alttier schränkt.
Unter Zwang versteht man die geschlossenen Schalenhälften des Hirschtrittsiegels. Das weibliche Stück weist zwischen den beiden Schalenhälften eine geringe bis gehörige Lücke auf.
Die Breite der Schalenabdrücke ist je nach Geschlecht und Stärke des Stückes unterschiedlich. In

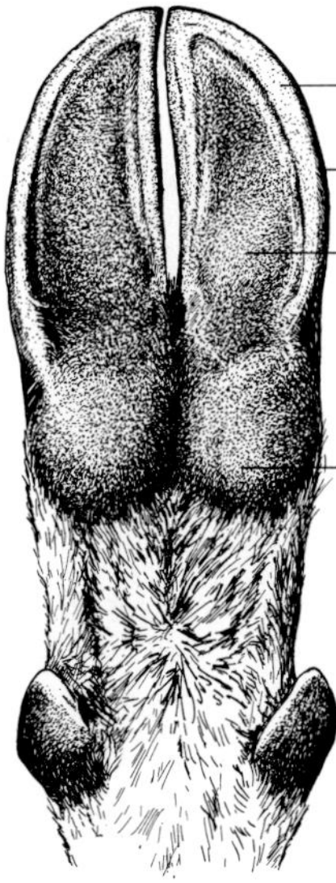

Abb. 10 a. Hirschlauf.

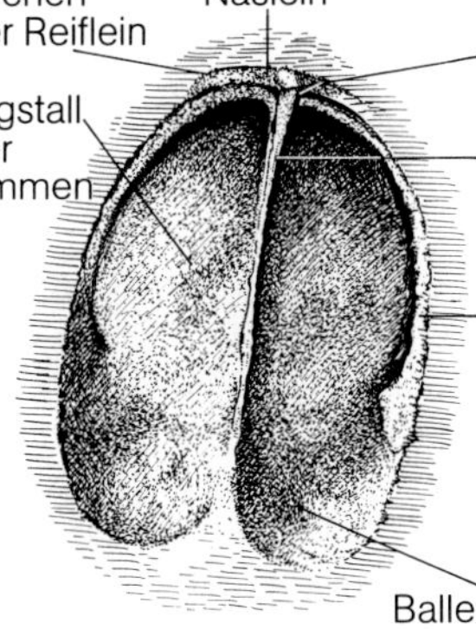

Abb. 10 b. Rothirschtrittsiegel.

jedem Falle ist das Vorderlauftrittsiegel um 1 cm breiter als das des Hinterlaufes.
Als Stümpfe werden die vorderen Rundungen des Hirschtrittsiegels verstanden. Beim Kahlwild läuft die Schale vorne spitz zu.

Der Schloßtritt ist der Abdruck
- eines Hinterlaufes des aus dem Bett aufstehenden Hirsches, und zwar in der Mitte des Bettes,
- eines Hinterlaufes eines weiblichen Stückes außerhalb des Bettes.

Weitere hirschgerechte Zeichen, die aber keinen Anhalt zur Geschlechterunterscheidung geben, sind (Abb. 11):
Vierballenzeichen: hierbei stehen die Hinterlaufabdrücke um Ballenlänge vor den Vorderlaufabdrükken.
Blenden: vermeintlich breites Trittsiegel, das durch ungenaues Einsetzen des Hinterlaufes in das Trittsiegel des Vorderlaufes entsteht, wobei der Schalenrand eines Abdruckes übersteht.
Beitritt: Nebeneinandersetzen von Vorder- und Hinterlaufabdruck.
Kreuztritt: versetztes Ineinanderstehen von Vorder- und Hinterlaufabdruck.
Übereilen: Absetzen des Hinterlaufes vor dem Vorderlauf.
Ereilen: annäherndes Einsetzen des Hinterlaufes in den Abdruck des Vorderlaufes.
Fädchen: d.i. das zwischen den beiden Schalenhälften stehengebliebene Erdreich.
Schluß: Hinterlaufabdruck steht genau im Vorderlaufabdruck.
Burgstall oder Grimmen: d.i. das in der Hohle stehengebliebene Erdreich.
Gräslein oder Abtritt: liegengebliebenes Erdreich oder Bewuchs, der beim Zwang abgeschnitten wird.
Einschlag: klares Trennen der Halme durch den Zwang des Hirsches. Die Halme werden zunächst zwischen den Schalen festgehalten und später verloren.
Zu den hirschgerechten Zeichen, die keine Fährtenzeichen sind, zählen Wimpelschlagen, Himmelsspur und Himmelszeichen.
Wimpelschlagen: Auseinanderschlagen eines Ameisenhaufens mit dem Geweih.
Himmelsspur: Schlag- und Fegestellen.
Himmelszeichen oder wenden: dieses Zeichen entsteht beim Wechseln durch eine Dickung, in der der Hirsch mit seinem Geweih kleinere Äste anbricht, die dann herunterhängen.
Losung (Abb. 12): Die Losung ist schwarz bis schwarzgrün. Außer in der Feistzeit (fladenförmig) fällt sie einzelstückweise, wobei die Hirschlosung an der einen Seite zu einem Zäpfchen ausgezogen ist und an der entgegengesetzten Seite wie ein Näpfchen eingedellt ist.
Das Kahlwild gibt walzenförmige Losung ohne besondere Merkmale ab.

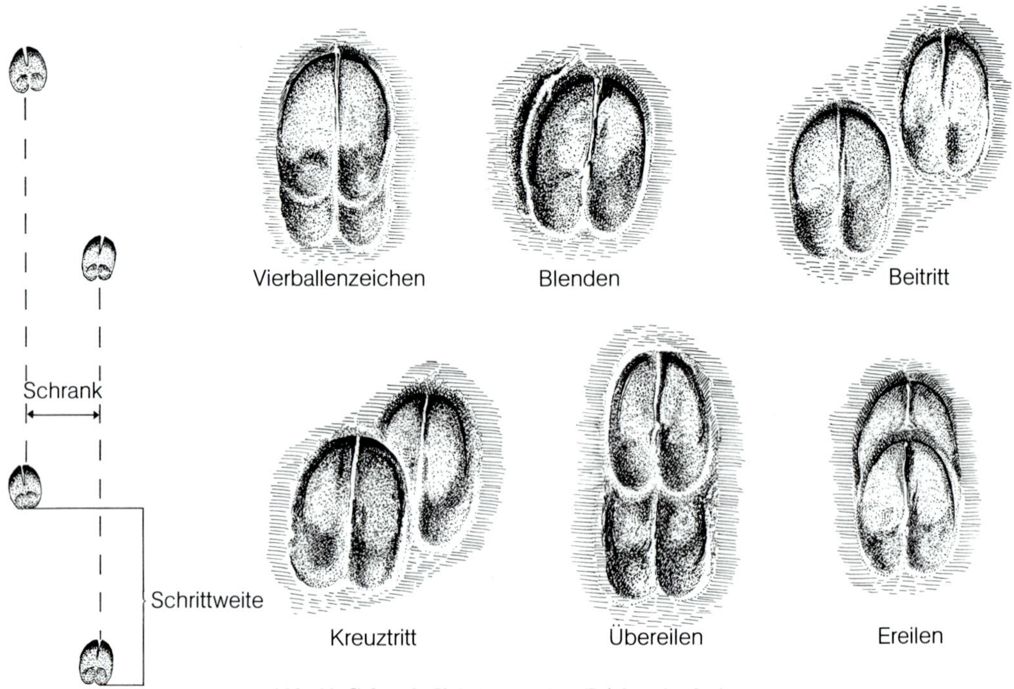

Abb. 11. Schrank (links); gerechte Zeichen (rechts).

Haarwechsel – April/Mai und September/Oktober
Haarfarbe im Sommer rotbraun, im Winter graubraun.
Duftdrüsen als Voraugendrüse, die der Kontaktfindung dient oder bei Erregung produziert. Außerdem sitzt unterhalb des Sprunggelenkes die Laufbürste, zwischen den Schalen das Zwischenklauensäckchen und im Wedelbereich die Wedeldrüse.
Die Fährte gibt Aufschluß über Geschlecht und Stärke des Wildes. Es gibt 72 hirschgerechte Zeichen. Bekannt sind: Zwang, Stümpfe, Schloßtritt, Vierballenzeichen, Blenden, Beitritt, Kreuztritt, Übereilen, Ereilen, Fädchen, Schluß, Burgstall, Gräslein, Einschlag, Wimpelschlagen, Himmelsspur, Himmelszeichen.
Die Losung fällt meist einzelstückweise. Die Hirschlosung weist Zäpfchen und Näpfchen auf, die Tierlosung ist walzenförmig.

Abb. 12. Rotwildlosung.

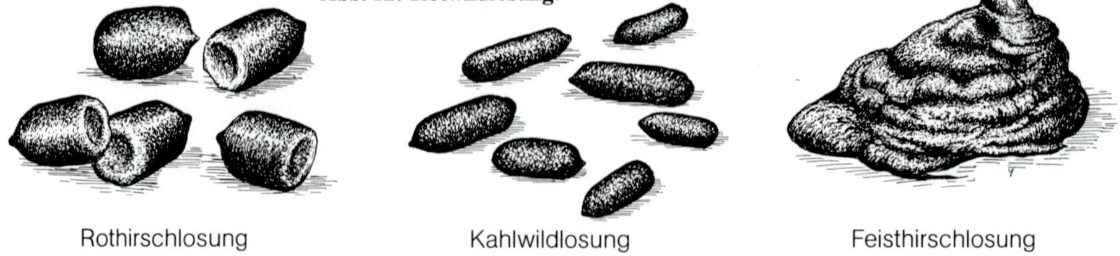

Trophäe: Nur das männliche Rotwild trägt Geweihe. Nicht immer waren derartige Gebilde vorhanden; denn die Vorgänger unserer Hirsche – die Hypertraguliden – hatten statt der Stangenwaffen auf dem Kopf gewaltige obere Schneide- und Eckzähne als Waffen. Erst allmählich entwickelten sich Stirnbeinfortsätze (Rosenstöcke) mit zunächst äußerst empfindlichen Kolbengebilden, während sich die Schneide- und Eckzähne mehr und mehr zurückbildeten. Später wuchsen auf diesen Kolben Geweihe mit teilweise gewaltigem Ausmaß. Diese Geweihe werden jährlich durch Anlagerung von Knochenmasse neu geschoben und abgeworfen. Verantwortlich für die Trophäenbildung ist das Periost (Knochenhaut) am Scheitel des Kolbens. Unter einer Bastschutzschicht wachsen artspezifische Stangen, auf deren Oberfläche unter dem Periost Arterien in Vertiefungen eingebettet sind, die für eine intensive Durchblutung des Kolbengeweihes sorgen. Sobald das Längenwachstum beendet ist – rund 80–85 Tage – wird die Blutzufuhr herabgesetzt. Dabei verhärtet die Knochenhaut, und der Bast trocknet ein. Den dabei entstehenden Juckreiz reagiert der Rothirsch an geschmeidigen jungen Bäumen durch Fegen des Geweihes ab. Die auf diese Weise freigelegten weißen Stangen nehmen unter dem Einfluß der Pflanzensäfte des Fegematerials eine hellbraune bis dunkelbraune oder auch rötliche Farbe an. Laubhölzer (z.B. Buche, Esche) rufen helle bis rötliche (Erle) und Nadelhölzer dunkle Geweihfarbe hervor.

Ausgangs Winter bis zum Frühjahr des Folgejahres löst sich die Knochensubstanz im oberen Rosenstock auf. Das ist äußerlich an einer deutlichen Demarkationslinie (Einschnürung) am Rosenstock zu erkennen. An dieser Stelle brechen die Stangen ab, selten gleichzeitig, sondern meist in kurzen Zeitabständen.

Die Geweihbildung wird hormonell gesteuert: Zur Zeit der Keimzellenruhe wachsen die Stangen. Mit Beginn der Spermienbildung wird das Hormon Testosteron gebildet, wodurch das Geweihwachstum eingestellt wird. Nach Ende der Brunft sorgt der Rückgang des Testosteron für neue Wachstumshormone, was zunächst einmal den Verlust des alten Geweihes voraussetzt.

Die zeitliche Abfolge der Geweihentwicklung stellt sich folgendermaßen dar:

Rosenstockbildung: 10.–12. Monat
Geweih des 1. Kopfes, gefegt: September des auf die Geburt folgenden Jahres
Abwurf: Mai des auf die Geburt folgenden übernächsten Jahres
2.–4. Kopf, gefegt: Mitte August
Abwurf: Ende April
5.–7. Kopf, gefegt: Anfang August
Abwurf: Mitte April
8.–10. Kopf, gefegt: Anfang August
Abwurf: Anfang März
alte Hirsche, gefegt: Ende Juli/Anfang August
Abwurf: Anfang März/Mitte März

Die Enden (Abb. 13):
Augsprosse: Vereckung oberhalb der Rosen
Eissprosse: Vereckung zwischen Aug- und Mittelsprosse
Mittelsprosse: Ende auf der Mitte der Stange
Wolfssprosse: tiefangesetztes Kronenende
Krone: jede Vereckung oberhalb der Mittelsprosse mit mehr als 2 Enden

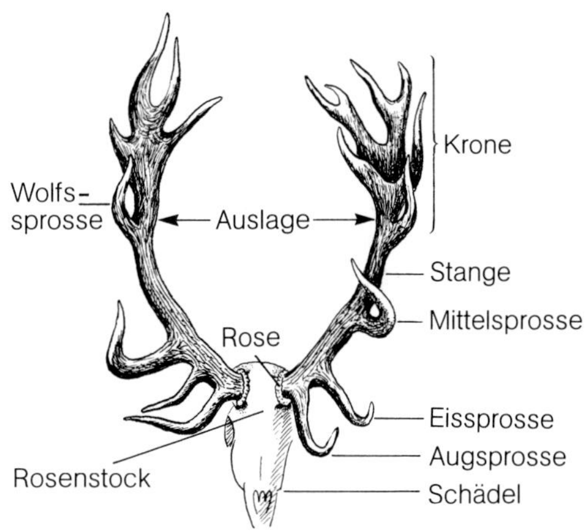

Abb. 13. Rothirschgeweih.

Bei der Kronenausbildung wird unterschieden nach (Abb. 14):

1. Schaufel-, Hand- oder Fingerkrone: Kronenenden sind schaufelähnlich oder handförmig mit einander verbunden
2. Fächerkrone: fächerartig aussehende Krone
3. Becherkrone: Enden bilden ein becherähnliches Gebilde

4. Stiefelknechtskrone: voneinander abgesetzte Kronengabeln, die wie ein Stiefelknecht aussehen

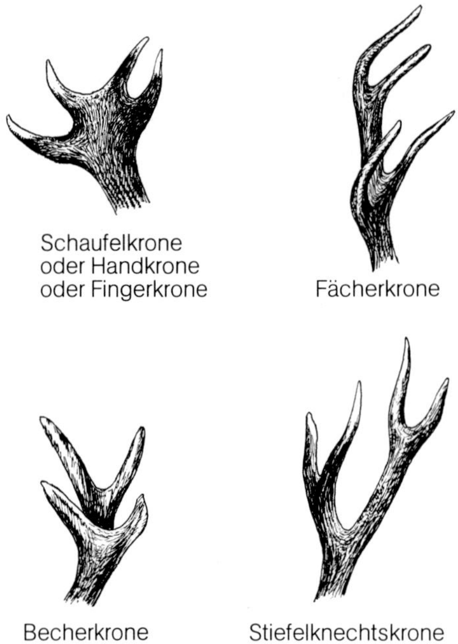

Abb. 14. Kronenformen.

Schwierigkeiten bereitet die Ansprache von tiefangesetzten Mittel- bzw. hochangesetzten Eissprossen. Hier kann es zu Verwechslungen kommen. In solchen Fällen sehe man sich die Stange im Profil an: Die Mittelsprosse hinterläßt auf der Rückseite des Stangenansatzes eine deutliche Delle bzw. einen leichten Stangenknick, die Eissprosse nimmt sich hingegen wie ein auf die Stange aufgeklebtes Ende aus. Das erste Geweih wird im Sommer des auf die Geburt folgenden Jahres geschoben. Sog. Erstlingsgeweihe, wie sie im Jahr der Geburt beim Rehbock entstehen können, kommen beim Rothirsch so gut wie gar nicht vor. Dennoch weist auch die erste Geweihstufe der Rothirschtrophäe keine Rosen auf. In aller Regel wird im 2. Jahr (2. Kopf) ein Gabler- oder Sechsergeweih, manchmal auch ein mehrendiges Geweih, geschoben. Es kann aber auch wiederum nur zu Spießen reichen. Hier ergeben sich zu den Spießen des 1. Kopfes deutliche Unterschiede (Abb. 15):

1. Das Spießergeweih des 2. Kopfes hat Rosen.
2. Im Profil zeigt der Spießer des 1. Kopfes eine leichte Stangenkrümmung nach vorne, während der Spießer des 2. Kopfes eine leichte Stangenkrümmung nach hinten aufweist, als wollte er nach vorne Enden schieben.

Eine Einpassung der Rotwildtrophäe in Geweihformen ist ungebräuchlich, kann aber nach LOTZE (1978) vorgenommen werden:

U-Form: breitgestelltes Geweih
V-Form: gerade Stangen
Herzform: herzförmig zueinander stehende, geschwungene Stangen mit oft nach innen zeigenden Kronenenden

Geweihmißbildungen sind seltener als Gehörnmißbildungen. Das liegt an den unterschiedlichen Lebensbereichen beider Cerviden: Lebt das Rotwild doch vorwiegend im Walde, so ist das Reh ein Wald-Feld-Gänger, wobei es in der verdrahteten Landschaft großen Verletzungsgefahren ausgesetzt ist, die auf das Bastgehörn unmittelbar wirken oder aber über Lauf- und Kurzwildbretverletzungen die Trophäe negativ beeinflussen.

Ursache von Geweihmißbildungen sind:
1. Krankheiten
2. Hormonelle Störungen
3. Verletzungen des Wildkörpers
4. Verletzungen der Stangen, der Rosenstöcke oder des Schädels

Alle Möglichkeiten von Mißbildungen sind bei der Rehwildtrophäe abgehandelt und werden wegen ihrer Seltenheit beim Rothirsch hier nicht aufgezählt. Allerdings soll die Geweihlosigkeit erwähnt werden, deren Ursache hormonelle Störungen sind. Solche Hirsche haben fast immer Rosenstöcke, wenn auch oft rudimentär und werden Plattkopf, Mönch oder Büffel genannt. Sie können durchaus Brunftrudel beherrschen, bedienen sich dann aber im Kampf gegen Rivalen ihrer Vorderläufe oder stoßen mit dem Kopf.
Abschließend bleiben die Alters- und Güteklassen zu behandeln. Die Altersklassen werden in I bis III unterteilt, wobei es länderweise in der Klassenzuordnung geringfügige Abweichungen geben kann:

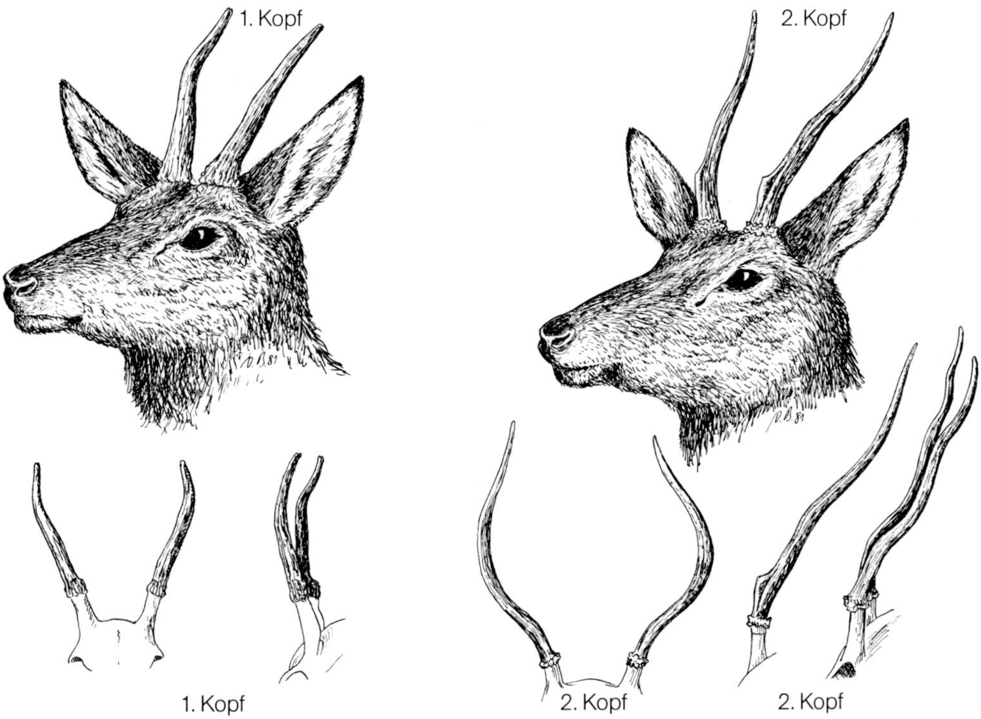

Abb. 15. Rothirsch, 1. und 2. Kopf

Hirschkälber Wildkälber	Jungwild
Hirsche 1- bis 4jährig	Altersklasse III (Jugendklasse)
Rotschmaltiere	Jugendklasse
Hirsche 5- bis 9jährig	Altersklasse II (Mittlere Altersklasse)
Rotkahlwild 2- bis 9jährig	Mittlere Altersklasse
Hirsche 10jährig und älter	Altersklasse I (Obere Altersklasse)
Rotkahlwild 10jährig und älter	Obere Altersklasse

Statt der Altersklassen gibt es bisweilen auch noch die herkömmliche Stärkeklasseneinteilung, bei der nach Klasse I und II, bisweilen auch III, unterschieden wird. Sie geben Auskunft über das Gewicht der Trophäe. Die Grenze zwischen den Stärkeklassen I und II liegt bei 5 kg Geweihgewicht. Hirsche mit Geweihen über dem festgelegten Gewicht gelten als starke Hirsche (Klasse I); solche mit geringerem Gewicht als geringe Hirsche (Klasse II). Eine weitere Gewichtsunterteilung ist bei zusätzlichem Vorhandensein der Stärkeklasse III erforderlich.

Die Güteklasse gibt Auskunft über die körperliche Verfassung und Wüchsigkeit des Geweihes. Man unterscheidet a und b.

Der Güteklasse a sind Hirsche mit guter Körper- und Geweihentwicklung zugeordnet, die also dem Hegeziel entsprechen, der Güteklasse b solche, die dem Hegeziel nicht entsprechen, d. h. schwach bei Wildbret sind oder schlechtwüchsige oder abnorme Geweihe tragen.

Die Altersklassengliederung wird zur Grundlage sog. Hegerichtlinien der einzelnen Bundesländer gemacht. Mit dieser Neueinteilung sollen naturnahe Strukturen erzielt werden.

Zur Erreichung des Hegeziels muß in den Bestand des Jungwildes und der Altersklasse III am stärksten eingegriffen werden. Die Altersklasse II – lediglich ein Hirschüberhang wird erlegt – bleibt weitgehend unangetastet, damit eine ausreichende Zahl Trophäenträger in die Altersklasse I einwächst.
Die Rotwildhegegemeinschaften ordnen durch Herausgeben von Abschußrichtlinien den einzelnen Altersklassen Abschußkriterien zu.

Nur männliches Rotwild trägt ein Geweih.
Schieben nach Abwurf zwischen März und Mai
Fegen zwischen Ende Juli und September
Augsprosse: Vereckung oberhalb der Rosen
Eissprosse: Vereckung zwischen Aug- und Mittelsprosse
Mittelsprosse: Vereckung auf der Mitte der Stange
Krone: jede Vereckung oberhalb der Mittelsprosse mit mehr als 2 Enden
Ursache für Geweihmißbildungen sind:
Krankheit, hormonelle Störungen, Verletzungen des Wildkörpers, der Stangen, der Rosenstöcke oder des Schädels.
Einteilung des Rotwildes nach Alters- und Güteklassen, zumeist:

AKl I (obere AKl)	Hirsche und Kahlwild 10jährig und älter
AKl II (mittlere AKl)	Hirsche 5–9jährig, Kahlwild 2–9jährig
AKl III (Jugendklasse)	1–4jährig, Schmaltiere

Gebiß, Altersschätzung: Es gibt mehrere Möglichkeiten zur Altersfeststellung am erlegten Stück:
1. nach Abnutzungsgrad der Backenzähne
2. nach Ersatzdentinmethode (Jahrringmethode)
3. nach der Anzahl der Zementzonen im Wurzelbogen des ersten Molars im Unterkiefer
4. nach Methode Harke – Rosenstockdurchmesser und Rosenstocklänge
5. Lauschermarke (Ohrmarke)

Die Ermittlung des Alters erfolgt in der Praxis anhand des Abnutzungsgrades der Backenzähne. Mit Beginn dieses Jahrhunderts setzte sich dieses Verfahren allmählich durch. Um die Richtigkeit dieser Altersschätzung zu beweisen, führte man in neuerer Zeit die Wildmarkenforschung ein, bei der Tiere bekannten Alters (Kälber) mit einer Ohrmarke versehen wurden, die nach deren Verenden eine exakte Altersermittlung zuließ.
Die eigentliche Gebißentwicklung beginnt beim Kalb schon vor der Geburt; denn das Frischgesetzte hat bereits die Schneidezähne und Eckzähne des Unterkiefers. Die Prämolaren des Milchgebisses sind mit 4 Monaten voll vorhanden. Da es zur Altersbestimmung allein auf den Entwicklungszustand der Molaren sowie den Wechsel der Prämolaren ankommt, soll diese Methode tabellarisch dargestellt werden (Tab. 1).

Der untere Eckzahn (C) sieht wie ein vorgerückter Schneidezahn (i_4 bzw. I_4) aus. Aus nachstehender Tabelle ist der Schluß zu ziehen, daß der Zahnwechsel mit dem 31. Monat abgeschlossen ist.

Die Zahnformel des Dauergebisses lautet:

$$\frac{0}{3}\ \frac{1}{1}\ \frac{3}{3}\ \frac{3}{3} \times 2 = 34$$

Von diesem Zeitpunkt ab wird die Altersschätzung nach dem Zahnabschliff vorgenommen.
Je flacher Kaurand und Kaufläche werden und je mehr die Kunden zu schwinden beginnen, desto älter ist das Stück. Wegen der allseits wenig erlangten Routine von Jungjägern bei der Altersschätzung von Rotwildunterkiefern hat sich folgendes Verfahren bewährt: Die Schätzung des Alters anhand von Rehunterkiefern wird sehr viel öfter in den ersten Jahren nach Bestehen der Jägerprüfung durchgeführt werden können und somit im allgemeinen rasch erlernt. Bei Vorliegen eines Rotwildunterkiefers schätzt man für diesen das Alter eines Stückes Rehwild und multipliziert das Schätzergebnis mit 2. Das Produkt ergibt das Rotwildalter.
Ersatzdentin-Methode für Rot-, Dam- und Sikawild: Es ist bekannt, daß unter dem Zahnschmelz das dunkle Dentin liegt. Hierunter bildet sich in den Schneidezähnen nach 3 Jahren eine sog. Ersatzdentinschicht, die durch horizontal verlaufende dunkle Sommer- und helle Winterschichten gut erkennbar wird, sofern man sie mittels Schmirgelscheibe innenseitig freilegt. Ab Alter 10–12 wird der erste Ersatzdentinjahrring jedoch wieder abgekaut, so daß die Methode bei älterem Rotwild nur noch bedingt tauglich ist.

Tab. 1. Altersschätzung nach Entwicklung des Gebisses

Monat	Schneidezähne Incisiven i: Schneidezähne des Milchgebisses I: Schneidezähne des Dauergebisses	Eckzähne Caninen c: Eckzähne des Milchgebisses C: Eckzähne des Dauergebisses	Vormahlzähne Prämolaren p: Vormahlzähne des Milchgebisses P: Vormahlzähne des Dauergebisses	Mahlzähne Molaren M: Mahlzähne des Dauergebisses
1	$\frac{\quad}{i_1\ i_2\ i_3}$	$\frac{\quad}{c}$		
4	$\frac{\quad}{i_1\ i_2\ i_3}$	$\frac{c}{c}$	$\frac{p_2\ p_3\ p_4}{p_2\ p_3\ p_4}$	
9	$\frac{\quad}{i_1\ i_2\ i_3}$	$\frac{c}{c}$	$\frac{p_2\ p_3\ p_4}{p_2\ p_3\ p_4}$	$\frac{M_1}{M_1}$
14	$\frac{\quad}{i_1\ i_2\ i_3}$	$\frac{c}{c}$	$\frac{p_2\ p_3\ p_4}{p_2\ p_3\ p_4}$	$\frac{M_1\ M_2}{M_1\ M_2}$
26	$\frac{\quad}{I_1\ I_2\ I_3}$	$\frac{C}{C}$	$\frac{p_2\ p_3\ p_4}{p_2\ p_3\ p_4}$	$\frac{M_1\ M_2\ (M_3)}{M_1\ M_2\ (M_3)}$
30/31	$\frac{\quad}{I_1\ I_2\ I_3}$	$\frac{C}{C}$	$\frac{P_2\ P_3\ P_4}{P_2\ P_3\ P_4}$	$\frac{M_1\ M_2\ M_3}{M_1\ M_2\ M_3}$

Anmerkung: p_4 ist dreiteilig, P_4 ist zweiteilig.

Wegen der Bildung des Ersatzdentins im Alter 3 wird die Zahl der in den inneren Schneidezähnen (I_1) vorgefundenen Zonen um 3, nach UECKERMANN (1976) und nach allgemeiner Erfahrung um 2 erhöht.

Dieses und das im folgenden beschriebene Verfahren kann nur von Wildforschungsinstitutionen zuverlässig ausgeführt werden.

Zementzonen im Wurzelbogen des ersten Molars: Altersunabhängig kann die Zementzonenbildung im Wurzelbogen des ersten Molars im Unterkiefer von Rotwild durchgeführt werden. Hierbei wird der ermittelten Zahl von Ablagerungen der Wert 1 hinzugerechnet, um somit vergleichbare Werte mit den beiden vorbeschriebenen Methoden zu erlangen.

Methode Harke:

Diese wenig gebräuchliche Altersschätzung für Rotwild geht von Rosenstockdurchmessern und Rosenstocklängen aus, wobei zunehmende Rosenstockdurchmesser und abnehmende Rosenstocklängen für ein höheres Alter des Rotwildes sprechen. Die entsprechenden Alterswerte sind aber nur aus Tabellen ablesbar.

Die Zahnformel des Dauergebisses lautet:

$$\frac{0}{3}\ \frac{1}{1}\ \frac{3}{3}\ \frac{3}{3} \times 2 = 34$$

Der Zahnwechsel ist mit 31 Monaten abgeschlossen. Die Molaren werden nach folgendem Zeitplan geschoben:

M_1 9 Monate
M_2 14 Monate
M_3 26 Monate

Die Prämolaren werden mit 30 Monaten gewechselt.
Danach wird das Rotwildalter nach dem Abschliff der Backenzähne geschätzt.
Zusätzlich kann man durch Anschliff der Schneidezähne die Zahl der Ersatzdentinschichten auszählen und durch Addieren von 2 oder 3 Jahren das tatsächliche Alter ermitteln.

Lautäußerung: Es gibt mehrere Lautäußerungen des Rotwildes, so das Schrecken, das bei nicht klar wahrgenommener Gefahr von beiden Geschlechtern ausgestoßen wird. Dieser Laut klingt phonetisch voller als beim Reh.
Das Mahnen ist ein nasaler Laut des Tieres und Kalbes, das als Stimmfühlungslaut zwischen beiden ausgetauscht, aber auch während der Brunft gegenüber dem allzu „liebestollen" Hirsch hervorgebracht wird.
Das Klagen ist Ausdruck von Schmerzen, vornehmlich durch Kälber ausgestoßen.
Der Brunftschrei ist Ausdruck höchster Erregung des fortpflanzungswilligen Hirsches. Er kann als Herausforderung an den Rivalen, zur Steigerung der Reize beim Kahlwild sowie als Anwesenheitsbekundung gedeutet werden.
Verbreitung: Rotwild kommt in Nordamerika, Asien und weiten Teilen Europas in zahlreichen geographischen Rassen vor.
Im Rahmen dieser Abhandlung interessiert die Verbreitung des Mitteleuropäischen Rothirsches. Er kommt bei uns in folgenden Bundesländern vor (M. Kleymann, 1976):

Bayern	914 000 ha
Hessen	693 000 ha
Rheinland-Pfalz	443 000 ha
Nordrhein-Westfalen	378 000 ha
Niedersachsen	266 000 ha
Schleswig-Holstein	187 000 ha
Baden-Württemberg	160 000 ha

Das Schicksal des Rotwildes ist bei uns in Deutschland eng mit der Geschichte verbunden. Genoß es zunächst den unbedingten Schutz der Feudalherrschaft wegen seiner überaus hohen jagdlichen Bedeutung, so wurde ihm nach 1848 durch die dann jagdausübungsberechtigten Kleinlandeigentümer wegen der enormen Wildschäden schonungslos nachgestellt. Das damit auf Staatswaldflächen und Flächen der ihm wohlgesonnenen Grundeigentümer zurückgedrängte Rotwild erholte sich allerdings schnell und wird heute in vielen Bundesländern außerhalb von Rotwildkerngebieten aus ökologischen und ökonomischen Gründen nicht mehr geduldet.
Rotwild ist in Europa darüber hinaus in folgenden Ländern verbreitet: Belgien, Dänemark, DDR, Frankreich, Jugoslawien, Luxemburg, Niederlande, Norwegen, Österreich, Polen, Rumänien, Schweden, Schweiz, Spanien.
Lebensweise: Rothirsche paßten sich in Europa noch um die Jahrhundertwende fast jeder Landschaft an. Wenn sie heute mehr und mehr zum Waldtier geworden sind, so liegt das an der ihnen in Dickungen gebotenen Ruhe. Leider wird unser Rotwild in seinen einzelnen Vorkommen durch wildfeindliche Maßnahmen – Fernstraßen, Autobahnen, Zersiedelung der Landschaft – teilweise isoliert und läßt Subspezies entstehen, die eigene evolutionäre Wege begehen.
Rotwild paßt sich nahezu an jede Pflanzengesellschaft an; allerdings geben die Wildbretgewichte Zeugnis über die Standortgüte.
Verhalten: Rotwild lebt überwiegend gesellig. Ein strikter Rudelzusammenhalt besteht bis auf die Alttier-Schmaltier-Kalb-Bindung nicht.
Zur Zeit des Setzens zieht sich das Alttier vom Rudel zurück. Aber schon das wenige Tage alte Kalb wird in die Kahlwildgemeinschaft aufgenommen. Geringe Hirsche bis etwa zum 4. Kopf gesellen sich oft dazu.
Die älteren Hirsche leben in Hirschrudeln gesellig. Kurz vor und während der Brunft geben sie vorübergehend diesen Zusammenhalt auf.
Zwischen Kolben- und Brunftzeit liegt die Feistzeit, während der die Hirsche Feist ansetzen und dabei wenig vertraut sind („Der Feisthirsch ist ein Nachtgespenst, das Du nur ahnst und niemals kennst! Denn wo er zieht, da steht er nicht, und wo er steht, da zieht er nicht und ist nur hoch bei Sternenlicht. Jedoch bei diesem schießt Du nicht!").
Das Kahlwildrudel wird von einem erfahrenen weiblichen Stück, dem Leittier, angeführt. Das Hirschrudel führt der jüngste Hirsch.
Kranke Stücke werden abgeschlagen und zu Einzelgängern. Das gilt auch für verwaiste Kälber, die

dabei stark abkommen. Rotwild zieht fast immer gegen den Wind oder gegen halben Wind. Deswegen werden bei unpassendem Wind oft ganze Revierteile gemieden.

Im Sommer und während der Brunft, aber auch zu anderen Jahreszeiten, suhlt das Rotwild. Hierfür reichen schon Pfützen aus. Nach dem Suhlen wird selten ein Malbaum aufgesucht, an dem sich das Rotwild scheuert.

Sinne: Rotwild gilt als besonders scharfsinnig. Der Gesichtssinn ist vortrefflich, abgesehen vom weniger guten Farbunterscheidungsvermögen. Die Dämmerungsleistung der Lichter übertrifft die anderer Wildtiere.

Das Gehör und der Geruchssinn sind ebenfalls sehr gut entwickelt. Beste Beweise hierfür liefern die Schwierigkeiten des Jägers, wenn er Rotwild anpirscht.

Fortpflanzung, Brunft, Setzzeit, Aufzucht der Jungen: Etwa um den 5. September suchen die Hirsche Kahlwildrudel auf. Dabei kommt es häufig vor, daß Jahr für Jahr derselbe Hirsch denselben Brunfteinstand wählt. Die eigentliche Brunft beginnt etwa am 15. September und endet in den ersten Oktobertagen. Jedes weibliche Stück bleibt nur wenige Tage brunftig und wird während dieser Zeit häufig beschlagen. Den Beschlag führt im allgemeinen der Platzhirsch aus. Dieser brunftet stark ab, zumal er kaum Äsung aufnimmt. Mit dem Brunftschrei bezeugt der Hirsch höchste sexuelle Erregung.

Der Platzhirsch versucht, sein Rudel gegen Rivalen zu verteidigen. Beihirsche (geringe Hirsche) werden geduldet, soweit sie dem Kahlwild nicht zu nahe treten.

Im Mai/Juni setzt das Alttier 1 Kalb (selten 2), nachdem es sich vorher vom Rudel abgesondert hat. In den ersten Lebenstagen wird das Kalb abgelegt. Es drückt sich bei Gefahr. Das Alttier kommt nur zum Säugen.

Kurze Zeit darauf finden Alttier, Kalb, Schmaltier und -spießer (Vorjahreskälber) zusammen.

Die Mutter-Kind-Beziehung besteht bis zum Frühjahr des nächsten Jahres. Sie wird vor dem Setzen des neuen Kalbes beendet.

Verwaiste Kälber werden von keinem anderen Alttier „adoptiert".

Zuwachsrate, Geschlechterverhältnis: Je geringer die Wilddichte, desto gesünder ist der Wildbestand. Die Wildbretgewichte steigen, unabhängig vom Äsungsangebot. Wir wissen von Kleinsäugerpopulationen, daß bei Übervölkerungen Populationszusammenbrüche durch Streß und erhöhte Infektionsgefahren eintreten, z. B. Mäuse, Wildkaninchen. Ähnlich würde jede vollgeschützte Schalenwildart reagieren, wenn sie nicht Großraubwild oder Jäger als natürliche Feinde hätte.

Da Wölfe und Luchse in Mitteleuropa nicht mehr oder in nicht nennenswertem Umfange vorkommen, nimmt der Jäger die Regulierung der Wilddichte sowie des Geschlechterverhältnisses wahr. Er sorgt für einen den Erfordernissen der Landeskultur und der Gesunderhaltung der betreffenden Schalenwildart angepaßten Wildstand. Zu hohe Rotwildbestände müssen reduziert werden. Dabei wird eine Wilddichte zwischen 1–4 Stück/100 ha je nach Standort und Biotop toleriert.

Der Zuwachs wird auf den am 1.4. vorhandenen Alt- und Schmaltierbestand bezogen. Er liegt zwischen 60–70%. Das natürliche Geschlechterverhältnis beträgt 1 : 1. Es sollte auf jeden Fall eingehalten werden. Bei zu großer Zunahme des Bestandes kann es zu Gunsten der Hirsche verschoben werden. So wird ein Geschlechterverhältnis von 1,2 : 1 biologisch noch als vertretbar angesehen.

Um diese Vorgaben durchzusetzen, bietet es sich an, Hegegemeinschaften gem. § 10a BJagdG zu gründen. Deren Aufgabe liegt dann in einer einheitlichen Wildstandsbewirtschaftung eines ökologisch gleichgearteten Biotops.

> Das Rotwild Mitteleuropas ist ausgangs des 20. Jahrhunderts vorwiegend waldgebunden.
> Es lebt in Hirsch- und Kahlwildrudeln. Während der Brunft, Mitte September/Anfang Oktober, stehen die Hirsche beim Kahlwild.
> Das Kahlwildrudel wird von einem erfahrenen führenden Alttier, dem Leittier, angeführt. Das Hirschrudel führt der jüngste Hirsch an.
> Rotwild suhlt gerne.
> Es gilt als besonders scharfsinnig.
> Das Alttier setzt im Mai/Juni i. d. R. ein Kalb.
> Das natürliche Geschlechterverhältnis beträgt 1 : 1.
> Die Wilddichte kann je nach Biotop 1–4 Stück/100 ha betragen.

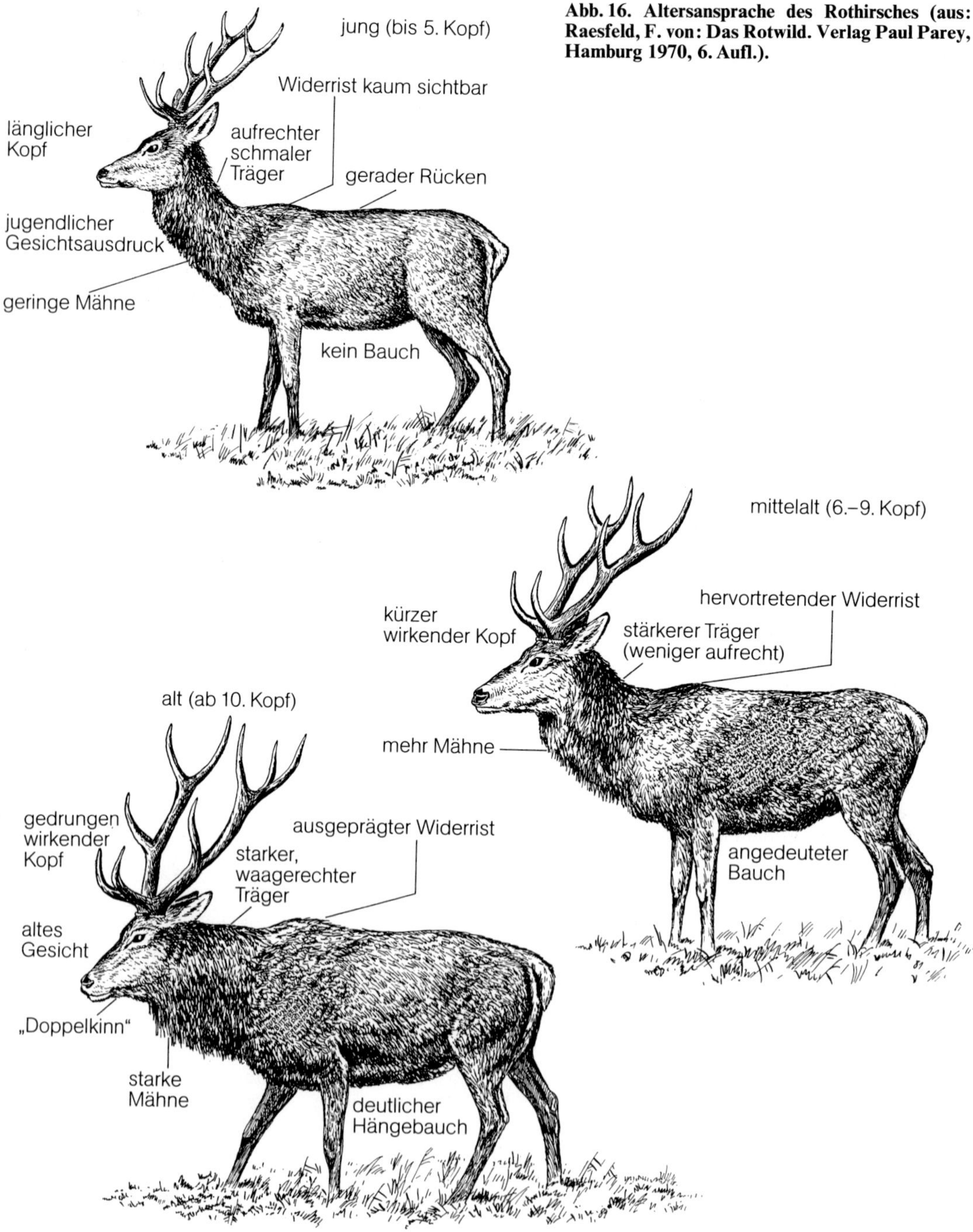

Abb. 16. Altersansprache des Rothirsches (aus: Raesfeld, F. von: Das Rotwild. Verlag Paul Parey, Hamburg 1970, 6. Aufl.).

Ansprechen vor dem Schuß: Richtige Ansprache auf Abschußwürdigkeit ist als Hauptaufgabe des Jägers anzusehen. Wir Jäger treten hier an die Stelle des bei uns ausgestorbenen Großraubwildes und wollen möglichst ähnlich in die Schalenwildpopulation eingreifen, d.h. Ausmerzen allen kranken Wildes, Abschöpfen eines evtl. Überhanges (das geht fast ausschließlich zu Lasten der Kälberklasse). Auf diese Weise entsprechen wir dem gesetzlichen Auftrag, wonach ein den Erfordernissen der Landeskultur angepaßter gesunder Wildbestand erhalten werden soll.

Wir sprechen das Alter des Rotwildes nach seinem äußeren Erscheinungsbild und nach seinem Verhalten an.

Junges Rotwild, Kälber, ist von geringerer Körpergröße als altes Wild. Der Gesichtsausdruck ist kindlich.

Hirsch- und Wildkalb unterscheiden sich durch ihren Körperbau kaum voneinander: Kompaktere Figur des Hirschkalbes. Sicher sind die Geschlechter der Kälber beim Nässen auseinandergehalten. Ab Dezember des ersten Lebensjahres ist beim Hirschkalb um den wachsenden Rosenstock ein deutlicher Wirbel (Haarkranz) auszumachen. Erstlingsgeweihe im Jahr der Geburt gibt es beim Rotwild im Gegensatz zum Rehwild so gut wie gar nicht. Die weitere Altersansprache der Hirsche verdeutlicht Abb. 16.

Kahlwild ist schwieriger auf sein Alter anzusprechen. Hier ist der Vergleich mit anderen Stücken innerhalb des Rudels hilfreich.

So sind Alttiere körperlich stärker entwickelt als Schmaltiere; sie haben außerdem ein längeres Haupt (Abb. 17) und als führende Stücke ein Gesäuge.

Eine sichere Altersansprache kann nur nach dem äußeren Erscheinungsbild sowie nach dem Verhalten gelingen. Zusätzlich werden Fährte, Losung, Lautäußerung (schreien) und sonstige hirschgerechte Zeichen als Ansprachehilfsmittel herangezogen. Zu letzteren gehören die Himmelsspur oder das Fegen. So läßt die Höhe der Fegestelle Rückschlüsse auf die Stärke eines Hirsches zu.

Sehr viel besser ist hierfür die Deutung des Wendens oder des Himmelszeichens geeignet. Beim Wenden werden in Dickungen, die tief beastet sind, kleine Äste in Geweihhöhe abgeknickt oder gebrochen.

Abb. 17. Rotwild, Alttier.

Geringe Hirsche hinterlassen derartige Zeichen nicht.

Wir haben bereits erfahren, daß das Kahlwildrudel von einem erfahrenen Alttier angeführt wird; im Hirschrudel führt der jüngste Hirsch. Daraus lassen sich Altersansprachen herleiten.

Brunfthirsche als Platzhirsche sind i.d.R. alte und evtl. auch mittelalte Hirsche. Junge Hirsche halten sich in Kahlwildrudeln auf.

Das Schreien soll ebenfalls für die Altersansprache herangezogen werden: Alte Hirsche hören schon vor Hellwerden auf zu schreien; junge unerfahrene Hirsche sind bisweilen bis in den Morgen hinein mit hoher „Tonlage“ zu vernehmen. Zu jener Tageszeit knört der alte Hirsch allenfalls noch in der schützenden Dickung. Nicht selten endet das Schreien phonetisch höher als es begonnen wurde – das ist typisch für junge Hirsche, man spricht vom „Jüngern“.

Richtiges Ansprechen ist Voraussetzung für eine sachgerechte Hege.
Das Alter lebenden Rotwildes wird nach seinem äußeren Erscheinungsbild und nach seinem Verhalten geschätzt, d.h. angesprochen.
Für junge Stücke sprechen:
geringe Körpergröße, kindlicher Gesichtsausdruck, aufrechter schmaler Träger, keine oder

geringe Mähne (beim Hirsch), gerader Rücken, Leben im Kahlwildrudel (junge Hirsche), wenig vorsichtiges Benehmen.
Für mittelalte Hirsche sprechen:
ausgewogene Körpermassenverteilung, kürzer wirkendes Haupt, stärkerer Träger, mehr Mähne, angedeuteter Bauch, oft Leithirsch im Hirschrudel außerhalb der Brunft.
Für alte Hirsche sprechen:
gedrungen wirkendes Haupt, altes Gesicht, starker, waagerecht getragener Träger, starke Mähne, deutlicher Hängebauch, ausgeprägter Widerrist, meist Platzhirsch im Brunftrudel, vorsichtiges Verhalten, oftmals statt Schreien nur Anstoßen (Knören) in der schützenden Dickkung.

Äsungsansprüche, Fütterung: Rotwild ist Mischäser mit Tendenz zum Grasfresser (Hofmann, 1976). Daraus folgt das Verlangen nach strukturreicher Äsung, wie Gras, Kräuter, Blätter, Triebe. Wo diese Äsung fehlt, oder wo der Waldspaziergänger dem Rotwild nicht die nötige Ruhe zur Futteraufnahme gönnt, kommt es zwangsläufig zu Schäden an Trieben und Rinde in ruhigeren grasarmen Dickungen und Jungwüchsen. Der Pansen der Mischäser stellt sich jahreszeitlich auf unterschiedliche Äsung ein. So kann bei Rotwild im Sommer ein hoher Anteil an Grasäsung (60 %), ein 20 %iger Anteil an Krautäsung und eine 20 %ige Laubholzstrauch- und -triebäsung festgestellt werden. Rotwild nimmt täglich bis 12 kg Grünäsung auf.
Im Winter werden überwiegend, nämlich 60 % Nadelholzzweigäsung, 20 % Heuäsung sowie 20 % Laubholzzweig- und -triebäsung oder Moos und Flechten angenommen.
Man kommt deswegen in Waldrevieren kaum umhin, Äsungsflächen zu schaffen, wobei Sonne, wenig Nässe und Düngung den Bewuchs schmackhaft machen.
Im einzelnen werden folgende Wildäsungspflanzen bevorzugt: Weiß-, Horn- und Schwedenklee, Lieschgras, Weidelgras, Rotschwingel. Zusätzlich kann man Futtermittel anbieten, wobei hier nach Sommer- und Winterfütterung zu unterscheiden ist. Erstere kommt allenfalls in Gatterrevieren in Betracht, wo zu wenig natürliche Äsung wächst. Was die Winterfütterung anlangt, so kommt je 500 ha ein Futterplatz in Frage, vorausgesetzt, daß das Revier einen normalen Zuschnitt hat. Bei der Wahl des Futterortes sollte beachtet werden, daß genügend Rundumsicht für das hungrige und ruhebedürftige Wild gewährt wird. So wählt man besonders lichte Altholzbestände, denen in Hauptwindrichtung Dikkungen vorgelagert sind.
Auf dem Futterplatz stellt man Raufen mit angebauten Trögen, Kraftfutterspender und freistehende Tröge auf. Die Winterfütterung ist eine Notzeitfütterung. Bei gegendüblich früher Schneelage füttert man rechtzeitig, damit das Wild sich an die Fütterung gewöhnt.
Entscheidend ist die Zusammensetzung des Futterangebotes. Neben dem als Rauhfutter angebotenen Laub- und Grasheu reicht man Laubreisig, Kraft- und Saftfutter. Gerade die letzte Futtermittelgruppe setzt den Schältrieb (Abziehen der Baumrinde) stark herab. Zu ihr gehören: grüne Gräser, Silage, Hackfrüchte, Triebe und Rinde. Sie vermindert zudem den Wasserbedarf von täglich ca. 9 l merklich.
Das optimale Verhältnis der Futtergruppen Kraft- und Saftfutter ist 1 : 3 während der beginnenden Notzeit. Ab Ende Dezember setzt man Kraftfutter ab, da der Erhaltungsbedarf mit Saft- und Rauhfutter gewährleistet ist. Rein landwirtschaftlichem Saftfutter sollte Reisig oder Rinde (Rohfaser) wegen der dem Rotwildpansen zuträglichen faserigen Eigenschaften beigegeben werden.
Ideal ist, in der Nähe der Winterfütterungen Beerkrautflora mit dem Schneepflug freizulegen oder Durchforstungen in Weichholzbeständen im Winter durchzuführen, um das Rotwild nicht ganztags an die Fütterung zu binden.
Oberstes Ziel jeder Fütterung ist keineswegs der Aufbau guter Feistpolster, sondern vielmehr das Aufrechterhalten der Pansenaktivität.
Verbißbevorzugt sind: Weide, Pappel, Ahorn; Nadelhölzer werden in reinen Nadelholzrevieren notgedrungen verbissen.
Geschält werden mit Vorliebe: Fichte, Esche, Douglasie, Linde, Ahorn, Kiefer, Weide, Pappel, Hainbuche, Buche; wenig beliebt sind Erle und Birke.
Die Intensität des Schälens hängt ab vom: flächenmäßigen Angebot der Baumart, Alter und Grad der Verborkung.

Beim Schälen wird mit den Schneidezähnen des Unterkiefers die Rinde junger Bäume in erreichbarer Höhe bis auf den Splint durchschnitten und zwischen Schneidezähnen sowie Oberkieferknochenleiste hochgezogen, bis sie abreißt. Sodann wird die abgelöste Rinde geäst. Im Gegensatz zu diesem mit Sommerschäle bezeichneten Vorgang gibt es die Winterschäle, bei der mangels Saftfluß die Rinde lediglich abgeknabbert wird. Über die Schälwunden dringen Fäulnisbakterien in den wertvollsten Teil des Stammes ein und wachsen von dort bis zu 8 m hoch und nach unten bis zum Stammfuß. Abgesehen von der Wertminderung durch Fäulnis sind diese Bäume für Windbruch besonders anfällig.

Als Schutzmaßnahmen gegen vorgenannte Wildschäden kommen Gatterung oder Pflanzeneinzelschutz in Frage.

Gattern kann jedoch nicht bis zum Stangenholzalter und auf sehr großer Fläche durchgeführt werden. Das wäre zu teuer und bedeutete Entzug weiterer Einstände in der ohnehin verarmten Landschaft. Folglich werden nur wertvolle Laubholzkulturen gegattert.

Der Einzelschutz kann mechanisch (Drahthosen, Manschetten, Grün- und Trockeneinband, Kunststoffwickel oder Aufrauhen der Rinde mit Rindenhobeln), durch Ausbringen von Hausmitteln und chemischen Mitteln wirksam durchgeführt werden.

Der mechanische Einzelschutz ist zu lohnintensiv, der chemische Schutz zu wenig umweltfreundlich und hat keine Langzeitwirkung.

Es bleibt für den Jäger die Aufgabe, eine den landeskulturellen Verhältnissen angepaßte Wilddichte einzuhalten oder herbeizuführen, wobei die o.a. Hegemaßnahmen nicht vernachlässigt werden dürfen.

Rotwild ist Mischäser mit Tendenz zum Grasfresser. Demnach werden geäst: Gras, Kräuter, Blätter, Triebe.

Um Waldschäden (Verbiß, Schälen) zu verhindern, sollen im Walde Äsungsflächen angelegt werden. Diese werden mit Klee, Lieschgras, Weidelgras und Rotschwingel begründet.

Man rechnet für je 500 ha Waldboden einen Winterfütterungsplatz. Dieser wird während der Notzeit beschickt. Gefüttert werden: Rauhfutter, Kraft- und Saftfutter. Zusätzlich legt man bei Schnee die Beerkrautflora mit einem Schneepflug frei.

Außer o.a. Waldschäden werden große Schäden an Feldfrüchten angerichtet.

Feinde: Neben dem Großraubwild, das in der Bundesrepublik nicht mehr vorkommt, können dem Rotwild bei uns allenfalls Fuchs und Steinadler gefährlich werden. Ersterem fallen aber nur Kälber in den ersten Lebenstagen zum Opfer, während der Steinadler sich an allem schwachen Rotwild vergreift.

Bejagung

Jagdarten: Ansitz, Pirsch, Drückjagd, Riegeljagd.

Hege mit der Büchse: Ziel der Hege ist es, unter Berücksichtigung land- und forstwirtschaftlicher Belange einen gesunden Wildbestand in angemessener Zahl heranzuziehen. Darunter sollen ausreichend reife Hirsche vertreten sein. Diese Vorgaben setzen voraus, daß man die in der Hegegemeinschaft vereinbarte Wilddichte und das ausgemachte Geschlechterverhältnis einhält. Oft kommt es vor, daß weibliche Stücke in der Überzahl sind – hier liegt die Hauptaufgabe des Jägers: vermindern! Um einen pyramidenähnlichen Altersaufbau zu erreichen – breiter Unterbau bei einer großen Zahl junger Stücke mit zum Alter hin abnehmendem Bestand – muß stark in der Jugendklasse ohne Rücksicht auf das Geschlecht und zurückhaltend in die Mittelklasse eingegriffen werden.

Zwillingskälber sollten samt führendem Alttier erlegt werden, da derartige Nachkommenschaft regelwidrig ist und zudem erblich zu sein scheint. In der Regel werden Zwillinge nur unzureichend mit Milch versorgt.

Schmaltiere werden nur dann bejagt, wenn sie sich über das Kälberstadium als schwache Stücke „hinweggemogelt“ haben. Der Alttierabschuß muß min. $^1/_4$ des gesamten Kahlwildabschusses betragen, wobei Mütter bereits erlegter schwacher Kälber vorrangig zu schießen sind. Würde man den Alttierabschuß zurückhaltend betreiben, überalterte der Rotwildbestand und brächte nur schwache Nachkommenschaft.

Beim Hirschabschuß muß stark in die Jugendklasse der Ein- bis Vierjährigen eingegriffen werden. Die Mittelklasse der Fünf- bis Neunjährigen ist fast tabu, um bei den über Zehnjährigen mit 10% des Gesamthirschabschusses aufwarten zu können. Das Zielalter reifer Hirsche liegt bei 12 Jahren. Der Spiegel ordnungsgemäßer Hege mit der Büchse ist die obligatorische jährliche Trophäenschau.

Jagdzeiten nach Bundesverordnung:

Kälber	1.8.–28.2.
Schmalspießer	1.6.–28.2.
Schmaltiere	1.6.–31.1.
Hirsche und Alttiere	1.8.–31.1.
Jahresstreckenergebnis:	31 213 (1987/88)

Bayern hat die größte jährliche Rotwildstrecke.

Richtiger Hegeabschuß erfordert starke Eingriffe in das Kälberstadium sowie in die Klasse junger Hirsche, geringe Eingriffe in das Mittelalter und die Gruppe der Schmaltiere, um eine angemessene Zahl reifer Trophäenträger und guter Erbträger zu erzielen.

Zur Wiederholung und Kontrolle

- Wie schwer wird ein starker Hirsch?
- Welche Drüsen sind beim Rotwild bekannt?
- Welche Unterschiede bestehen im Sozialverhalten zwischen Rot- und Rehwild?
- Was sind hirschgerechte Zeichen? Nennen Sie min. 5 davon.
- Wie unterscheiden sich Hirsch- und Tierlosung voneinander?
- Wann schiebt und fegt der Hirsch sein Geweih?
- Nennen Sie einige Kronenformen für Hirschgeweihe.
- Was ist ein I b-Hirsch?
- Beschreiben Sie ein Eissprossenzehner-Geweih.
- In welchem Alter ist der Zahnwechsel abgeschlossen?
- Wie lautet die Zahnformel für das Dauergebiß?
- Welche Methoden der Altersschätzung kennen Sie beim erlegten Stück?
- Wo kommt in Ihrem Bundesland Rotwild vor?
- Welchen Lebensraum beansprucht Rotwild?
- Zu welcher Jahreszeit ist die Brunft?
- Wann setzt das Alttier?
- Aus welchem Grunde gründet man Rotwild-Hegegemeinschaften?
- Wie sprechen Sie einen alten Hirsch an?
- Welche Winteräsung bevorzugt das Rotwild?
- Welche Schäden richtet Rotwild im Walde an?
- Welche Jagdarten werden auf Rotwild ausgeführt?
- Wann hat das Rotwild Jagdzeit?

Damwild, *Dama dama* L.

Systematik

Ordnung: Artiodactyla, Paarhufer
Unterordnung: Ruminantia, Wiederkäuer
Familie: Cervidae, Hirsche
Unterfamilie: Cervinae, Echte Hirsche

Weidmannssprache

Damhirsch:	männliches Stück Damwild
(Dam-)Alttier:	weibliches Stück Damwild ab 1.4. des 2. Lebensjahres
(Dam-) Schmaltier:	weibliches Stück Damwild ab 1.4. des 1. Lebensjahres bis 31.3. des 2. Lebensjahres
(Dam-) Schmalspießer:	Hirsch vom 1. Kopf, das heißt ab 1.4. des 1. Lebensjahres
(Dam-)Hirschkalb:	männliches Stück Damwild bis 31.3. des 1. Lebensjahres
(Dam-)Wildkalb:	weibliches Stück Damwild bis 31.3. des 1. Lebensjahres
Geweih, Schaufeln, Damschaufeln:	Trophäe
Schauflerhaken, Dorn:	am unteren Ende der Schaufel nach hinten wegstehendes Ende
Brunft:	Paarungszeit

Brunftkuhle: vom Platzhirsch geschlagene Bodenvertiefung, in die hinein er näßt. Sie dient der Markierung
Setzzeit: Niederkunft
sonst wie beim Rotwild

Aussehen, Decke, Gewicht
Es gibt keine andere Schalenwildart, die in so vielen Farbvarianten vorkommt wie das Damwild. Von der Normalfärbung – rotbraun mit Kälberfleckung und heller Unter- und Laufinnenseite – bis tiefbraun, weiß (reinweiß als Albino (selten) bzw. schmutzigweiß) und gelbbraun kommen alle Farbschläge vor, wobei rotbraun in der Vererbung dominant ist.
Die Unterdecke des normalfarbenen Stückes ist im Winter graubraun gefärbt (ohne Kälberfleckung). Die hellen Farbpartien bleiben unverändert hell; der Spiegel ist jederzeit weiß (mit schwarzer Einfassung). Der Damhirsch hat keinen Kragen (vgl. Rotwild). Der Wedel ist im Vergleich zu anderem Schalenwild lang. Seine Oberseite ist durchgehend schwarz, die Unterseite weiß. Der Frühjahrshaarwechsel vollzieht sich zwischen Mai und Juni, der Wechsel zum Winterkleid zwischen September und Oktober. Das Hautmuster ist zeitlebens unveränderlich.
In der Größe steht Damwild zwischen Rot- und Rehwild. Die Schulterhöhe beträgt i.D. 90 cm, die Körperlänge 150 cm. Der Schaufler wiegt aufgebrochen 80–100 kg, das Alttier bis 45 kg.

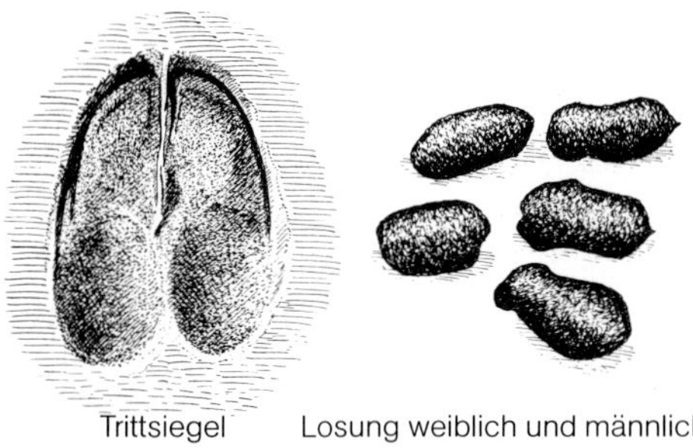

Abb. 18. Damhirschtrittsiegel und Damwildlosung.

Fährte (Abb. 18): Die Fährte des Damwildes muß man sich sehr genau ansehen, um sie nicht mit der des Rotwildes zu verwechseln. Unterscheidungsmerkmale sind:

1. Damwildtrittsiegel ist länglicher
2. oftmals Ungleichheit der Schalen; äußere Schale des Damwildes ist vielfach länger als die innere
3. der Ballen macht bis $^1/_2$ des Gesamttrittsiegels aus, beim Rotwild etwa $^1/_3$
4. geringere Schrittweite als beim Rotwild

Hirsch- und Tierfährte unterscheiden sich durch nicht so deutliche Ausprägung der Ballen beim Tier. Darüber hinaus ist die Hirschfährte durch Schrank und Zwang von der des weiblichen Stückes unterscheidbar.
Losung (Abb. 18): Rotwildähnlich, aber geringer, keine Näpfchen und Zäpfchen. Zwischen Hirsch- und Tierlosung bestehen Größenunterschiede.

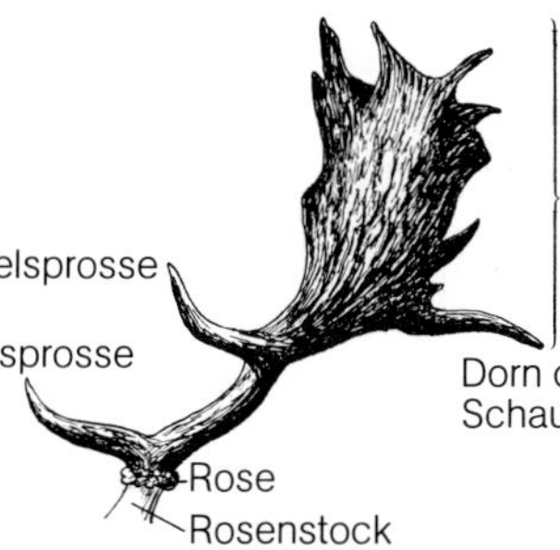

Abb. 19. Damschaufel.

Trophäe (Abb. 19): Nur der Hirsch trägt eine Trophäe. Die Entwicklung des ersten Kopfes beginnt mit der Bildung der Rosenstöcke nach 4 Monaten. Im Mai des auf die Geburt folgenden Jahres werden rosenlose, unten keulenförmig verdickte Spieße geschoben, die im Juli/August ausgewachsen sind und sodann gefegt werden.
Erst das Geweih des 2. Kopfes, das nach dem Abwerfen im Juni des übernächsten Jahres geschoben wird, weist immer Rosen auf. Diese Entwicklungsstufe wird vielfach „Knieper“ genannt, terminologisch eindeutig wäre „Hirsch vom 2. Kopf“. Diese Hirsche haben nur sehr selten Spieße, sondern in aller Regel eine Sechservereckung, bisweilen auch schaufelähnliche Andeutungen. Der 3. Kopf (Löffler) zeigt löffelartige Stangenenden anstelle von Schaufeln, wenn nicht bereits geringe Schaufeln, gefolgt vom angehenden Schaufler, Halbschaufler und Kapitalschaufler im fortgeschrittenen Alter. Der Geweihhöhepunkt liegt beim 10. Kopf. Jetzt ist

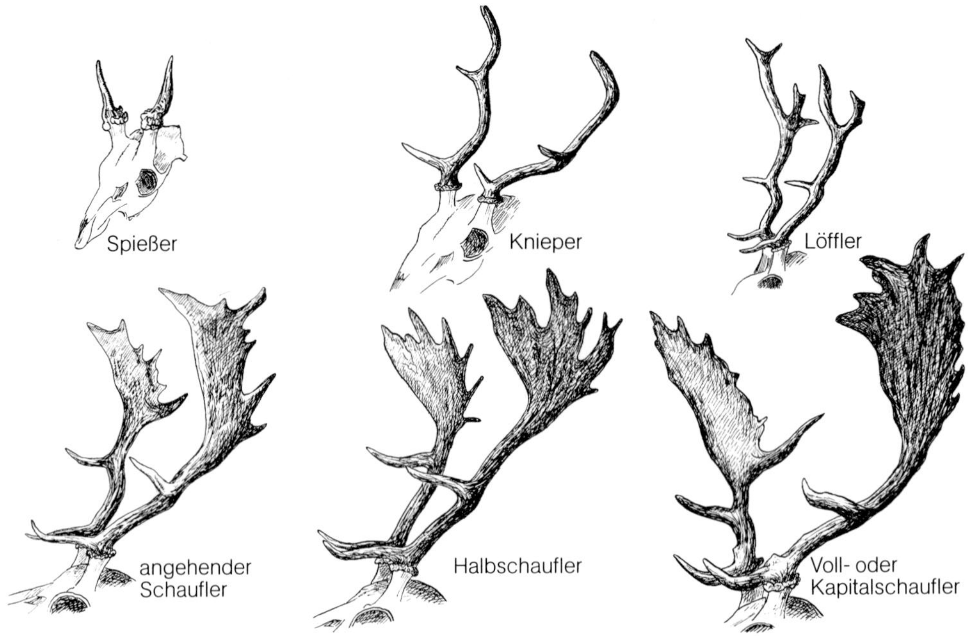

Abb. 20 a. Geweihentwicklung.

das Geweih ausgereift und der Kapitalschaufler als Erntehirsch ansprechbar (Abb. 20 a).
Abgesehen vom Fegezeitpunkt des Hirsches vom 1. Kopf fegen die Damhirsche Ende August/Anfang September und werfen in aller Regel im April/Mai des darauffolgenden Jahres ab.
Ideale Schaufelformen stellen die rechteckigen Voll-Schaufeln mit vielen Enden dar (Abb. 20 b).
Unerwünscht sind: Karoschaufel, Keilschaufel, Fischbauchschaufel, O-Form, schmale Schaufeln, zerrissene Schaufeln und Sektglasschaufeln.

Geweihformen sind:
1. V-Form
2. Herzform
3. U-Form
4. Korbform

Abnorme Geweihe sind relativ selten. Es gibt Doppelkopfbildungen, diese wiederum häufiger als beim Rotwild. Perückengeweihe sind kaum bekannt.
Über Mönche und schaufellose Geweihe ist bisher nichts verlautet. Geweihmißbildungen nach Verletzungen sind häufiger.

Ebenso können Doppelschaufeln hervorgebracht werden. Abgekämpfte Schaufeln, wie sie bei älteren guten Schauflern vorkommen, rechtfertigen keinen Abschuß.

Sichere Zeichen für das Wiedererkennen von Damhirschen sind:
1. Stellung der Augsprossen
   nach innen zeigend
   nach außen zeigend
   stark geschwungen
2. Geweihformen
   (V-, Herz-, U-, Korbform)

Die Altersklassenzuordnung liegt beim Damhirsch
mit 1- bis 2jährigen in Klasse III
mit 3- bis 7jährigen in Klasse II
mit 8jährigen und älteren in Klasse I.

Gebiß: Bei der Geburt sind als Milchzähne 6 Schneidezähne und 2 Eckzähne vorhanden. Die vorderen Backenzähne werden bereits geschoben.
Die Dauerbackenzähne sind mit 26 Monaten vorhanden. Bis zum 28. Monat sind dann auch die

Milchprämolaren gegen Dauerprämolaren gewechselt worden.

Die Zahnformel lautet dann:

$$\frac{0}{3}\ \frac{0}{1}\ \frac{3}{3}\ \frac{3}{3} \times 2 = 32$$

Lautäußerung: Am bekanntesten ist der Brunftschrei des Damhirsches, wenn auch nicht so weit wahrnehmbar wie beim Rotwild. Dieser schnarchende Laut wird bei gehobenem Haupt, geöffnetem Äser und hochstehendem Wedel abgegeben. Der Hirsch zieht dabei ständig umher. Das Damtier mahnt vor dem Beschlag, solange es noch nicht paarungsbereit ist. Zum Kalb behält das Alttier durch das Mahnen Rufkontakt. Außerdem haben beide Geschlechter einen Schrecklaut, der bei undefinierbarer Gefahr ausgestoßen wird.

Beim Damwild gibt es viele Farbvarianten: rotbraun mit Kälberfleckung, tiefbraun und weiß. Haarwechsel: Mai/Juni und September/Oktober.
Trittsiegel ist länglich. Der Ballen macht $^1/_2$ des Gesamttrittsiegels aus.
Trophäe ab 4. Kopf i. d. R. Schaufel, bekannt als angehender Schaufler, Halbschaufler und Kapitalschaufler.
Angestrebt wird die vielendige, rechteckige, lange Vollschaufel. Unerwünscht: Karo-, Keil-, Fischbauch-, O-Form, schmale-, zerrissene-, Sektglasschaufel.
Geweihformen: V-Form, Herzform, U-Form, Korbform.

Abb. 20 b. Schaufelformen.

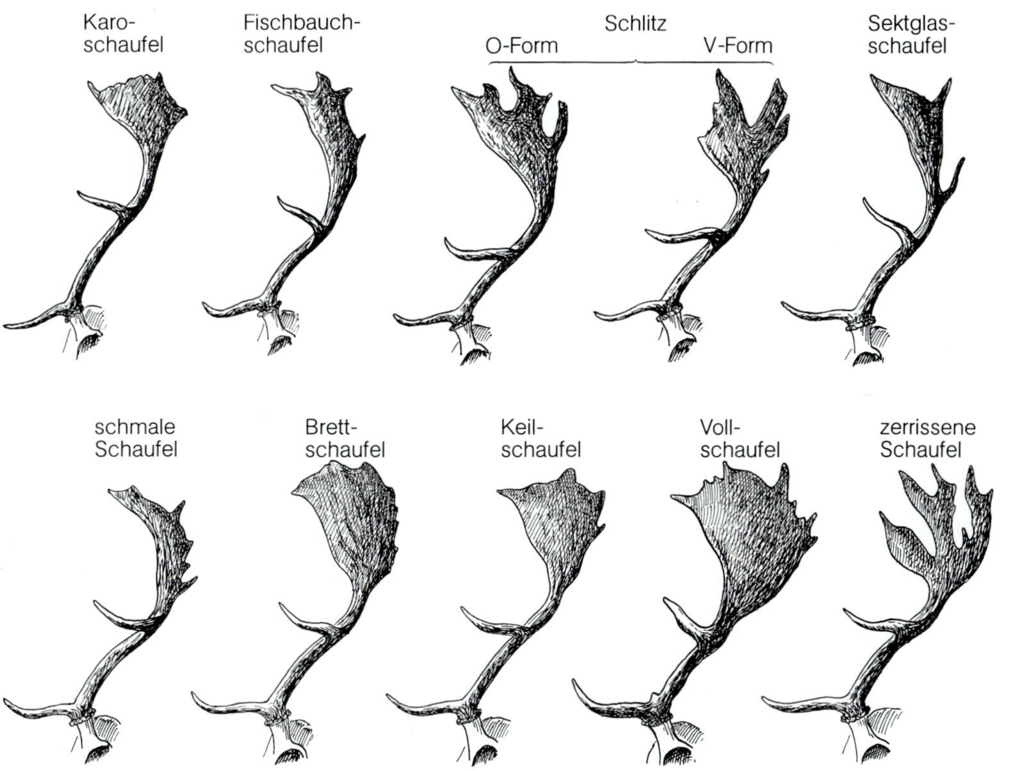

Verbreitung: Man führt die Entstehung des Damhirsches auf die Epoche des Pliozäns (vor 10 Mio. Jahren) zurück. Zu jener Zeit lebten in Europa Sikahirsche, die als Vorgänger des Damhirsches gelten und selbst nach Ostasien abwanderten; zurück blieb eine zur Schaufelbildung neigende Hirschart. Die Übergangsform mit wenig ausgebildeten Schaufeln hieß luristanischer Damhirsch, gefolgt vom Clactondamwild *(Dama clactoniensis)* in Westeuropa. Diese letzte sikaähnliche Art starb im Pleistozän aus (vor ca. 800 000 Jahren).

Erst zu Zeiten des Neandertalers tritt Damwild heutigen Aussehens auf, wird aber während der Würmeiszeit nach Südosten abgedrängt, wo es mit dem dort lebenden Mesopotamier, einer stärkeren Damwildart, zusammentraf. Von dieser bis zu 200 kg schwer werdenden Damhirschart mit starkem Geweih, aber schwacher Schaufelbildung, sollen noch heute einige 100 Exemplare leben.

Dama dama mesopotamicus galt bis Ende letzten Jahrhunderts als ausgestorben, bis ihn ROBERTSON 1875 wiederentdeckte. Abermals zu Beginn dieses Jahrhunderts „endgültig totgesagt", wird sein Vorkommen 1955 bzw. 1960 durch die Forscher TALBOT, TRENSES und HALTENROTH erneut im irakisch-iranischen Grenzgebiet bestätigt.

Zur Zeit der Römerherrschaft taucht Damwild wieder in Deutschland auf, zunächst als Parktier, später auch in freier Wildbahn.

Heute kann die Verbreitung des Damhirsches in der Bundesrepublik Deutschland wie folgt beschrieben werden:

Hauptvorkommen in Schleswig-Holstein, gefolgt von Niedersachsen, Nordrhein-Westfalen, Hessen, Baden-Württemberg, Rheinland-Pfalz, Bayern.

Weitere europäische Vorkommen sind aus Dänemark, Tschechoslowakei, Bulgarien, Rumänien, Polen, Österreich, Schweden, Großbritannien und Spanien bekannt.

Lebensweise: Damwild bevorzugt Parklandschaften, hat sich aber auch durchaus anderen Biotopen gut angepaßt. Hiervon ausgenommen sind Gebirgslagen sowie Gegenden mit hoher und langandauernder Schneelage. Damwild gilt als genügsam und kälteunempfindlich.

Verhalten: Je nach Aufenthalt ist Damwild z. B. in Schaugehegen sehr vertraut gegenüber dem Menschen, aber in freier Wildbahn überhaupt nicht. Es neigt stark zur Rudelbildung. Hirsche und Kahlwild stehen in getrennten, aber auch gemischten Rudeln. In Hirschrudeln führt ein älterer Hirsch, in Kahlwildrudeln ein Alttier, in gemischten Rudeln ein Hirsch oder ein Alttier.

Wie auch beim Rehwild gibt es beim Damwild reine Äsungsgemeinschaften, die hernach wieder in Kleinfamilien zerfallen. In deckungsreichen Biotopen zeigt es die Eigenschaften eines Schlüpfers, wenngleich sein Geweih ihm nicht gleiche Schlüpferqualitäten wie dem Rehwild verleiht (typischer Vertreter der Schlüpfer ist das Rehwild, das sich lautlos durch Unterholz hindurchwindet).

Sinne: Der Gesichtssinn des Damwildes ist am besten ausgebildet. Der Geruchssinn ist nur $^1/_5$ bis $^1/_6$ so gut wie der des Rotwildfanges. Das Vernehmen ist im Vergleich zu anderen Wildarten normal ausgebildet.

Fortpflanzung, Brunft, Setzzeit: Die Brunft setzt Mitte Oktober ein und wird Anfang November beendet. Je mehr alte Hirsche am Brunftgeschehen beteiligt sind, desto früher beginnt die Fortpflanzung: Das kann dann durchaus bereits in den letzten Septembertagen sein. Das Ende der Brunft wird dadurch nicht vorgezogen. Die Zuchtkondition bleibt $^1/_2$ Jahr erhalten.

Bereits Wochen vorher werden die meisten in Feisthirschrudeln isoliert stehenden Hirsche unruhig und suchen die Kahlwildeinstände auf. Hier wird von immer wieder benutzten Brunftplätzen mit Vorliebe in Stangenhölzern, selten in alten Räumden (d.s. lichte Altholzbestände) Besitz ergriffen.

Die Platzhirsche markieren ihre Brunftkuhlen – d.s. mit den Vorderschalen und dem Geweih geschlagene Bodenvertiefungen – durch Nässen. Zusätzlich werden in unmittelbarer Umgebung kleine Stämme und Büsche mit den Schaufeln bearbeitet (Schlagen). Dabei werden die Voraugendrüsen entleert.

Hiermit einher gehen die Brunftlaute, das Schreien, ein rasselndes Schnarchen, das während der Brunft auch tagsüber zu hören ist.

Rivalitäten unter den Geschlechtsgenossen werden erbittert ausgetragen. Sehr häufig werden dabei Schaufeln abgekämpft. Der Unterlegene sucht danach das Weite.

Das Kahlwild findet sich auf den Brunftplätzen ein, läßt sich aber erst nach längerem Vorspiel be-

schlagen. Dabei wird das oft sitzende Stück durch den Hirsch mit dem Äser hochgebracht. Es folgen Nacheile, Flehmen (Hochziehen der Oberlippe), Beschlagversuche, denen sich das Stück Kahlwild erst einige Zeit später bereitwillig stellt. Zwischen Mai und August wird i.d.R. 1 Kalb in völliger Abgeschiedenheit gesetzt.
Binnen einer halben Stunde wird das Gesäuge angenommen und im Abstand von 3 Stunden gesäugt. Mit zunehmendem Alter verlängern sich diese Zeitabstände. Zusätzlich wird ab dem 3. Tag Äsung aufgenommen. Mit Ende der Jagdzeit auf Damwild wird das Säugen fast ganz eingestellt. Nach 2–3 Wochen schließen sich Alttier und Kalb dem Rudel wieder an.

Zuwachsrate, Geschlechterverhältnis: Als Zuwachs werden 70% auf den am 1.4. vorhandenen Alt- und Schmaltierbestand unterstellt. Das Geschlechterverhältnis beträgt 1:1, zumindest wird Damwild so bewirtschaftet. Als optimaler Altersaufbau des Bestandes werden angestrebt: eine angemessene Zahl gut veranlagter alter reifer Damhirsche (Alter 8 Jahre und älter), eine gleiche Anzahl an starkem Kahlwild, ein nach Zahl und Güte gut veranlagter Unterbau, der Aussicht hat, in das Erntealter hineinzuwachsen.

Der Abschuß muß entsprechend festgelegt werden:

Männliches Wild (Hirsche)	
Hirschkälber	25%
Hirsche AKl III	50%
Hirsche AKl II	10%
Hirsche AKl I	15%
Weibliches Wild	
Wildkälber	45%
Schmaltiere	15%
Alttiere	40%

Ansprechen vor dem Schuß: Kälber sind an ihrem „kindlichen“ Gesichtsausdruck erkennbar. Ihr Kopf ist kurz und gedrungen. Die Backenpartien sind gut gepolstert. Alle Kälber haben Kälberhaar, d.s. lange Grannen, besonders am Träger.
Das Hirschkalb fällt ab Mitte/Ende November durch seinen Pinsel und Rosenstöcke auf.
Beim einjährigen Stück wirkt das Haupt gestreckter durch allmähliches Schwinden der Backenpolster.

> Damwild bevorzugt Parklandschaften; es lebt gesellig in Hirsch- und Kahlwildrudeln. Hervorragender Gesichtssinn.
> Die Brunft findet zwischen Oktober und November statt. Der Hirsch schlägt Brunftkuhlen, vorzugsweise in Stangenhölzern, wo er auch das Kahlwild beschlägt.
> Mai–August wird 1 Kalb gesetzt.
> Die Zuwachsrate beträgt 70% bezogen auf den am 1.4. vorhandenen Bestand an Alttieren und Schmaltieren.

Erst im hohen Alter wirkt das Gesicht knochig, die Lauscher hängen etwas und das Stück sieht vergreist aus.
Da es speziell bei den Hirschen auf eine genaue Altersansprache ankommt, sei hierauf kurz eingegangen:
Wegen fehlender Mähne ist beim Damhirsch eine Altersansprache im Vergleich zum Rothirsch erschwert.

Junger Hirsch: „freundlicher“ Gesichtsausdruck, schmaler Kopf, schlanker Träger, ausgeglichene Körpermasse, hochangesetzte Augsprossen
Mittelalter Hirsch: voller Kopf, stärkerer Träger, ausgewachsen-kompakter Körper
Alter Hirsch: breiter Kopf, „mürrischer“ Gesichtsausdruck, starker Träger, oft dunkle Decke, die Körpermasse scheint sich nach vorn zu verlagern, tief angesetzte Augsprosse.

Das Geweih kann zur Altersansprache nur bedingt herangezogen werden. So tragen Hirsche vom 1. Kopf nie Schaufeln, solche vom 2./3. Kopf zeigen zumeist vereckte „Stangengeweihe“, bisweilen auch schon Schaufeln.
Je älter und reifer der Hirsch wird, desto eher weist er dem Hegeziel entsprechend lange, rechteckige Schaufeln mit zahlreichen Enden und starken Stangen auf.

Äsungsansprüche, Fütterung: Nach HOFMANN (1976) ist Damwild ein Gras- und Rauhfutterfresser und gehört damit wie das Rotwild zu den Mischäsern. Hieraus ergibt sich, daß Damwild viel Gras und faserige Äsung zu sich nimmt. Falls es hieran fehlt, stellt es sich auf „Schälkost“, nämlich Baumrinde ein.

Eine Vorliebe zeigt es für folgende Äsungspflanzen: Süßgräser, alle Kleearten, Weidenröschen, Giersch, Heide, Wildackerpflanzen (hier Topinambur, Raps, Markstammkohl, Süßlupine, Ginster, Hafer). Als bevorzugte Schälhölzer gelten: Esche, Pappel, Tanne, Douglasie, Linde, Eiche, Ahorn. Gerne verbissen werden: Weide, Brombeere, Hasel, Holunder, und alles sonstige Laubholz.

Winterfütterungen außerhalb der Mittelgebirgslagen scheinen nur in Notzeiten erforderlich, oder wenn Damwild sich winters sternförmig in einigen Forstorten zusammenzieht.

Der Futterplatz sollte windgeschützt auf kleiner Freifläche inmitten unterholzreicher Althölzer angelegt werden.

Als Winterfutter eignen sich: Silage, Rübenblatt, Rauhfutter in Form von Klee- und Luzerneheu und Kraftfutter (Eicheln, Kastanien, Hafer). Die Länder können die Fütterung von Wild untersagen oder von einer Genehmigung abhängig machen (§ 28(5) BJagdG).

Salz sollte im Sommer nicht vergessen werden.

Der Wasserbedarf des Damwildes kann nicht allein mit einem hohen Saftfutteranteil gedeckt werden, er verringert sich allenfalls. Man kann annehmen, daß er bei ausgewachsenen Stücken 5 l täglich beträgt.

Bejagung

Jagdarten: Ansitz, Pirsch, selten Drückjagd.

Hege mit der Büchse: Die unterschiedliche Entwicklung der Kälber ist entscheidend abhängig vom Zeitpunkt des Setzens. Früh gesetzte Stücke entwickeln sich besser als spät gesetzte. Demzufolge erlegt man ab Dezember alle schwachen Kälber. Dieser Zeitpunkt ist deswegen so spät gesetzt, da jetzt erst Entwicklungsunterschiede angesprochen werden können.

Der Kälberabschuß beläuft sich auf 35% des Gesamtabschusses. In die Klasse der Schmaltiere bzw. der Hirsche bis zum 2. Kopf wird mit 30% eingegriffen.

Der Abschuß in der Mittelklasse vom 3. bis zum 7. Kopf ist äußerst zurückhaltend durchzuführen. Er hat sich nur auf abschußnotwendige Stücke zu beschränken, um genügend Schaufler in das Erntealter (von 8 Jahren aufwärts) einwachsen zu lassen. Er macht 5% des Gesamtabschusses aus, womit dann 7–10% für den Hirschabschuß der Klasse I über 8 Jahre bleiben. Die Alttiererlegung beläuft sich auf ca. 20% des Gesamtabschusses.

Um diesen Idealvorstellungen näherzukommen, sind die Revierinhaber gehalten, sog. Hegegemeinschaften gemäß § 10a BJagdG zu bilden. Hiermit soll eine einheitliche Wildbewirtschaftung erreicht werden. Das setzt gemeinsame Abschußpläne sowie einheitliche Abschußrichtlinien voraus. Die Minimalgröße einer Damwildhegegemeinschaft sollte bei 5000 ha liegen.

Jagdzeiten nach Bundesverordnung	
Kälber	1.9.–28.2.
Schmalspießer	1.7.–28.2.
Schmaltiere	1.7.–31.1.
Hirsche und Alttiere	1.9.–31.1.
Jahresstreckenergebnis	13383 (1987/88)

Damtierhaltung: Die europäische Landwirtschaft steht unter Erfolgszwang. Ihre Landwirte können es sich nicht leisten, Problemflächen ackerbaulich oder als Grünland zu nutzen.

Hier gilt es, rentable Nutzungsformen zu finden, so z.B. die Dam- oder Rottierhaltung.

Mit der Rotwildhaltung bestehen in Neuseeland, Australien und Schweden bereits ausreichende Erfahrungen. Mit Damwild hat man längst nicht in gleichem Umfange experimentiert. Man meint aber, daß die vielen Farbvarianten des Damwildes erste Hinweise auf Domestikationserscheinungen geben. Zudem gilt das Damwildbret als qualitativ hochwertiger als das des Rotwildes.

Nicht zuletzt hat man sich in der Bundesrepublik Deutschland mit Rücksicht auf die Jäger gegen Rottier- und für Damtierhaltung entschieden, da dem Rotwild hier jagdlich die höchste Bedeutung zukommt und man das Rothirschgeweih durch Gatterhaltung nicht abzuwerten gedenkt.

Eine Wertung der Praxis der Damtierhaltung steht dem Autor nicht zu. Allenfalls dürfen mögliche Gefahren, die von einer derartigen „Viehhaltung“ ausgehen könnten, anfgezeigt werden:

1. Die Ausbruchgefahr des in Gehegen gehaltenen Damwildes ist nicht unbeträchtlich; auf diese Weise könnten neue ungewollte Damwildvorkommen entstehen.

2. Die nicht einheimischen Gatterhirsche sind in freier Wildbahn kaum lebensfähig. Zudem besteht die Gefahr, daß hiesige Rassen der freien Wildbahn sich mit fremdländischen ausgebrochenen vermischen und eine den hiesigen Verhältnissen nicht angepaßte Nachkommenschaft zeugen.
3. Die Ausbreitung von Seuchen durch Viehhaltung auf engstem Raum ist sehr groß. Ein Übergreifen auf das Wild wäre damit unvermeidbar.

Zur Wiederholung und Kontrolle

- Was ist eine Brunftkuhle?
- Welche Farbschläge gibt es beim Damwild?
- Wie unterscheiden sich Dam- und Rotwildfährte voneinander?
- In welchem Alter schießt man den Ernteschaufler?
- Welche unerwünschten Schaufelformen kennen Sie?
- Wann brunftet das Damwild?
- Wann ist der Zahnwechsel abgeschlossen?
- Wo kommt in Ihrem Bundesland Damwild vor? (Befragen Sie Ihren Ausbilder!)
- Wie verhält sich der Damhirsch während der Brunft?
- Welche Jagdarten gibt es auf Damwild?
- Zu welchem Zweck gibt es Damwild-Hegegemeinschaften?
- Welche Äsungsansprüche hat Damwild?

Sikawild, *Cervus nippon* Temminck

Systematik
Ordnung: Artiodactyla, Paarhufer
Unterordnung: Ruminantia, Wiederkäuer
Familie: Cervidae, Hirsche
Unterfamilie: Cervinae, Echte Hirsche

Weidmannssprache
Wie beim Rotwild

Aussehen, Decke, Gewicht, Fährte (Abb. 21)
Das japanische Sikawild steht in der Größe zwischen Dam- und Rehwild; eine größere Unterart des asiatischen Festlandes – der Dybowski-Hirsch – übertrifft das Damwild an Größe. Die Gewichte des im Sommer weniger gefleckten Hirsches betragen bei der häufigeren Japan-Unterart 40, selten 50 kg, für das im Sommer stärker gefleckte Alttier 27 kg (aufgebrochen).
Die Winterdecke färbt sich besonders dunkel und läßt auf der Rückenlinie einen breiten Aalstrich, der nicht bis zum Wedel durchläuft (Gegensatz: Damwild), erkennen. Das Haupt ist dann fast schwarz, wogegen sich der Spiegel schneeweiß ausnimmt. Der Wedel ist deutlich kürzer als beim Damwild. Der Größenunterschied der Geschlechter ist weniger auffallend als beim Damwild. Unterhalb der Sprunggelenke der Hinterläufe weist Sikawild einen weißen Fleck auf. Dieses Merkmal unterscheidet weibliches Sika- von weiblichem Damwild. Das Trittsiegel ist größer als das des Rehwildes und runder als das des Damwildes. Der Ballen drückt sich gut ab.
Trophäe: Die max. 50–60 cm lang werdende Trophäe des japanischen Sikahirsches erreicht selten mehr als die Achterstufe. Der 1. Kopf weist Spieße, der 2. Kopf meist 6 Enden, der 3. 8 Enden auf. Kronenbildung wird meist nur bei der größeren Festlandsrasse beobachtet. Mit dem 7./8. Kopf gilt der Hirsch als reif.
Gebiß: Die Zahnformel ist gleich der des Rotwildes:

$$\frac{0}{3}\ \frac{1}{1}\ \frac{3}{3}\ \frac{3}{3} \times 2 = 34$$

Die Grandeln sind kleiner als die des Rotwildes, aber dunkler gefärbt.
Lautäußerung: Bekannt ist ein pfeifender Brunftlaut, das Tier mahnt.
Verbreitung: Die Heimat des Sikawildes ist Fernost. Dort kommt es in vielen Unterarten vor. Die wohl bekannteste ist die japanische Zwergform, deren Einbürgerung in Deutschland auf das Jahr 1910 zurückgeht. In freier Wildbahn ist Sikawild erstmalig 1928 im Raume Waldshut anzutreffen. Neben dieser japanischen Unterart kommt in der Bundesrepublik Deutschland die größere Festlandsunterart, der Dybowski, im Raume Höxter vor.
Zur Zeit gibt es in der Bundesrepublik folgende Sikavorkommen:
1. Schleswig-Holstein: Angeln
2. Nordrhein-Westfalen: Arnsberger Wald, Höxter
3. Hessen: Schlitz

Abb. 21. Sikahirsche.

4. Bayern: Höchstadt/Aisch
5. Baden-Württemberg: Waldshut

Der derzeitige Bestand in der Bundesrepublik wird auf 1500 Stück geschätzt.

Lebensweise: Ursprünglich hatte man mit Gehegehirschen größere Parks beleben wollen. Die freie Wildbahn ist dann zum überwiegenden Teil der Wald geworden, wobei das Sikawild zur Äsung durchaus auch auf die Felder zieht.

Verhalten: Sikawild ist sehr neugierig und gegenüber dem Menschen vertrauter als beispielsweise Rot- und Damwild. Es lebt gesellig in Hirschrudeln und Kahlwildrudeln. Das klimaharte Sikawild ist tagsüber sehr aktiv. Hinsichtlich seiner Äsungsansprüche ist es sehr genügsam.

Fortpflanzung, Brunft, Setzzeit: Die Brunft zieht sich von Mitte September bis Anfang Dezember hin. Hochbrunft ist im Oktober.

Die Setzzeit ist Mai–Juli. Nur selten werden 2 Kälber gesetzt.

Zuwachsrate, Geschlechterverhältnis, Wilddichte: Da Sikawild ausgesprochen anpassungs- und widerstandsfähig ist, erreicht es bisweilen hohe Wilddichten, die bis zu 100 Stück/100 ha reichen können. Das führt dann zu starken Wildschäden, wie Verbiß und Schälen. Die wünschenswerte Wilddichte liegt bei 4 Stück/100 ha. Eine weitere Verbreitung ist nicht erwünscht.

Bejagung

Jagdarten: Wie beim Rotwild

Jagdzeiten nach Bundesverordnung:

Kälber	1.9.–28.2.
Schmalspießer	1.7.–28.2.
Schmaltiere	1.7.–31.1.
Hirsche und Alttiere	1.9.–31.1.

Jahresstreckenergebnis 681 Stück (1987/88). Nordrhein-Westfalen hat hieran den größten Anteil.

> **Zur Wiederholung und Kontrolle**
> - Beschreiben Sie Sommer- und Winterkleid des Sikawildes.
> - Wie schwer wird ein Sikahirsch?
> - Bis zu welcher Stärke gelangen Sikageweihe?
> - Wo ist die Heimat des Sikawildes?
> - Wo kommt Sikawild in der Bundesrepublik vor?
> - Wann brunftet Sikawild?

Rehwild, *Capreolus capreolus* L.

Systematik
Ordnung: Artiodactyla, Paarhufer
Unterordnung: Ruminantia, Wiederkäuer
Familie: Cervidae, Hirsche
Unterfamilie: Odocoilinae, Trughirsche. Erläuterung s. Elchwild

Weidmannssprache (Abb. 22)

Bock, Rehbock:	männliches Stück Rehwild
Jährling, Kitzbock (gegendweise noch gebräuchlich):	männliches Stück Rehwild vom 1.4. des auf die Geburt folgenden Jahres bis zum 31.3. des übernächsten Jahres
Kapitalbock, guter Bock, geringer Bock:	Bezeichnung für Stärke eines Bockes
Ricke, Geiß, Rehgeiß, selten Hille:	weibliches Stück Rehwild
Schmalreh:	weibliches Stück Rehwild vom 1.4. des auf die Geburt folgenden Jahres bis zum 31.3. des übernächsten Jahres
Bockkitz:	männliches Stück Rehwild bis zum 31.3. des auf die Geburt folgenden Jahres
Rehkitz oder Rickenkitz:	weibliches Stück Rehwild bis zum 31.3. des auf die Geburt folgenden Jahres
Brunftrute:	männliches Geschlechtsteil
Feuchtblatt:	weibliches Geschlechtsteil
Schürze, Wasserzeichen:	Haarbüschel um das Feuchtblatt

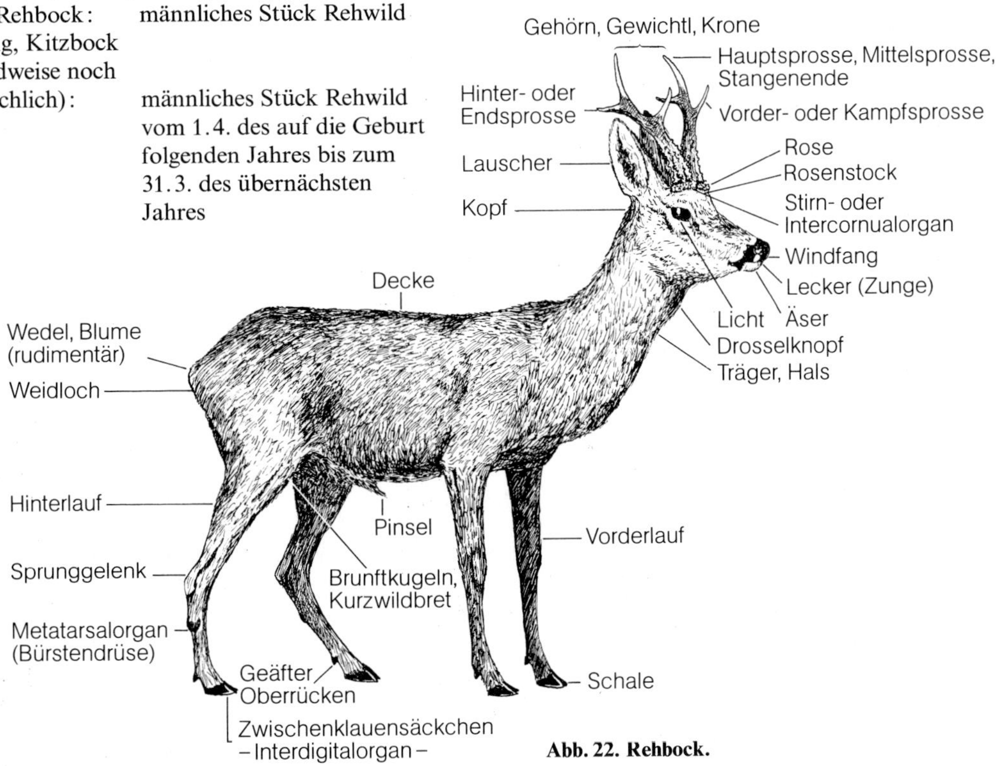

Abb. 22. Rehbock.

Bastgehörn, Kolben:	nicht gefegtes Gehörn, das sich noch in der Entwicklung befindet
Bast:	Haarschutzschicht, die das Gehörn bis zur vollständigen Ausbildung umgibt
Drossel:	Luftröhre
Schlund:	Speiseröhre
Spiegel:	die das Weidloch umgebenden hellen Haare
Pansen, Weidsack:	Magen
Gescheide:	Pansen und Därme
großes Gescheide:	Pansen
kleines Gescheide:	Därme
Weiddarm:	Mastdarm
Geräusch:	Herz, Leber, Lunge, Nieren
Schweiß, Farbe:	Blut
Tracht:	Gebärmutter
Blattzeit:	Fortpflanzungszeit
Setzzeit, Hegezeit:	Zeit der Niederkunft
Setzakt, Setzen:	Niederkunft, niederkommen
Geltreh, Geltricke, gelte Ricke, Dauergeltricke:	auf Dauer unfruchtbare Ricke
Sprung:	Rehgesellschaft
Einstand:	Aufenthaltsort
Sommerhaar, Sommerdecke:	rote Haarfarbe vom Frühjahr bis Herbst
Winterhaar, Winterdecke:	graubraune Haarfarbe im Herbst/Winter
Angstgeschrei:	Lautäußerung der während der Blattzeit vom Bock verfolgten Ricke
Schmälen:	akustische Einstandsmarkierung des Rehbockes
Fiepen:	Lockton der Ricke und des Kitzes
Keuchen:	Lautäußerung des die Ricke treibenden Bockes
Schrecken:	Lautäußerung der Rehe bei nicht genau definierter Gefahr
Klagen:	Schmerz- und Angstlaut der Rehe
Beschlagen:	begatten, decken
brunftig:	paarungswillig
Fegen:	Bast abschlagen
Plätzen:	optische Markierung des Bockes am Boden
Winden:	riechen
Äugen:	sehen
Vernehmen:	hören
Nässen:	urinieren, Harn absetzen
Sich lösen:	koten
Verhoffen:	stehenbleiben
Sichern:	verhoffend nach allen Seiten beobachten
vertraut:	ohne Argwohn
Überfallen:	springen
Wechseln	laufen
Sich niedertun:	setzen
Rinnen:	schwimmen
Bett:	Ruhelager
Äsen:	fressen
Schöpfen:	trinken
Verfärben:	Haarwechsel
Färbezeit:	Zeit des Haarwechsels
Wildbret:	Fleisch
Ziemer:	Rücken als Braten
Blatt, Vorderblatt:	Schulterblatt
Keule:	Keule
Stich:	Körperpartie zwischen den Vorderläufen, von vorne gesehen
Flanke, Flämen, Dünnung:	Bauchseite

Aussehen, Decke, Gewicht

Das Reh ist der kleinste Vertreter der Hirschartigen.

Die Körpermaße betragen:

Körperlänge (m. Kopf):	1–1,35 m
Widerristhöhe:	70 cm
Körpergewicht:	11–20 kg aufgebrochen
Geburtsgewicht:	1,5 kg
Wedel (rudimentär):	2–3 cm

Wegen seiner Stromlinienform – schmaler Körper, spitzer Kopf – sowie seiner kleinen Trophäe und weil es hinten leicht überbaut ist, gilt das Reh als Schlüpfer, dem selbst die dichteste Dornenhecke kein Hindernis bedeutet. Andererseits kann es wegen seines geringen Lungenvolumens keine anhaltende Flucht durchstehen. Die rotbraune Sommerdecke mit kurzem Haar wird im September/Oktober zur

dichthaarigen, graubraunen Winterdecke. Erst im Mai/Juni kommt das Sommerkleid zum Vorschein. Die Kitzdecke weist eine für die meisten Cerviden typische Kälberfleckung auf, die sich aber bereits im August vollends verliert. Andersgefärbte Rehe sind selten, z.B. schwarze Rehe, noch seltener sind gescheckte und weiße Rehe. Als Ursache der schwarzen Farbe wird Mutation vermutet. Bei deren Vererbung ist die rote Deckenfarbe dominant. Für die Weiß- und Geschecktfarbigen kann eine entsprechende Aussage nach bisher vorliegenden Forschungsergebnissen nicht gemacht werden.
Die Weidlochpartie, der Spiegel, ist im Winter weiß und im Sommer gelblich gefärbt. Bei Beunruhigung richten sich die bis zu 6 cm langen Spiegelhaare auf. Der Spiegel sieht beim Bock nierenförmig, bei der Ricke herzförmig aus.

> Gewicht 12–20 kg; Schlüpfer mit Vorliebe für dichtes Unterholz;
> rote Sommerdecke, graue Winterdecke, Haarwechsel Mai/Juni bzw. September/Oktober.

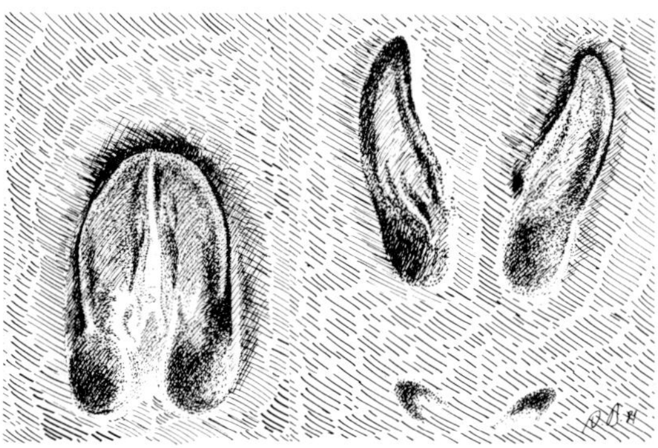

Abb. 23. Rehfährte. Ziehend (links); flüchtig (rechts).

Fährte (Abb. 23): Die Fährte setzt sich aus den einzelnen Tritten zusammen. Meist stellt sich der einzelne Schalenabdruck geschlossen dar. Flüchtige Stücke hinterlassen gespreizte Schalenabdrücke und deutliche Geäfterabdrücke.
Losung (Abb. 24): Die Losung ist kaffeebohnengroß und länglich geformt. Sie sieht schwarzgrün aus. Im Frühjahr und Sommer fällt sie bei guter Äsung bisweilen breiig oder aber in Haufen mit erkennbaren

Abb. 24. Rehwildlosung.

Einzelstücken; im Herbst und Winter wird sie immer in Einzelstücken ausgeschieden.
Trophäe (Abb. 25): Wie bei allen Cerviden tragen nur die männlichen Stücke Kopfschmuck (Ausnahme: Ren). Nur selten kommen auch gehörnte Ricken vor. Ursachen hierfür sind:
1. Geschlechtshormonstörungen
   Echte Zwitter (Hermaphroditen) mit männlichen und weiblichen Keimdrüsen.
   Scheinzwitter (Pseudohermaphroditen), die überwiegend äußerlich weibliche Geschlechtsmerkmale, innerlich bei fehlenden Eierstöcken männliche Anlagen ausgebildet haben.
2. Alte Ricken, deren vermeintlicher Rosenstock oftmals eher einer Knochenleiste ähnlich sieht.

Der für die Rehtrophäe gebrauchte jagdliche Ausdruck „Gehörn" ist zoologisch besser mit „Geweih"

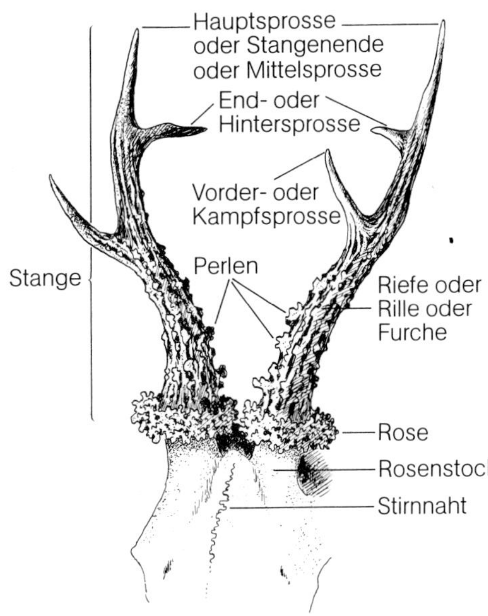

Abb. 25. Rehgehörn.

zu ersetzen, da nur Boviden (Hornträger) Hörner tragen. Das Rehgehörn weist in aller Regel 2 Stangen auf, die sowohl gleich, aber auch außerordentlich unterschiedlich aussehen können. Das Gehörn dient als Waffe, besonders gegenüber Artgenossen. Diesen Zweck erfüllten bei den Urvätern unserer Hirschartigen gewaltige Eckzähne. Als Vertreter dieser Hirsche sind die Chinesischen Wasserrehe zu nennen, stammegeschichtlich weiterentwickelt zum ersten Hirsch mit „Primitivgeweih", dem Muntjak, dessen Eckzähne deutlich kürzer geworden sind. Rudimente der einstmals starken Eckzähne aller Hirschartigen sind die Grandeln des Rotwildes, die beim Rehwild nur als seltene Ausnahme vorkommen.

Die Geweihentwicklung der Cerviden hat in Anpassung an Vererbung und Umwelt teilweise außergewöhnliche Formen angenommen. Heute ist die Vielendigkeit der Geweihe das erklärte Hegeziel aller Trophäenjäger. Das geweihtragende Tier kann in diesem Falle seine Stangen weniger als Waffe, sondern allenfalls als Imponierorgan gegenüber Artgenossen einsetzen.

Das Gehörn (Geweih) besteht aus Knochen. Es wird beim Bockkitz nach Bilden der Rosenstöcke im November des Geburtsjahres als sog. Erstlingsgehörn geschoben. Meist handelt es sich dabei um Knöpfe. Diese werden gefegt und im Februar des darauffolgenden Jahres abgeworfen. Das nächste Gehörn ist im Juni/Juli fertig. Häufig schiebt das Bockkitz sein Erstlingsgehörn erst im Januar/Februar des auf die Geburt folgenden Jahres, das dann auch im Juni/Juli gefegt wird. Für beide Entwicklungen gilt, daß das Erstlingsgehörn niemals Rosen aufweist.

Je älter der Rehbock wird, desto früher wirft er ab, u. U. schon Ende Oktober/Anfang November. Folglich wird das anschließend geschobene neue Gehörn frühzeitig gefegt (Mitte April). Daraus schließen wir, daß das Gehörn zwischen April und Juni gefegt und zwischen Oktober und Januar abgeworfen wird.

Wenden wir uns nun der Gehörnbildung zu: Die Stangen wachsen aus dem Rosenstock hervor, der von einer serösen Flüssigkeit (Rückstand nach dem Abwerfen des alten Gehörns) und Periost (Knochenhaut) überzogen ist. Unter der Knochenhaut wird unmittelbar nach dem Abwerfen Knochenmasse angelagert, die zunächst weich und funktionsuntüchtig ist. Dieses sog. Kolbengehörn wird intensiv durchblutet. Das kann man anhand der vielen Riefen auf dem fertigen Gehörn erkennen, in denen die Blutgefäße lagen. Nach außen wird die Stange durch eine behaarte Hautschicht umschlossen, den sog. Bast. Im Bastgehörn wird Kalk abgelagert, der für die Knochenverhärtung sorgt. Der Bast ist zu keiner Zeit am Gehörn-/Geweihaufbau beteiligt.

Nach rund 100 Tagen ist das Längenwachstum abgeschlossen, die Blutzufuhr wird herabgesetzt, die Knochenhaut verhärtet und der Bast trocknet allmählich ein. Der bei diesem Vorgang entstehende Juckreiz veranlaßt den Rehbock, an geschmeidigen jungen Bäumen und Sträuchern sein Gehörn zu fegen. Die dann freigelegten weißen Stangen nehmen unter dem Einfluß der Pflanzensäfte des Fegematerials eine hellbraune bis dunkelbraune oder auch rötliche Farbe an. Lediglich die ungeperlten Enden verlieren wegen fortwährenden Schlagens aus Übermut und bei der Einstandsmarkierung bisweilen ihre Pflanzensaftfarbe und werden wieder hell. Der gesamte Fegevorgang dauert zwischen 15 Minuten und mehreren Stunden. Der gefegte Bast wird meistens sogleich aufgeäst.

Laubhölzer (z.B. Buche, Esche) verursachen helle, Erlen rötliche Gehörnfarbe, Nadelhölzer locken dunkle Farbe hervor.

Zum Jahresende oder noch im Januar löst sich die Knochensubstanz im oberen Rosenstock auf. Das ist äußerlich an einer deutlichen Rosenstockeinschnürung zu erkennen. Hier brechen die Stangen ab, selten gleichzeitig, sondern meist in kurzen Zeitabständen (bis zu 1 Tag). Man nennt gleichzeitiges Abwerfen beider Stangen synchrones, nicht gleichzeitigen Verlust asynchrones Abwerfen.

Der Stangenaufbau sowie das Abwerfen werden hormonell gesteuert: z.Zt. der Keimzellenruhe wächst das Gehörn. Mit Beginn der Spermienbildung, die mit einer mehrfachen Brunftkugelvergrößerung einhergeht, wird das Hormon Testosteron ausgestoßen, wodurch das Gehörnwachstum eingestellt wird. Nach Abschluß der Blattzeit sorgt der Rückgang des Testosteron für neue Wachstumshormone, was zunächst einmal den Verlust des alten Gehörns voraussetzt.

Die Stärke des Gehörns ist abhängig vom Gesundheitszustand, der Erbmasse, dem Klima (Sonnenscheindauer), dem Biotop und der Wilddichte. Für diese Feststellungen stehen eine Reihe von Beweisen. So kann aufgrund langjähriger Beobachtungen festgestellt werden, daß kranke Rehe, die insbesondere für Endo- und Ektoparasiten anfällig sind, konstitutionell verfallen und geringe Trophäen schieben. Dasselbe ergibt sich durch mangelhafte Ernährung auf schlechtem Standort oder große Not bei hoher Schneelage. Die Erbanlagen haben ebenfalls wesentlichen Einfluß auf die Güte des Gehörns. Selbstverständlich ist hier die Ricke zu 50% an der Erbmasse beteiligt.

Eine ganz maßgebliche Wirkung bei der Gehörnbildung haben die Lichtverhältnisse. Aus dem Vorhergesagten ergibt sich, daß der Rehbock während der ungünstigen Jahreszeit sein neues Gehörn aufsetzt. Hierzu braucht der Organismus neben einer ausreichenden Zufuhr von Vitamin A (Bestandteil der Grünäsung) ganz besonders das Vitamin D. Dieses Vitamin wird im Tier nur unter dem Einfluß ultravioletter Sonnenstrahlen gebildet und ist entscheidend für einen guten Knochenaufbau. Es wirkt antirachitisch.

Jedes normal entwickelte Gehörn läßt sich einer der folgenden Gehörnformen zuordnen (Abb. 26):
gerade parallel
gerade ausgelegt
Eiform
Korbform
geschnürte Form
Lyraform
marschierende Form.

Nach seiner Vereckung gibt es den (Abb. 27)
Spießer: ohne Vereckung
Gabler: beide Stangen sind einmal vereckt
ungeraden Gabler: eine Stange bleibt Spieß, die andere ist einmal vereckt
Sechser: beide Stangen weisen außer der Mittelsprosse Vorder- und Hintersprosse auf
ungeraden Sechser: eine Stange bleibt Spieß oder weist eine Gabel auf, die andere Stange weist Vorder-, Mittel- und Hintersprosse auf.

Über die Sechserstufe hinausgehende Gehörne sind kein Regelfall, sondern eher auf Bastverletzungen zurückzuführen oder stellen Mißbildungen dar. Neben der Normalform und Normalvereckung sind Mißbildungen besonders häufig (Abb. 28).

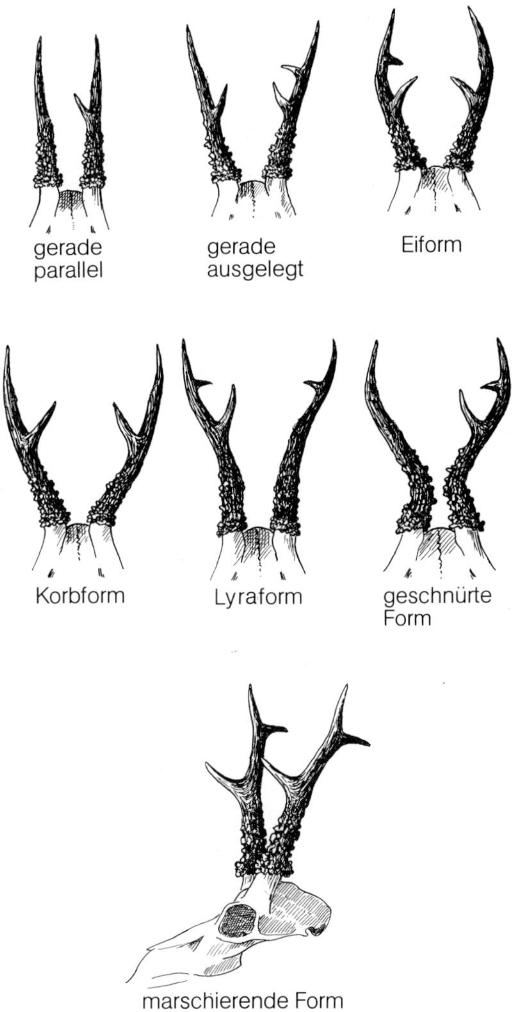

Abb. 26. Gehörnformen.

Diese haben als Ursache:
1. Erbanlagen
   Korkenzieher- und Widdergehörne: nur selten liegen hier genetische Gründe vor, meist sind Endoparasiten schuld.
   Kreuz- und Doppelkreuzgehörn: Vorder- und Hintersprosse zweigen in einer Ebene von der Stange ab. Beim Doppelkreuz ist vorbeschriebene Vereckung auf beiden Stangen gegeben oder aber eine zweifache Kreuzbildung auf einer Stange.

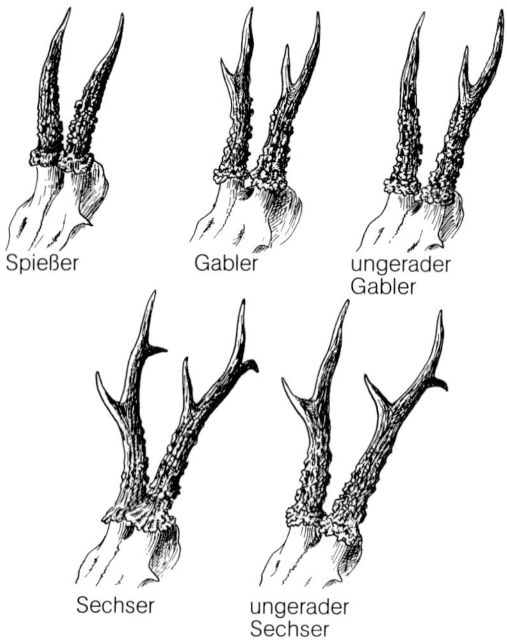

Abb. 27. Gehörnvereckungen.

Tulpengehörn: tulpenblütenähnliche Ausformung der Stangenspitzen durch Mutation.
Einstangigkeit durch Rosenstockverkümmerung oder fehlenden Rosenstock

2. Krankheiten
Korkenzieher- und Widdergehörne: rühren meist von Lungen- und Darmwürmern her, selten rachitische oder genetische Ursachen.
Poröse Gehörne: ungeklärte Krankheitsursache
3. Äsungsmangel, Klimaextreme
Frostgehörn: Zurückfrieren der oberen Bastgehörnteile bei extremer Kälte. Der erfrorene Teil bricht meist ab. Oft wird die auf dem Rosenstock verbleibende Reststange nicht einmal gefegt.
Korkenzieher- und Widdergehörne: manchmal auf Kalkmangel zurückzuführen.
4. Hormonstörungen
Doppelkopf: das Gehörn des Vorjahres wird nicht abgeworfen, da keine Rosenstockeinschnürung erfolgt. Stattdessen umwachsen die neuen Baststangen das alte Gehörn.
Plattkopf: Bock ohne Stangen, mit Rosenstöcken oder auch ohne Rosenstöcke.
Ledergehörn, auch Pergamentgehörn oder Trokkenbastgehörn: nicht gefegtes Gehörn, von dem der angetrocknete Bast in Fetzen herunterhängt.
5. Verletzungen des Wildkörpers
Perückengehörn (Bischofsmütze): nach Verlust des Kurzwildbrets wird jedes gefegte Gehörn abgeworfen und durch ein neues ersetzt, das nie ausreift und nie gefegt wird, sondern immer weiterwächst.
In vorgenannter Weise verletzte Böcke mit Kolbengehörnen werfen diese nicht ab. Vielmehr werden aus diesen unfertigen Gehörnen auch Perücken. Beide Perückenentwicklungen weisen oft lang herunterhängende Bastfetzen, sog. Lokken, auf. Tritt der Hodenverlust vor der Rosenstockbildung beim Bockkitz auf, wird niemals ein Gehörn geschoben. Einseitige Kurzwildbretverletzungen führen zu keiner Veränderung des Gehörnwachstums.
Laufverletzungen: Vorderlaufverletzungen führen zu Stangenmißbildungen auf derselben Seite. Hinterlaufverletzungen führen zu Stangenverletzungen auf der anderen Seite.
6. Verletzungen des Schädels, des Rosenstocks oder der Stange
Rosenstockverletzungen: bei völliger Beseitigung der Keimsaumschicht wächst keine neue Stange. U.U. können aber durch Verletzungen des Stirnbereiches einzelne Rosenstockteile für separate Stangenbildung sorgen (echte Mehrstangigkeit). Dieser Vorgang kann sich über Jahre hinziehen. Auch sind Stangenmißbildungen im Gefolge derartiger Verletzungen möglich. Sofern ein Rosenstockbruch nach vollendetem Gehörnwachstum eintritt, hängt die dabei herausgebrochene Stange als Pendelstange herunter. An der Bruchstelle verheilte Rosenstücke bilden falsche Gelenke.
Knochenauswüchse: d.s. kleine Rosenstöcke an irgendeiner Stelle der Stirn mit mehr oder weniger gut ausgebildeten Stangen. Ihre Entstehung ist auf Knochenhautentzündung oder auf Verletzungen des Stirnbereiches (s.o.) zurückzuführen.
Stangenbruch: i.d.R. entstehen Stangenbrüche am Bastgehörn. Sie führen zu auffälligen Stangengebilden oder aber auch zu unechter Mehrstangigkeit (kein separater Rosenstock).
Blasengehörn: Ursache sind Bastgehörnverlet-

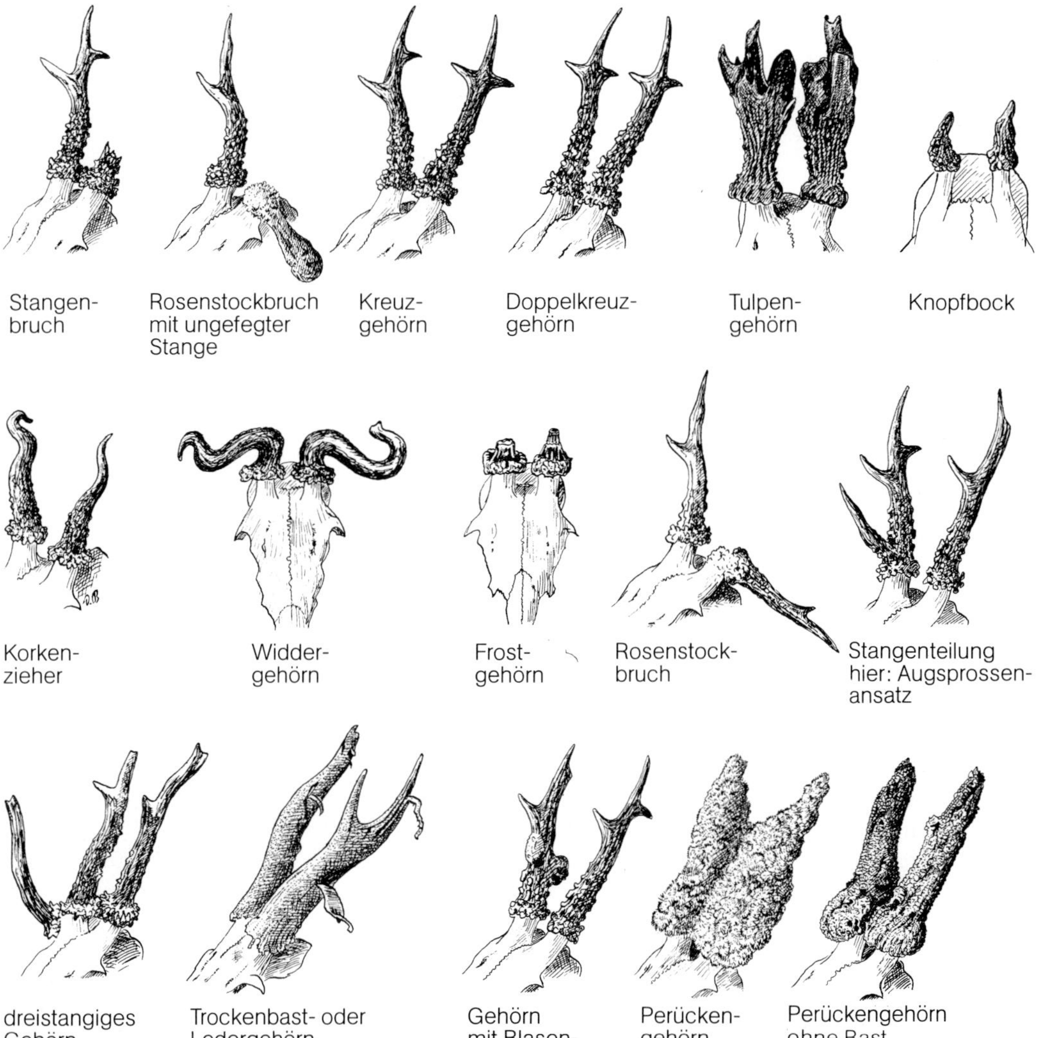

Abb. 28. Gehörnmißbildungen.

zungen mit Bildung eines Hämatoms, das vom Knochengewebe umgeben wird.

Bechergehörn: zu einem Becher geformte Gehörnspitze mit Blasenöffnungen, aus denen geronnenes Blut des Hämatoms ausbricht.

7. Knopfbockgehörne

hohe Wilddichte und ungünstiger Altersaufbau führen zu ungewöhnlichem Streß, besonders bei den Böcken während der Einstandswahl. Sog. Nomaden, d.s. ein- bis zweijährige Stücke, können mangels Territorium keinen eigenen Einstand gründen und wechseln dann meist zwischen Einständen territorialer Böcke. Das hat Auswirkungen auf die Konstitution der Böcke und damit auf ihre Trophäen. Schlechtestenfalls schieben derartige Böcke nur Knöpfe, d.s. winzige Spieße. Es ist bekannt, daß diese Gehörne schon im Folgejahr durch ein gutes Sechsergehörn ersetzt sein können. Das Rehwild wird in Alters- und Güteklassen eingeteilt. Die Altersklassen werden wie folgt unterteilt:

Bockkitze Rickenkitze		Jungwild
Rehböcke	1jährig	Altersklasse III (Jugendklasse)
Schmalrehe		Jugendklasse
Rehböcke	2- bis 4jährig	Altersklasse II (Mittlere Altersklasse)
Ricken	2- bis 4jährig	Mittlere Altersklasse
Rehböcke	5jährig und älter	Altersklasse I (Obere Altersklasse)
Ricken	5jährig und älter	Obere Altersklasse

Die herkömmliche Stärkeklasseneinteilung, bei der nach Klasse I und II durch Ermitteln des Trophäengewichts – ca. 200 g Klassentrennung – eingestuft wurde, läuft nach und nach aus.
Die Güteklasse gibt Auskunft über die körperliche Verfassung und Wüchsigkeit des Gehörns. Man unterscheidet a und b. Der Güteklasse a gehören alle Rehböcke mit kräftiger Körper- und guter Trophäenentwicklung an. Die Güteklasse b befindet über schlechte Körperverfassung und Gehörnentwicklung. Die Altersklassengliederung wird zur Grundlage von Hegerichtlinien der einzelnen Bundesländer gemacht. Man hofft, mit dieser Neueinteilung naturnahe Strukturen zu erzielen. Um das Hegeziel zu erreichen, muß in den Bestand der Kitze und der Altersklasse III am stärksten eingegriffen werden. Die Altersklasse II bleibt weitgehend unangetastet, damit eine ausreichende Zahl von Trophäenträgern in die Altersklasse I einwächst.
Die Jagdbehörden oder Hegegemeinschaften ordnen durch Herausgeben von Abschlußrichtlinien den einzelnen Altersklassen Abschußkriterien zu.

Gebiß, Altersschätzung am erlegten Stück (Abb. 29a bis m): Die heutige Methode der Altersschätzung nach dem Abnutzungsgrad der Backenzähne des Unterkiefers geht auf die Jahrhundertwende zurück.

Böcke tragen allenfalls Sechsergehörne.

Normale Gehörnformen:
gerade parallel
gerade ausgelegt
Eiform
Korbform
geschnürte Form
Lyraform
marschierende Form

anomale Gehörne = Mißbildungen:
Korkenzieher- und Widdergehörne, Kreuzgehörne, Tulpengehörne, Einstangigkeit, Frostgehörne, Doppelkopf, Plattkopf, Ledergehörne, Perückengehörne, Rosenstockbruch, Stangenbruch, Blasengehörne, echte und unechte Mehrstangigkeit.
Einteilung des Rehwildes nach Alters- und Güteklassen:
Altersklasse I (obere AKl)
Rehböcke und Ricken 5jährig und älter
Altersklasse II (mittlere AKl)
Rehböcke und Ricken 2–4jährig
Altersklasse III (Jugendklasse)
Rehböcke 1jährig und Schmalrehe
Güteklasse a: dem Hegeziel entsprechend
Güteklasse b: dem Hegeziel nicht entsprechend.
Das Gehörn wird zwischen Ende Oktober und Januar abgeworfen und sogleich neu geschoben.
Der Zeitpunkt des Fegens liegt zwischen April und Juni.

Die seinerzeitigen Feststellungen waren wegen fehlender Vergleichskiefer von Rehen bekannten Alters nicht kontrollierbar. Erst die kurz darauf eingeführte Wildmarkenforschung brachte den Wandel. Von nun an war der Zeitraum zwischen Kitzmarkierung und Verenden desselben Stückes bekannt und ein bestimmter Abnutzungsgrad der Backenzähne dem ermittelten Alter zuordnungsfähig.
Die in jüngerer Zeit für die Altersschätzung herangezogene Farbe des Dentins (helles Dentin = weicher Zahn, dunkles Dentin = harter Zahn) ist bedeutungslos: Das erklärt sich aus dem anatomischen Zahnaufbau, wobei die Härte des Zahnes durch den obenauf liegenden weißen Zahnschmelz

gegeben ist. Wenn diese besonders im Bereich der Kunden abgenutzt ist, liegt das weichere Dentin frei, das weder im hellen noch dunklen Zustand entscheidenden Abnutzungswiderstand bietet.
Recht schnell läßt sich die Altersbestimmung am jungen Stück vornehmen, dessen Zahnwechsel noch nicht abgeschlossen ist. Hierzu muß man wissen, daß das Kitz bei der Geburt bereits Schneide- und Eckzähne sowie alle Prämolaren als Milchzähne hat.

Die Zahnformel lautet zu diesem Zeitpunkt:

$$\frac{0}{3i}\ \frac{0}{1c}\ \frac{3p}{3p} \times 2 = 20 \text{ Milchzähne}$$

(Der untere Eckzahn stellt sich augenscheinlich als Schneidezahn dar)

vereinfacht:

$$\frac{0}{3}\ \frac{0}{1}\ \frac{3}{3} \times 2 = 20$$

Während die Mahlzähne oder hinteren Backenzähne (Molaren) geschoben werden, wechseln auch die Milchzähne.
Die Zahnentwicklung der Backenzähne läßt sich aus Tab. 2 ablesen.

Die Zahnformel nach Abschluß des Zahnwechsels lautet:

$$\frac{0}{I1}\ \frac{0}{I2}\ \frac{0}{I3}\ \frac{0}{C}\quad \frac{P2}{P2}\ \frac{P3}{P3}\ \frac{P4}{P4}\quad \frac{M1}{M1}\ \frac{M2}{M2}\ \frac{M3}{M3} \times 2 = 32$$

vereinfacht:

$$\frac{0}{3I}\ \frac{0}{C}\ \frac{3P}{3P}\ \frac{3M}{3M} \times 2 = 32$$

weiter vereinfacht:

$$\frac{0}{3}\ \frac{0}{1}\ \frac{3}{3}\ \frac{3}{3} \times 2 = 32$$

weiter vereinfacht:

$$\frac{0}{3}\ \frac{0}{1}\ \frac{6}{6} \times 2 = 32$$

Als Faustregeln für die Altersbestimmung nach Zahnabschliff bei normalharten Backenzähnen mit mittelbrauner Dentinfarbe gelten:

Alter: 1 Jahr
scharfkantiger Kaurand, nicht ausgeprägte Kaufläche, Schmelzschlingen und Kunden sind offen.

Tab. 2.
Entwicklung der Backenzähne.

Alter Monate	M1	M2	M3	Prämolaren	
1					
2	(b)				
3	(v)				
4		(b)			
5		(v)			
6					
7					
8					
9					
10					
11			(b)	*	
12					
13			(v)	(b)	
14					(v)
15					

Zeichenerklärung: Zahn bricht durch = (b);
Zahn vorhanden = (v);
* 3. Prämolar (P_4) war dreiteilig, jetzt zweiteilig.

Man erkennt deutliche Hohlräume zwischen Zahn und Zahnfach

Alter: 2 Jahre
geringe Abnutzungserscheinungen an Kaurand und Kaufläche, die meist nur bei Vergleich zwischen ein- und zweijährigem Kiefer feststellbar sind. Die Schmelzschlingen und Kunden sind offen

Alter: 3 Jahre
erste Abnutzungserscheinungen durch Flacherwerden des Kaurandes und Größerwerden der Kaufläche erkennbar. Die Schmelzschlingen sind offen, die Kunden von M1 und M2 beginnen sich zu verengen

Alter: 4 Jahre
Der Abnutzungsgrad der Molaren schreitet von vorne nach hinten fort. Die Schmelzschlingen und Kunden sind noch durchgehend auf allen Backenzähnen erkennbar

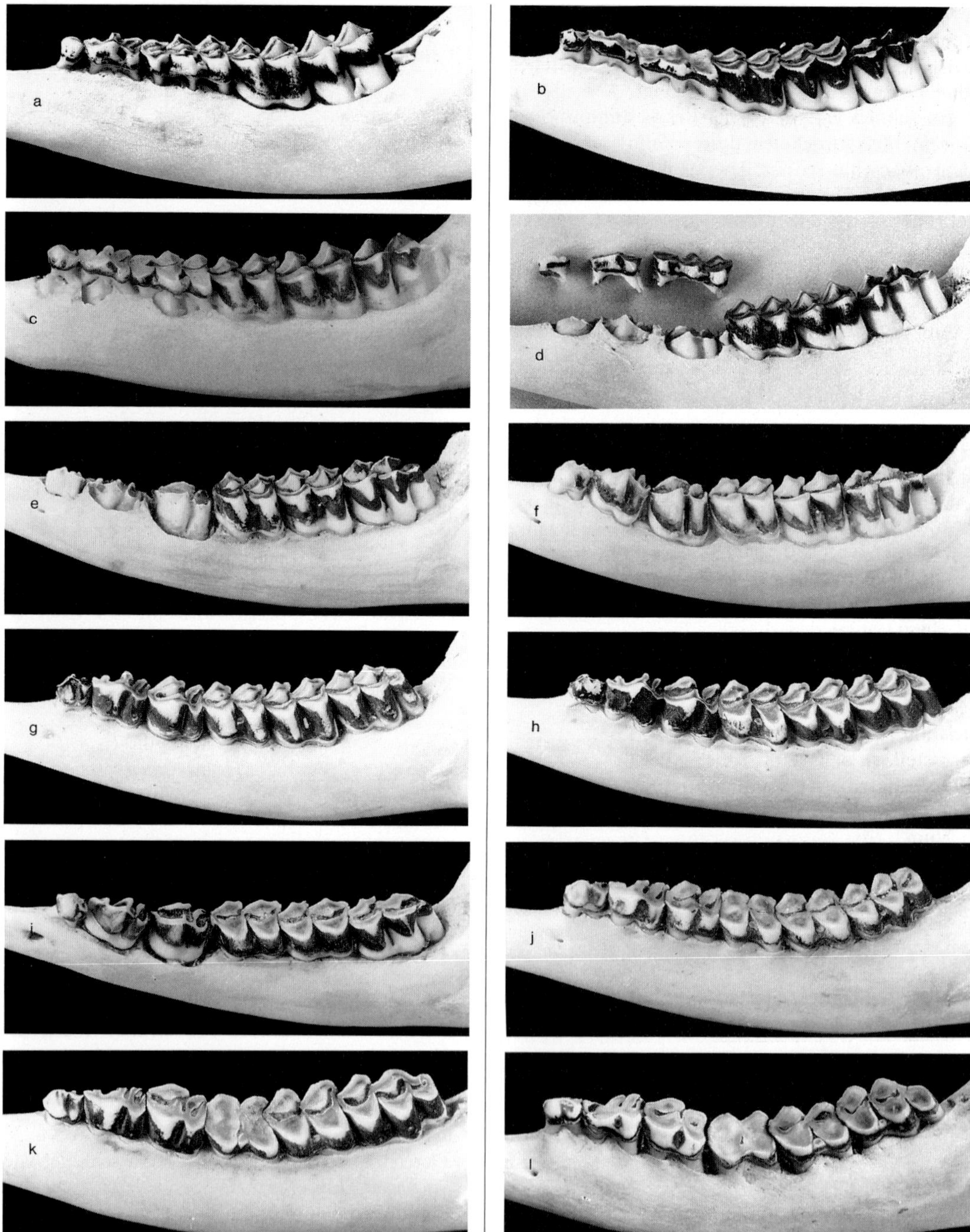
a
b
c
d
e
f
g
h
i
j
k
l

Alter: 5/6 Jahre

Die Kunde beginnt auf dem M1 zu schwinden, d.h. Kaurand und Kaufläche vereinigen sich

Alter: 7 Jahre

Der unter Alter 5/6 geschilderte Prozeß setzt sich auf dem M2 fort

Alter: 8 Jahre

Der unter Alter 5–7 geschilderte Prozeß kommt auf M3 zum Abschluß

Alter: 9/10 Jahre

Kaurand und Kaufläche sind durchgehend vereinigt. Die Zahnhöhe geht durch Abnutzung stark zurück

Alter: 11 Jahre und älter

Die Zähne weisen stark uneinheitliche Abnutzungsgrade auf. Einige Zähne fallen aus

Obere Eckzähne in Form der Grandeln treten beim Rehwild höchst selten auf, können aber als spitze Haken vorkommen. Der Rehwildunterkiefer ist jeder Bocktrophäe anläßlich der obligatorischen jährlichen Trophäenschau beizugeben. Es empfiehlt sich, das strahlende Weiß des Schädels nicht auch den Zähnen des Bockes zugute kommen zu lassen, um auf diese Weise den dunklen harten Zahn nicht optisch weich erscheinen zu lassen.

Seit etwa 20 Jahren wird in der Bundesrepublik Deutschland das Trockengewicht der Augenlinse auch als Altersindikator herangezogen. Dabei ist festzustellen, daß vom 1. Lebensmonat bis zum 2. Lebensjahr das Augenlinsengewicht bis zum Dreifachen steigt, danach bis ins hohe Alter allenfalls noch um $^1/_4$ des Ausgangsgewichtes. Diese Methode ist allerdings nur labormäßig und wegen der geringen Gewichtsabstufungen (nach Tabelle ablesbar) nicht in der Praxis anwendbar.

Zahnformel: $\frac{0}{3}\ \frac{0}{1}\ \frac{3}{3}\ \frac{3}{3} \times 2 = 32$

M1 erscheint im 2.–3. Monat
M2 erscheint im 4.–5. Monat
M3 erscheint im 9.–12. Monat

Der dreiteilige 3. Milchprämolar (p_4) wird nach dem 13./14. Monat durch einen zweiteiligen Prämolaren (P_4) ersetzt. Die anschließende Altersschätzung erfolgt entsprechend dem Abnutzungsgrad der Backenzähne.

Lautäußerung: Hierbei unterscheiden wir zwischen Stimmfühlungslauten, Schreck- und Angstlauten sowie Markierungslauten.

Ersteren ist das Fiepen zuzurechnen, das zwischen Ricke und Kitz als Kontaktlaut, aber auch zwischen Ricke und Bock während der Blattzeit ausgetauscht wird (vom Jäger dann auch als Bocklockruf – Blatten – nachgeahmt). Doppelsilbiges Sprengfiepen oder Angstgeschrei sind Brunftlaute.

Schrecklaute, die sich wie Bellen anhören, werden meist bei nicht klar definierbarer Gefahr ausgestoßen und oftmals von anderen Stücken aufgenommen und weitergegeben. Man kann daraus schließen, daß sie auch als Warnlaute dienen. In Todesnot stößt das Rehwild Klagelaute aus.

Hörbar nicht zu unterscheiden sind das Schrecken und Schmälen; bei letzterem handelt es sich um akustische Reviermarkierungen während der Einstandswahl und Brunft. Zusätzlich keucht der markierende, treibende und kampfeslustige Bock.

Verbreitung: Das Reh kommt in Gesamteuropa vor. Östlich des Kaukasus vorkommende Rehe (sibirische Rehe) unterscheiden sich durch ihre Größe wesentlich vom kleineren bei uns lebenden Reh. Die als Mutation bekannte melanistische (schwarze) Form des Rehes besiedelt hauptsächlich die Nordwestdeutsche Tiefebene und hier schwerpunktmäßig Haste bei Hannover sowie die Lucie bei Lüchow.

Lebensweise: Wie bereits erwähnt, ist das Rehwild als Schlüpfer mit geringer Ausdauer sehr standort-

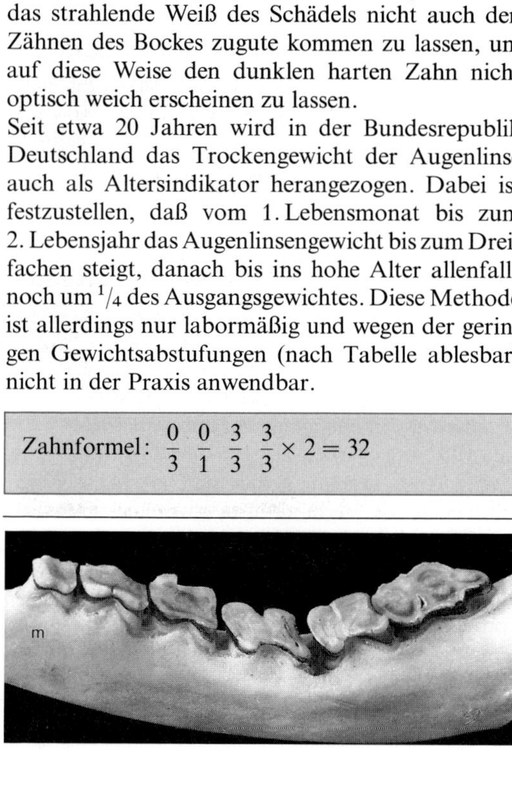

Abb. 29. Alterschätzung am Gebiß des erlegten Stückes. a = 9 Monate; b = 11–12 Monate; c = 12– 13 Monate; d = 13–14 Monate; e = 15 Monate; f = $1^1/_2$jährig; g = 2jährig; h = 3jährig; i = 4jährig; j = 5–6jährig; k = 6–7 jährig; l = 8jährig; m = 10jährig.

treu. Wegen seiner grazilen Gestalt ist es für ein Leben in der Waldrandzone mit dichtem Waldmantel wie geschaffen. Seiner Anpassungsfähigkeit ist auch die Gewöhnung an die baumlose Industriesteppe zu verdanken.
Entsprechend ihrem überwiegenden Aufenthalt unterscheidet man Feld- und Waldrehe.
Verhalten: Rehwild ist tagaktiv. Es ist in diesem Zusammenhang erwähnenswert, daß das Reh etwa 10 Äsungsperioden pro Tag einlegt und diese nach Möglichkeit dorthin verlegt, wo ein reichhaltiges Äsungsangebot besteht. Die ständig zunehmende Beunruhigung unserer freien Landschaft trägt dazu bei, daß es oftmals auf äsungsarme Tageseinstände abgedrängt wird; das sind vielfach deckungbietende Kulturen und Dickungen, in denen es wegen Hungers zu Schaden geht.
Jahreszeitlich sind außerordentlich unterschiedliche Verhaltensweisen des Rehes festzustellen: Das sozial reife Reh lebt von März/April bis Mitte August als Einsiedler. Ihm kommt es bei der Wahl seines Einstandes auf Deckung, Ruhe und Äsungsvielfalt an. Dabei grenzt der Rehbock sein 5–20 ha großes Territorium akustisch, olfaktorisch und optisch zum Nachbarn ab. Das weibliche Reh ist zwar auch territorial gebunden, grenzt sich aber nicht zu Geschlechtsgenossinnen ab.
Akustische (hörbare) Einstandsmarkierung: Wie bereits unter „Lautäußerung" beschrieben, schmält der Bock häufig, soweit er ein Territorium besetzt hält. Damit wird jedem Nachbarn die Anwesenheit dokumentiert.
Olfaktorische (geruchsfeststellende) Einstandsmarkierung: An den Grenzen seines Einstandes hinterläßt der Bock Duftmarken, die aus einem Drüsenfeld im Bereich der Rosenstöcke, dem sog. Stirn- oder Intercornualorgan, stammen. Dieses Scheuern treibt der Bock sowohl an gesunden als auch abgestorbenen Pflanzen seines Einstandes (seltene Pflanzen werden vom Bock bevorzugt, weil sie anders als die gegendüblichen duften). Es hat nichts mit dem Fegen des Bastgehörns und Schlagen aus Übermut zu tun, sondern soll den Geschlechtsrivalen zur Respektierung der Grenze auffordern. Außerdem ist im Bereich des Mittelfußes der Hinterläufe unterhalb des Sprunggelenkes eine dunkel gefärbte Haarpartie zu finden, das Metatarsalorgan, woraus im Sommer ebenfalls Drüsensekret entleert wird. Dieses und das Interdigitalorgan (Zwischenklauensäckchen) der Hinterschalen sind Fährtenmarkierungsorgane.
Harn und Speichelfluß der Ricken üben während der Blattzeit starke Reizwirkung auf den Bock aus.
Optische (sichtbare) Einstandsmarkierung: Diese für den Menschen leicht wahrnehmbare Markierung nennt man Schlagen. Sie wird an jungen, biegsamen seltenen Bäumen und Sträuchern in etwa $^1/_2$ m Höhe an den Einstandsgrenzen vollzogen. Zusätzlich plätzt der Bock vor dem Markierungsbaum mit seinen Vorderläufen.
Jeder auf vorbeschriebene Art „gesicherte" Einstand wird vom Platzbock gegen Eindringlinge verteidigt, wobei rituelle Scheinkämpfe vor tätlichen Auseinandersetzungen den Vorrang zu haben scheinen. Erhöhte Verteidigungsbereitschaft besteht zu Beginn der Einstandswahl und gegen Ende der Blattzeit, wenn revierfremde Böcke in fremden Territorien nach brunftigen Ricken suchen. Nach Abflauen der Brunft läßt das Territorialverhalten der Rehe nach, und es bilden sich allmählich Wintersprünge (bei Feldrehen). Je deckungsärmer der Rehbiotop ist, desto umfangreicher ist der Sprung – nach dem Motto: viele „Augen" sehen mehr als wenige. Innerhalb dieses Rehverbandes gibt es keine soziale Rangordnung, wie das sonst bei anderen Tierarten üblich ist. Vielmehr ist eine häufige Änderung der Mitgliederzahl innerhalb eines Sprunges festzustellen; dies umso mehr bei Waldrehen, die sich allenfalls auf Äsungsflächen zu Zufallssprüngen zusammenfinden und hernach wieder eigene Wege gehen.
Rehe suchen niemals Körperkontakt mit Artgenossen, außer bei der Jungenaufzucht und z.Z. des Haarwechsels, wo sich Ricken und letztjährige Kitze gegenseitig von ausfallenden Haaren befreien.
Rehwild hält gut Wechsel, die es allerdings mit Fuchs, Dachs, Hase, Iltis u.a. gemeinsam hat. Diese Wechsel dienen als Verbindungen zwischen Tageseinständen und Äsungsflächen. Darüber hinaus gibt es sog. Wanderwechsel im Gebirge, auf denen Rehwild im Winter zu Tale zieht und im Frühjahr zurückkommt.
Sinne: Das Wittern, Äugen und Vernehmen sind gut entwickelt, wenngleich es hier dem feinsinnigeren Rotwild unterlegen ist. In der Hauptsache muß der Jäger den Geruchssinn des Rehes berücksichtigen,

Rehwild bevorzugt dichte Einstände – dort lebt es als Schlüpfer.
Verhalten im Sommer: streng territorial;
Verhalten im Winter: im Felde – Wintersprünge; im Walde – Äsungs-(Zufallssprünge);
Markieren des Territoriums durch den Rehbock:
akustisch: Schmälen
olfaktorisch: Duftmarken des Stirnorgans, Sekret aus den Drüsen unterhalb des Sprunggelenkes der Hinterläufe und aus den Zwischenklauensäckchen der Hinterläufe
optisch: Schlagen und Plätzen

wittert es doch seinen Hauptfeind auf mehrere hundert Meter.

Fortpflanzung, Blattzeit, Setzzeit: Die Blattzeit beginnt Mitte Juli und endet Mitte August. Die Embryonalentwicklung setzt erst im Januar ein. Damit gehört das Rehwild zu den Tieren, die eine Vorschalttragezeit (Eiruhe), wie Dachs, Baum- und Steinmarder, Seehund, arktische Bären und teilweise Hermelin, durchmachen.

Häufig kommt es bei jüngeren Stücken erst im November/Dezember zur Brunft (Nachbrunft). In solchen Fällen gibt es keine Eiruhe. Der Bock beschlägt alle Ricken und Schmalrehe seines Einstandes. Gegen Ende der Blattzeit versucht er, auch in anderen Territorien zum Zuge zu kommen. Die Paarungsvorbereitung und die eigentliche Paarung laufen nach folgendem Komment ab:

Das zwar brunftige, aber noch nicht paarungswillige Stück wird zunächst vom Bock in ellipsenförmigen Bahnen, sog. Hexenringen, getrieben. In der Mitte dieser ausgetretenen Hexenringe von etwa 6 m Durchmesser sind fast immer ein junger Baum, ein Strauch, ein Stubben oder stehende Getreidehalme zu finden. Sobald das weibliche Stück paarungsbereit ist, bleibt es stehen und wird dann sofort vom Bock beschlagen. Nicht jeder Beschlag führt zur Befruchtung, da oftmals die Ejakulation vor dem Einführen der Brunftrute in das Feuchtblatt stattfindet. Jedes weibliche Stück ist mehrere Tage brunftig und wird mehrmals beschlagen. Während des Brunftspieles vernachlässigt die Ricke ihre Kitze, zumal der Bock nur das brunftige Stück in seiner Nähe duldet.

Die Ricke setzt im Mai/Juni 1–3, meist 2 Kitze im Abstand von 30 Minuten. Sie beleckt ihre Jungen und nimmt die Nachgeburt auf. Nach 2 Stunden stehen die Kitze. In den ersten 7 Tagen nach der Niederkunft werden die Kitze versteckt abgelegt, um danach der Mutter zu folgen. Ricke und Kitz verständigen sich fiepend. Die Kitze werden bis in den Winter hinein gesäugt. Die Zusammensetzung der Rehmilch: höherer Gehalt an Fett, Eiweiß und Mineralstoffen als bei Kuhmilch, allerdings geringerer Laktosegehalt. Diese Werte lassen auf schnelles Kitzwachstum schließen.

Ab der 2. Lebenswoche äsen Kitze bereits. Erst kurz vor Beginn des Setzens im Mai/Juni des nächsten Jahres werden die Kitze abgeschlagen und suchen eigene Einstände.

Blattzeit: Juli/August,
Setzzeit: Mai/Juni, 1–3 Kitze,
Eiruhe läßt Embryonalentwicklung erst ab Januar zu.
Hexenring: ausgetretener Pfad, auf dem der Bock die Ricke vor der Paarung treibt.

Zuwachsrate, Geschlechterverhältnis, Wilddichte: Gem. § 1 BJagdG muß der Wildbestand den landeskulturellen Verhältnissen angepaßt sein. Aus diesem Grunde muß unter Berücksichtigung der Zuwachsrate und eines ausgewogenen Geschlechterverhältnisses die dem jeweiligen Standort adäquate Wilddichte eingehalten oder herbeigeführt werden. Man rechnet für Rehwild mit einer jährlichen Vermehrungsrate bezogen auf den am 1.4. vorhandenen Bestand an Ricken und Schmalrehen (d.i. der Frühjahrswildstand) von 120 %. Hierbei ist allerdings zu berücksichtigen, daß die Kitzsterblichkeit – hier ganz besonders durch Unterkühlung, Krankheiten, Straßenverkehrstod und vorgeburtliche Resorption im Uterus – sehr hoch zu veranschlagen ist.

Das Geschlechterverhältnis der Kitze ist keineswegs immer ausgeglichen. Vielmehr ist dieses abhängig

1. vom Altersaufbau der weiblichen Rehpopulation,
2. von der Konstitution der Ricken und damit auch von der Qualität des Biotops.

Nachweislich setzen erstmals gebärende Rehe und überalterte Ricken (Geißen) mehr Bock- als Rehkitze. Mittelalte Ricken sorgen für mehr weiblichen Nachwuchs. Gut ernährte Ricken setzen mehr Rehkitze und garantieren damit eine Ausweitung der Rehpopulation. Auf mäßigen Standorten wird der Bockkitznachwuchs größere Überlebenschancen haben, da männliche Kitze 1 kg schwerer als weibliche in den Winter gehen und somit widerstandsfähiger sind. Weiterhin wird das Geschlechterverhältnis über den Zeitpunkt des Beschlags geregelt. Früher Beschlag gibt einen Überhang an Ricken-, später Beschlag einen Überhang an Bockkitzen. Daß die menschliche Beeinflussung durch die Abschußplanung und -durchführung sowie durch Biotopverbesserung und Fütterung einigen Einfluß auf die Geschlechterverteilung nehmen kann, dürfte einleuchten.

Die Wilddichte ist Grundlage des Abschußplanes. Sie muß vom Biotop und dem Vorhandensein mehrerer Schalenwildarten im Revier abhängig gemacht werden. Gradmesser optimaler Wilddichte ist der Wildschaden in der Land- und Forstwirtschaft. Die Ermittlung der Wilddichte als Frühjahrswildbestand auf 100 ha bezogen ist außerordentlich schwierig.

Sie wird durchgeführt als:

1. Registrierung allen Schalenwildes aufgrund genauer Kenntnis
2. Mond- und Scheinwerferzählung bei Nacht
3. Scheinwerfer-Streifen-Taxation vom Geländewagen aus oder mit Treibern
4. Rückrechnung nach Streckenergebnissen für weibliches Wild. Diese „Zählmethoden" haben allerdings mehr theoretischen als praktischen Wert.

   Die der Landeskultur angepaßte Wilddichte beträgt etwa:

   4–5 Stück/100 ha bei Vorhandensein mehrerer Schalenwildarten oder auf armen Standorten, in wildschadensgefährdeten forst- oder landwirtschaftlichen Kulturen

   6–8 Stück/100 ha bei durchschnittlichen standörtlichen Gegebenheiten

   bis 12 Stück/100 ha bei optimalen standörtlichen Gegebenheiten.

Angemessene Wilddichten als Teil ordnungsgemäßer Hege können nur revierübergreifend eingehalten oder erzielt werden. Aus diesem Grunde hat man Hegegemeinschaften gesetzlich zugelassen (BJagdG § 10 a), deren Aufgabe es ist, die Wildstandsermittlung durchzuführen sowie eine großräumige Bewirtschaftung der Schalenwildbestände zu ermöglichen. Die Mitglieder der Hegegemeinschaften erarbeiten revierspezifische Bejagungsrichtlinien und stimmen die Abschlußplanvorschläge der beteiligten Revierinhaber ab.

> Die Zuwachsrate beträgt etwa 120 % bezogen auf den am 1. 4. vorhandenen Bestand an Ricken und Schmalrehen.
> Das Geschlechterverhältnis sollte 1 : 1 betragen. Zu hohe Wildbestände rechtfertigen eine Verschiebung zu Gunsten der Böcke, zu niedrige ein umgekehrtes Vorgehen. Die Wilddichte liegt je nach Standort und Konkurrenz durch andere Schalenwildarten zwischen 4 und 12 Stücke je 100 ha.
> Hegegemeinschaften sind jagdgesetzlich legitimierte Zusammenschlüsse von Revierinhabern mit dem Zweck, den Abschuß bestimmter Schalenwildarten nach gemeinsamen Plänen durchzuführen.

Ansprechen vor dem Schuß: Mit Ausführungen zu diesem Thema sind wir beim schwierigsten Teil angelangt, dem, was das eigentliche Können bei der Jagd ausmacht, denn Schießen auf das Tier bedeutet nicht mehr als angeübtes Handeln und Nervenbeherrschung.

Ansprechen übersetze ich mit folgenden Worten: Erkennen der Wildart, des Geschlechts, des Alters und der Notwendigkeit auf Erhaltung oder Abschuß. Oberster Grundsatz sollte sein: Erst richtig ansprechen, dann schießen.

Daß im Rahmen dieser Ausführungen keine Allgemeinrezepte für richtiges Ansprechen, sondern nur Hinweise hierfür gegeben werden können, liegt auf der Hand.

Unsere Rehe nach Geschlecht anzusprechen, dürfte bei genauerem Hinsehen nicht schwierig sein. Das männliche Stück ist bis auf wenige Monate im Jahr am Kopfschmuck und am Pinsel zu erkennen. Das weibliche Stück hat im Winterkleid eine deutlich sichtbare Schürze, die sich im Profil als nach hinten wegstehendes Haarbüschel ausnimmt. Darüber hin-

aus ist der Spiegel des Bockes oval (nierenförmig), der des weiblichen Stückes herzförmig. Die Altersansprache ist schwierig. Zwar unterliegt jedes Säugetier wie auch der Mensch einem äußerlich sichtbaren Alterungsprozeß im Gegensatz zu den Vögeln, dennoch ist eine genaue Altersfestlegung beim lebenden Stück kaum möglich.
Das Kitzgesicht ist „kindlich". Die typische Kälberfleckung verliert sich noch im Spätsommer. Im fortgeschrittenen Winter ist dann zwischen Kitz und Ricke oft kein Größenunterschied mehr auszumachen.
Alle jungen Stücke haben von der Seite gesehen eine quadratische Form, einen langen, dünnen Hals, einen feingliedrigen Körper und sind schlank. Aus ihrem Gesicht „spricht Unerfahrenheit".
Mittelalte Stücke haben eine rechteckige Form, einen kürzeren Hals, sind voll ausgewachsen und zeigen „ernstere Gesichtszüge". Zudem kann man oftmals einen weißen gegen das übrige Gesicht scharf abgegrenzten Muffelfleck über dem Windfang ausmachen. Beim zweijährigen Stück erscheint dieser trapezförmig, beim dreijährigen dreieckig. Mit zunehmendem Alter wird der Rumpf kompakter, das Haupt der Böcke wird waagerecht anstatt aufrecht getragen. Der Windfangfleck verschwimmt mit dem Grau des übrigen Gesichtes. Nicht selten ist eine Brille um die Lichter feststellbar (Ausnahmen bestätigen die Regel). Erst Stücke im Greisenalter nehmen wieder einen dünnen Träger an, sehen knochig aus, der Kopf wirkt lang, die Lauscher sehr groß. Das sind untrügliche Altershinweise; zwar haben schwindende Backenpolster den Ansprechenden optisch getäuscht, aber richtig erkennen lassen: Der Kopf wirkt länger, ist aber von der Größe her derselbe geblieben. Bisweilen ist bei einjährigen und älteren Stücken im Winterkleid ein weißer Kehl- und zusätzlich ein Drosselfleck erkennbar, der beim Kitz grundsätzlich fehlt.
Das Gehörn kann nur als Ansprachehilfsmittel dienen: Dachrosen, kurze Rosenstöcke, kurze Vordersprossen deuten auf reiferes Rehbockalter hin, sind aber besonders im Hinblick auf das letzte Kriterium durch Nachweis an erlegten Stücken oftmals widerlegbar.
In keinem Falle sagt die Zahl der Enden, die Länge der Stangen oder die Stärke der Trophäe etwas über das Alter des Rehbockes aus.

Das Kitz und auch sonstige junge Stücke sind weniger vorsichtig als alte Rehe. Sie verhoffen nur kurz am Dickungsrand, bevor sie arglos (vertraut) auf die Freifläche austreten. In der Regel warten sie nicht einmal die Dämmerung ab. Alte erfahrene Stücke sind hingegen oft so heimlich, daß sie nicht einmal die Dickung verlassen und allenfalls sich nachts am Dickungsrand aufhalten. Bei geringster Beunruhigung fliehen sie dann in das schützende Buschwerk. Werden solche Rehe häufig gestört, vergrämt man sie auf Dauer unweigerlich. Undefinierbare Beunruhigung quittieren junge Rehe mit häufigem Schrecken und Scheinäsen; als besonders unerfahrene Stücke ziehen sie bisweilen im Stechschritt auf die Gefahrenquelle zu.
Viele Plätz- und Fegestellen verraten junge und mittelalte Böcke, sehr alte machen sich hierbei rar.
Junges Rehwild neigt in der Herbst- und Winterzeit eher zur Sprungbildung als altes. Zudem treten junge Stücke eines Sprunges eher aus als alte Stücke,

Ansprechen heißt:
Erkennen von Art, Geschlecht, Alter und Notwendigkeit auf Erhalt oder Abschuß.

Bock	**Ricke**
Pinsel nierenförmiger Spiegel Rosenstöcke mit Trophäe (zeitweise)	Schürze herzförmiger Spiegel ohne Rosenstöcke und Trophäe

jung	**alt**
„kindlich" im Gesichtsausdruck, vertraut im Verhalten, jugendlicher Wildkörper mit dünnem Hals	„erfahrener" Gesichtsausdruck, argwöhnisch, heimlich kompakter Wildkörper mit kurzem, starkem Hals,
Haupt wird aufrecht getragen, weißer Muffelfleck über Windfang,	waagerechte Kopfhaltung, graues Gesicht,
Gehörn mit langen Rosenstöcken und oftmals langen Vordersprossen, eher gesellig lebend	Gehörn mit kurzen Rosenstöcken, Dachrosen und kurzen Vordersprossen, Einsiedler, angriffslustig

die sich bei derartigem Anschluß zumeist abseits halten.
Innerhalb seines Einstandes ist der alte Bock sehr unverträglich. Er reagiert auf Rivalen fast immer angriffslustig. Sehr junge Böcke benehmen sich spielerisch, sie zeigen nur selten territoriale Empfindlichkeit gegenüber Artgenossen.

Nur die Summe aller Kriterien bei der Ansprache kann zu einem einigermaßen sicheren Ergebnis führen. Zugegeben – Rehwild ist altersmäßig besonders schwer anzusprechen.

Äsungsansprüche, Fütterung: Das Rehwild gehört als Wiederkäuer zu den Konzentrat-Selektierern (Hofmann, 1976). Der Terminus verrät, daß hiermit abwechslungsreiche Äsungsaufnahme umschrieben wird, die der relativ kleine Pansen in 8–11 Äsungsperioden ganztags aufnehmen und durch wenig zellulosezersetzende Bakterien aufschließen muß. Demzufolge werden bevorzugt: nicht verholzte Triebe, Blätter, Blüten, Kräuter, Früchte. Auf Gras sowie faserige Pflanzenteile kann das Reh gänzlich verzichten. Nur die Veränderungen in unserer Kulturlandschaft haben das anpassungsfähige Reh auf ihm weniger bekömmliche Äsung umgestellt. Dadurch lassen sich schlechte Trophäenentwicklung und starke Wildschäden an land- und forstwirtschaftlichen Kulturen erklären. Da zudem unser Rehwild wie kein anderer Wildwiederkäuer während der Frühjahrs- und Sommermonate extrem territorial lebt und bekanntermaßen alte Böcke und alte Ricken die besten Habitate (Standorte) auswählen, bleibt dem Nachwuchs nur der Einstand mit weniger guter Äsung und Deckung, worunter letztlich die Gesamtpopulation zu leiden hat. In pflanzensoziologisch optimal zusammengesetzten Biotopen harmoniert das jahreszeitlich unterschiedliche Äsungsangebot mit den Äsungsansprüchen dieser Wildart. Im Frühjahr, z.Z. der Einstandswahl und des Setzens ist die Flora hier üppig, im Sommer und Herbst bei Anlage der Fettdepots im Wildkörper meistens auch, erst recht, wenn Buchen- und Eichelmasten einsetzen. Im Winter, wenn die Äsung knapp wird, ist der Stoffwechsel gedrosselt. Die Menge und Güte der Äsung ist von entscheidendem Einfluß auf die Konstitution der Rehe, die Vermehrungsquote und die Sterblichkeitsrate.

Besonders gerne werden aufgenommen:
Brombeere, Himbeere, Heidelbeere, Preißelbeere, Ginster, Esche, Ahorn, Hainbuche, Robinie, Eiche, Weide, Hirschholunder, Gemeiner Schneeball, Hartriegel, Melde, Wicke, Ackerwinde, Weiderich, Rainkohl, Johanniskraut, Löwenzahn, Kartoffel.

Nicht aufgenommen werden:
Moorbirke, Schwarzer Holunder, Roter Fingerhut, Stechpalme, Waldehrenpreis, Wurmfarn, Gänsefingerkraut, Spitz- und Mittelwegerich, Hirtentäschel, Vogelmiere, Distel, Ackerstiefmütterchen, Kriechender Hahnenfuß, Hasenklee, Honiggras, Straußgras, Binse.

In diesem Zusammenhang muß auf die Unterschiede bei der Beliebtheit einzelner Pflanzen hingewiesen werden.
Sicher hat auch die Chemie der modernen Landwirtschaft negative Auswirkungen auf unser Rehwild. Schädlich sind anorganische Fungizide mit hohem Quecksilbergehalt sowie großflächige Herbizidanwendungen. Immissionen und Kunststoffe hinterlassen ebenfalls Krankheitsspuren im Wildkörper.
Winterfütterung: Der Gesetzgeber hat die Fütterung in Notzeiten angeordnet (als Notzeiten sind anzusehen: extrem hohe Schneelagen, Naturkatastrophen). Außerhalb dieser ist der gesetzliche Rahmen sehr weit gefaßt: Nach § 28 (5) BJagdG können die Länder die Fütterung von Wild untersagen oder von einer Genehmigung abhängig machen. In der Regel haben diese ein Sommerfütterungsverbot erlassen.
Der sog. Herbstmast-Simulation, bei der durch Futtergaben im Herbst das Fettgewebe als Winterreserve gebildet werden soll, kann nach neuen Erkenntnissen nicht mehr zugestimmt werden. Man verhindert mit derartigen Fütterungen eine quantitative und qualitative Anpassung des Rehbestandes an die landschaftlichen und landeskulturellen Verhältnisse.
Bedeutsam ist das natürliche Äsungsangebot über Äsungsflächen, Freipflügen von Beerkraut bei hoher Schneelage, Pflanzen masttragender Bäume sowie das Ausführen von Weichholz-Durchforstungen während der Notzeit.
Bei alljährlich wiederkehrenden Notzeiten, z.B. im Gebirge, ist gegen Gewöhnungsfütterungen (das sind geringe Futtermengen an für das Wild ver-

trauten Futterstellen) vor der eigentlichen Notzeitfütterung nichts einzuwenden.
In Notzeiten ist die pansengerechte, aber auch artgerechte Fütterung wichtig, bei der man auf die speziellen Bedürfnisse der zu fütternden Rehe Rücksicht nimmt. Das hilft auf jeden Fall, Wildschäden zu mindern. Jede eiweißreiche Fütterung, so besonders im Handel erhältliches Wildmischfutter, sind abzulehnen, da der Wildkörper wegen der herabgesetzten Stoffwechseltätigkeit mit der Beseitigung zusätzlichen Eiweißes nur zusätzlich belastet wird.
Der Wasserbedarf liegt bei etwa 1400 ml je 10 kg Körpergewicht. Hoher Saftfutteranteil mindert diesen Bedarf um $^{2}/_{3}$.

Fütterungsalternativen
1. Silage, bestehend aus Zuckerrübenblatt, Apfeltrester, Heu, auf Vorlage anderen Futters kann verzichtet werden.
2. Zuckerrübenblattsilage oder Waldsilage (gehäckseltes Gras-Kräuter-Gemisch mit Melasse)
   Laubheu von Eberesche und Eiche
   Bucheckern und Eicheln als Kraftfutter
3. Hackfrüchte (Kartoffeln, Zuckerrüben), Silage
   Kraftfutter in geringen Mengen, z.B. Hafer
4. Freipflügen von Beerkraut bei Schnee
   Obst, Rübenschnitzel
   Eicheln oder sonstiges Kraftfutter

Alles Saftfutter bewirkt in gefrorenem Zustand Verdauungsstörungen – also bei Frost auf Trockensubstanz, wie Trockenschnitzel und trockene, frische Grassilage, umstellen. Abschließend sei nur noch der Salzbedarf der Rehe erläutert:
Er beträgt weniger als 1 g/Tag und wird über ausgelegte Salzlecksteine befriedigt. Der hohe Verbrauch an Salzlecksteinen kommt durch starke Regenauswaschung zustande.

Rehwild ist Konzentrat-Selektierer mit Vorliebe für Triebe, Blätter, Blüten, Kräuter, Früchte.
Hohe Anpassungsfähigkeit an vorhandene Äsung.
Beliebte Sommeräsung: Brombeere, Himbeere, Heidelbeere, Preißelbeere, Klee, Löwenzahn, Laubhölzer, Wald- und Wiesenblumen.
Die Winterfütterung ist eine Notzeitfütterung.

Feinde: Neben dem Menschen, der mit seiner unnatürlichen Landschaftspflege jedem wildlebenden Tier gehörige Adaptionsfähigkeit abverlangt und damit Feind Nr. 1 ist, kommen Wölfe, Luchse, Wildkatzen, wildernde Hunde, Füchse, Marder und sogar Sauen, Steinadler und Uhu als Rehverfolger in Betracht.

Bejagung
Jagdarten: Ansitz, Pirsch, Lockjagd (Blattjagd), selten Drücken.

Hege mit der Büchse:
Die Bejagung des Rehwildes hebt auf Wilddichte, Geschlechterverhältnis und davon abhängiger Konstitution der Stücke ab. Die für den jeweiligen Biotop vorgegebene Wilddichte sollte unbedingt eingehalten werden. Jede Wilddichteüberschreitung führt unweigerlich zur Schwächung des Gesamtbestandes und geringerer Vermehrung. Das Geschlechterverhältnis sollte annähernd ausgeglichen sein. Seine biologische Beeinflußbarkeit wurde bereits dargelegt. Der oftmalige Überhang weiblichen Wildes kann nur bei rechtzeitigem Abschußbeginn abgebaut werden ,da früh einsetzende Winter die Chancen der Abschußerfüllung herabsetzen. Schwache Kitze werden grundsätzlich erlegt. Die alte Regel, von Ricken mit zwei Kitzen das Schwächere zu schießen, bzw. bei geschlechterverschiedenen das Bockkitz zu schonen, ist nicht aufrechtzuerhalten. Grundsätzlich reicht die Milchmenge der Ricke für beide Kitze. Deswegen erlege man beide und zusätzlich auch die evtl. starke Ricke.
Aus der Gruppe der Schmalrehe schieße man schwache Stücke, deren Erlegung im Kitzalter unterblieben ist. Der Rickenabschuß wird sich dann auf alte, schwache, kranke und gelte Stücke sowie solche, die nach langjähriger Beobachtung nur schwache Kitze setzen, beschränken.
Es soll hier aber auch der Regionalrickenabschuß bzw. die Regionalrickenschonung erläutert werden: verstärkter Abschuß ist in Revierteilen zu propagieren, wo seit eh und je besonders schwache Stücke heranwachsen; andererseits ist in Revierteilen mit besonders guter Rehpopulation nur im unumgänglichen Umfange Rickenabschuß durchzuführen.
Der Bockwahlabschuß wird analog dem Rickenabschuß durchgeführt. Warum ist es noch heute

verpönt, zu Aufgang der Bockjagd nicht verfärbte Rehböcke zu schießen? Sollte man nicht hier allein von wildbiologischen Erkenntnissen ausgehen? Der Abschußbock kann nicht jung genug und jahreszeitlich früh genug geschossen werden. Erlegt man den Kümmerer nicht Mitte Mai, so wird das heranwachsende Getreide oder die Gras- und Krautschicht des Sommerwaldes ihm Schutz bis über die Blattzeit hinaus gewähren. Anders verhält es sich mit dem Abschuß starker, sog. Ernteböcke, denen man ermöglichen soll, sich im Laufe der Blattzeit noch einmal zu vererben, zu frühes Erlegen also bestandesschädlich wäre. Hierzu muß auch ein seit eh und je zwischen Jägern ausgetragener Konflikt erwähnt werden, der sich mit dem Zielalter reifer Böcke auseinandersetzt. Die einen meinen, der Rehbock erreiche seinen Trophäenhöhepunkt zwischen 3 und 5 Jahren, Verfechter des „Altwerdenlassens" setzen das Erntealter bei über 7 Jahren an. Letztere haben ungarische Spitzentrophäen reifer Böcke in Erinnerung, die mit 9–10 Jahren Goldmedaillengehörne schieben. Die Wahrheit liegt bei unseren Verhältnissen sicher auf der Mitte: mit 3 Jahren kann niemand von einem reifen Erntebock sprechen, mit über 7 Jahren hat er dann bei uns meist zurückgesetzt, also halte man sich an 5–7 Jahre.

Böcken der mittleren Altersklasse (2–4 Jahre) stelle man nur nach, wenn sie das Hegeziel verfehlen (s. Trophäe).

Hiermit ergibt sich die Erfordernis nach hohem Eingriff in die Jungwildklasse und Altersklasse III

60% Böcke	davon 50% Kitze – hier: je 1/2 Schmalrehe, Kitze männl. u. weibl.	

nach geringem Eingriff in die mittlere Altersklasse

2–4 Jahre	20%

nach angemessenem Eingriff in die Klasse alter Stücke

5 Jahre u. älter	20%

Ziel des Hegeabschusses ist ein Altersaufbau mit breitem, gut veranlagtem Unterbau mit zum Alter hin abnehmendem Bestand, der sich pyramidenförmig darstellen läßt.

Jagdzeiten nach Bundesverordnung

Kitze	1.9.–28.2.	Ricken	1.9.–31.1.
Schmalrehe	16.5.–31.1.	Böcke	16.5.–15.10.

Jahresstreckenergebnis:
Das durchschnittliche Streckenergebnis beläuft sich auf eine 3/4 Mio. Stück Rehwild.

Forderung für Hegeabschuß:
Hoher Eingriff in die Jugendklasse,
geringer Eingriff in die mittlere Altersklasse,
angemessener Eingriff in die Klasse alter Stücke.
Bei einem Höchstalter von 12–15 Jahren kann man den Höhepunkt auf 5–7 Jahre ansetzen.
Abschuß schlecht veranlagter Stücke auf den Jagdbeginn verlegen. Ernteböcke erst während oder nach der Blattzeit strecken!

Zur Wiederholung und Kontrolle

- Nennen Sie die Wildbretgewichte von Bock und Ricke.
- Warum wird das Reh als Schlüpfer bezeichnet?
- Beschreiben Sie die unterschiedlichen Spiegelformen bei Bock und Ricke.
- Wann findet der Haarwechsel statt?
- Nennen Sie die weidmännischen Bezeichnungen der Geschlechter sowie der verschiedenen Altersstadien.
- Welche normalen Gehörnformen sind Ihnen bekannt?
- Zählen Sie die Gehörnabnormitäten auf und geben Sie deren Ursachen an.
- Geben Sie Definitionen für Alters- und Güteklassen der Bocktrophäe.
- Beschreiben Sie die Gehörnbildung.
- Bis zu welchem Alter ist der Zahnwechsel abgeschlossen?
- Wie lautet die Zahnformel des fertig ausgebildeten Gebisses?
- Wie markiert der Bock seinen Einstand?
- Was versteht man unter Nachbrunft?
- Geben Sie das optimale Geschlechterverhältnis an.
- Wie hoch ist die jährliche Vermehrungsrate?
- Äußern Sie sich zur Wilddichte in Abhängigkeit vom Biotop.
- Geben Sie Kriterien für die Altersansprache.
- Welche Äsung bevorzugt Rehwild?
- Womit füttert man in Notzeiten?
- Nach welchen Kriterien geschieht der Wahlabschuß?

Abb. 30. Wisent.

Wisent, *Bison europaeus* L.

Systematik
Ordnung: Artiodactyla, Paarhufer
Unterordnung: Ruminantia, Wiederkäuer
Familie: Bovidae, Hornträger

Weidmannssprache

Bulle, Stier:	männlicher Wisent
Kuh:	weiblicher Wisent
Kalb:	junger Wisent
Mähne:	Kinnbart
Quaste:	Schwanzende
Aufsätze:	Hörner
Herde:	Rudel
Rinderzeit:	Brunft

Aussehen, Decke, Gewicht (Abb. 30): Der Wisent hat eine graubraune Decke, eine zottige Behaarung. Durch seine ausgeprägte Halsmähne, den extrem hohen Widerrist (fast 2 m) sowie die stark abfallende Rückenlinie macht er einen kopflastigen Eindruck. Der Wedel weist eine Quaste auf, die allerdings durch lange Haare überragt wird. Der Haarwechsel vollzieht sich im April bzw. im Oktober. Starke Bullen werden 20 Zentner schwer. Die Kühe erreichen dieses Gewicht nicht annähernd.
Fährte und Losung: Die Fährte ist hausrindähnlich. Die Losung ist fester als die des Hausrindes.
Trophäe: Beide Geschlechter tragen Hörner, die bis zum 5. Lebensjahr an Länge zunehmen, danach nur noch im Umfang. Während die weitausgelegten Stieraufsätze mit ihren Spießen leicht vorwärts zeigen und damit typische Kampfwaffen darstellen, sind die Spitzen der weiblichen enger stehenden Hörner nach innen gerichtet. Der deutliche Schwung in der Trophäe kommt erst zwischen dem 3. und 4. Lebensjahr zur Geltung.

Gebiß

$$\frac{0}{3}\ \frac{0}{1}\ \frac{3}{3}\ \frac{3}{3} \times 2 = 32$$

Lautäußerung: Bekannt ist der kurze und dumpfe Brunftlaut des Stieres. Kuh und Kalb verständigen sich über ein tiefes Grunzen.
Angriffslustige Stücke prusten.
Verbreitung: Früher kam der Wisent überall in

Europa vor. Es gab eine Berglandrasse im Kaukasus und eine Flachlandrasse. Heute lebt er in freier Wildbahn nur noch in der Bialowieser Heide. Der letzte frei lebende Wisent in Deutschland wurde 1755 im Tapiauer Forst durch Wildererkugel gestreckt. Um die vom Aussterben bedrohte Tierart der Nachwelt zu erhalten, wurden in den zwanziger Jahren dieses Jahrhunderts in verschiedenen europäischen Gehegen Wisente gezüchtet.

Bekannt waren folgende Zuchten, wobei sich die Abkürzungen der Zuchtorte im Tiernamen wiederfanden, womit jedem Eingeweihten die Herkunft der Wisente klar war.

Amsterdam	Ar
Avesta	Av
Berlin	Be
Bialowies	Bi
Boitzenburg	Bo
Breslau	Br
Budapest	Bu
Frankfurt/Main	Fr
Hagenbeck	Hag
Kopenhagen	Ko
Moskau	Mo
Pleß	Pl
Springe	Sp
Stockholm	Sto
u.a.	

Das in der Bundesrepublik Deutschland bekannteste Wisentgatter (Springe) hat die Arterhaltung über eine sog. Verdrängungszucht betrieben. Hierbei wurden Bisonkühe (nächster Verwandter des Wisents) mit einem reinrassigen Wisentstier gekreuzt. Die weiblichen Nachkommen wurden wieder mit einem reinrassigen Wisentstier gekreuzt, so daß nach der 4. Generation sich der reinrassige Wisent durchsetzte. Als man später aus dem Gehege Boitzenburg reinrassige Wisente beziehen konnte, wurde die Verdrängungszucht aufgegeben. Bis heute sind in Springe weit über 100 reinrassige Wisentkälber gesetzt worden.

Lebensweise: Der Wisent ist ein Wildrind mit Vorliebe für abgeschiedene Wälder, durchsetzt von Waldwiesen und Getreideschlägen. In der wärmeren Jahreszeit sucht der Wisent schattige Waldpartien, u.U. auch Feuchtbiotope auf. Im Winter zieht er sich in höhere Lagen zurück, da er sich wegen seines hohen Körpergewichts in vereisten Feuchtgebieten nur schwer vorwärtsbewegen kann.

Verhalten: Altbullen sind Einzelgänger mit Nähe zur übrigen Wisentherde. Kühe sondern sich während des Setzens für wenige Tage ab, finden aber mit ihrem Kalb wieder sofortigen Anschluß an die Herde, deren Umfang in freier Wildbahn zwischen 10 und 20 Stück beträgt. Während der Brunft suchen die Platzstiere ihre Herde auf.
Wisente sind wehrhaft. Sie sind sehr standorttreu.

Sinne: Der Wisent äugt weniger gut, dafür vernimmt und windet er umso besser.

Fortpflanzung, Brunft, Setzzeit: Die Brunft fällt in die Monate August/September. Häufig kommt es zur Nachbrunft. Die weiblichen Stücke finden sich zu Brunftherden, um deren Beherrschung erbitterte Kämpfe unter den männlichen Wisenten geführt werden. Anders als beim Rotwild duldet der Hauptstier (ab 6 Jahre) keinen weiteren Bullen in seiner Nähe, sondern schlägt ihn über viele Kilometer ab. Die Kuh setzt nach 272 Tagen Tragezeit im Mai/Juni ein Kalb, das ein Jahr lang gesäugt wird. In aller Regel werden Kühe nur alle 2 Jahre brunftig. Man rechnet je weibliches Stück mit sieben Nachkommen.

Äsungsansprüche: Der Wisent ist ein Waldtier, weswegen seine Äsungsvorliebe der Gras- und Krautschicht des Waldes sowie den Trieben und Knospen der Bäume und Sträucher des Waldes gilt. Er schält zudem stark, vorzugsweise Esche. Die Vegetation eingesprengter Waldwiesen sowie der Waldränder wird nicht verschmäht. Bei Schnee äst der Wisent Baumrinde, Heide- und Beerkraut sowie Flechten. Im Bialowieser Urwald stehen ihm heute 140 Kräuter-, Gras-, Strauch- und Baumarten zur Verfügung.

Feinde: Als Feind kann heute nur noch der Wolf im Rudel gefährlich werden; der Bär hat noch geringere Chancen.
Als der Wisent noch bejagt wurde, war der Mensch sein Hauptfeind.
Zudem ist der Wisent sehr krankheitsanfällig, insbesondere in Schutzgehegen.

Bejagung

Jagdarten: In der Bundesrepublik Deutschland wird der Wisent nicht bejagt, zumal er in freier Wildbahn hier auch nicht vorkommt.
In Polen wird er wegen starker Zunahme heute wieder auf Ansitz, Pirsch und Drückjagd bejagt. Zu

Zeiten der Germanen wurde der Wisent mit Hunden und Speeren bejagt. Ausgang des Mittelalters „erfreute" man sich in Ostpreußen seines Todes in sog. Hetztheatern, wo der Wisent mit Wölfen und Bären kämpfen mußte.
Noch im 18. Jahrhundert führte man in Bialowies eingestellte Jagden auf Wisente durch.

Zur Wiederholung und Kontrolle
- Beschreiben Sie das Aussehen eines Wisents.
- Nennen Sie die von anderen Schalenwildarten abweichenden weidmännischen Bezeichnungen.
- Wann brunften die Wisente und wann setzen sie?
- Welche Äsung bevorzugen Wisente?

Gamswild, *Rupicapra rupicapra* L.

Systematik
Ordnung: Artiodactyla, Paarhufer
Unterordnung: Ruminantia, Wiederkäuer
Familie: Bovidae, Hornträger
Unterfamilie: Caprinae, Ziegenartige

Weidmannssprache (Abb. 31)

Gamsbock, Bock:	männliches Gamswild
Gamsgeiß, Geiß, Gais, Mutterwild:	weibliches Gamswild
Gamskitz:	junges Gamswild bis zum 31. 3. des auf die Geburt folgenden Jahres
Bockkitz:	männliches Gamskitz
Geißkitz, Gamskitz:	weibliches Gamskitz
Jährling:	Bock vom 1. 4. des auf die Geburt folgenden Jahres bis zum 31. 3. des übernächsten Jahres
Schmalgeiß:	weibliches Stück Gamswild vom 1. 4. des auf die Geburt folgenden Jahres bis zum 31. 3. des übernächsten Jahres
Scharwild, Faselzeug, Geraffel, Graffel:	Ansammlung schwacher Böcke, Geißen und Kitze
Rudel:	Ansammlung mehrerer Gemsen
Nadeln:	Haare
Graser, Lecker:	Zunge
Reife:	weiße Haarspitzen des Bartes

Abb. 31. Gamsbock.

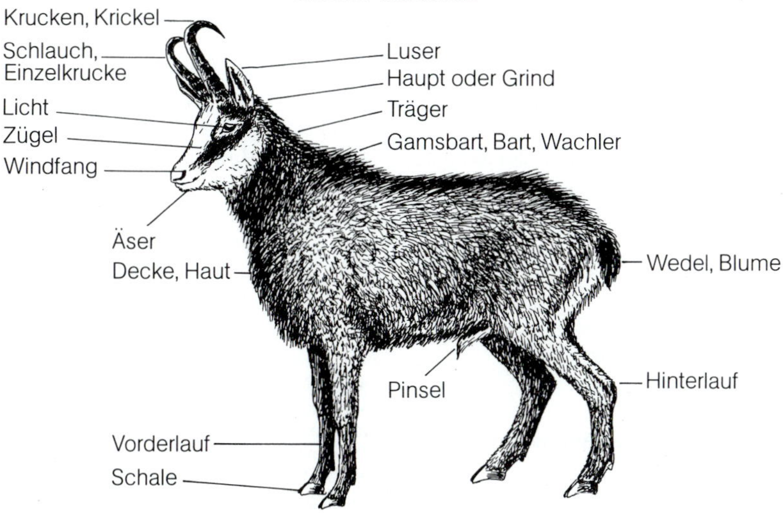

Hakelung:	Krümmung der Trophäenspitzen
Ziemer:	Rücken
Geäfter, Oberrücken:	Afterklauen
Brunftrute:	männliches Geschlechtsteil
Brunftkugeln, Kurzwildbret:	Hoden
Feuchtblatt, Feige:	weibliches Geschlechtsteil
Gesäuge, Spinne:	Euter
Brunftfeigen, Brunftkappen:	Drüsen an der Rückseite der Krukken, die sich während der Brunft stark vergrößern
Pansen:	Magen
Gamskugeln, Bezoarsteine:	unverdauliche Äsungsreste im Magen des Gamswildes
Losung:	Exkremente
Lösen:	koten
Feuchten, Nässen:	urinieren
Trittsiegel:	Einzelschalenabdruck
Fährte:	mehrere Schalenabdrücke
Brunft:	Paarungszeit
Brunftplan, Brunfteinstand:	Brunftort
Beschlag:	Deckakt
Bett:	Ruheort der Gams
Wechsel:	häufiger Weg
Äsung:	Nahrung
Äsen:	fressen
Schöpfen:	trinken
Wittern:	riechen
Winden:	argwöhnisches Prüfen des Windes
Blädern:	Brunftruf des Bockes
Pfeifen:	Warnlaut
Vernehmen:	hören
Äugen:	sehen
Hochwerden:	aufstehen
Niedertun:	sich setzen
Ziehen:	normale Gangart
Flüchten:	davonlaufen
Verhoffen, Haberlmachen:	Stehenbleiben während der Flucht
Scherzen:	spielen
Sprengen:	Verfolgen einer Geiß durch Bock
Absprung:	Verändern der Fluchtrichtung
hakeln:	kämpfen
Feist:	Fett
Keesgams:	Gams aus der Felsregion
Laubbock:	einsiedlerischer starker Bock, der sich meist im Tal aufhält
Kohlgams:	schwarze Spielart
Wuzel:	starker Gamsbock (ungebräuchlich)
Leitgams, Wachgeiß:	erfahrene Geiß, die ein Rudel anführt
Pech:	Harz an den Krucken
Pechbock:	Bock mit Latschenharz an den Krucken
Plätzen:	Freischlagen von Äsung im Schnee
Steineln:	Lostreten von Steinen, die laut herunterprasseln

Aussehen, Decke, Gewicht

Gewicht: Bock: 25–40 kg (aufgebrochen)
Geiß: 18–25 kg (aufgebrochen)

Wedellänge: etwa 10 cm

Beide Geschlechter haben eine fahlgelbe bis hellbraune Sommerdecke und eine dunkelbraune bis schwarze Winterdecke. Der Sommerhaarwechsel vollzieht sich von April bis Juni, der Winterhaarwechsel im Oktober. Auf der Sommerdecke ist im Verlauf der Rückenlinie ein dunkler Aalstrich zu sehen. Das weiße bis weißgraue Gesicht wird von zwei schwarzen Streifen (Zügel) geziert, die vom Windfang über die Lichter bis zu den Krucken verlaufen. Der bis zu 20 cm lang werdende Gamsbart wächst auf der Rückenlinie. Bei ihm handelt es sich um 20 cm (und mehr) lange Leithaare, die besonders begehrt sind, wenn die Spitzen weiß, also pigmentiert sind. Man spricht dann von Reife. Der Bart wächst mit dem Frühjahrshaarwechsel, ohne daß mit dem Winterhaarwechsel dessen Wachstum aufhört.

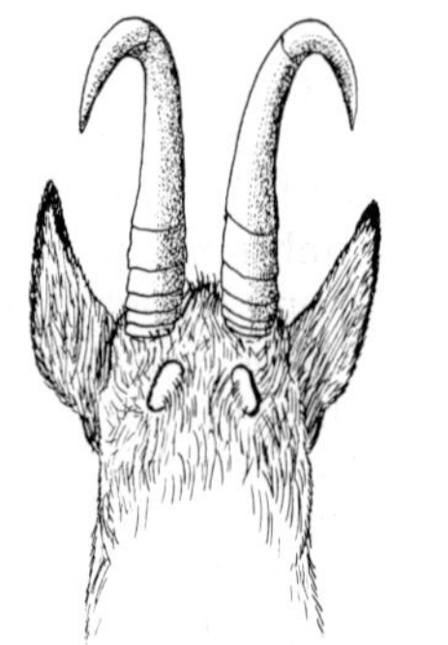

Abb. 32. Brunftfeigen (aus: Müller, F.: Wildbiologische Informationen für den Jäger, Jagd und Hege Ausbildungsbuch III. Ferdinand Enke Verlag, Stuttgart 1982).

Hinter den Krucken sind bei Bock und Geiß zwei Drüsen zu finden, die sog. Brunftfeigen oder Brunftkappen (Abb. 32). Diese vergrößern sich während der Brunft. Aus ihnen tritt übelriechendes Markierungssekret hervor. Im Pansen bilden sich Bezoarsteine, die aus einzelnen aufgenommenen Haaren, Harz und unverdaulichen Pflanzenteilen bestehen. In früheren Zeiten galten diese Gamskugeln als Allheilmittel.
Gamswild hat – wie alle anderen Hornträger – eine Gallenblase.
Fährte (Abb. 33): Der Schalenrand ist sehr hart, die Ballen sind weich. Außerdem sind die beiden Schalenhälften gut spreizbar. Somit findet die Schale im Gestein guten Halt, die nachgebenden Ballen wirken wie Saugnäpfe.
Das Trittsiegel sieht fast quadratisch aus. Das Geäfter wird nur in der Fluchtfährte abgedrückt.

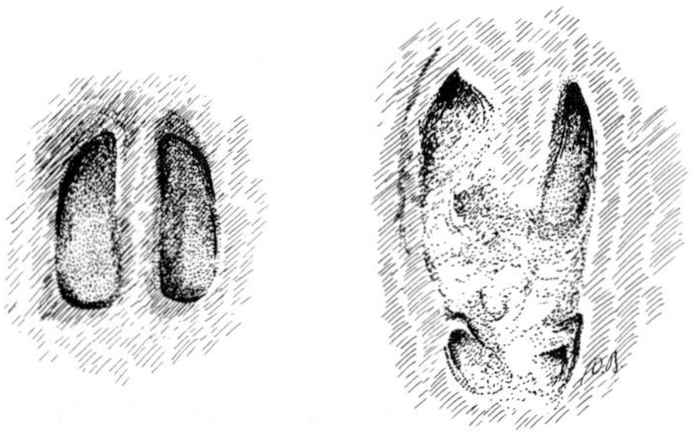

Abb. 33. Gamstrittsiegel. Ziehend (links); flüchtig (rechts).

Losung: Die Losung ähnelt der von Ziegen. Sie ist 1,5 cm lang. Im Sommer fällt sie oft fladenförmig.
Trophäe: Außer dem schon erwähnten Bart sind die Krucken Trophäen. Sowohl Bock als auch Geiß tragen Krucken. Diese bilden sich bereits mit dem 2. Monat über einem gleichzeitig hochwachsenden Stirnzapfen. Dieser ist mit dem darüber sitzenden Horn durch Bindegewebe an der Basis verbunden, wodurch das Wachstum der Krucken von April bis November mit hormoneller Beeinflussung ermöglicht wird. Ab dem 5. Monat beginnt sich der gerade wachsende Schlauch nach hinten zu krümmen. Mit Abschluß des Jahreswachstums zeigt sich eine deutliche Einschnürung, der Jahresring (Abb. 34). Mit $2^1/_2$ Jahren schließt die Krucke ihr Haupthöhenwachstum (etwa 20 cm) ab. Sie legt jetzt nur noch unwesentlich bis höchstens 25 cm zu. Der Stirnzapfen ist mit 5 Jahren ausgewachsen. Er mißt dann 10 cm (Abb. 35).
Wegen der geringen Zuwächse ab dem 4. Lebensjahr ist eine Altersansprache am Stück in der freien Wildbahn anhand der Jahresringe auf den Krucken nicht möglich.

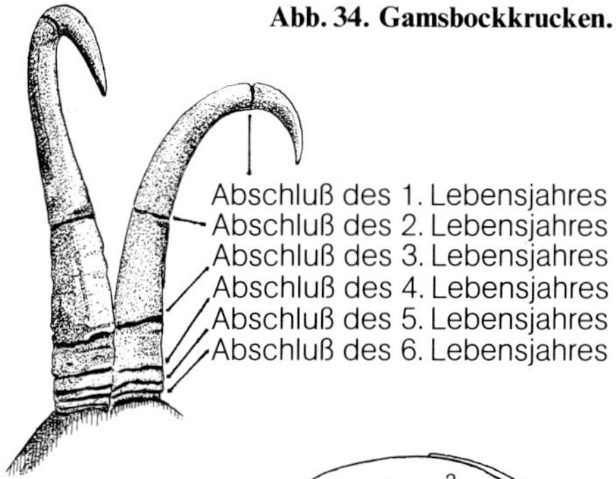

Abb. 34. Gamsbockkrucken.

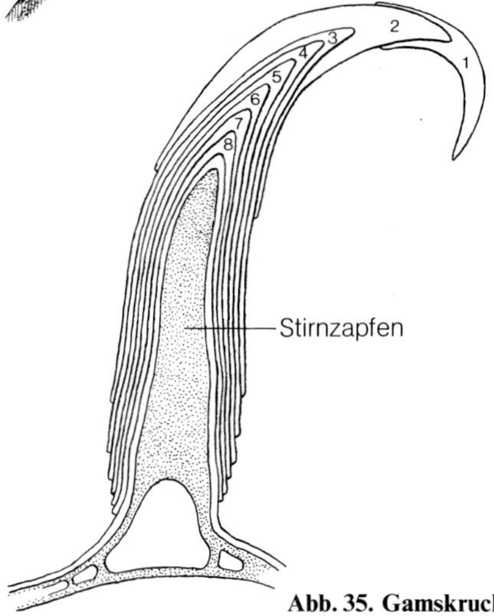

Abb. 35. Gamskrucke, Aufbau.

Bock- und Geißkrucken (Abb. 36) sind zu unterscheiden nach
1. dem Querschnitt des Hohlhorns:
   beim Bock rund,
   bei der Geiß oval
2. der Stärke der Schläuche:
   beim Bock dicker als bei der Geiß
3. dem Grad der Hakelung der Krucken (Krümmung):
   beim Bock stärker gehakelt als bei der Geiß,

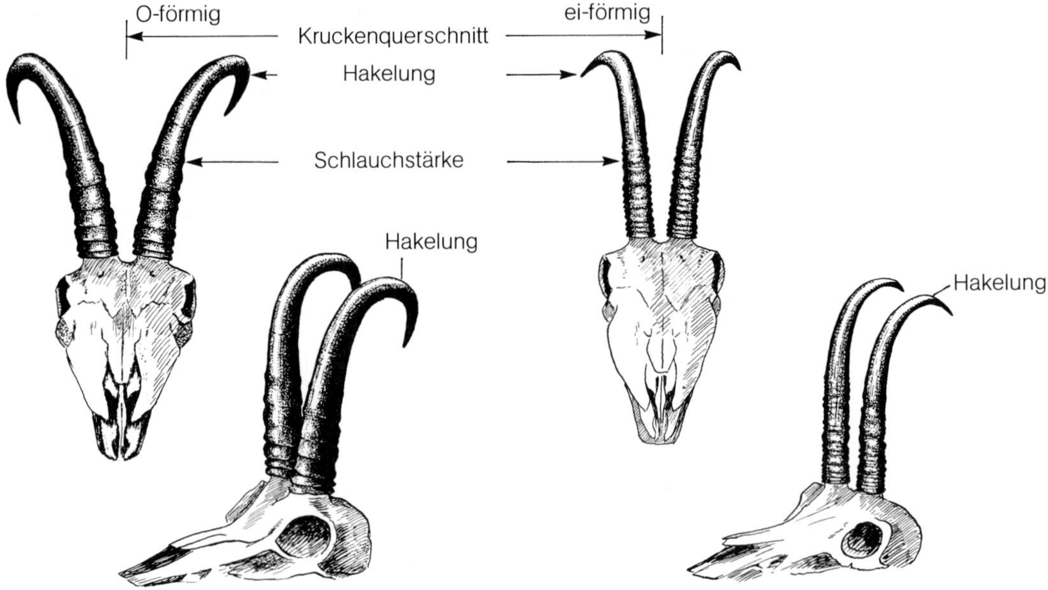

Abb. 36. Gamsbockkrucken (links); Geißkrucken (rechts).

Bockkruckenspitzen zeigen auf die Basis der Krucken,
Geißkruckenspitzen zeigen in Richtung hinterer Träger.

Sog. Hornfalten, die vorwiegend bei jungen Tieren auf der Vorderseite der Krucken sichtbar sind, werden häufig mit den Jahresringen verwechselt. Diese Hornfalten haben keinerlei Bedeutung.

Gebiß

$$\frac{0}{3}\ \frac{0}{1}\ \frac{3}{3}\ \frac{3}{3} \times 2 = 32$$

Der Eckzahn (1) steht unmittelbar neben den Schneidezähnen und sieht auch schneidezahnähnlich aus.
Wenngleich in aller Regel das Alter des erlegten Stückes nach der Zahl der Jahresringe auf den Krucken festgestellt wird, kann aber auch durchaus eine Altersschätzung nach dem Abnutzungsgrad der Schneide- und Backenzähne vorgenommen werden.
Das Gebiß des Gamskitzes weist 20 Milchzähne auf. Der dritte Milchprämolar ist dreiteilig.

Das Dauergebiß entsteht nach folgendem Zeitplan:
6 Monate: M 1 bricht durch
16 Monate: M 2 bricht durch
28 Monate: Wechsel von I 1 und I 2 sowie P 2–P 4
29–30 Monate: M 3 bricht durch
36 Monate: I 3 bricht durch
42 Monate: Wechsel von C

Mit 45 Monaten ist der Zahnwechsel abgeschlossen. Danach kann das Gamsalter nach dem Abnutzungsgrad von Schneide- und Backenzähnen geschätzt werden.

Lautäußerung: Die häufigste Lautäußerung ist das Meckern, das als Verständigung zwischen den Rudelmitgliedern gilt.
Blädern ist der Brunftlaut des Bockes, der Sprenglaut ist Keuchen. Pfeifen ist ein Warnlaut. Schließlich gibt es wie bei allem leidenden Wild den Klagelaut.
Verbreitung: Alpen, Schwarzwald, Pyrenäen, Apenninen,
Balkan: Jugoslawien, Griechenland, Albanien, Rhodos, Bulgarien,

Karpaten: Rumänien,
Tatra: Tschechoslowakei,
Kaukasus: Rußland.

Lebensweise: Gamswild ist sehr standorttreu. Als bevorzugter Lebensraum gilt die Felsregion, daher auch Fels- oder Gratgams. Diese Vorliebe schließt aber den Wald als Lebensraum nicht aus (Waldgams).
In der warmen Jahreszeit steht das Gamswild gerne an schattigen Orten, im Winter bevorzugt es Sonnenhänge.
Verhalten: Gamswild lebt als Tagwild in Rudeln; allerdings sondern sich ältere Böcke außerhalb der Brunft ab und bilden dann bisweilen reine Bockrudel.
Gamswild klettert und springt hervorragend und wird darin nur vom Steinwild übertroffen.
Hauptsächlich wird morgens und abends geäst. In der Zwischenzeit wird wiedergekäut und geruht. Nachts sucht das Gamswild Latschenfelder als Einstand auf.
Sinne: Alle Sinne sind optimal entwickelt.
Fortpflanzung, Brunft, Setzzeit, Aufzucht der Jungen: Gamswild ist mit einem Jahr geschlechtsreif, pflanzt sich in aller Regel aber erst mit 3 (Böcke) bzw. 4 Jahren (Geißen) fort.
Die Brunft beginnt Mitte November und endet Anfang Dezember. Die Böcke treten zum Rudel, die Geißen bleiben 2 Tage brunftig.
Die Böcke markieren ihren Brunfteinstand durch Reiben der Brunftfeigen an Gräsern. Männliche Gemsen rivalisieren, indem sie mit ihren Krucken erbitterte Kämpfe austragen.
Die Geiß setzt abseits vom Rudel nach 25–26 Wochen im Mai/Juni ein, selten 2–3 Kitze, die noch am selben Tage selbständig sind. Nach 8 Wochen gesellt sich die Geiß mit Nachwuchs wieder zum Großverband.
Die Kitze sind sehr fürsorgebedürftig.
Zuwachsrate, Geschlechterverhältnis: Das Geschlechterverhältnis soll 1 : 1 betragen, verschiebt sich allerdings oft zu Gunsten des weiblichen Wildes, da die Böcke vielfach abgebrunftet strenge Winter nicht überstehen. Die Zuwachsrate beträgt 60–70 % bezogen auf alle weiblichen Stücke.
Die Wilddichte soll je nach Äsungsangebot bei 10 Stück je 100 ha liegen.

Ansprechen vor dem Schuß

Geschlechterunterschiede:
Böcke werden meist stärker als Geißen; hier gibt allerdings nur ein Größenvergleich zweier in einem Rudel stehender Stücke Aufschluß über das Geschlecht.
Der Bart des Bockes ist im Winter deutlich anzusprechen. Zudem hat der Bock auch im Sommer meist eine dunklere Deckenfarbe als die Geiß. Diese Farbunterschiede sind schon bei Kitzen im Spätherbst auszumachen. Der Hinweis, daß bei Böcken der Träger breiter sein soll als der Unterkiefer lang ist und bei Geißen der Träger ebenso breit sein soll wie der Unterkiefer lang ist, hat beim Ansprechen in freier Wildbahn mehr theoretische Bedeutung.
Der Pinsel des Bockes ist nur höchst selten zu erkennen. Als gutes Geschlechterunterscheidungsmerkmal dienen die Krucken, die im Profil beim Bock eine deutlichere Hakelung (Krümmung der Spitzen) fast parallel zum aufsteigenden Schlauch zeigen, hingegen bei der Geiß nur schwach gehakelt sind. Zudem sind die Bockkrucken dicker als die der Geiß. Der Schlauchquerschnitt der Bocktrophäe ist fast rund, der der Geißtrophäe oval.
Die Auslage der Schläuche gibt keinen sicheren Aufschluß über das Geschlecht.
Männliche Merkmale: Die Altersansprache nach der Trophäe ist allenfalls nur in der Jugend möglich. Hauptsächlich werden Verhalten, Körperbau und Decke zur Altersschätzung herangezogen.
So sind junge Böcke feingliederig gebaut, sie sind schlank, haben einen dünnen Träger, scharf abgegrenzte Zügel. Ihre Winterdecke ist schwarzglänzend, die Sommerdecke rotbraun. Alte Böcke sind fast immer stärker bei Wildbret, weisen einen starken Träger auf und haben verwaschene Zügel im sonst grauen Gesicht. Ihre Winterdecke ist kaffeebraun, im Sommer fahlgrau.

Auffallend ist der Keulenfleck auf der Winterdecke, der
bei 2–3-jährigen Böcken deutlich,
bei 4–5-jährigen Böcken undeutlich und
bei älteren Böcken kaum noch ansprechbar ist.

Weibliche Merkmale: Die Zügel alter Geißen verschwimmen im grauweißen Gesicht. Ihre Rückenlinie biegt leicht durch, der Bauch hängt ebenfalls

durch. Der Keulenfleck der jungen Geißen ist am deutlichsten.
Das Verhalten gibt vielfach Aufschluß über das Geschlecht wie auch über das Alter. Im Gamsrudel stehen außer weiblichen Stücken nur geringe, junge Böcke. Alte Böcke stehen allein oder in Bockrudeln.

Innerhalb der Geschlechter unterscheidet man nach BUBENIK 5 Sozialklassen:
1. Kitze: 1. Lebensjahr
2. Flegel: 2.–3. Lebensjahr
3. Halbstarke: 4.–5. Lebensjahr
4. Reife Tiere: 5.–11. Lebensjahr
5. Senioren: über 11. Lebensjahr

Erfahrene Gamsjäger wollen „ihre“ Gemsen im Verhalten auf große Entfernung einer dieser Klassen zuordnen können.
Äsungsansprüche, Fütterung: Gräser, Klee, Kräuter, Blätter und Knospen, Baum- und Strauchtriebe, Waldfrüchte.
Gamswild gilt als Mischäser.
Salz wird gerne aufgenommen.
Fütterungen werden angenommen, sind allerdings wegen leichter Krankheitsverbreitung kaum gebräuchlich.
Feinde: Neben großer Krankheitsanfälligkeit und Hungersnot bei hoher Schneelage gelten als Feinde: Steinadler und Luchs. Fuchs, Dachs und Marder vergreifen sich an Kitzen und abgekommenen Stükken.

Bejagung
Jagdarten: Pirsch, Ansitz. Bis zur Jahrhundertwende wurden vorwiegend Riegel- und Treibjagden ausgeführt, womit jeder Wahlabschuß unterlaufen wurde.

Jagdzeiten nach Bundesverordnung:
1.8.–15.12.

Jahresstreckenergebnis: 4848 (1987/88)

Zur Wiederholung und Kontrolle
- Welche besonderen weidmännischen Bezeichnungen sind Ihnen ausschließlich für das Gamswild bekannt?
- Geben Sie die Gewichte ausgewachsener Gemsen an.
- Unterscheiden Sie Bock- und Geißkrucke.
- Geben Sie Aufschluß über die Altersschätzung anhand der Krucken.
- Welche Trophäen kann der Jäger vom Gamsbock erbeuten?
- Wann brunftet Gamswild?
- Wann ist Setzzeit?
- Wieviel Kitze werden gesetzt?
- Welche Zusammensetzung weist ein Gamsrudel auf, wenn man vom Scharwild oder Faselzeug spricht?
- Geben Sie Aufschluß über die Äsung der Gemse.
- Wie unterscheidet man bei der Ansprache im Revier zwischen Bock und Geiß?
- Wie unterscheidet man bei der Ansprache im Revier zwischen jungem und altem Bock?
- Welche Jagdarten werden vornehmlich auf Gamswild ausgeübt?

Steinwild, *Capra ibex* L.

Systematik
Ordnung: Artiodactyla, Paarhufer
Unterordnung: Ruminantia, Wiederkäuer
Familie: Bovidae, Hornträger
Unterfamilie: Caprinae, Ziegenartige

Weitere Rassen sind:
Nubischer Steinbock
Sibirischer Steinbock
Ostkaukasischer Steinbock
Westkaukasischer Steinbock
Abessinischer Steinbock
Iberischer Steinbock

Weidmannssprache

Steinbock:	männliches Stück
Steingeiß:	weibliches Stück
Steinkitz:	junges Stück
Gehörn:	Trophäe

Aussehen, Decke, Gewicht (Abb. 37 und 38): Das Steinwild ist stämmig und muskulös. Sein Sommerkleid ist gelbbraun mit weißer Weidlochpartie, sein Winterkleid hingegen graubraun. Bisweilen sieht man bei den Böcken einen geringen Kinnbart.

Abb. 37. Alpensteinbock.

Das Gewicht der Böcke beträgt bis zu 100 kg, das der Geiß bis zu 50 kg.
Unterhalb des Wedels sitzt eine Wedeldrüse, mit der markiert wird.

Trophäe (Abb. 39)
Bock und Geiß tragen Hörner, die im Gegensatz zum Geweih der Cerviden nicht abgeworfen werden, sondern jährlich von Januar bis Herbst weiterwachsen.

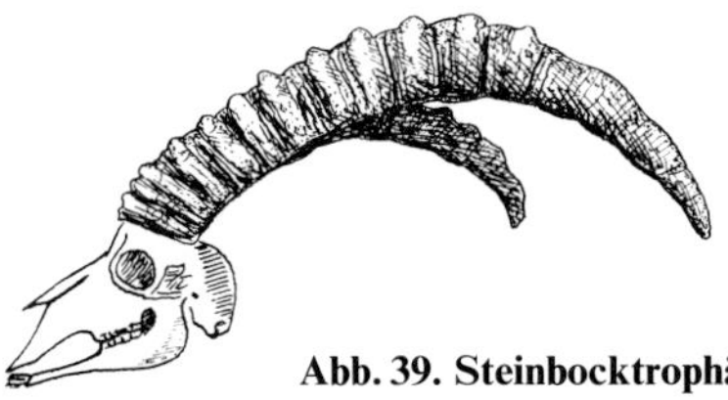

Abb. 39. Steinbocktrophäe.

Das Horn selbst wird durch einen weitreichenden Stirnzapfen ausgefüllt, der durch Bindegewebe mit der Basis des Horns verbunden ist und von hier aus das Wachstum ermöglicht. Man spricht vom basalen Wachstum (Abb. 40).
Die säbelartige Trophäe des Bockes kann bis zu 1 m lang und 10 kg schwer, die der Geiß allenfalls 30 cm lang werden. Der Hornquerschnitt der Bocktrophäe ist dreieckig, der der Geißtrophäe eher länglich-oval. Im Unterschied zu anderen Boviden, z. B. Muffel-

Abb. 38. Alpensteingeiß mit Kitz.

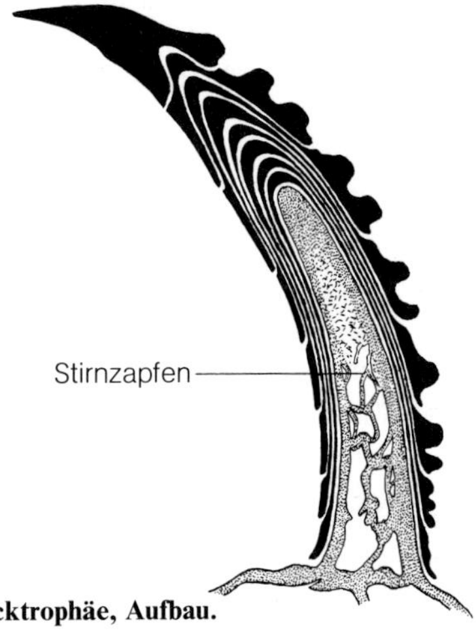

Abb. 40. Steinbocktrophäe, Aufbau.

wild, ist der Hornzuwachs der Steinböcke auch im höheren Alter noch beträchtlich. Bei der Geiß stagniert der Hornzuwachs ab dem 3. Lebensjahr.

Gebiß (Altersschätzung)

$$\frac{0}{3}\ \frac{0}{1}\ \frac{3}{3}\ \frac{3}{3} \times 2 = 32 \text{ Zähne}$$

Der Zahnwechsel ist mit Ablauf des 4. Lebensjahres abgeschlossen. Die Altersbestimmung erfolgt bis zu diesem Alter nach dem Fortschritt des Zahnwechsels oder nach der Zahl der Altersringe am Schlauch (Gehörn). Ab dem 4. Lebensjahr werden die Jahresringe auf der Gehörnrückseite des Bockes abgezählt (nicht verwechseln mit den Hornwülsten (Schmuckfurchen) auf der Gehörnvorderseite!). Selbstverständlich ist dann auch eine zuverlässige Altersschätzung nach dem Abnutzungsgrad der Backenzähne möglich.

Verbreitung: Steinwild war früher im gesamten Alpenraum anzutreffen. Wegen der einigen Körperteilen zugeschriebenen Heilwirkung – Hornpulver (Böhnlein), Herzknorpel (Herzkreuzl), Magensteine (Bezoare) gegen Schwindel und Blutarmut – wurde diese Wildart in den letzten Jahrhunderten fast ausgerottet, allerdings im Gran Paradiso (Italien) durch staatlichen Schutz erhalten. In Österreich, in der Schweiz und in der Bundesrepublik bei Berchtesgaden im Naturschutzgebiet Königsee wurde Steinwild wieder ausgewildert.

Lebensweise: Noch mehr als das Gamswild ist das Steinwild die Wildart des Hochgebirges. Hervorragendes Klettervermögen und gute Sprungkraft bürgen dafür.

Außerhalb der Brunft stehen Böcke und Geißen in getrennten Rudeln. Meist haben die Geschlechter unterschiedliche Einstände.

Die Brunft findet Anfang Dezember statt. Nach 6 Monaten Tragezeit werden 1, selten 2 Kitze gesetzt. Mit 4 Jahren setzt die Geiß das erste Mal.

Äsungsansprüche: Kräuter sowie Zweigverbiß im Baumgrenzbereich.

Zur Wiederholung und Kontrolle

- Nennen Sie anatomische Unterschiede zwischen der Trophäe eines Geweih- und Hornträgers.
- Wie stellt man das Alter eines erlegten Steinbockes fest?
- Wann ist die Brunftzeit?
- Wann ist die Setzzeit?

Muffelwild, *Ovis ammon musimon* Schreber

Systematik

Ordnung: Artiodactyla, Paarhufer
Unterordnung: Ruminantia, Wiederkäuer
Familie: Bovidae, Hornträger
Unterfamilie: Caprinae, Ziegenähnliche

Weidmannssprache

Widder, Muffelwidder:	männliches Muffelwild
Schaf, Muffelschaf, Wildschaf:	weibliches Muffelwild
Schmalwidder:	männliches Stück vom 1.4. des auf die Geburt folgenden Jahres bis zum 31.3. des darauffolgenden Jahres
Schmalschaf:	weibliches Stück vom 1.4. des auf die Geburt folgenden Jahres bis zum 31.3. des darauffolgenden Jahres
Widderlamm:	männliches Jungtier bis zum 31.3. des auf die Geburt folgenden Jahres
Schaflamm:	weibliches Jungtier bis zum 31.3. des auf die Geburt folgenden Jahres
Schnecke:	Hörner
Schlauch:	einzelnes Horn
Stümpfe:	Hörner des Schafes
Schabracke, Schneefleck, Sattel, Sattelfleck:	heller Flankenfleck beim Widder
Schwarzer:	sehr dunkler Widder, meist ohne Sattel
Rudel, Herde:	Muffelverband, Muffelgesellschaft
Pfeifen:	Warnlaut
Meckern:	Lockton von Schafen u. Lämmern
Bähen:	Blöken der Schafe
Muffeln:	Bewegen der Lefzen beim Äsen
Rammen:	das Kämpfen der Widder mit ihren Schnecken gegeneinander
Rammstellen:	durch Schnecken beschädigte Stellen an Bäumen

Die übrigen weidmännischen Bezeichnungen sind gleich denen bei Rot- und Rehwild.

Aussehen, Decke, Gewicht:
Gewicht:

Widder (ohne Haupt) $\frac{20\text{–}35}{27}$ kg aufgebrochen

Schaf $\frac{20\text{–}24}{22}$ kg aufgebrochen

Wedellänge: etwa 10 cm

Der gedrungene, „schöne“ Körper wird von kurzen, kräftigen Läufen getragen. Das hellbraune Sommerhaar färbt ab April allmählich durch, das schwarzbraune Winterhaar tritt ab Herbst auf. Es grenzt sich besonders gut zur weißen Unterseite und zum weißen Spiegel (daher auch „Weißarsch“ genannt) ab. Außerdem haben die meisten der geschlechtsreifen Widder, wenn sie nicht Schwärzlinge sind (tiefdunkel gefärbte Decke), einen beidseitigen Flankenfleck, den sog. Sattel- oder auch Schneefleck oder die Schabracke. Im Winter kontrastiert sich dieser weiße Sattel gegen die dunkle Deckenfarbe besonders gut. Höchst selten sind Schafe hiermit geziert. Das Winterhaar der Widder ist länger als das der Schafe. Zusätzlich ist bei den Widdern ein deutlicher Kragen (Hals-/Nackenbehaarung) auszumachen.
Alle zotteligen, langbehaarten Stücke verzeichnen eingekreuzte Vorfahren in ihrem „Stammbaum“.
Wie auch anderes Schalenwild hat Muffelwild Duftdrüsen, so die Voraugen- und die Schalendrüsen sowie Drüsen im Genitalbereich.
Fährte (Abb. 41): Das hausschafähnliche Trittsiegel wirkt länglich, oben sehr viel schmaler als auf Ballenhöhe. Die beiden Schalenhälften sind gut spreizfähig, womit das Muffelwild sehr gebirgstauglich ist. Häufig vorkommende Schalenmißbildungen finden sich im Fährtenbild wieder.

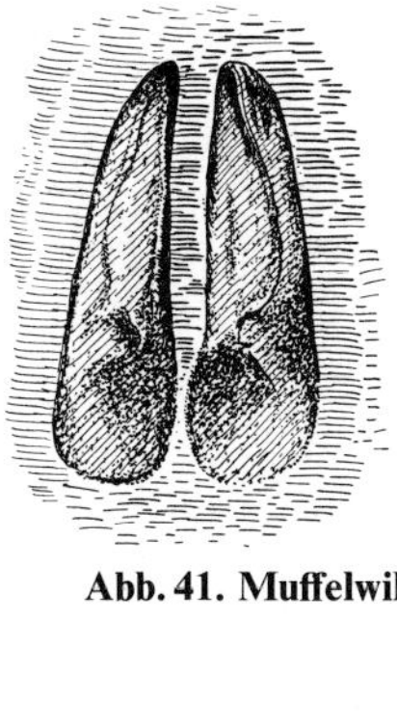

Abb. 41. Muffelwildtrittsiegel.

Die Sprungfähigkeit des Muffelwildes ist hervorzuheben: Bei Hochsprüngen liegt die Leistung nur gering unter 2,50 m, was sich auch in den Schutzvorrichtungen gegen Wildschäden (Zaunbau) ausdrückt, nämlich 2,50 m Mindesthöhe im Mittel aller Bundesländer-Ausführungsbestimmungen zum Landesjagdgesetz.
Weitsprünge zwischen 8–10 m sind keine Seltenheit.
Losung (Abb. 42): Je nach Jahreszeit fällt die Losung einzelkornweise (Winterlosung) oder aber geklumpt, wenn nicht sogar fladig (Frühjahr bis Frühsommer), nach Aufnehmen frischen Grüns. Die Einzelstücke der Losung sind gezapft. Sie ist etwas größer als Rehwildlosung.

Abb. 42. Muffelwildlosung.

Widdergewicht, aufgebrochen, ohne Haupt: 27 kg,
Schafgewicht, aufgebrochen: 22 kg.
Hellbraunes Sommerhaar, dunkelbraunes Winterhaar, weiße Bauchseite, weißer Spiegel und zusätzlich meist weißer Flankenfleck, Sattel-, Schneefleck, Schabracke: beim Widder.
Fährte mit gespreizten Trittsiegeln, gutes Springvermögen (weit und hoch).
Die Losung fällt einzelkornweise oder auch fladenförmig.

Trophäe: Muffelwild gehört zu den Hornträgern. Widder haben fast kreisrunde, bis max. 90 cm lange Schnecken, Schafe in etwa 5 % aller Fälle kurze, bis zu 10 cm lange Stümpfe (Abb. 43). Der Hornquerschnitt männlicher Trophäen ist dreieckig, der der Schaftrophäen flachrund.

Kurz nach der Geburt bildet sich auf der Stirn ein Knochenzapfen, über dem zwischen dem 3. und 5. Lebensmonat das Schneckenwachstum beginnt. Die aus zwei Schläuchen bestehenden Schnecken wachsen über das mit dem Knochenzapfen verbundene Bindegewebe. Neue Hornmasse wird immer unten, d.h. an der Basis, angesetzt (basales Wachstum). Jeweils zum Ende des Jahres, November/Dezember, hört das Wachstum der Schnecken auf, wodurch rings um den Schlauch ein Jahresring auftritt, der mit zunehmendem Alter deutlicher wird. Schon im Januar wird neue Hornmasse angelegt. Die Jahresringe sehen den sog. Schmuckwülsten zum Verwechseln ähnlich. Von letzteren sind zwischen den Jahreswachstumszonen bis zum Abschluß des 2. Jahres 11–13 zu finden. Ihre Zahl nimmt mit zunehmendem Alter ab, zugleich auch der jährliche Schlauchzuwachs. Im 1. Lebensjahr werden 10–15, im 2. Lebensjahr 20 cm geschoben. Nach dem 4. Lebensjahr hat der Widder im allgemeinen $^3/_4$ seiner Trophäengesamtlänge erreicht. Ab dem 6.–7. Lebensjahr nutzt sich an der Hornspitze fast soviel Masse ab, wie an der Basis zugelegt wird. Die Gesamtlänge des Knochenzapfens hat dann $^1/_3$ der Gesamtschlauchlänge erreicht. Vom 2. Lebensjahr an beschreiben die Widderschnecken den ersten Teil des zukünftigen Kreisbogens.

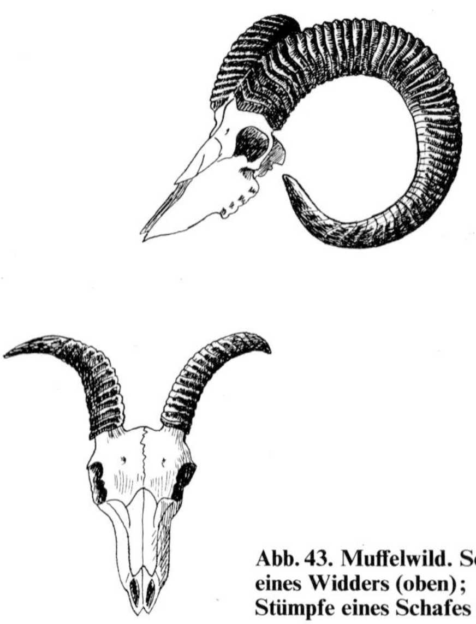

Abb. 43. Muffelwild. Schnecken eines Widders (oben); Stümpfe eines Schafes (unten).

Hinsichtlich der Schneckenform unterscheidet man nach TÜRCKE/SCHMINCKE (1965) mehrere Schneckentypen (Abb. 44):

1. Normaltyp
2. Argalityp
3. Heidschnuckentyp
4. Zackeltyp

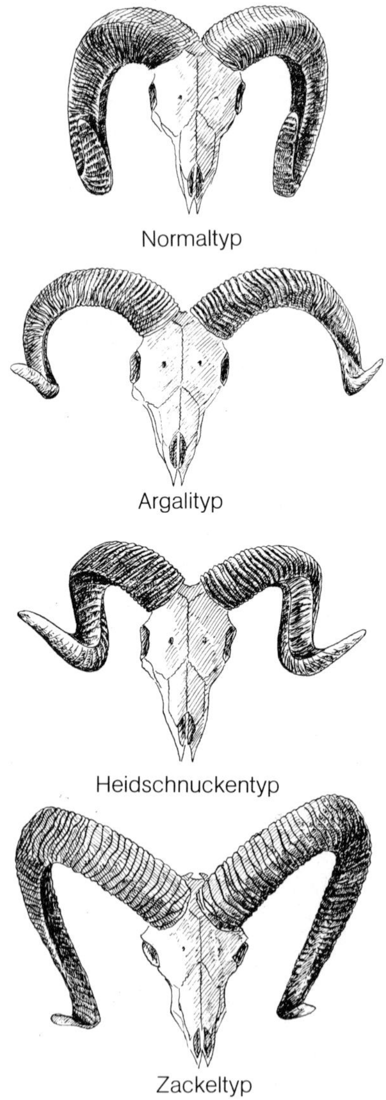

Abb. 44. Widder-Schneckentypen.

Außer dem erstgenannten sind alle übrigen Typen auf Einkreuzungen zurückzuführen.
Beim Normaltyp kommen erhebliche Unterschiede im Kreisbogendurchmesser vor. So neigen Schnekken mit geringem Durchmesser zum Einwachsen (Abb. 45). Hierbei zeigen die Hornspitzen auf den Träger und scheuern, bevor sie einwachsen, an der Halsdecke. Nach geraumer Zeit in den Träger eingewachsene Schnecken schränken die Beweglichkeit des Widders erheblich ein. Hierzu muß es nicht in jedem Falle kommen. In solchen Fällen bleibt es beim „Scheurer" (Abb. 46).

Abb. 45. Muffelwidder, Einwachser.

Abb. 46. Muffelwidder, Scheurer.

Muffelwild ist Hornträger. Widdertrophäen nennt man Schnecken, sie werden max. 90 cm lang. Schaftrophäen nennt man Stümpfe, sie werden 10 cm lang. Nur 5% der Schafe tragen Stümpfe. Muffelhörner haben basales Wachstum. Jeweils zum Jahresende schließt das Wachstum durch Jahrringbildung ab. Mit zunehmendem Alter wird das jährliche Wachstum geringer. Ab dem 6.–7. Lebensjahr wächst fast nicht mehr zu, als abgenutzt wird. Beim Normaltyp kommt es bisweilen zum Scheuern oder Einwachsen der Schnecken in den Träger.

Gebiß, Altersschätzung: Die Zahnformel lautet:

$$\frac{0}{3}\ \frac{0}{1}\ \frac{3}{3}\ \frac{3}{3} \times 2 = 32$$

Der untere Eckzahn ist unmittelbar neben den 3. Schneidezahn gerückt, weswegen er auch oftmals als solcher benannt wird. Der Zahnwechsel ist mit $3^1/_2$ Jahren abgeschlossen. Bis zu diesem Alter ist jede Altersbestimmung mühelos nach dem Gebiß durchführbar.
Der untere Eckzahn wird als letzter Milchzahn nach dem 42. Monat gewechselt.
Da in der Praxis in aller Regel die Jahresringe auf den Schnecken zur Altersschätzung herangezogen werden, soll auf den Zahnwechsel hier nicht näher eingegangen werden.
Lautäußerung: Bekannt ist das Meckern. Bei Gefahr pfeifen beide Geschlechter. Der Widder gibt brummende Brunftlaute von sich.
Verbreitung: Die eigentliche Heimat ist Korsika und Sardinien. Von dort aus versuchte man, Muffelwild in die freie Wildbahn auszusetzen. Als bekannteste reinrassige Einbürgerung gilt die in der Tschechoslowakei von Gynes. Dieses Vorkommen breitete sich entlang des Neutraflusses aus, demzufolge die Bezeichnung: Neutrastamm.
In Deutschland sind folgende Einbürgerungen bekannt: 1902 – Eulengebirge; 1903 – Göhrde; 1906 – Harzgerode; kurz darauf Taunus und Solling.
Gewinnsucht der Importeure, das Streben nach Maximierung der Wildbretgewichte und Trophäenstärke führten dazu, daß fremde Schafrassen eingekreuzt wurden.
Wir kennen heute folgende bundesrepublikanische Vorkommen: Lüneburger Heide, Weserbergland, Harzvorland, Harz, Kaufunger Wald, Lippisches Bergland, Eggegebirge, Rothaargebirge, Siegerland, Eifel, Westerwald, Taunus, Vogelsberg, Rhön, Spessart, Odenwald, Hardt, Neckartal, Pfälzer Wald, Steigerwald, Fränkische Alb, Bayerischer Wald, Schwäbische Alb, Alpenvorland, Bayerische Alpen.
Lebensweise: Entsprechend seiner Heimat Korsika ist das Muffelwild ursprünglich der typische Waldbewohner der Mittelgebirge mit steinigen Böden gewesen. Häufig aufgesuchte Moorpartien in den Mittelgebirgen machen das Muffelwild anfällig für Leberegel und die typische Schafkrankheit Moder-

hinke. Heute gibt es aber durchaus Flachlandstämme mit meist gesünderen Beständen als im Mittelgebirge.
Muffelwild ist unstet und hält dabei nicht konsequent Wechsel. Die Einstände sind unterschiedlich groß, nämlich zwischen 100 und 200 ha. Dabei hält es sich an von Menschen geschaffene Grenzen, wie Waldränder, Eisenbahnlinien und Straßen.
Verhalten: Muffelwild ist tag- und dämmerungsaktiv. Diese Schafart ist ein ausgesprochenes Herdentier ohne wahrnehmbare Hierarchie mit großer Friedfertigkeit. Alle Herden sind Zufallsherden. Die beim Morgenansitz beobachtete „Gemeinschaft" tritt schon nachmittags in anderer Zusammensetzung aus.
Lediglich alte Widder sind außerhalb der Brunft dann als Einzelgänger anzutreffen, wenn sie sich nicht in Widderrudeln annähernd gleichen Alters aufhalten.
Gegenüber anderen Schalenwildarten ist Muffelwild verträglich, wenngleich es dem Schwarzwild ausweicht. Rehwild hält sich aus Muffeleinständen fern.
Sinne: Beim Muffelwild sind alle Sinne gut entwikkelt. Besonders ist der Gesichtssinn hervorzuheben. Hier gilt der alte Spruch, der die bestausgeprägtesten Sinnesleistungen einzelner Wildarten hervorhebt: „Das Haar, das der Jäger verlor, wird vom Hirsch vernommen, vom Keiler gewittert und vom Widder geäugt."
Hier sei angemerkt, daß das Muffelwild wegen früher starker Verfolgung in den Bergen seiner Heimat Korsika durch Wilddiebe besonders nach oben zu äugen gezwungen war. Diese Angewohnheit hat sich vererbt, weswegen sich der Muffelwild-Jäger auf dem Hochsitz besonders ruhig verhalten sollte.
Fortpflanzung, Brunft, Setzzeit: Muffelwild brunftet zwischen Oktober und Dezember. Widder sind im 2. Lebensjahr, Schafe ebenfalls im 2. Lebensjahr, bisweilen auch schon im Jahr der Geburt geschlechtsreif. Die Widder sind ganzjährig, außer im Juni/Juli, fortpflanzungsfähig.
Ausgesprochene Brunftrudel gibt es nicht. Vielmehr läuft das Brunftgeschehen unauffällig ab (Gegensatz – Rotwild). Das schließt nicht aus, daß sich gleichstarke Widder zu dieser Zeit erbitterte Brunftkämpfe liefern: Sie rammen sich mit ihren Schnekken, bis der Unterlegene davonzieht.
Nach 22 Wochen Tragezeit setzt das Schaf 1 Lamm. Zwillingsgeburten sind selten. Schon nach einer Stunde folgt das Lamm der Mutter.
Zuwachsrate, Geschlechterverhältnis: Das natürliche Geschlechterverhältnis beträgt 1 : 1. Bei der Bejagung ist für den Erhalt dieser Gegebenheit zu sorgen. Bei zu hoher oder zu niedriger Wilddichte kann dieses bis zu 0,2 zu Gunsten der Widder oder Schafe verändert werden. Der Zuwachs beträgt im Flachland 80 %, im Bergland 50 % der am 1.4. lebenden weiblichen Stücke.
Bei Einbürgerungen darf das Geschlechterverhältnis bei 1 : 3 liegen, um mit geringem Stamm einen hohen Zuwachs zu erzielen.

Ansprechen vor dem Schuß

Grundsätzlich sind Widder einfacher als Schafe anzusprechen, da erstere in der Hauptsache nach ihren Schnecken beurteilt werden. (Die Schnecken wurden bereits beim Thema „Trophäe" abgehandelt.)
Ein Großteil der Widder hat einen Sattelfleck, d.i. ein heller beidseitiger Flankenfleck. Beim sog. Schwarzen fehlt dieser meist.
Widderlämmer haben einen „kindlichen" Gesichtsausdruck, junge Widder sind im Gesicht sehr bunt, mittelalte Widder beginnen vom Äser Richtung Nase weißzufärben, alte Widder haben ein weißes altes Gesicht, dazu eine Brille, d.s. helle Augenringe. Durch den schlanken Körperbau werden die Widderlämmer, aber auch die Jungwidder, deutlich von den kompakteren, hängebauchigen Altwiddern, oft mit Halsmähne, unterschieden.
Die Altersansprache lebender Schafe gestaltet sich weitaus schwieriger. Die Stümpfe (d.s. die Trophäen) der Schafe, 5 % des Gesamtbestandes, können wegen geringer Länge (10 cm) nicht als Hilfsmittel herangezogen werden. Hier sind allein Gesichtsausdruck, Gesichtsfarbe und Körperform sowie das Verhalten maßgebend.
Der kurze Kopf des Lammes mit „kindlichem" Gesicht wird abgelöst vom dunkleren Schmalschafkopf mit neugierigem Blick. Das markante Haupt des mittelalten Schafes wird mit zunehmendem Alter zum greisen Altschafkopf mit „argwöhnischem" Gesichtsausdruck. Die Gesichtsfarbe wechselt vom bunten Gesicht des Lammes über das Haupt mit weißer Nase und dunkler Stirn bis zum schlohweißen Kopf des überalterten Schafes.

Man verfalle aber nicht in den Fehler, die Altersansprache nach der Gesichtsfarbe von einem Muffelstamm auf den anderen übertragen zu wollen, denn gerade die Gesichtsmaske ist ausgesprochen populationsspezifisch, d.h., das weiße Haupt eines alten Schafes eines Stammes muß keineswegs beim anderen Stamm auch auf hohes Alter schließen lassen. Hier kann nur jahrelange spezielle Kenntnis der Jäger über „ihre Population" zutreffende Alterskriterien ausfindig machen.
Die Körperform reicht vom wenig grazilen Lammkörper über den schlanken Schmalschafkörper zum gleichmäßig gebauten ausgewachsenen Schafkörper, der im hohen Alter (über 10 Jahre) einen deutlichen Senkrücken zeigt.
Widder- und Schaflämmer stehen bei ihren Mutterschafen bis 2 Monate vor der Geburt der nächsten Generation. Dann trennen sie sich und bilden mit anderen Alleingelassenen neue Rudel.
Allerdings ändert sich der Rudelzusammenhalt ständig. Schmalwidder und -schafe halten weiterhin Rudelkontakt. Dasselbe gilt auch für mittelalte Widder und Schafe. Alte Widder stehen entweder in Widderrudeln, treten aber durchaus auch beim Schafrudel auf, hingegen sind überalterte Widder oftmals Einzelgänger oder in Widderrudeln gleichen Alters zu finden. Alte Schafe führen Schafrudel als Leitschafe.
Das Verhalten junger Stücke ist durch Neugierigkeit und Unerfahrenheit, bei alten Stücken durch Mißtrauen und Vorsichtigkeit geprägt.

> Unterscheidung zwischen Widder und Schaf ist bei flüchtiger Ansprache nach der Trophäe möglich. Zusätzlich haben die meisten Widder einen Sattelfleck.
> Für die Altersansprache beim lebenden Stück werden insbesondere der Gesichtsausdruck, die Gesichtsfarbe, die Körperform und das Verhalten herangezogen. Beim Widder spielt zusätzlich die Schneckenlänge eine Rolle.

Äsungsansprüche, Fütterung: Das Muffelwild gilt als anspruchslose Wildart. Als ausgesprochenes Waldtier ist es deshalb auch mit kärglicher Äsung zufrieden, die man aber aus hegerischen Gründen verbessern sollte.
Als Gras- und Rauhfutterfresser (HOFMANN, 1976) äst es Gras-, sonstige Boden- und Strauchflora, bei besonderer Vorliebe für saftige Kräuterflora und faserreiche Blattstiele. Gerne werden auch Weichhölzer (Aspe, Weide, Esche, Wildobst) angenommen, die man im Winter ggf. aushaut und zufüttert.
Muffelwild schält, auch reinrassige Stämme. Das Schälen unterbleibt, wenn Äsung und Ruhe wildtiergerecht sind. Unter allen Wiederkäuern ist das Muffelwild als die den wenigsten Wildschaden anrichtende Wildart anzusehen. Trotz seiner Waldtreue gibt es durchaus Stämme, die in die Feldflur zur Äsung wechseln.
Der Salzbedarf liegt bei 2 g täglich. Dabei muß man dem Wild Gelegenheit zum Schöpfen bieten. Bei Frost werden alle Salzlecksteine eingesammelt, weil bei dann fehlendem Wasser aufgenommenes Salz zu Durst führt und dieser durch Schälen gestillt wird.
Anstelle aufwendiger Fütterungen im Winter genügen dem anspruchslosen Muffelwild oft schon mit Schneepflügen freigelegte Krautflächen.
Dennoch sollte bei hoher Schneelage zugefüttert werden (2 Fütterungen je 500 ha), wobei faserreiche Äsung pansengerecht ist und gerne angenommen wird, z.B. Maissilage.
Feinde: Hierzu zählen Großraubwild und Steinadler, die in der Bundesrepublik Deutschland allerdings nicht mehr heimisch sind. (Ausnahme: Steinadler in den deutschen Alpen.)
Außerdem vergreifen sich Schwarzwild, Fuchs und Wildkatze an Lämmern und kranken Stücken.

Bejagung

Jagdarten: Ansitz, Pirsch, selten Drückjagd und Riegeln. Besonders interessant ist die Pirsch auch tagsüber.
Hege mit der Büchse: Ziel der Hege ist ein den land- und forstwirtschaftlichen Verhältnissen angepaßter, gesunder, möglichst artreiner Muffelwildbestand. Dabei sind die Wilddichte, die Äsungskonkurrenz zu anderen Schalenwildarten, das Geschlechterverhältnis, der Altersaufbau und der Zuwachs zu berücksichtigen. Man hält eine Wilddichte von etwa 3–4 Stück/100 ha für angemessen.
Die Lämmer werden am schärfsten bejagt, um schlechte Vererber auszuschalten. Die weibliche Jugendklasse – d.s. Schmalschafe – soll bis auf die

nicht erlegten schwachen Schaflämmer des Vorjahres geschont werden. Schon bei Jungwiddern kann man unerwünschte Trophäenmerkmale ansprechen und demzufolge solche Stücke erlegen. Hierzu zählen asymmetrische Schneckenform, Einwachser, Scheurer, artfremde Einkreuzungen mit von reinblütigen Widdern abweichenden Trophäenformen, Schnecken mit zu engem Kreisbogen oder mit zu weiter bzw. zu enger Auslage.

Der Altersaufbau wird dann wie bei den übrigen Schalenwildarten pyramidenähnlich sein und einen erstrebenswerten Bestand alter Widder zum Abschuß vorhalten. Diese werden in Ia, Ib, IIa, IIb-Widder eingeteilt.

Widder der Klasse Ia sind nach Studium eines Großteiles der Hegerichtlinien verschiedener Bundesländer solche, die etwa 5–6 Jahre alt sind, mind. 180 Punkte erreichen, symmetrische Schnecken haben, deren lichte Weite mehr als 20 cm Durchmesser betragen soll. Insgesamt darf die körperliche Entwicklung hinter der der Trophäe nicht zurückstehen.

Ib-Widder sind ebenfalls starke Widder mit o.a. Zielalter und o.a. Punktesoll, deren Trophäe aber dem Hegeziel nicht entspricht.

IIa-Widder entsprechen dem Hegeziel, haben aber das Zielalter von 5–6 Jahren noch nicht erreicht. Sie sind zu schonen.

IIb-Widder entsprechen nicht dem Hegeziel. Sie sind jünger als 5 Jahre.

Jagdzeiten nach Bundesverordnung:
1.8.–31.1.

Jahresstreckenergebnis: 1870 Stück (1987/88)

Zur Wiederholung und Kontrolle

- Geben Sie weidmännische Bezeichnungen der Geschlechter in der Jugend und im Alter an.
- Was ist die Schabracke?
- Wie unterscheidet sich die Widder- von der Schaftrophäe?
- Schildern Sie den Vorgang des Schneckenwachstums.
- Wie stellt man das Alter beim erlegten Stück fest?
- Welche Sinne sind am besten ausgeprägt?
- Wann brunftet Muffelwild?
- Welche Äsungsansprüche hat Muffelwild?
- Beschreiben Sie den Lebensraum.
- Welches Rudelverhalten zeigt das Muffelwild?
- Welche Jagdarten sind Ihnen beim Muffelwild bekannt?
- Was ist ein Ia-Widder?
- Wann wird das Muffelwild gem. Bundesverordnung bejagt?

Schwarzwild, *Sus scrofa scrofa* L.

Systematik

Ordnung: Artiodactyla, Paarhufer
Unterordnung: A.non-ruminantia, Nichtwiederkäuer
Familie: Suidae, Altweltschweine
Unterfamilie: Wildschweine

Weidmannssprache (Abb. 47)

Sau:	Stück Schwarzwild
Keiler:	männliches Stück Schwarzwild
Bache:	weibliches Stück Schwarzwild (als 2, 3, 4 jähriges und älteres Stück)
Überläufer:	Stück Schwarzwild vom 1.4. des auf die Geburt folgenden Jahres bis zum 31.3. des übernächsten Jahres
Frischling:	Stück Schwarzwild bis zum 31.3. des auf die Geburt folgenden Jahres, ferner bis zum 15.6. alle zu spät oder zur Unzeit gefrischten Frischlinge aus dem Nachwuchs des Vorjahres, deren Gewicht aufgebrochen 25 kg nicht überschreitet (länderweise uneinheitlich)
angehendes Schwein:	vierjähriger Keiler
hauendes oder gutes Schwein:	vier- bis sechsjähriger Keiler
Hauptschwein oder grobes Schwein:	siebenjähriger Keiler
starke oder alte oder grobe Bache:	Bache von 4 Jahren an aufwärts
Gebräch, im Gebräch stehen:	Fraßaufnahme mit Umwühlen des Bodens

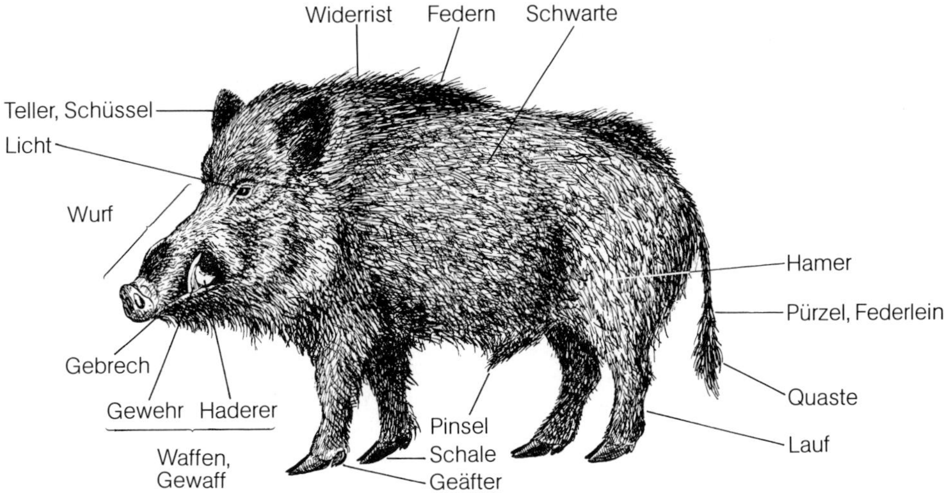

Abb. 47. Keiler.

Haken:	Eckzähne der Bache
Borsten:	Haare
Schild:	dicke Schwarte auf den Blättern
Panzer:	besonders dicker Schild
Weidsack:	Magen
Weißes, Weiß:	Fett
Rotte:	mehrere Sauen zusammen
Kessel:	Ruhestatt mehrerer Sauen
Lager:	Ruhestatt der einzelnen Sau
Rauschzeit:	Paarungszeit
Frischen:	gebären
Blasen:	Lautäußerung bei Beunruhigung
Suhlen:	Wälzen im Schlamm
Malbaum:	Baum an der Suhle, an dem die Sau sich nach Verlassen der Suhle scheuert
Annehmen:	angreifen
Einschieben:	Niederlassen im Lager oder Kessel
Stecken:	in der Dickung anwesend

Aussehen, Schwarte, Gewicht: Sauen sind äußerlich dem Hausschwein ähnlich. Ihre Gewichte schwanken sehr:

Keiler	75–150 kg (aufgebrochen)
Überläuferkeiler	
im Sommer	30– 60 kg
im Winter	40– 70 kg

Bachen bringen etwa die Hälfte o. a. Keilergewichte.

Frischlinge im Sommer (gefrischt im März/April)	20– 25 kg
im Winter	25– 40 kg

Sauen sind sehr unterschiedlich gefärbt, von silbergrau über schwarz bis hausschweinfarben. Bisweilen kommen auch schwarz-weiß Gescheckte vor. Die Frischlinge sind hellbraun gefärbt und haben gelbe Längsstreifen, die sich erst nach 3 Monaten allmählich verlieren und mit dem Winterhaarwechsel völlig verschwinden.

Das Winterhaarkleid der Sauen besteht aus zottigen Borsten mit dicker krauser Unterwolle. Unter der Schwarte liegt je nach Herbstmast, d. s. Eicheln und Bucheckern, eine mehr oder weniger dicke Schicht Weißes (Fettschicht). Im zeitigen Frühjahr werden Borsten und Unterwolle abgestoßen. Das Sommerkleid besteht dann aus einer dünnen kurzen Behaarung. Der Pürzel ist im Gegensatz zum domestizierten Schwein nicht geringelt. An seinem Ende ist eine längere Borstenbehaarung, die Quaste, zu sehen, allerdings nicht bei Frischlingen (bei Überläufern tritt sie andeutungsweise auf).

Beim Keiler ist der Pinsel erkennbar, bei alten Bachen bisweilen auch die Striche (Gesäuge). Das Kurzwildbret liegt unter dem Weidloch und ist nur bei alten Keilern auszumachen.

Schwarzwild im Sommerkleid wirkt hochläufiger als solches im Winterkleid. Damit verliert es im Sommer die Faszination urigen Wildes.

Fährte (Abb. 48): Die Fährte ist unverkennbar: Seitlich hinter den Schalen ist immer das Geäfter abgedrückt. Dieses steht im Gegensatz zum Rotwild außerhalb einer gedachten Linie in Verlängerung des äußeren Schalenrandes. Hierdurch wirkt das Trittsiegel des Schwarzwildes trapezförmig, das des Rotwildes rechteckig. Zudem ist die Schrittweite des Keilers geringer als die des Rothirsches.

Keiler und Bache sind anhand des Trittsiegels zu unterscheiden. Ersterer zwängt, die Bache hinterläßt gespreizte Schalenhälften in der Fährte.

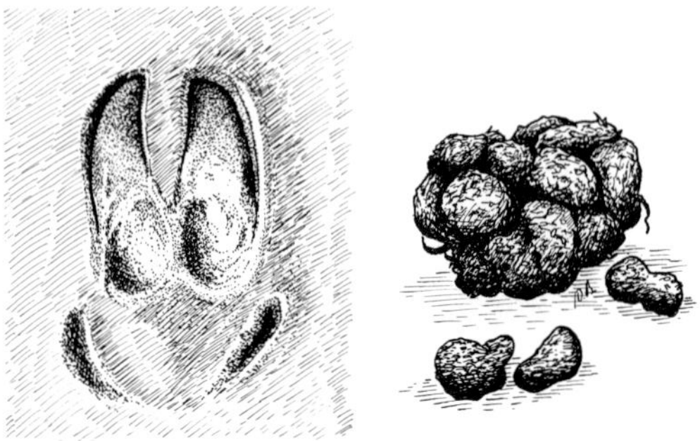

Abb. 48. Schwarzwild, Trittsiegel und Losung.

Losung (Abb. 48): Die Losung ist kugelig, bisweilen auch wurstförmig. Sie fällt einzelstückweise, aber auch ballenförmig. Wenn die Stücke viel Weißes haben, ist die Losung fladig-breiig.

Trophäe: Trophäen des Schwarzwildes sind die Keilerwaffen, Gewehre und Haderer, und auch die Haken älterer Bachen. Bisweilen wird auch der gesamte Keilerkopf einschließlich Waffen präpariert. Darüber hinaus ist die Schwarte als Teppich oder Wandschmuck begehrt. Aber auch nur die Federn (Rückenborsten) machen sich gebunden als Hutschmuck gut.

Besondere Sorgfalt ist beim Präparieren der Keilerwaffen geboten, muß doch jedem Jäger bekannt sein, daß die Gewehre zu $^{2}/_{3}$ ihrer Gesamtlänge im Unterkiefer sitzen und demzufolge ein Ganzteil Unterkiefer mit abgekocht werden muß. Die Haderer wurzeln nicht tief.

Gebiß, Altersbestimmung: Mit $3^{1}/_{2}$ Monaten hat der Frischling ein Milchgebiß von 28 Zähnen:

$$\frac{3}{3}\;\frac{1}{1}\;\frac{3}{3}$$

Im Alter von 6–7 Monaten bricht der 1. Molar durch = M 1. Zur gleichen Zeit kann zwischen den Gewehren bzw. Haken und dem 1. Milchprämolaren ein Dauerprämolar (P 1) geschoben werden (nicht immer vorhanden). Mit 12 Monaten kommt M 2 zum Vorschein (Abb. 49).

Im Alter von 15–16 Monaten wechseln die inneren Schneidezähne. Das ist sehr gut an deren ungleichmäßiger Höhe auszumachen. Jetzt wechseln auch die Milchprämolaren (p) zu Dauerprämolaren (P), wobei der dreiteilige p 4 zum zweiteiligen P 4 wird.

Im Alter von 17–18 Monaten wechseln die äußeren Milchschneidezähne zu Dauerschneidezähnen. Soeben versucht der 3. Molar (M 3) durchzukommmen, ist allerdings erst zwischen dem 18. und 19. Monat zu sehen (Abb. 50). Mit 19–20 Monaten sind alle Dauerschneidezähne vorhanden, wovon die inneren 4 bis zum 22. Monat auf gleiche Höhe wachsen.

Mit 24–25 Monaten ist das Dauergebiß voll entwickelt (Abb. 51).

$$\frac{3}{3}\;\frac{1}{1}\;\frac{4}{4}\;\frac{3}{3} \times 2 = 44$$

Bis zu diesem Alter ist also eine genaue Altersfeststellung möglich. Danach kann nicht, wie beim übrigen Schalenwild, eine Altersschätzung nach Zahnabschliff vorgenommen werden; stattdessen spielen genau definierte Alterskriterien für die Eckzähne eine Rolle (Abb. 52).

Die bisherige Annahme, die Schleiffläche im oberen Drittel der Gewehre gebe in Zentimetern gemessen das entsprechende Alter des erlegten Keilers an, wird heute verworfen. Vielmehr sind die Durchmesser unterhalb der Schleiffläche und der Basis der Gewehre nach deren Herauslösen mit einer Schublehre zu messen. Dabei weist das junge Stück einen relativ großen Basisdurchmesser und wesentlich geringeren Durchmesser unterhalb der Schleifflächen auf. Mit zunehmendem Alter nähern sich beide Durchmesser. So werden diese zueinander in ein rechnerisches Verhältnis gesetzt, wobei sich eine Formzahl ergibt.

$$\text{Rechengang: } \frac{\text{Basisdurchmesser}}{\text{Durchmesser unterhalb der Schleiffläche}} = \text{Formzahl}$$

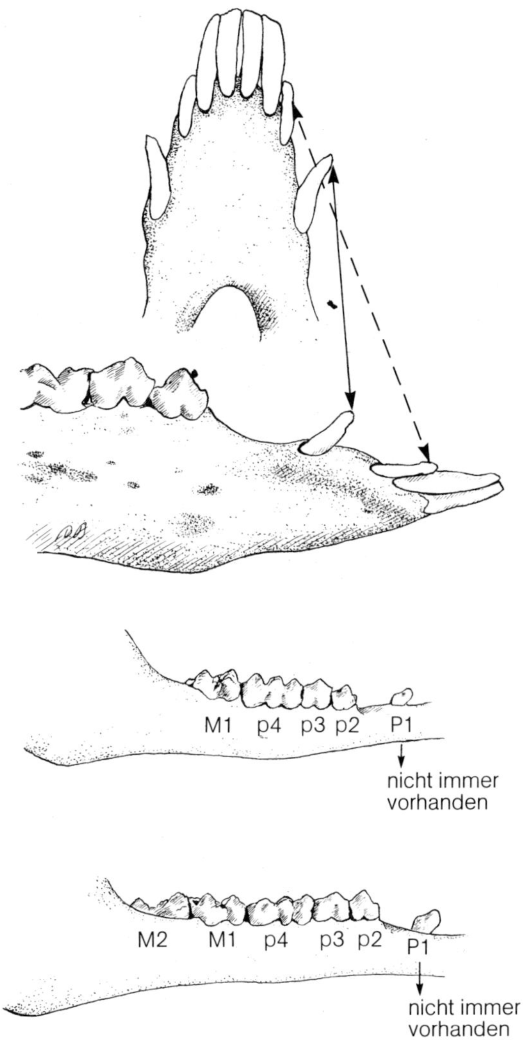

Abb. 49. Altersbestimmung beim Schwarzwild. (Kleine Buchstaben = Milchzähne, große Buchstaben = Dauerzähne.) Milchgebiß 3–4 Monate, Schneide-, Eck- und vordere Backenzähne (oben); Unterkiefer 6–7 Monate, Backenzähne (Mitte); 12 Monate, Backenzähne (unten).

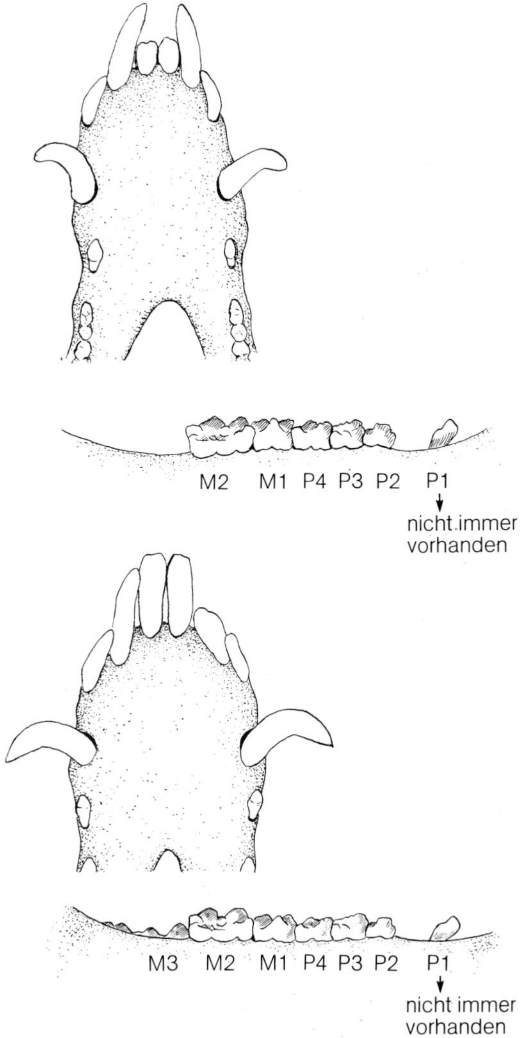

Abb. 50. Altersbestimmung beim Schwarzwild. 15–16 Monate, Schneide- und Eckzähne (oben); 15–16 Monate, Backenzähne (Mitte oben); 17–18 Monate, Schneide- und Eckzähne (Mitte unten); 18–19 Monate, Backenzähne (unten).

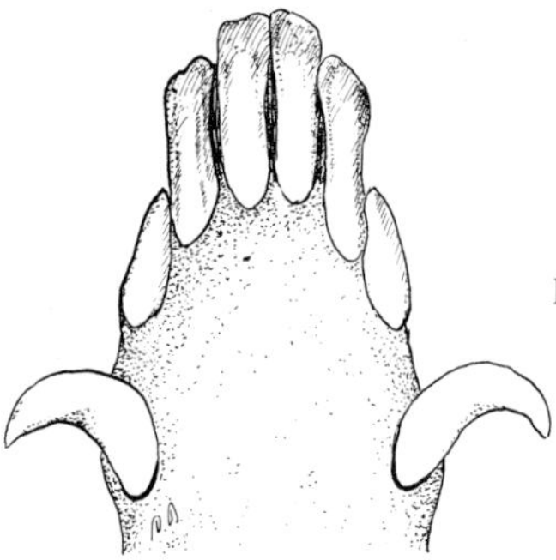

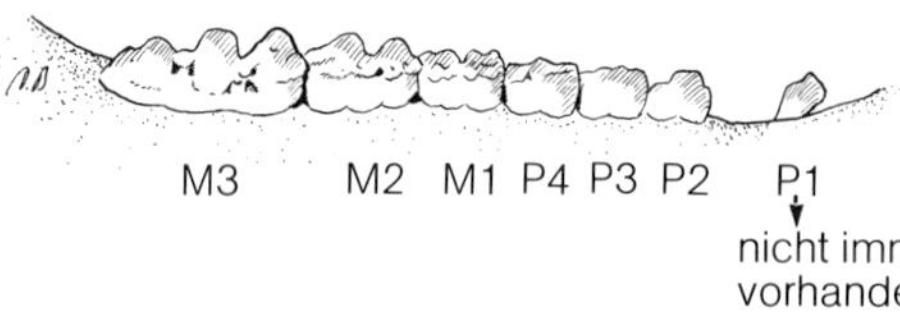

Abb. 51. Altersbestimmung beim Schwarzwild. 19–20 Monate, Schneide- und Eckzähne (oben); 24–25 Monate, Backenzähne (unten).

Je größer die Formzahl, desto jünger der Keiler; je mehr sich diese auf die Zahl 1 hinbewegt, desto älter ist er. Ablesbar sind die den Formzahlen zugeordneten Alter aus einer von BRANDT entwickelten Tabelle:

etwa 1,8	Formzahl =	Überläufer–1 Jahr
1,5 –1,21	Formzahl =	2–4 Jahre
1,2 –1,05	Formzahl =	5–7 Jahre
1,04–1,00	Formzahl =	8 Jahre und darüber.

Bei der Bache sind im jungen Alter ein breiter Haken an der Basis und unterhalb der Schleiffläche ein schmaler Haken feststellbar. Mit zunehmendem Alter verjüngt sich der Haken an der Basis, während die Breite an der Schleiffläche zunimmt.

Keiler wiegen aufgebrochen bis 175 kg, Bachen die Hälfte.
Die Farbe der Schwarte reicht von hell bis tiefschwarz.
Im Winter haben Sauen lange Borsten und dichte Unterwolle, im Sommer kurze Stoppeln. Zusätzlich ist unter der Schwarte im Winter eine dicke Schicht Weißes zu finden.
Das Trittsiegel weist seitlich neben der nach hinten verlängerten Schalenlinie das abgedrückte Geäfter auf.
Die Losung fällt kugelig, aber auch fladig.
Trophäen sind die Eckzähne, beim Keiler Gewaff, bei der Bache Haken, außerdem die Schwarte und die Federn als Saustutz (Hutschmuck).

Zahnformel: $\frac{3}{3}\ \frac{1}{1}\ \frac{4}{4}\ \frac{3}{3} \times 2 = 44$

Mit 2 Jahren ist der Zahnwechsel abgeschlossen. Das Alter erlegter Stücke wird durch Durchmesserermittlung unterhalb der Schleiffläche

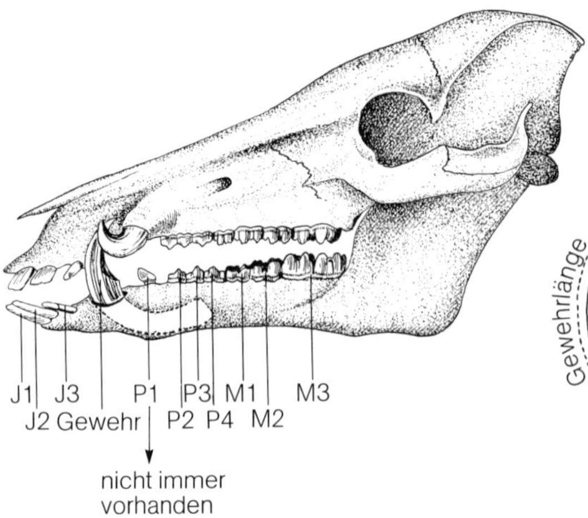

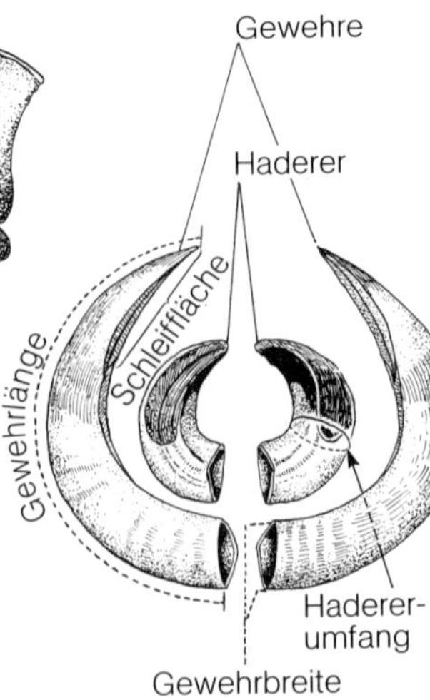

Abb. 52. Schädel eines Keilers nach voller Gebißausbildung (links); Gewaff, Waffen (rechts).

und an der Basis der Gewehre festgestellt. Je gleichmäßiger beide Durchmesser, desto älter ist der Keiler.
Bei der Bache werden die Haken an der Basis mit zunehmendem Alter enger.

Lautäußerung: Ähnlich wie die Hausschweine grunzen Sauen beim Fressen behaglich; die Frischlinge quieken ferkelähnlich. Unverträglichkeit und Mißmut werden mit aufgeregtem Gequieke geäußert.
Gestörte Sauen blasen, wobei sie zunächst starr stehenbleiben und nur kurze Zeit darauf flüchten bzw. auch annehmen. Einzelgänger sind meist still, sie pusten allenfalls bei überraschtem Zusammentreffen mit Menschen.
Verbreitung: Schwarzwild kommt als Waldbewohner hauptsächlich in Mittel- und Osteuropa vor, aber auch in Ostfrankreich, Belgien, Spanien und in geringem Umfange auch in Italien, auf Korsika und Sardinien. In der Bundesrepublik Deutschland haben die Schwarzwildbestände nach dem Kriege ansehnlich zugenommen, weil die großen Aufforstungen nach dem letzten Weltkrieg dichte und warme Nadelholzdickungen heranwachsen ließen.
Lebensweise: Tageseinstände sind vorzugsweise Fichtendickungen, aber auch Windwurfverhaue in älteren Waldbeständen. Hier bleibt Schwarzwild standorttreu, vorausgesetzt, daß ihm Möglichkeiten zum Suhlen, Abgeschiedenheit und genügend Fraß geboten werden.
In den Tageseinständen werden Lager (Einzelruhestatt) und Kessel (Massenruhelager), wo sich die Sauen einschieben, aufgesucht.
Allzu gerne suchen sie nachts waldangrenzende Feldfruchtschläge (vgl. Fraßansprüche) auf, die sie oftmals in verheerendem Zustand hinterlassen.
Verhalten: Keiler sind außerhalb der Rauschzeit Einzelgänger. Das übrige Schwarzwild lebt gesellig in Rotten. Dabei kommt es durchaus vor, daß sich mehrere Bachen mit ihren Frischlingen zu einer Rotte zusammentun.
Überläuferkeiler finden sich in Überläuferrotten.
Mit anderen Wildarten kommen Wildschweine nicht besonders gut aus. Alles Federwild, das Bodenbrüter ist, wird gestört, die Brut wird aufgefressen. Das gleiche gilt für geringes Haarwild, wie Hasen.
Trotz der schon erwähnten Standorttreue legt Schwarzwild nachts große Entfernungen zurück, um an Lieblingsfraß und gegen Morgen in bevorzugte Dickungen zu gelangen. Dabei werden auch Gewässer durchronnen.
Neben angenommenen Suhlen sind fast immer Malbäume zu finden, an denen es sich scheuert.

Unterschiede zur Suhle des Rotwildes bestehen in
1. deutlich unterscheidbaren Fährtenabdrücken beider Wildarten,
2. zurückgelassenem Haar,
3. gut erkennbaren Schmissen an Malbäumen, d.s. Spuren des Gewaffs,
4. der Höhe der Scheuerstelle.

Nach neueren Untersuchungen kommt es durchaus vor, daß Schwarzwild, besonders verwaiste Frischlinge, über 50 km von ihrem Standort entfernt auftreten.
Sinne: Optimal ist der Riech- und Geschmackssinn entwickelt, recht gut auch das Gehör. Dagegen äugen Sauen ausgesprochen mäßig.
Fortpflanzung, Rauschzeit, Frischen: Die Rauschzeit reicht im allgemeinen von Ende Oktober bis Mitte Januar. Der Keiler ist allerdings jederzeit bereit, Bachen zu beschlagen. Da Bachen jahreszeitlich unterschiedlich rauschen, kann man von ganzjähriger Rauschzeit sprechen. Sehr selten frischen Bachen zweimal im Jahr; das ist auf die Fruchtbarkeit früher eingekreuzter Hausschweine zurückzuführen.
Die Bachen sind nur wenige Stunden rauschig. Kommt in dieser Zeit kein Beschlag zustande, so wiederholt sich die Paarungsbereitschaft nach 3 Wochen.
Die Tragzeit dauert 120 Tage. Zum Zwecke des Frischens sondert sich die Bache Tage vorher von ihrer Rotte ab, um einen gut gepolsterten Kessel abseits in einer Dickung anzulegen.
Die Bache frischt 6–8 Frischlinge zur Normalzeit: „Im Märzen oder auch April, wenn die Bache frischen will.“ Besonders junge Bachen haben eher weniger Frischlinge als alte Bachen. So sind Extreme von nur einem Frischling bis zu 10 Stück möglich. Da die Bachen 10 Striche (Saugwarzen) haben, aber nur 8 genügend Milch liefern, können 8 Frischlinge ernährt werden, 2 sind zum Tode verurteilt.
Eine Woche lang sind die Jungen unbeholfen. Danach folgen sie der Bache und werden mutig von dieser gegen Angreifer verteidigt.

Bachen mit 2–3 Wochen alten Frischlingen vereinigen sich vielfach zu Großfamilien. MEINHARDT (1984 mündlich) hat festgestellt, daß zwischen allen Rottenmitgliedern enge verwandtschaftliche Beziehungen bestehen. Fremde weibliche Stücke werden nicht geduldet. Derartige Verbände sind hauptsächlich nur im Sommer anzutreffen.

Zuwachsrate, Geschlechterverhältnis, Wilddichte: Das Geschlechterverhältnis beträgt 1 : 1.

Bei drohender Übervermehrung muß verstärkt in den weiblichen Bestand, hier: Überläuferbachen, eingegriffen werden.

Die Zuwachsrate nimmt man mit 200–400% des Gesamtfrühjahresbestandes an.

Die Wilddichte soll sich auf 0,5–2 Stück/100 ha belaufen. Je höher der Waldanteil, desto eher darf sich die Wilddichte der Obergrenze nähern.

Weil Schwarzwild sehr unstet ist, wird die Feststellung der tatsächlichen Wilddichte sehr erschwert.

Angefügt sei, daß bei zu geringem Bestand (unter 0,5) kein Wahlabschuß möglich ist.

> Sauen bevorzugen Nadelholzdickungen als Tageseinstände. Dort schieben sie sich ein. Mit Ausnahme der Keiler (außerhalb der Rauschzeit) leben sie gesellig in Rotten.
>
> Sauen suhlen gerne und haben in nächster Nähe ihrer Schlammbäder Malbäume.
>
> Bestens ist der Witterungssinn entwickelt.
>
> Die Rauschzeit fällt in die Monate Oktober bis Januar, wobei Bachen aber auch zu jeder anderen Jahreszeit rauschen. In aller Regel frischen sie im März/April 6–8 Frischlinge.
>
> Die Zuwachsrate beträgt 200–400% des Gesamtfrühjahresbestandes.

Ansprechen vor dem Schuß: Männliche und weibliche Frischlinge haben eine „kindliche" Kopfform. Die Schwarte ist braungelb gefärbt, nachdem sich die gelbe Längsstreifung verloren hat. Die Teller sind gering und nur knapp beborstet.

Die Überläufer beider Geschlechter haben einen „jugendlichen" Gesichtsausdruck. Die Überläuferkeiler weisen leichte Wülste hinter dem Wurf auf, die Überläuferbachen nicht. Mit zunehmendem Alter scheint der Kopf der Keiler gedrungener, der der Bachen bleibt langgestreckt keilförmig. Die Wülste hinter dem Wurf schieben sich beim Keiler durch die hervortretenden Waffen mit zunehmendem Alter höher.

Eine Geschlechtsunterscheidung ist durch den Pinsel beim Keiler möglich: je älter der Keiler, desto deutlicher wird zusätzlich das Kurzwildbret erkennbar. Die Striche (Gesäuge) werden nur bei alten Bachen als langheruntergezogen sichtbar. Die Flanken führender Bachen fallen ein.

Die Quaste – d. s. lange Borsten an der Pürzelspitze – tritt bei alten Stücken stärker hervor, bei Überläuferkeilern ist sie kurz und dünn, bei Überläuferbachen und zweijährigen Bachen ist sie noch nicht erkennbar.

Keiler und Bache unterscheiden sich mit zunehmendem Alter durch die unverhältnismäßig starke Körpermassenverlagerung nach vorne beim Keiler; die Bache hat dagegen bis ins hohe Alter ausgeglichene Körperpartien.

Alle Frischlinge und Überläufer leben in der Rotte. Überläuferbachen trennen sich vorübergehend zum Frischen von ihrer Rotte. Überläuferkeiler werden während der Rauschzeit von älteren Keilern abgeschlagen. Allmählich – ab Alter 2 – werden die Keiler Einzelgänger, um es ab Alter 3 endgültig zu bleiben. Sie sind dann sehr heimlich, kaum noch zu sehen, allenfalls ihre Fährten. Während der Rauschzeit suchen sie die Rotte auf.

Bachen halten sich mit ihrem Nachwuchs meistens in gemischten Rotten auf, oder sie bleiben mit ihren Frischlingen allein.

Fraßansprüche: Schwarzwild ist Allesfresser. Zum Lieblingsfraß der Sauen gehören Mais, Milchhafer, Weizen, Kartoffeln, Erbsen, Bohnen, Bucheckern, Eicheln, Luder, Mäuse, Insekten, Engerlinge. Demzufolge sind die Schwarzwildschäden auf Mais-, Hafer-, Weizen-, Gemüse- und Kartoffelschlägen sowie in Buchen- und Eichelsaaten beträchtlich, im Frühjahr zusätzlich auf Wiesen und Weiden, wo sie der Kleintierfauna (Larven) nachstellen. Auch Waldbeeren, Gras, Jungwild, Bodenbrüter und deren Gelege werden nicht verschmäht. Als Luder werden sogar eigene Artgenossen gefressen, z. B. Fallwild nach Schweinepestbefall.

Winterfütterungen sind bei hoher Schneelage, Harsch und Barfrost erforderlich. Ansonsten sollen sie als Kirrungen angeboten werden. Hierbei handelt es sich um geringe Mengen artgerechten Futters

(Fraß), nämlich Mais und Getreidekörner, das zwei bis drei mal wöchentlich an bestimmten Orten vergraben oder verdeckt ausgebracht wird. Schwarzwild darf an Kirrungen bejagt werden, wobei Aufhellungen des Hintergrundes durch Sägemehl oder hellen Sand und die Verwendung von Behältern und Fütterungsgeräten nicht erlaubt sind.
Ablenkungsfütterungen zur Verhütung von Wildschäden im Sommer sind genehmigungspflichtig.
Feinde: Hier kommt eigentlich nur das Großraubwild in Frage, das in der Bundesrepublik Deutschland ausgestorben ist.
Außerdem können Tollwut und Schweinepest bestandesgefährdend sein.

Bejagung

Jagdarten: Ansitz, Pirsch, Drückjagd mit und ohne Neue. Von einer Neuen spricht man, wenn Neuschnee gefallen ist. Dann werden nach Einwechseln der Sauen in ihre Tageseinstände (i. d. R. Nadelholzdickungen) diese umschlagen und festgestellt, ob die Sauen dort stecken. Herbeigerufene Jäger veranstalten daraufhin mit scharfen Hunden (Terrier) Drückjagden auf Sauen.
Hege mit der Büchse: Wegen der hohen Schäden an landwirtschaftlichen Kulturen muß Schwarzwild intensiv bejagt werden. Das darf aber nicht zur planlosen Bejagung dieses wehrhaften Wildes führen, wenngleich Sauen nicht der Abschußplanung unterliegen. So hat man in Niedersachsen die systematische Hege nach dem „Lüneburger Modell" eingeführt, das inzwischen in vielen Teilen der Bundesrepublik Deutschland anerkannt und nachgeahmt wird. Diese Hegerichtlinien zielen auf einen gesunden Schwarzwildbestand mit ausgewogener Altersgliederung, der landeskulturell vertretbar ist. Tatsächlich wird der Bestand qualitativ gehoben, aber quantitativ in Grenzen gehalten. Dieses Ziel wird über die Einrichtung von Schwarzwild-Hegegemeinschaften erreicht, deren Abschußplanung revierübergreifend gemeinschaftlich vorgenommen wird. Danach wird besonders scharf in die Frischlingsklasse (70%) und angemessen in die Überläuferklasse (20%) eingegriffen, um endlich Erntekeiler (etwa 10%) mit mind. 5 Jahren oder 100 kg (aufgebrochen) auf die Schwarte legen zu können. Beim männlichen Schwarzwild unterscheidet man in mehreren Bundesländern folgende Altersklassen:

I obere Altersklasse = 5jährig und älter
II mittlere Altersklasse = 2- bis 4jährig
III Jugendklasse = 1jährig oder Überläuferkeiler
Jungwild = Frischlingskeiler

beim weiblichen Schwarzwild: Bachen, Überläuferbachen und Frischlingsbachen.
Für die Überläuferklasse wird eine Abschußgewichtsgrenze von 50 kg (aufgebrochen) festgelegt. Zusätzlich sind alle bunten und kranken Stücke ohne Gewichtslimit frei.
Der Erfolg dieser Maßnahmen liegt auf der Hand:

1. Begrenzung der Wildschäden durch hohe Abschußzahlen in der Jugendklasse, die wegen Auftretens in Rotten vielmehr zu Schaden gehen als einzelne ältere Stücke.
2. Ausmerzen aller bunten Stücke.
3. Erzielen starker Keilertrophäen, wobei Keiler als Hegegemeinschaftskontingente freigegeben werden.
4. Ausschalten der zur Unzeit frischenden untergewichtigen Überläuferbachen, die wegen unvollkommener Ausbildung des Uterus nur 1–2 Frischlinge haben und diese zu spät frischen.

Als Folge solcher Regelungen kann die bisherige ganzjährige nachteilige Bejagung des Schwarzwildes aller Stärke- bzw. Altersklassen unterbleiben und eine Schonzeit (vgl. Bundesverordnung über die Jagdzeiten vom 2.4. 1977) für die Entwicklung gesunder Bestände in einer nicht mehr als bei ganzjähriger Bejagung geschädigten Landwirtschaft vorteilhaft sein. Viele Hegegemeinschaften haben während der Schonzeit die zulässige Frischlings- und Überläuferbejagung auf Stücke mit 25 kg Höchstgewicht (aufgebrochen) begrenzt. Diese Regelung verhilft endlich dazu, Überläufer mehr als früher zu schonen.
Vorgenannte Schwarzwildhegegemeinschaften sollten mind. 20000 ha groß sein.
Bedenkt man, daß diese Abschußrichtlinien auf freiwilliger Basis ins Leben gerufen wurden, so kann man den Jägern ein hohes Maß an Verantwortungsbewußtsein und Uneigennutz nicht absprechen.

Jagdzeiten nach Bundesverordnung:
16.6.–31.1. Überläufer und Frischlinge dürfen ganzjährig bejagt werden.

Jahresstreckenergebnis: 84583 Stück (1987/88), wovon Niedersachsen den höchsten Streckenanteil hat.

Zur Wiederholung und Kontrolle

- Nennen Sie die weidmännischen Geschlechterbezeichnungen beim Schwarzwild.
- Worin besteht der Unterschied zwischen Gebrech und Gebräch?
- Was ist ein Überläuferkeiler?
- Was ist eine Quaste?
- Nennen Sie den Unterschied zwischen Schwarzwild- und Rotwildtrittsiegel.
- Wie sieht Schwarzwildlosung aus?
- Was versteht man unter dem Gewaff?
- Wieviel Zähne hat das Milchgebiß?
- Hat der Frischling auch ein Gewaff?
- Wie stellt man das Alter am erlegten Stück fest? (Gehen Sie bitte auf das Alter junger und alter Stücke ein)
- Wieviel wiegt eine ausgewachsene Bache?
- Was verstehen Sie unter der Lautäußerung „Blasen"?
- Wo hält sich Schwarzwild tagsüber auf?
- Was ist eine Rotte?
- Wie verhalten sich Sauen gegenüber Artgenossen, wie gegenüber anderem Wild?
- Wie unterscheidet man eine Schwarzwildsuhle von einer Rotwildsuhle?
- Welcher Sinn ist am besten ausgebildet?
- Wann rauschen die Bachen?
- Wieviel Frischlinge frischt die Bache nach welcher Tragezeit?
- Wie hoch darf die Wilddichte im Waldrevier sein?
- Wie unterscheiden Sie in freier Wildbahn Keiler und Bache?
- Wie verhalten sich Keiler außerhalb der Rauschzeit?
- Was frißt das Schwarzwild?
- Warum müssen erlegte Sauen vor dem Verzehr durch Menschen auf Trichinen beschaut werden?
- Welche Jagdarten sind auf Sauen bekannt?
- Was verstehen Sie unter dem „Lüneburger Modell"?
- Wann haben Sauen Jagdzeit gem. Bundesverordnung?

Hase, *Lepus europaeus* Pallas

Systematik

Ordnung: Lagomorpha, Hasenartige
Familie: Leporidae, Echte Hasen

Weidmannssprache (Abb. 53)

Rammler:	männlicher Hase
Häsin, Satzhase:	weiblicher Hase
Junghase:	junger Hase
Quarthase:	ein Monat alter Hase
Halbhase:	zwei Monate alter Hase
Dreiläufer:	drei Monate alter Hase ($^3/_4$ ausgewachsen)
Besatz:	sämtliche Hasen eines Reviers
Magen:	Magen
Gescheide:	Därme
Kurzwildbret:	Hoden
Tragsack:	Gebärmutter
Spur:	Spur
Paß:	Hasenwechsel
Hexensteig, Bilwisschnitt:	durch hohes Gras oder Getreide vom Hasen durch Abbeißen des Bewuchses geschaffener Paß
Hasenkur, zu Felde rücken:	das Zufeldehoppeln des Hasen am Abend

Abb. 53. Hase.

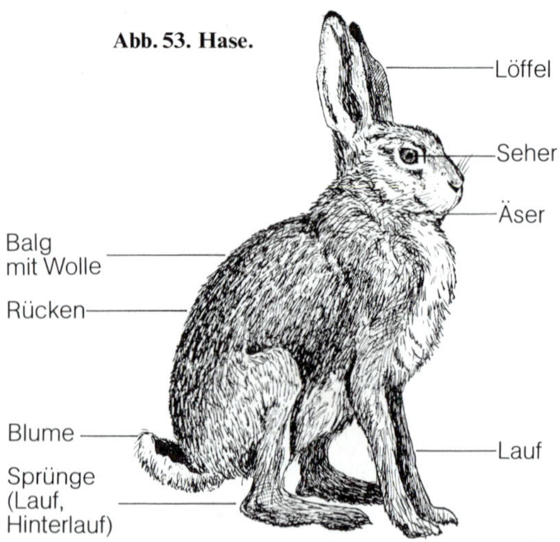

zu Holze rücken:	Rückkehr des Hasen in den Wald (morgens)
Absprung:	Erschwerung der Verfolgung durch Feinde, indem der Hase seine Spur springend verläßt
Widergang:	auf der Hinspur zurücklaufen
Sasse:	Hasenlager, mit den Vorderläufen auf unbewachsenem Boden gescharrt
Lager:	Ruhestatt auf bewachsenem Boden
fest liegen, locker liegen, gut halten, schlecht halten:	Verhalten des Hasen bei Jagden
Äugen:	sehen
Vernehmen:	hören
Rutschen:	langsamste Fortbewegungsart
Hoppeln:	langsame Fortbewegungsart
flüchtig:	schnelle Fortbewegungsart
Kegel machen:	auf den Hinterläufen aufrecht sitzend
Männchen machen:	aufrecht stehend
Rammelzeit:	Paarungszeit
Rammeln:	fortpflanzen

Aussehen, Balg, Gewicht: Die Körperlänge des Hasen (vom Kopf bis zur Blume) macht zwischen 50 und 60 cm aus. Die schwarz-graubraune Balgoberseite geht in eine weiße Bauchseite über. Die Löffelspitzen und die Oberseite der Blume sind schwarz gefärbt. Die Unterseite der Blume ist weiß. Die Unterwolle sieht farblich ebenso aus. Die großen dämmerungstüchtigen Seher sind gelblichbraun und liegen seitlich im Kopf. Damit kann er gut nach allen Seiten äugen.
Von der Oberlippe stehen nach beiden Seiten weiße bis graue Tasthaare ab.
Die Löffel sind länger als der Kopf in seiner größten Ausdehnung vom Windfang bis zum Löffelansatz.
Farbmutationen sind sehr selten.
Das Gewicht liegt zwischen 3 und 5 kg, wobei die Rammler unerheblich schwerer werden. Frischgesetzte wiegen 130 g, nach einem Monat bereits das Achtfache, nach 2 Monaten erreichen sie 2000 g und nach 3 Monaten 3000 g.
Nach einem Jahr (frühere Meinung: nach 6 Monaten) ist der Hase voll ausgewachsen.

Rammler und Häsin sind in der freien Wildbahn nicht voneinander zu unterscheiden. Selbst an erlegten Stücken ist eine Geschlechterbestimmung nur mit einiger Übung zu treffen; denn die Brunftkugeln des Rammlers liegen außerhalb der Rammelzeit im Leistenkanal oder in der Bauchhöhle.
Ebenso wenig gibt es äußere Alterskennzeichen der höchstens 7–8 Jahre alt werdenden Tiere. Lediglich am erlegten Hasen bis zu 6 Monaten ist ein sicheres Jugendkennzeichen, das Stroh'sche Zeichen, ein Knötchen an der Außenseite der Vorderläufe (Elle) 1 cm oberhalb des Fußwurzelgelenkes zu finden (Abb. 54). Dieser Knoten wächst zum endgültigen Unterarmknochen aus und verschwindet sodann.

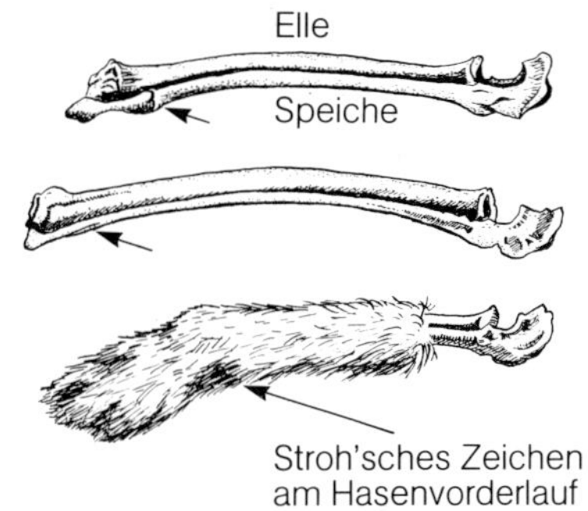

Abb. 54. Hasenvorderlauf. Stroh'sches Zeichen.

Herkömmliche Altersschätzungen durch Einreißen der Löffel sowie Eindrücken der Augendorne (Tränenbeine) beim Junghasen sind wissenschaftlich nicht haltbar. Neuerdings kann die Gewichtsermittlung getrockneter Linsen Aufschluß über die Jugend des Hasen geben. Gewichte unter 275 mg lassen auf einen Junghasen, höhere Gewicht auf einen über 9–10 Monate alten Hasen schließen.
Spur (Abb. 55): Unverkennbar ist die Hasenspur, bei der die Hinterlaufabdrücke nebeneinander vor den hintereinanderliegenden Vorderlaufabdrücken stehen: Die längeren Hinterläufe übereilen die kurzen Vorderläufe körperaußenseits. Hiermit ist die Normalgangart, das Hoppeln, beschrieben. Der flüchtige Hase versetzt die Hinterläufe ein wenig und drückt dabei nicht den gesamten „Fuß" bis zur Ferse ab. Klare Abdrücke kann man weder bei Hase noch Kaninchen erwarten, da die Sohlen der besseren Kälteisolierung wegen behaart sind.

Abb. 55. Hasenspur; hoppelnd (links), flüchtig (rechts).

Losung (Abb. 56): Die Losung des Hasen ist fast rund. Sie ist fest und von faserigem Aussehen. Sie hält 13 mm Durchmesser. Täglich werden bis zu 400 Stück in geduckter Haltung bei breitgestellten Hinterläufen oder aber auch sitzend ausgeschieden. Starke Defäkation in der Nähe von Äsungsflächen dient auch der Markierung.

Abb. 56. Hasenlosung.

Außer der beschriebenen Losung erzeugen alle Hasenartigen und Nager eine weiche vitaminreiche Blinddarmlosung, die das Tier sich vom Weidloch abnimmt und erneut unter Ausschaltung des Blinddarmes binnen 10 Stunden verdaut. Die Größe dieser Losungsstücke schwankt zwischen 4 und 10 mm. Versuchstiere, die an der Aufnahme dieser Exkremente gehindert werden, gehen ein. Das Kotfressen wird Koprophagie genannt.

Gebiß: Die Zahnformel lautet: $\frac{2}{1}\ \frac{0}{0}\ \frac{6}{5} \times 2 = 28$

Hinter den Oberkieferschneidezähnen sitzen bei allen Hasenartigen 2 kurze Stiftzähne, die allen Nagern fehlen. Diese zusätzlichen Zähne haben Ersatzzahnfunktion für verlorengegangene Schneidezähne, können aber spiraliges oder kreisförmiges Auswachsen des einem verlorengegangenen Schneidezahn gegenüberliegenden Zahnes nicht verhindern. Alle Schneidezähne der Hasenartigen sind wurzellos. Die oberen Schneidezähne sind kürzer als die unteren, stattdessen aber stärker gekrümmt.
Die Backenzähne sind breit. Um trotz dieser anatomischen Eigenschaft gut vorzuverdauen, muß der Hase die aufgenommene Äsung intensiv durchkauen – daher das Wort „mümmeln" oder „Mümmelmann" für Hase. Zu Hilfe kommen hierbei außerdem die am Kopf sitzenden Ohrspeichel- und Infraorbitaldrüsen, die die Vorverdauung in der Mundhöhle durch Absondern eines die Stärke in Zucker umwandelnden Enzymes fördern.

Graubraune Balgoberseite, weiße Bauchseite, schwarze Löffelspitzen, schwarze Blumenoberseite.
Löffel länger als der Kopf.
Im Mittel 4 kg Gewicht.
Spur: Hinterläufe übereilen Vorderläufe körperaußenseits.
Losung: rund und faserig.

Lautäußerung: Außer dem Murren, Abschrecklaut gegenüber Feinden, Kampf- und Rammellaut, ist das Klagen bekannt, das als Schmerz- und Angstlaut hervorgebracht wird. Füchse stehen hierauf zu. Deshalb bedient man sich bei der Lockjagd auf den Fuchs des Hasenklagelautes mit der Hasenquäke.
Verbreitung: Der Hase bewohnt fast ganz Europa mit Ausnahme Nordrußlands, Nordfinnlands, Nord- und Mittelschwedens, Norwegens, Teilen Schottlands und Irlands, Portugals und eines Großteils von Spanien, Sardiniens und der Türkei. Neuerdings kommt er auch jenseits des Ural vor. Die südliche Grenze verläuft über das Mittelmeer. Das europäische Vorkommen zerfällt in viele Rassen. So beobachtet man im Süden kleinere Hasen als im Norden. Die vertikale Verbreitung des Feldhasen reicht in den Alpen bis 1500 m Höhe. Darüber lebt der Alpenschneehase. Im hohen Norden wird der

Feldhase durch den Nordischen Schneehasen abgelöst. In der Kampfzone dominiert der Feldhase. Die große Verbreitung läßt den Schluß zu, daß der Hase sehr anpassungsfähig ist. Nach ihrem überwiegenden Aufenthalt gibt es reine Wald-, Feld-, Berg- und Moorhasen, wobei auch alle Übergänge vorkommen.

Lebensweise: Voraussetzung für dichten Besatz ist die Maximierung der Lebensbedingungen, die nur ein optimaler Lebensraum erfüllen kann.

Von diesem werden verlangt:

1. hoher Feld- und Unlandanteil,
2. geringe Niederschläge unter 500 mm im Jahr, möglichst
   niederschlagsarmer Frühling,
   trockener Sommer, nicht heiß,
   wenig Schnee
3. über 8 °C mittlere Jahrestemperatur
4. Höhenlage unter 500 m
5. warme Standorte (Löß)
6. Futterpflanzenvielfalt – keine Monokulturen
7. Abwenden aller abträglichen, vom Menschen zu verantwortenden Faktoren:
   kein hoher Mechanisierungsgrad der Landwirtschaft
   Unterlassen aller Flurbereinigungsmaßnahmen mit landschaftsverändernden Eingriffen
   Einschränkung übermäßiger Pestizidausbringung
   Unterlassen jeglicher künstlicher Beregnung
   Abwenden des Baues neuer Verkehrslinien (Straßen, Kanäle)
   Einschränken fortwährenden Jagddruckes mit ständiger Beunruhigung
8. ständige Raubwild- und Raubzeugdezimierung.

Wenn man um die Standorttreue des Hasen weiß, wird die Sensibilität für optimale Bedingungen in seinem Lebensraum verständlich.

Die Wohnräume der Hasen sind zwischen 3 und 40 ha groß. Sie werden oft durch Straßen, Wege und Gräben begrenzt. Nur wenige Hasen verändern ihren Standort um mehrere Kilometer während ihres Lebens, es sei denn während der Rammelzeit. Die Wohngebiete verschiedener Hasen überschneiden einander. Um sich orientieren zu können, werden sie mit Duftstoffen, Losung und Harn markiert. Während des Jahres kann es zu Populationsverschiebungen kommen, wenn der Hase das abgeerntete Feld gegen den unmittelbar angrenzenden schutzbietenden Wald eintauscht. Im Frühling und Sommer findet der Hase in den heranwachsenden Feldfrüchten reichlich Schutz, bevorzugt allerdings während der Rammelzeit weniger üppige Deckung, um Sichtkontakt zu seinen Geschlechtspartnern zu haben. Neu ist die Erkenntnis, daß auch weniger gute Biotope flächendeckend bewohnt werden, allerdings ist der Besatz geringer (SCHNEIDER, 1973).

Verhalten: Der Hase liebt die Ruhe, die er liegend in der Sasse oder im Lager genießt. Zwischendurch äst er oder putzt sich. Entgegen landläufiger Meinung schläft er mit geschlossenen Sehern.

Die Sasse wird mit den Vorderläufen auf unbewachsenem Boden gescharrt. Sie bietet ihm Schutz vor Wind und sonstigen Wetterunbillen bei gleichzeitig guter Geländeübersicht. Im bewachsenen Gelände schiebt sich der Hase in ein Lager ein. Jeder Hase benutzt mehrere Sassen und Lager.

Für die Balgsäuberung braucht der Hase viel Zeit, bei feuchtem Wetter mehr als bei trockenem. Hierbei werden alle erreichbaren Körperregionen beleckt und Drüsensekrete auf dem Balg verteilt.

Drüsenansammlungen finden sich als
Lippenhautdrüse in Ober- und Unterlippe,
Backendrüsen
Pigmentdrüse im Nasenbereich,
Analdrüsen und
Drüsen in der Leistengegend (SCHNEIDER, 1973).

Der oft vertretenen Ansicht, Hasen lebten unsozial, wird neuerdings widersprochen. Vielmehr leben sie, ohne Hautkontakt zu haben, bisweilen in Gesellschaft mit ihnen bekannten Artgenossen. Allerdings gibt es auch Feindseligkeiten unter Hasen, die weniger ernsthaft als vielmehr ritualisiert ausgetragen werden (SCHNEIDER, 1973).

Sinne: Kletter-, Sprung- und Schwimmvermögen sind gut ausgebildet. Der Hase vernimmt ausgezeichnet. An zweiter Stelle steht das Wittern. Denkbar schlecht ist der Gesichtssinn.

Fortpflanzung, Setzzeit, Zuwachsrate: Im Januar beginnt die Rammelzeit. Sie wiederholt sich jährlich 2–3 mal und endet im August/September. Die Hasen sind dann tag- und nachtaktiv. Während der Fortpflanzungszeit kann man etliche Hasen treibend beobachten, ohne Gewißheit über die Geschlechterverteilung zu haben. Bevorzugt wird hierfür über-

sichtliches Gelände mit genügend Äsungs- und Deckungsangebot.
Entgegen bisheriger Meinung, daß mehrere Rammler eine Häsin verfolgen, vertritt man heute die Auffassung, daß derartige Paarungsgruppen aus mehreren Rammlern und Häsinnen bestehen (SCHNEIDER, 1973).
Jede Paargemeinschaft hat anfängliche Kontaktschwierigkeiten zu überwinden. Der allzu liebestolle Rammler läßt sich von der Häsin allerhand gefallen. Erst allmählich gibt die Häsin dem Werben des Rammlers nach.
Das Paar hält wenige Tage zusammen. Rivalen werden durch Drohen des Rammlers oder aber auch kämpfend abgewehrt.
Nach 42 Tagen Tragezeit setzt die Häsin 1–4 Junge (selten 5), die behaart sind und schon sehen. Mit zunehmendem Alter der Häsin nimmt die Zahl der Jungen zu. Die Satzgröße ist im Frühjahr geringer als im Frühsommer. Häsinnen, die nur in einem Horn des Tragesackes innehaben, können Tage vor dem Setzakt erneut erfolgreich begattet werden. Man nennt das Superfötation. Die Eireife wird 12 Stunden nach Vollzug des Rammelaktes erreicht.
Das gemeinsame Wochenbett geben die Junghasen instinktiv schnell auf, um nicht insgesamt Beute der zahlreichen Feinde zu werden.
Bis zu $^1/_3$ aller Häsinnen pausieren zwischen Ende der Säugezeit und Wiederträchtigwerden.
Während der ersten 33 Tage werden die Junghasen täglich einmal, meist nachts, gesäugt. Dabei sitzt die Häsin vor dem ihr zugewandten Jungen. Parallel hierzu wird ab der 3. Lebenswoche zartes Grün geäst. Die Rammler sind nach $^1/_2$ Jahr, die Häsinnen 6 Wochen später geschlechtsreif, pflanzen sich aber erst im kommenden Jahr fort.
Das Geschlechterverhältnis beträgt 1 : 1.
Äsungsansprüche: Der Hase ist als Hauptbewohner unserer Kultursteppe ein Grünäser mit Schwerpunkt Gras- und Kleenahrung. Im Winter hat er eine große Vorliebe für Saftfutter, wozu Kohl, Kartoffeln, Topinambur und Rüben zählen. Nicht verschmäht werden Knospen- und Rindenäsung von Weide, Obstbaum, Ahorn, Aspe, Robinie, Ulme, insbesondere, wenn das übrige Futter mit Schnee bedeckt ist.
Auf Ackerflächen sind Getreidesaaten und Ölfrüchte begehrt, im Wald Kräuter, Heide, Ginster, Beerkraut und Laubholzsämlinge. Der Salzhunger wird über die Einrichtung von Salzlecken befriedigt.
Der Flüssigkeitsbedarf wird über die Flüssigkeit in der Nahrung gedeckt; in Trockenperioden nimmt der Hase Wasser mit der Zunge auf.
Feinde: Die Zahl der Hasenfeinde ist groß. Man prägt sie sich am besten mit VON WILDUNGENS Reim ein:

„Menschen, Hunde, Wölfe, Lüchse,
Katzen, Marder, Wiesel, Füchse,
Adler, Uhu, Raben, Krähen
jeder Habicht, den wir sehen,
Elstern auch nicht zu vergessen,
alles, alles will ihn fressen."

Der größte Hasenfeind, der Mensch, trägt durch Straßenverkehr, Landmaschineneinsatz, Ackerberegnungen und Biotopveränderungen entscheidend zur Hasendezimierung bei.
Treten Krankheiten, wie Kokzidiose und Lungenwürmer zusätzlich auf, kann das zu einschneidenden Bestandesschwankungen führen.

Guter Hasenbiotop:
geringe Niederschläge
geringe Meereshöhe
warmes Klima (über 8 °C)
hoher Feldanteil
Futterpflanzenvielfalt
extensive Landwirtschaft

Reviergröße zwischen 3 und 40 ha.
Hasenaktivität bei Tag, außer in der Rammelzeit, gering; sucht Sasse oder Lager auf.
Markierung mit Backen-, Oberlippen-, Pigment-, Analdrüsen und Drüsen in der Leistengegend nebst Losung und Harn.
Rammelzeit zwischen Januar und August/September;
42 Tage Tragezeit; 1–4 Junge.

Bejagung

Jagdarten: Als Jagdarten kommen in Frage: Ansitz, Pirsch (meist als Suche), Treibjagd, als Vorsteh- und Kesseltreiben sowie Böhmische Streife. Alle Jagdarten haben solange keine einschneidenden Besatzveränderungen zur Folge, wie sie mäßig ohne oftmalige Beunruhigung durchgeführt werden.

Hege: Grundlage aller Jagdvorhaben auf den Hasen muß eine richtige Schätzung des Besatzes sein. Hierfür dienen die Streckenergebnisse und neuerdings in übersichtlichem Gelände Scheinwerfer-Streifentaxationen, bei denen zur Nachtzeit Hasenzählungen vom Geländewagen aus (100 m breit) durchgeführt werden.

Die Bekämpfung von Raubwild, besonders Fuchs und Raubzeug, haben positiven Einfluß auf die Hasenpopulation. Die Hege mit der Flinte erfordert, überhegte Bestände sowie kranke und schwache Hasen intensiv zu bejagen.

Jagdverzicht ist keineswegs ein Allheilmittel gegen schrumpfenden Besatz; vielmehr wird jeder Hasenverlust im kommenden Frühjahr und Sommer zu höheren Geburtenraten führen.

Winterfütterungen sind nach neuesten Erkenntnissen nur dann anzuraten, wenn harte, schneereiche Winter jagdgesetzlich vorgeschriebene Futtergaben erfordern. In solchen Fällen soll man vorwiegend Proßhölzer reichen.

Zusätzliche Revierhygiene, wie Beseitigen allen Fallwildes, Säuberung der Futterplätze, tut Not.

Wenn der Jäger darüber hinaus den einen oder anderen Landwirt dazu bewegen kann, beim Pestizideinsatz auf stark toxische Mittel zu verzichten, wird ihm bei der nächsten Treibjagd sicher der Erfolg beschert sein.

Jagdzeiten nach Bundesverordnung:
1.10.–15.1.

Jahresstreckenergebnis: Das Streckenergebnis in der Bundesrepublik Deutschland liegt nur noch bei etwa 600 000 Hasen, wobei die Länder Bayern, Nordrhein-Westfalen und Niedersachsen über einen langen Zeitraum (40 Jahre) hinweg die besten Ländererfolge verzeichnen können.

Der Wert der Jahresstrecke beziffert sich auf rd. 10 Mio. DM jährlich.

Zur Wiederholung und Kontrolle

- Nennen Sie die weidmännischen Geschlechterbezeichnungen.
- Nennen Sie die weidmännischen Ausdrücke für alle Fortbewegungsarten.
- Der Hasenbalg wird oftmals „bunt“ genannt. Geben Sie hierfür eine Erklärung.
- Wie unterscheidet man junge von alten Hasen auf der Hasenstrecke?
- Wie kommt das Hasenspurbild zustande?
- Was ist Blinddarmlosung?
- Beschreiben Sie das Hasengebiß.
- Nennen Sie Kriterien für einen optimalen Hasenbiotop.
- Beschreiben Sie den Tagesablauf des Hasen.
- Mit welchen Drüsen markiert der Hase?
- Wann ist Rammelzeit?
- Wie lange hat die Häsin inne?
- Welche Äsungsansprüche hat der Hase?
- Welche Jagdzeit hat der Hase in Ihrem Bundesland?

Schneehase, *Lepus timidus* L.

Systematik
Ordnung: Lagomorpha, Hasenartige
Familie: Leporidae, Echte Hasen

Aussehen, Balg, Gewicht (Abb. 57 und 58): Der Winterbalg dieses gegenüber dem Feldhasen deut-

Abb. 57. Schneehase im Winterkleid.

Abb. 58. Schneehase im Sommerkleid.

lich kleineren Hasen ist weiß, die Löffelspitzen sind schwarz. Der Sommerbalg ist oberseits graubraun, unterseits grauweiß gefärbt. Der Haarwechsel ist klimaabhängig, da Schneehasen in wärmeren Regionen im Winter graubraun bleiben, in arktischen Regionen hingegen ganzjährig weiß sind.
Die Löffel aller Schneehasen sind kopflang, die Pfoten nach dem Prinzip „Schneeschuh" spreizbar. Das Gewicht liegt zwischen 2 und 3 kg.
Verbreitung: Vorkommen in den Alpen über 1500 m Höhe (vereinzelt auch über 1200 m; Alpenschneehase) oder
im hohen Norden (Nordischer Schneehase).
Bei hoher Schneelage wandert der Alpenschneehase in tiefere Lagen bis 600 m herunter.
Fortpflanzung: Die Rammelzeit beginnt im zeitigen Frühjahr. Nach 45–50 Tagen Tragezeit werden 1–5 Junge gesetzt. Im Hochsommer kommt ein zweiter Satz.
Kreuzungen mit dem Feldhasen kommen vor.
Äsungsansprüche: Die Äsung besteht bei dem vorwiegend im Walde lebenden Schneehasen aus Knospen und Trieben.

Wildkaninchen, *Oryctolagus cuniculus* L.

Systematik
Ordnung: Lagomorpha, Hasenartige
Familie: Leporidae, Echte Hasen

Weidmannssprache
Wie beim Hasen mit folgenden Ergänzungen:
Bau: Behausung des Kaninchens
Röhre: Ein- und Ausgänge des Baues

Aussehen, Balg, Gewicht (Abb. 59)
Der Balg des Kaninchens ist einfarbig grau. Der Bauch und die Keuleninnenseiten sind weiß, der Nacken rötlich, die Blume oberseits dunkelgrau, unterseits weiß gefärbt. Die Unterwolle sieht graublau aus. Die Iris ist durch Pigmentfärbung braun.
Mutationen mit schwarzer oder weißer Färbung kommen öfter vor.
Die Löffel sind nicht kopflang. Das Gewicht liegt zwischen 1,5 und 2 kg. Zwischen den Geschlechtern besteht kein Gewichtsunterschied. Frischgesetzte wiegen durchschnittlich 45 g. Dieses Gewicht schwankt sehr stark. Die tägliche Gewichtszunahme beträgt bis zur Geschlechtsreife (1 kg) etwa 10 g.
Rammler und Häsin sind in der freien Wildbahn nicht voneinander zu unterscheiden. Bis zum Alter von 9–10 Monaten ist ein sicheres Jugendkennzeichen, das Stroh'sche Zeichen, ein Knötchen an der Außenseite der Vorderläufe, 1 cm oberhalb des Fußwurzelgelenkes zu ertasten (vgl. auch „Hase"). Bei bis zu $2^1/_2$ Jahre alten Kaninchen kann das Zusammenwachsen der 7. Lendenwirbel-Epiphysis als entsprechendes Alterskennzeichen angenommen werden. Diese Feststellung ist allerdings kaum praxisrelevant.
Das Löffeleinreißen läßt ebenso wie beim Hasen keinen Schluß auf jugendliches Alter zu.
Das Höchstalter liegt bei 10 Jahren, die meisten Kaninchen werden aber kaum 3 Jahre alt.
Spur: Die Fortbewegungsarten sind gleich denen des Hasen. Das Spurbild ist kleiner, die Laufabdrücke stehen dichter beieinander.
Losung: Die Losung ist kleiner als die des Hasen, tiefdunkel und liegt meist in größeren Mengen außerhalb des Baues. Die tägliche Menge der Losungskugeln schwankt sehr. Maximal sind es 500 Stück. Wie der Hase nimmt das Kaninchen auch Blinddarmlosung auf.

Gebiß: Die Zahnformel lautet: $\frac{2}{1}\ \frac{0}{0}\ \frac{6}{5} \times 2 = 28$

Von den 6 oberen und 5 unteren Backenzähnen sind die 3 letzten Zähne Molaren, die voranstehenden

sind Prämolaren. Der 1. Backenzahn im Unterkiefer ist der stärkste. Nach hinten nimmt die Größe ab. Im Oberkiefer sind der 1., 5. und 6. Molar klein. Die 3 dazwischenliegenden Backenzähne sind größer.
Frischgesetzte Kaninchen haben 16 Milchzähne, wozu die Stiftzähne und Prämolaren gehören.
Alles für das Hasengebiß Erläuterte gilt auch für das des Kaninchens.

Balg: graue Oberseite, weiße Bauchseite und Keuleninnenseiten, dunkelgraue Blume, unterseits weiß. Graublaue Unterwolle.
Löffel sind nicht kopflang.
Gewicht: im Mittel 1,7 kg.

Lautäußerung: Als Lautäußerung ist das Pfeifen verendender Kaninchen bekannt. Bei Gefahr klopfen die Altkaninchen mit den Sprüngen (Hinterläufe) auf den Boden. Das Klagen wird bei Schmerzen hervorgebracht. Gegenüber Rivalen wird ein kaum vernehmbares Grunzen abgegeben.

Abb. 59. Wildkaninchen.

Verbreitung: Das Europäische Wildkaninchen ist derzeit in der Welt wie folgt verbreitet: Europa, außer großen Teilen Norwegens, Schwedens und Finnlands, nicht auf dem Balkan und in Griechenland. Die östliche Grenze verläuft über Polen, die CSSR und Ungarn. – Nordafrika, Australien, Neuseeland, Chile, Feuerland, Inselgruppe der Kerguelen.
Der erste Nachweis des aus Spanien und Nordafrika stammenden Kaninchens auf deutschem Boden wird 1149 n. Chr. geführt. Zu jener Zeit bat der Abt WIBALD (Kloster Corvey) einen französischen Amtsbruder, ihm 2 Paar zahme Kaninchen zukommen zu lassen.
Weiterhin wilderten die dänischen Könige Mitte des 13. Jahrhunderts Kaninchen auf der Insel Amrum für jagdliche Zwecke aus. Von hier aus verbreitete sich das Kaninchen, wobei die Jägerei ihm viel Unterstützung zuteil werden ließ. Erste Massenvermehrungen in Deutschland werden zu Beginn dieses Jahrhunderts erwähnt.
In der Bundesrepublik Deutschland ist das Kaninchen heute besonders stark in Nordrhein-Westfalen und Teilen Niedersachsens vertreten. Alle Hochlagen sowie Teile Baden-Württembergs, Bayerns und Südniedersachsens sind unbesiedelt.
Lebensweise: Kaninchen sind Kolonientiere. Als solche lieben sie buschbestockte, sandige Flächen. Wo nicht vorhanden, nimmt das Kaninchen auch mit Wald, Acker, Grünland und Dünen vorlieb. Als zeitweiser Baubewohner gräbt es Baue. Wenn hierzu wegen felsigen Untergrunds oder hohen Grundwasserstandes keine Möglichkeit besteht, leben Kaninchen in Naturhöhlen oder ähnlichem Unterschlupf. Jeder Bau hat mehrere Röhren und einen oder mehrere Kessel als Wohnraum.
Die Baue haben etwa folgende Ausdehnung: 15 m lang – höchstens 2–3 m tief – 30 cm ∅ und mehr. Häufig kommt es vor, daß zwei Baue aneinander vorbeilaufen, ohne an irgendeiner Stelle Verbindung zu haben. Es gibt auch Röhren, die blind ohne Verzweigungen und Kessel enden. Der Bau wird mit den Vorderläufen gegraben. Befahrene Baue sind an vorhandenen Spuren und Losung zu erkennen.
Es kommt selten vor, daß Baue gemeinsam mit Ratten, Füchsen und Dachsen bewohnt werden.
Der Aktionsradius macht unter 100 m aus. Die oberirdischen Wohnbereiche einer Kaninchenfamilie

sind wohl kaum über 3000 m^2 groß. Lediglich abwandernde Jungtiere nehmen größere Entfernungen (max. 1 km) auf sich.
Statt abzuwandern, können die Kaninchen auch ihre Baue vergrößern.
Trotz geselligen Zusammenlebens herrschen bei Kaninchenfamilien Hierarchien, in denen nur die stärksten einen vorderen Rangplatz beanspruchen können. Innerhalb dieser Gruppen hat der führende Rammler die alleinige Befugnis, den gesamten Aktionsradius einer Gruppe zu kontrollieren. Die übrigen Familienmitglieder beanspruchen begrenzte Teilgebiete, die sie durch Drüsensekrete sowie Losung und Harn markieren.

Verhalten: Das Kaninchen ist ein Baubewohner, bevorzugt aber bei gutem Wetter das Leben im Freien. Mit dem dann zu beobachtenden oberflächlichen Löcherscharren befriedigen sie ihren Grabetrieb. Jede Störung hat Hinterlauftrommeln und Aufsuchen des Baues zur Folge. Hierbei erreichen sie erstaunliche Geschwindigkeiten (bis zu 40 km/h). Kaninchen äsen morgens, abends und nachts. Zwischendurch putzen und sonnen sie sich – die Hinterläufe gespreizt nach hinten gelegt – oder markieren auch. Hiervon hält sie allenfalls schlechtes Wetter, besonders Wind, ab. Alle Kaninchen sind während ihres Aufenthaltes im Freien in ständiger Wachbereitschaft. Die Kletterfähigkeit ist mäßig entwickelt. Wie kaum eine andere Wildart ist das Kaninchen als Kulturfolger zu bezeichnen, da es weder Gärten noch kleinste Grünflächen inmitten der Großstädte unbewohnt läßt.

Sinne: Das Gehör ist über alle Maßen sensibel. Kaum stehen dieser Sinnesleistung das Äugen und Wittern nach.

Fortpflanzung, Setzzeit: Alle Nager und Hasenartigen vermehren sich sehr stark. Die Rammelzeit beginnt im März, selten Ende Februar. Sie wiederholt sich 3–4 mal und endet im Spätsommer. Der Rammelakt kann dann jederzeit stattfinden, wird aber vorwiegend nachts ausgeführt. Diesem gehen die Verfolgung der Häsinnen und Imponieren voran. Hierbei stellt der Rammler seine Blume hoch, läuft steifbeinig vor der Häsin her oder umkreist sie, überspringt und bespritzt sie mit Harn.
Das Werbungslaufen soll engere Kontakte zur Geschlechtspartnerin herstellen helfen, die sich schließlich auch zur Kopulation bereitfindet. Hierbei reitet der Rammler auf, kommt aber nach Einführen seines Geschlechtsteiles in das der Häsin in Seitenlage, wo er bis zu 15 Sekunden verharrt. Die Häsin beendet den Rammelakt, indem sie davonläuft. Die Paarung wird dann in kurzen Abständen oftmals wiederholt. In aller Regel kommen nur die „Leitrammler" zum Zuge. Da aber viele Häsinnen zur gleichen Zeit paarungswillig sind, haben auch hierarchisch Nachgeordnete Chancen. Grundsätzlich gibt es keine Monogamie.
Die Häsin macht während der Fortpflanzungszeit alle 7 Tage eine halbtägige Hitze durch.
Die Eireife wird 12 Stunden nach Vollzug des Rammelaktes erreicht. Die Entwicklung der Föten verläuft keineswegs immer regulär, vielmehr werden bei der Hälfte aller Trachten sämtliche Föten bis zum 14. Tag zurückgebildet. Man nennt diesen Vorgang Embryolyse. Die Häsin ist in diesem Falle sofort erneut paarungsbereit. Die Tragezeit währt 28–31 Tage.
Die Zahl der Jungen beläuft sich auf 3–6. Die Satzstärke ist vom Gewicht der Häsin abhängig. Die Häsin setzt ihre Jungen in eine mit Wolle, Gras und Streu ausgepolsterte Setzröhre, die mit den Stammbau der Kaninchen keinerlei Verbindung hat, vielmehr abseits von diesem liegt. Die Jungen sind nackt, taub und blind. Nach 10 Tagen öffnen sich die Seher. Während der ersten 3 Wochen verbleiben die Jungen im Bau und werden dort täglich 1–2 mal, oft nur um Mitternacht, gesäugt. Die Häsin wirft nach Verlassen der Setzröhre diese mit Erde zu, glättet alles, um den Jungen Sicherheit vor Feinden zu bieten. Mit zunehmendem Alter der Jungkaninchen bleibt die Öffnung größer. Bis zur 5. Woche säugt die Häsin; allerdings nehmen die Jungen ab der 4. Woche nebenher Grünäsung auf. Die Häsin sucht nach Aufgabe der Setzröhre wieder den Familienbau auf, die Jungkaninchen folgen 3 Wochen später. Solange leben sie oberirdisch.
Die Geschlechtsreife stellt sich nach $^1/_2$ Jahr ein, die körperliche Entwicklung ist mit einem Jahr beendet.

Zuwachsrate, Geschlechterverhältnis: Im allgemeinen füllen sich durch Krankheit oder Witterung (hohe Schneelage) dezimierte Kaninchenbestände rasch wieder auf. Allerdings kann diese Feststellung nicht für den Zusammenbruch der Population nach anomal hoher Schneelage im Winter 1978/79 für Norddeutschland gelten, wo der frühere Stand bei

weitem noch nicht wieder erreicht wurde. Diese Tatsache mag die Richtigkeit der Annahme eines 10-Jahres-Zyklus erhärten. Danach besteht derzeit ein Bestandstief.
Die höchste Vermehrungsquote wird im Juni erreicht.
Das Geschlechterverhältnis ist zum Zeitpunkt des Setzens ausgeglichen. Danach tritt eine deutliche Verschiebung zu Gunsten der Häsinnen ein.
Die Sterblichkeitsrate ist bei den ersten Würfen höher als bei den späteren.

Größtes Vorkommen in Norddeutschland.
Lebensraum: buschbestockte Sandflächen, aber auch Wald, Acker, Grünland. Baubewohner mit langen oberirdischen Aufenthalten. Der Aktionsraum beträgt unter 3000 m^2.
Sinne: Äugen, Vernehmen und Wittern hervorragend ausgebildet.
Fortpflanzung: Rammelzeit 4–5 mal von März bis August, polygam; 28–31 Tage Tragezeit. Gesetzt werden 3–6 blinde, taube und nackte Junge in eine Setzröhre, die nach 3 Wochen verlassen wird.

Äsungsansprüche: Das Kaninchen ist ein Grünäser mit gehobenen Ansprüchen bei entsprechendem Angebot. Geäst werden Pflanzen der Land-, Forst-, Garten- und Weinbauwirtschaft. Vorliebe besteht in landwirtschaftlichen Kulturen für: junge Getreidesaaten, Ähren aller Getreidearten, Kartoffeln.
Forstwirtschaftliche Kulturen: Verbeißen der Triebe sowie Benagen der Rinde junger Bäume, besonders Hainbuche, Esche, Eiche, Buche, Linde, Weide, Fichte, Tanne, Lärche.
Gartenbau: Obstbäume (Verbiß und Benagen der Rinde) alle Gartenpflanzen, besonders Blumen und Gemüse.
Weinbau: Trieb- und Rebenverbiß.
Darüber hinaus werden große Dünenschädigungen auf den Inseln durch Kahlfraß des Bewuchses hervorgerufen.
Der hohe Flüssigkeitsbedarf der Kaninchen wird über die Flüssigkeit in der Äsung gedeckt. In Trokkenperioden werden Gewässer aufgesucht.
Feinde: Kaninchen haben unzählige Feinde: Mensch, Fuchs, Marder, Iltis, Wiesel, Hund, Katze, Dachs, Greifvögel, Eulen, Krähen, Möwen, Elstern sowie Krankheiten (Myxomatose u. a., aber nicht bestandesgefährdende Krankheiten).

Bejagung
Jagdarten: Ansitz, Treibjagd, Suche, Baujagd (Frettieren), Stöbern, Pirsch, Beizjagd.
Hege: Schäden, die durch Wildkaninchen an Grundstücken, die zu einem gemeinschaftlichen Jagdbezirk gehören, verursacht werden, sind gem. § 29 BJagdG zu ersetzen. Damit gilt diese Wildart als Schadwild. Eine Hege, wie wir sie für Hasen kennen, kommt demnach nicht in Betracht.
Selbstverständlich wird der Niederwildjäger diese jagdlich interessante Wildart nicht missen und niemals seine Ausrottung betreiben wollen.
Jagdzeiten nach Bundesverordnung: Vorbehaltlich der Bestimmungen des § 22, Abs. 4 des BJagdG darf die Jagd das ganze Jahr ausgeübt werden.
Jahresstreckenergebnis: 455 671 Stück (1987/88)
Die Länder Nordrhein-Westfalen und Niedersachsen erzielten über lange Jahre die größten Länderstreckenergebnisse.

Zur Wiederholung und Kontrolle
- Beschreiben Sie die Balgfarbe des Kaninchens.
- Wo kommt das Europäische Wildkaninchen vor?
- Wann beginnt und endet die Rammelzeit?
- Wie lange hat die Häsin inne?
- Wieviel Junge werden gesetzt?
- Welche Schäden richtet das Kaninchen an?
- Besteht für Schäden gesetzliche Ersatzpflicht?
- Welche Jagdarten werden auf Kaninchen ausgeübt?
- Zählen Sie einige Feinde des Kaninchens auf.

Unterschiede	Hase	Kaninchen
Aussehen		
Balg	schwarz–graubraun	einfarbig grau
Unterwolle	schneeweiß	graublau
Blumenoberseite	schwarz	dunkelgrau
Grannenhaare	unteres Drittel gewellt	unteres Drittel glatt
Iris	gelblichbraun	braun
Löffellänge	länger als der Kopf	nicht kopflang
Löffelspitzen	schwarz	grau
Farbmutation	selten	öfter
Hinterläufe	lang	relativ kurz
Gewicht	3–5 kg	1,5–2 kg
Gewicht der Frischgesetzten	130 g	45 g
Haltung der Blume	gestreckt	Auf- und Niederwippen
Schädel		(Abb. 60)
Jochbeinfortsatz	nur wenig ausgeprägt	lange Fortsätze
Gaumenlücke	weit	schmal
Breite d. hinteren Ausschnittes d. Gaumenbeines	breiter als $^1/_2$ Backenzahnreihe	etwa $^1/_3$ der Länge d. Backenzahnreihe
Gehirnschädel	größer als Kaninchen	kleiner als Hase
Backenzahnreihe	länger als beim Kaninchen	kürzer als beim Hasen
Zwischenscheitelbein	selbständiges Zwischenscheitelbein fehlt	freies Zwischenscheitelbein vorhanden
Nasenöffnung ∅	15 mm	10 mm
Wirbelsäule	12 Rückenwirbel	12 oder 13 Rückenwirbel
Magen-Fassungsvermögen	350 cm³	100 cm³

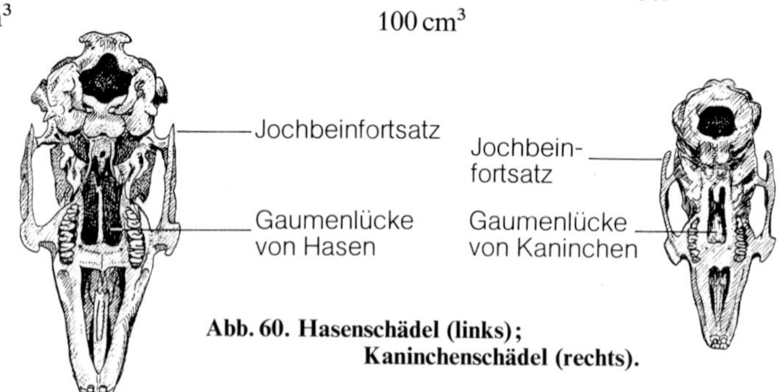

Abb. 60. Hasenschädel (links); Kaninchenschädel (rechts).

Unterschiede	Hase	Kaninchen
Wildbret		
Prozentanteil edlen Fleisches am Gesamtgewicht (Rücken, Keule usw.)	rund 30 %	rund 25 %
Austrocknungsverlust (ausgeworfen) in der 1. Woche	2,5 %	5 %
Muskelfleisch	faserarm, reich an Sarkoplasma	fibrillenreich, schnell kontrahierend
Farbe im gebratenen Zustand	braun	weiß
Spurbild	größer als das des Kaninchens	kleiner als das des Hasen
Laufabdrücke	weitgestellt	dicht beieinander

Unterschiede	Hase	Kaninchen
Losung	hell-faseriges Aussehen	dunkles Aussehen, keine faserige Struktur
Losungsmenge	bis 400 Stück täglich	bis 500 Stück täglich
Lebensweise	nur oberirdisch	unter- und oberirdisch
bevorzugter Lebensraum	Feldbewohner	buschbestockte Flächen
Aktionsradius	1000 m	100 m
Größe des Wohnbereiches	30 000–400 000 m²	3000 m²
Einstände	Einstandswechsel nach Abernten der Felder	Einstandswechsel nur sehr selten
Verhalten	kein hautnaher Kontakt zu Artgenossen	Kolonientier
Fortbewegung	geringe Anfangsgeschwindigkeit, größere Ausdauer, 65 km/h	hohe Anfangsgeschwindigkeit, geringere Ausdauer, 40 km/h
Kletterfähigkeit	gut	mäßig
Sinne	schlechter Gesichtssinn,	hervorragender Gesichtssinn,
übrige Sinne beider Arten gleich gut entwickelt		
Fortpflanzung		
Rammelzeit – jährlich	3–4 mal	4–5 mal
Beginn	Januar	März
Paarungsverhalten	alle adulten Rammler kommen zur Fortpflanzung, größere Kontaktschwierigkeiten	in erster Linie kommen „Leitrammler“ zur Fortpflanzung, weniger große Kontaktschwierigkeiten
Kopulation	Aufreitestellung	Seitenlage
Superfötation	häufiger	selten
Embryonenentwicklung	keine Embryolyse	50 % Embryolyse
Tragezeit	42 Tage	28–31 Tage
Setzort	oberirdisch	Setzröhre
Zahl der Jungen	1–4	3–6
Aussehen der Jungen	behaart, hörend, sehend	nackt, taub, blind
Aufnahme der Muttermilch	pumpsaugend	lecksaugend
Verbleib der Jungen	nach Abschluß der Betreuung Alleinsein	nach Abschluß der Betreuung Übergang in Familienbau
Fortpflanzungsfähigkeit	im Jahr, das auf die Geburt folgt	1. Satz ist im Jahr der Geburt fortpflanzungsfähig
Geschlechterverhältnis	1 : 1	zunächst 1 : 1, nimmt zu Ungunsten der Rammler ab
Feinde	große Anzahl, aber bei ausgewachsenen Hasen wegen deren Größe eingeschränkt	größte Anzahl, besonders wegen geringeren Gewichts gegenüber dem des Hasen
Bejagung		
Jagdarten	alle, außer Beizjagd und Frettieren	alle, einschließlich Beizjagd und Frettieren
Jagdzeiten gem. Bundesverordnung	1. 10.–15. 1.	ganzjährig
Jahresstreckenergebnis	600 000	450 000

Abb. 61. Alpenmurmeltier, Katze mit Affen.

Alpenmurmeltier, *Marmota marmota* L.

Systematik
Ordnung: Rodentia, Nagetiere
Familie: Sciuridae, Hörnchenartige

Weidmannssprache

Bär:	männliches Murmeltier
Katze, Mütterin:	weibliches Murmeltier
Aff:	junges Murmeltier
Brante:	Fuß
Bärzeit:	Fortpflanzungszeit
Murmelöl:	flüssiges Murmelfett
Pfeifen:	Warnlaut
Zapfen:	Winterbauverschluß aus Erde und Steinen

Aussehen, Balg, Gewicht, Spur (Abb. 61):
Der flüchtige Anblick eines Murmeltieres läßt auf ein Ziesel oder eine Große Wühlmaus schließen. In seinen Umrissen sieht das Murmeltier plump aus, die Gehöre sind rundlich und kurz, die Branten sind kräftig. Der Kopf ist oberseits stark abgeflacht. Die gespaltene Oberlippe weist lange Schnurrhaare auf. Es hat 65–70 cm Körperlänge und 10–15 cm Rutenlänge. Damit ist das Murmeltier das größte Nagetier unserer Fauna.

Die Färbung ist graubraun. Die Geschlechter sind nur für Murmeljäger nach Farbe unterscheidbar: Der Bär ist dunkler als die Katze gefärbt.
Die Vorderbranten haben 4, die Hinterbranten 5 Zehen mit langen Nägeln.
Das Gewicht beträgt um 6 kg. Nach der Winterruhe macht es nur noch die Hälfte aus.
Trophäe: Als Trophäe gilt das gesamte Stück, das sich viele Jäger präparieren lassen, oder auch der Balg als Wandschmuck. Außerdem können die rotbraunen Schneidezähne oder die Vorderbranten zu Schmuck verarbeitet werden.

Gebiß

$$\frac{1}{1}\ \frac{0}{0}\ \frac{2}{1}\ \frac{3}{3} \times 2 = 22 \text{ Zähne}$$

Lautäußerung: Der katzenähnliche Ruf der weiblichen Tiere ist nur während der Bärzeit zu hören. Sonst wird der Warnlaut, ein schriller „Pfiff" für alle Artgenossen, durch ein eine Störung wahrnehmendes männliches oder weibliches Murmeltier ausgestoßen, worauf alle bauwärts streben.
Verbreitung: Das Alpenmurmeltier, und nur von diesem ist hier neben weiteren 5 Arten die Rede, kommt heute fast überall in den Alpen vor. Verbreitungsschwerpunkt sind die West- und Zentralalpen. Das bundesrepublikanische Vorkommen beschränkt sich auf die Bayerischen Alpen und den Hochschwarzwald.
Lebensweise: Das Alpenmurmeltier ist Bewohner hochgelegener Gebiete oberhalb der Waldgrenze.
Verhalten: Murmeltiere sind tagaktive Kolonientiere. Sie graben einen Bau zum Schutz vor Feinden und Kälte. Die dabei anfallende Erde wird rückwärts nach draußen geschafft oder an die Bauwände gedrückt. Bevor sie Anfang Oktober einen halbjährigen Winterschlaf antreten, „heuen" sie, d.h. sie tragen trockenes Gras büschelweise in die Baue. Der Winterschlaf wird beendet, wenn die im Sommer angelegten Fettreserven erschöpft sind. Damit unterscheiden sich die winterschlafenden Säugetiere (Murmel, Igel, Haselmaus) von den durch Umgebungstemperatur winterschlafabhängigen Amphibien und Reptilien. Winterschlafende Säuger produzieren nur geringe Mengen Schilddrüsenhormon, wodurch der Wärmehaushalt und die Herzfrequenz vermindert werden. Außerdem sinkt der Blutzucker-

spiegel, und die Körperwärmeproduktion läßt nach. Die Zahl der Atemzüge sinkt von 25 auf 1–4/Minute, die der Herzschläge von 90 auf 3–8. Lediglich alle 4 Wochen entleert das Murmeltier seine Blase in einem besonderen Gang. Diese vorübergehende Winterschlafunterbrechung kostet den Schläfer 30mal mehr Substanz als der Schlafzustand.
Die winterliche Lethargie verbringen diese Baubewohner sippenweise. Wenn der Winterschlaf im April beendet worden ist, wird er bei plötzlich wieder einsetzender Kälte keineswegs erneut aufgenommen.
Sinne: Der Gesichtssinn ist am besten entwickelt. Vernehmen und Wittern stehen dem kaum nach.
Fortpflanzung, Bärzeit, Setzzeit: Männliche Murmeltiere sind mit 4–5 Jahren, weibliche mit 3 Jahren geschlechtsreif. Die Bärzeit setzt nach dem Erwachen aus dem Winterschlaf im April/Mai ein. Die Katzen sind nur 24 Stunden brunftig. Während dieser Zeit werden sie von allen männlichen Stücken der Kolonie nacheinander begattet. Nach 35 Tagen bringt die Katze 2–4 Affen, die zunächst blind und nackt sind. Als Mutterbau wird ein von der Sippe verlassener Winterbau oder ein eigens angelegter Bau verwendet, der mit trockenem Gras ausgepolstert wird. Der Zugang wird zunächst mit Heu verschlossen. Die Jungen verlassen nach 5 Wochen den Bau. Die Katze wirft nur jedes 2. Jahr Junge.
Äsungsansprüche: Zarte Pflanzen (Hahnenfuß, Enzian), frische Gräser, Grassamen, nach dem Winterschlaf oft Wurzeln.
Feinde: Hier sind besonders Greifvögel zu nennen: Steinadler, Habicht, außerdem kommen Kolkrabe und Uhu in Betracht. Vom Haarraubwild können Fuchs und Hermelin den Jungtieren gegenüber gefährlich werden.

Bejagung
Jagdarten: Ansitz am Bau
Jagdzeiten nach Bundesverordnung: keine Jagdzeit

Zur Wiederholung und Kontrolle
- Beschreiben Sie das Äußere des Murmeltieres.
- Welche Lautäußerungen kennen Sie?
- Wie verhält sich das Murmeltier vor Einsetzen des Winterschlafes?
- Wann ist Bärzeit – nach welcher Zeit wirft die Katze?

Wildkatze, *Felis silvestris* Schreber

Systematik
Ordnung: Carnivora, Raubtiere
Unterordnung: Fissipedia, Landraubtiere
Familie: Felidae, Katzen

Weidmannssprache

Kuder, selten Kater:	männliche Wildkatze
Katze, Kätzin:	weibliche Wildkatze
Waffen:	Nägel
Ranzen, Begehren:	paaren
Baumen, Aufbaumen:	klettern
Junge bringen:	werfen
Blendling:	Kreuzungsprodukt aus Wild- und Hauskatze
Riß:	Beute

übrige Ausdrücke wie beim sonstigen Raubwild

Aussehen, Balg, Gewicht (Abb. 62)

Körperlänge	60–80 cm
Rutenlänge	30–35 cm
Schulterhöhe	ca. 40 cm
Gewicht	5– 9 kg

Alle Katzen haben einen auffallend runden Kopf. Die Gehöre sind deutlich sichtbar. Die Seher sind gelbgrün. Die Balgfarbe ist oberseits braungrau bis hellbraun, unterseits heller. Der Rücken wird bis zum Rutenansatz von einem schwarzen Aalstrich geziert. Von der Stirn über den Hinterkopf verlaufen

Abb. 62. Wildkatze.

5 schwarze Streifen. Der Windfang ist fleischfarben; oft ist ein weißer Kinnfleck vorhanden. Die buschige Rute verläuft bis zum Ende gleichmäßig dick und weist 5 geschlossene schwarze Ringe einschließlich der Rutenspitze auf (Abb. 63).

Abb. 63. Wildkatzenrute und Nehringscher Sohlenfleck (links); Hauskatzenrute und Sohlenstreif (rechts).

Um eine bessere, aber nicht absolut sichere Unterscheidung zwischen Wild- und Hauskatze treffen zu können, betrachte man beide Schädel (Abb. 64).

Wildkatze		Hauskatze
von vorne nach hinten konisch zulaufend ohne Verengung	**Nasenbein**	meist ab der Mitte stark verengt
gezackt	**Scheitelnaht**	ungezackt
läuft erst in Höhe der Scheitelnaht auseinander	**Schädelnaht zum Kaumuskelansatz**	läuft bereits im hinteren Drittel leicht geschwungen auseinander
hinten weiter als vorne	**Jochbögen**	vorne wie hinten gleichweit abstehend

Spur (Abb. 65): Das Katzentrittsiegel ist unverkennbar rund, wobei das der Wildkatze deutlich größer als das der Hauskatze ist. Die Ballen sind besonders gut abgedrückt. Krallenabdrücke fehlen (Unterschied: Dachs).

Man achte beim Betrachten der Brantenunterseite auf ein sicheres Echtheitszeichen der Wildkatze, den Brandtschen Sohlenfleck, ein weißes Haarbüschel zwischen den Ballen von Vorder- und Hinterbranten

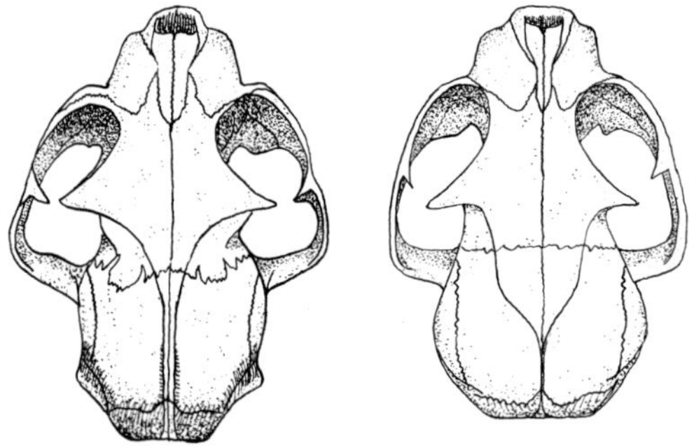

Abb. 64. Schädelformen. Wildkatze (links); Hauskatze (rechts).

Abb. 65. Trittsiegel. Wildkatze (links); größer als Hauskatze; Hauskatze (Mitte); Spur der Wildkatze, geschnürt (rechts).

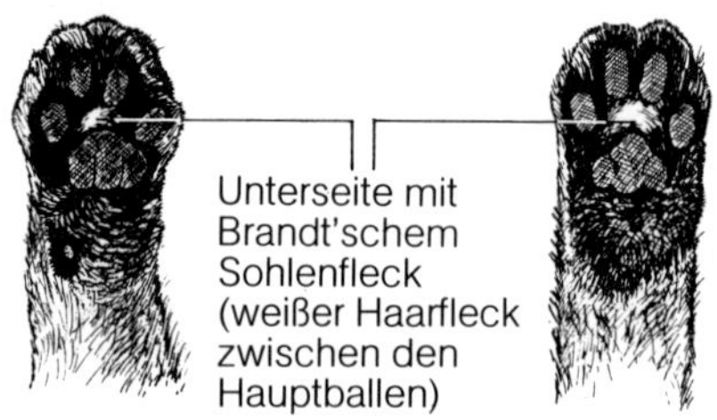

Abb. 66. Vorderbrante (links) und Hinterbrante (rechts) der Wildkatze.

(Abb. 66). Weiterhin steht für die Reinrassigkeit der Wildkatze der Nehringsche Sohlenfleck, ein rundlicher schwarzer Fleck an der Außenseite der Hinterzehen. Bei der wildgrauen Hauskatze erscheint diese Schwarzfärbung als Sohlenstreif bis zur Ferse (Abb. 63). Das Spurbild der Wildkatze ist geschnürt wie beim Fuchs.

Losung: Die Losung fällt wurstförmig oder weniger fest. Sie endet einseitig spitz. Sie ist etwa 6 cm lang und 1 cm dick. Wildkatzenlosung wird mit den Vorderläufen verscharrt.

Gebiß

$$\frac{3}{3}\ \frac{1}{1}\ \frac{3}{2}\ \frac{1}{1} \times 2 = 30$$

Damit hat die Wildkatze im Oberkiefer einen Prämolaren mehr als der Luchs.
Die Zähne sind stärker als die der Hauskatze. Für das typische Raubtiergebiß sprechen die spitzen Fänge und ebenso spitzen Backenzähne.
Lautäußerung: Hauskatzenähnliche Ranzrufe des Kuders sind ebenso bekannt wie das Fauchen bei Verteidigung oder das Schnurren, wenn sie sich wohlfühlen.
Verbreitung: Die Wildkatze kommt heute in Spanien, Portugal, Südfrankreich, Italien, auf dem Balkan und vereinzelt in der Bundesrepublik Deutschland vor. Hier sind besonders der Harz, der Hunsrück, die Eifel und der Westerwald zu nennen.
Lebensweise: Die Wildkatze bevorzugt deckungbietende Wälder. Im Gebirge sucht sie sonnige Hangpartien auf. Die Einstandsgröße liegt bei max. 70 ha.
Verhalten: Die Wildkatze ist absoluter Einzelgänger; sie liebt die Dunkelheit für ihre Beutezüge, allenfalls noch die Dämmerung. Sie ist Pirschjäger. Beute wird durch Biß in die Halsschlagader getötet. Der Riß wird niemals an Ort und Stelle gefressen.
Der Einstand wird markiert, indem sie Kopf- und Halspartie an dünnen Bäumen reibt und dabei Drüsensekret hinterläßt oder Kratzspuren an Bäumen anbringt.
Sinne: Wildkatzen äugen und vernehmen ausgezeichnet. Sie wittern nur durchschnittlich.
Fortpflanzung, Ranz, Entwicklung der Jungen: Die Ranz findet im Februar/März statt. Nach 63 Tagen bringt die Katze 2–4 Junge, die 10–12 Tage blind sind. Erst nach 4–5 Wochen nehmen sie feste Nahrung auf. Wildkatzen sind erst mit $2^1/_2$ Jahren voll ausgewachsen, aber bereits im Jahr nach der Geburt fortpflanzungsfähig. Kreuzungsprodukte zwischen Wild- und Hauskatze nennt man Blendlinge. Zwischen diesen und echten Wildkatzen gibt es kaum Unterscheidungsmerkmale.
Fraßansprüche: Mäuse, Vögel, Eichhörnchen, Kaninchen, Hasen, Rehkitze, Insekten, Eier, Fische.
Feinde: Großraubwild

Bejagung
Jagdarten: Treibjagd: ruhiges Durchgehen; Ansitz, Lockjagd mit Mäuseln, Hasenklage; Fang in der Kastenfalle.
Jagdzeiten nach Bundesverordnung: Die Wildkatze hat in der Bundesrepublik Deutschland keine Jagdzeit.

Zur Wiederholung und Kontrolle
- Nennen Sie die besonderen weidmännischen Bezeichnungen für die Wildkatze, die sich von denen anderen Raubwildes unterscheiden.
- Beschreiben Sie das Äußere.
- Nennen Sie wichtige Unterscheidungsmerkmale zur Hauskatze.
- Worin besteht der Unterschied zwischen Nehringschem und Brandtschem Sohlenfleck?
- Nennen Sie die Zahnformel.
- Wo kommt in der Bundesrepublik Deutschland die Wildkatze noch heute vor?
- Wann ranzen die Wildkatzen?

Luchs, *Lynx lynx* L.

Systematik
Ordnung: Carnivora, Raubtiere
Unterordnung: Fissipedia, Landraubtiere
Familie: Felidae, Katzen

Weidmannssprache

Kuder:	männlicher Luchs
Luchsin, Kätzin:	weiblicher Luchs
Katzluchs:	junger Luchs
Hirschluchs:	Sommerluchs
Kalbsluchs:	Winterluchs
Waffen:	Krallen
Fang:	Eckzahn
Schnüren, Schränken:	Gangarten

Aussehen, Balg, Gewicht (Abb. 67)

Körperlänge	80–130 cm
Rutenlänge	15– 20 cm
Schulterhöhe	75 cm
Gewicht	20– 30 kg, in nordischen Ländern sogar bis 40 kg

Beim Luchs handelt es sich um eine hochläufige Katzenart. Im Verhältnis zur Körperlänge ist die Rute sehr kurz. Die Gehöre weisen Ohrpinsel auf. Unter graubraunem Deckhaar sitzt gelbe Unterwolle. Der Balg ist dunkel gefleckt. Die Unterseite und die Laufinnenseiten sind braunweiß gefärbt. Die Rute ist im letzten Drittel schwarz.

Spur: Das runde Trittsiegel ist 2–3mal größer als das der Hauskatze, die Hinterbrante etwas breiter und länger als die Vorderbrante.

Bei normaler Gangart setzt der Luchs den Hinterlauf in das Trittsiegel des Vorderlaufes: Die Spur sieht wie an einer Perlenkette aufgezogen aus – man nennt dieses Spurbild Schnüren. Bei langsamster Fortbewegung übereilen die Hinterläufe die Vorderläufe, dabei sieht man ein geschränktes Spurbild – man spricht vom Schränken.

Die normale Schrittlänge beträgt je nach Tempo zwischen 80–130 cm. Allerdings kann der Luchs Sprünge bis zu 7 m vollführen.

Losung: Die katzengleiche Losung sieht wurstförmig aus und endet einseitig spitz. Sie ist deutlich länger und dicker als Katzenlosung, nämlich bis 9 cm lang und 2 cm dick.

Knochen-, Haar- und Federreste sind erkennbar. Sie wird mit den Vorderbranten verscharrt.

Gebiß

$$\frac{3}{3}\ \frac{1}{1}\ \frac{2}{2}\ \frac{1}{1} \times 2 = 28$$

Das Wildkatzengebiß hat im Oberkiefer einen Prämolaren mehr.

Lautäußerung: Luchse kreischen katzenähnlich, aber lauter. Dabei handelt es sich um den Ranzruf des Kuders. Das Fauchen ist Ausdruck des Angriffs oder der Verteidigung. Luchse schnurren, wenn sie sich wohlfühlen.

Verbreitung: In Europa kommt der Luchs in Nordskandinavien, Polen, CSSR, Rumänien, Bulgarien, Jugoslawien, Albanien und Rußland vor. In Westeuropa gibt es ihn als „Pardelluchs" in Portugal, Spanien und in Frankreich an der Grenze zu Spanien. In der Bundesrepublik ist er im Bayerischen Wald ausgewildert worden.

Die Siedlungsdichte beträgt je nach Beutetierdichte ein Exemplar auf 1000–1500 ha. Dort, wo der Wolf häufiger vorkommt und der Wildstand geringer ist, sinkt die Dichte auf ein Stück je 3000–20 000 ha.

Abb. 67. Luchs.

Lebensweise: Entlegene Wälder mit großen Lichtungen in allen Höhenlagen.

Verhalten: Der Luchs ist nachtaktiv, bei völliger Ruhe im Revier auch tagaktiv. Er ist Pirsch- und Ansitzjäger, wobei er von verfehlten Beutetieren schnell abläßt. Er tötet, indem er nach der Drossel des Beutetieres greift und es zu Boden zieht. Oft schneidet er den Kopf des Opfers ab. Im allgemeinen hält der Luchs schlecht Paß, wandert aber bisweilen nachts auf gewohnten Pässen.

Sinne: Er äugt und vernimmt sehr gut. Das Geruchsvermögen ist weniger gut ausgebildet.

Fortpflanzung, Ranz, Entwicklung der Jungen: Luchse ranzen in den Monaten Februar und März. Die Luchsin bringt nach 70–72 Tagen in sicheren Verstecken 2–3 Junge, die 7–15 Tage blind sind. Die Katzluchse bleiben bis zur nächsten Ranz bei der Luchsin.

Fraßansprüche: Der Luchs nimmt jede Beute, derer er sich bemächtigen kann. So ist sein Beutetierspektrum sehr breit: von der Maus und dem Kleinvogel bis zum Rotwildkalb oder schwachen Überläufern. Hasen stehen bei der Nahrungswahl obenan.

Bejagung

Jagdarten: Nach Kreisen Verfolgung mit scharfen Hunden; besonders geeignet ist die Bracke. Weiterhin kann man bei einer Neuen die Luchsspur ausgehen. Tellereisen nahm der Luchs früher dann an, wenn sie immer frisch beködert waren. Treiben gilt als aussichtslos, da der Luchs sich vor der Treiberwehr drückt.

Jagdzeiten nach Bundesverordnung: Der Luchs hat in der Bundesrepublik Deutschland keine Jagdzeit.

> **Zur Wiederholung und Kontrolle**
> - Vergleichen Sie das Äußere von Luchs und Wildkatze.
> - Wie unterscheiden sich die Gebisse von Luchs und Wildkatze?
> - Wo kommt der Luchs in der Bundesrepublik Deutschland vor?
> - Unterliegt der Luchs den Bestimmungen des Bundesjagdgesetzes?

Fuchs, *Vulpes vulpes*

Systematik

Ordnung: Carnivora, Raubtiere
Unterordnung: Fissipedia, Landraubtiere
Familie: Canidae, Hundeartige

Weidmannssprache (Abb. 68)

Rüde:	männlicher Fuchs
Fähe, Betze (Bätze):	weiblicher Fuchs
Welpe:	Fuchsjunges
Kern:	Rumpf
Reife:	weiße Haarspitzen
Vernehmen:	hören
Winden:	riechen
Wahrnehmen:	sehen
Fressen:	fressen
Fraß, Raub:	Nahrung
Reißen:	lebende Beute fangen und fressen
Spur:	Spur
Paß:	ständig benutzter Weg
Bau:	Wohnung
Fluchtröhre:	vorübergehender Aufenthaltsort bei Gefahr
Verklüften:	Aufwerfen von Erdreich innerhalb des Baues, um sich vom verfolgenden Hund zu trennen
Springen:	Verlassen des Baues
zu Bau fahren, Schliefen:	in den Bau gehen
Ausfahren, Ausschliefen:	den Bau verlassen
Ranz, Rollzeit:	Paarungszeit
Decken:	begatten
Hängen:	vorübergehendes Zusammenhängen von Rüde und Fähe nach der Begattung (wie bei Hunden)

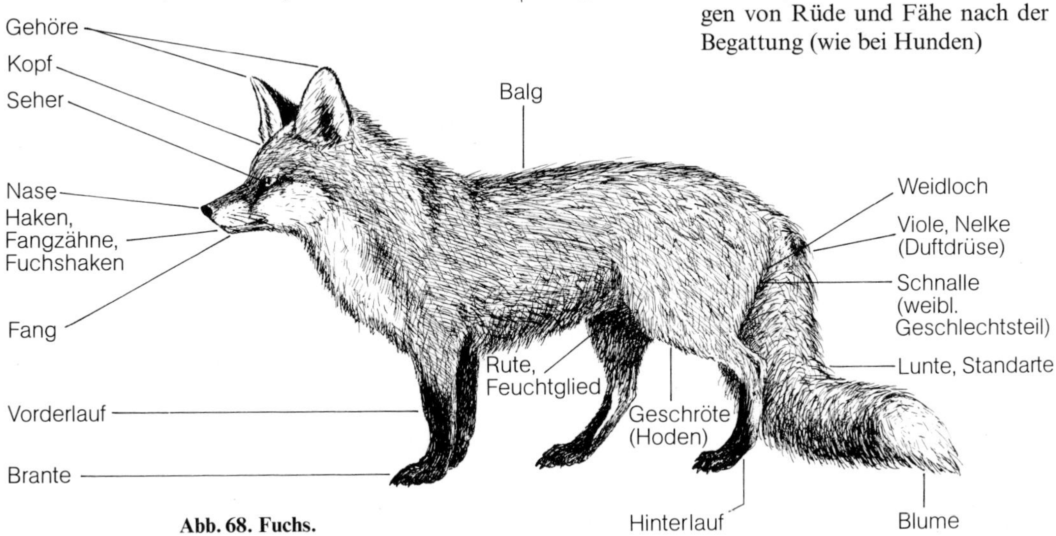

Abb. 68. Fuchs.

Birk- oder Goldfuchs
im Winterbalg

Brand- oder Kohlfuchs
im Winterbalg

normalfarbener „Rotfuchs"
im Winterbalg

Dickgehen:	trächtig sein
Wölfen, Werfen:	Junge gebären
Geheck:	Jungfüchse des Wurfes
Feuchten, Nässen:	urinieren
Sich lösen:	koten
Losung:	Exkremente
Abhären:	Haar wechseln
Abstreifen:	Balg abziehen
Bellen:	akustische Territoriumsmarkierung des Rüden
Keckern:	Streitlaut der Füchse
Schnüren:	Gangart des Fuchses, bei der ein Trittsiegel hinter dem anderen steht
Traben:	flotte Gangart des Fuchses

Balg, Gewicht

Der normalfarbene Fuchs ist oberseits rotbraun, unterseits hell gefärbt. Bei hellerer Grundfärbung mit weißer Kehle, weißem Bauch und weißer Blume spricht man vom Birkfuchs, dunkles Deckhaar, graue bis schwarze Unterseite und Blume kennzeichnen den Brand- bzw. Kohlfuchs.

Die Bezeichnung Goldfuchs gilt für den extrem hellen Birkfuchs. Moorfuchs nennt man den extrem gefärbten Kohlfuchs. Die genannten Farbvarietäten können alle zusammen in einem Geheck vorkommen (Farbtafel Seite 103).

Sommer- und Winterbalg unterscheiden sich: Der Sommerbalg besteht aus dünnem Unterhaar und kurzem Oberhaar. Der Winterbalg wird ohne Haarwechsel durch das Längerwerden des Sommeroberhaares und Dichterwerden des Sommerunterhaares gebildet. Der Frühjahrshaarwechsel vollzieht sich beim Rüden ab Mitte Februar, bei der führenden Fähe sehr viel später; er beginnt an Kopf und Läufen und setzt sich bis zur Lunte fort. Die dabei auftretende Ranzbrille ist der brillenähnlich aussehende Frühjahrshaarausfall im Schulterbereich.

Rotfuchs: rotbraune Oberseite, helle Unterseite
Spielart: Birkfuchs mit hellerer Grundfärbung, weißer Kehle, weißem Bauch, weißer Blume
Spielart: Brand- oder Kohlfuchs mit dunklem Deckhaar, dunkler Unterseite, dunkler Blume

Das Gewicht des Fuchses liegt zwischen 4,5 kg und 7,5 kg für Fähen und 5–8,5 kg für Rüden. Das Geburtsgewicht des Welpen beträgt etwa 70 g, nach 6 Wochen wiegen die Jungtiere bereits 1100 g.

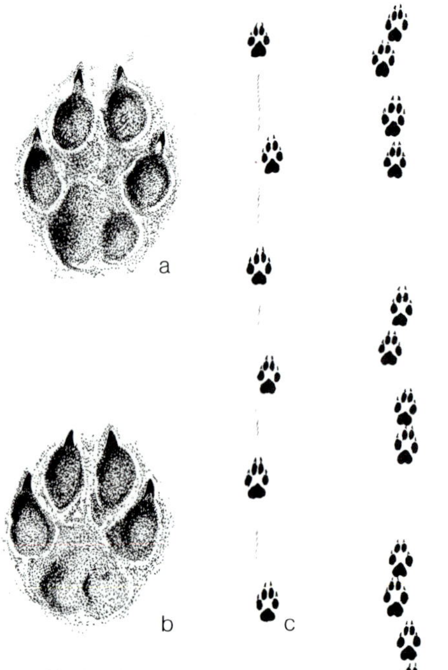

Abb. 69. a = Fuchstrittsiegel; b = Hundetrittsiegel; c = Fuchs, schnürend; d = Fuchs, flüchtig.

Spur (Abb. 69): Die Vorderbrante des Fuchslaufes weist 5, die kleinere Hinterbrante 4 Zehen auf.
Das Fuchstrittsiegel zeigt 5 Ballen und 4 Zehen (die 5. hoch angesetzte innere Vorderlaufzehe wird nicht aufgesetzt). Die Zehenballen sind im Unterschied zu denen des Hundes so angeordnet, daß die beiden hinteren nur eben die Basis der beiden vorderen Zehenballen erreichen. Damit erscheint das Trittsiegel ovaler als das des Hundes, bei dem die beiden hinteren Zehenballen in die beiden vorderen hineinragen.
Das Spurbild des schnürenden Fuchses ist eindeutig von dem des Hundes zu unterscheiden: Wie an einer Perlenkette aufgezogen, reiht sich Trittsiegel an Trittsiegel. Der flüchtende Fuchs hinterläßt ein Spurbild, das dem des Hasen ähnelt, da seine Hinterläufe die Vorderläufe übereilen.

Fuchstrittsiegel: länglich-oval
Hundetrittsiegel: gedrungen-rundlich
Fuchsspurbild: Fuchs schnürt

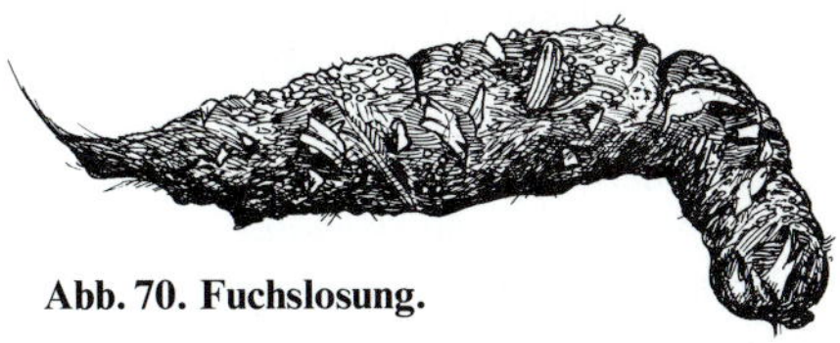

Abb. 70. Fuchslosung.

Losung (Abb. 70): Die wurstförmige Losung endet einseitig spitz und hat im frischen Zustand den typischen Fuchsgeruch. Sie zerfällt in 2–3 Teile und läßt meistens gute Rückschlüsse auf den Fraß zu. Der Fuchs löst sich gerne auf kleinen Erhöhungen, wozu Baumstubben und Stocksulzen mit Vorliebe ausgewählt werden.

Gebiß (Abb. 71)

$$\frac{3}{3}\ \frac{1}{1}\ \frac{4}{4}\ \frac{2}{3} \times 2 = 42 \text{ Zähne}$$

Das vollendete Milchgebiß weist mit 4 Wochen 28 Zähne auf; erst mit 6 Monaten ist das Dauergebiß vollentwickelt. Die Eckzähne werden auch Fangzähne oder Haken genannt.
Diese und der Balg sind die Trophäen des Fuchses. Die Zähne des Unterkiefers sind in gerader Reihe angeordnet, bei Wolf und Hund bogenförmig.
Die Prämolaren von Ober- und Unterkiefer greifen bei geschlossenem Fang ineinander. Wesentliche Eckzahnunterschiede sind aus Abb. 71 bei Frontalansicht des Fuchs-, Wolf- und Hundeschädels auszumachen.
Lautäußerung: Die wohl bekannteste Lautäußerung der Füchse ist das Keckern, das als Streitlaut und bei Deckversuchen abgegeben wird. Nicht minder erwähnenswert ist das heisere Bellen der Rüden vor und während der Ranz, womit er sein Territorium markiert und um die Fähe wirbt. Die Fähe verständigt sich hauptsächlich durch Lock- und Warnlaute mit ihren Jungen.
Schließlich sind noch die allen Tieren arteigenen Klagelaute bei Verletzungen zu nennen.
Das Winseln des Rüden wird sicher nur guten, ausdauernden Naturbeobachtern und Jägern auffallen.

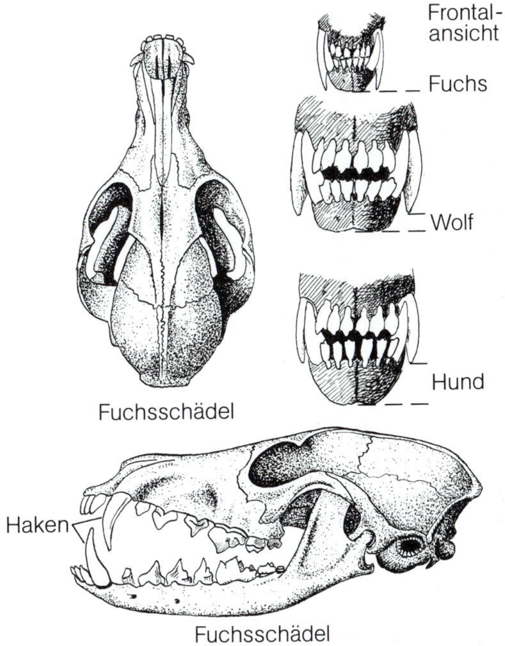

Abb. 71. Rotfuchsschädel (links und unten), Frontale Kieferansicht (rechts): Fuchs (oben); Wolf (Mitte); Hund (unten) (aus Koenen, F.: Der Rotfuchs. A. Ziemsen Verlag, Wittenberg Lutherstadt 1972).

Hierdurch versucht der Rüde, sich der Fähe zu nähern.
Verbreitung: Der Fuchs ist mit seinen 47 Unterarten fast weltweit verbreitet (außer Mittel- und Südafrika, Nordasien und südliches Nordamerika), womit seine hohe Anpassungsfähigkeit bewiesen wird.
Innerhalb seines Biotops bewohnt er Wald und Feld gleichermaßen. In schneereichen Mittelgebirgsgegenden wandert er vor Einzug des Winters vorübergehend in tiefere Lagen.
Lebensweise: Im Gegensatz zum Dachs ist der Fuchs kein ausgesprochener Baubewohner. Vielmehr lebt er tagsüber gerne in geschützten Dickungen, in Deckung bietenden Getreideschlägen, ja sogar in einer sonnenbeschienenen Ackerfurche oder in trockenen Kanaldurchlässen und Felsspalten.
Der Bau wird sporadisch, insbesondere bei schlechtem Wetter, z. Z. der Ranz und während der Zeit der Jungenaufzucht aufgesucht.
Sehr oft bezieht der Fuchs vom Dachs gegrabene Baue, die er für seine Lebensbedürfnisse horizontal

erweitert. Diese Behausung dient als Hauptbau mit vielen Röhren und einem oder mehreren bis zu 3 m tief gelegenen Kesseln. Daneben gräbt die Fähe Wurfbaue, die lediglich eine Röhre und einen Kessel als „Wochenbett“ aufweisen. Sie dienen zudem als Notbau bei Gefahr.

Über die Größe des Lebensraumes bestehen unterschiedliche Ansichten. Während für das im Herbst festgelegte Rüdenterritorium eine Größe von ca. 300–500 ha angenommen wird, je nach Nahrungsangebot und Besiedlungsdichte, ist das Fähenterritorium eher ein kleinräumig abgegrenztes Gebiet. Die Fähen leben oft auf engstem Raum zusammen, auch mehrere in einem Hauptbau mit ihren Gehekken. In solchen Fällen ist eine soziale Rangordnung vorhanden.

Rüden und Fähen markieren ihren Lebensraum akustisch sowie durch Losung, Urin und Drüsensekret aus der Viole. Während der Ranz überschreiten die Rüden sehr häufig die Grenzen ihres Territoriums, um einer hitzigen Fähe zu folgen. Dabei kommt es zu unblutigen Scheingefechten zwischen Geschlechtsgenossen.

> Kein ausgesprochener Baubewohner, nur während der Paarung und zur Zeit der Jungenaufzucht.
> Rüdenterritorium stark ausgeprägt, Markierung durch Lautäußerung, Losung, Urin und Drüsensekret.

Verhalten: Der Fuchs ist ein Einzelgänger. Nur während der Ranz gibt er dieses Verhalten auf. Bei Wohngemeinschaften mit Dachs, Kanin und Brandente in einem Hauptbau hat jede dieser Tierarten eigene Aus- und Einfahrten. Nur die Unruhe der heranwachsenden Jungfüchse kann fremde Baubewohner abspenstig machen.

Wegen der nächtlichen Lebensweise sieht man Füchse meist nur in den frühen Morgen- und späten Abendstunden. Die Fähe ist allerdings auch tagaktiv, wenn sie ihr Geheck zu versorgen hat. Das Raubtier Fuchs ist ein Pirschjäger, deshalb ist das Beuterevier recht ausgedehnt.

Sinne: Die vorzüglich entwickelten Sinne des Fuchses machen es seinen Feinden sehr schwer, ihn zu überlisten. Nicht umsonst spricht man vom „schlauen“ Fuchs. Der fein ausgeprägte Geruchssinn wird durch die schon erwähnte Territoriumsmarkierung mit Duftstoffen belegt.

Welcher Jäger hat nicht schon öfter auf dem Ansitz erlebt, wie der auf menschliche Witterung stoßende Fuchs Reißaus nimmt? Das Gehör erhält zusätzliche Qualitäten durch die als Schallfänger aufrecht gestellten Ohren (Gehöre) die noch jeden leisesten Laut aufnehmen. Man denke nur an das Mäuseln, worauf der Fuchs zusteht (herankommt). Die akustische Verständigung der Füchse untereinander ist wegen der guten Wahrnehmungsleistung über weite Strecken möglich.

Die Seher des Fuchses haben Spaltpupillen, deren ausgezeichnetes Sehvermögen ihn bei seiner Nachtaktivität sehr unterstützt. So ist es wahrscheinlich, daß die sprichwörtliche „Verschlagenheit“ der Füchse besonders auf den umfassenden Einsatz ihrer Sinne zurückzuführen ist.

Ranz, Entwicklung der Jungen: Die Ranz beginnt Mitte Januar und dauert etwa 3 Wochen. Die Rüden sind bereits ab Dezember fortpflanzungsfähig, die Fähen nur an 3–4 Tagen während der Ranz. Ältere Fähen setzen mit der Ranz früher ein als junge. Demzufolge wölfen die Altfähen auch früher. Nach dem Deckakt, der etwa 20 Minuten dauert, bleiben Rüde und Fähe oftmals 1 Stunde hängen. Dieser Umstand veranlaßt die Geschlechtspartner instinktiv, die Paarung überwiegend im Bau vorzunehmen, um nicht durch Artgenossen belästigt zu werden.

Der Eisprung (Ovulation) erfolgt 2 Tage nach der Paarung. Eine Fähe läßt sich durchaus mit mehreren Rüden ein. Der Rüde kümmert sich nicht um die Aufzucht der Jungen; er ist wegen polygamer Lebensweise physisch nicht in der Lage, mehrere Gehecke mitzuversorgen. Bei dünner Fuchspopulation kann es vorkommen, daß der Rüde mangels weiterer Paarungsgelegenheiten nur eine Fähe decken kann. In solchen Fällen kommt es zur Mithilfe des Rüden bei der Versorgung der Jungen. Nach 53–54tägiger Tragezeit wölft die Fähe in der Regel 4–6 blinde, aschgrau behaarte Junge in einem unvorbereiteten Kessel. Kleinere oder größere Würfe sind selten. Die Nachgeburt wird von der Fähe aufgefressen.

Die Welpen werden zunächst sehr intensiv betreut und gewärmt. Die Seher öffnen sich nach 10 Tagen, nach 20 Tagen ist das 2. Jugendkleid voll entwickelt. Mit 6 Wochen wird die Balgfarbe deutlich rot.

Solange der Jungfuchs den Bau nicht verläßt, sorgt die Fähe für Hygiene im Bau: Sie beleckt die Bäuche der Welpen, wodurch diese koten und urinieren. Sodann schluckt sie die Losung der Jungen ab. Ab der 3. Woche, wenn die Heranwachsenden nicht mehr gesäugt werden, veranlaßt sie diese, sich in Seitenröhren zu lösen. Das Umfeld der Fuchswohnung macht während der Jungenaufzucht einen verwahrlosten Eindruck: Fraßreste, Knochen und Federn verraten die Anwesenheit von Füchsen.

4 Wochen nach der Geburt spielen die Fuchswelpen vor ihrer Behausung, während die Fähe auf Beutesuche ist. Nach 2 weiteren Wochen verlassen sie schon häufiger in Begleitung der Fähe den Bau, um dann im Alter von 14 Wochen völlig selbständig zu sein und den Familienverband aufzugeben. Mit einem halben Jahr haben sie die Größe erwachsener Füchse erreicht, allerdings noch nicht das Gewicht.

Das Spielen vor dem Bau ist die erste Stufe sozialer Rangordnungskämpfe; der weitere Weg bis zur völligen Unduldsamkeit ist auf wenige Wochen begrenzt.

Wenn sich mehr Föten in den beiden Gebärmutterhörnern entwickeln, als die Fähe aufziehen kann, kommt es u.U. zu vorgeburtlicher (pränataler) Sterblichkeit. Andernfalls werden nach der Geburt kopfstarke Gehecke von der Fähe durch Auffressen „Überzähliger" dezimiert.

> Ranz Mitte Januar bis Anfang Februar; überwiegend polygame Lebensweise.
> 53–54 Tage Tragezeit.
> 4–6 Junge, blind, behaart, nach 14 Wochen sind die Welpen selbständig.

Zuwachsrate, Geschlechterverhältnis: Die Reproduktionsrate liegt bei 200 %. Die Zahl der gewölften Welpen beträgt 4–6. Das männliche Geschlecht überwiegt. Diese Tatsache scheint wenig einleuchtend, zumal feststeht, daß die Fähensterblichkeit sehr hoch ist. Nur wenige Fähen überstehen 3 Heckzeiten. Die Populationsdichte liegt für das Bundesgebiet im Durchschnitt bei 0,75–1 Stück je 100 ha. Sie ist sehr stark vom Nahrungsangebot abhängig.

Fraßansprüche: Der Fuchs hat ein reines Fleischfressergebiß, er ist aber Gemischtköstler. Der ausgewachsene Fuchs nimmt täglich $^1/_2$–$^3/_4$ Pfund Nahrung zu sich. Das Verhältnis von tierischen zu pflanzlichen Anteilen beträgt 4 : 1.

Die einfachste Art der Nahrungsuntersuchung ist die Losungsanalyse. Die Exkremente verlassen den Darm 15–18 Stunden nach Fraßaufnahme.

Im einzelnen sind folgende Beutetiere zu nennen: Mäuse, Ratten, Maulwürfe, Hamster, Igel, Kaninchen, Junghasen, Jungdachse, Rehkitze, sämtliche Vogelarten und deren Gelege, Hausgeflügel, Wespen, Hummeln, Fliegen, Käfer, Schnecken, Regenwürmer, Fische, Eidechsen. Durch Luderbeseitigung hat der Fuchs wesentliche Bedeutung als „Seuchenpolizist".

Die vegetarische Kost umfaßt: Heidelbeeren, Brombeeren, Erdbeeren, Himbeeren, Äpfel, Birnen, Pflaumen, Vogelbeeren, Mehlbeeren, Gras, Getreidekörner, Kleeblätter, Kartoffeln, Eicheln. Vorräte werden vergraben.

Die Jungfüchse werden 3 Wochen durch die Fähe im 2stündigen Rhythmus gesäugt. Ab dem 15.–20. Tag wird fester, vorverdauter Fraß zugefüttert. Erst allmählich gewöhnt die Fähe ihre Welpen an die selbständige Fraßsuche: Insekten, Würmer, Schnekken, Obst, Gras.

> Der Fuchs gilt als Gemischtköstler. Überwiegend Fleischfresser, verzehrt Tiere von der Größe einer Fliege bis zum Rehkitz. An vegetarischer Kost wird Obst bevorzugt.

Feinde: Anstelle des in der Bundesrepublik Deutschland ausgestorbenen Großraubwildes (Wolf, Luchs) hat der Mensch (Jäger) die Aufgabe der Reduzierung übernommen. Darüber hinaus ist der Fuchs sehr krankheitsanfällig, womit jeder Übervermehrung Einhalt geboten wird. Hauptsächliche Krankheiten sind: Tollwut, Räude, Wurmbefall und Staupe.

Bejagung

Jagdarten: Ansitz, Lockjagd, Pirsch, Baujagd, Fangjagd, Lappjagd, Treibjagd, Fuchsriegeln.

Hege mit der Büchse bzw. Flinte: Der Seuchenzug der Tollwut, wovon hauptsächlich der Fuchs betroffen ist, kann nur durch dessen intensive Bejagung gebremst werden. Die gegenwärtige Populationsdichte von 0,7–1 Fuchs/100 ha müßte auf die Hälfte reduziert werden. Zur Zeit werden in der BRD und in der DDR auf 1000 ha 9 Füchse jährlich erlegt. Vorhaben, bei denen Füchse durch Schluckimpfung immunisiert werden, sind praxisreif. Abgesehen vom Bejagungszwang aus tierseuchenhygienischen Gründen, muß der Fuchs wegen des Erhalts angemessener Niederwildpopulationen dringend verfolgt werden.

Jagdzeiten nach Bundesverordnung: Der Fuchs ist ganzjährig bejagbar. Ausgenommen sind lediglich Fähen während der Setzzeit bis zum Selbständigwerden der Jungtiere. Die Länder sind gem. § 22 (4) ermächtigt, diese Einschränkung aufzuheben.

Jahresstreckenergebnis: Die Jahresstrecke in der Bundesrepublik Deutschland liegt um 200 000 Füchse, wobei Bayern mehr als $^1/_4$ des Gesamtabschusses erbringt.

Selbständige Arten

Silberfuchs: Silberfüchse sind die melanistische Form kanadischer und sibirischer Rotfüchse (sog. Schwärzlinge unter Rotfüchsen).

Polar- oder Eisfuchs: Im Sommer graue, im Winter weiße Deckfarbe mit grauweißer Unterwolle. Die Gehöre sind besonders kurz und abgerundet. Die Ballen sind behaart. Blaufüchse sind Polarfüchse mit fast bläulicher Färbung.
Vorkommen: Inseln des Nordpolargebietes und Küstenländer des Eismeeres.

Grau- oder Grisfuchs: Kleiner als der Rotfuchs, kurzes dichtes Haarkleid, dessen graue Grundfarbe rot gesprenkelt ist. Der Balg zeigt gute Reife. Kehle und Wamme sind gelblich bis orangefarben.
Vorkommen: England sowie Teile der USA.

Sandfuchs: Kleiner als der Rotfuchs, gelbrote Oberseite, hellgraue Unterseite.
Vorkommen: Nordafrika, Sinai, Afghanistan, Pakistan.

Bengalfuchs: Rötlichgrauer Balg, durchmischt mit gelblichem Haar, Kehle und Bauchunterseite sind weiß.
Vorkommen: Vorderindien.

Wüstenfuchs oder Fennek: Kleinste Fuchsart, spitzer Kopf, sehr lange, spitze Gehöre, buschige Lunte, sandfarbener Oberbalg, mit einzelnen dunkelbraunen Oberhaaren durchsetzt. Seherpartie und Bauchseite sind gelbweiß.
Vorkommen: Nordafrika, Saudiarabien.

Steppenfuchs: Hellgelbe bis gelblichgraue Farbe, rostbrauner Aalstrich, schwarze Luntenspitze.
Vorkommen: Mongolei, Mandschurei, nördliches Afghanistan.

Platinfuchs: Dem Silberfuchs nahestehend – die Selbständigkeit dieser Unterart ist umstritten. Silbergraues Aussehen, weißer Nacken, schmaler schwarzer Aalstrich, weiße Bauchunterseite.
Vorkommen: Norwegen.

Zur Wiederholung und Kontrolle

- Nennen Sie die Farbvarianten (Spielarten) des in unseren Breiten lebenden Rotfuchses.
- Nennen Sie das durchschnittliche Gewicht ausgewachsener Füchse.
- Erklären Sie die Trittsiegel- und Spurunterschiede zwischen Fuchs und Hund.
- Beschreiben Sie die Fuchslosung.
- Benennen Sie die Trophäe des Fuchses. Wie lautet die Zahnformel des fertigen Gebisses?
- Erläutern Sie die Lautäußerungen des Fuchses und berichten Sie über die Ausprägung seiner Sinne.
- Wann findet die Ranz statt? Wie lange geht die Fähe dick?
- Wie beurteilen Sie die Wirkung des Fuchses auf die Niederwildpopulation von Hase und Fasan?
- Wie ist die Bejagung des Fuchses in der Bundesrepublik Deutschland gesetzlich geregelt? Wie hat das Bundesland, in dem Sie die Jägerprüfung ablegen wollen, die Fuchsbejagung geregelt?
- Prägen Sie sich die weidmännischen Bezeichnungen für diese Wildart ein. Sie wiederholen sich größtenteils beim übrigen Haarraubwild.

Lokalrassen (Unterarten) des Rotfuchses in Europa (nach MILLER und TROUSSAERT)

Rasse	Aussehen	Vorkommen
Vulpes vulpes vulpes nordische Rasse	groß, stark behaart	Schweden
Vulpes vulpes crucigera mitteleuropäische Rasse	unterschiedliche Größe und Farbe, i.d.R. Gewichtsabnahme von Norden nach Süden und Osten nach Westen	Zentraleuropa
Vulpes vulpes crucigera subsp. nördlichste und östlichste europ. Rasse	hellbraun bis rotbraun	Nordskandinavien, UDSSR bis Ural
Vulpes vulpes diluta südrussische Rasse	hellbraun	südliche europ. UDSSR
Vulpes vulpes caucasica kaukasische Rasse	grau mit weißen Spitzen	Kaukasus
Vulpes vulpes kurdistanica kurdische Rasse	gelblich mit rotem Schimmer	Kurdistan, am Schwarzen Meer
Vulpes vulpes ichnusae sardinische Rasse oder *Vulpes ichnusae* bei dem vornangestellten Namen handelt es sich um eine Rotfuchsform, die geographisch eingegrenzt ist; einige Wissenschaftler meinen, daß es sich um eine selbständige Art handelt. Dann trifft die 2. Namensgebung zu.	kurze Gehöre, kleiner Körper, geringes Gewicht, buntes Äußeres	Sardinien, Korsika
Vulpes vulpes melanogaster italienische Rasse	helle Unterseite im Sommer, dunkle Unterseite im Winter	Italien, Sizilien
Vulpes vulpes silaceus spanische Rasse	mittlere Größe, farblich ausdrucksvoll	Spanien
Vulpes vulpes montana alpine Rasse	starke Behaarung, Brust hellgelb	Alpen

Baummarder, *Martes martes* L.
Steinmarder, *Martes foina* Erxleben

Systematik
Ordnung: Carnivora, Raubtiere
Unterordnung: Fissipedia, Landraubtiere
Familie: Mustelidae, Marder
Unterfamilie: Echte Marder

Weidmannssprache

Baummarder	Steinmarder
Edelmarder	Hausmarder
Tannenmarder	Dachmarder
Waldmarder	Weißkehlchen
Goldmarder	
Goldkehlchen	
Goldhals	
Buchmarder	

Rüde, Marder:	männlicher Marder
Fähe:	weiblicher Marder
Jungmarder:	Junge
Geheck:	alle Jungen eines Wurfes
Fang:	Maul
Seher:	Auge
Gehör:	Ohr
Brante:	Fuß
Nägel:	Nägel
Lauf:	Bein
Klaue:	Zeh
Balg:	Fell
Verhären:	Haarwechsel
Spur:	Spur
Feuchtglied:	männliches Geschlechtsteil
Schnalle:	weibliches Geschlechtsteil
Rute:	Schwanz
Ranz:	Paarungszeit
Ranzen:	paaren
Werfen:	gebären

Abb. 73. Steinmarder.

Abb. 72. Baummarder.

Bau:	Wohnung
Paß:	Marderweg
Fressen:	Nahrung aufnehmen
Pfahl:	sichernde Aufrechtstellung
Streifen:	Fell abziehen
Aufbaumen, Aufholzen:	klettern
Aufstieg:	Stelle, an der der Marder den Erdboden verläßt, um aufzubaumen

(Alle übrigen jagdlichen Ausdrücke vgl. beim Fuchs)

Aussehen, Balg, Gewicht (Abb. 72 und 73)

Baummarder	Steinmarder
Körper-/Rutenlänge:	
60–75 cm	60–80 cm
Die Fähen beider Arten sind 7–10 cm kürzer	
Gewicht:	
Rüde 1000–1800 g	1200–2000 g
Fähe 800–1200 g	1000–1500 g
Im Winter wiegen die Marder bis zu 20% weniger.	
schlanke Körperform	gedrungene Körperform
Farbe:	
kaffeebraun; Übergänge von hellgelb bis kastanienbraun; geschlossenes Fell.	milchschokoladenfarben; Übergänge von blaugrau bis rotbraun, offenes Kleid.
Die Unterwolle sieht graugelb aus.	Die Unterwolle sieht grauweiß aus.
Rundlicher gelber Kehlfleck, der aber auch weiß und gegabelt sein kann.	Gegabelter, gleichmäßig weißer Kehlfleck, auf beide Vorderläufe auslaufend, aber auch ungegabelter, rundlicher gelber Kehlfleck.

Haarwechsel:
April–Juni (Sommerhaar), bzw. August–September (Winterhaar).

Baummarder	Steinmarder
Anatomische Unterschiede:	
Nasenöffnung länglich (Nasenfarbe schwarzfarben)	Nasenöffnung rund (Nasenfarbe fleischfarben)
Kopfform zugespitzt, keine Backenpolster Seher sehr klein, dunkelblau	Kopfform kurz, breiter als beim Baummarder Seher groß und stark hervortretend, tiefschwarz
Gehöre groß	Gehöre kurz und abgerundet
Schulterhöhe bis 15 cm die Vorder- und Hinterläufe sind deutlich länger als beim Steinmarder	Schulterhöhe bis 12 cm die Vorder- und Hinterläufe sind kürzer als beim Baummarder
der Penisknochen ist kurz und kaum gekrümmt	der Penisknochen ist lang und gekrümmt. (FRANZ MÜLLER, 1980)

Spur (Abb. 74a + b)

Starke Zwischenzehenbehaarung, dadurch sind die Ballen im Spurbild kaum erkennbar. Allerdings wird auf Felsstandorten die Behaarung eher abgetreten.	Keine Zwischenzehenbehaarung, dadurch ist das Spurbild klar.

Losung (Abb. 75): Die Losung ist einseitig spitz ausgezogen und kleinfingerdick. Je nach Jahreszeit ist sie mit Nahrungsresten, wie Kerne, Knochenreste oder Haare, durchsetzt. Entsprechend schwankt die Farbe von grau bis schwarz.
Unterschiede in der Losung beider Marderarten sind allenfalls nach dem Fundort (Baummarder: i.d.R. außerhalb bebauter Siedlungen; Steinmarder: Hausböden) annähernd zu bestimmen. Der oftmals zitierte erhebliche Geruchsunterschied – die Baummarderlosung riecht angenehm nach Moschus, die Steinmarderlosung stinkt abscheulich – trifft nicht zu.

Abb. 74a. Marderspur.
Paartritt (links); Schritt (Mitte); flüchtig (rechts).

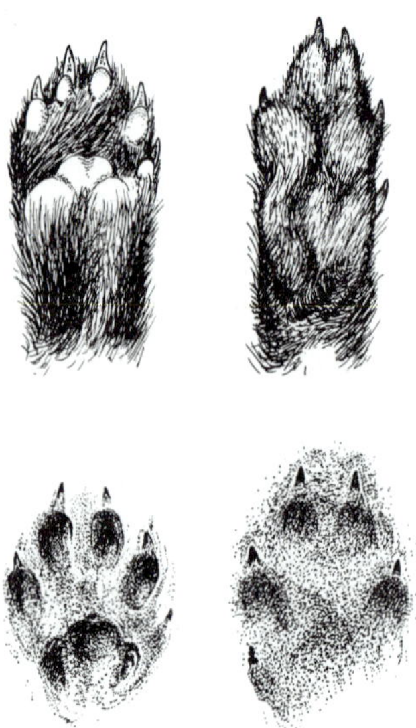

Abb. 74b. Brante von Steinmarder (oben links) und Baummarder (oben rechts). Trittsiegel von Steinmarder (unten links) und Baummarder (unten rechts).

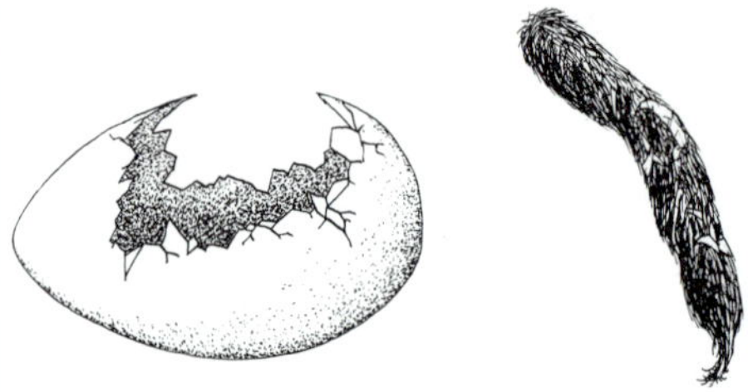

Abb. 75. Eifraß eines Marders und Marderlosung.

Trophäe: Die Winterbälge beider Marder sind zu jeder Zeit begehrenswert gewesen, wobei der Steinmarderbalg höher im Kurs steht. Die besten Steinmarderbälge kommen aus Bosnien, die besten Baummarderbälge aus Norwegen, die größten, aber farblich sehr hellen Baummarderbälge aus Schweden.

Das Pelzwerk wird zu Besätzen und Kragen verarbeitet. Alle weniger schönfarbigen Bälge werden geblendet, d. h. sie erhalten eine dunklere Deckfarbe.

Gebiß (Abb. 76)

$$\frac{3}{3}\ \frac{1}{1}\ \frac{4}{4}\ \frac{1}{2} \times 2 = 38$$

Baummarder	Steinmarder
Der Baummarder hat im Oberkiefer einen außen eingebuchteten 3. Prämolaren und einen außen abgerundeten Molaren.	Der Steinmarder hat im Oberkiefer einen außen abgerundeten 3. Prämolaren und einen außen eingebuchteten Molaren.

Die Fangzähne sind die Eckzähne, die Reißzähne sind im Oberkiefer der 4. Prämolar, im Unterkiefer der 1. Molar.

Der Baummarder ist schlanker als der Steinmarder. Der Baummarder ist kaffeebraun, der Steinmarder milchschokoladenfarben. Der Kehlfleck ist beim Baummarder i. d. R. gelb und abgerundet, beim Steinmarder weiß und läuft gleichmäßig auf die Vorderläufe aus. Hier gibt es allerdings alle Übergänge von der einen zur anderen Art. Das Spurbild des Baummarders ist undeutlich wegen vorhandener Zwischenzehenbehaarung,

Baummarder	Steinmarder

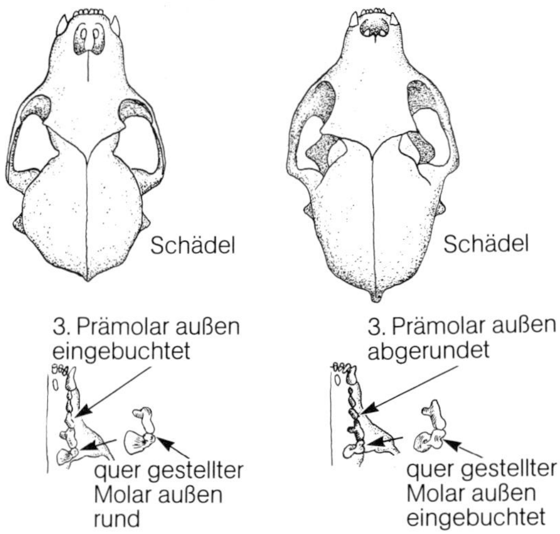

Abb. 76. Unterscheidungsmerkmale. Steinmarder (rechts); Baummarder (links).

das des Steinmarders sehr deutlich wegen fehlender Zwischenzehenbehaarung.
Die Losung ist kleinfingerdick und einseitig spitz ausgezogen.

Zahnformel $\frac{3}{3}\;\frac{1}{1}\;\frac{4}{4}\;\frac{1}{2} \times 2 = 38$

Der Oberkiefer des Baummarders weist einen außen eingebuchteten 3. Prämolaren und außen abgerundeten Molaren auf. Beim Steinmarder ist das umgekehrt.

Lautäußerung: Beide Marder geben die gleichen Laute von sich. Der piepsende Bettellaut der Jungmarder wird bei den paarungswilligen Mardern beiderlei Geschlechts zu einem lauten, undefinierbaren Lockruf, der auch bei Unmut abgegeben wird. Zusätzlich ist der Ranzlaut, das Knurren des Rüden vernehmbar, womit dessen „Wollust" ausgedrückt wird.

Baummarder	Steinmarder
Verbreitung (in Europa)	
Gesamteuropa, außer Teilen von England, Irland, Spanien, außerdem nicht auf Korsika.	Gesamtmittel-, Süd- u. Osteuropa, nicht auf Sizilien, Korsika und Sardinien.
Lebensweise	
Bekannt als Waldmarder, weil er hauptsächlich an den Wald gebunden ist; hier bevorzugt er alte Baumbestände mit guten Schlupfwinkeln (alte Eichen und Buchen), aber auch Eichhörnchenkobel (Nest) und alte Greifvogel- und Krähenhorste.	Bekannt als Haus- oder Dachmarder, weil er oft in der Nähe menschlicher Siedlungen lebt. (Steinmarder, die als ungebetene Gäste auf Hausböden ihr Unwesen treiben, verscheucht man durch ausgelegte lysolgetränkte Lappen.) Das schließt seinen Aufenthalt in der freien Landschaft aber nicht aus. Dort lebt er in Steinbrüchen, Geröllhaufen und Reisighaufen.

Jahreszeitliche Wanderungen sind für beide Marderarten bekannt.

Baummarder	Steinmarder
Die Reviergröße liegt zwischen 50 u. 3000 ha.	Das Revier ist sehr viel kleiner als beim Baummarder. Verläßliche Angaben können gegenwärtig noch nicht gemacht werden,
nächtliche Beutezüge bis 30 km.	nächtliche Beutezüge bis 10 km.
Verhalten	
Weniger ortsgebunden (Kulturflüchter) lebhaft, sehr gewandt, guter Springer sowohl tag- als auch nachtaktiv.	Ortsgebunden (Kulturfolger) schwerfälliger als der Baummarder ausgesprochen nachtaktiv.

Das Markieren spielt im Leben der Marder eine bedeutende Rolle, die aber noch nicht voll erforscht ist. Es dient der Revierabgrenzung und Geschlechterfindung. Hierbei werden kleinere Erhebungen, wie Stubben und Erdhügel, aber auch die obere Baumregion bevorzugt.
Das Sekret wird aus Analdrüsen, die den Mastdarmausgang umschließen, ausgeschieden. Die Markierungsstellen werden konstant aufgesucht. Kurz vor und während der Ranz nimmt deren Zahl zu.
Sinne: Die Sinne beider Marder sind hervorragend ausgebildet. Am häufigsten wird sicher der Geruchssinn gebraucht: beim Markieren, Witterung holen, beim Aufsuchen von Beutetieren.
Fortpflanzung, Ranz, Entwicklung der Jungen: Erst seit Mitte der zwanziger Jahre ist bekannt, daß die Marder eine Vorschalttragezeit (Eiruhe) haben. Demnach ranzen die geschlechtsreifen Tiere ($1^1/_4$ J. oder 1 Jahr später) zwischen Ende Juni und Mitte August. Dem Paarungsakt geht ein mehr oder weniger langes Liebeswerben voraus. Der Rüde beißt sich während des Deckaktes im Nacken der Fähe fest und umklammert diese bis zu einer Stunde. Die Fähe ist 1–2 Tage paarungsbereit, meist in 1–3 Hitzeperioden während einer Ranz. Die Embryonalentwicklung setzt nach der Jahreswende ein. Nach 250–280 Tagen Tragezeit wölft die Fähe im April, bisweilen auch im März oder Mai 3–4 Junge. Kleinere oder größere Würfe sind Ausnahmen. Die Jungmarder sind stark behaart, zahnlos und bekrallt. Ihre Seher öffnen sich nach dem 34. Tag. Die Welpen werden bis zur 6. Woche ausschließlich durch Muttermilch genährt. Von diesem Zeitpunkt ab erhalten sie auch festen Fraß. Das zweite bräunliche Haarkleid ist mit einem Monat gegen das erste graublaue gewechselt.
Der Rüde beteiligt sich nicht an der Aufzucht der Jungen. Mit Ende des 2. Lebensmonats verlassen die Jungmarder das Nest und entfremden sich mit Beginn der Ranz von der Fähe.
Eine Kreuzung zwischen Baum- und Steinmarder ist nicht möglich.
Zuwachsrate, Geschlechterverhältnis: Die Zuwachsrate des Steinmarders liegt etwas höher als beim Baummarder. Man rechnet mit 80% und mit 50 bis 60% für den Baummarder (Franz Müller, 1980). Die Lebenserwartung beträgt 12–15 Jahre. Das Geschlechterverhältnis ist ausgeglichen.

Der Baummarder ist Kulturflüchter, der Steinmarder Kulturfolger. Der Baummarder ist mehr waldgebunden als der Steinmarder. Ersterer ist flinker und der bessere Springer. Alle Sinne sind gut entwickelt.
Die Ranz dauert von Ende Juni bis Mitte August. Wegen Eiruhe werden die 3–4 Jungen erst nach 9 Monaten gewölft. Die Welpen sind zunächst blind und sehr unbeholfen.

Fraßansprüche: Beide Marder haben eigentlich dieselben Fraßansprüche; nur durch ihren unterschiedlichen Aufenthalt gelangen sie zwangsläufig an unterschiedliche Beute:

Baummarder	Steinmarder
Mäuse, Eichhörnchen, Kaninchen, Ratten, Bisam, Wiesel, Kitze, Hasen, Vögel, Eier, Schlangen, Eidechsen, Frösche, Fische, Insekten, Obst, Fallwild, Honig, Luder, solange noch frisch.	Ratten, Mäuse, Hausgeflügel, Fledermäuse, Federwild, Obst, Kaninchen, Hasen, Eier, Insekten, Honig, Fallwild, Luder (solange es noch frisch ist).

Für beide Marder gilt, daß sie eine Vorliebe für das Hirn ihrer Beutetiere haben; in der Geschmacksskala folgen: Herz, Leber, Lunge, geronnenes Blut, Brustfleisch, sonstiges Fleisch. Zur Zeit der Obstreife stellen sie animalische Kost bisweilen hintan. Der im Volksmund sprichwörtliche Blutrausch der Marder existiert nicht. Vielmehr kommt bei flatternder oder sich bewegender Beute, wie Hühner, der Jagdtrieb zum Durchbruch (Franz Müller, 1980).
Depots werden von beiden Mardern angelegt, nicht nur nach Sättigung, sondern insbesondere bei umfangreicherer Beute. Dabei handelt es sich allerdings nicht um Vorräte für schlechtere Zeiten. Bisweilen vergessen die Marder derartige Verstecke. Angefügt sei die Unart, daß Steinmarder neuerdings Gummiteile an Autos anfressen.
Feinde: Als Feind kommt neben dem Menschen alles Raubwild, das größer als der Marder ist, in Betracht: Luchs, Vielfraß, Wildkatze, Fuchs, Greifvögel (Adler, Uhu).

Bejagung
Jagdarten: Fang mit Abzugseisen, Knüppelfalle, Schlagbaum, Ausneuen.

Jagdzeiten nach Bundesverordnung: 16.10.–28.2.

Jahresstreckenergebnis:
Baummarder: 4621 Stück (1987/88)
Steinmarder: 48 521 (1987/88)

Zur Wiederholung und Kontrolle
- Nennen Sie die Unterschiede beider Marder bei flüchtigem Ansprechen.
- Geben Sie genauere Unterscheidungsmerkmale an.
- Wie unterscheiden sich die Spuren von Baum- und Steinmarder?
- Nennen Sie die Zahnformel und Gebißunterschiede beider Marderarten.
- Beschreiben Sie den Lebensraum des Steinmarders.
- Wann ist Ranzzeit?
- Was versteht man unter Vorschalttragezeit bzw. Eiruhe?
- Welche Fraßansprüche haben die Marder?
- Erkundigen Sie sich nach der Jagdzeit für den Marder in Ihrem Bundesland.

Iltis, *Mustela putorius* L. oder *Putorius putorius*

Systematik
Ordnung: Carnivora, Raubtiere
Unterordnung: Fissipedia, Landraubtiere
Familie: Mustelidae, Marder
Unterfamilie: Wieselartige (Stinkmarder)

Weidmannssprache
Stänker, Ratz, Ilk: Bezeichnungen für Iltis
sonst vgl. Marder und Fuchs

Aussehen, Balg, Gewicht (Abb. 77)
Wie der Dachs und der Hamster ist auch der Iltis ein widersinnig gefärbtes (verkehrte Zeichnung) Tier, d.h. die lichten braunen Grannenhaare mit gelblicher Unterwolle auf dem Oberbalg werden an der Unterseite von dunkelbraunschwarzer Färbung abgelöst. Im Normalfall sind die Tiere der freien Wildbahn oben dunkler als unten gefärbt.
Im Vergleich zu Baum- und Steinmarder ist der Iltis kürzer und gedrungener. Über den Fang und hinter den Sehern verläuft eine helle Binde.
Sein Gewicht liegt zwischen 500–1200 g.
Die Unterfamilienbezeichnung „Stinkmarder" rührt von den am Weidloch sitzenden Stinkdrüsen her,

Abb. 77. Iltis.

die bei Erregung entleert werden und ein übelriechendes Sekret absondern.

Spur (Abb. 78): Das Trittsiegel liegt in der Größe zwischen Marder- und Hermelintrittsiegel. Die Zwischenzehenbehaarung ist kurz, deswegen ähnelt es dem Steinmarderbrantenabdruck.
Das Spurbild fällt verschiedenartig aus: Neben dem Paartritt kommt der Dreitritt und bei flüchtiger Gangart der Viertritt vor, bei dem die Hinterläufe die Vorderläufe seitwärts übereilen.

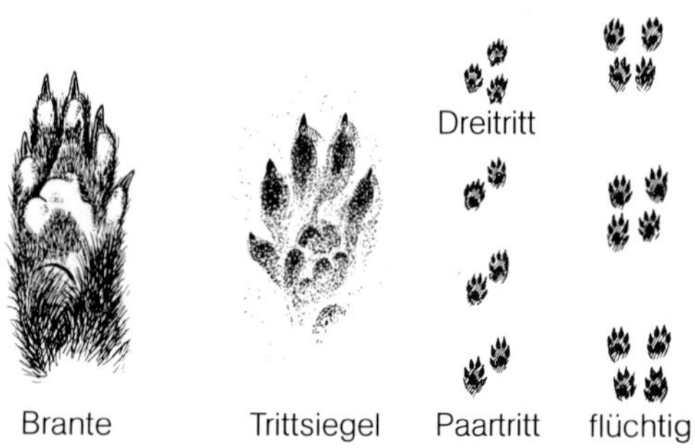

Abb. 78. Iltis. Brante, Trittsiegel und Spur, laufend (links), flüchtig (rechts) (aus: Brandt, K.: Fährten- und Spurenkunde. Verlagsbuchhandlung Paul Parey, Berlin 1931).

Losung: Die Losung ist in sich gedreht und einseitig spitz ausgezogen. Sie ist schwarz und wirkt teerartig. Sie riecht besonders scharf. Die oftmals vertretene Auffassung, an Bachläufen gefundener gallertiger Schleim rühre von verzehrtem, hochgewürgtem Froschlaich des Iltis her, entspricht nicht den Tatsachen. Hierbei handelt es sich um die Schleimalge *Nostocacea*, die der Gattung „Zittertang" angehört.

Gebiß

$$\frac{3}{3}\ \frac{1}{1}\ \frac{3}{3}\ \frac{1}{2} \times 2 = 34$$

Lautäußerung: Marderähnliche Töne, wie das ständige Pfeifen der Nestjungen, sind bekannt. Hinzu kommt der Abwehrlaut, das Keckern sowie ein Ranzwollustlaut.

Verbreitung: Gesamteuropa, außer nördlichste Teile.

Lebensweise: Er liebt die offene Landschaft mit Wasser und meidet größere Waldgebiete. In derartigen Biotopen sucht er jeden sich bietenden Unterschlupf auf: Kaninchenbaue, Reisig- und Steinhaufen, Rohrdolen, Schuppen.
Im Winter kommt er gerne in Dorfrandlagen und hier besonders gerne in Ställe, Scheunen und auf Dachböden.

Verhalten: Der Iltis ist ein Nachtraubtier. Den Tag verbringt er in vorgenannten Verstecken, die er mit Heu gut auspolstert.

Sinne: Alle Sinne sind gut entwickelt. Sein Geruchssinn sticht hervor.

Fortpflanzung, Ranz, Entwicklung der Jungen: Die Ranzzeit dauert von März bis Juni. Nach einer Tragezeit von 42 Tagen bringt die Fähe 4–8 Junge, die 28–35 Tage blind sind. Die Welpen werden erst nach 3 Monaten selbständig. Die weiße Behaarung geht nach kurzer Zeit in grau über.

Fraßansprüche: 70% seiner Nahrung machen Mäuse aus. Zusätzlich werden gerne Kleinvögel, Ratten, Fische, Reptilien (mit Vorliebe Kreuzottern, deren Biß der Iltis geschickt ausweicht), Lurche, (Köpfe bleiben liegen), Junghasen, Kaninchen, Fasanen, Rebhühner und Obst genommen. Eier werden an Fraßplätze getragen und dort nach Marderart auf der Längsseite durch Biß geöffnet und ausgeleckt. Oftmals kann man in der Eierschale Eckzahnlöcher erkennen. Besonders gerne frißt der Iltis Frösche, die er teils auf Vorrat nimmt und dann durch Kreuzbiß lähmt.

Feinde: Luchs, Fuchs.

Bejagung

Jagdarten: Fallenjagd mit Schlagbaum, Knüppelfalle, Abzugseisen, Kastenfalle.

Jagdzeiten nach Bundesverordnung:
1.8.–28.2.

Jahresstreckenergebnis:
Angabe wegen statistischer Gesamterfassung von Iltis und Wiesel nicht möglich.

Zur Wiederholung und Kontrolle

- Beschreiben Sie die Balgfarbe.
- Was ist „widersinnig" gefärbt?
- Woher rührt die Bezeichnung „Stinkmarder"?
- Welchen Biotop bevorzugt der Iltis?
- Zählen Sie Beutetiere des Iltis auf.

Frettchen

Das Frettchen ist ein domestizierter Iltis. Es gibt 2 Farbvarianten, nämlich das Albinofrettchen mit weißgelbem Haar und roten Sehern und das Iltisfrettchen, heller als der Iltis.

Gleich diesem haben die Frettchen 42 Tage Tragezeit nach der Ranz im Februar/März. Die Fähe bringt etwa 5 blinde Junge, die nach 35 Tagen sehen können.
Der Einsatz des Frettchens wird unter „Baujagd auf Kaninchen“ behandelt.

Hermelin oder Großwiesel
Mustela erminea L.

Mauswiesel oder Kleines Wiesel
Mustela nivalis L.

Systematik
Ordnung: Carnivora, Raubtiere
Unterordnung: Fissipedia, Landraubtiere
Familie: Mustelidae, Marder
Unterfamilie: Wieselartige (Stinkmarder)

Weidmannssprache
Keine Abweichungen zum übrigen Raubwild.

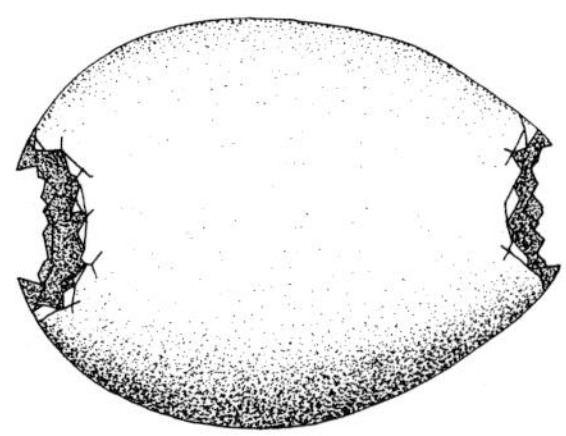
Ei-Fraßbild Wiesel

Aussehen, Balg, Gewicht

	Hermelin	Mauswiesel
Körperlänge	20– 35 cm	11– 27 cm
Rutenlänge	10– 12 cm	5 cm
Gewicht	130–250 g	30–200 g (in Nordeuropa besonders klein)

Rüden sind deutlich größer als Fähen. Ausgewachsene Mauswieselrüden übertreffen in ihrer Körperlänge und im Gewicht durchaus Hermelinfähen.

Hermelin	Mauswiesel
Balgoberseite: sommers fahlbraun, winters weiß.	Sommers und winters fahlbraun bis schokoladenbraun, Mauswiesel der montanen und borealen Regionen färben im Winter weiß.
Balgunterseite: zu jeder Jahreszeit weiß.	Zu jeder Jahreszeit weiß.
Die Trennungslinie zwischen Ober- und Unterseite verläuft gerade	Die Trennungslinie zwischen Ober- und Unterseite verläuft gezackt oder wellig, Branten braun und evtl. vorne weiß, zusätzlich braune Mundwinkelflecken (in Mitteleuropa vorherrschend) **oder** die Trennungslinie verläuft gerade, Branten weiß, Mundwinkelflecken fehlen.
Rute ist buschig, die Rutenspitze ist zu jeder Jahreszeit schwarz. Beim Frühjahrshaarwechsel fallen Wolle u. Grannen des Winterhaares aus. Beim Herbsthaarwechsel verliert das Hermelin das Wollhaar, das sich binnen weniger Tage mit weiß erneuert.	Rute ist kurzhaarig und zu jeder Jahreszeit braun.

Spur: Beide Wiesel haben die typische Marderspur. Zwischen den Ballen wachsen im Winter Haare.

Hermelin	Mauswiesel
Das Vorderlauftrittsiegel ist 2 cm lang und 1,5 cm breit, das Hinterlauftrittsiegel ist 3,5 cm lang und 1,5 cm breit.	Vorder- und Hinterlauftrittsiegel sind 1,5 cm lang und 1 cm breit.

Hermelin oder Großwiesel	Mauswiesel oder Kleines Wiesel

Beide Wiesel bewegen sich vorwiegend springend fort, deswegen erkennt man häufig hasenspurähnliche Spurbilder.

Das Hermelin macht größere Sprünge.	Das Mauswiesel macht kurze Sprünge.

Als wichtige Unterscheidung zur Iltisspur zeigt sich der heruntergezogene „Daumen“ bis auf die Höhe des Pfotenballens.

Losung

5 mm stark	2 mm stark

Bei beiden Wieseln ist die Losung schwarz gefärbt und spiralig gedreht.

Gebiß $\frac{3}{3}\ \frac{1}{1}\ \frac{3}{3}\ \frac{1}{2} \times 2 = 34$

Lautäußerung: iltisähnlich, jedoch feiner.

Verbreitung

Vorkommen in

Gesamteuropa, außer Spanien, Italien, Sizilien, Jugoslawien, Bulgarien. Weiterhin Vorkommen in Großteilen Asiens, in Nordafrika, Amerika.	gesamte nördliche Halbkugel, außer Island, Grönland, Alaska, Spanien, Naher Osten.

Lebensweise

Kein Waldtier, liebt offene Landschaft mit Dekkung, meidet menschliche Siedlungen.	Feldflur, Waldrand.

Verhalten

Vorwiegend nachtaktiv, aber auch tagsüber zu sehen.	Tag- und nachtaktiv.
Hermeline können senkrechte Hindernisse erklimmen.	Mauswiesel können Äste besteigen, sind nicht ganz so gut wie das Hermelin für das Klettern auf Hindernisse geeignet.
hervorragende Sprungfähigkeit.	dem Hermelin in der Sprungfähigkeit unterlegen.
Erreicht etwas höhere Geschwindigkeit als das Mauswiesel.	Erreicht geringere Geschwindigkeit als das Hermelin.

Verstecke in Reisig- und Steinhaufen sowie Holzstapeln, Maulwurf-, Hamster- und Wühlmausbauen.

Sinne: Alle Sinne sind optimal entwickelt. Spitzenleistungen werden mit dem Gehör vollbracht.

Fortpflanzung, Ranz, Entwicklung der Jungen

Ranz im April, 8 Wochen Tragezeit (hauptsächlich im gemäßigten Klima) oder Ranz im Juni/Juli, 8 Monate Tragezeit mit Eiruhe bis Ende Januar,	Ranz ganzjährig, 5 Wochen Tragezeit.
4–8 Junge, 6 Wochen blind, weiß behaart. Jungfähen, die noch blind sind, können erfolgreich gedeckt werden und bringen nach 8 Monaten Junge.	5–8 Junge, blind, weiß behaart.

Hermelin oder Großwiesel	Mauswiesel oder Kleines Wiesel
Fraßansprüche	
Alle Kleinsäuger und Bodenbrüter bis 500 g Gewicht, vorwiegend Ratten, Mäuse, Junghasen, Jungkaninchen, Hamster, Eidechsen, Eier.	Kleinsäuger und Bodenbrüter bis max. 150 g Gewicht, vorwiegend Mäuse, junge Ratten, Eidechsen.

Vegetarische Kost wird nur selten angenommen. Beide töten vorwiegend durch Biß in den Hinterkopf ihrer Beutetiere. Die vielfach niedergelegte Auffassung, Wiesel tränken das Blut der Beutetiere, ist nur im begrenzten Umfange zutreffend.

Feinde: Fuchs, Marder, Uhu, Mäusebussard, wildernde Hunde, streunende Katzen.

Bejagung

Jagdarten: Wieselwippbrettfalle oder Lockjagd durch Mäuseln. In den Bundesländern, in denen die Jagdzeit auf das Mauswiesel aufgehoben wurde, ist dafür zu sorgen, daß an Wieselwippbrettfallen ein Loch zu deren Entkommen angebracht ist.

Jagdzeiten nach Bundesverordnung: 1. 8.–28. 2.

Jahresstreckenergebnis: keine Angaben möglich, da statistische Erfassung mit den Iltissen erfolgt.

Sonstiges: Eine noch kleinere Art des Mauswiesels, das Zwergwiesel – *Mustela minuta* – wird bisweilen im Schrifttum erwähnt, ist aber nach neueren Erkenntnissen nicht als besondere Rasse anzuerkennen.

Zur Wiederholung und Kontrolle

- Zu welcher Familie gehören die Wiesel?
- Wie unterscheidet man Hermelin und Mauswiesel?
- Welche Beute machen die Wiesel?
- Welche zeitlichen Unterschiede bestehen in der Ranzzeit beider Wieselarten?
- Welche Fraßansprüche haben Wiesel?
- Wie bejagt man Wiesel?

Dachs, *Meles meles* L.

Systematik

Ordnung: Carnivora, Raubtiere
Unterordnung: Fissipedia, Landraubtiere
Familie: Mustelidae, Marder
Unterfamilie: Dachse

Weidmannssprache

Rüde, Dachsbär:	männlicher Dachs
Fähe, Dächsin:	weiblicher Dachs
Jungdachs:	Junge
Schwarte:	Haut
Dachsfett, Dachsweiß:	Fett
Pürzel, selten Zain, Rute:	Schwanz
Saugloch, Schmalzröhre, Stinkloch:	Drüsentasche am Weidloch
Brante:	Fuß
Klaue:	Zehe
Nagel:	Kralle
Schleichen, Traben, zur Weide gehen:	Gangarten
sich weiden, Weide annehmen:	fressen
Mast:	Nahrung (Fraß)
Wurzeln, Stechen:	Boden aufbrechen
Graben:	Bau anlegen
Verfangen:	mit Bauhund verbeißen
Abschwarten:	Fell abziehen

übrige Ausdrücke vgl. Fuchs

Abb. 79. Dachs.

Aussehen, Schwarte, Gewicht (Abb. 79)
Die Körperlänge beträgt 70–90 cm, die des Pürzels 10 cm. Wie der Iltis und der Hamster ist auch der Dachs ein widersinnig gefärbtes (verkehrte Zeichnung) Tier, d.h. der normalerweise bei anderen Haarwildarten dunkler als die Unterseite gefärbte Rücken ist bei diesem Marderartigen sehr viel heller als die Unterseite und die Branten. Im zu beschreibenden Falle ist die Oberseite pfeffer- und salzgefärbt, die Unterseite schwarz. Das Grannenhaar an Hals und Rücken ist steif, die Unterhaare hingegen sind kurz und weich. Der Fang läuft spitz zu und ist bis zum Hals und bis zu den Gehören hin weiß gefärbt. Von diesen laufen zwei schwarze Streifen über die Seher zur Nase.
Der Haarwechsel vollzieht sich von Mitte April bis Mitte Mai und im September.
Zwischen Weidloch und Pürzel liegt eine Duftdrüse, die weidmännisch Saugloch, Schmalzröhre oder Stinkloch genannt wird. Früher meinte man, daß sich der Dachs während der Winterruhe aus dieser Drüse nähre. Heute weiß man, daß diese Hauttasche im Zustand höchster Erregung Sekret mit moschusartigem Geruch abgibt. Die Ursache dieser Erregung kann sexuelle wie auch psychische Gründe (Feindannäherung, Beute machen) haben.
Schweinsdachse, d.s. die Herbstdachse, wiegen zwischen 15–18 kg; Rüden werden schwerer als Fähen, ebenso werden Gebirgsdachse schwerer als Flachlanddachse. Hundsdachse, d.s. Frühjahrsdachse nach der Winterruhe, wiegen im Durchschnitt 3,5–4 kg weniger als Herbstdachse.

Spur (Abb. 80): Der Dachs ist Sohlengänger. Das Trittsiegel ist unverkennbar: 5 Zehenballen mit deutlich abgesetzten Nägelabdrücken sowie ein breiter Handballen. Die Nägel können nicht wie bei der Katze zurückgezogen werden, nutzen sich allerdings mit zunehmendem Alter ab. Die Nägel der Hinterbrante sind kürzer als die der Vorderbrante.
Losung: Die Losung fällt trocken und wurstförmig bis breiig aus; das hängt von dem aufgenommenen Fraß ab. Als Losungsbestandteile sind bisweilen Obstreste, Käferflügeldecken, Haare von Nagern usw. auszumachen.
Der Dachs löst sich in der Nähe des Baues oder am Paß in sog. Dachsklos, d.s. mit den Vorderbranten angelegte trichterförmige Löcher, die nicht zugescharrt werden.
Trophäe: Die Schwarte gilt als Trophäe.

Gebiß

$$\frac{3}{3}\ \frac{1}{1}\ \frac{4}{4}\ \frac{1}{2} \times 2 = 38$$

Die Fangzähne sind kurz, die Backenzähne breitflächig – so sieht das Gebiß eines Gemischtköstlers aus. Eine feste Gelenkverbindung am hinteren Ende des Unterkiefers und ein über den Scheitel des hinteren Schädels verlaufender Knochenkamm (Abb. 80), der sog. Dachshelm, ermöglichen dem Dachs, fest zuzubeißen.

Der Dachs ist widersinnig gefärbt, d.h. oben heller als unten. Das Gesicht ist weiß mit 2 schwarzen Streifen von der Nase über die Seher bis zu den Gehören. Die am Weidloch sitzende Duftdrüse wird bei Erregung (Ranz, Kampf, Feindberührung) entleert.
Das Gewicht der Dachse vor Eintritt der Winterruhe beträgt zwischen 15–18 kg, im Frühjahr 3,5 kg weniger.
Das Trittsiegel hat 6 Ballen, wovon 5 Zehenballen mit langen Nägeln sind.
Die Losung wird in Dachsaborten abgesetzt, d.s. 10 cm tiefe Bodenlöcher, die offen bleiben.
Die Zahnformel lautet: $\frac{3}{3}\ \frac{1}{1}\ \frac{4}{4}\ \frac{1}{2} \times 2 = 38$.
Der Schädel hat im hinteren Bereich einen deutlichen Knochenkamm, den Dachshelm.

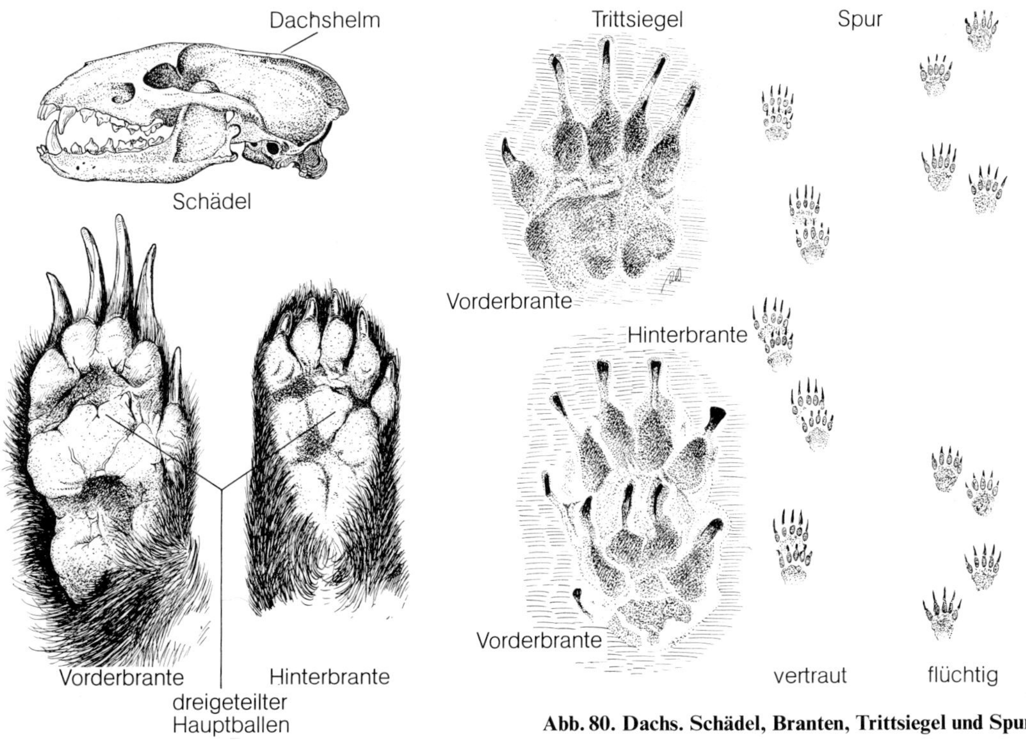

Abb. 80. Dachs. Schädel, Branten, Trittsiegel und Spur.

Lautäußerung: Wenn der Dachs sich wohlfühlt, murmelt oder muckert er; im entgegengesetzten Falle schnauft oder bläst er, allerdings leiser als Sauen. Sehr hohe schrille Laute werden im Spätwinter und Herbst vernommen; bisher ist deren Bedeutung nicht geklärt. Die Jungen quieken im Bau bei Ankunft der Fähe. Zusätzlich ist der Klageschrei zu verzeichnen.

Verbreitung: Der Dachs kommt in weiten Teilen Europas vor, außer in Nordskandinavien, Island, Nordschottland, Sizilien und Sardinien, Korsika und Malta.

Lebensweise: Dachse sind Baubewohner im Walde. Sie bevorzugen die Wald-Weide-Randlage. Vertikal kommen sie bis 2000 m Höhenlage vor. Dachsbaue sind meist sehr groß, weil viele Dachsgenerationen daran gearbeitet haben. Sie haben oft mehrere Kessel und etliche Röhren. Nicht selten leben außerdem Fuchs, Kaninchen und Ratten in demselben Bau, jedoch in getrennten Kesseln mit separaten Ein- und Ausfahrten. Dachse sind sehr standorttreu. Einmal bezogene Baue werden nur selten aufgegeben.

Verhalten: Dachse leben gerne gesellig. Sie lassen sich durchaus auf Ersatzmütter (Menschen) prägen. Das zeigt sich z.B. auch an der Bereitschaft, Menschen zu flöhen oder sich von diesen flöhen zu lassen oder aber auch mit Menschen nach Gewöhnung in Gefangenschaft zu spielen.

Der bezogene Bau – oft mehrere Etagen bis 4 m Tiefe – wird im Gegensatz zum Fuchsbau meist im Herbst, aber auch zu anderen Jahreszeiten mit Heu, Moos, Farnkraut und Laub ausgepolstert. Man nennt das „Einheuen“. Dabei befördert der Dachs das Polstermaterial unter dem Bauch rückwärtsgehend zum Bau; in der Röhre bewegt er sich vorwärts oder rückwärts. Beim Frühjahrshausputz schleudert er alles Laub und Heu mit freigescharrtem Erdreich rückwärts aus dem Bau, wodurch die bekannten Erdhaufen entstehen. An diesem Hügel führen beidseitig Pässe vorbei, die sich vor und hinter dem Erdhaufen zu einem Paß vereinigen.

Kurz vor Sonnenuntergang geht der Dachs auf Fraßsuche und kehrt erst morgens, dann allerdings oftmals mit Verspätung zurück.
Im Winter hält der Dachs Winterruhe. Er ist kein echter Winterschläfer. Vielmehr verläßt er bei offenem Wetter mit wenigen Tagen Abstand seinen Bau. Bei längeren Bauaufenthalten lebt der Dachs vom gespeicherten Weiß.
Dachse spielen und baden gerne. Beim Verlassen des Baues windet der Dachs anhaltend und intensiv. Bei gutem Wind ansitzende Jäger werden nur selten wahrgenommen.
Sinne: Geruchs- und Gehörsinn sind vorzüglich ausgebildet. Der Gesichtssinn ist sehr mäßig entwickelt.
Fortpflanzung, Ranz, Entwicklung der Jungen: Dachse ranzen hauptsächlich im Juli/August, selten früher oder später. Neuerdings glaubt man, daß Dachse das ganze Jahr über paarungsfähig sind. Sehr oft geht der Paarung ein Vorspiel voraus, bei dem der Rüde die Fähe geräuschvoll treibt. Aber es kommt auch ohne diese Zeremonie zur Kopulation. Während des Deckaktes beißt sich der Dachs im Genick der Fähe fest.
Nach 7–10 Monaten Tragezeit bringt die Dächsin zwischen Januar und März 2–3 Junge, selten mehr. Damit gehört der Dachs zu jenen Tieren, die eine Vorschalttragezeit haben, wie Reh, Baum- und Steinmarder, Seehund u. U. Hermelin. Die Jungen sind zunächst blind und weiß behaart; nach 30 Tagen können sie sehen. Gut 3 Monate werden die Welpen gesäugt, nehmen aber bereits ab der 10. Lebenswoche auch schon festen Fraß auf. Der Rüde wirkt bei der Jungenaufzucht nicht mit. Spätestens 8 Wochen nach ihrer Geburt kommen die Jungdachse vor den Bau, zunächst sehr unbeholfen und vorsichtig. Im Oktober sind die Jungen selbständig und wandern ab. Neuere Untersuchungen gehen davon aus, daß die Jungdachse die Winterruhe zusammen mit der Fähe verbringen.
Ihre Geschlechtsreife tritt mit 17–18 Monaten ein.

> Dachse sind Baubewohner und dabei sehr standorttreu. Sie polstern ihre Behausung mit Waldstreu und wechseln diese öfter. Dabei entstehen vor dem Bau Erdauswürfe, die beim Ein- und Ausfahren umgangen werden.

> Die Winterruhe der Dachse wird bei offenem Wetter unterbrochen.
> Geruchs- und Gehörsinn sind wesentlich besser als der Gesichtssinn entwickelt.
> Dachse ranzen vorwiegend im Juli/August. Nach 7 Monaten Tragezeit bringt die Fähe 2–3 Junge, die erst mit 30 Tagen sehen können. Im Oktober verlassen die Jungen den Mutterbau, wenn sie nicht die Winterruhe mit der Dächsin zusammen verbringen.

Fraßansprüche: Die „Speisekarte“ kann bei großem Angebot sehr vielseitig sein. Besonders beliebt ist Fleisch (Innereien, Mäuse, Maulwürfe, Ratten, Jungvögel, Kaninchen, Igel, Würmer, Insekten, Schnecken), reifes Obst (Weintrauben am liebsten), Weizen, unreifer Mais, Hafer, Eicheln, Eier.
Kleintierbeute wird durch Schlag mit den Branten und Biß in den Nacken gemacht und sogleich verzehrt. Alle Beutetiere werden vom Kopf her angefressen. Das Eierfressen muß der Jungdachs erlernen. Dachse können erstaunlich schnell ihre Beute verfolgen, dabei gut laufen, rinnen und klettern.
Feinde: Menschen, Fuchs für Jungdachs sowie Großraubwild.

Bejagung
Jagdarten: Ansitz (Morgen- und Abendansitz am Bau), Dachsgraben, Fallenjagd, Fang in Garnsäcken, sog. Dachshauben, verbunden mit Nachthatz. In der Bundesrepublik Deutschland kommen nur die ersten beiden Jagdarten in Frage.

Jagdzeiten nach Bundesverordnung:
1.8.–31.10.

Jahresstreckenergebnis: 12 204 Stück (1987/88)

> **Zur Wiederholung und Kontrolle**
> - Zu welcher Familie gehört der Dachs?
> - Nennen Sie die weidmännischen Bezeichnungen für Balg, Schwanz und die Geschlechter.
> - Was ist im Zusammenhang mit der Dachsfärbung widersinnig gefärbt?
> - Welche Bedeutung gab man früher und gibt man heute der Drüse zwischen Weidloch und Pürzel?

- Beschreiben Sie die Dachsspur.
- Wo setzt der Dachs seine Losung ab?
- Wie unterscheiden sich Dachs- und Fuchsbau äußerlich voneinander?
- Wann ranzen die Dachse?
- Was fressen Dachse?

Fischotter, *Lutra lutra* L.

Systematik
Ordnung: Carnivora, Raubtiere
Unterordnung: Fissipedia, Landraubtiere
Familie: Mustelidae, Marder
Unterfamilie: Otter

Weidmannssprache

Fischmarder, Landotter:	Fischotter
Rüde, Otter:	männlicher Fischotter
Otterin, Fähe:	weiblicher Fischotter
Schwimmer:	Läufe
Rute:	Schwanz
Nuß:	weibliches Geschlechtsteil
Ranz:	Paarungszeit
ins Wasser steigen oder fallen, Einstieg:	ins Wasser gehen
Ausstieg:	aus dem Wasser kommen
Schwimmen:	schwimmen
über Land gehen:	Fortbewegung außerhalb des Wassers
Dickgehen:	Föten tragen
Bringen:	gebären
Fischen:	Fische fangen

Aussehen, Balg, Gewicht (Abb. 81)
Bei einem Gewicht von 5,5–13 kg (Rüden bis zur Obergrenze, Fähen an der Untergrenze) erreichen Otter eine Gesamtkörperlänge von 1,3 m bei einer eingerechneten Rutenlänge von 40 cm. Der glänzende Balg ist von gelb über braun bis kastanienbraun und zuweilen an Brust, Hals und Wangen grau gefärbt. Das Haar ist dicht und kurz und nimmt kein Wasser an. Haarwechsel ist am Otterbalg äußerlich nur sehr schwer feststellbar, weswegen dieser ganzjährig in der Güte gleichbleibt. Der kleine Kopf hat viel Hirnmasse. Der Fang ist stumpf mit breiten Lippen sowie silbergrauen Tasthaaren. Die kurzen Gehöre sind gegen eindringendes Wasser durch eine Hautfalte verschließbar.
Spur: Das 5–6 cm breite Trittsiegel zeigt 5 Zehen und 7 Ballen im Vorderfuß bzw. 6 Ballen im Hinterfuß. Die Zehen sind durch Schwimmhäute miteinander verbunden, die auch in neuerer Literatur oft als wichtiges Unterscheidungsmerkmal im Spurbild zu anderen Säugern erwähnt werden. Dabei liegt der Anteil der Trittsiegel mit deutlich sicht-

Abb. 81. Fischotter.

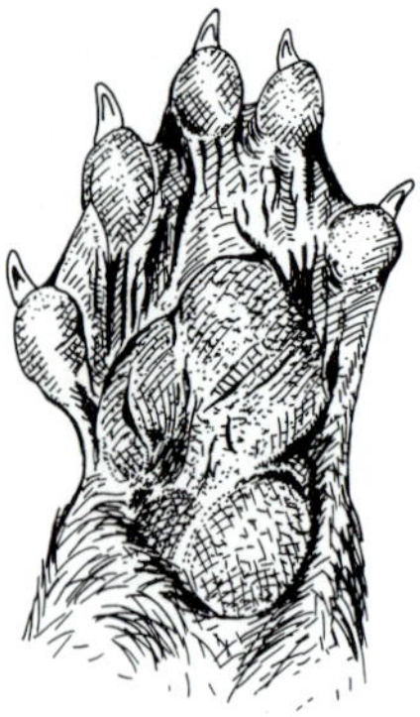

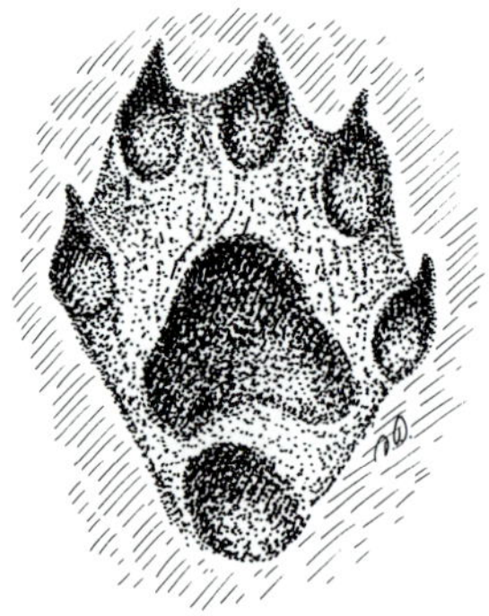

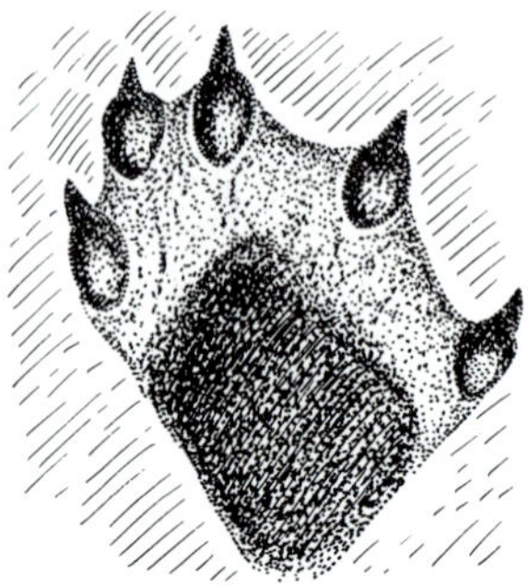

Abb. 82. Oben links: Vorderbrante, oben rechts: Trittsiegel Vorderfuß, unten Trittsiegel Hinterfuß.

barer Schwimmhaut nach K. WAGENFÜHRER (Otter-Post 2/1984) nur bei 2,3% von 1150 ausgezählten Trittsiegeln.

Charakteristisch sind die kurzen Klauenabdrücke (Abb. 82). Zwischen den Geschlechtern gibt es keine signifikanten Trittsiegelunterscheidungen.

Das Trittsiegel ist deutlich breiter als das seiner nächsten Verwandten, der übrigen Marderarten.

Als Fortbewegungsarten kommen Galopp, Schritt und Halfbound (Fluchtspur mit 14 km/Stunde) in Betracht. Trab und Paßgang werden gem. WAGENFÜHRERS Untersuchungen (Die Gangarten des Otters – Otter-Post 3/1984) ausgeschlossen, da der Otter als Kurzbeiner seine Wirbelsäule krümmt und streckt, was bei Trab und Paßgang unmöglich ist.

Dieselben Untersuchungen weisen sehr unterschiedliche Trittsiegelanordnungen im Spurbild aus.

Selten ist die Schleifspur der Rute zusätzlich auszumachen.

Die maximal zu bewältigende Sprunghöhe beträgt 90 cm, die Sprungweite 160 cm (C. REUTHER 1985).

Losung: Die Losung ist meist von Fischschuppen und Gräten durchsetzt. Sie sieht im frischen Zustand grünlich, auch braun oder schwarz aus und ist von lockerer Konsistenz, meist als Haufen, keine Würste. Sie riecht intensiv nach Fisch. Wenn die Losung einige Tage liegt, wird sie grau und zerfällt. Die Otterjäger sammelten früher die Losung, um deren Witterung zu verbreiten (C. REUTHER – Schriftliche Mitteilung, Juli 1985).

Gebiß: Die Zahnformel lautet:

$$\frac{3}{3}\ \frac{1}{1}\ \frac{4}{3}\ \frac{1}{2} \times 2 = 36$$

Gewicht 5,5–13 kg; 1,30 m lang.
Balgfarbe von gelb über braun bis kastanienbraun mit zuweilen grauer Farbe an Brust, Hals und Wangen.
Schwimmhäute zwischen den 5 Zehenballen.
Die Losung ist grünlich, auch braun oder schwarz und von lockerer Konsistenz.
Der Otter hat 36 Zähne.

Lautäußerung: Außer einem hohen Pfeiflaut und „Nuckerlaut“ beider Geschlechter während der Ranz ist das phonetisch noch hellere Bettelpfeifen der Welpen zu hören. Zusätzlich ist als Abwehrlaut gegenüber Rivalen und Feinden ein Fauchen und ein sehr hohes, schnelles Keckern sowie in höchster Not oder bei Schmerz ein Klagen zu vernehmen.

Verbreitung: Der Fischotter kommt in ganz Europa, in Marokko, Algerien und in Asien vor (außer Großteilen Indiens und den nördlichsten Teilen Asiens). Auf Sumatra und Java leben andere Otterarten.

Das deutsche Vorkommen ist vom Aussterben bedroht. Man schätzt den Gesamtbestand der Bundesrepublik mit Vorkommen in Bayern, Niedersachsen und Schleswig-Holstein auf max. 400 Stück. Neuerdings ist das größte Vorkommen in Schleswig-Holstein im Raume Heide durch ein Autobahngroßprojekt und beabsichtigte Flurbereinigungsmaßnahmen in Gefahr.

Lebensweise: Die Fischotter sind vorwiegend nachtaktiv. Tagsüber halten sie sich in Böschungslöchern oder hohlen Bäumen in Wassernähe auf. An die Gewässergüte stellt dieser Marderartige höchste Ansprüche. Nicht minder wichtig ist der Uferbewuchs (vgl. auch „Biotopstrukturen").

Die Baue haben einen Unterwasser- und einen Überwasserein- und -ausstieg. Außer diesem Hauptbau gibt es Nebenbaue (ca. alle 1000 m) oder Zufallsbaue als Unterschlupf. Bisweilen werden Otter auch in Fuchs-, Dachs- oder Kaninchenbauen gefunden. Die Einstandsgrößen sind außerordentlich unterschiedlich: Sie reichen von 5 km bis 40 km Flußlänge oder für Seen von 1 bis 2 km^2. Fähenreviere machen die Hälfte von Rüdeneinständen aus.

Der Otter legt oft große Landstrecken zurück, um von einem zum anderen Gewässer zu gelangen. Dabei sind Wanderungen von 20 km pro Nacht nicht ungewöhnlich.

Verhalten: Die Rüden und Fähen leben streng territorial. Otter sind meist polygam. Große Wanderungen dienen der Revierkontrolle, der Suche nach neuen Revieren, der Nahrungs- und Partnersuche.

Der Otter hält Paß.

Das Revier wird mit den beiderseits des Weidlochs sitzenden Analdrüsen markiert. Zusätzlich gibt es „Kratzmarkierungen", d. s. Bodenverwundungen mit den Vorderläufen und Wälzplätze im Schutze des Uferbewuchses. Man vermutet, daß Wälzplätze auch als Sonnenplätze dienen.

Biotopstrukturen: Im Anhalt an C. REUTHERS Aufsatz „Die Bedeutung der Uferstruktur für den Fischotter und daraus resultierende Anforderungen an die Gewässerpflege" in Zeitschrift für angewandte Zoologie, Heft 1/2-1985, ist der Fischotter ein Bewohner der Uferzone oder des Litorals. Sowohl für den Beutefang als auch für den Beuteverzehr werden flache Ufer bevorzugt. Abwechselnde Uferstrukturen, wie Mäander, starker Bewuchs (Büsche), Wurzelverzweigungen, Geröll, Uferabbrüche, Sumpfflächen, kommen dem Otter sehr gelegen. Menschliche Störungen werden nur dann hingenommen, wenn sie für den Otter zeitlich und örtlich eingeordnet werden können. Plötzliche Belästigungen quittiert er mit tage- und wochenlangem Meiden seines angestammten Aufenthaltortes. Freigehaltene Uferbereiche, z. B. durch Mähen, meidet der Otter. Daraus folgert, daß dieser seltenen Marderart für die Zukunft nur dann geholfen werden kann, wenn unsere Fließgewässer in ihrer Natürlichkeit erhalten bleiben oder wieder hergerichtet werden. Darüber hinaus muß jede unumgängliche Gewässerunterhaltung der Strukturvielfalt angepaßt bleiben. Umfangreiche manuelle Bachräumungen sollten ebenso unterlassen werden wie technisierte Gewässerunterhaltungen, z. B. durch Mähkorbeinsatz, bei dem eine Uferseite für den Baggereinsatz freigehalten werden muß.

Daß die Wasserqualität außerdem von mitentscheidender Bedeutung für das Wohlbefinden des Otters ist, dürfte als Selbstverständlichkeit angesehen werden.

> Der Otter ist nachtaktiv, er lebt polygam. Der Bau hat Über- und Unterwasserzugang. Reviermarkierung mit Analdrüsen sowie durch Kratzstellen und Wälzplätze.

Sinne: Bei starker Hornhautwölbung können die Otter sehr gut äugen. Primär haben sie Bewegungsseher. Die Rangfolge ihrer Sinne ist vermutlich: visuell, taktil, olfaktorisch, akustisch (REUTHER 1985).

Fortpflanzung, Ranz, Setzzeit, Zuwachsrate, Geschlechterverhältnis: Die Ranzzeit ist ganzjährig. Paarungsschwerpunkte sind nur in wenigen Fällen zum Zeitpunkt des größten Nahrungsangebotes festgestellt worden. Ranzlaute der paarungswilligen Rüden und Fähen sind Pfeiflaute und „Nuckerlaute". Unter den Rüden kann es zu Kämpfen beim Werben um die Gunst der Fähe kommen. Die Paarung findet an Land oder im Wasser statt. Die Otterin geht 60–63 Tage dick und bringt 2, selten mehr, blinde, zahnlose Junge im Bau. Nach 5 Wochen können die Welpen sehen. Sie werden bis zu einem Jahr gesäugt. Nach 10 Wochen nehmen sie erstmals feste Nahrung auf.

Die Geschlechtsreife tritt erst mit 2–3 Jahren ein. Das Geschlechterverhältnis liegt bei 1 : 1. Otter sind erst mit 2 Jahren voll ausgewachsen.

Fraßansprüche: Die Hauptnahrung besteht aus Fisch. Hierbei zeigen Otter besondere Vorliebe für kleine Fische. Das ist ein ökonomisch-energeti-

sches Problem: Fische von 10 bis 20 cm erfordern geringeren Energieaufwand als größere oder besonders kleine (REUTHER 1985). Einzelne Fischarten werden geschmacklich nicht bevorzugt. Im Sommer nimmt der Otter auch gerne Vogelgelege und Jungvögel – hier speziell Enten – aus. Zusätzlich werden Krebse, Kleinsäuger, Insekten, Amphibien (wichtigste „Puffernahrung" im Frühjahr und Winter) und Pflanzen gefressen.
Die durchschnittliche Beutemenge eines ausgewachsenen Otters beträgt 0,5–1 kg täglich.
Feinde: Der Mensch war und ist Hauptfeind des Otters. In der Vergangenheit setzte ihm die maßlose Bejagung zu, heute sind es die durch Menschen verursachten Biotopveränderungen, Wasserverschmutzungen, Störungen durch Erholungssuchende sowie der Einsatz von Reusen beim Fang des Bisams und von Fischen. Darüber hinaus kann in einigen europäischen Ländern das Großraubwild den Bestand zehnten, so Vielfraß, Wolf und Seeadler.

Bejagung

Jagdarten: Heute wird der Fischotter in der Bundesrepublik Deutschland nicht mehr bejagt. Ihm durfte allerdings bis 1968 in großen Teilen der Bundesrepublik nachgestellt werden (Niedersachsen seit 1966, Bundesrepublik seit 1968 ganzjährig geschont). Er wurde in Otterfallen (Holzfallen, Schlingen) und Fangeisen gefangen oder mit Stechhaken (Lanze) getötet. Bekannt ist auch der Ansitz mit Schußwaffe bei Mond. Bei der Jagd mit Stechhaken bediente man sich zusätzlich einer Otterhundmeute, wie auch bei der Such- und Hetzjagd. In England wurde die Jagd mit 15–20 Meutehunden noch in jüngster Zeit ausgeübt.
Heute ergibt sich für den Jäger bei tot aufgefundenen Ottern die Pflicht, sie als außerordentlich wichtiges Untersuchungsmaterial der Aktion Fischotterschutz e.V., 3122 Hankensbüttel, zur Verfügung zu stellen.

Zur Wiederholung und Kontrolle

- Welcher Familie gehört der Fischotter an?
- Nennen Sie die weidmännischen Bezeichnungen der Geschlechter.
- Beschreiben Sie das Äußere des Otters.
- Wie unterscheiden sich die Trittsiegel von Vorder- und Hinterfuß?
- Wo kommt in Ihrem Bundesland der Fischotter noch vor? (Fragen Sie Ihren Ausbilder)
- Warum ist der Fischotter vom Aussterben bedroht?
- Wann ranzen die Fischotter?
- Wieviel Junge bringt die Otterin?
- Was frißt der Otter?

Europäischer Seehund, *Phoca vitulina* L.

Systematik

Ordnung: Carnivora, Raubtiere
Unterordnung: Pinnipedia, Wasserraubtiere
Familie: Phocidae, Robben (Hundsrobben)
Unterfamilie: Gemeiner Seehund

Die heute noch auf der Welt vorkommenden 30 Robbenarten werden in drei Familien unterteilt:

Ohrenrobben (Otariidae)	mit den Arten: Seelöwen und Pelzrobben
Hundsrobben (Phocidae)	mit den Arten: See-Elefanten, Bandrobben, Seeleoparden, Seehunde, Mönchsrobben, Krabbenfresserrobben, Weddellrobben, Ross-Seehunde, Kegelrobben, Hafenrobben, Bartrobben, Ringelrobben, Sattelrobben, Baikalrobben, Kaspische Robben, Klappmützen
Walrosse (Odobenidae)	

Weidmannssprache

Hund:	männlicher Seehund
Hündin:	weiblicher Seehund
Heuler:	vorübergehend oder dauernd abgelegter Junghund
Ranz:	Paarung

Aussehen, Decke, Gewicht (Abb. 83)

Diese max. 175 cm lang werdenden Meeressäuger erreichen ein Höchstlebendgewicht von 110–120 kg (Hund) und 90 kg (Hündin). Bei heller bis dunkler Grundfärbung sind besonders auf dem Rücken eine

Abb. 83. Europäischer Seehund.

Unzahl unregelmäßiger dunkler Flecken zu finden. Am spindelförmigen Rumpf stehen statt der Vorderläufe kurze Flossen und als Hintergliedmaßen längere Flossen mit Antriebsfunktionen. Die äußeren Ohren sind nicht sichtbar. Der Haarwechsel ausgewachsener Hunde dauert von Juni bis Ende September, der der Junghunde von Juli bis Ende August.

Gebiß: Die Zahnformel lautet:

$$\frac{3}{2}\ \frac{1}{1}\ \frac{4}{4}\ \frac{1}{1} \times 2 = 34$$

Die Zähne wachsen zeitlebens; das Milchgebiß wird schon kurz nach der Geburt durch das Dauergebiß ersetzt.

Lautäußerung: Heiseres Bellen

Verbreitung: Der Seehund ist Bewohner der nördlichen Halbkugel mit Vorliebe für die Wattenküsten. Der Europäische Seehund kommt zwischen Island im Norden und Portugal im Süden vor. Seine östlichste Verbreitung findet er in nur noch geringer Zahl in der östlichen Ostsee. In der Deutschen Bucht ist er hauptsächlich im Jadebusen, durchaus aber auch im Bereich aller Ostfriesischen Inseln anzutreffen.

Lebensweise: Da der Seehund kein ausschließlicher Wasserbewohner, sondern auch Landgänger ist, hierfür seine schlecht ausgebildeten Gliedmaßen aber nur unzureichend sind, bevorzugt er außerhalb des Wassers die flachen, mühelos zu erreichenden steinlosen Sandbänke im Watt. Hierbei ist der Seehund von Ebbe und Flut abhängig. Mit Ausnahme der Winterszeit verbringt er das ganze Jahr im Watt. Hier pflanzt er sich fort und zieht auch die Jungen auf. Während des Winters lebt er vermutlich in tieferen küstenfernen Gewässern. Genauere wissenschaftliche Forschungsergebnisse liegen hierüber noch nicht vor.

> Der Seehund gehört zu den Hundsrobben. Er wird höchstens 120 kg schwer. Seine Grundfärbung ist hell bis dunkel mit einer Vielzahl unregelmäßiger dunkler Flecken.
> In der Bundesrepublik Deutschland lebt er vorwiegend an der deutschen Nordseeküste. Sein Lebensraum vom Frühjahr bis zum Herbst ist das Watt.

Verhalten: Wenn der Seehund Landgänge unternimmt, so sucht er Sandbänke auf. Hier sonnt er sich, hier wölft er seine Jungen und hier werden auch die Welpen während der Beutezüge der Althunde abgelegt.

Als vorzüglicher Unterwasserschwimmer taucht er oft erst nach etlichen Minuten auf, um Luft zu schnappen.

Er schläft freischwebend untergetaucht im Wasser und kommt zur Atmung ohne wachzuwerden hoch. Schlafen auf den Liegeplätzen wird ebenso beobachtet, wobei 2 Althunde als Alarmposten wachbleiben.
Sinne: Besonders gut ist der Tastsinn, weniger gut der Gesichtssinn an Land entwickelt.
Fortpflanzung, Ranz, Setzzeit: Seehunde leben polygam. Männliche Tiere sind mit 3, weibliche mit 3–4 Jahren geschlechtsreif. Ihre Ranz findet im August/September statt. Nach verlängerter Tragezeit (Eiruhe) wölft die Hündin ab Ende Juni 1, selten 2 Junge an Land, die 1 Monat lang gesäugt werden. Junghunde schwimmen gleich nach der Geburt sehr gut. Das vielfach in der Fachpresse geschilderte Heulerproblem stellt sich nach Erkenntnissen WIPPERS (1974) „Die ökologischen und pathologischen Probleme beim Europäischen Seehund an der Niedersächsischen Nordseeküste“ wie folgt dar:
Heuler sind vorübergehend oder dauernd alleingelassene Junghunde, die kurze Heullaute als Kontaktlaute zur Hündin hervorbringen. Keineswegs handelt es sich bei den dauernd alleingelassenen Heulern (echte Heuler) ausschließlich um Zwillingsgeburten, die nach bisheriger Meinung nicht versorgt wurden, sondern um Junghunde, die keinen Kontakt mehr zur Mutter haben, weil

1. unmittelbar nach dem Wölfen die Hündin gestört wird
2. Schlechtwetter an der Unterbrechung der phonetischen Verbindung zwischen Jung- und Althund schuld ist
3. unsachgemäße Abnabelung der Hündin zu Infektionen an der Abbißstelle der Nabelschnur führt
4. die „Mutter-Kind-Beziehung“ durch schlechtes Saugverhalten leidet
5. das Junge u. U. erst zum Schluß der Ebbe gewölft wird, mithin das erste Saugen auf einer Sandbank erst beim nächsten Niedrigwasser erfolgen kann, wodurch der Welpe sehr geschwächt wird u. U. der Hündin nicht mehr folgen kann.

Geschlechterverhältnis: Das Geschlechterverhältnis beträgt 1 : 1. Das Höchstalter liegt bei 40 Jahren.
Ernährungsansprüche: Der Junghund wird bis zur 5./6. Woche mit Muttermilch aufgezogen. Kurz vor Ende der Saugperiode füttert der weibliche Hund Vorverdautes hinzu. Bis zur Gewöhnung an kleine Fische und Garnelen als Jugend-Hauptnahrung macht der Welpe eine ein- bis zweiwöchige Fastenzeit durch. Erst nach weiteren 6 Wochen stellt sich der Seehund auf reinen Fischfraß um. Von dieser Beute erjagt er täglich etwa 5 kg. Am liebsten werden Flundern, aber auch Aalmutter und sonstige fettreiche Fische aufgenommen.
Feinde: Der wohl einzige Feind ist der Mensch, der dieser in ihrem Bestand bedrohten Tierart arg zusetzt:

1. Verschmutzung des Meeres durch Verklappen von Dünnsäuren
2. Abwasserausfluß aus Elbe, Weser und Ems
3. Sprunghaft gestiegener Erholungsverkehr, der zur Beunruhigung der Liegeplätze im Watt beiträgt, Bootsverkehr, neuerdings auch Luftkissenboote, Wattwanderungen, Sportflugzeugverkehr
4. Beunruhigung durch Krabbenfischerei in unmittelbarer Nähe der Liegeplätze
5. Überfischung der Seehundeinstände durch die Berufsfischer
6. Jagd, die neuerdings für den Seehund trotz in der Bundesverordnung vorgesehenen Jagdzeit, in der Bundesrepublik nicht mehr ausgeübt wird.

Zusätzlich tragen parasitäre Erkrankungen – z. B. Räude – zur Abnahme des Seehundbestandes bei.

Bejagung
Jagdarten: Solange man die Jagd ausübte, wurde diese im Wege der Lizenzvergabe durch die meeresangrenzenden Unteren Jagdbehörden (Landkreise) gestattet. Die Begleitung durch einen erfahrenen, von der Unteren Jagdbehörde bestimmten Seehundjagdführer war obligatorisch. Man erreichte eine Seehundsandbank per Kutter und robbte hier dann nach Seehundart, bis man die Neugierde der im Wasser schwimmenden Hunde erweckte, die dann auf die Sandbank kamen. Der Schuß mit der Kugel war erst erlaubt, nachdem die Tiere das Wasser verlassen hatten.
Hege mit der Büchse: Bei dem während der Jagdzeit Ende der sechziger Jahre vorübergehend erlaubten Schrotschuß durch ausgesuchte Seehundjäger sollte die Wirkung von Schrot im Vergleich zur Kugel erprobt werden. Das Ergebnis sprach eindeutig für die Beibehaltung des Kugelschusses. Nach Einstellung der Jagd – Ende der siebziger Jahre – werden

durch erfahrene Seehundjäger lediglich kranke Tiere erlegt, deren Zahl aus den bereits genannten Gründen (Umweltbelastungen) eher zu- als abnimmt.
Die in Norden (Ostfriesland) und Büsum (Schleswig-Holstein) durch die zuständigen Landesjägerschaften eingerichteten Seehundaufzuchtstationen ziehen alljährlich verwaiste Heuler auf, die nach Selbständigwerden wieder in die freie Wildbahn entlassen werden. Außerdem haben die Behörden Niedersachsens und Schleswig-Holsteins etliche „Schutzgebiete für Seehunde" ausgewiesen: Zwischen dem 15. 5. und 31. 8. besteht hier Fahrverbot für Schiffe aller Art und Größe (in Schleswig-Holstein auch im September). Man kann nur hoffen, daß diese behördliche Anweisung Beispiel für alle Seehundplätze im deutschen Watt gibt.

Jagdzeiten nach Bundesverordnung:
1.9.–31.10.

Unterwasserschwimmer.
Besonders guter Tastsinn.
Polygame Lebensweise; Ranz August/September.
Eiruhe, 1–2 Junge.
Heuler sind vorübergehend oder dauernd alleingelassene Junghunde, die man sofort einer der zuständigen Seehundaufzuchtstationen oder als Urlauber der zuständigen Kurverwaltung meldet.
Fraß = Fisch.

Zur Wiederholung und Kontrolle

- Wie groß und schwer wird der Europäische Seehund?
- Welche Bedeutung hat das Watt als Lebensraum für den Seehund?
- Welche Sinne sind gut entwickelt?
- Wieviel Junge wölft die Hündin?
- Was sind Heuler?
- Nennen Sie die Ursachen des Heulerproblems.
- Was wird in der Bundesrepublik Deutschland zur Rettung der Seehunde getan?

Ringelrobbe, *Pusa hispida* Schreber

Systematik
Ordnung: Carnivora, Raubtiere
Unterordnung: Pinnipedia, Wasserraubtiere
Familie: Phocidae, Robben (Hundsrobben)

Diese noch in unseren Breiten – östliche Ostsee – vorkommende Robbenart ist hauptsächlich im Polargebiet anzutreffen.
Die Ringelrobbe wird etwa 45 kg schwer und ist damit deutlich kleiner als der Seehund.
Die Ranz findet im Juni statt. Die Hündin bringt im März 1–2 Junge.
Die Hauptnahrung sind Meeresweichtiere, weniger Fisch.

Kegelrobbe, *Halichoerus grypus*

Systematik
Ordnung: Carnivora, Raubtiere
Unterordnung: Pinnipedia, Wasserraubtiere
Familie: Phocidae, Robben (Hundsrobben)

Diese bis zu 250 kg schwer werdende Robbe lebt im Nordatlantik und bevölkert die Küsten der Anrainerstaaten. An der deutschen Nordseeküste kommt sie als seltener Wintergast vor. Ebenso gelangt sie auch in die Ostsee. Die Hauptverbreitung ist um Großbritannien zu verzeichnen.
Die Lebensweise der Kegelrobbe ist gründlicher als die aller anderen Robbenarten erforscht worden.
Das Männchen hat eine plumpere Form und ist erheblich größer als das Weibchen. Die Farbzeichnung variiert zwischen hellgrau und schwarzgrau. Meist ist die Hündin heller gefärbt als der Rüde.
Die Fortpflanzungszeit fällt in die Monate September/Oktober. Die Paarung findet an Land statt, ebenso das Gebären nach 350 Tagen Tragezeit. Die Ranzzeit ist gleichzeitig Fastenzeit der Kegelrobben. 14 Tage nach dem Werfen der Jungen sind die Robben wieder paarungsbereit. Meist wirft die Hündin 1 Junges. Es kommt aber durchaus vor, daß ein fremder Junghund mitbetreut wird. Die Jungen sind schon nach 3 Wochen Lebenszeit auf sich allein gestellt. Der tägliche Nahrungsbedarf ausgewachsener Kegelrobben beträgt bis zu 15 Pfund Fisch, hauptsächlich Lachs, Hering, Dorsch und Scholle.

Waschbär, *Procyon lotor* L.

Systematik
Ordnung: Carnivora, Raubtiere
Unterordnung: Fissipedia, Landraubtiere
Familie: Procyonidae, Neuweltliche Kleinbären

Weidmannssprache

Waschbär:	männliches Tier
Waschbärin, Bärin:	weibliches Tier
Junge:	Jungwild

alle übrigen jagdlichen Ausdrücke vgl. „Fuchs"

Aussehen, Balg, Gewicht (Abb. 84)
Waschbären kommen in vielen Farben vor: tiefdunkel bis sehr hell. Der Haarwechsel findet von Mitte April bis Juni statt. Einen zweiten Haarwechsel gibt es nicht. Vielmehr wächst das kurze Sommerhaar allmählich zu langem Wintergrannenhaar mit dichter Unterwolle aus.
Auffallend ist die Gesichtsmaske mit dunkler Querbinde durch die Seher.
Die Gehöre stehen aufrecht. Sie sind dunkel mit heller Einfassung. Die Nase ist schwarz und weist zur dunklen Augenquerbinde einen gelblich-weißen Abschnitt auf. Die buschige Rute ist 30 cm lang und geringelt. Die Tiere haben eine Körperlänge von max. 70 cm. Ihr Gewicht schwankt um 6–8 kg. Die Wintergewichte liegen bis zu 30 % darunter.
Spur (Abb. 85): Da der Waschbär Sohlengänger ist, drücken sich alle 5 Zehen und die Ballen deutlich ab. Sein Spurbild ist durch die kinderfußähnlichen Hinterlaufabdrücke und die um die Hälfte kleineren Vorderlaufabdrücke unverkennbar. Er läßt sich auch durch Kratzspuren in der Baumrinde bestätigen.
Losung: Die Losung ähnelt der Fuchslosung und wird fast immer in der Nähe des Aufenthaltsortes abgesetzt.

Abb. 84. Waschbär.

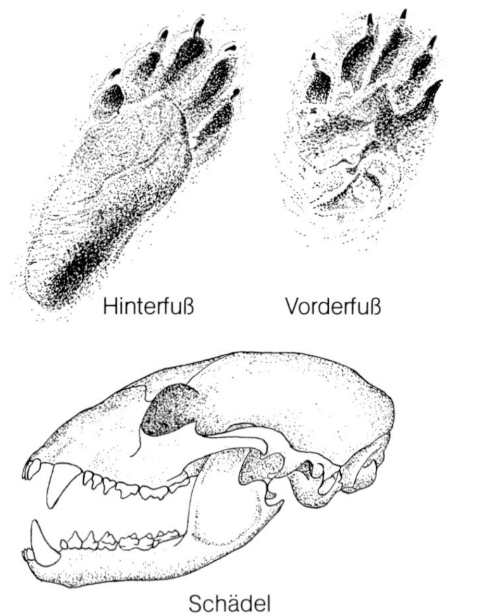

Abb. 85. Waschbär. Schädel und Trittsiegel. Hinterfuß (links); Vorderfuß (rechts).

Gebiß

$$\frac{3}{3}\ \frac{1}{1}\ \frac{4}{4}\ \frac{2}{2} \times 2 = 40$$

Lautäußerung: Bekannt sind das katzenähnliche Schnurren als Ausdruck des Wohlbehagens sowie piepsende Bettellaute der Jungen. In Gefahr geratene Tiere schreien.
Verbreitung: Waschbären kommen auf dem amerikanischen Kontinent zwischen Südkanada im Norden und Mittelamerika im Süden fast überall vor. Wegen nächtlicher Lebensweise ist die Bestandshöhe schwer festzulegen. Man rechnet in den USA mit 12–24 Stück/100 ha.
Die Einbürgerung in Deutschland ist sowohl über ausgebrochene Pelztierfarmbären als auch über die offizielle Aussetzung im hessischen Forstamt Vöhl im Jahre 1934 und im hessischen Forstamt Altenlotheim im Jahre 1937 erfolgt. Die derzeitige Bestan-

desdichte kann in der Bundesrepublik Deutschland mit 60 000–80 000 Stück angenommen werden. Sie breiten sich weiter aus.

Lebensweise: Der Waschbär gilt als sehr anpassungsfähig, denn er kommt nicht nur im Walde, sondern auch in unbewaldeten Flußtälern, auf landwirtschaftlichen Flächen, ja sogar in der Nähe menschlicher Siedlungen vor. Bester Beweis dafür ist die regelmäßige Kontrolle von Müllcontainern und Abfalltüten in seinem Wohnbereich. Obwohl Einzelgänger, kommt es häufig zu Lebensbereichüberschneidungen ohne Auseinandersetzungen.

Verhalten: Waschbären werden nachmittags aktiv (eigene Beobachtungen an Futterplätzen von Waldgaststätten) und bleiben bis zum nächsten Morgen rege. Tagsüber ruhen sie in hohlen Bäumen, in Holzstößen und unter Reisighaufen. Eichhörnchenkobel, Greifvogelhorste und Fuchsbaue werden ebenso angenommen. In kälteren Regionen halten Waschbären eine Winterruhe, bei der sie keine Nahrung aufnehmen, aber normalen Stoffwechsel haben. Die Dauer der Winterruhe ist außerordentlich unterschiedlich: wenige Tage bis zu $^1/_4$ Jahr. Hiermit geht hoher Gewichtsverlust einher.

Sinne: Alle Sinne sind gut entwickelt, mit dem Tastsinn werden Spitzenleistungen vollbracht. Hier sei nur an das „Waschen" der Nahrung erinnert, wobei sich das Tastgefühl voll entfaltet.

Fortpflanzung, Ranz, Entwicklung der Jungen: Waschbären ranzen ab der letzten Januardekade bis Ende Februar. Zu diesem Zeitpunkt wird die Winterruhe unterbrochen. Der Bär, die Bärin weniger, markieren den Paarungsbereich mit Duftstoffen aus dem Nackenbereich.

Die arg bedrängte Bärin ist erst nach längerer Verfolgung zum Paarungsakt bereit. Dabei bleiben die Geschlechtspartner ähnlich wie die Hunde hängen. Die Bärin ist bis zu 1 Woche heiß. Nach 63 Tagen Tragezeit bringt sie 3 Junge, die zunächst blind und taub, aber voll behaart sind. Das Geburtsgewicht beträgt 70 g. Mit 21 Tagen können sie sehen und hören. Die Jungen werden während ihrer Nesthockerzeit nur mit Muttermilch genährt. Nach 8 Wochen verlassen sie ihre Wochenstube. Der Bär kümmert sich nicht um die Jungenaufzucht. Der Familienverband löst sich nach ca. 15 Wochen allmählich auf. Das schließt nicht aus, daß er sich zur Winterruhe wieder findet.

Fraßansprüche: Waschbären sind Allesfresser. Bei ausreichendem Fraßangebot halten sich pflanzliche und tierische Nahrung die Waage. Bevorzugt werden: Vögel, Eier, Frösche, Fische, Kleinsäuger (Mäuse, Kaninchen, Ratten), Kerbtiere, Würmer, Obst, Mais, Gras, Abfälle. Bei ihren nächtlichen Beutezügen legen sie bis zu 2,5 km zurück.

Das vielfach beobachtete Waschen der Nahrung ist als Reinigungstrieb mißgedeutet worden. Vielmehr handelt es sich hierbei um eine volle Ausnutzung des besonders gut entwickelten Tastsinnes. Sein Name gründet sich allerdings auf den sog. „Waschvorgang".

Feinde: In unseren Breiten hat der ausgewachsene Waschbär nur den Rotfuchs und den wieder eingebürgerten Uhu zum Feinde. Jungtiere werden allerdings auch von Mardern und Wieseln gegriffen.

Bejagung

Jagdarten: Die Bejagung ist sehr schwer, da der Waschbär vorwiegend nachtaktiv ist. Deswegen bietet sich die Fallenjagd per Marderabzugeisen oder Schwanenhals und mit der Kastenfalle an. In Amerika ist Waschbärenjagd sportliche Betätigung. Hierbei bedient man sich zur Nachtzeit des zur Waschbärenjagd abgeführten „coon-hound", der spurlaut und standlaut, manchmal auch nur standlaut ist und auf diese Weise den Jäger an den aufgebaumten Bären bringt. Mit Hilfe starker Lichtquellen erlegt man das Tier.

Jagdzeiten nach Bundesverordnung:
Der Waschbär unterliegt nicht dem Jagdrecht. Allerdings haben ihn einige Bundesländer in ihre Landesjagdgesetzgebung aufgenommen.

Jahresstreckenergebnis 1417 Stück (1987/88)

Zur Wiederholung und Kontrolle
- Beschreiben Sie das auffällige Gesicht des Waschbären.
- Beschreiben Sie die Trittsiegel von Vorder- und Hinterlauf.
- Welcher Sinn ist besonders gut entwickelt?
- Welche Fraßansprüche hat der Waschbär?
- Wie wird der Waschbär in seiner Heimat Amerika bejagt?
- Unterliegt der Waschbär in Ihrem Bundesland dem Jagdrecht?

Marderhund oder Enok, *Nyctereutes procyonoides*

Systematik
Ordnung: Carnivora, Raubtiere
Unterordnung: Fissipedia, Landraubtiere
Familie: Canidae, Hundeartige
Unterfamilie: Echte Hunde

Weidmannssprache

Obstfuchs (außerdem: Viverrenhund, Seefuchs, Jagdfuchs, Waschbärhund):	andere Bezeichnung für Marderhund wegen seiner Vorliebe für Obst

sonstige Ausdrücke wie für übriges Raubwild

Größe und Balg (Abb. 86)
Der Marderhund wird bis zu 60 cm lang und 20 cm hoch. Er hat einen bräunlich gefärbten Balg, eine waschbärenartige Gesichtsmaske und starke Bakkenbehaarung. Seine 10–15 cm lange Rute ist buschig und nicht gebändert. Wegen seiner dichten Unterwolle und langen Grannenhaare wirkt er gedrungen.
Gewicht: Das Gewicht beträgt etwa 10 kg.
Spur (Abb. 87): Das hundeähnliche Trittsiegel weist 5 Ballen und 4 Nägel auf und ist runder als das eines Hundes.
Die Behauptung, daß die beiden Mittelzehenballen der Vorderbranten hufeisenförmig miteinander verwachsen seien, kann zutreffen. Durchaus können aber auch die Mittelzehenballen voneinander getrennt sein. Das trifft sowohl für die Vorder- als auch Hinterbranten zu.
Das Spurbild eines flüchtigen Enoks kann mit dem des Hasen verwechselt werden. Bei der langsamen Gangart sind jeweils 2 Abdrücke hintereinander abwechselnd rechts und links der angenommenen Spurmittellinie zu sehen.
Losung: Die Losung ist grau bis schwarz. Sie besteht aus zylinderförmigen Einzelstücken von 5 cm Länge und 2 cm Durchmesser.

Gebiß

$$\frac{3}{3}\ \frac{1}{1}\ \frac{4}{4}\ \frac{2}{3} \times 2 = 42$$

Abb. 86. Marderhund.

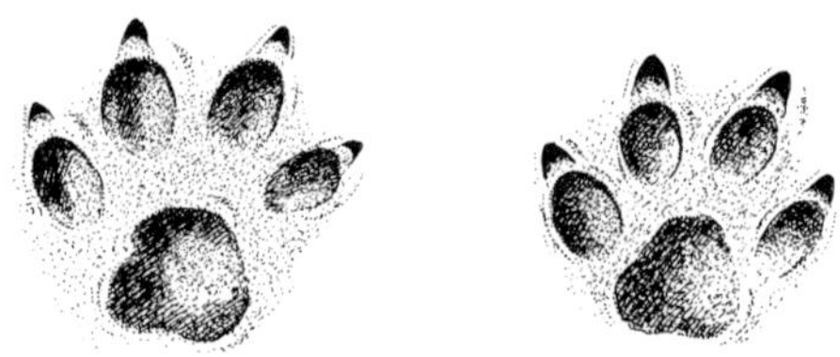

Vorderbrante Hinterbrante

Abb. 87 a. Marderhund, Trittsiegel (Mittelzehenballen nicht miteinander verwachsen).

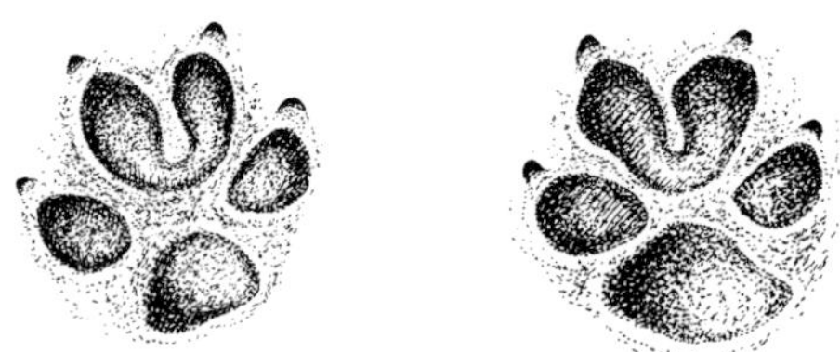

Vorderbrante Hinterbrante

Abb. 87 b. Marderhund, Trittsiegel (verwachsene Mittelzehenballen).

Verbreitung: Zunächst war dieser „asiatische Steppenhund“ nur in Ostchina, Japan und Korea beheimatet. Im Westen kam er über das Amur- und Ussurigebiet nicht hinaus.
Erst nach Auswilderung im westlichen Rußland nach 1928 und 1953 wegen seines dort für die Pelzindustrie interessanten Balges gelang ihm die Ausbreitung nach Deutschland über alle diesem gen Osten vorgelagerten Staaten (das Fell der in Deutschland lebenden Tiere ist als Rauchware wertlos). Man nimmt an, daß der Enok seit 1956 in der Bundesrepublik Deutschland vorkommt.

Biber

Abendsegler

Waldbirkenmaus

Alpenspitzmaus

Ziesel

Baumschläfer

Maulwurf

Feldhamster

Lebensweise: Bewohner von Laub- und Laubmischwald sowie dicht bewachsenen Wasserschilfbeständen. Er hat einen kleinen Aktionsradius.
Verhalten: Der Enok ist nachtaktiv. Anderen Tieren gegenüber ist er unverträglich. Er hält in der Bundesrepublik eine Winterruhe in Fuchs- und Dachsbauen. Er lebt sowohl als Einzelgänger als auch gesellig.
Sinne: Der Geruchssinn ist am besten entwickelt.
Ranz, Entwicklung der Jungen: Die Ranz währt von Februar bis März. Nach 63 Tagen Tragezeit wölft die Fähe 3–7 blinde, schwarzgefärbte Junge.
Fraßansprüche: Als Allesfresser zeigt er Vorliebe für Fische, Nager, Frösche, Gelege, krankes sowie junges Niederwild, Obst und Rüben.
Feinde: In der Bundesrepublik Deutschland hat diese Tierart keine Feinde.

Bejagung

Jagdarten: Fallenjagd sowie Baujagd und Ansitzjagd bei Mond.
Hege mit der Waffe: Als Fremdling in unserer Landschaft, als starker Niederwildverfolger und potentieller Tollwutüberträger sollte er jederzeit stark verfolgt werden.

Jagdzeiten nach BJagdG: Der Marderhund gehört nicht zu den im § 2 des BJagdG aufgeführten Tieren. Einige Bundesländer haben ihn für jagdbar erklärt. Die Berechtigung hierzu besteht gem. § 2, Abs. (2).

Zur Wiederholung und Kontrolle
- Nennen Sie die Heimat des Enoks.
- Wie unterscheidet sich das Trittsiegel des Marderhundes von dem des Hundes?
- Wann ranzt der Marderhund?

Biber, *Castor fiber* L.

Systematik

Ordnung: Rodentia, Nager
Unterordnung: –
Familie: Castoridae, Biberartige
Unterfamilie: –

Weidmannssprache

Bockert:	Fabelname des Bibers
Flußhund:	alte Bezeichnung des Bibers
Kelle:	Schwanz
Castorbeutel, Geilsäcke:	2 Drüsen am Weidloch
Bibergeil:	Drüsensekret aus den Geilsäcken
Balg, Fell:	Fell
Lauscher:	Ohren
Brunft:	Fortpflanzungszeit
Bibergeschleife:	Holztransportspuren

Aussehen, Balg, Gewicht, Spur

Das 20–30 kg schwere, größte Nagetier Europas mißt ausgewachsen bis zu 1 m Länge, hinzu kommen 30 cm Kellenlänge. Der längliche Kopf geht nach kaum feststellbarer Halsandeutung in den langen Rumpf über. Die Läufe sind kurz. Die Hinterbranten haben zwischen den 5 Zehen Schwimmhäute. Der 2. Hinterzeh ist doppelkrallig. Die plattgedrückte 15 cm breite Kelle gilt als Rudersteuer. Sie ist nur borstig behaart. Der kastanienbraune Balg ist von einem grauen wasserundurchlässigen Unterhaar unterlegt, womit er wasserdicht wird. Seit langem sind Biberfelle in der Rauchwarenindustrie sehr begehrt, was sicher zu seiner teilweisen Ausrottung beigetragen hat.
Bekannt sind zwei Drüsen vor dem Weidloch, die sog. Castorbeutel oder Geilsäcke. Aus ihnen wird das Oberhaar gefettet; früher war das Sekret als Bibergeil Heilmittel für viele Krankheiten.

Gebiß

$$\frac{1}{1}\ \frac{0}{0}\ \frac{1}{1}\ \frac{3}{3} \times 2 = 20$$

Die starken Nagezähne wurzeln sehr tief. Ihr Schmelz ist orangerot. Als Milchzahn ist nur der 1. Prämolar vorhanden, der im 2. Lebensjahr gewechselt wird.

Verbreitung: Der Biber war einst, abgesehen von nördlichsten und südlichen Regionen (Nordsibirien, China, Mongolei, ganz Südamerika, Afrika, Australien), weltweit verbreitet.
Heute kommt er in Europa an der Mittelelbe (DDR) am Rhoneunterlauf, in Finnland, Schweden, Norwegen, Polen, Masuren und in der Sowjetunion vor. In der Bundesrepublik Deutschland ist er in Bayern, in der Eifel und neuerdings in Norddeutschland wieder ausgewildert worden.
Lebensweise: Idealer Biberbiotop ist der an Wasser über flache Ufer angrenzende Auewald, bestehend aus Eichen, Eschen, Weiden, Erlen, Linden, Birken, Ulmen, Wildobst, Haselnuß.
Da wegen zeitweiser Überschwemmung dieses Gebiet für Neugierige unzugänglich bleibt, fühlt sich der Kulturflüchter Biber hier wohl.
Hier legt er in den ansteigenden Uferzonen Wohnbaue an, in die er unter Wasser ein- und aussteigt.
Bei Hochwasser kann der höher gelegene Wohnteil, der Kessel, überschwemmen, so daß die Bewohner Notbaue anzulegen gezwungen sind. Einstiege, die bei Wassersenkungen offengelegt werden, verdeckt der Biber mit Pflanzenmaterial. Sog. Biberburgen entstehen in völlig ebenem Gelände. Dämme baut er nur, wenn sein Wohngebiet trockenfällt oder aber die umliegenden Pflanzenreservoire auszutrocknen drohen. Der Biber wird damit zu einem aktiven „Landschaftsgestalter".
Verhalten: Der Biber lebt hauptsächlich nachtaktiv. Je nach örtlicher Ruhe ist er aber auch durchaus sonnenbadend auf seiner Burg zu beobachten. Er gilt als hervorragender Schwimmer, aber nur mäßiger Landgänger. Sein Tauchvermögen beträgt wegen besonders großer Lungen etwa 10 Minuten. Beim Tauchen verschließen die Ohrmuscheln den Gehörgang und die Nickhaut die Seher.
Sinne: Biber sind extrem kurzsichtig.
Dafür ist ihr Geruchssinn umso besser entwickelt.
Fortpflanzung, Brunft, Setzzeit: Beide Geschlechter sind mit 3 Jahren geschlechtsreif, sie werden bis zu 20 Jahre alt.
Der Biber gilt im Gegensatz zu anderen Nagern als wenig fruchtbar, bringt das Weibchen doch nach der Brunft im Februar 15 Wochen später nur 2–5 Junge. Diese sind voll entwickelt und werden nach 4 Wochen Bauaufenthalt an die Äsungsaufnahme in der Bauumgebung gewöhnt. Das Männchen bleibt in der Nähe des Mutterbaues. Die Jungtiere verbleiben bis zum 2. Lebensjahr bei den Eltern.
Fraßansprüche: Biber sind reine Pflanzenfresser. Zu ihrer Hauptnahrung zählen Pflanzen in der näheren Umgebung ihres Baues, d.s. Gräser, Beifuß, Brennnesseln, Wasserpflanzen, Holz, Rinde, Zweige und Blätter von Weichhölzern (Aspe, Schwarzpappel, Weide), Rhizome von Seerosen, Wurzelknollen, Fallobst, Rüben. Im Herbst beginnt der Holzeinschlag des Bibers an Aspen, Weiden, Pappeln, Eichen, Ulmen, Wildobst, Haselstrauch, selten Nadelholz, Birken und Erlen.
Mit den Schneidezähnen reißt er Holzspäne aus dem Stammfuß. Die Fallrichtung des Baumes ist willkürlich. Dünne Äste des gefällten Baumes dienen als Fraßholz, stärkere als Bauholz. Alles Holz bis zu 10 cm Durchmesser wird in 1–2 m langen Enden zum Bau geschafft (geschleppt).
Der Schaden des Bibers an Waldbeständen ist nur dann beträchtlich, wenn man ihm seine natürliche Äsung durch Kultivierung urtümlicher Landstriche entzieht.
Feinde: Der Hauptfeind ist der Mensch.
Dieser allein ist, wie bei vielen anderen aussterbenden Tieren auch, an seinem ständigen Rückgang schuld.

Hier sind besonders zu nennen:
1. Übermäßige Nachstellung wegen seines Felles, seines als Allheilmedizin bekannten Bibergeils und seines als fastengerecht geltenden Fleisches (Wildbrets)
2. Regulierung der Bach- und Flußläufe
3. Beseitigung von Feuchtbiotopen
4. Übermäßige Beunruhigung letzter Biberrückzugsgebiete
5. Umwandlung vieler Auewaldbestände in bauholzliefernden Nadelwald.

Weitere Feinde sind das europäische Großraubwild Wolf, Luchs und Bär.

Bejagung

In der Bundesrepublik Deutschland unterliegt der Biber seit 1977 nicht mehr dem Jagdgesetz, er ist seitdem naturgeschützt.

Zur Wiederholung und Kontrolle

- Welche besonderen weidmännischen Ausdrücke sind Ihnen für den Biber bekannt?
- Beschreiben Sie die Kelle.
- Wo gibt es den Biber noch heute in Europa?
- Was ist eine Biberburg?
- Wann baut er Dämme?
- Nennen Sie seine Fraßansprüche.

Nerz (Sumpfotter), *Putorius lutreola* L.

Systematik

Ordnung: Carnivora, Raubtiere
Unterordnung: Fissipedia, Landraubtiere
Familie: Mustelidae, Marder
Unterfamilie: Wieselartige (Stinkmarder)

Es gibt europäische und nordamerikanische Nerze. Letztere gelangen aus Nerzfarmen in die freie Wildbahn.

Weidmannssprache

Krebsotter, Nörz, Steinhund, Wasserwiesel, Schwimmarder:	Nerz
Mink:	nordamerikanischer Nerz

Übrige Ausdrücke wie Marder.

Aussehen, Balg, Gewicht (Abb. 88)

Der Nerz ist im Gegensatz zu den meisten anderen Tieren unter- und oberseits gleich gefärbt. Die eigentliche Balgfarbe des mit Rute 50 cm langen Tieres ist glänzend rot-braun mit schwarzen Gehören. Die Unterlippe ist weiß. Auffallend sind seine Schwimmhäute an allen 4 Branten, wie auch beim Fischotter, aber im Gegensatz zu Bisam und Biber (hier nur an Hinterläufen). Die Schwimmhäute der Hinterbranten sind stärker entwickelt als die der Vorderläufe. Der Fischotter hat allerdings ausgeprägtere Schwimmhäute. Das hängt damit zusammen, daß der Nerz gleich viel an Land und im Wasser lebt.

Abb. 88. Nerz.

Gebiß

$$\frac{3}{3}\ \frac{1}{1}\ \frac{3}{3}\ \frac{1}{2} \times 2 = 34$$

Verbreitung: Das ehemalige Vorkommen begann östlich der Weser und reichte bis nach Rußland. Nerze aus China und Sibirien stellen andere Rassen dar. Der nordamerikanische Nerz ist eine eigenständige Art.
Heute ist der europäische Nerz nur noch sehr selten anzutreffen.
Oftmals kommt es zu Verwechslungen mit dem nordamerikanischen Nerz.
Lebensweise: Der Nerz lebt im Wasser und an Land. Er bevorzugt abgeschiedene Gewässer, wo er vorwiegend nachtaktiv ist. Tagsüber schläft er in Ufer- oder Baumverstecken. Er ist ein guter Schwimmer und Landgänger, aber schlechter Kletterer.
Gesichtssinn und Geruchssinn sind bestens entwickelt.
Seine Fortpflanzungsgeschichte ist wenig erforscht. Man hat im April schon bis zu 5 blinde und nackte Jungnerze in ufernahen Baumwurzelverstecken gefunden. Danach könnte die Ranz im Februar sein.
Fraßansprüche: Wassertiere, Eier.

Bejagung

Der Nerz wurde früher rein zufällig erlegt oder ebenso gefangen, weil er selten vorkam. Seit 1977 unterliegt der Nerz dem Naturschutzrecht.

Bisam, *Ondatra zibethicus* Link

Systematik
Ordnung: Rodentia, Nager
Unterordnung: –
Familie: Microtidae, Mäuseartige
Unterfamilie: –

Es gibt viele Rassen, die anhand ihrer Schädelnähte unterschieden werden.

Aussehen, Balg, Gewicht
Das bis zu 45–75 cm lange Tier einschließlich 20–35 cm langem, seitlich zusammengedrücktem Schwanz sieht bei grober Ansprache wie eine große Wühlmaus aus. Der Bisam ist oberseits dunkelbraun, unterseits gelbbraun bis rotbraun gefärbt. Das dichte Unterhaar ist grau. Allerdings gibt es sehr viele andere Farbvarianten: von schwarz über rot bis gelb. Die Geschlechter können farblich nicht unterschieden werden. Die Hinterzehen weisen Schwimmborsten auf (bei Fischotter und Nerz haben alle 4 Läufe Schwimmhäute).
Der Bisam wiegt zwischen 1–2 kg.
Der Kopf geht mit nur geringer Halsandeutung in den gedrungenen Rumpf über. Wie alle Nager sitzt der Bisam viel, insbesondere beim Fressen.
Die Augen sind schwarz, die Ohren kaum sichtbar.
Die Geschlechtsteildrüsen des Männchens schwellen im Sommer stark und dienen der Geschlechterfindung.

Gebiß

$$\frac{1}{1}\ \frac{0}{0}\ \frac{0}{0}\ \frac{3}{3} \times 2 = 16$$

Verbreitung: Die Heimat des Bisams ist Nordamerika. Von hier kam er um die Jahrhundertwende über Böhmen nach Deutschland (1915) und über finnische und russische Aussetzungsversuche nach Osteuropa. Heute lebt der Bisam in Mittel-, West- und Osteuropa. Außer in den USA, Kanada, Finnland und Sowjetunion wird dieser schädliche Nager überall bekämpft.
Lebensweise: Der Bisam ist auf Wasser in seinem Lebensraum angewiesen, wobei die Lage, die Fließgeschwindigkeit und die Gewässergüte nur bedingt Auswirkungen auf seine Verbreitung haben. Er ist ein hervorragender Schwimmer. Beim Schwimmen sieht man nur den vorderen Kopf. Der Schwanz übernimmt hierbei Steueraufgaben. Da die Behausungen vornehmlich in Uferböschungen gegraben werden, richten diese Nager große Schäden an Dämmen und Deichen an. Sie werden auch „Wasserkaninchen" genannt.
Die Eingänge sind unter Wasser, so daß die Besiedlung nicht gleich entdeckt wird.
Selbst die Fischerei verzeichnet große Bisamschäden, da die Tiere Fischteichdämme unterminieren und Reusen, in denen sie sich fangen, durchbeißen.
An langen Tagen im Sommer sieht man die Nager öfter auch tagsüber, weil der Fraß im Bau nicht lange vorhält und die Jungen ernährt werden müssen. Im Winter dagegen verlassen sie ihren Bau nur in der Dämmerung. Sie bevorzugen für ihre Ausflüge die Nachtzeit. Bei geschlossener Eisdecke im Winter bleibt der Bisam vorwiegend im Bau und holt sich allenfalls Nahrung unter Wasser. Die Burg erhält genug Luftzufuhr von oben.
Fortpflanzung, Ranz, Setzzeit: Der Bisam ist im Jahr nach der Geburt geschlechtsreif. Sobald das Eis geschmolzen ist, paaren sie sich, wobei die Männchen die Weibchen arg bedrängen und um sie kämpfen. Die Weibchen tragen einen Monat und werfen 5–8 Junge (eventuell auch mehr oder weniger), die zunächst 11 Tage blind sind. Bei optimalen Umweltbedingungen sollen die Jungen des ersten Wurfes noch im selben Jahr fortpflanzungsfähig sein. Im übrigen vermehren sich ausgewachsene Bisame bis zu 5mal im Jahr.
Fraßansprüche: Der Bisam ist reiner Vegetarier ohne besondere Vorliebe für irgendwelche Wasserpflanzen. Wo Gelegenheit ist, hält er sich auch an Garten- und Ackerfrüchten schadlos. Im Winter genießt er mehr unterirdische Pflanzenteile. Einzige Fleischnahrung = Schnecken und Muscheln.
Feinde: Neben dem Menschen als Bisamverfolger kommen als Feinde alles Raubwild, auch Greifvögel sowie Katzen und Graureiher in Frage. Zusätzlich droht als Verfolger im Wasser der Hecht für junge Bisame.
Verfolgung: Von Jagd auf den Bisam im rechtlichen Sinne kann nicht gesprochen werden, da der Bisam in der Bundesrepublik Deutschland nicht zu dem in § 2 (1) BJagdG genannten Tierarten gehört. Der gem. BNatSchutz geforderte vernünftige Grund zur

Tötung ist durch die Schädlichkeit des Bisams gegeben (der Bisam unterliegt dem allgem. Schutz; § 20 d des BNatschG), jedoch ohne Schußwaffe. Diese darf gem. § 45 Abs. 6 (5) des Waffengesetzes nur zur Jagdausübung und zur Ausübung des Jagdschutzes verwendet werden. Demnach darf der Bisam nicht mit einem Gewehr getötet werden. Hierzu braucht man eine besondere Schießerlaubnis. Abgesehen davon, daß Jäger gelegentlich Bisame bei der Wasserjagd erlegen, damit aber den Schädling nicht in seine Schranken verweisen, hat man Bisamfänger behördlicherseits bestellt, die gegen Prämie die Tiere in Fallen fangen und außerdem die Bälge verwerten oder verkaufen dürfen.
Der Genuß des Wildbrets wird in Deutschland mit dem Begriff „Ratte" in Zusammenhang gebracht und deswegen abgelehnt. Tatsächlich soll das Fleisch vorzüglich munden. Kanadier, Holländer und Finnen loben die Wildbretqualität des Bisams. Wegen der alleinigen Pflanzenkost ist es nicht einmal nötig, das Tier auf Trichinen beschauen zu lassen.

Nutria (Biberratte, Sumpfbiber), *Myocastor coypus* Geoffr.

Der Nutria kommt aus Südamerika und wurde ganz besonders nach dem Kriege in Pelztierfarmen bei uns in der Bundesrepublik Deutschland gehalten. Die von dort ausgebrochenen Tiere gelangten in die freie Wildbahn, wo sie in Wassernähe gute Lebensbedingungen vorfanden.
Der Nutria hat im Unterschied zu Biber und Bisam einen runden Rattenschwanz, der bis zu 45 cm lang wird. Das bis zu $^1/_2$ m lang werdende Tier wird bis 8 kg schwer. Die Balgfarbe ist eher ratten- als biberfarben; das Fell wird qualitätsmäßig dennoch hoch eingestuft. Nutriafleisch ist eßbar, aber trichinenbeschaupflichtig.
Die Weibchen sind nach der Eisschmelze paarungsbereit. Sie werfen 2 mal jährlich etwa 5 Junge, die im Gegensatz zu Bisamjungen sofort schwimmen. Nutrias sind gegen strengen Frost empfindlich; sie gehen ein, wenn tiefe Temperaturen längere Zeit anhalten.
Die Tiere unterliegen in Bayern und Hessen dem Jagdrecht, genießen allerdings in Hessen keine Schonzeit.

Wanderratte, *Rattus norvegicus*

Dieser überaus große Niederwildschädling gehört zu den echten Mäusen (Langschwanzmäuse). Als besondere Kennzeichen sind zu erwähnen: große Augen, große Ohren, lange Beine, langer Schwanz (Abb. 89). Es gibt viele Farbvarietäten von weiß über grau bis schwarz. Die Gewichte liegen zwischen 250 und 600 g.

Abb. 89. Wanderratte (oben); Hausratte (unten).

Unverkennbar ist die Spur (Abb. 90): 4 Vorderlauf- und 5 Hinterlaufzehenabdrücke, wobei die Hinterfüße um die Hälfte größer als die Vorderfüße sind. Die Exkremente werden einzelstückweise als 1,5 cm lange zylindrische Pillen auf sog. Latrinenplätzen, selten an anderen Orten abgesetzt.

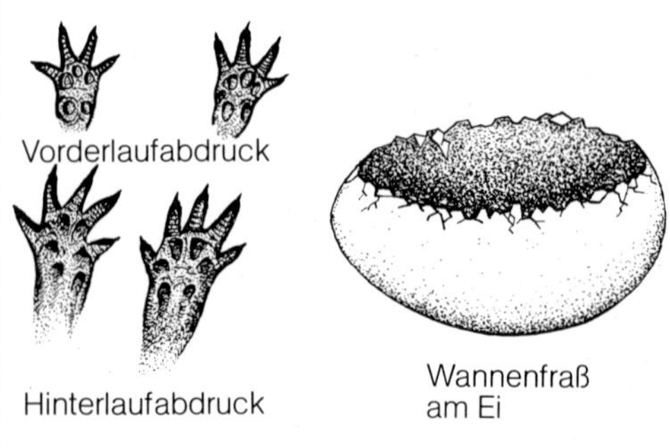

Abb. 90. Ratte. Trittsiegel und Eifraß.

Wanderratten leben in Familienverbänden, sog. Rattenrudeln. Die Wohnung ist ein Bau, der in einem unterirdischen Gangsystem liegt. Als Zugänge dienen Rattenlöcher von bis zu 10 cm Durchmesser.
Außer einem gegen Artgenossen streng verteidigten Revier, das nur die nächste Nähe des Wohnbaues umgibt, spricht man von Aktionsräumen, die sich mit denen fremder Ratten überschneiden und über 1 km^2 groß sein können.
Zur Frühjahrs- und Herbstzeit wandern viele Ratten, daher der Name Wanderratte; nämlich im Frühling ins Freie, im Herbst in die Nähe menschlicher Siedlungen.
Die Fraßansprüche sind angebots- und gewohnheitsabhängig. Ratten fressen vegetarische und animalische Beute. Im einzelnen sind das: Getreide, Pflanzenwurzeln, oberirdische Pflanzenteile, Samen, Vögel, Eier, Niederwild, das sie bezwingen können, und Insekten.
Eine Bekämpfung kommt mit Fallenfang, Giftköder, Atemgift und bei Ausübung der Jagd mit Schußwaffen in Betracht.

2.2 Federwild und sonstige Vögel

Rebhuhn, *Perdix perdix* L.

Systematik
Ordnung: Galliformes, Hühnervögel
Familie: Phasianidae, Fasanenvögel
Unterfamilie: Perdicinae, Feldhühner

Weidmannssprache

Rebhahn, Hahn:	männliches Rebhuhn
Rebhenne, Henne:	weibliches Rebhuhn
Küken:	junges Rebhuhn
Paar:	verpaarte Rebhühner
Gelege:	Eier im Nest
Kette, Volk:	Althühner mit Jungen
Flug, Schar:	mehrere Ketten
Paarzeit:	Begattungszeit
Treten:	begatten
Ausfallen:	Schlüpfen aus dem Ei
Gabelhuhn:	Rebhuhn mit nicht voll entwickeltem Stoß, bei dem nur die äußeren Federn ausgewachsen sind
Schild:	brauner Brustfleck
Rose:	nackte Augenumgebung
Schwinge:	Flügel
Stoß:	Schwanz
Ständer:	Bein
Äsung:	Nahrung
Gestüber:	Exkremente
Geläuf:	Trittabdrucke
Lager:	Ruhestatt
Locken, Rufen:	heranlocken
Streichen:	fliegen
Einfallen:	sich niedertun
beflogen:	flügge
Abfedern:	Töten des Huhnes mit einer Feder, mit der man die Schädelplatte durchsticht (Quälerei)
Ständern:	durch Schrote Ständer verletzen
Flügeln:	durch Schrote Schwingen verletzen
Halten:	Nichtaufstehen der Hühner bei der Suche

Aussehen, Gefieder, Gewicht

Gewicht	300–450 g
Flügellänge	150 mm

Der Kopf ist rostfarben, der Hals und die Unterseite sind grau. Die Oberseite ist braungrau mit unregelmäßigen schwarzen Querlinien. Die Flanken sind quergebändert braun. Der Stoß ist rotbraun. Der braune hufeisenförmige Brustschild des Hahnes kann auch bei der Henne vorhanden sein. Er ist kein Unterscheidungsmerkmal zwischen den Geschlechtern, wie oftmals behauptet wird.
Vielmehr werden zur Geschlechterbestimmung die Flügeldeckfedern herangezogen, deren heller Schaftstrich für den Hahn spricht, während bei der Henne zusätzlich helle Querbänder auftreten (Abb. 91).
Die Ständer sind grau, beim jungen Rebhuhn gelb gefärbt.
Geläuf (Abb. 91): Der Tritt ist etwa halb so groß wie beim Fasan, d.h. 4 cm lang und breit. Der Winkel der Seiten- zur Mittelzehe beträgt etwa 60°. Die Hinterzehe wird nur andeutungsweise abgedrückt. Beim Geläuf stehen die Tritte hintereinander.
Gestüber (Abb. 91): Spiralig gedreht und 2 cm lang. Während der Brutzeit werden breiige Klumpen abgesetzt (starkriechend, Blinddarmausscheidungen).

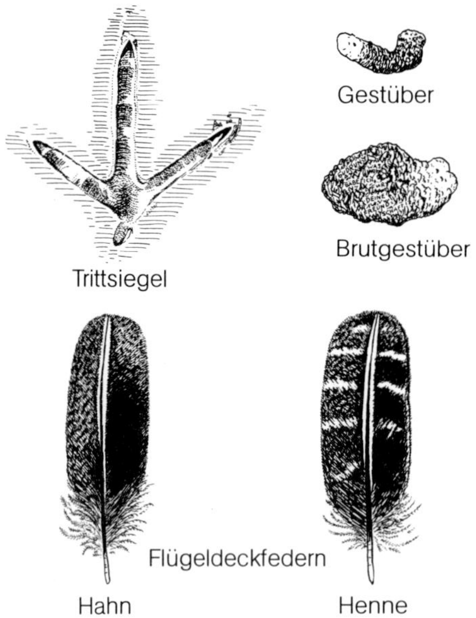

Abb. 91. Rebhuhn. Trittbild, Gestüber, Oberarm-, Schulter-, Ellbogendeckfedern (aus Müller, F.: Wildbiologische Informationen für den Jäger, Jagd und Hege Ausbildungsbuch III. Ferdinand Enke Verlag, Stuttgart 1982).

Lautäußerung: Rebhühner verständigen sich hauptsächlich akustisch, sowohl bei Gefahr durch „Terreck" als auch beim Sichfinden durch das Rufen.

Verbreitung: Gesamteuropa, außer hoher Norden, wobei es in Nordfrankreich, Spanien, Italien, Polen und Rußland andere Rassen gibt. Im Westen Niedersachsens ist das Heiderebhuhn bekannt (Hauptvorkommen Niederlande). Aussehen: dunkler Hals und Bauchfleck.

Lebensweise: Rebhühner leben auf Acker-, Ödland- und Heideflächen, aber auch in Wiesen sowie in feldanliegenden Forstkulturen. Feuchte Standorte werden kaum oder gar nicht aufgesucht. Sie sind Kulturfolger.

Verhalten: Rebhühner sind Standvögel. Sie baumen niemals auf. Sie sind nur tagaktiv. Rebhühner haben getrennte Äsungs- und Schlafplätze, wobei der Althahn den Aufbruch zu einem der Plätze bestimmt. Tagsüber werden beim Äsen größere Ruhepausen eingelegt, während der gerne sandgebadet wird. Grundsätzlich hält beim Tagesaufenthalt auf dem Äsungsplatz ein Rebhuhn Wache und warnt die übrigen bei Gefahr. Im Winter während der dekkungslosen Zeit vereinigen sich oft mehrere Rebhuhnvölker, um gegen Gefahren durch aufmerksames Beobachten besser gewappnet zu sein.

Sinne: Äugen und Vernehmen sind bestens entwikkelt.

Fortpflanzung, Balz, Brutzeit, Aufzucht der Jungen: Rebhühner leben in Einehe, deren Ende meist nur der Tod bestimmt. Sie sind mit einem Jahr geschlechtsreif.

Ab März lösen sich die großen Familienverbände und Notgemeinschaften auf, und die Paarhühner suchen ihr angestammtes Brutareal auf. Rebhühner leben jetzt streng territorial.

Plötzliche Wintereinbrüche im März führen die Völker wieder zusammen.

Jungehen werden unter den Hähnen oft erst erstritten. Geschwisterpaarung ist äußerst selten. Die Henne legt im Mai in ein einfaches Nest aus alten Grashalmen am Boden 10–20 Eier von hellbraungrauer Farbe, die erst nach der gesamten Ablage 24 Tage bebrütet werden. Der Hahn brütet nicht mit, sondern hält Wache. Gelegentlich kommt es zu Gelegen zweier Hennen in ein Nest, wobei die Nesteignerin dann alleine brütet.

Wenn die Henne ihr Gelege nicht unverhofft verlassen muß, deckt sie es mit Gräsern ab. Damit werden die Eier vor Räubern und Bodenfrost geschützt. Wiederholte Störungen durch Raubwild und Raubzeug können dazu führen, daß das Gelege aufgegeben wird.

Die Küken sind Nestflüchter, d.h., sie verlassen gleich nach dem Schlüpfen das Nest. Die Henne führt die Küken zur Äsung, der Hahn bewacht sie. Der verwitwete Hahn kann sich auch durchaus der Jungen allein annehmen. Mit 2 Wochen können die Küken über kurze Strecken fliegen. Etwa zum gleichen Zeitpunkt beginnen sie im Sand zu baden. Mit 3 Wochen sind sie voll flugfähig.

Äsungsansprüche, Fütterung: Küken nehmen am ersten Lebenstag keine Nahrung auf. Danach suchen sie animalische Kost in Form von Insekten. Nach drei Wochen haben sie sich überwiegend auf vegetarische Kost umgestellt (vorzugsweise Schafgarbenblätter).

Althühner bevorzugen nach neuen Untersuchungen Kobrigers (1980) Getreidekörner anstelle von bisher in erster Linie genannten Grassamen, mit Vor-

Wiedehopf

Wachtelkönig

Mittelspecht

Triel

Wasseramsel

Rotschenkel

Kuckuck

Ziegenmelker

Neuntöter (links ♀, rechts ♂)

liebe Straußgras, sowie von Hanf, Raps und Hirse, außerdem Wildkräutersamen und Insekten. Im Frühjahr werden zusätzlich grüne Pflanzenteile (Klee, Kräuter, Knöterich, Löwenzahn) genascht.

Strenge Winter bringen Rebhühner in Not. Dann muß man füttern. In Frage kommen Pellets, ein Gemisch aus Hanf und Hirse, zusätzlich Saftfutter in Form von zerkleinerten Topinamburknollen, Mohrrüben, Zuckerrüben sowie zum Frühjahr Legefutter. Die Futterstelle wird nicht überdacht, sondern besteht aus einem undurchdringlichen Dornengewirr, um dem Raubwild das Rauben zu vergällen.

Feinde: Der Mensch muß wegen seiner anmaßenden Eingriffe in das Ökosystem Feldflur als Hauptfeind angesehen werden.

Aus der Wildbahn kommt alles Raubwild – Haarraubwild und Greifvögel – zusätzlich Igel, Ratten, Krähen, Elstern, wildernde Hunde und streunende Katzen in Betracht.

Bejagung

Jagdarten: Suche mit dem Vorstehhund, bisweilen auch Streife und anläßlich von Treibjagden. Das erste aufstehende Huhn ist zumeist eines der Althühner und sollte deswegen geschont werden.

Scharfe Bejagung ist bei abnehmenden Rebhuhnbeständen unverantwortlich und führt u.U. zum Aussterben.

Jagdzeiten nach Bundesverordnung: 1.9.–15.12.

Jahresstreckenergebnis: 16501 Stück (1987/88).

Rebhuhnforschung: Seit rund 30 Jahren nehmen die Rebhuhnbestände international ab. Die Bundesrepublik Deutschland ist davon nicht verschont geblieben. Hier gilt es, nach den Ursachen zu suchen.

In Betracht kommen:

1. Starker Räuberdruck, nämlich Fuchs, Marder, Wiesel, Krähen, Elstern, Katzen, Ratten, Greifvögel (Habicht, Bussard). Gerade bei den Greifen wirkt sich deren Zunahme mangels jagdgesetzlicher Handhabe überaus nachteilig auf die Rebhuhnpopulationen aus. Es kommt hinzu, daß der Habicht als Nahrungsopportunist (KALCHREUTER 1982) von einzelnen Beutetieren unabhängig ist, sich also seine Dichte nicht nach Zu- und Abnahme einzelner Beutetierpopulationen zu richten braucht.
   Die allseits beklagte Ausräumung der Landschaft ist nicht rebhuhnschädlich (REICHHOLF 1973), wohl allgemein faunenschädlich. Im Falle des Rebhuhnes wird neu geschaffene Deckung auch auf die Räuber des Rebhuhnes anziehend wirken, es sei denn, man verfolgt die Räuber.
   Jäger und Vogelschützer sollten jederzeit dafür eintreten, daß unrentable Kleinflächen ungenutzt liegenbleiben oder in einer für unsere heimische Tierwelt angepaßten Weise extensiv bewirtschaftet werden.
2. Der starke Herbizideinsatz entzieht den für die Kükenaufzucht lebensnotwendigen Insekten jede Nahrungsgrundlage, so daß die Rebhuhnküken nicht durch Pestizidvergiftungen, sondern durch Mangel an tierischem Eiweiß zu Grunde gehen (POTTS, 1980, KALCHREUTER, 1982).
3. Extreme Schneelagen bringen den Rebhuhnbeständen nur dann dauerhafte Einbußen, wenn es sich um langfristige Klimaveränderungen handelt. Davon kann in unseren Breiten bisher keine Rede sein.

Die Jagdausübung mit 16000 Jahresstrecke kann für den Rebhuhnrückgang nicht verantwortlich gemacht werden. Man denke nur 30 Jahre zurück, als sich die jährliche Strecke auf 750000 Stück belief und keine Abnahme der Bestände zu verzeichnen war.

Zur Wiederholung und Kontrolle

- Wie unterscheidet man Rebhahn und Rebhenne?
- Beschreiben Sie den Lebensraum des Rebhuhnes.
- Wie verhalten sich Rebhühner im Winter?
- Geben Sie Aufschluß über die Äsungsansprüche des Rebhuhnes.
- Welche Maßnahmen sind zur Hebung des Rebhuhnbestandes angezeigt?
- Wann spricht man beim Rebhuhnverband von einer Schar?
- Was ist ein Gabelhuhn?
- Welches Geschlecht trägt einen Hufeisenfleck auf der Brust?

Fasan, *Phasianus colchicus* L.

Systematik

Ordnung: Galliformes, Hühnervögel
Familie: Phasianidae, Fasanenvögel
Unterfamilie: Phasianinae, Fasanen

Die größte Fasanenvielfalt gibt es in China:
Phasianus
colchicus torquatus, Chinesischer Ringfasan
– *mongolicus*, Mongolischer Fasan
– *pallasi*, Mandschurischer Ringfasan
– *elegans*, Stone-Fasan
– *karpowi*, Korea-Ringfasan
– *süehschanensis*, Sungpan-Fasan
– *formosamus*, Formosa-Ringfasan
– *strauchi*, Strauchfasan
– *tarimensis*, Tarim-Fasan
– *takatsukasae*, Tonkin-Ringfasan
crossoptilon auritum, Blauer Ohrfasan
– *crossoptilon*, Weißer Ohrfasan
– *mantchuricum*, Brauner Ohrfasan
lophura nycthemera, Silberfasan
chrysolophus pictus, Goldfasan
– *amherstiae*, Diamantfasan
lophura sclater, Weißschwanz-Glanzfasan
– *leucomelana*, Nepalfasan
– *lathami*, Schwarzbrustfasan
syrmaticus mikado, Mikado-Fasan
– *ellioti*, Elliot-Fasan
– *huminae*, Burma-Fasan
u.a.

Weltweit sind 57 Gattungen und 170 Arten bekannt.

Weidmannssprache

Hahn, Fasanenhahn:	männlicher Fasan
Henne, Fasanenhenne:	weiblicher Fasan
Küken:	junge Fasanen
Gesperre:	alle Jungen einer Brut
Bukett:	Trupp gemeinsam auffliegender Fasanen
Schlafbaum:	Baum, der der Übernachtung dient
Schild:	Flügel
Sporn:	rückseitige Zehe am Ständer des Hahnes
Spiel, Stoß:	Schwanz
Hörner:	Federohren

übrige Ausdrücke wie beim Rebhuhn

Aussehen, Gefieder, Gewicht

Gewicht: 1000–1500 g
Flügellänge: 250–300 mm
Das Gefieder ist außerordentlich unterschiedlich gefärbt. Da es kaum noch reinrassige Fasanen gibt, soll hier eine Beschreibung der an unserem Jagdfasan beteiligten Rassen erfolgen.
Ph. colchicus colchicus, Kupferfasan, Böhmischer Fasan
Auffallend sind der lange Stoß (Spiel) und die kurzen Federohren; der grüne Kopf glänzt metallisch, das Gefieder ist oberseits rotbraun mit unregelmäßiger schwarzer Fleckung, der Unterhals ist rotbraun mit schwarzer Einfassung der Einzelfeder. Die Brust und die Flanken sind rostbraun gefärbt. Die Flügeldecken weisen graubraune bis mittelbraune Färbung auf. Die Spielfedern sind hellbraun mit vielen schwarzen Querbändern. Die Stoßfedern sind rotbraun gerändert.
Die Augen sind von scharlachroten Rosen umgeben. Der Bürzel ist dunkelrot. Der *Ph. c. colchicus* hat keinen weißen Halsring. Die Henne ist unscheinbar gelbbraun mit schwarzer Fleckung.
Ph. colchicus mongolicus, Ringfasan, Mongolischer Fasan
Als hervortretendes Merkmal gegenüber dem Jagdfasan fällt die dunklere Gesamtfärbung auf. Der weiße Halsring ist breit unterbrochen, die Hörner sind nur angedeutet. Der Habitus ist kräftiggedrungen.
Ph. colchicus torquatus – Chinesischer Ringfasan
Wie der deutsche Name schon sagt, trägt dieser Fasan einen weißen Halsring (breiter als bei *Ph. c. mongolicus*). Im übrigen ist seine Oberseite heller als die von *Ph. c. colchicus*. Über den Augenbrauen verlaufen 2 reinweiße Striche. Der Bürzel ist himmelblau. Insgesamt ist der Ringfasan kleiner als *Ph. c. colchicus*.
Die Ständer der Fasanen sind hellgrau oder gelb.
Geläuf: Der Fasanentritt ist 8 cm beim Hahn und 7 cm bei der Henne lang und damit doppelt so groß wie der des Rebhuhnes. Der Winkel der Seiten- zur Mittelzehe beträgt 60°. Im Geläuf können Hahn und Henne in Schrittweite und Trittgröße, wie oben erwähnt, unterschieden werden. Die Hinterzehe des

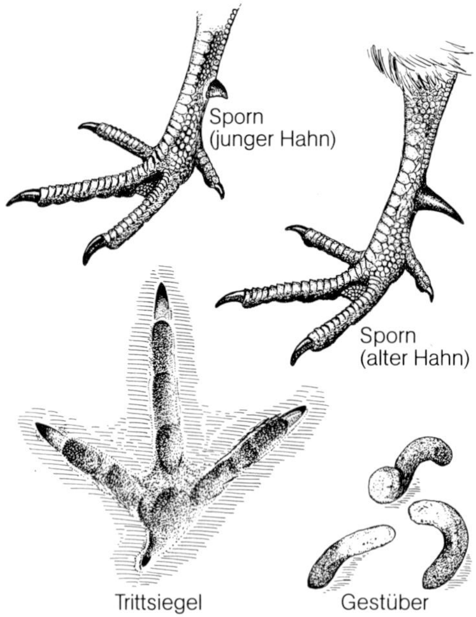

Abb. 92. Fasan. Ständer mit Sporn, Trittbild, Gestüber.

Hahnenfußes wird Sporn genannt. Stumpfkelig ist der Sporn des jungen Hahnes, spitzkegelig und hart der des Hahnes ab 2. Jahr (Abb. 92).

Gestüber (Abb. 92): Das Gestüber ist spiralig gedreht und 2,5 cm lang.

Lautäußerung: Junge Hähne im Alter von 4 Wochen melden schon hahnenähnlich. Der ausgewachsene Hahn ruft doppelsilbig. Die Fluchtschreie der Henne sind heller. Die Küken werden gelockt.

Verbreitung in Europa: Als Standvogel kommt der Fasan heute in Gesamtost-, -west- und -mitteleuropa vor. Südeuropa wird bis auf Teile Spaniens und Italiens nicht besiedelt. In Nordeuropa fehlt er in Norwegen sowie Großteilen Schwedens und Finnlands.

Lebensweise: Der Fasan ist weder Waldbewohner, noch liebt er die baumlose Kultursteppe.
Zuträglich ist ihm der Biotop mit den 3 „W“s:

Wald	steht für Bäume, wo er nachts aufbaumen kann
Wasser	steht für Feuchtigkeit, wo das Küken lebensnotwendige animalische Kost aufnehmen kann
Weizen	steht für Körnerfrucht als Hauptäsung.

Abwechslungsreiche Biotope, nämlich Feld, Buschwerk, Feuchtgürtel werden bevorzugt. Zudem bürgt Ruhe für Standorttreue. Mildes Klima mit langer Sonnenscheindauer fördert das Wohlbefinden.

Dort, wo fast baum- und strauchlose Ländereien mit Wald wechseln, sucht der Fasan nach der Feldfruchternte den Waldrand auf. Hier fühlt er sich in Laubholzbeständen, die oft erst zum Frühjahr völlig entlaubt sind – Eiche, Hainbuche – sowie in Nadelwäldern wohl. Bevorzugt wird der Niederwald, ein aus Stockausschlägen (vegetativ) entstandener Wald mit niedrigem wirtschaftlichen Alter um 20 Jahre.

Vom Standorttyp ist der wasserdurchlässige Sandboden dem schweren Boden vorzuziehen: Einerseits sandbadet der Fasan gern, andererseits soll das Gelege nach starken Regenfällen nicht im Wasser liegen.

Verhalten: Die dem Fasan nachgesagte Dummheit ist unzutreffend. Er steht zwar im Gebrauch seiner Sinne beim Federwild nicht obenan, doch sind sein Gesichts- und Gehörsinn sehr gut ausgebildet. Der Fasan läuft besonders gut. Er steht bei Gefahr erst im letzten Moment auf. Bis dahin versucht er davonzulaufen. Auch im Fluge ist er schnell, was wohl dem Jäger am besten bekannt sein dürfte.

Fasanen leben mit Ausnahme balzender Hähne gesellig untereinander.

Fortpflanzung, Balz, Brutzeit, Aufzucht der Jungen: Fasanen leben polygam. Auf einen Hahn kommen etwa 5–6 Hennen. Dieses Geschlechterverhältnis sollte man jagdlich erhalten, da zuviele Hähne wegen Unverträglichkeit abwandern, zuviele Hennen Eier in Nester von Geschlechtsgenossinnen oder auch in Rebhuhnnester legen und es dann zu Brutstörungen kommt.

Die Balz dauert von März bis Mai. Die Balzhaltung des Hahnes ist stolz, die Schilder hängen herab, das Spiel wird geöffnet, er springt bisweilen auch schilderschlagend und häßlich krähend umher.

Er ist bereit, während der Balz bis zu 15 Hennen zu treten.

Die Henne legt 10 Tage nach dem Tretakt in ein Nest am Erdboden, das aus Reisern und geringer Polsterung besteht, 10–15 olivgrüne glänzende Eier, die nur von der Henne 24 Tage bebrütet werden. Das Gelege verträgt eine Brutunterbrechung bis zu 20 Stunden. Zerstörte Gelege bringen die Henne zu

1–2maligem Nachlegen. Bei vorübergehender Nestabwesenheit bedecken einige Hennen das Gelege mit Grashalmen.
Die Küken sind Nestflüchter. Sie werden allein von der Henne betreut. Bei Feindannäherung zieht die Henne die Aufmerksamkeit auf sich.
Ab dem 12. Tag sind die Jungen bereits etwas flugtüchtig. Ab der 6. Lebenswoche baumen sie auch schon auf. Im August schildern die Hähne; man kann sie jetzt anhand ihres bunten Gefieders ansprechen. Sie wandern vielfach ab. Ausgangs Winter suchen sie neue Balzplätze.
Äsungsansprüche, Fütterung: Die Küken nehmen ab dem 2. Lebenstag animalische Kost auf: Insekten, Puppen, Larven, Schnecken. Erst ganz allmählich stellen sich die Jungfasanen auf Grün- und Hartfutter um. Diese Ernährungsumstellung beginnt mit 9 Wochen. An Pflanzennahrung nehmen Fasanen Triebspitzen, Blätter, Beeren und Wurzeln auf. Zudem werden gerne Getreide-, Gras- und Unkrautsaat gepickt, außerdem sind Eicheln, Mais, Bucheckern, Hagebutten beliebt. Frösche, junge Mäuse und Luder werden nicht verschmäht.
Steinchen werden als Verdauungsförderer mit aufgenommen. Die Fütterung beginnt nach Einbringen der Getreideernte, um den Bestand nicht abwandern zu lassen. Jetzt gilt es, Fasanenschütten anzulegen und zunächst Leckerbissen zu reichen, um die Fasanen zu gewöhnen: Rosinen, Mais, Sonnenblumenkerne. Später, mit Eintreten des Winters, wird der Anteil normaler Kost gesteigert und der der Leckerbissen verringert. Jetzt sollte man Kaffhaufen bereiten, in denen Rüben, ganze Maiskolben (um die Tiere zu beschäftigen) und Eicheln gereicht werden.
Feinde: Menschen, Feder- und Haarraubwild, Igel, Katzen, Hunde, Krähen, Elstern, Pestizide.

Bejagung

Jagdarten: Treibjagd, Suche mit dem Vorstehhund, Streife. Der Schuß auf den laufenden Fasan („Infanterist") gilt als unweidmännisch.

Jagdzeiten nach Bundesverordnung: 1.10.–15.1.

Jahresstreckenergebnis: 322 352 Stück (1987/88).

Fasanenhege: Der Fasan ist in Deutschland nicht von jeher heimisch gewesen. Vielmehr ist der europäische Fasan (Jagdfasan) eine Importtierart aus dem Kaukasus, von wo er über Griechenland und Italien im frühen Mittelalter vereinzelt zu uns kam. Erst im 16. Jahrhundert wurde er über Gehegezucht der Adeligen für die freie Wildbahn vermehrt. Wegen seines sporadischen Auftretens wurde er für lange Zeit zur hohen Jagd gerechnet.
Nach dem 2. Weltkrieg erfuhr die Fasanenzucht eine nie geahnte Blüte. Ohne zunächst den unseren Gefilden angepaßten Ökotypus gekannt zu haben, vermehrte man *Ph. colchicus*, *torquatus*, *mongolicus* und *versicolor* reinrassig, versuchte aber auch Kreuzungen untereinander. Es gibt keine andere Wildart in der Bundesrepublik Deutschland, bei der ähnlich wie beim Fasan menschliche Eingriffe in die Population, nämlich Aussetzen, Füttern, Kurzhalten seiner Verfolger und anschließendes Schießen, ausgeführt werden.
Die Industrialisierung der Fasanenzucht kann sich wildbiologisch katastrophal auswirken. Es wäre an der Zeit, den der Landschaft angepaßten Fasanenbestand zu hegen und auf die Zufuhr fremden Blutes zu verzichten, um den Ökotypus nicht zu verderben. (Hiermit soll nicht grundsätzlich die Arbeit seriöser Fasanerien beanstandet werden, deren Tätigkeit für den Wiederaufbau neuer Fasanenpopulationen sich sehr segensreich ausgewirkt hat und auch in Zukunft fortbestehen dürfte. Leider haben aber etliche sog. Fasanerien, die als reine „Fasanenfabriken" ihr Unwesen trieben und noch heute treiben, oftmals den ehrbaren „Fasanenmeistern" ins Handwerk gepfuscht.)
Aussetzen wird immer dann ratsam sein, wenn es gilt, neu geschaffene Fasanenbiotope erstzubesiedeln oder aufgeriebene Bestände zu ersetzen.
Zweifellos haben besonders in jüngster Zeit unsere Fasanenbestände arg gelitten.

Hierfür sind verantwortlich:
1. Zunahme des Raubwildes, insbesondere der Greifvögel sowie des Raubzeuges
2. Pestizideinsatz in der Landwirtschaft
3. Einsatz von Großmaschinen in der Landwirtschaft
4. Fasanenfeindliche Eingriffe in die Landschaft
5. Vermehren und Aussetzen falscher Herkünfte
6. Eingeschleppte Geflügelkrankheiten aus Volieren

Nur die Jäger werden dafür sorgen, daß auch künftig dieser schöne Vogel in der freien Wildbahn anzutreffen sein wird.
Falls man aussetzen will, sollte man unter allen Umständen die ausgewählte Fasanerie aufsuchen, um sich ein Bild von der Aufzucht und dem Zustand der Volierentiere zu machen. Hier gilt es, Oberschnabelkürzungen zu erkennen, das Gefieder zu beurteilen, sich die Unterkunft der Küken anzusehen, wo teilweise nicht einmal Tageslicht hinkommt und die Küken ohne Henne im Rotlicht großwerden müssen. Kein Wunder, daß diese Tiere in der freien Wildbahn nicht lebenstüchtig sind.
Besondere Bedeutung kommt der Rassenwahl zu. So sagt man vom *Ph. colchicus mongolicus*, daß er anpassungsfähig, widerstandsfähig und standorttreu ist. Der *Ph. colchicus torquatus* gilt als Kulturfolger ersten Ranges, fällt allerdings wegen seines hellen Gefieders allen Feinden auf. Der *Ph. colchicus colchicus* als eigentlicher Jagdfasan mit gedeckter Gefiederfarbe paßt sich am besten der Umgebung an.

Zur Wiederholung und Kontrolle
- Beschreiben Sie das Äußere des bei uns heute lebenden Jagdfasans.
- Wie unterscheidet sich der Fasanentritt vom Rebhuhntritt?
- Beschreiben Sie den Lebensraum des Fasans.
- Wann balzen die Fasanen?
- Welches Geschlechterverhältnis strebt man in freier Wildbahn an?
- Wie sind die Eier gefärbt?
- Welche Nahrung ist für die Fasanenküken unentbehrlich?
- Was zählt zur Lieblingskost des ausgewachsenen Fasans?
- Wann beginnt man mit der Fütterung der Fasanen?
- Womit füttert man?
- Was ist ein „Infanterist“?
- Wie wird der Fasan bejagt?
- Wann setzt man Fasanen aus?
- Welche Faktoren sind der Fasanenhege abträglich?

Abb. 93. Wachtel.

Wachtel, *Coturnix coturnix* L.

Systematik
Ordnung: Galliformes, Hühnervögel
Familie: Phasianidae, Fasanenvögel
Unterfamilie: Perdicinae, Feldhühner

Aussehen, Gefieder, Gewicht (Abb. 93)
Der rebhuhnähnliche Hühnervogel ist nur halb so groß wie ein Rebhuhn mit einem Gewicht von 80 g. Die Oberseite ist braungelb sowie hell/dunkel längsgestreift. Die Unterseite fällt wesentlich heller aus. Das Männchen hat eine schwarze Kehle. Beide Geschlechter fallen durch einen deutlichen gelben Überaugenstreif auf.
Lautäußerung: Der Wachtelschlag „bick-werick“ macht eher auf den Vogel aufmerksam als man ihn erkennt.
Verbreitung: Gesamteuropa, außer Finnland, Großteile Schwedens, Norwegens und Irlands.
Lebensraum: Unland, Felder, Wiesen, Weiden, Knicks.
Verhalten: Sie ist Zugvogel, in südlichen Ländern aber auch Teilzieher. Die Wachteln leben nicht gesellig, außer während des Zuges.

Nur selten fliegt der flüchtende Vogel, allenfalls über geringe Distanzen dicht über dem Boden.

Fortpflanzung, Balz, Brutzeit: Wachteln leben in Einehe. Anders als der Rebhahn kümmert sich der Wachtelhahn nicht um das Brut- und Aufzuchtgeschäft. Die Balz findet nach Rückkehr aus dem Winterquartier im April/Mai statt. Die Henne legt in eine nur spärlich mit Halmen ausgelegte Bodenmulde 8–15 dunkelgelbe, schwarzbraun gefleckte Eier, die 19 Tage bebrütet werden.

Die Küken sind Nestflüchter und können bereits nach 10 Tagen etwas fliegen. Nach 6 Wochen sind sie ausgewachsen.

Äsung: Käfer, Heuschrecken, Larven, Ameisenpuppen, Unkrautsamen, zarte Pflanzentriebe, Getreidekörner, Hanf, Mohn. Die Jungen sind in den ersten Lebenstagen auf animalische Kost angewiesen.

Feinde: Raubwild, Raubzeug. Ganz entscheidend hat der Mensch mit seiner modernen Landbautechnik für das fast völlige Verschwinden der Wachtel in der Bundesrepublik Deutschland gesorgt.

Bejagung

Jagdarten: Suchjagd mit dem Hühnerhund. Früher wurden Wachteln in Netzen gefangen, wobei man im Frühjahr die Wachtelpfeife mit dem Hennenlockruf oder zahme Wachtelweibchen einsetzte.

Jagdzeiten nach Bundesverordnung:
Ganzjährig geschont.

Rauhfußhühner

Systematik

Ordnung: Galliformes, Hühnervögel
Familie: Phasianidae, Fasanenvögel
Unterfamilie: Tetraoninae, Rauhfußhühner

mit den Arten:
Auerhuhn, *Tetrao urogallus* L.
Birkhuhn, *Lyrurus tetrix* L.
Haselhuhn, *Bonasa bonasia* L.
Alpenschneehuhn, *Lagopus mutus* Montin
Moorschneehuhn, *Lagopus lagopus* L.

Auerhuhn, *Tetrao urogallus* L.

Weidmannssprache (Abb. 94)

Da Auerwild zum Hochwild gehört, sind viele weidmännische Ausdrücke von denen der übrigen Rauhfußhühner zu unterscheiden.

Auerhahn, Hahn, Großer Hahn, der Große, Urhahn, Bromhahn:	männliches Auerwild
Schneider:	geringer Hahn
Henne:	weibliches Auerwild
Küken:	junges Auerwild
Jährling:	einjähriger, erstmals balzender Hahn
Gesperre, Volk:	Henne mit Jungen
Flug:	mehrere Gesperre
Kette:	Zusammenschluß jungen Auerwildes aus mehreren Familien
Platzhahn, A-Hahn:	der den Balzplatz beherrschende Hahn
Balz, Falz:	Paarungszeit
Balzplatz:	Paarungsort
Balzgesang, Balzarie, Gśtanzl:	vierstrophiges Balzlied, bestehend aus: knappen (zählen), Triller, Hauptschlag, wetzen oder schleifen
Worgen, Grölzen:	Lautäußerung des Hahnes am Abend vor der Balz
Kröchen:	Drohlaut des Auerhahnes
Treten:	begatten
Abbalzen:	Balzende
Bodenbalz:	Balz zu ebener Erde
Hochbalz:	Baumbalz
Angehen, Anspringen:	balzenden Hahn anpirschen
Nest:	Nest
Gelege:	Eier
Äsen:	Nahrung aufnehmen
Nadeln:	Nadeln als Äsung aufnehmen
Losung:	Exkremente
sich lösen:	koten
Streichen:	fliegen
Einfallen:	sich niederlassen

Abb. 94. Auerhahn, Balzstellung.

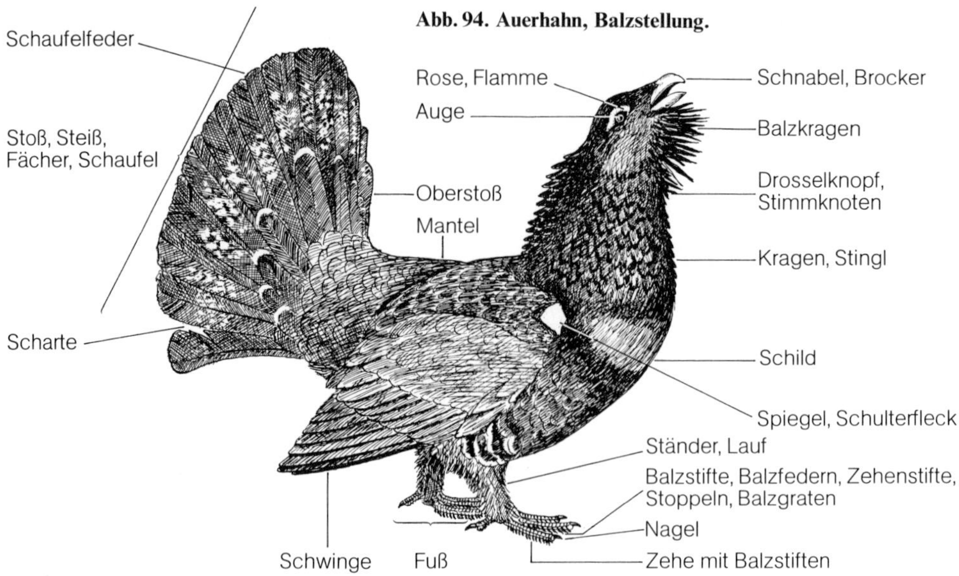

Abbaumen, Abreiten:	fortfliegen
Abfallen, Abreiten:	vom Baum zu Boden fliegen
Aufstehen:	vom Boden auffliegen
Auswandern:	Einstand wechseln
Ausfallen:	Schlüpfen der Küken
beflogen, fluchtbar:	Flüggesein der Jungen
Eräugen:	erkennen
Pfanne:	durch Sandbäder des Auerwildes entstandene Bodenvertiefungen
Verlosen:	verhören
Verbrechen:	Anschuß mit einem Bruch kenntlich machen
Weidkörner:	Magensteine
Aufbrechen, Ausfahren, Aushakeln:	Geräusch und Gescheide entnehmen

Aussehen, Gefieder, Gewicht

Gewicht:	Hähne:	3000–6500 g
	Hennen:	1500–2500 g
Flügellänge:	Hähne:	ca. 400 mm
	Hennen:	ca. 300 mm

Der insgesamt dunkelgrau bis dunkelbraun aussehende plumpe Hahn unterscheidet sich farblich sehr deutlich von der oberseits braun-schwarz-silbern gesperberten und unterseits rostbraun bis grau gefärbten, nur halb so große Henne.

Die oberseits der Augen des Hahnes vorhandenen Hautwarzen färben sich zur Balzzeit tiefrot. Der Balzkragen ist schwarz und sträubt sich in Balzstellung. Zusätzlich ist am Unterhals ein grünmetallisch schimmernder Fleck – Schild – auszumachen. Am Schwingenbug ist bei beiden Geschlechtern ein weißer Spiegel zu sehen. Der Stoß von Hahn und Henne ist abgerundet. An der unterschiedlichen Sprenkelung des Hahnenfächers kann der Hahnenjäger die Individuen auseinanderhalten.

Die Ständer sind im Winter stark befiedert, daher die Bezeichnung Rauhfußhühner.

Fährte (Abb. 95): Zwischen den Zehen befinden sich zur Winterszeit Hornlamellen, die sog. Balzstifte, die vor dem Einsinken im Schnee bewahren sollen. Mit der Balz haben diese Zehenstifte nichts zu tun. Im Sommer sind diese Zehenstifte völlig zurückgebildet.

Die Mittelzehe zeigt leicht einwärts.

Die Fährte des Auerwildes verläuft annähernd in einer Linie.

Losung (Abb. 95): Aus der Winterlosung ist deutlich die Nadelkonsistenz zu ersehen. Die Sommerlosung erscheint spiralig gedreht. Zusätzlich gibt die Henne eine einseitig stark verdickte Brutlosung ab.
Die breiige Blinddarmlosung wird Balzlosung (Balzpech) genannt, obwohl kein Zusammenhang mit der Balz besteht.

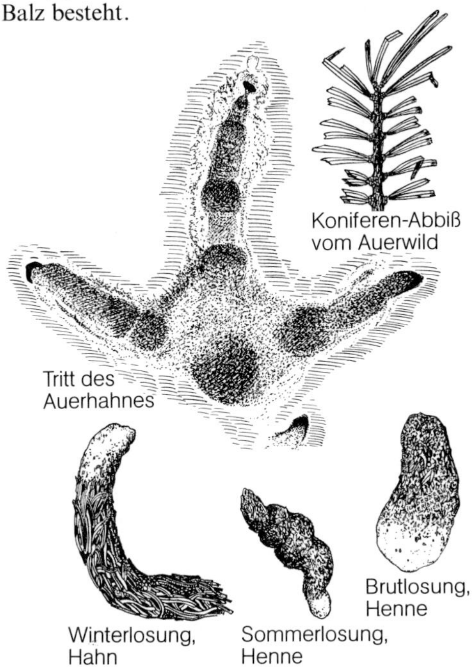

Abb. 95. Auerhahn. Trittbild, Losung, Abbiß.

Trophäe: Der Vogel wird, insgesamt oder auch teilweise präpariert (Kopf, Schwingen, Fächer), als seltene Trophäe gewertet, ebenso wie Weidkörner und Malerfedern.

Lautäußerung: Voran steht der Balzgesang des Hahnes, bestehend aus den
Strophen: Knappen oder Zählen, Triller, Hauptschlag, Wetzen oder Schleifen. Beim Schleifen sind die Eigengeräusche des Hahnes so intensiv, daß er um sich herum nichts wahrnimmt.
Das Worgen läßt der Hahn abends vor der Balz aus seinem Einstand verlauten. Kröchen ist ein Schreckenslaut des Hahnes.
Die Henne gibt selten Lautäußerungen von sich. Ebenso wie beim Piepsen der Küken handelt es sich hier um Stimmfühlungslaute.

Der Hahn ist dunkelgrau bis dunkelbraun gefärbt, die Henne oberseits braunschwarz-silbern, unterseits rostbraun bis grau. Oberseits der Augen des Hahnes sind rote Balzrosen zu sehen. In Balzstellung zeigt sich ein deutlicher Balzkragen am Stingl. Der Schwingenbug wird von einem weißen Spiegel geziert. Der Stoß von Hahn und Henne ist abgerundet. Die Ständer sind befiedert. Die Zehen haben winters seitliche Zehenstifte als Schneeauflage. Die Losung ist spiralig gedreht, im Winter grobfaserig. Die Brutlosung der Hennen ist einseitig besonders dick. Zusätzlich wird wie bei allen Hühnervögeln eine breiige Blinddarmlosung abgesetzt.
Trophäe sind das Ganz- oder Teilpräparat, außerdem die Weidkörner und Malerfedern.

Verbreitung:

Im Nordwesten Europas:	Teile Ostschottlands
Im Norden:	Skandinavien, UDSSR
Zentraleuropa:	Bundesrepublik Deutschland, DDR, Österreich, Schweiz, Balkanstaaten, Polen
Im Westen:	Ostfrankreich
Im Süden:	Pyrenäen

In der Bundesrepublik kommt Auerwild heute noch in Bayern, Baden-Württemberg, Rheinland-Pfalz, Hessen, Nordrhein-Westfalen und neuerdings auch wieder in Niedersachsen vor.

Lebensweise: Das Auerhuhn ist ein ausgesprochener Waldvogel, wobei keineswegs die gesamte Waldfläche der Bundesrepublik Deutschland als Auerwildbiotop in Frage kommt. Vielmehr bevorzugt diese Rauhfußhuhnart einen vertikal gestuften, teilweise verlichteten Waldaufbau, der sich in der Hauptsache in naturnah bewirtschafteten Bestockungen wiederfindet. In solchen Wäldern wachsen Tannen, Fichten, Kiefern, Buchen und Bergahorne. Aber auch Reinbestände (nur eine Baumart) können ungleichaltrig und somit Auerwildheimat sein.
Ungleichaltrige und teilweise verlichtete Waldtypen haben für das Auerhuhn folgenden Vorteil:

1. Beerkrautreichtum infolge verlichteter Bestandeslücken als Äsungslieferant
2. Von Ameisen bevorzugte Biotope und damit wichtige Äsungsquelle für Auerwildküken

3. Idealer Einstand wegen jederzeitigen Schutzes durch Wechsel von Dichtstand und Weitstand des Baumbewuchses, garantierte Bewegungsfreiheit der eigentlich sehr plumpen Vogelart,
schnelles Entfliehen bei Verfolgung durch Raubwild und Raubzeug wegen dichter Jungwüchse möglich
Schutz der Küken bei starken Niederschlägen im Dichtstand
4. Optimierung der Ruhewirkung wegen für Waldbesucher unzugänglicher Waldbestände

Besondere Bedeutung haben Tanne und Kiefer für den Einstand: Die Tanne erträgt gut Schatten und läßt sich deswegen hervorragend mit anderen Baumarten mischen. Wegen ihrer Zweig- und Nadelstellung und Nadelbreite schützt sie die nässeempfindlichen Küken. Die Kiefer läßt viel Licht an den Boden gelangen und sorgt deswegen für guten Beerkrautaufwuchs (Äsung). Zudem sind die Nadeln dieses Baumes als Winteräsung sehr begehrt. Nicht zuletzt sind Kiefern als Balzbäume bevorzugt.
Wegen großer Standorttreue sucht diese Wildart Einstände auf, in denen es ganzjährig leben kann. Deswegen muß der Sommereinstand Deckung für die Küken bieten, darüber hinaus muß in ihm ausreichend Nahrung vorhanden sein. Im Winter, wenn das Auerwild mehr am Boden lebt, werden ebensolche Anforderungen an die Deckung gestellt. Obschon dieses Rauhfußhuhn als wetterhart gilt, sind die Küken sehr abhängig von der Temperatur und den Niederschlägen während der Aufzuchtphase. Abträglich sind Temperaturen von unter 15 °C bis zum 20. Tag und Niederschläge über 100 mm monatlich während dieser Zeit.
Verhalten: Das Auerwild lebt gern gesellig in kleinen Verbänden, nach Geschlechtern getrennt. Lediglich zur Balzzeit duldet der Hahn keinen Artgenossen in seinem Territorium. Auerwild ist Tagwild.
Wegen seiner Körpergröße fliegt es sehr geräuschvoll. Es zählt zu den Rasantstartern. Als Standvogel verstreicht Auerwild nur unweit von seinem Geburtsort (max. 10 km). Hähne sind standorttreuer als Hennen, wobei letzteren geringes Gewicht und Tarnfarbe bei weiteren Flügen zugutekommen.
Sinne: Das Äugen und Vernehmen sind sehr gut entwickelt, das Riechen ist wie auch bei anderem Federwild unterentwickelt.

Fortpflanzung, Balz, Brutzeit: Die Balzzeit des polygamen Auerwildes beginnt Mitte März und dauert bis Mitte Mai. Sie ist höhen- und wetterabhängig. Die Größe eines Balzplatzes kann mit 15–40 ha angegeben werden. Er wird zeitlebens von Hähnen und Hennen, ja sogar von nachfolgenden Generationen besetzt gehalten.
Man unterscheidet Boden- und Baumbalz. Für die Baumbalz werden Bäume mit guter Aussicht bevorzugt, für die Bodenbalz bewuchsfreie Erdplätze. In der Regel vollführen mehrere Hähne auf einem Balzplatz eine Gruppenbalz. Der ranghöchste Hahn, der sog. A-Hahn, nimmt das beste Territorium in der Balzplatzmitte ein, wo nach Möglichkeit die Einflugschneisen der Hennen enden. Die rangniedrigeren Hähne nehmen zweit- und drittbeste Positionen ein. Die tretwilligen Hennen sind in der Hauptsache auf den ranghöchsten Hahn, den man früher wegen seiner herrschenden Allüren auch Raufer nannte, fixiert.
Etwa 1–2 Tage nach der Paarung legen die Hennen das erste Ei und im Abstand von jeweils 2 Tagen folgen weitere 5–10 Eier: Der erwählte Brutplatz (Bodenbrüter) kann weit ab vom Balzplatz liegen; er wird meist nach den Bedürfnissen der nach 26–28 Tagen schlüpfenden Küken ausgesucht, d.h., hier muß viel tierische Äsung (Ameisen, Insekten) zu finden sein.
Die Küken sind sehr kälte- und nässeempfindlich, weswegen sie auch in den ersten Lebenstagen oftmals die Henne aufsuchen, um gehudert zu werden.
Bis zum 10. Tag sind die Jungen flugunfähig. Im Alter von 3 Monaten machen sie die erste Mauser durch, um sich anschließend nach Geschlechtern getrennt zu verselbständigen. Die Geschlechtsreife tritt im Frühjahr des auf die Geburt folgenden Jahres ein; die Hähne balzen kaum vor dem 3. Lebensjahr erfolgreich.
Bei allen Hähnen ist die sog. Herbstbalz zwischen Ende September und Mitte November bekannt, die wie die Frühjahrsbalz abläuft, allerdings ohne Tretakt. Dieser Vorgang ist lange Zeit mißgedeutet worden. Heute weiß man, daß die Althennen auf diese Weise an ihren Frühjahrsbalzplatz erinnert werden und die Junghennen erstmals ihren Frühjahrsbalzplatz kennenlernen sollen. Die Jährlingshähne balzen nach der Mauser bereits im Sommer; man nennt das die „Sommerbalz“.

Geschlechterverhältnis, Wilddichte: Das Geschlechterverhältnis intakter Bestände ist meist ausgeglichen.
Gute Auerwildbiotope in der Bundesrepublik Deutschland haben eine Wilddichte von 1 Stück/100 ha. Der Rückgang bundesdeutscher Auerwildvorkommen ist leider unaufhaltsam. Hierfür sind der Massentourismus, eine auerwildfeindliche Forstwirtschaft, eine Zunahme der Auerwildfeinde (Fuchs, Marder, Waschbär, Schwarzwild, Habicht), Verdrahtung der Landschaft und eine Verdichtung des Wegenetzes im Walde verantwortlich. Zuerst verschwinden kleine Vorkommen, da hier wegen genetischer Einengung die größten Verluste zu beklagen sind.
In jüngster Zeit werden mehrere Aussetzversuche über Eingewöhnungsvolieren versucht.

Ansprechen: Eine Geschlechterunterscheidung ist nach den bereits gemachten Beschreibungen gut möglich.
Die Altersbestimmung der Hähne ist nicht einfach. So werden hierfür der Schnabel, der gefächerte Stoß und die Stoßfedern herangezogen (Abb. 96). Außerdem kann nach der Tonlage des Knappens und Hauptschlages das Alter geschätzt werden.
Der junge Hahn hat einen wenig gekrümmten Schnabel. Mit zunehmendem Alter wird die Krümmung deutlicher. Eine zusätzliche Altersrille bis zur

> Das Auerwild ist ein Waldvogel mit hohen Ansprüchen an eine ungleichaltrige Waldbestokkung. Es ist sehr standorttreu, wobei Balzplätze von vielen Auerhuhngenerationen beibehalten werden. Auerwild lebt polygam mit Vorliebe für eine Gruppenbalz. Die Frühjahrsbalz fällt in die Monate März bis Mai, die Herbstbalz ohne Fortpflanzung hauptsächlich in den Oktober. Nur hierarchisch hochstehende Hähne vollziehen den Tretakt. Die Henne ist Bodenbrüter und legt 5–10 Eier, die 26–28 Tage bebrütet werden. Die Jungen sind mit 3 Monaten selbständig.
> Die bundesdeutschen Auerwildvorkommen nehmen weiterhin stark ab. In jüngster Zeit werden Aussetzversuche unternommen.

Abb. 96. Altersbestimmung des Auerhahns.

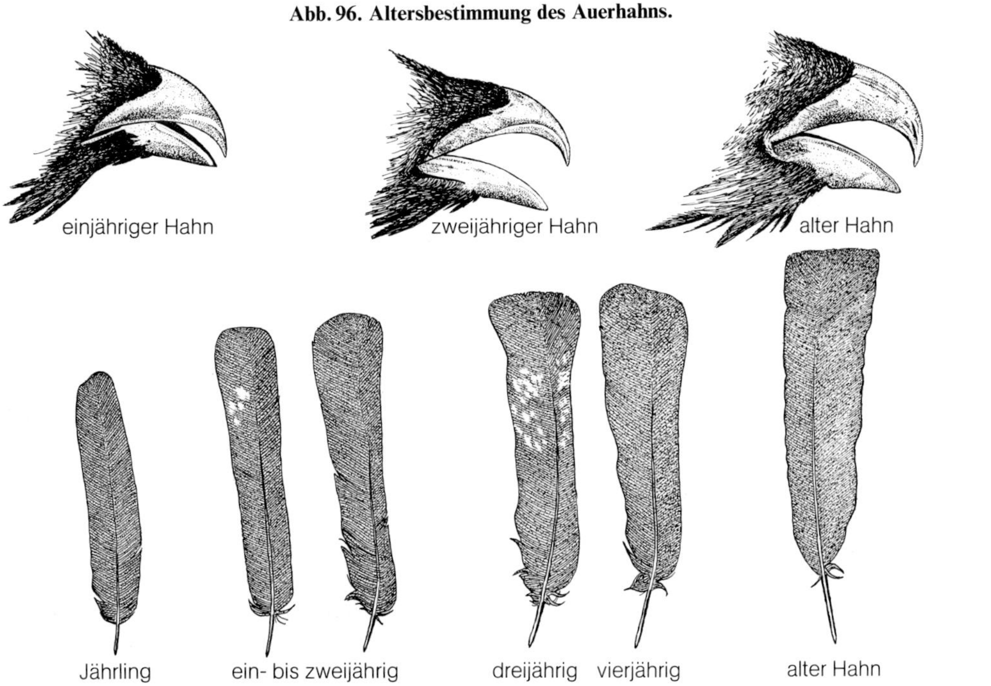

Schnabelspitze kann vorhanden sein. Der Schnabel des jungen Hahnes ist blaugrau, der des alten hornfarben.
Der gefächerte Stoß des Althahnes bildet einen Halbkreis, der des jungen Hahnes eine Ellipse. Die Stoßfedern geben entscheidende Hinweise auf das Alter: Junge Hähne haben kurze, schmale, oben spitzrund zulaufende Schaufelfedern. Mit zunehmendem Alter nehmen Länge und Breite zu. Der obere Schaufelrand wirkt im Alter wie abgeschnitten. Das Gesamtgefieder des Althahnes ist zudem dunkler als das des Junghahnes.
Noch nicht geschlechtsreife Junghähne haben die *bursa fabricii*, eine Kloakenausstülpung, die mit der Geschlechtsreife wieder verschwindet.
Zusätzlich hilft die Tonlage des Balzliedes, das Alter zu schätzen: Junge Hähne knappen in hoher Stimmlage. Ihr Hauptschlag ist kaum hörbar. Alte Hähne knappen tiefer und haben einen deutlichen Hauptschlag.
Äsungsansprüche: Wenngleich das Auerwild an die Äsungsvielfalt keine allzu großen Ansprüche stellt, so muß doch festgestellt werden, daß es zunächst in der Jugend entscheidend auf einen hohen Eiweißanteil ankommt, der anfangs überwiegend aus tierischer Nahrung, nämlich mit Insekten und sonstigen Kleintieren, gedeckt wird. Hierbei sind in erster Linie Ameisen und deren Puppen begehrt. Dazu kommen Blattwespen, Rüsselkäfer, Laufkäfer, Schmetterlinge, Spinnen, Schnecken. Ab Ende Juni nehmen die Küken mehr vegetarische als animalische Kost auf. Hierzu gehören insbesondere Löwenzahn, Heidelbeerblüten, Sauerampfer, frische Triebe, Knospen, Nadeln, Heidelbeeren, Preiselbeeren, Moosbeeren, Brombeere, Himbeere, Hahnenfußsamen, Knöterichsamen, Aspenblätter, Schachtelhalme, Farne, Klee und Heidekraut. Im Herbst werden außerdem Früchte wie Wildobst, Eicheln, Vogelbeeren, Holunder aufgenommen. Im Winter stellt sich das Auerwild dann auf Baumäsung um, die hauptsächlich aus Kiefern- und Lärchennadeln besteht. Fehlen diese Bäume, werden auch Fichtennadeln verzehrt. Zusätzlich werden zu dieser Jahreszeit Buchen- und Ebereschenknospen geäst. Um die Nahrung im Muskelmagen besser zerkleinern zu können, werden kleine Steine abgeschluckt, sog. Magensteine oder Weidkörner. Je härter die Äsung, desto mehr Steine nimmt das Auerwild zu sich – das gilt besonders für die Winteräsung. Fehlt bei hoher Schneelage derartiges Material, kommt es unter Umständen zu Fallwildverlusten.
Feinde: Das Auerwild hat viele Feinde, nämlich Schwarzwild, Fuchs, Marder, Waschbär, Wildkatze, Luchs, Adler, Habicht, Uhu, Sperber, Igel, Eichelhäher, Krähen.
Ebenso ist der Massentourismus und die moderne Forstwirtschaft als auerwildfeindlich anzusehen.
Zusätzlich sind alle Tetraonen sehr anfällig gegen Krankheiten, wie infektiöse Leber- und Blinddarmentzündungen, Pocken, Endo- und Ektoparasiten, Coccidien, Pseudotuberkulose, Toxoplasmose und Blackhead, übertragen durch Vogelmilbe und Federling.
Schließlich hat die Verdrahtung der Landschaft dazu geführt, daß sich die schwerfällige Wildart bei panikartiger Flucht flachfliegend an Kulturgattern schwer verletzt und vielfach durch Genickbruch verendet.

Bejagung

Jagdarten: In Mitteleuropa wird der Auerhahn nur während der Frühjahrsbalzzeit erlegt, in den nordischen Ländern und Rußland kommt hingegen nur die Treib-, Such- und Stöberjagd im Herbst und Winter in Betracht.
Die während der Balzzeit ausgeübte Jagd wird in den frühen Morgenstunden durchgeführt: Der Hahnenjäger springt den balzenden Hahn an, indem er sich beim Schleifen, der letzten Strophe des Balzliedes, nähert. Dabei nutzt er aus, daß der Hahn zu diesem Zeitpunkt nichts vernimmt.
Der Hahn wird mit 3,5 mm oder 4 mm Schrot, aber auch mit Kleinkaliber-Teilmantelgeschossen erlegt.

Jagdzeiten nach Bundesverordnung: 1.5.–31.5.

Inzwischen haben alle Bundesländer, in denen Auerwild vorkommt, die Jagdzeiten für diese Hochwildart aufgehoben.

Zur Wiederholung und Kontrolle
- Welche Arten gehören zur Unterfamilie der Rauhfußhühner?
- Nennen Sie die Balzstrophe des Auerhahns.

- Geben Sie eine Beschreibung des Auerwildes mit den besonderen weidmännischen Bezeichnungen.
- Was verstehen Sie unter Balzlosung?
- Was sind Balzstifte?
- Warum vernimmt der Hahn beim Schleifen nichts?
- Wo kommt Auerwild heute noch in der Bundesrepublik vor?
- Welche Baumarten kennzeichnen einen „optimalen" Auerwildbiotop?
- Welche Äsung bevorzugen die Küken?
- Welche Äsung bevorzugen die erwachsenen Vögel?
- Wann balzt das Auerwild?
- Wodurch unterscheiden sich Frühjahrs- und Herbstbalz?
- Wann spricht man von der Sommerbalz?
- Zählen Sie die Auerwildfeinde auf.
- Was ist ein Raufer?
- Wird Auerwild heute noch in der Bundesrepublik Deutschland bejagt?

Birkhuhn, *Lyrurus tetrix* L.

Weidmannssprache (Abb. 97)

Hahn, Birkhahn, Baumhahn, Berghahn, Bromhahn, Kleiner Hahn, Laubhahn, Mooshahn, Riedhahn, Moorhahn, Schildhahn, Spielhahn	männliches Birkwild
Schneider:	geringer Hahn, einjähriger Hahn
Henne, Birkhenne:	weibliches Birkwild
Küken:	Junge
Gesperre, Volk:	Henne mit Küken
Kette:	Junge mehrerer Gesperre
Flug:	beide Geschlechter in getrennten oder gemeinsamen größeren Verbänden
Balz, Falz:	Paarungsspiel
Frühbalz, Abendbalz, Sonnenbalz:	tageszeitliche Benennung der Balz
Balzgesang:	Lautäußerung während der Balz
Balzplatz:	Paarungsort
Platzhahn, A-Hahn:	stärkster Hahn auf dem Balzplatz
Treten:	begatten
Nest:	Nest
Gelege:	Eier
auf dem Baum stehen:	auf einem Baum sitzen
Einschwingen:	auf einen Baum fliegen
Hochwerden:	Abfliegen
Blasen, Rauschen, Schleifen, Zischen, Kullern, Rodeln, Locken, Gocken, Piepen, Warnen:	Lautäußerungen
Losung, Gestüber:	Exkremente

Aussehen, Gefieder, Gewicht

Gewicht:	Hahn	durchschnittlich 1400 g
	Henne	durchschnittlich 900 g

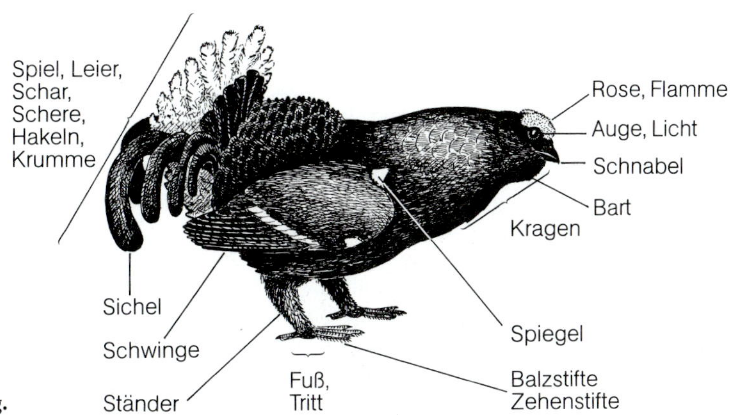

Abb. 97. Birkhahn, Balzstellung.

Der Hahn hat im Prachtkleid ein blauschwarzes Gefieder. Die Schwingen haben einen bräunlichen Anflug und einen weißen Fleck am Schwingenbug, den sogenannten Spiegel, sowie eine weiße Flügelbinde. Über den Augen sind tiefrote warzenförmige Hautgebilde (Rosen) auszumachen. Der Stoß, meist Spiel genannt, hat an jeder Seite 3–4 nach außen gebogene Federn, die Sicheln. Der Unterstoß ist weiß.
Die Henne ist braun gefärbt mit schwarzgrau-silbriger Querwellenzeichnung. Wie beim Hahn ist bei ihr auch eine weiße Flügelbinde zu sehen. Der Stoß ist leicht gekerbt. Einwandfreie Altersfarbkennzeichen gibt es für beide Geschlechter nicht. Der Krümmungsgrad der Sicheln ist kein Alterszeichen.
Geläuf (Abb. 98): Hahn und Henne sind am Geläuf nicht zu unterscheiden. Im Winter sind die Füße durch Zehenstifte gegen Einsinken im Schnee verbreitert. Von den 4 Zehen werden die 3 vorderen deutlich, die hintere andeutungsweise abgedrückt. Beim Geläuf steht Trittsiegel hinter Trittsiegel; man nennt das „Schnüren".

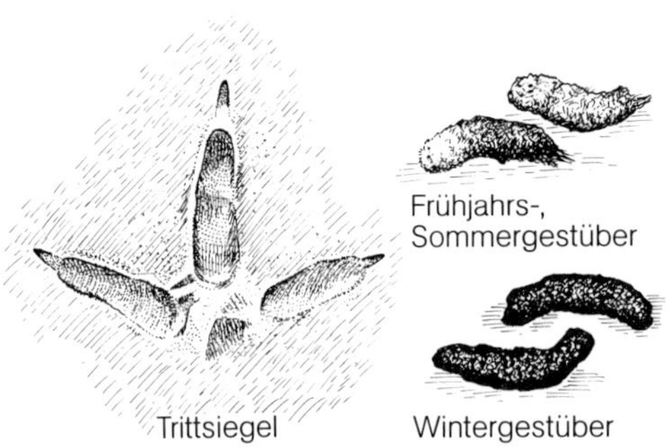

Abb. 98. Birkwild. Trittbild und Gestüber.

Losung (Abb. 98): Die Losung gleicht in ihrer Form der des Auerwildes: walzenförmig und je nach Jahreszeit farblich stark voneinander abweichend. Die Konsistenz ist ebenfalls jahreszeitabhängig: So bringt Sommeräsung wegen großer Blattanteile eher weiches Gestüber, Winteräsung, aus Festteilen bestehend, hinterläßt harte Losung. Die Blinddarmlosung wird unter den Schlafbäumen gefunden.
Trophäe: Als Trophäe wird der Spielhahn als Ganzpräparat geschätzt, oder auch nur Kopf, Kragen und Spiel. Als Hutschmuck werden die Sicheln verwendet.

Der blauschwarze Hahn mit tiefroten Rosen über den Augen und dem nach beiden Seiten hin gebogenen Spiel unterscheidet sich deutlich von der kleineren Henne, die schwarz-silbrige Wellenzeichnung aufweist.
Die Füße haben im Winter Zehenstifte.
Die Losung ist walzenförmig und im Winter fester als im Sommer. Trophäe sind das Ganzpräparat oder auch die Sicheln.

Lautäußerung: Außerhalb der Balz sind die Hähne wenig ruffreudig. Zur Balzzeit kullern sie in typischer Balzstellung (Farbtafel S. 153). Andere gebräuchliche mundartliche Ausdrücke hierfür sind: Kollern, Rodeln, Grugeln, Trommeln.
Das Zischen – auch Blasen Rauschen, Schleifen – läßt der Birkhahn in Drohstellung gegenüber Rivalen hören. Fauchen unterstreicht die Herausforderung benachbarter Hähne.
In Balzpausen hält er das Gebet, d.h., er verstummt und ruht sich aus. Diese Verschnaufpause liegt zwischen Frühbalz und Sonnenbalz (Balz in den späteren Morgenstunden).
Die Stimmfühlungslaute der Birkhenne gegenüber den Küken sind Gocken oder Locken, bei Gefahr Warnen. Die Küken piepen.
Verbreitung: Birkwild besiedelt den gesamten Norden Europas, außer den Polarbereich. In England und Schottland gibt es nur Inselpopulationen. Westliche Verbreitungsgrenze sind die Pyrenäen, südliche die Alpen und Karpaten. Im Osten reicht ihr Vorkommen bis in die Mandschurei. In der Bundesrepublik Deutschland kommt Birkwild in Schleswig-Holstein, Niedersachsen und Bayern vor.
Lebensweise: Birkwild kommt einerseits in Heide- und Moorbiotopen mit geringem Baumbewuchs, andererseits im Bereich der Baumgrenze (Hochgebirge) auf Latschen- oder verlichteten Krüppelbaumpartien (Erle, Birke) vor. Flächen ohne jeden Baumbewuchs werden nicht besiedelt. Wenngleich es zu den Kulturflüchtern gehört, kann ich aus eigener Anschauung berichten, daß Birkwild durchaus auch forstliche und landwirtschaftliche Kulturen aufsucht, dort äst und sogar balzt.

Balzende Birkhähne im Heidemoor.

Allerdings können dies nicht die Haupteinstände sein. Insgesamt umgewandelte Biotope verläßt das Birkwild, zumal es ohnehin eher wandert als Auerwild. Ideal war die Moorkultivierung früherer Zeiten, als nach Abtorfung Weichhölzer, Birke, Erle, Aspe, Weide, hochkamen, Schafe die Heide kurzhielten und Buchweizen angebaut wurde. Ins krasse Gegenteil verkehrte die moderne Moornutzung mit teilweiser Umwandlung in landwirtschaftliche Nutzflächen die Birkwildeinstände.
Die Balzplätze werden über Generationen beibehalten, vorausgesetzt, daß sie niedrig bewachsen sind. Am besten eignen sich Heideflächen, Wiesen, Waldkahlflächen, Schneefelder.

Verhalten: Birkwild lebt polygam. Im Herbst und Winter schließt es sich zu größeren Flügen, bisweilen nach Geschlechtern getrennt, zusammen. Birkwild mausert ab Juni bis Ende Oktober. Es kann sehr gut laufen und sich ebenso gut drücken. Birkwild übernachtet meist auf dem Baum nahe am Stamm.

Sinne: Birkwild äugt und vernimmt hervorragend. Der Geruchssinn ist nicht gut entwickelt.

Fortpflanzung, Balz, Brutzeit: Die Balz beginnt Anfang April und endet Ende Mai. Junge Hähne, die kaum vor dem 3. Lebensjahr treten, balzen noch im Juni. Im Herbst ist wie beim Auerwild die sog. Herbstbalz ohne Paarung bekannt.
Im Frühjahr suchen die Hähne ihre Balzplätze auf. Hier verteilen sie sich auf dem Gesamtareal, das zwischen 100 m² und 5000 m² groß ist. Dabei grenzen sie ihre Balzterritorien optisch und akustisch gegen Rivalen ab. Die Trennungslinie zweier Balzeinstände sind für den Beobachter nur selten erkennbar. Die Hähne fauchen, wenn sie herausfordern, und zischen, wenn sie drohen. Einstreichenden Rivalen und Hennen gegenüber wird ein Flattersprung demonstriert. Sobald ein Hahn in das Revier eines Nachbarn eindringt, kommt es unweigerlich zum Kommentkampf, bei dem die leuchtendroten Rosen Ziel aller Schnabelhiebe des Gegners sind. Der Sieger zeigt typische Balzstellung: geduckter Kopf, steif herabhängende Schwingen und breitausladendes Spiel. Der ranghöchste Hahn, der sog. A-Hahn, früher wegen der Balzplatzbeherrschung auch Raufer genannt, beansprucht seinen Einstand am Ende der Einflugschneise der Hennen bzw. in unmittelbarer Nähe davon. Heranstreichende Hennen lassen sich dann auch nur vom optischen und akustischen (Kullern) Balzspiel des A-Hahnes betören, und sobald die körperliche Berührung beider gelungen ist, treten. Dabei hält sich der Hahn mit Biß in den Nacken auf der Henne fest. Zusätzlich schlägt er fortwährend mit den Schwingen. Die Kopulation dauert 3 Sekunden.
Die Henne legt in eine selbstgescharrte Bodenvertiefung im Gelände mit reichlich Bodenbewuchs 3–10, bisweilen auch mehr Eier, die 26 Tage bebrütet werden. Die Küken sind Nestflüchter. Sie werden anfangs häufig von der Henne gehudert, ab der 3. Woche kaum noch. Mit 10 Tagen können sie schon flattern, mit 20 Tagen in geringer Höhe aufbaumen. Ab der 4. Woche werden die Küken selbständig, bleiben aber mit der Henne im Winter vergesellschaftet.

> Lebensraum ist der Heide- und Moorbiotop, aber auch der Baumgrenzbereich im Hochgebirge. Balzplätze werden über lange Zeit beibehalten. Birkwild lebt polygam.
> Typisch ist die oft nach Geschlechtern getrennte Wintervergesellschaftung in Flügen.
> Balzzeit ist Anfang April bis Ende Mai. Die Hähne verteidigen dann ihre Balzeinstände. Nur der Platz- oder A-Hahn tritt die Hennen. Die Henne legt 3–10 Eier, die 26 Tage bebrütet werden. Die Küken sind mit 4 Wochen selbständig.

Äsungsansprüche: Birkwild ist Gemischtköstler mit eindeutiger Vorliebe für Pflanzenkost. Während die Küken in den ersten Lebenswochen ³/₄ ihrer Nahrung aus Insekten und Kerbtieren bestreiten, leben die heranwachsenden Jungtiere zu 90 % von vegetarischer Kost. Ausgewachsenes Birkwild nimmt nur noch 1 % an tierischer Nahrung zu sich.
Je nach Jahreszeit werden die im Lebensraum gerade vorkommenden Pflanzen aufgenommen. Dazu gehören im Frühjahr Grastriebe, Blätter von Löwenzahn, Klee, Moosbeere, Sauerampfer, Hahnenfuß, Birke, Blüten von Wollgras, Hahnenfuß, Weidenkätzchen, Klee, Getreidekörner (besonders Hafer und Buchweizen) sowie Heidetriebe. Im Sommer stehen obenan Grassamen, Waldbeeren, Löwenzahnsaat sowie Triebspitzen und Blätter von Kräutern. Im Herbst werden dann neben noch vorhandenen Blättern vorwiegend Getreidesaat, Wald-

beeren, Eicheln und Unkrautsamen vertilgt. Der Winter liefert Heidetriebe, Birkenkätzchen, Birkenknospen, Flechten, Knospen von niedrigen Sträuchern. Zusätzlich werden Magensteinchen zur Verdauungsförderung aufgenommen.

Feinde: Schwarzwild, Fuchs, Dachs, Marder, Iltis, Großes Wiesel, Waschbär, Adler, Habicht, Sperber, Krähen.

Die Zerstörung des Lebensraumes sowie der Massentourismus sind zusätzlich birkwildfeindlich.

Bejagung

Jagdarten: In Mitteleuropa ist nur die Balzjagd auf Hähne statthaft. In den nordischen Ländern sowie in Schottland und Rußland gilt die Suchjagd mit dem Hund, aber auch die Treibjagd als weidgerecht. Bekannt ist auch die noch um die Jahrhundertwende in Skandinavien ausgeübte Jagd mit dem Bulwan, einem ausgestopften Birkhahn, der als Lockvogel ausgestellt wurde.

Seit jeher ist der Birkhahn in Deutschland während der Balzzeit falsch bejagt worden. Man sah in dem für die Fortpflanzung und Weitergabe besten Erbgutes so wichtigen Platzhahn, den die Hennen allein akzeptierten – wie beim Auerhahn – den Raufer und erlegte ihn: zweifellos die begehrte Trophäe.

Jagdzeiten nach Bundesverordnung: 1.5.–31.5.

Inzwischen haben alle Bundesländer auf die Ausübung der Birkhahnjagd verzichtet.

Zur Wiederholung und Kontrolle

- Beschreiben Sie den Birkhahn unter Beachtung aller weidmännischen Ausdrücke.
- Wie unterscheidet sich der Auerhahnfächer vom Birkhahnspiel?
- Was sind Balzstifte?
- Geben Sie Aufschluß über den Lebensraum des Birkwildes.
- Wie unterscheidet sich der Lebensraum des Birkwildes von dem des Auerwildes?
- Unterscheiden Sie das Balzverhalten von Auer-, Birk- und Haselwild.
- Wann balzt das Birkwild?
- Was verstehen Sie unter Sonnenbalz?
- Wann spricht der Jäger beim Birkwild vom Gebet?
- Wovon lebt das Birkwild im Winter?
- Wo kommt in Ihrem Bundesland heute noch Birkwild vor?

Rackelhuhn, *Tetrao urogallus × Lyrurus tetrix*

Das Rackelwild ist ein Kreuzungsprodukt von Auer- und Birkwild. Eine derartige Kreuzung kommt nur in Gebieten vor, in denen beide Arten gleichermaßen verbreitet sind. Nach dem Aussehen der Nachkommenschaft unterscheidet man den Auerhahntyp und den Birkhahntyp.

Entgegen vielfach vertretener Meinung ist das Rackelwild unter sich, aber auch mit Auer- und Birkwild fortpflanzungsfähig, nicht dagegen das weibliche Kreuzungsprodukt aus Rackelhahn × Auerhenne oder Birkhenne.

Rackelwild sieht sehr unterschiedlich aus. Die Rackelhähne des Auerhahntyps sind auerhahnähnlich, d.h. langer Stingl, grüner Schild, allerdings kein Spiegel am Schwingenbug, hornfarbener Schnabel, kurzer Stoß mit angedeuteten Birkhahnsicheln. Die Rackelhähne des Birkhahntyps sind birkhahnähnlich: klein, Metallglanz des Gefieders, dunkler Schnabel, Schwingenspiegel meist vorhanden, Sicheln schwach gekrümmt. Die Federn des Oberstoßes sind bräunlich, die Unterstoßfedern zeigen weiße Spitzen. Die Rackelhennen sind kaum von reinrassigen Auer- bzw. Birkhennen zu unterscheiden. Je nach Größe des Kreuzungsproduktes rechnet man sie den Auer- oder Birkhennen zu. Daß Rackelwild eine Rarität ist, beweist der jährliche Abschuß von etwa drei Stücken in Finnland bei einem Bestand von 2 Mio. Stück Birkwild. In Deutschland ist z.Z. kein Rackelwild bekannt.

Haselhuhn, *Bonasa bonasia* L.

Weidmannssprache

Waldhenne, Schwarzkehliges Waldhuhn, Beervogel, Jarpe, Buchhenne:	Haselwild
Haselhahn, Hahn:	männliches Haselwild
Haselhenne, Henne:	weibliches Haselwild
Küken:	Junge
Volk, Kette, Gesperre:	Familienverband
Holle:	Federbüschel beider Geschlechter, das bei Erregung gesträubt wird
Rose:	rote Überaugenwülste des Hahnes, bei der Henne fleischfarben
Kragen:	Hals
Bart:	Kehlfedern
Schild:	Brustfleck
Schwinge:	Flügel
Ständer:	Bein
Stoß:	Schwanz
Tritt:	Fuß
Losung, Gestüber:	Exkremente
Weidkorn:	Magenstein
Balz:	Paarungszeit
Streichen, Verstreichen:	fliegen
Aufstehen:	hochfliegen
Spissen (spießen), Melden, Bisten, Pledern, Burren:	Lautäußerungen
am Ast stehen:	auf einem Ast sitzen
sich abstehlen:	sich unauffällig davonmachen
Locke, Pfeifchen, Schelle, Wusperl:	Lockinstrumente für die Jagd
Blättern:	Schlagen der Flügel beim verendenden Haselwild
Sichern, langen Kragen machen:	aufmerksame Beobachtung

Abb. 99. Haselhuhn (aus: Müller, F.: Wildbiologische Informationen für den Jäger, Jagd und Hege Ausbildungsbuch III. Ferdinand Enke Verlag. Stuttgart 1982).

Aussehen, Gefieder, Gewicht (Abb. 99)

Gewicht:	Hahn	300–500 g
	Henne	300–470 g

Die Größe des Haselwildes entspricht der des Rebhuhns. Beide Geschlechter haben eine Holle, einen Federschopf auf dem Kopf, der flach anliegt und nur bei Erregung, in Drohstellung und beim Abstreichen aufgerichtet wird. Die Kehle des Hahnes ist tiefschwarz. Das übrige Obergefieder von Hahn und Henne ist graubraun-schwarz mit weißer Einzelfedereinfassung. Der runde Stoß wird von einer schwarzen Endbinde geziert. Die Brustfedern sind hell- bis dunkelbraun. Weiter bauchwärts sind die Federn dunkel getropft und weiß gerändert. Weiße Partien sind als Einfassung des schwarzen Kehlflecks beim Hahn zu sehen und bei beiden Geschlechtern als Hinteraugenstrich und als Hals–Schulterstreifen. Im Flugbild fallen die kurzen, runden Schwingen auf.

Geläuf: Auffallend ist die Befiederung der Ständer bis zum Ansatz der Zehen im Winter. Im Spätfrühjahr und Sommer bleiben die Federn an den Ständern weit zurück. Mit kräftigen Zehen hält sich das Haselwild gut in den Ästen der Bäume. Im Winter weisen die Füße sog. Zehenstifte auf, die das Einsinken im Schnee verhindern.

Losung: Die harte Winterlosung ist walzenförmig mit einseitig weißem Harnsäureüberzug. Die Sommerlosung ist ebenfalls meist hart, kann aber auch bei großem Beerenkonsum weich fallen. Die Henne setzt in Nestnähe täglich einige Male eine eher einseitig stark verdickte Losung ab. Zusätzlich ist auch bei dieser Rauhfußhuhnart die typische Blinddarmlosung bekannt.

Trophäe: Als Trophäe gelten das Ganzpräparat, die Weidkörner (Magensteine) oder auch die unteren Stoßfedern (Tirolkellen) und die Brustfedern als Hutschmuck.

> Haselwild wiegt zwischen 300 und 500 g. Beide Geschlechter haben eine Holle. Abgesehen von der schwarzen Kehle des Hahnes, gleichen sich beide Geschlechter. Die Ständer sind befiedert, die Zehen weisen im Winter Zehenstifte auf. Die Losung ist walzenförmig und i. d. R. hart.
> Als Trophäe gelten das Ganzpräparat, die Weidkörner, die unteren Stoßfedern und die Brustfedern.

Lautäußerung: Wegen versteckter Lebensweise kommt der akustischen Verständigung allergrößte Bedeutung zu. Wie bei kaum einer anderen Wildart gibt es eine große Zahl verschiedener Lautäußerungen.

Bekannt ist das Spissen oder Spießen des Hahnes, das als Reviermarkierungslaut zu gelten hat. Die Henne läßt daraufhin das Bisten verlauten. Zusätzlich schlägt der Hahn mit den Flügeln, was man Burren nennt. Küken pledern, wenn Gefahr droht.

Verbreitung: Das Haselhuhn ist ein eurasisches Waldhuhn. Die Westgrenze seines Verbreitungsgebietes verläuft im Osten Frankreichs. Die Nordgrenze verläuft über Skandinavien, im Osten kann der gesamte asiatische Raum einbezogen werden. Im Süden bilden Südkorea, die Mongolei, die Karpaten und die Alpen die Grenze. Bei uns lebt Haselwild heute noch in den Alpen, im Schwarzwald, auf der Schwäbischen Alb, im Bayerischen Wald, im Rheinischen Schiefergebirge, im Siegerland, in der Eifel und im Westerwald.

Lebensweise: Das Haselhuhn ist in unseren Breiten an reine Laubwälder, Nadelwälder und Laub-Nadelholz-Mischwälder angepaßt, sofern diese naturnah beförstert oder nicht intensiv bewirtschaftet werden. In derartigen Beständen ist ausreichend Bodendeckung und Äsung vorhanden. Zudem kommen Störungen durch die Forstwirtschaft entweder gar nicht auf (Nichtwirtschaftswald) oder können durch das Waldhuhn verkraftet werden (naturnahe Forstwirtschaft). Besonders beliebt sind in der Bundesrepublik Deutschland die sog. Hauberge des Siegerlandes, die mit Niederwald bestockt sind und alle 20 Jahre abgetrieben werden. In der Zwischenzeit geschieht nichts. Nach deren Nutzung wächst ein neuer Wald aus Stockausschlägen heran, der sich bis zur Endnutzung selbst überlassen bleibt. Aus dem Vorhergesagten wird erkennbar, daß das Haselhuhn ein Waldbewohner ist, der sich nur in der deckungbietenden unteren Baum- und Strauchschicht aufhält. Nur die kostensparende, großflächig betriebene Kahlschlagswirtschaft hat diese interessante Waldhuhnart aus seiner ursprünglichen Heimat vertrieben.

Verhalten: Haselwild lebt überwiegend territorial. Im Herbst, z. Z. der Paarbildung, suchen die Hähne ihre Reviere, die sie dann hauptsächlich akustisch durch Markierungsgesänge (vgl. „Lautäußerung") verteidigen. Die angepaarte Henne bleibt über Winter bei ihrem Hahn, kann ihn aber auch vorübergehend verlassen.

Ebenso wie andere Hühnervögel sandbaden und sonnenbaden Haselhühner gerne. Schlafplätze in Bäumen werden durch große Losungsmengen, die auch nachts abgesetzt werden, verraten.

Fast immer werden als Ruheorte stammferne Astteile bevorzugt. Im Winter werden tiefere, sonst mittelhohe Baumregionen aufgesucht.

Das Nackengefieder wird in Drohpose gesträubt, die Holle (Kopfgefieder) ebenfalls in Drohstellung, aber auch bei Erregung und beim Abstreichen.

Typische Großverbände, wie beim Auer- und Birkwild, sind nicht bekannt. Höchst selten werden besonders gute Äsungsplätze von mehreren Haselhühnern aufgesucht.

Sinne: Bestens ist das Gehör entwickelt. Dem steht das Auge nicht nach. Weniger gut ist der Geruchssinn, wie bei allem Federwild, ausgeprägt.

Fortpflanzung, Balz, Brutzeit: Haselwild lebt monogam in streng verteidigten Territorien. Mitte März beginnt die Balz. Sie endet Anfang Mai. Der Hahn imponiert während dieser Zeit gegenüber der Henne mit herunterhängenden Schwingen, gespreiztem Stoß und gesträubtem Kehlgefieder. Balzkämpfe werden selten ausgetragen, da das Revier gegenüber Geschlechtsgenossen klar abgegrenzt wird und die Paare sich bereits im Herbst finden.

Die Henne lockt und schwenkt dabei den Kopf, der Hahn spisst und übernimmt kurz vor dem Treten ebenso das Kopfschwenken. Während der Paarung hakt sich der Hahn mit seinem Schnabel im Halsgefieder der Henne fest.

Die Henne legt in ein gut gedecktes Bodennest unmittelbar an Baumstubben oder hinter Windwurfteller, manchmal auch in alten Windwurfverhau 8–10 Eier, die 24–25 Tage bebrütet werden. Das Brutgeschäft beginnt erst am Tage vor der letzten Eiablage. Die Küken sind Nestflüchter. Sie werden von der Henne sehr intensiv betreut. Der Hahn übernimmt hierbei keine Aufgaben.

Mit 2 Wochen sind sie voll flugfähig. Zwischen der 4.–8. Woche werden sie selbständig.

Geschlechterverhältnis, Wilddichte: Die Populationsbiologie des Haselhuhnes ist bisher nur in einigen Vorkommen ausreichend erforscht worden. Wilddichteerhebungen sind nur im Herbst und Frühjahr bedeutungsvoll, weil die Kükensterblichkeit in den ersten Lebensmonaten sehr groß ist und deswegen Zählungen im Sommer zu überhöhten Ergebnissen führen. So liegt die Siedlungsdichte in der Bundesrepublik Deutschland während der Brutzeit je nach Biotop zwischen 6 und 10 Stück/100 ha, sie ist in östlichen Biotopen mehrfach höher. Nur langfristig hohe Durchschnittstemperaturen im Juni garantieren das Überleben der Küken, weil zu dieser Zeit auch die in den ersten Lebenswochen erforderlichen Insekten gedeihen können (Eiberle und Matter 1984). Bei den Küken gibt es in aller Regel einen Hahnenüberschuß, der sich sehr schnell zum Geschlechterverhältnis von 1 : 1 durch höhere Abgänge bei den Männchen einpendelt.

> Haselwild lebt in naturnahen Wäldern oder Nichtwirtschaftswäldern, d.s. Hauberge, natürlich verjüngte Wälder. Es lebt territorial, außerhalb der Brutzeit überwiegend paarweise.
> Die Balz des monogamen Haselwildes läuft von Mitte März bis Anfang Mai. Die Henne legt 8–10 Eier, die 24–25 Tage bebrütet werden. Der Hahn kümmert sich nicht um das Brutgeschäft und die Aufzucht der Jungen. Die Küken sind Nestflüchter und mit 4–8 Wochen selbständig. Das Geschlechterverhältnis beträgt bei ausgewachsenem Haselwild 1 : 1.

Äsungsansprüche: Küken benötigen viel tierisches Eiweiß. Dazu zählen Ameisen, Fliegen, Käfer, Läuse, Raupen. Ab Juli kommt pflanzliche Kost, wie niedrige Pflanzen und Waldbeeren, hinzu. Im August stellt sich das Küken auf vorwiegend vegetarische Kost um, nämlich Samen und Beeren. Ab September ist die Äsung gleich der der Altvögel; das sind Beeren (Preiselbeeren, Vogelbeeren, Holunderbeeren, Himbeeren), Samen, Triebe und Blätter, außerdem geringe Mengen an Wirbellosen. Im Winter werden fast ausschließlich Knospen, Kätzchen und Heidelbeerblätter vertilgt, im Frühjahr Blüten von Waldblumen sowie Beerkrauttriebe. Im Sommer nimmt das Haselwild frühreifende Früchte, insbesondere Waldbeeren und Sämereien, auf.

Feinde: Außer typischen Geflügelkrankheiten zählen Schwarzwild, Fuchs, Marder, Dachs, Igel, Eichhörnchen, Adler, Habicht, Sperber, Uhu, Kolkrabe, Rabenkrähe, Elster, Eichelhäher zu den Feinden.

Bejagung

Jagdarten: Lockjagd im Herbst mit dem Pfeifchen für den Hahn und mit der Wusperl oder auch Lusperl oder Schelle für die Henne; außerdem Treibjagd.

Haselwild hat bei uns keine Jagdzeit.

Bekannt sind außerhalb der Bundesrepublik Deutschland der Schlingenfang und die Jagd mit dem Hund.

Zur Wiederholung und Kontrolle

- Beschreiben Sie das Gefieder eines Haselhahns.
- Nennen Sie haselwildtypische jagdliche Ausdrücke.
- Was ist Spießen oder Spissen?
- Wo kommt in Ihrem Bundesland Haselwild vor?
- Wie unterscheidet sich die Lebensweise des Haselwildes von der des Auer- und Birkwildes?
- Wann ist Balzzeit?
- Lebt Haselwild monogam oder polygam?
- Welche Äsung bevorzugen die Küken?
- Unterliegt Haselwild den Bestimmungen des BJagdG?

Abb. 100. Alpenschneehuhn im Herbst (Oktober).

Alpenschneehuhn, *Lagopus mutus* Montin

Das Alpenschneehuhn, dessen Vorkommen auf die nördliche Halbkugel beschränkt ist, besiedelt in Europa den Alpenraum, die Pyrenäen, Schottland, Island, Norwegen und Finnland. Für den Bereich Bundesrepublik Deutschland ist die Inselpopulation des in den Alpen lebenden Schneehuhns behandelnswert (Abb. 100).

Es hat eine ausgeprägte Winter- und Sommerfärbung, nämlich ein braunes Sommerkleid mit weißen und gelben Querbinden sowie eine weiße Unterseite. Hahn und Henne unterscheiden sich zu dieser Jahreszeit durch die stark ausgeprägten roten Rosen über den Augen des Hahnes und dessen betonte oberseitige Braunfärbung. Im Herbstkleid zeigt sich beim Hahn ein brauner Augenstreif, der sich von der Schnabelwurzel über das Auge hinaus hinzieht. Im reinweißen Winterkleid beider Geschlechter tritt der inzwischen schwarze Zügel des Männchens noch stärker hervor. Dem Weibchen fehlt er. Zusätzlich ist der Stoß beider Geschlechter schwarz gefärbt. Er wird nur im Fluge voll sichtbar, weil er sonst durch die beiden mittleren Steuerfedern überdeckt ist.

Die Ständer und Zehen sind befiedert, daher „Rauhfußhuhn". Der Lebensraum beschränkt sich im Bereich der Alpen auf das Gebiet oberhalb der Baumgrenze mit gelegentlichen Aufenthalten in der obersten Baumzone (Erlenbruch). Es bevorzugt Geröllhalden mit geringer Vegetation, lebt aber auch an fast ganzjährig verschneiten Hängen.

Während der Balz und Aufzucht der Jungen leben die Alpenschneehühner monogam, später gesellig. Die Balz findet zwischen April und Juni statt. Der Hahn zeigt dann birkhahnähnliches Verhalten.

Die Henne legt in ein gut gepolstertes Bodennest etwa 10 Eier, die 24 Tage bebrütet werden. Die Jungen sind Nestflüchter.

Die Äsung besteht aus den gegendüblichen Kräutern, Trieben, Blüten und Samen sowie Insekten.

Zu den Feinden zählen Steinadler, Habicht und Fuchs.

In der Bundesrepublik Deutschland unterliegen Schneehühner zwar den jagdgesetzlichen Bestimmungen, sind jedoch ganzjährig geschont.

Wildtruthuhn, *Meleagris gallopavo* L.

Systematik

Ordnung: Galliformes, Hühnervögel
Familie: Phasianidae, Fasanenvögel
Unterfamilie: Meleagridinae, Truthühner

Aussehen, Gefieder, Gewicht

Das dem Hausputer ähnlich sehende Wildtruthuhn erlangt ein Gewicht von 7,5–12,5 kg (Hahn) bzw. 4,5–7,5 kg (Henne).

Der blaue Kopf und obere Hals des Hahnes weisen viele rote Warzen auf; über den Schnabel hängt ein gleichfarbiger Fleischzapfen herab. Die Vorderbrust ist „behaart". Das Gefieder des Männchens glänzt metallisch. Der runde Stoß ist rotbraun gefärbt und läßt eine schwarze Einfassung erkennen, der zum Abschluß eine grauweiße Endbinde folgt.

Das Weibchen hat eine weniger intensive Färbung und nur einige kleine Kopfwarzen.

Verbreitung: Nordamerika und Mexiko; in Deutschland ist es mehrfach ausgewildert worden, zuerst schon Anfang des 16. Jahrhunderts. Alle entsprechenden Versuche haben nur geringe Erfolge gezeitigt. Zur Zeit kommt Trutwild in geringem Umfange im Bereich der Bundesrepublik in Nordrhein-Westfalen und in Baden Württemberg vor.

Lebensraum, Verhalten, Balz, Brutzeit, Entwicklung der Jungen: Wildtruthühner sind anpassungsfähig: Sie bewohnen Wälder, Savannen, Unland, Steppen und Berghänge. Sie fliegen ungern, sind dafür umso bessere Läufer. Sie haben eine Vorliebe für das Sandbaden – Wasserbäder scheuen sie. Der auch „Bronzeputer" genannte Hühnervogel lebt polygam, ist Bodenbrüter und bebrütet nach Frühbalz im Februar/März 9–15 Eier 26 Tage lang. Die Küken sind Nestflüchter und können wegen schneller Befiederung der Schwingen in kürzester Zeit fliegen.

Äsung: Körner, Eicheln, Beeren, Triebe, Insekten.

Bejagung

Jagdzeiten nach Bundesverordnung:
15.3.–15.5. und 1.10.–15.1. für Hähne
1.10.–15.1. für Hennen

Wildtauben

Systematik

Ordnung: Columbiformes, Taubenvögel
Familie: Columbidae, Tauben
Unterfamilie: Columbinae, Echte Tauben

Ringeltaube *Columba palumbus* L.	**Hohltaube** *C. oenas* L.	**Türkentaube** *Streptopelia decaocto* Friv.	**Turteltaube** *Streptopelia turtur* L.
Weitere Bezeichnungen: Große Holztaube, Kohltaube, Wildtaube, Pfundtaube, Schlagtaube	Kleine Holztaube, Lochtaube	Orientalische Lachtaube, Tempeltaube	Wegtaube, Turtel

Weidmannssprache

Täuber, Tauber:	männliche Taube
Täubin, Taube:	weibliche Taube
Nestling:	junge Taube im Nest
Ästling:	junge Taube außerhalb des Nestes, die noch auf die Alttauben angewiesen ist
Flug:	Ansammlung von Tauben
Paarzeit:	Begattungszeit
Licht, Auge:	Auge
Schnabel:	Schnabel
Schwinge:	Flügel
Stoß:	Schwanz
Ständer:	Bein
Tritt:	Fuß
Geläuf:	mehrere abgedrückte Tritte
Gestüber:	Exkremente
Äsen:	Nahrung aufnehmen

Ringeltaube	Hohltaube	Türkentaube	Turteltaube
Aussehen, Gefieder, Gewicht (Abb. 101)			
350–600 g Größte Taube, auffallend ist das weiße Flügelband und die weißen Flecke an beiden Halsseiten adulter Tauben. Ansonsten leuchten Hals und Nacken purpurn mit grünem Schimmer. Die Kropffedern sind weinrot gefärbt. Die Oberseite ist blaugrau, die Unterseite an der Brust rosagrau, bauchwärts grauweiß bis schiefergrau gefärbt. Der Stoß weist eine schwarze Endbinde auf. Der Schnabel ist grau, wird aber mit zunehmendem Alter gelb. Die Füße sind ebenfalls grau und werden später blaugrau mit rotem Anflug.	250–300 g Die Hohltaube ist insgesamt grauer als die Ringeltaube. Das Stoßende sowie die Schwingenspitzen haben schwarze Färbung. Die Halsflecken adulter Hohltauben schillern grün. Die Brust adulter Hohltauben hat einen weinroten Anflug. Die schmalen schwarzen Flügelbinden fallen kaum auf. Der Schnabel ist gelb, die Füße sind rot.	150–250 g Braungraues Gefieder mit schwarzem Nackenring, der weiß eingefaßt ist. Die innere Schwingenfläche glänzt blaugrau. Der Schnabel ist schwarz, die Füße sind rot.	120–200 g Braungraues Gefieder. Auffallend sind die an beiden Halsseiten horizontal schwarz-weiß gestreiften Flecken adulter Turteltauben. Der schwarze Stoß wird weiß gesäumt. Der Schnabel ist schwarz, die Füße sind zunächst mattrot, später leuchtend rot.

Ringeltaube

Abb. 101. Wildtauben.

Hohltaube

Turteltaube

Ringeltaube	Hohltaube	Türkentaube	Turteltaube

Die Hinterzehe des Taubentrittes (Abb. 102) ist wie bei der Rabenkrähe in gerader Verlängerung der vorderen Mittelzehe abgedrückt, nur kürzer als bei der Rabenkrähe. Das Geläuf der Taube spielt für den Jäger keine wesentliche Rolle, ist es doch fast nur an Salzlecken oder Tränken zu finden.
Das Gestüber ist in sich gedreht und mit weißer Harnsäure überzogen.

Türkentaube

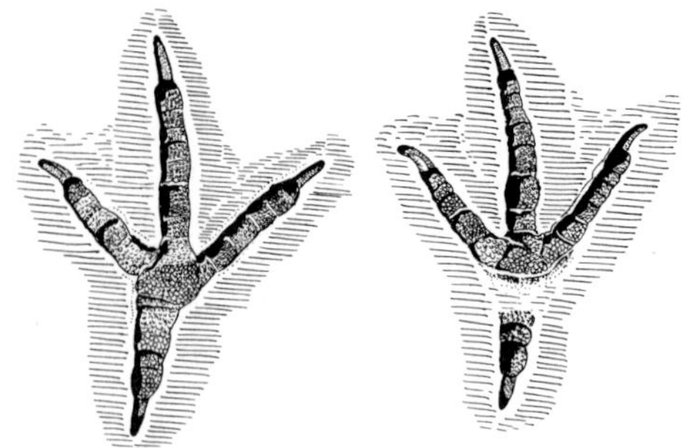

Abb. 102. Ringeltaube, Trittsiegel.

Ringeltaube	Hohltaube	Türkentaube	Turteltaube
Lautäußerung			
Der Ringeltauberlockruf: hu-gru-gru-hu-gru-hu gru-gru-hu-gru-hu-gru-gru-hu-gru-hug. Zum-Nest-Ruf verpaarter Ringeltauben: ru-gu, ru-gu mit Wiederholungen. Reviermarkierungslaut: Rucksen	Balzruf des Taubers: huuh – wuck huuh – wuck huuh – wuck huuh – wuck oder huuh – we	kein voller Laut – ein monoton klingendes: gu-guu-gu – mit Betonung der Mittelsilbe	tur-tur-tur
Verbreitung:			
Gesamteuropa, außer hoher Norden	Gesamteuropa, außer hoher Norden, auch nicht in Portugal und nicht in Griechenland	Mittel-, West-, Südosteuropa sowie in Teilen Nordeuropas	Gesamteuropa, außer Norwegen, Schweden, Finnland, Schottland
Lebensweise:			
Stellt keine besonderen Ansprüche, gilt als außerordentlich anpassungsfähig, lebt in Parks, Feldgehölzen, auf Friedhöfen, in Gärten der Stadtrandlage, auf Promenaden, in Wäldern, gleich welcher Zusammensetzung	Reiner Waldbewohner mit Vorliebe für Laubwälder mit Baumhöhlen, selten auf Friedhöfen mit altem Baumbestand oder in Parks	Hausgärten in Stadtlage sowie Friedhöfe und Parkanlagen	Friedhöfe, Parkanlagen, parkartige, lichte Wälder Obstgärten, Hecken

Ringeltaube	Hohltaube	Türkentaube	Turteltaube
Verhalten:			
Standvogel. Teilzieher ist sie nur in Skandinavien sowie in den osteuropäischen Ländern. (In der Bundesrepublik in Württemberg)	Teilzieher und Zugvogel. Sie zieht in das südwestliche Europa.	Standvogel, selten Teilzieher.	Zugvogel. Sie zieht Ende August nach Äquatorialafrika, und zwar die westlich der Elbe brütenden Tauben über Gibraltar, die östlicht der Elbe brütenden über Kleinasien.
Kulturfolger	Kulturflüchter	Kulturfolger	Kulturflüchter
Ringeltauben leben außerhalb der Brutzeit in größeren Flügen zusammen. Während dieser Zeit gehen sie auf Feldern oftmals zu Schaden.	Hohltauben bilden kleine Trupps.	Türkentauben streichen im Herbst und Winter in großen Flügen umher. Sie fallen dann gern auf Getreideschlägen ein. Sie vergesellschaften sich außerhalb der Brutzeit mit anderen Taubenarten und auch Krähen.	Turteltauben kommen außerhalb der Brutzeit nur in kleinen Trupps vor. Ihr Flug erscheint wenig routiniert.
Für die Nachtruhe nehmen sie Schlafbäume an, wobei sie dort hörbar gegen den Wind einfallen (BETTMANN 1982). Die Ringeltaube ist tagaktiv. Sie ist ein sehr gewandter Flieger.	Geräuschloser Einfall auf Schlafbäumen ohne Rücksichtnahme auf die Windverhältnisse (BETTMANN 1982).	Sie sind tagaktiv.	Sie sind besonders dämmerungsaktiv. Bis zum Abflug in ihr Winterquartier sehr standorttreu.

Sinne: Die Sinne sind gut entwickelt.

Das merkt besonders der den lockenden Tauber anpirschende Jäger.

Fortpflanzung, Balz, Brutzeit, Aufzucht der Jungen: Tauben leben in einjähriger Monogamie, selten in Dauerehe. Mit einem Jahr werden sie geschlechtsreif.

Ringeltauben suchen Anfang bis Mitte März ihren Brutbiotop auf.	Hohltauben beziehen ihren Brutbiotop Ende Februar bis Anfang März.	Türkentauben suchen ihren Brutbiotop Ende Februar bis Anfang März auf.	Turteltauben suchen Ende April bis Anfang Mai ihren Brutbiotop auf.

Ringeltaube	Hohltaube	Türkentaube	Turteltaube
Nestbau aus trockenen Zweigen ohne Polsterung in Höhen von 0–20 m auf Bäumen und Sträuchern, selten am Erdboden.	Höhlenbrüter: Spechthöhlen, Holzstöße, Nistkästen, selten Greifvogelhorste. Höhe des Nestes 0–20 m über Grund. In die Nesthöhle legen die Hohltauben trockene Zweige, Grashalme und Laub.	Nestbau aus trockenen Zweigen, worauf Blätter, Halme und dgl. gelegt werden. Höhe des Nestes 0,5 bis 20 m über Grund auf Bäumen, selten in Sträuchern, auch im Mauerwerk und auf Leitungsmasten.	Nestbau aus dürren Zweigen, aber auch Bezug vorhandener Ringeltauben- und größerer Singvogelnester. Höhe des Nestes 1–10 m über Grund.
2 (3) Eier Brutdauer 15–17 Tage Tauber brütet in der Mittagszeit	2 (3) Eier Brutdauer 16–18 Tage	2 Eier Brutdauer 14–16 Tage Tauber brütet in der Mittagszeit	2 Eier Brutdauer 16–17 Tage
Die Dunenjungen sind 8–10 Tage blind und werden während dieser Zeit mit Kropfmilch (Sekret) gefüttert. Anschließend wird auch Körnerfutter gebracht.			
2–3 Bruten Die Jungen bleiben 3–4 Wochen Nestlinge, anschließend 1 Woche Ästling.	2–3 Bruten, selten 4 Die Jungen bleiben max. 3 Wochen Nestlinge, anschließend 1 Woche Ästling.	2–4 Bruten Die Jungen bleiben 3–4 Wochen Nestlinge, anschließend noch 2 Wochen Ästling.	1 (2) Bruten Die Jungen bleiben max. 3 Wochen Nestlinge, anschließend 1 Woche Ästling.

Zuwachsrate, Geschlechterverhältnis: Das Geschlechterverhältnis beträgt 1 : 1. Nach BETTMANN (1973) beträgt die Zuwachsrate bei der Ringeltaube 1,35 Junge pro Paar. Bei der Türkentaube wird die Zuwachsrate mit 1,6 Junge pro Paar veranschlagt. Für die beiden übrigen Taubenarten liegen bisher keine genaueren Angaben über die Zuwachsrate vor.

Ernährungsansprüche

Überwiegend vegetarische Ernährung: Jede Art von Samen – Getreide, Waldfrüchte, Erbsen, Unkrautsamen – Grünfutter – Knospen, Blätter, Jungtriebe, zartes Gemüse und Kräuterpflanzen – Magensteine fördern die Verdauung. Hoher Wasserbedarf. Jungtauben werden in der 1. Lebenswoche mit Kropfmilch, später mit im Kropf aufbewahrten Sämereien gefüttert. Wenig tierische Kost: Würmer, Käfer, Larven, Schnecken, Schmetterlinge.	Sämereien von Unkraut, Getreide, Waldbäumen, Waldbeeren. Grün von Gemüse, Wildkräuter.	Gras- und Unkrautsamen, Waldobst, Getreidekörner. Da sie in Gebäudenähe lebt, nimmt sie auch gerne Küchenabfälle, Brot-, Obst-, Fleischreste. Insekten.	Sämereien von Unkraut, Gras und Nadelholzbäumen, aber auch von Robinien, Erlen und Birken, Laubholztriebe, Waldbeeren, Insekten, Würmer, Schnecken.

Ringeltaube	Hohltaube	Türkentaube	Turteltaube
Feinde:			
Marder, Habicht, Sperber, Wanderfalke, Eulen, Krähen.	Marder, Iltis, Eichhörnchen, Ratte, Habicht, Sperberweib, Wanderfalke, Eulen, Krähen.	Marder, Eichhörnchen, Habicht, Sperber, Wanderfalke, Turmfalke, Eulen, Krähen.	Wenig Verluste bei Altvögeln wegen Dämmerungsaktivität. Verluste bei Jungen gehen auf das Konto von Haarraubwild sowie Krähen und Eulen.

Bejagung
Jagdarten: Nur Ringel- und Türkentauben werden bejagt.

Ringeltaube	Hohltaube	Türkentaube	Turteltaube
Ansitzjagd, Pirsch, Treibjagd, Balzjagd mit Lockruf sowie Jagd mit der Locktaube		Ansitzjagd, Pirsch	
Jagdzeiten nach Bundesverordnung: 1.7.–30.4.		1.7.–30.4.	
Jahresstreckenergebnis: 537 256 Stück (1987/88)			

Sonstiges: Der Vollständigkeit halber soll noch die Felsentaube – *Columba livia* – erwähnt werden. Fast alle Haustauben stammen von ihr ab. Heute entwickeln sich vielfach verwilderte Haustauben zur Felsentaubenstammform zurück. Ihr Gewicht beträgt 250–300 g. Ihr Äußeres ist hohltaubenähnlich, mit dem Unterschied, daß sie 2 schwarze Binden auf der Schwinge aufweist und einen weißgrauen Bürzel.

Zur Wiederholung und Kontrolle

- Beschreiben Sie das Äußere der Hohltaube.
- Wie unterscheidet man Türken- und Turteltaube?
- Beschreiben Sie den Taubentritt.
- Schildern Sie den Lebensraum der Türkentaube.
- Welche Tauben sind Zugvögel?
- Welche Tauben sind Kulturflüchter?
- Wann brüten die Ringeltauben erstmals im Jahr?
- Wie lange brüten die Ringeltauben?
- Wie verhalten sich die Jungen nach dem Schlüpfen?
- Nennen Sie die Ernährungsansprüche der Ringeltaube.
- Nennen Sie einige Taubenfeinde.
- Welche Jagdarten gibt es auf Ringeltauben?
- Welche Tauben haben keine Jagdzeit?
- Wann haben die Ringeltauben Jagdzeit?

Schwäne

Systematik
Ordnung: Anseriformes, Gänsevögel
Familie: Anatidae, Entenvögel

Höckerschwan *Cygnus olor* GMel.	**Singschwan** *Cygnus cygnus* L.	**Zwergschwan** *Cygnus bewickii* Yarr.
Aussehen, Gefieder, Gewicht		
Gewicht: 10–20 kg	Gewicht: 9–13 kg	Gewicht: 5–8 kg
Flügelspannweite: 235 cm	Flügelspannweite:	Flügelspannweite: 190 cm
Die Schwäne zählen in Europa zu den größten noch flugfähigen Vögeln.		
Orangefarbener Schnabel mit schwarzem, höckerigem Schnabelansatz (beim Männchen im Frühjahr stärker ausgeprägt)	Schwarzer Schnabel mit zitronengelbem Schnabelansatz (Übergang von gelb zu schwarz: spitz)	Schwarzer Schnabel mit zitronengelbem Schnabelansatz (weniger gelb als Singschwan – Übergang von gelb zu schwarz: rund)
Schnabel in der Jugend bleigrau mit schwarzem Schnabelansatz, ohne Höcker.	Schnabel in der Jugend: Schnabelwurzel fleischfarben, Schnabelspitze schwarz.	
Gebogener Hals auf dem Wasser. Jungschwäne haben graubraune Gefiederfarbe.	Singschwan, Zwergschwan: Gerader Hals auf dem Wasser. Kopf, Hals und Schwingen sind bei Jungschwänen grau, das Übrige weiß gefärbt.	
Bei Höckerschwan, Singschwan und Zwergschwan: adulte Schwäne haben ein weißes Gefieder.		
	Die Stirn des Singschwanes ist flacher als die des Zwergschwanes.	
Der Hals des Höckerschwanes ist dicker als der des Singschwanes.		
	Der Hals des Singschwanes ist länger als der des Zwergschwanes.	
Die Ständer des Höckerschwanes sind kürzer als die des Singschwanes.		
Lautäußerung:		
Stumm, gelegentliches Zischen und Trompetenrufe sowie Fluggeräusche	Trompetentöne, Flügelsausen	einsilbige tiefere Stimme als der Singschwan
Verbreitung in Europa:		
Mitteleuropa sowie Südskandinavien und Großbritannien	Island, Nordschweden, Finnland, Nordrußland, Nordnorwegen	Nordrußland
Strich- und Zugvogel (gilt nur für wilden Höckerschwan)	Zug- und Strichvogel. Kommt als Wintergast auch in der Bundesrepublik an der Nord- und Ostseeküste, bisweilen sogar am Rhein vor.	Zug- und Strichvogel. Kommt als Wintergast auch in Norddeutschland vor.

Höckerschwan	Singschwan	Zwergschwan

Lebensweise: Alle Schwäne sind Wasservögel. Im Winter suchen sie eisfreie Gewässer auf.

Höckerschwan	Singschwan / Zwergschwan
Als Wildschwan bevorzugt er entlegene Gewässer, hier besonders die Flachwasserzone und reichlich Unterwasserpflanzen, als domestizierter Schwan kommt er auf allen Gewässern, besonders in der Nähe menschlicher Siedlungen vor.	Schilfreiche Sümpfe (Taiga), Küstengewässer. Rastet während des Winterzuges auch auf menschenfernen Wiesen und Weiden.

Verhalten:
Bei Gefahr nimmt der Höckerschwan eine Drohpose ein: Die Schwingen werden hochgestellt, der Hals ist gebogen.

Höckerschwan, Singschwan und Zwergschwan: die Flugformation ist V-förmig oder aber in einer Linie.

Höckerschwan	Singschwan / Zwergschwan
Die Schwingen verursachen im Flug singende Geräusche.	Keine Fluggeräusche

Höckerschwan, Singschwan und Zwergschwan: gesellig lebend, Ausnahme während der Brutzeit.

Fortpflanzung, Balz, Brutzeit, Aufzucht der Jungen: Alle Schwäne leben monogam auf Lebenszeit. Sie sind zwischen dem 2. u. 5. Lebensjahr geschlechtsreif. Sie sind Bodenbrüter. Das Nestmaterial – Wasserpflanzen – wird vom Männchen angeliefert, vom Weibchen verarbeitet. Das Nest kann bis 1 m hoch und 2 m breit sein. Die Nestmulde wird mit weichen Federn ausgepolstert. Das Weibchen legt zwischen April und Juni 4–8 Eier, die bis zu 36 Tage nur von ihm bebrütet werden. Die Küken sind Nestflüchter nach einem Tag Nestaufenthalt. Sie werden von beiden Altvögeln betreut. Die Jungschwäne sind nach 4 Monaten flugfähig, die Singschwanjungen etwas früher als die Höcker- und Zwergschwanjungen. Danach trennen sie sich für alle Zeit von den Altvögeln.

Ernährungsansprüche: Blätter, Grasspitzen, Samen, Wurzeln, Insekten, Larven, Schnecken, Muscheln, Fischlaich, kleine Fische, überwiegend jedoch vegetarische Kost.

Feinde: Seeadler

Bejagung
Nur der Höckerschwan unterliegt den Bestimmungen des BJagdG. Auch bei guten Schüssen kein Zeichnen. Wegen Verhitzungsgefahr Ausfahren erforderlich. Besonders wertvoll sind die Daunen.

Jagdzeiten nach Bundesverordnung: 1.9.–15.1.

Zur Wiederholung und Kontrolle

- Wie unterscheiden sich Höcker-, Sing- und Zwergschwan voneinander?
- Beschreiben Sie den Lebensraum des Höckerschwanes.
- Leben Schwäne monogam oder polygam?
- Wo halten sich die Küken nach dem Schlüpfen auf?
- Welche Nahrung nehmen Schwäne auf?
- Unterliegen die Schwäne den Bestimmungen des BJagdG?

Wildenten

Systematik
Ordnung: Anseriformes, Gänsevögel
Familie: Anatidae, Entenvögel
Unterfamilie: Anatinae, Enten

Schwimmenten
Stockente, *Anas platyrhynchos* L.
Krickente, *Anas crecca* L.
Knäkente, *Anas querquedula* L.
Spießente, *Anas acuta* L.
Pfeifente, *Anas penelope* L.
Schnatterente, *Anas strepera* L.
Löffelente, *Anas clypeata* L.

Tauchenten
Kolbenente, *Netta rufina* Pall.
Tafelente, *Aythya ferina* L.
Reiherente, *Aythya fuligula* L.
Moorente, *Aythya nyroca* Güld.
Bergente, *Aythya marila* L.
Schellente, *Bucephala clangula* L.

Meeresenten
Trauerente, *Melanitta nigra* L.
Samtente, *Melanitta fusca* L.
Eiderente, *Somateria mollissima* L.
Eisente, *Clangula hyemalis* L.

Halbgänse, Halbenten
Brandente,
Brandgans,
Tadorna tadorna L.

Weidmannssprache (Abb. 103)

Erpel, Entvogel (selten):	männliche Ente
Rauherpel:	Mausererpel
Ente:	weibliche Ente
Junge:	junge Enten
Schof:	Familie
Flug:	mehrere Schofe
Reihzeit:	Paarungszeit
Treten:	begatten
Gelege:	Eier
Licht:	Auge
Rauhe:	Mauser
Gestüber:	Exkremente
Gründeln:	Nahrungssuche der Schwimmenten im seichten Wasser, wo sie senkrecht mit dem Vorderkörper im Wasser stehen, während der Hinterkörper über Wasser zu sehen ist
Rudern, Rinnen:	schwimmen
Einfallen:	landen
Aufstehen:	hochfliegen

Aussehen, Gefieder (Abb. 104)
Schwimmenten leben an weniger tiefen Gewässern. Im Winter und Frühjahr tragen die Erpel ein Prachtkleid.
Tauchenten leben auf tieferen Gewässern. Im Winter und Frühjahr tragen die Erpel ein Prachtkleid.

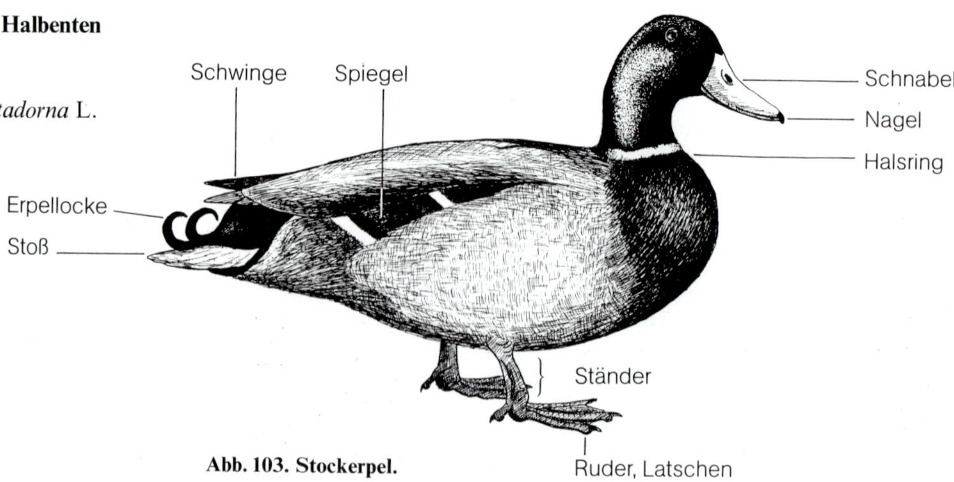

Abb. 103. Stockerpel.

Abb. 104a. Wildenten. a Schwimmenten; b Tauchenten.

Meeresenten leben in Küstennähe, bei großer Kälte bisweilen auch im Binnenland. Vielfach werden sie wegen ihres Aussehens und Verhaltens auch zu den Tauchenten gezählt.

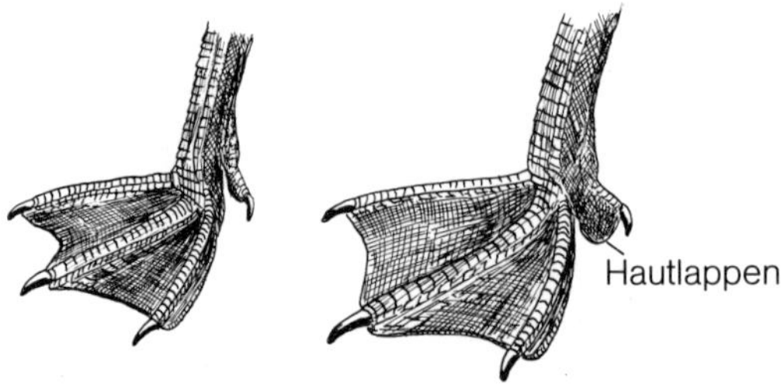

Abb. 104 b. Latschen der Schwimmente (links); Latschen der Tauchente (rechts).

Stockente, *Anas platyrhynchos* L.

Aussehen, Gefieder, Gewicht (Farbtafel S. 176)
Gewicht: Erpel 800–1550 g
Ente 550–1350 g

Die Stockente ist die größte aller Schwimmenten. Der Erpel hat einen grünschillernden Kopf, einen weißen Halsring, einen dunkelbraunen Hals, eine graumelierte Unterseite sowie eine graubraune Oberseite. Die gleichfarbenen Schwingen werden an der inneren Schwingenseite von einem blauglänzenden Spiegel geziert, der schwarz, nach außen hin weiß gesäumt ist (auch bei der Ente). Der Schnabel ist goldgelb, der Nagel schwarz. Beim Erpel im Prachtkleid sieht man am Stoßende 2 nach oben gerollte schwarze Federn (Erpellocken), die aus 4 Einzellocken bestehen. Ständer und Latschen sind orangerot.

Die Ente ist braunschwarz gezeichnet. Der Hals samt Unterseite nimmt sich dabei heller als das übrige Gefieder aus. Die Schnabelfarbe ist schmutzig-orangerot mit unterschiedlich großem schwarzen Sattel auf dem Oberschnabel. Der Nagel ist schwarz. Da es bei den Stockenten sehr viele Farbspielarten gibt, variiert auch die Schnabelfarbe: von dunkelorangerot mit ausgeprägtem schwarzen Sattel bei dunklen Stockentenweibchen über gering vorhandenen Sattel bis kaum Dunkelfarbe im Orangerot des Schnabels bei hellen Stockentenweibchen. Altersunterschiede sind jedenfalls nach der Schnabelfärbung nicht zu treffen.

Das schlichtfarbene Erpelsommerkleid (von Juni bis September) ähnelt einem dunklen Stockentenweibchengefieder, allerdings mit weidengrünem Schnabel.

Sollten dennoch während des Sommers Stockenten im Erpelprachtkleid zu sehen sein, so handelt es sich hierbei um erpelfarbene Stockentenweibchen, sog. „Geltenten". Bei genauerem Hinsehen fallen sie durch geringere Größe und durch die typische Weibchenschnabelfärbung auf, nämlich orangerot mit dunklem Sattel. Ursache dieser Erscheinung sind die bei überalterten Weibchen überwiegenden männlichen Hormone. Es gibt hierbei alle Übergangsformen zwischen Enten- und Erpelprachtgefieder. Das vollendete Dauerprachtkleid eines Entenweibchens zeigt Abb. 105. Die typische Schnabelfärbung ist sicheres Zeichen für weibliches Geschlecht.

Leider entarten unsere Stockenten zunehmend durch Hausenteneinkreuzungen, wobei nur die flugfähigen kleineren Hausentenrassen in Frage kommen: Hochbrutflugente, Zwergente, Smaragdente. Es entstehen abweichend gefärbte Stockenten, ganz besonders in der Nähe menschlicher Siedlungen (Städte). Eine Vermischung mit Tieren der freien Wildbahn bleibt nicht aus. Schon lange ist die eigentliche Wildstockente, zierlich, schmaler, langer Schnabel, flacher Kopf, langer Hals, hochbeinig, allenfalls noch auf dem Winterzug hier zu sehen, ansonsten von der verstädterten wildfarbenen Stockente verdrängt worden.

Geläuf (Abb. 106): Deutlich werden die 3 Vorderzehen und die Hinterzehe abgedrückt. Die Vorderzehen sind durch Schwimmhäute miteinander verbunden. Im Geläuf zeigen alle Tritte nach innen.

Lautäußerung: Stockenten sind sehr ruffreudig, wobei Erpel und Ente gut unterschieden werden können. Die Ente verbreitet das sog. Entenquaken, die Erpelstimme klingt dagegen schwach. In der Reihzeit hört man oft den Erpelpfiff.

Verbreitung: Stockenten sind über die gesamte nördliche Halbkugel verbreitet. In Europa sind nur Teile Nordskandinaviens, Nordrußlands und das Landesinnere Islands nicht besiedelt.

Stockenten am winterlichen Fluß.

Abb. 105. Erpelfarbenes Stockenten-Weibchen.

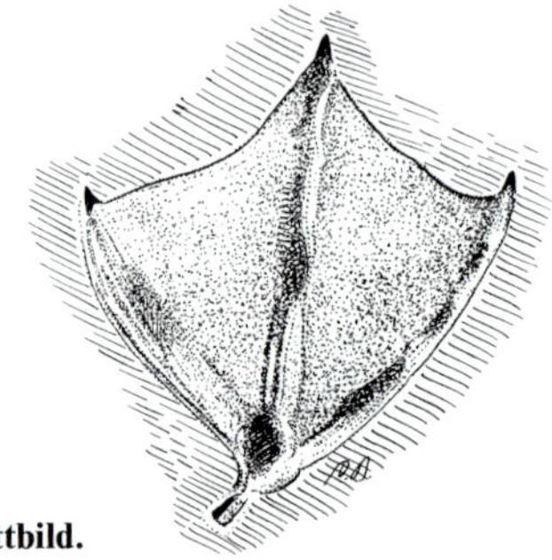

Abb. 106. Ententrittbild.

Der Erpel hat im Prachtkleid einen grünschillernden Kopf, einen weißen Halsring, einen dunkelbraunen Hals, eine graumelierte Unterseite und eine graubraune Oberseite. Auf den Schwingen sind schwarzweiß eingefaßte blauglänzende Spiegel zu sehen. Der Schnabel ist goldgelb mit schwarzem Nagel. Das Schlichtgefieder des Erpels (Juni–September) ist entenähnlich. Die Ente ist braunschwarz gezeichnet. Die Spiegel auf den Schwingen sind erpelgleich. Der Schnabel ist orangerot mit unterschiedlich großem schwarzen Sattel, zusätzlich schwarzem Nagel.
Hausenteneinkreuzungen sorgen für Fehlfarben. Das Geläuf zeigt nach innen gesetzte Trittsiegel, bei denen die 3 Vorderzehen durch Schwimmhäute miteinander verbunden sind.

Lebensweise: Die Stockente lebt vornehmlich an Binnengewässern, im Winter auch an den Meeresküsten. Stockenten passen sich schnell an alle vom Menschen beeinflußten Biotope an. Sie verstädtern sehr häufig. An ihren Brutbiotop stellen sie keine besonderen Ansprüche. So nehmen sie jeden Schilfgürtel, jede Uferbepflanzung, aber auch wasserferne Brutgelegenheiten an. Selbst in hohen Bäumen können Entennester gefunden werden. Gemieden werden Steilufer.
Der Name „Stockente" erinnert übrigens an den Ort, wo sie am liebsten brütet: in Stockausschlägen von Kopfweiden. Viele Jäger werden deshalb wieder die Weidenpflege betreiben, Gewässerrandbepflanzungen vorsehen und ab Ende Januar Bruthilfen in Form von Entenbrutkörben oder Milchkannen schaffen.
Verhalten: Stockenten sind Standvögel, in Mitteleuropa hauptsächlich Teilzieher. Bei zugefrorenen Gewässern streichen sie nach Südwesten ab. Sie sind tag- und nachtaktiv. Außerhalb der Brutzeit leben sie in größeren Schofen ohne Hierarchie. Wegen der Großgefiedermauser ist der Erpel im Juli flugunfähig, die Ente mausert etwa 14 Tage später.
Fortpflanzung, Reihzeit, Brutzeit: Enten leben in Einehe. Bereits im Herbst vor der Paarung „verloben" sich Erpel und Ente, um im Vorfrühling weiterzureihen (balzen). Die Bezeichnung „Reihezeit" oder „Reihzeit" rührt vom In-Reihe-fliegen des Entenpaares in der Paarungszeit. Alle im Herbst verpaarten Enten leben über Winter in größeren Schofen zusammen.
Interessant ist das Balzritual der Enten: Auch im Frühjahr während der Reihezeit bleiben die Entenpaare in Gruppen beieinander. Die Erpel gefallen ihren Geschlechtspartnern durch wiederholte Auffälligkeiten: Putzen, Kopfschütteln, Kurzaufstehen mit Flügelschlagen; man nennt dieses Verhalten Imponiergehabe. Sie sind untereinander während dieser Zeit sehr angriffslustig. Das liegt sowohl am männlichen Geschlechterüberhang, wobei oft mehrere Erpel um eine Ente buhlen, als auch an den immer wieder zu beobachtenden „Seitensprüngen" bereits verpaarter Stockentenerpel, die damit ihre Geschlechtsgenossen herausfordern.
Die Paarung findet an Land und im Wasser statt. Der Erpel besteigt seine Geschlechtspartnerin und beißt sie beim Treten in den Hinterkopf.

Die Ente legt in ein mit Daunen gepolstertes Nest 9–13 hellgrüne Eier, die kurz vor Ablage der letzten Eier 26 Tage allein von ihr bebrütet werden.
Die Küken sind Nestflüchter: Sie verlassen spätestens 12 Stunden nach dem Schlüpfen das Nest, auch aus hohen Bäumen. Hier werden sie von der Altente herausgelockt, 8 Wochen später sind die Jungen flugfähig. Der Erpel beteiligt sich nicht an der Aufzucht der Jungen.
Zuwachsrate, Geschlechterverhältnis: Die Jugendsterblichkeit ist außerordentlich hoch. Nur wenige Enten werden mehrere Jahre alt. Als Höchstalter beringter Enten sind 17 Jahre ermittelt worden.
Das Geschlechterverhältnis bei Küken beträgt 1 : 1. Später ist ein deutlicher Erpelüberhang feststellbar.

Der Lebensraum ist stehendes und fließendes Wasser. Stockenten sind Kulturfolger. Sie nisten gerne in Uferbepflanzungen, aber auch auf Wiesen, Bäumen und in jeder von Menschenhand geschaffenen künstlichen Brutstätte, z. B. Entenbrutkorb und liegende Milchkanne.
Als Stand- und Strichvögel sind sie tag- und nachtaktiv.
Stockenten leben außerhalb der Brutzeit gesellig. Sie sind bereits im Frühjahr, das auf die Geburt folgt, fortpflanzungsfähig. Trotz Einehe beteiligt sich der Erpel nicht am Brut- und Aufzuchtgeschäft. Die Balz wird Reihzeit genannt. Die Paarung wird mit viel Balzritual eingeleitet. Die Ente brütet auf 9–13 Eiern 26 Tage lang. Die Jungen sind Nestflüchter. Mit 8 Wochen sind sie flugfähig.

Äsungsansprüche: Enten sind Allesfresser. Vegetarische Kost überwiegt. So werden hauptsächlich Triebe, Knospen und Saat von Wasser-, Ufer- und Sumpfpflanzen angenommen, darüber hinaus tierische Nahrung in Form von Schnecken, Insekten, Fischen, Fröschen, Kaulquappen und Muscheln.
Feinde: Die Zahl der Feinde ist groß: Greife, Rabenkrähe, Elster, Bläßhuhn, Hecht, Fuchs, Marder, Iltis, Wiesel, Sauen, Waschbär, Igel, Ratte.

Bejagung
Jagdarten: Ansitz auf dem herbstlichen Entenzug oder beim Entenstrich, Suche, Treibjagd.
Jagdzeit nach Bundesverordnung:
1.9.–15.1.
Jahresstreckenergebnis: Wildenten insgesamt:
547968 stück (1987/88)
Etwa 80–85% der Gesamtstrecke sind Stockenten.

Krickente, *Anas crecca* L.

Aussehen, Gefieder, Gewicht (Farbtafel S. 176)
Gewicht: etwa 300 g
Sie ist die kleinste Schwimmente bei uns.
Das Prachtkleid des Erpels (Oktober–Juni) zeigt einen kastanienbraunen Kopf mit grünem Augenstreif sowie einen weißen Schwingenstreif. Die Unterstoßfedern sind gelb. Beide Geschlechter haben einen grünen Schwingenspiegel. Krickenten haben einen deutlichen Absatz am Übergang vom Schnabel zum Kopf.
Verbreitung: Die Krickente ist Teilzieher. Sie brütet vornehmlich in Nord- und Osteuropa. In Mittel- und Westeuropa kommt sie ganzjährig vor. Sie überwintert meist in Süd- und Südosteuropa.
Jagdzeiten nach Bundesverordnung: 1.10.–15.1.

Knäkente, *Anas querquedula* L.

Aussehen, Gefieder, Gewicht (Farbtafel S. 176)
Gewicht: etwa 320 g
Die Knäkente ist nur unwesentlich größer als die Krickente. Das Erpelprachtgefieder unterscheidet sich deutlich von dem des Krickerpels durch einen weißen Überaugenstreif, der bis zum Nacken reicht. Beim Weibchen ist dieser Überaugenstreif weniger auffällig ausgebildet. Zudem hat der Erpel blaugraues Schultergefieder.
Beide Geschlechter haben einen grünglänzenden, weiß eingefaßten Schwingenspiegel, der bei der Ente undeutlicher ist. Außer den genannten Unterscheidungsmerkmalen zur Krickente fällt der absatzlose Schnabel-Kopf-Übergang auf. Zudem sind die Federschäfte der Handschwingen bei der Knäkente weiß, bei der Krickente dunkelgrau bis schwarz.
Verbreitung: Die Knäkente brütet in West-, Mittel-, Ost- und Südosteuropa. Als Zugvogel überwintert sie hauptsächlich in Spanien und Portugal.
Jagdzeit nach Bundesverordnung: 1.10.–15.1.

Stockente ♂
Stockente ♀
Krickente ♂
Krickente ♀
Knäkente ♂
Knäkente ♀

Spießente ♂

Spießente ♀

Pfeifente ♀

Pfeifente ♂

Spießente, *Anas acuta* L.

Aussehen, Gefieder (Farbtafel S. 177)
Die stockentengroße Spießente wirkt durch ihren auffallend langen Hals sowie den spießartigen Stoß des Erpels optisch länger und größer als die Stockente. Der Kopf des Erpels ist dunkelbraun. Von der weißen Brust zieht sich bogenförmig ein weißer Streif beidseits über den hinteren Hals auf den Hinterkopf. Die Körperoberseite einschließlich Flanken sind perlhuhngrau. Die schwarzweißen Spiegel werden oben hellbraun begrenzt.
Die Ente ist farblich der Stockente zum Verwechseln ähnlich. Sie ist von dieser zu unterscheiden durch langen Hals, spitzeren Stoß und grünbraune Spiegel, die unten schwarzweiß begrenzt sind.
Verbreitung: Die Spießente kommt als Teilzieher überall in Europa vor, als Brutvogel heute nur noch in Nord- und Osteuropa. Sie überwintert in Afrika.
Jagdzeiten nach Bundesverordnung: 1.10.–15.1.

Pfeifente, *Anas penelope* L.

Aussehen, Gefieder (Farbtafel S. 177)
Bei der in der Größe zwischen Stockente und Krick- bzw. Knäkente stehenden Ente fällt der rotbraune Kopf des Erpels mit dem beigefarbenen breiten Scheitel auf. Der sonst graue Rumpf wird von auffallend weißen Schwingenflecken und grünen, schwarz eingefaßten Spiegeln geziert. Der Bauch ist gegen die rosabraune Brust und das schwarze Hinterende weiß abgegrenzt.
Die Ente hat ein insgesamt rotbraunes Gefieder mit schwach ausgeprägten grünschwarzen Spiegeln.
Verbreitung: Die Pfeifente ist in den skandinavischen und nordosteuropäischen Ländern Brutvogel. Als Strichvogel sucht sie in der kälteren Jahreszeit West-, Süd- und Südosteuropa auf.
Jagdzeit nach Bundesverordnung: 1.10.–15.1.

Schnatterente, *Anas strepera* L.

Aussehen, Gefieder (Farbtafel S. 180)
Die Schnatterente ist kleiner als die Stockente. Der insgesamt graue Erpel mit stockentenfarbenem Kopf und schwarzem Hinterteil fällt im Fluge durch seine rechteckigen weißen Spiegel mit schwarzer Einfassung sowie durch die scharf gegen die dunkle Brust abgesetzte helle Bauchseite auf. Das Schnatterentenweibchen unterscheidet sich von der weiblichen Stockente durch die rechteckigen weißen Spiegel mit schwarzer Einfassung sowie durch die orangegelben Schnabelseiten und die helle Bauchseite.
Verbreitung: Schnatterenten leben in Mitteleuropa. Als Teilzieher verbringen sie den Winter in Nordwest- und Südeuropa.
Jagdzeit nach Bundesverordnung: keine Jagdzeit.

Löffelente, *Anas clypeata* L.

Aussehen, Gefieder (Farbtafel S. 180)
Die Löffelente erreicht nicht ganz das Gewicht der Stockente. Sie fällt durch ihren löffelartigen Schnabel auf, auch im Fluge. Der Erpel hat im Prachtkleid einen dunkelgrünen Kopf, eine weiße Brust sowie kastanienbraune Flanken. Beide Geschlechter haben graublaue Schwingendecken. Ansonsten gleicht die weibliche Löffelente der weiblichen Stockente. Löffelenten liegen sehr tief im Wasser.
Verbreitung: Löffelenten sind in Gesamteuropa verbreitet, außer im hohen Norden (allerdings im Ostteil Islands). In Südeuropa überwintern sie.
Jagdzeit nach Bundesverordnung: keine Jagdzeit.

Kolbenente, *Netta rufina* Pall.

Aussehen, Gefieder, Gewicht (Farbtafel S. 181)
Gewicht: etwa 1000 g
Der Name rührt vom kolbenartigen Kopf, nämlich steile Stirn und mächtige Kopfform durch sträubfähiges rotbraunes Kopfgefieder. Der Schnabel des Erpels ist rot, der Nagel weiß. Hals, Brust und Bauchstreifen sind schwarz, die Flanken weiß. Der hintere Schwingenteil leuchtet bei Erpel und Ente im Fluge weiß.
Die Ente ist insgesamt hellbraun mit dunkelbraunem Kopf und weißen Wangen. Der Schnabel hat im vorderen Drittel eine rote Binde.
Verbreitung: Kolbenenten brüten im Schilfgürtel von Binnengewässern der DDR und Südrußlands. Als Strichvögel kommen sie im Winter an der deut-

schen Nord- und Ostseeküste sowie im Mittelmeerbereich vor.
Jagdzeit nach Bundesverordnung: keine Jagdzeit.

Tafelente, *Aythya ferina* L.

Aussehen, Gefieder (Farbtafel S. 181)
Die Tafelente steht in der Größe zwischen Stockente und Krick- bzw. Knäkente. Der Kopf und Hals des Erpels im Prachtkleid sind rotbraun, sein Schnabel schwarz mit hellblauer Unterbrechung. Die schwarze Brust geht in einen hellgrauen Körper über.
Die Ente hat einen dunkelbraunen Kopf mit hellerem Gesicht und Hals, ein kleines hellblaues Schnabelband und ein graubraunes, wellig gezeichnetes Rücken- und Bauchgefieder.
Verbreitung: Die Tafelente brütet in England, Schottland sowie in großen Teilen Mittel-, Ost- und Südosteuropas. Als Teilzieher sucht sie im Winter süd- und westeuropäische Länder auf.
Jagdzeit nach Bundesverordnung: 1.10.–15.1.

Reiherente, *Aythya fuligula* L.

Aussehen, Gefieder (Farbtafel S. 181)
Der Name sagt aus, daß diese Ente ein reiherähnliches Merkmal zeigt. Dabei handelt es sich um den Reiherschopf, der beim Erpel am Hinterkopf deutlicher zu erkennen ist als bei der Ente. Der sonst schwarze Körper des Erpels ist an den Flanken und am Bauch schneeweiß. Die Ente ist am Kopf und auf dem Rücken dunkelbraun, sonst hellbraun, zum Bauch hin schmutzigweiß. Zusätzlich ist an der Schnabelwurzel ein weißer Fleck auszumachen.
Beide Geschlechter zeigen im Flug ein schmales weißes Flügelband.
Verbreitung: Die Reiherenten brüten in Island, Skandinavien sowie im nördlichen Mitteleuropa und Osteuropa. Als Teilzieher kommen sie zeitweise überall in Europa vor.
Jagdzeit nach Bundesverordnung: 1.10.–15.1.

Moorente, *Aythya nyroca* Gülg.

Aussehen, Gefieder (Farbtafel S. 184)
Moorenten sind nur unwesentlich größer als Krick- und Knäkenten. Beide Geschlechter sind kastanienbraun gefärbt. Der dunkelgraue Schnabel färbt zur Spitze hellgrau aus. Stoß- und Schwingenunterseite sind weiß. Erpel und Ente zeigen im Fluge an der Schwingeninnenseite ein weißes Band.
Verbreitung: Die Moorente brütet in Osteuropa. Als Teilzieher kommt sie im Winter in Mittel- und Südeuropa vor.
Jagdzeit nach Bundesverordnung: keine Jagdzeit.

Bergente, *Aythya marila* L.

Aussehen, Gefieder (Farbtafel S. 184)
Der Erpel hat einen schwarzen Kopf und ein schwarzes Hinterteil. Der Rücken ist hellgrau, die Flanken und die Unterseite sind weiß. Der Schnabel ist hellblau.
Das Weibchen ist dunkelbraun. Am Übergang des hellblauen Schnabels zum Kopf (Schnabelgrund) ist meist eine breite weiße Binde erkennbar. Wie bei der Moorente weisen beide Geschlechter an der Schwingeninnenseite im Fluge ein weißes durchgehendes Band auf.
Verbreitung: Bergenten brüten auf Island sowie an den skandinavischen Küsten. Als Zugvögel kommen sie im Winter nach Italien, Jugoslawien, England und an die Nord- und Ostseeküste der Bundesrepublik Deutschland.
Jagdzeit nach Bundesverordnung: 1.10.–15.1.

Schellente, *Bucephala clangula* L.

Aussehen, Gefieder (Farbtafel S. 184)
Auffallend ist beim Erpel der weiße Wangenfleck auf schwarzem Kopf unterhalb des gelben Auges schnabelwärts. Der Hinterkopf ist nicht wie bei allen anderen Enten abgerundet, sondern abgeplattet. Die Körperoberseite ist weißschwarz, die Körperunterseite reinweiß.
Der Kopf der Ente ist dunkelbraun, das Auge graublau. Markant ist der weiße Halsring, dem sich ein grauer Körper anschließt.

Schnatterente ♂

Schnatterente ♀

Löffelente ♂

Löffelente ♀

Kolbenente ♀

Kolbenente ♂

Tafelente ♂

Tafelente ♀

Reiherente ♂

Reiherente ♀

Verbreitung: Schellenten leben in Nord- und Nordosteuropa. Als Zugvögel kommen sie im Winter in Gesamteuropa vor, außer auf der Iberischen Halbinsel.
Jagdzeit nach Bundesverordnung: keine Jagdzeit.

Trauerente, *Melanitta nigra* L.
Samtente, *Melanitta fusca* L.

Aussehen, Gefieder (Farbtafel S. 185)
Beide sehen sich wegen ihres schwarzen Gefieders sehr ähnlich, sind aber dennoch gut zu unterscheiden. Während der Trauererpel gänzlich schwarz ist und einen auffallend gelben Fleck im mittleren Schnabelbereich aufweist, sind beim Samterpel auf dem schwarzen Gefieder außer dem rechteckigen weißen Schwingenspiegel weiße halbmondförmige Augenringe unterhalb des hellen Auges auszumachen. Der Schnabel des Erpels ist am Ansatz leicht angeschwollen. Außer dieser schwarzen Schwellung ist der Schnabel gelb bis orangefarben. Die weiblichen Enten beider Arten sind braunschwarz. Bei der Samtente ist im Fluge ebenfalls ein weißer Spiegel zu erkennen, darüber hinaus weiße Gesichtsflecke vor und hinter dem Auge. Die Trauerente zeigt einen kontrastfarbenen Kopf, nämlich dunkler Scheitel und beigefarbene bis grauweiße untere Gesichtshälfte und Kehle.
Verbreitung: Beide Entenarten sind Zugvögel. Sie brüten beide in Skandinavien und Ostisland (nur die Trauerente). Als Zugvögel überwintern sie an den europäischen Meeresküsten, wobei die Trauerente über Frankreichs Küsten gen Süden bis nach Spanien und Portugal hinauszieht.
Jagdzeit nach Bundesverordnung: Trauerente und Samtente: 1.10.–15.1.

Eiderente, *Somateria mollissima* L.

Aussehen, Gefieder, Gewicht (Farbtafel S. 185)
Gewicht bis 2,5 kg
Eiderenten fallen durch ihre Größe auf. Der Erpel hat eine schwarze Kopfplatte und ein hellgrünes Hinterhaupt- und Nackengefieder. Der Schnabel geht absatzlos in den Kopf über („slawischer Gesichtsausdruck“). Das Rückengefieder ist weiß, die Bauch- und Stoßpartie schwarz. Die Ente ist dunkelbraun mit dichter schwarzer Querstreifung.
Verbreitung: Eiderenten leben ganzjährig an allen Küsten Nordeuropas.
Jagdzeit nach Bundesverordnung: keine Jagdzeit.

Eisente, *Clangula hyemalis* L.

Aussehen, Gefieder (Farbtafel S. 188)
Wie auch die Spießente hat die Eisente (nur der Erpel) einen langen Stoß. Der Erpel fällt im Sommerkleid durch seinen weißen Gesichtsfleck im sonst schwarzbraunen Gefieder bei weißen Flanken und weißem Bauch auf. Die Schwingen sind ohne jede Weißbänderung. Im Winterkleid zeigt der Erpel mehr Weiß als Schwarz. Der weiße Kopf wird jetzt von einem schwarzen Wangenfleck geziert. Die Ente ist weiß-grau-braun gescheckt. Andeutungsweise ist ein mittelbrauner Wangenfleck erkennbar.
Verbreitung: Das Brutgebiet ist der hohe Norden. Als Zugvogel kommt die Eisente an allen europäischen Küsten vor.
Jagdzeit nach Bundesverordnung: keine Jagdzeit.

Brandente, *Tadorna tadorna* L.

Aussehen, Gefieder (Farbtafel S. 188)
Wegen Gestalt und Geschlechtergleichfärbung oft als Brandgans angesprochen. Kopf und Hals sind schwarz. Das fuchsrote Brust/Vorderrückenband unterbricht die überwiegend weiße Körperfarbe, bei der die Bauchseite noch einen schwarzen Mittelstreif aufweist und die Schultern sowie die Handschwingen ebenfalls schwarz sind. Der Erpel trägt im Sommer an der Schnabelwurzel einen Höcker, der wie auch der übrige Schnabel rot gefärbt ist. Die Ständer und Ruder sind fleischfarben.
Bei adulten weiblichen Brandenten treten mitunter folgende Farbabweichungen gegenüber dem Erpel auf: schwach angedeutete weiße Gesichtsflecken, wie sie auch beim Erpel im Ruhekleid zwischen Unterschnabel und Wangen z. T. sichtbar wird; diese durch einzelne weiße Federn auftretende Fleckung variiert bei den einzelnen Tieren. Sie wird sichtbar am vorderen unteren Halsbereich, an den Schnabelwinkeln, an der Schnabelbasis (es gibt Weibchen, die

um die Schnabelbasis im Brutkleid ein geschlossenes weißes Band tragen), über dem Schnabel an der Stirn, um die Augen. Im 1. Prachtkleid tritt die vorbeschriebene Weißfärbung besonders deutlich hervor (Vermutung – Auskunft Dr. Gottfried Vauk, 1983, Vogelwarte Helgoland).

Verbreitung: Brutvorkommen an den Küsten Skandinaviens, Englands, Schottlands, der Bundesrepublik Deutschland, Südspaniens, wo sie in Sanddünen und natürlichen Höhlen (Kaninchenbau) brüten. Als Strich- und Zugvögel kommen sie im Winter in Gesamtsüd- und -westeuropa vor.

Jagdzeit nach Bundesverordnung: keine Jagdzeit.

Zur Wiederholung und Kontrolle

- Welche Arten gehören zu den Schwimmenten?
- Welche Arten gehören zu den Tauchenten?
- Welche Arten gehören zu den Meeresenten?
- Welche Unterschiede gibt es zwischen Schwimm- und Tauchenten?
- Was ist ein Rauherpel?
- Beschreiben Sie das Prachtkleid eines Stockerpels.
- Wann reihen die Stockenten?
- Geben Sie Aufschluß über die Äsungsansprüche der Stockenten.
- Geben Sie sichere Unterscheidungsmerkmale für die Weibchen von Stock-, Pfeif-, Spieß- und Schnatterente.
- Unterscheiden Sie Krick- und Knäkerpel.
- Geben Sie Aufschluß über markante Unterscheidungsmerkmale von Trauer- und Samterpel.
- Welche Enten kommen im Sommer an der deutschen Nordseeküste vor?
- Welche Enten kommen als Teilzieher oder Zugvögel im Winter in der Bundesrepublik Deutschland vor?
- Welche Enten haben nach BJagdG keine Jagdzeit?
- Welche Schonzeitbestimmungen gelten in Ihrem Bundesland?

Wildgänse

Systematik

Ordnung: Anseriformes, Gänsevögel
Familie: Anatidae, Entenvögel
Unterfamilie: Anserinae, Schwäne und Gänse

Gattung: Anser, Feldgänse

Westliche Graugans, *Anser anser anser* L.
Östliche Graugans, *Anser, anser rubrirostris* Swinh.
Waldsaatgans, *Anser fabalis fabalis* Lath.
Tundrasaatgans, *Anser fabalis rossicus* But.
Kurzschnabelsaatgans, *Anser fabalis brachyrhynchus* Baill.
Zwerggans, *Anser erythropus* L.
Europäische Bläßgans, *Anser albifrons* Scop.
Grönländische Bläßgans, *Anser albifrons flavirostris* Dalgetz und Scott
Schneegans, *Anser caerulescens* L.

Gattung: Branta, Meergänse

Atlantische Kanadagans, *Branta canadensis* L.
Weißwangengans, *Branta leucopsis* Bechst. (Nonnengans)
Rothalsgans, *Branta ruficollis* Pall.
Dunkelbäuchige Ringelgans, *Branta bernicla bernicla* L.
Hellbäuchige Ringelgans, *Branta bernicla hrota* Müller

Weidmannssprache

Ganter:	männliche Gans
Gans:	weibliche Gans
Gössel:	Gänseküken
Giest- oder Geltgans:	nicht brütende Gans
Schof:	Familienverband
Flug:	mehrere Familien
Nagel:	überlappende Schnabelspitze
Ständer:	Bein
Ruder:	Fuß
Schwinge:	Flügel
Stoß:	Schwanz
Laufen:	gehen
Rudern:	schwimmen
Aufstehen:	hochfliegen

Moorente ♂

Moorente ♀

Bergente ♂

Bergente ♀

Schellente ♂

Schellente ♀

Trauerente ♀

Trauerente ♂

Samtente ♀

Samtente ♂

Europäische
Eiderente ♀

Europäische
Eiderente ♂

Einfallen:	landen
Ziehen:	fliegen
Rufen:	Lautäußerung
Reihzeit:	Paarungszeit

Westliche Graugans, *Anser anser anser* L.

Aussehen, Gefieder, Gewicht (Farbtafeln 189/192)
Gewicht: bis 4 kg
Im Unterschied zur Östlichen Graugans hat die Westliche Graugans einen orangefarbenen, erstere einen fleischfarbenen Schnabel, beide mit weißem Nagel. Die Ständer und Ruder beider sind fleischfarben. Die westliche Rasse ist insgesamt dunkler als die östliche Rasse, deren Federn außerdem einen weißen Rand aufweisen.

Ganter und Gans sind farblich nicht unterscheidbar. Die Hinterbäuche sind weiß, ebenso die Endsäume der Stöße. Im Fluge fallen Graugänse durch ihre hellgrauen Vorderschwingen auf. Das Flugbild (Abb. 107) der Gänseformation ist keilförmig, das der Enten ungeordnet.

Geläuf (Abb. 108): Das Trittsiegel aller Wildgänse ist unverkennbar: Die 3 Vorderzehen sind durch Schwimmhäute verbunden, die bis zu den Zehennägeln reichen. Die Hinterzehe ist nur andeutungsweise abgedrückt. Das Gesamtbild des Geläufes zeigt stark nach innen gerichtete Ruderabdrücke.

Gestüber: Gänsegestüber ist walzenförmig, bis 8 cm lang, einseitig etwas ausgezogen. Es ist aus Pflanzenresten zusammengesetzt. Frisches Gänsegestüber sieht grün aus, länger liegendes dunkelgrau bis schwarz.

Verbreitung: Die Westliche Graugans ist Brutvogel in Island, Schottland, Skandinavien, in den Balkan-Ländern sowie in Südrußland. In der Bundesrepublik Deutschland ist sie in den sechziger Jahren wieder mit Erfolg am Dümmer eingebürgert worden und heute mancherorts auch wieder Brutvogel. Als Teilzieher kommt sie in vielen westeuropäischen Ländern vor.

Abb. 107. Gänseflugbild (links); Entenflugbild (rechts).

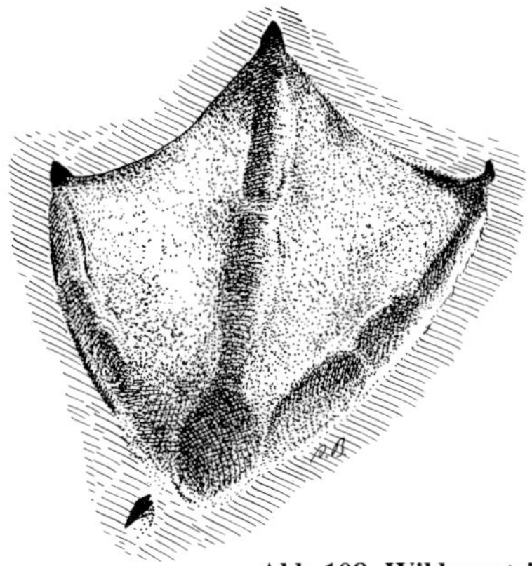

Abb. 108. Wildganstrittbild.

Die östliche Rasse brütet östlich des 40. Längengrades. Im Winter zieht sie bis nach Vorderasien.

Lebensweise: Die landläufige Annahme, Gänse seien reine Wasservögel, ist irrig. Vielmehr sind unsere Graugänse an die abwechslungsreiche Wiesen-Felder-Wasser-Landschaft gebunden. Als Teilzieher verleben die Graugänse strenge Winter in wärmeren Regionen.

Verhalten: Die Graugans ist einer der besterforschten Vögel (K. LORENZ). LORENZ ist es zu danken, daß wir heute um die Verhaltensweisen dieser Gänseart wissen, daß sie vom Menschen großgezogen, sich vollkommen auf diese Person prägen läßt. Wir haben erfahren, daß es bei dieser Vogelart starke Familienbande gibt, allerdings mit hierarchischen Abstufungen. Der Mensch hat schon 2000 v. Chr. erkannt, daß man Gänse domestizieren kann. Unsere Hausgans ist ein echter Nachfahre der Graugans, worauf man sich bei der Wiedereinbürgerung der Gänse auf dem Dümmer in den sechziger Jahren besann, in dem man zunächst wildfarbene Hausgänse, sog. Toulousen, einkreuzte.

Fortpflanzung, Reihzeit, Brutzeit: Gänse gehen mit ihrer 1–2jährigen Verlobung vor dem Brüten eine lebenslange Gemeinschaft ein. Verwitwete Partner bleiben oft allein. Die Reihzeit dauert von Mitte März bis Mitte April. Die Gans baut im Schilfsaum von Gewässern erhöht ein Nest und bebrütet 6–9 Eier 27 Tage lang. Währenddessen hält der Ganter Wache.

Die Gössel sind nach einem Tag Nestflüchter, kommen allerdings zur Nachtruhe vorübergehend zurück. Beide Elternteile begleiten die Jungen, indem die Gans führt und der Ganter den Schluß bildet. Die Altvögel mausern zwischen Juli und Januar.

Äsungsansprüche: Gänse sind reine Vegetarier. Sie leben von Gräsern, auflaufendem Getreide, allerlei Sämereien, Blättern der Bodenpflanzen, Entengrütze.

Vorwiegend morgens streichen Graugänse zu ihren Äsungsplätzen. Nachts ruhen sie auf Gewässern.

Ihre Schäden auf frisch austreibenden Weideflächen sowie im Lagergetreide sind sehr groß, zumal bekannt ist, daß von Gänsen beäste Weideflächen vom Weidevieh gemieden werden.

Problematisch ist dabei, daß Gänseschäden nicht der Schadenersatzpflicht gem. § 29 BJagdG unterliegen. So wird zwangsläufig in den wiederbesiedelten Graugansgebieten eine mäßige Bejagung befürwortet.

Bejagung

Jagdarten: Die besten Erfolgsaussichten bestehen durch Ansitz auf dem Morgenstrich, wenn die Äsungsplätze angeflogen werden. Sowohl Kugel- (Magnum oder Hornet) als auch Schrotschuß (3,5 mm) sind erlaubt. Beim Schrotschuß erzielt man beste Wirkung durch Schießen von hinten. Der Schuß von vorn und von hinten kann nur auf geringere Distanz (unter 20 m) erfolgversprechend sein.

Jagdzeiten nach Bundesverordnung: 1.8.–31.8. und 1.11.–15.1. In den Ländern Baden-Württemberg, Hessen, Nordrhein-Westfalen und Rheinland-Pfalz ist die Jagdzeit aufgehoben worden.

Waldsaatgans, *Anser fabalis fabalis* Lath.

Aussehen, Gefieder, Gewicht (Farbtafel S. 189/192)
Gewicht: bis 4 kg

Die Waldsaatgans ist insgesamt dunkler als die Graugans, sonst ihr sehr ähnlich.

Der Schnabel ist orangefarben bis gelb mit schwarzem, rundem Nagel und schwarzen Flecken. Die Ständer und Ruder sind orangefarben.

Verbreitung: Waldsaatgänse brüten in den Wäldern und der Taiga Nordnorwegens, Mittel- und Nordschwedens sowie in Finnland. Östliche Vorkommensgrenze ist der Ural. Als Zugvögel sind sie im Winter in Gesamteuropa anzutreffen.

Eisente ♂

Eisente ♀

Brandente ♂

Brandente ♀

Westliche Graugans

Östliche oder
Sibirische Graugans

Tundra-Saatgans

Westliche oder
Wald-Saatgans,
vormals Ackergans

Kurzschnabelgans
oder Kurzschnabel-
Saatgans

Europäische
Bläßgans

Tundrasaatgans, *Anser fabalis rossicus* But.

Aussehen, Gefieder, Gewicht (Farbtafel S.192)
Gewicht: bis 4 kg
Sie sieht der Waldsaatgans zum Verwechseln ähnlich. Lediglich der Gesamtkörper wirkt gedrungener, der Hals kürzer. Der Schnabel ist weniger orangefarben bis gelb als bei der Waldsaatgans gefärbt. Dafür sind die schwarzen Abzeichen auf dem Schnabel größer. Der Nagel ist ebenfalls schwarz, aber oval statt rund.
Verbreitung: Sie brütet in Nordrußland, insbesondere auf den Inseln Nowoja Semlja und Kolgujew und überwintert in wärmeren Regionen Gesamteurasiens. Sie ist in Deutschland als Wintergast häufiger als andere Saatgänse anzutreffen.

Kurzschnabelsaatgans, *Anser fabalis brachyrhynchus* Baill.

Aussehen, Gefieder, Gewicht (Farbtafel S. 189/192)
Gewicht: 1,5–3 kg
Sie kann als kleine Waldsaatgans beschrieben werden, allerdings mit tiefdunklem Kopf und Hals. Der kurze Schnabel ist rosarot mit schwarzem Nagel und schwarzen Abzeichen. Die Ständer und Ruder sind rötlich.
Verbreitung: Sie ist Brutvogel Islands, Spitzbergens und Ostgrönlands. Als Zugvogel kommt sie im Winter in England, Irland, Schottland, Dänemark, Holland, Belgien und Norddeutschland vor.
Jagdzeiten nach Bundesverordnung für alle Saatgänse: 1.11.–15.1. Sie werden in Bayern, Bremen, Hamburg und im Saarland bejagt.

Zwerggans, *Anser erythropus* L.

Aussehen, Gefieder, Gewicht
Gewicht: bis 2 kg
Sie sieht der Bläßgans zum Verwechseln ähnlich: Vom unteren Schnabelansatz bis zur Stirn ist ein weißer Fleck sichtbar. Eindeutige Unterscheidungsmerkmale gegenüber der Bläßgans sind die hohe Stirn sowie ein gelber Augenring. Der Schnabel ist fleischfarben mit weißem Nagel. Ständer und Ruder sind orange.
Verbreitung: Sie brütet im Norden Skandinaviens im Bereich der Waldgrenze. Als Zugvogel zieht sie bis zum Schwarzen und Kaspischen Meer.
Jagdzeiten nach Bundesverordnung: keine Jagdzeit.

Europäische Bläßgans, *Anser albifrons* Scop.

Aussehen, Gefieder, Gewicht (Farbtafel S. 189/192)
Gewicht: über 2 kg
Graugansähnliche Gans mit schwarzen Bauchflekken sowie weißem Schnabelring am Schnabelansatz (fehlt bei Jungvögeln). Der Schnabel ist fleischfarben und hat einen weißen Nagel. Die Ständer und Ruder sind orange.
Verbreitung: Sie brütet in der Eismeerregion Rußlands. Im Winter zieht sie nach Südrußland, Südeuropa und Nordwesteuropa.

Grönländische Bläßgans, *Anser albifrons flavirostris* Dalgetz und Scott

Aussehen, Gefieder, Gewicht
Gewicht: über 2 kg
Sie ist insgesamt dunkler als die Europäische Bläßgans. Der Schnabel ist gelb, der Nagel weiß. Die Ständer und Ruder sind orangefarben.
Jagdzeit nach Bundesverordnung für beide Bläßgänse: 1.11.–15.1.

Schneegans, *Anser caerulescens* L.

Adulte Schneegänse haben ein reinweißes Gefieder mit schwarzen Schwingenspitzen. Sie brüten in den nördlichsten Regionen der Welt. Als Zugvögel kommen sie allenfalls in Nordeuropa vor. Es ist äußerst zweifelhaft, daß sie auch nach Mittel- und Südeuropa vorstoßen.

Atlantische Kanadagans, *Branta canadensis* L.

Aussehen, Gefieder, Gewicht (Farbtafel S. 193)
Gewicht: bis 8,5 kg
Sie ist die größte Gans. Der schwarze Kopf wird von

einem weißen Wangen-Kehl-Fleck geziert. Der Hals ist ebenfalls schwarz. Das dunkelbraune Obergefieder geht an der Brust in hellbraune undeutliche Querstreifen über. Der hintere Bauch ist weiß. Der Schnabel ist dunkelgrau, die Ständer und Ruder sind schwarzgefärbt.
Verbreitung: Früher war die Kanadagans nur in Alaska und Nordamerika verbreitet. Inzwischen ist sie über die Parkvogelhaltung auch in Europa Brutvogel geworden (England, Schweden, selten Bundesrepublik Deutschland). Diese überwintern in Westeuropa.
Jagdzeiten nach Bundesverordnung: 1.11.–15.1.

Weißwangengans oder Nonnengans, *Branta leucopsis* Bechst.

Aussehen, Gefieder, Gewicht (Farbtafel S. 193)
Gewicht: bis 2 kg
Auffallend sind das weiße Gesicht mit schwarzer Kopfplatte sowie der schwarze Hals und die schwarze Vorderbrust. Unterseits ist sie weißgefärbt, oberseits blaugrau, von schwarzen Bändern unterbrochen. Stoß, Ständer, Ruder und Schnabel sind schwarz.
Verbreitung: Sie brütet im hohen Norden – Grönland, Spitzbergen, und verstreicht im Winter nach Schottland, Irland sowie an Hollands Küsten.
Sie hat keine Jagdzeit.

Rothalsgans, *Branta ruficollis* Pall.

Aussehen, Gefieder
Sie ist die kleinste Gans und fällt durch ihren rotbraunen Wangenfleck, den rotbraunen Hals und die rotbraune Vorderbrust, die weiß eingefaßt sind, auf. Das sonst schwarze Gefieder wird von einem weißen Gesichtsfleck zwischen Auge und Schnabel, einem weißen Flankenstreif und 2 weißen Schwingenstreifen unterbrochen. Schnabel, Ruder und Ständer sind schwarz.
Verbreitung: Rothalsgänse brüten in Sibirien und überwintern am Kaspischen Meer sowie im Iran.
Sie haben keine Jagdzeit.

Dunkelbäuchige Ringelgans, *Branta bernicla bernicla* L.

Hellbäuchige Ringelgans, *Branta bernicla hrota* Müller

Aussehen, Gefieder (Farbtafel S. 193)
Auffallend ist bei beiden Rassen der weiße Halsfleck. Ansonsten sind beide schiefergrau. Ständer, Ruder und Schnabel sind schwarz. Der einzige Unterschied beider besteht, wie der Name sagt, in der Färbung der Bauchseite.
Verbreitung: Die Dunkelbäuchige Ringelgans brütet in Nord- und Osteuropa sowie in Sibirien. Als Wintergast kommt sie an den Küsten Mittel- und Westeuropas sowie Portugals und Italiens vor. Die Hellbäuchige Ringelgans brütet in den nördlichen Regionen unserer Halbkugel. Im Winter zieht sie an die Ostküste der USA sowie in Europa bis nach Irland.
Jagdzeit nach Bundesverordnung: 1.11.–15.1.

Zur Wiederholung und Kontrolle

- Welche Gattungen werden bei den Wildgänsen unterschieden?
- Welche Arten gehören zu den Meergänsen?
- Zu welcher Gattung gehört die Graugans?
- Was ist der Nagel?
- Beschreiben Sie das Äußere der Westlichen Graugans.
- Wo brütet die Graugans heute wieder in der Bundesrepublik?
- Leben Gänse in Einehe oder Mehrehe?
- Welche Schäden können Gänse in landwirtschaftlichen Kulturen anrichten?
- Wer hat für die Schäden, die Gänse anrichten, aufzukommen?
- Welche Gänse haben in Ihrem Bundesland Jagdzeit?
- Welche Saatgansarten gibt es?
- Wie unterscheiden sich die Schnäbel aller Saatgänse von denen der übrigen Feldgänse?
- Welche Gänse überwintern in der Bundesrepublik?
- Geben Sie die wesentlichen äußeren Kennzeichen von Kanadagans, Nonnengans, Ringelgans und Bläßgans an.

westliche Form
der Graugans

östliche oder sibirische
Form der Graugans

Tundra-Saatgans

Wald-Saatgans,
vormals Ackergans

Kurzschnabelgans

Europäische Bläßgans

Weißwangen- oder Nonnengans

Kanadagans

Hellbäuchige oder Atlantische Ringelgans

Dunkelbäuchige oder Russische Ringelgans

Säger

Systematik
Ordnung: Anseriformes, Gänsevögel
Familie: Anatidae, Entenvögel
Unterfamilie: Anatinae, Enten

Gänsesäger *Mergus merganser* L.	**Mittelsäger** *Mergus serrator* L.	**Zwergsäger** *Mergus albellus*

Weidmannssprache
vgl. Enten und Gänse

Aussehen, Gefieder, Gewicht

Abb. 109, 110	Abb. 111, 112	Abb. 113
Gewicht: 1000–2000 g	800–1500 g	650–800 g

Die Stromlinienform aller Säger ist unverkennbar. Ihr Name ist auf den gezähnten Schnabel (Hornzähne) zurückzuführen. Der Schnabel ist im Vergleich zu dem der Enten unverhältnismäßig lang und gerade.

Männchen kein Schopf	strähniger Doppelschopf	schwarz-weißer kaum auffallender Schopf,
Weibchen dunkelbrauner Schopf	strähniger Doppelschopf	kein Schopf
Männchen schwarz-grüner Kopf, Gefieder weiß mit einem rosa Hauch, Rückengefieder schwarz, roter Schnabel, rote Füße	schwarz-grüner Kopf, weißer Hals, braune Brust, graue Flanken, Rückengefieder schwarz (reicht weiter auf die Seiten als beim Gänsesänger) roter Schnabel, rote Füße	weißes Gefieder, schwarzer Augenfleck, schwarzer Hinterkopf, zusätzlich schwarze Strichzeichnung, graublauer Schnabel und graublaue Füße
Weibchen dunkelbrauner Kopf und Hals, weiße Kehle, weiße Brust, sonst graublaues Gefieder, weiße Unterseite, roter Schnabel, rote Füße	dunkelbrauner Kopf, weiße Kehle, weißer Vorderhals, weiße Brust, brauner Nacken, sonst graublau, weiße Unterseite, roter Schnabel, rote Füße	tiefbrauner Kopf, weiße Wangen, weiße Kehle, Oberseite dunkelgrau, sonst graublau, weiße Unterseite, Schnabel und Füße grau-blau

Für alle Säger: Kopf, Schnabel und Körper bilden im Flug eine Waagerechte.

Lautäußerung

Knarrton, selten zu hören	schnarrende Lautäußerung, mehr vom Weibchen zu hören	sehr kurzer knarrender Laut

Abb. 109 (oben links). Gänsesäger (männlich).

Abb. 110 (oben rechts). Zum Ausruhen und zur Gefiederpflege sucht der Gänsesäger mit seinen Jungen gern die flachen Steine im Wasser auf.

Abb. 111 (Mitte links). Mittelsäger (männlich).

Abb. 112 (Mitte rechts). Mittelsäger (weiblich).

Abb. 113 (unten rechts). Zwergsäger (männlich und weiblich).

Gänsesäger	Mittelsäger	Zwergsäger
Verbreitung in Europa		
Nordeuropa sowie in Norddeutschland und in Bayern (Donaugebiet, Allgäuer Alpen)	Nordeuropa, gelegentlich auch Brutvogel in Norddeutschland	Nordfinnland, Nordrußland, Zugvogel, kommt als solcher im Winter gelegentlich hier vor
Lebensweise		
schilfreiche Gewässer, klares Wasser ist Voraussetzung, im Winter auch auf allen Flüssen und Seen	vorwiegend Meeresvogel, aber auch an bewaldeten Flußufern und Seen	nordische Gewässer, Tundra, Seen

Verhalten: Alle Säger sind Tauchvögel. Beim Einfall auf dem Wasser tauchen sie oft kurz insgesamt unter. Die Verweildauer unter Wasser kann 2 Minuten betragen. Alle Säger sind ausgezeichnete Schwimmer.

Gänsesäger	Mittelsäger	Zwergsäger
		Zwergsäger vergesellschaften sich gern mit Schellenten

Fortpflanzung, Balz, Brutzeit, Aufzucht der Jungen: Alle Säger sind Boden-, aber auch Höhlen (Baumhöhlen)-brüter. Sie sollen sogar große Nistkästen annehmen.

Gänsesäger	Mittelsäger	Zwergsäger
8–10 Eier nach Balz im Mai, 30 Tage Brutdauer	8–10 Eier nach Balz im Mai, 30 Tage Brutdauer	6–10 Eier nach Balz im Mai, 30 Tage Brutdauer

Alle Säger leben polygam. Das Weibchen betreut die Jungen, die Nestflüchter sind, sehr intensiv.

Ernährungsansprüche: Alle Säger leben fast ausschließlich von Fisch, aber auch von Wasserinsekten, Larven, Würmern und Fröschen.

Feinde: Die Altvögel werden vom Seeadler verfolgt. Kleinere Säger fallen auch den Weihen zum Opfer. Für Jungvögel sind Ratten und Raubfische gefährlich.

Bejagung

Die Säger haben keine Jagdzeit.

Waldschnepfe, *Scolopax rusticola* L.

Systematik
Ordnung: Laro-Limicolae, Watvögel und Möwen
Familie: Scolopacidae, Schnepfenvögel

Dornschnepfen (Blaufüße) und Eulenköpfe sind keine Unterarten, sondern im ersten Falle kleinere, sonst größere Waldschnepfen.

Weidmannssprache

Schnepf, Männchen:	männliche Schnepfe
Schnepfe, Weibchen:	weibliche Schnepfe
Stecher:	Schnabel
Stechen, Wurmen:	im Boden nach Nahrung suchen
Schnepfenbart:	Haarbüschel auf der Fettdrüse am Bürzel
Malerfeder, Schnepfengrandel:	spitze Feder am Schwingenbug
Schnepfendreck:	Innereien der Schnepfe, die als Delikatesse genossen werden
Schnepfenstrich:	der die Balz einleitende Flug
Stecherpaar:	der die Schnepfe verfolgende Schnepf
Quorren, Murksen:	Lautäußerung des Schnepfs auf dem Suchflug nach der Schnepfe
Puitzen:	Lautäußerung beider Geschlechtspartner
Kälken:	Losung absetzen

Aussehen, Gefieder, Gewicht (Abb. 114)
Gewicht: 300–350 g
Das Gefieder ist fallaubfarben, der Scheitel quergebändert (bei den übrigen Schnepfen ist der Kopf längsgestreift). Die Augen sitzen hoch im Kopf. Der graue Stecher ist 7–8 cm lang. Die Oberschnabelspitze ist abspreizbar, das erleichtert die Nahrungssuche im Boden und das Ergreifen der Beute.
Das Weibchen ist etwas größer und schwerer als das Männchen. Die Schwingen sind gerundet, der Stoß ist kurz, der Vogel wirkt halslos. Trotz dieser auf einen plumpen Flieger hindeutenden Beschreibung ist die Schnepfe besonders schnell.

Abb. 114. Waldschnepfe.

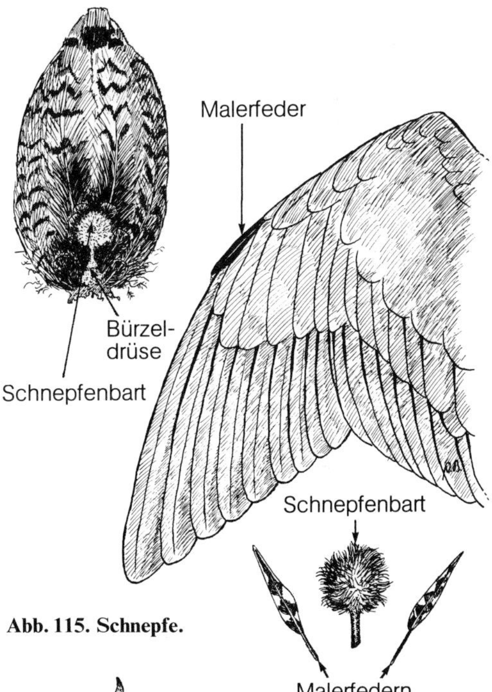

Abb. 115. Schnepfe.

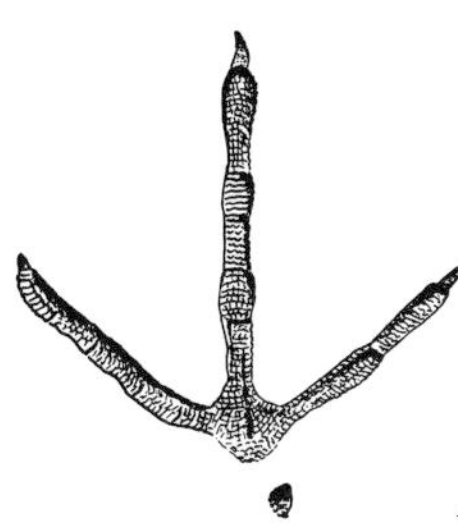

Abb. 116. Schnepfe, Trittbild.

Als Trophäe gelten die vor der ersten Schwungfeder am Flügelbug sitzende Malerfeder (hart, 3 cm lang) sowie der Schnepfenbart, feinste Federchen an der Bürzeldrüse. (Abb. 115).

Geläuf: Die einzelnen Tritte stehen in gerader Linie hintereinander. Die Innenzehe des Fußes ist kräftiger als die Außenzehe (Abb. 116).

Für den Jäger ist das Geläuf fast bedeutungslos.

Lautäußerung: Bekannt sind das Quorren und Puitzen. Das Quorren wird vom Männchen auf dem Suchflug nach dem Weibchen hervorgebracht, das Puitzen von Männchen und Weibchen, und zwar nicht nur während der Balzzeit.

Dazu kommt ein einsilbiger Lockruf (psit) der am Boden sitzenden Schnepfe, worauf der Schnepf unbedingt landet.

Verbreitung: Gesamteuropa, außer im hohen Norden und Süden.

Lebensweise: Wie der Name schon sagt, ist die Waldschnepfe ein Waldvogel. Sie bevorzugt die Säume hoher Laubwaldbestände auf feuchtem Standort, nimmt aber auch mit reinem Nadelwald vorlieb.

Verhalten: Die Schnepfe ist sowohl Teilzieher als auch Stand- und Zugvogel. Alle im Winter bei uns anzutreffenden Waldschnepfen, die sog. Lagerschnepfen, sind vermutlich Standvögel, wenngleich unbekannt ist, ob diese Tiere ganzjährig hier verweilen. Sie könnten vielleicht als Teilzieher aus kälteren nördlichen Regionen kommen. Auffallend ist, daß der Zug der Schnepfen nicht, wie bei vielen anderen Teilziehern und Zugvögeln, von Nord nach Süd, sondern von Nordost nach Südwest oder von Ost nach West stattfindet. So finden sich skandinavische Brutvögel im Winter zumeist in Schottland, russische in Frankreich wieder.

Der Beginn und das Ende des Zuges sind von Jahr zu Jahr außerordentlich variabel. Sonnige Herbsttage verzögern den Zug in die Winterquartiere, kalte Frühjahre verhindern einen zeitigen Heimzug.

Im Herbst ziehen die Schnepfen zwischen Anfang Oktober bis Ende November. Im Frühjahr fällt der Zug in die Stammquartiere in die Zeit von Ende Februar bis Ende März.

Fortpflanzung, Balz, Brutzeit, Aufzucht der Jungen: Der Schnepfenstrich ist die Einleitung der Balz. Man unterscheidet den Frühjahrs-, Sommer- und Herbststrich. Ersterer ist meist als Balzflug der Durchzügler anzusehen. Beim Sommerstrich balzen hier heimische Schnepfen. Der Herbststrich kann kein Balzflug sein, sondern ist ein balzähnliches Verhalten abziehender Schnepfen. Die Frühjahresbalz findet je nach Durchzug der Schnepfen ausgangs Winter oder im zeitigen Frühjahr statt. Die Sommerbalz spielt sich Ende Juni/Anfang Juli ab. Der Balzritus verlangt eine am Boden sitzende lockende Schnepfe und einen streichenden quorrenden und puitzenden Schnepf, der nach paarungswilligen Weibchen Ausschau hält. Sobald dieser Suchflug erfolgreich ist, beginnt die Bodenbalz, wobei das Männchen den Stoß aufrechtstellt, die Schwingenspitzen den Boden berühren und der Stecher geöffnet wird.

Nicht jede streichende Schnepfe ist ein Männchen, wohl aber jede quorrende.

In diesem Zusammenhang spricht man vom Stecherpaar, wenn ein streichendes Männchen auf ein streichendes Weibchen trifft und beide sofort einfallen, um zu balzen.

Schnepfen leben polygam. Die Schnepfe ist Bodenbrüter. Sie legt in eine dürftig hergerichtete Mulde meist 4 Eier, die 22 Tage bebrütet werden. Während dieser Zeit durchlebt die weibliche Schnepfe tagsüber eine Brutstarre, bei der sie sich durch keine Störung vom Gelege bringen läßt.

Anfang Mai und Ende Juli schlüpfen die Küken, die Nestflüchter sind. Nach wenigen Tagen suchen sie selbständig ihr Futter. Mit 3 Wochen sind sie flügge, mit 5 Wochen völlig auf sich gestellt.

Ernährungsansprüche: Schnepfen leben hauptsächlich von tierischer Kost: Regenwürmer, Spinnen, Insekten, Larven; die pflanzliche Kost besteht aus Gras- und Kräutersamen sowie Pflanzenkeimlingen, aus Waldbeeren und – allerdings selten – aus Getreidekörnern.

Feinde: Haarraubwild, Greifvögel, Raubzeug, Eulen.

Bejagung

Jagdarten: Schnepfenjagd im Frühjahr nach den Sonntagen des Kirchenjahres auszuüben, war gang und gäbe, aber völlig falsch, da bar jeder wildbiologischen Kenntnis des Schnepfenzuges. Dieser richtet sich nicht nach dem vom Frühjahrsvollmond abhängigen Osterfest, sondern ist kalender- und wettergebunden.

Der alte Reim:
„Reminiscere: nach Schnepfen suchen geh,
Okuli: da kommen sie,
Lätare: das ist das Wahre,
Judika: sind sie auch noch da,
Palmarum: trallarum,
Quasimodogeniti: halt Jäger, halt – jetzt brüten sie!“

paßt zwar so recht zur romantischen Einstellung des Schnepfenjägers, sollte aber allenfalls am Jägerstammtisch die Runde machen.
Zudem hat die Verordnung über die Jagdzeiten des Bundesministers für Ernährung, Landwirtschaft und Forsten vom 2.4. 77 – BGBl. I Seite 531 – die Jagd auf den Zeitraum vom 16.10.–15.1. begrenzt.
Ausgeübt werden können demnach nur noch die Jagd auf Schnepfen anläßlich der Herbst- und Wintertreibjagden sowie die Suche. Die Ausübung der Such- und Treibjagd im Frühjahr ist seit jeher gem. § 19 (1) 14 – sachliche Verbote – untersagt.
Der Anstand auf dem Frühjahrsstrich, einst erfolgversprechende Jagd auf die Waldschnepfe, kann heute nur noch den beobachtenden Jäger beglücken.
Jahresstreckenergebnis: 9766 Stück (1987/88)

Abb. 117. Bekassine im Riedgras.

Bekassine, *Gallinago gallinago* L.

Systematik
Ordnung: Laro-Limicolae, Watvögel und Möwen
Familie: Scolopacidae, Schnepfenvögel
Sie wird auch als Gemeine Bekassine, Mittlere Sumpfschnepfe oder Himmelsziege bezeichnet.
Sie ist etwas kleiner als die Waldschnepfe, hat auch wie diese einen langen Schnabel (Stecher). Sicheres Unterscheidungsmerkmal ist der längsverlaufende Kopfstreif (bei der Waldschnepfe – quergebändert).
Die Stoßfedern sind am Rande rostbraun mit weißem Anflug gefärbt (Doppelschnepfe: reinweiß, Zwergschnepfe: ohne weiße Randfärbung). Der auffallend meckernde Laut während der Balz rührt von der Vibration der beim Sturzflug der Männchen (Abb. 118) abgespreizten äußeren Stoßfedern her – daher der Name „Himmelsziege“. Beim Aufstehen vollführt sie einen „Zick-zack-Flug“.
Sie kommt als Teilzieher außer in Südeuropa im gesamten übrigen Europa vor. Als Vogel der Feuchtbiotope nimmt ihr Bestand bei uns ständig ab.

Abb. 118. Bekassine im Sturzflug.

Sie ist Bodenbrüter. Das Weibchen sitzt ab Ende April 21 Tage auf 4–5 Eiern. Eine zweite Brut kann es im Sommer geben.
Bekassinen ernähren sich von Insekten, Würmern, Sämereien und zarten Pflanzenteilen.
Die Bekassine unterliegt nicht den Bestimmungen des BJagdG.

Doppelschnepfe, *Gallinago media* L.

Der Größenunterschied zur Bekassine ist unerheblich. Auffallend sind die reinweißen Stoßränder (Bekassine: rostbraun mit weißem Anflug). Sie kommt als Zugvogel nur noch in Norwegen sowie in Ostpreußen und Rußland vor. Ihr Balzverhalten ist anders als das der Bekassine: Bodenbalz mit vielen Männchen, wovon die Weibchen auswählen. Das Weibchen brütet 22–24 Tage auf 4 Eiern. Doppelschnepfen fliegen gradlinig, meist stumm.
Die Doppelschnepfen unterliegen nicht den Bestimmungen des BJagdG.

Zwergschnepfe, *Lymnocryptes minimus* Brünnich

Sie ist wesentlich kleiner als die nächstverwandten Bekassinen (lerchengroß). Die Stoßrandfedern haben kein Weiß (Bekassine: etwas weiß, Doppelschnepfe: reinweiß). Der Schnabel ist etwa 4 cm lang, bei Bekassine und Doppelschnepfe 7 cm. Die Sommerquartiere dieses Zugvogels liegen in Nordnorwegen, -schweden und -finnland sowie in Ostpreußen und Nordrußland. Sie fliegen gradlinig und sind dabei stumm.
Die Zwergschnepfe unterliegt nicht den Bestimmungen des BJagdG.

Großer Brachvogel, *Numenius arquata* L.

Systematik
Ordnung: Laro-Limicolae, Watvögel und Möwen
Familie: Scolopacidae, Schnepfenvögel
Er hat viele Namen im Volksmund: Brachschnepfe, Große Wasserschnepfe, Regenvogel, Gewittervogel, Bracher, Sichelschnepfe. Alle Mitglieder der Unterfamilie Brachvögel werden auch Kronschnepfen genannt (Abb. 119).
Bekannt sind außer dem Großen Brachvogel der Regenbrachvogel und der Dünnschnabel-Brachvogel.
Unverkennbar ist der auch bisweilen noch bei uns vorkommende Große Brachvogel: 15 cm langer, nach unten gekrümmter Schnabel, stattliche Größe, flötenartiger wohlklingender Ruf.

Abb. 119. Großer Brachvogel.

Sein Vorkommen ist auf die Feuchtgebiete Europas begrenzt, außer hoher Norden und Süden.
Brachvögel sind sowohl Zugvögel als auch Teilzieher. Im Gegensatz zu den meisten anderen Schnepfenvögeln leben sie monogam. Beide Eltern brüten abwechselnd auf 4 Eiern 28 Tage lang. Sie führen und verteidigen die Jungen gemeinsam.
Alle nordischen Brachvögel ziehen zwischen August und September bis nach Nordafrika, bisweilen überwintern sie aber auch in Mitteleuropa.
Zur Nahrung gehören Insekten, Larven, Frösche, Fische, Muscheln, Sämereien und Beeren.
Brachvögel unterliegen nicht den Bestimmungen des BJagdG.

Uferschnepfe, *Limosa limosa* L.

Ein der Pfuhlschnepfe ähnlicher Schnepfenvogel, der sich von dieser durch längere Ständer, durch einen längeren geraden Schnabel, durch einen Stoß mit weißem Rand, weißer Stoßwurzel und schwarzer Endbinde und durch eine weiße Flügelbinde unterscheidet. Uferschnepfen leben monogam. Ihr Vorkommen bei uns beschränkt sich auf wenige Paare.
Sie unterliegt nicht den Bestimmungen des BJagdG.

Pfuhlschnepfe, *Limosa lapponica* L.

Im Unterschied zur Uferschnepfe ist ihr Schnabel ein wenig nach oben gebogen, ihre Ständer sind kürzer als bei der Uferschnepfe, der Stoß ist quergebändert und die bei der Uferschnepfe vorhandene Flügelbinde fehlt.

Pfuhlschnepfen leben monogam.

In der Bundesrepublik Deutschland kommen sie nicht vor.

Sie unterliegen nicht den Bestimmungen des BJagdG.

Regenpfeifer, *Pluvialis apricaria* L.

Systematik

Ordnung: Laro-Limicolae, Watvögel und Möwen
Familie: Charadriidae, Regenpfeifer

Dieser goldgelbe Vogel mit scharf abgegrenzter schwarzer Bauchseite im Sommer und heller Unterseite im Winter gehört zu den seltenen Brutvögeln in der Bundesrepublik Deutschland. Wegen laufend fortschreitender Vernichtung seines Lebensraumes, der Moore, werden bald nur noch Durchzügler zu beobachten sein.

Alle Regenpfeifer unterliegen nicht den Bestimmungen des BJagdG.

Zur Wiederholung und Kontrolle

- Beschreiben Sie das Äußere einer Waldschnepfe.
- Wie unterscheidet man die Waldschnepfe von der Bekassine?
- Wo sitzt die Malerfeder?
- Was ist ein Schnepfenbart?
- Was versteht man unter Schnepfendreck?
- Leben Waldschnepfen monogam oder polygam?
- Wo findet man das Nest der Waldschnepfe?
- Was gehört zur Nahrung der Waldschnepfe?
- Welche Jagdarten gibt es für die Waldschnepfe?
- Warum wird die Bekassine auch Himmelsziege genannt?
- Nennen Sie Unterschiede zwischen Bekassine und Doppelschnepfe.
- Beschreiben Sie den Lebensraum des Großen Brachvogels.
- Nennen Sie die typischen Erkennungsmerkmale des Großen Brachvogels.
- Wie unterscheidet man Ufer- und Pfuhlschnepfe?
- Welche der Schnepfenvögel unterliegen den Bestimmungen des BJagdG?

Möwen

Systematik

Ordnung: Laro-Limicolae, Watvögel und Möwen
Familie: Laridae, Möwen
mit den in der Bundesrepublik Deutschland vorkommenden Arten:
Silbermöwe, *Larus argentatus* Pontopp
Sturmmöwe, *Larus canus* L.
Heringsmöwe, *Larus fuscus* L.
Lachmöwe, *Larus ridibundus* L.
Mantelmöwe, *Larus marinus* L.
Dreizehenmöwe, *Larus tridactylus* L.

Weitere Arten:
Eismöwe, Korallenmöwe, Elfenbeinmöwe, Polarmöwe, Schwarzkopfmöwe, Dünnschnabelmöwe, Bonapartemöwe, Zwergmöwe, Schwalbenmöwe, Rosenmöwe.

Die Möwen sind cinc Familie innerhalb der Ordnung der Watvögel und Möwen, wozu als weitere Familien die Charadriidae (Regenpfeifer), die Scolopacidae (Schnepfenvögel), die Burhinidae (Triele), die Recurvirostridae (Stelzenläufer) u.a. gehören.

Die Möwen sind hauptsächlich Seevögel. Das schließt nicht aus, daß einige Arten zunehmend das Binnenland bevölkern. Fast alle Großmöwen sind mit 2–3 Jahren geschlechtsreif, die kleineren Arten mit einem Jahr.

Sie sind größtenteils Bodenbrüter. Beide Geschlechter sehen fast immer gleich aus.

Silbermöwe, *Larus argentatus* Pontopp

Aussehen, Gefieder
Diese weiße Möwe (adult) mit grauem Rücken und grauen Schwingen wird etwa 1 kg schwer. Sie erreicht eine Flügelspannweite von 1,40 m. Die Schwingenspitzen sind schwarzweiß. Der klobige gelbe Schnabel wird an der unteren Schnabelspitze von einem roten Fleck geziert. Die Iris ist hell. Die Ständer sind fleischfarben.
Unterschied zur Sturmmöwe: Letztere ist kleiner, ihr Schnabel hat keinen roten Fleck, ihre Ständer sind gelbgrün, die Iris ist dunkel.
Die juvenile Silbermöwe ist braunweiß gesprenkelt. Das Alterskleid färbt mit 3 Jahren zum Zeitpunkt der Geschlechtsreife durch.
Verbreitung in Europa: An allen europäischen Küsten, teilweise auch im Binnenland.
Lebensweise: Küsten. An der Nordsee ist sie besonders häufig auf den Ostfriesischen Inseln anzutreffen. War sie noch um die Jahrhundertwende mit „nur" 2500 Brutpaaren in Niedersachsen verbreitet, so macht der heutige Bestand rund 20 000 Paare aus. Sehr stark sind Memmert, Mellum und Langeoog besiedelt.
Verhalten: Silbermöwen sind sehr standorttreu. Das zeigt sich besonders in der Treue zur Brutkolonie. Sie sind Standvögel; Strichvögel immer dann, wenn heimische Gewässer zufrieren. Mülldeponien und Binnengewässer locken Silbermöwen immer an. Bei Flügen ins Binnenland orientieren sich die Möwen an Flußläufen.
Fortpflanzung, Balz, Brutzeit, Aufzucht der Jungen: Silbermöwen leben für ein und mehrere Jahre monogam. Das Weibchen legt Ende April 3 Eier in ein großes Nest am Erdboden, das aus Gräsern und Strandgut gefertigt wird. Die Brutdauer beträgt 25 Tage. Danach bleiben die Jungen $1^1/_2$–2 Monate im Nestumfeld, wo sie auch von beiden Altvögeln betreut werden.
Nahrung: Silbermöwen sind Allesfresser. Magen- und Speiballen- (Gewölle-)untersuchungen geben folgende Aufschlüsse: Müll aller Art, z. B. Papier, Steine, Draht, Bindfaden, Haare, Knochen;
Fisch, z. B. Schellfisch, Dorsch, Scholle, Seezunge, Flunder; Muscheln, Krebse, Schnecken, Mäuse.
Feinde: Menschen als Eiersammler und Jäger, Fuchs, Seeadler.

Bejagung
Jagdzeiten nach Bundesverordnung: 16. 8.–30. 4.
Jahresstreckenergebnis: etwa 30 000 aller gem. BJagdG freigegebenen Arten, d. s. Silber-, Lach-, Sturm-, Herings-, Mantelmöwe.
Bestandeslenkung: Die Silbermöwe, aber auch die Lachmöwe, bedrohen die Gesundheit des Menschen durch Salmonellenverbreitung. Erstere schadet zusätzlich der Fischwirtschaft und dem Seevogelbestand, weil sie sich als Raubvogel betätigt.
Man bejagt deswegen Silber- und Lachmöwen, vornehmlich auf Müllkippen und Schlafplätzen, man tauscht Eier gegen Attrappen aus, man sticht Eier an und tötet Embryonen durch Schütteln der Eier.

Sturmmöwe, *Larus canus* L.

Die Sturmmöwe ist deutlich kleiner als die Silbermöwe. Beide sind sich äußerlich sehr ähnlich: graues Deckgefieder, sonst weiß, schwarzweiße Schwingenspitzen; abweichend vom großen Vetter hat sie gelbgrüne Ständer und einen gleichfarbenen Schnabel, keinen roten Schnabelfleck, eine dunkle Iris und ab 2. Winter eine deutlich schwarze Endbinde auf dem Stoß.
Sie lebt nur in Nordeuropa. Ihr südlichstes Vorkommen ist die ost- und westfriesische Küste. Sie ist Strichvogel im gesamten europäischen Raum. Sie brütet kolonienweise auf Inseln und Mooren, dortselbst auf Grasbüscheln. Die 2–3 Eier werden im Mai/Juni gelegt.
Jagdzeit gem. Bundesverordnung: 16. 8.–30. 4.

Heringsmöwe, *Larus fuscus* L.

Dieser silbermöwengroße Vogel kommt in verschiedenen Rassen und damit verschiedenen Farbvarianten vor: Von grauer bis schwarzer Deckgefiederzeichnung sind alle Übergänge vorhanden. Die Ständer sind gelb, bei einigen Rassen auch fleischfarben. Im Jugendstadium gleichen Heringsmöwen den Silbermöwen: braunweiß gesprenkelt mit schwarzem Schnabel und dunkelfleischfarbenen Ständern.
Heringsmöwen kommen in Nordeuropa und an der mittel- und westeuropäischen Atlantikküste vor. Sie

sind Zugvögel. Sie nisten auf Felsvorsprüngen und bauen ihr Nest aus Strandpflanzen. Anfang Juni legt das Weibchen 2–3 Eier.
Jagdzeit gem. Bundesverordnung: 16.8.–30.4.

Lachmöwe, *Larus ridibundus* L.

Diese Möwe gehört zu den kleinen Arten.
Sie hat rote Ständer und einen roten Schnabel. Der Kopf ist im Sommer dunkelbraun bis schwarz, sonst weiß mit dunklen Flecken vor und hinter dem Auge. Junge Lachmöwen haben keinen schwarzen Kopf.
Die Schwingen weisen im Fluge einen hellen Vorderrand auf. Am Stoßende junger Lachmöwen ist ein schwarzer Abschluß zu erkennen.
Lachmöwen kommen in Mittel- und Osteuropa sowie in Teilen West-, Nord- und Südeuropas als Strichvögel vor. Sie leben häufig auch in küstenfernen Gegenden, z.B. in der Nähe von Kläranlagen, an Flüssen und Seen. Sie sind Kolonienbrüter, legen im April/Mai 2–3 Eier, die etwa 24 Tage bebrütet werden.
Sie leben von Insekten, Larven, Heuschrecken, kleinen Fischen und Wohlstandsmüll.
Jagdzeit gem. Bundesverordnung: 16.7.–30.4.

Mantelmöwe, *Larus marinus* L.

Sie ist die größte einheimische Möwe, die ihren Namen wegen des schwarzen Deckgefieders – Rükken und Schwingen – erhalten hat. Sie ist leicht mit der geschlechtsreifen Heringsmöwe zu verwechseln, wenn man von der unterschiedlichen Größe beider absieht.
Die Ständer der Mantelmöwe sind fleischfarben, der Schnabel ist mächtig. Nicht geschlechtsreife Mantelmöwen sind braunweiß gesprenkelt.
Sie leben an den meisten Küsten Nordeuropas. Sie sind als Strichvögel im Winter auch in Südeuropa (Mittelmeer) anzutreffen. Mantelmöwen brüten bisweilen einzeln, meist kolonienweise auf Inseln, in Mooren und auf Felsen. Die Brutzeit beginnt Ende Mai, die Brutdauer beträgt 26 Tage.
Als Beute werden Fische, kleine Säuger, Vögel und Eier geraubt.
Jagdzeit gem. Bundesverordnung: 16.8.–30.4.

Dreizehenmöwe, *Larus tridactylus* L.

Diese Kleinmöwe entspricht in der Größe etwa der der Lachmöwe. Der Kopf der Altvögel ist weiß, die Ständer und Augen sind schwarz. Das weiße Gefieder weist einen hellgrauen Rücken und gleichfarbene Schwingen mit schwarzen Flügelspitzen auf, zusätzlich bei Jungmöwen ein schräg über die Schwingen verlaufendes Band.
Dreizehenmöwen sind Vögel des Meeres. In der Bundesrepublik Deutschland ist ihr südlichstes Vorkommen auf der Insel Helgoland. Als Strichvögel kommen sie im Winter auch in Südeuropa vor. Sie brüten auf den Felsen der o.a. Insel und sind dort mit der Trottellumme vergesellschaftet.
Ende Mai werden 3 Eier gelegt und von beiden Altvögeln abwechselnd 21 Tage bebrütet.
Ihre Nahrung besteht hauptsächlich aus Fisch (Begleiter von Fischkuttern), seltener aus Insekten sowie Fischabfällen der Fischkutter.

Zur Wiederholung und Kontrolle

- Welche Möwenarten kommen in der Bundesrepublik Deutschland vor?
- Wie unterscheidet man die Silbermöwe von der Sturmmöwe und die Mantel- von der Heringsmöwe?
- Welche Möwen kommen auch im Binnenland vor?
- Welche Möwen haben eine Jagdzeit gem. BJagdG?
- Wie ist die Gefiederzeichnung der Lachmöwen während und außerhalb der Brutzeit?
- Wo kommt die Dreizehenmöwe in der Bundesrepublik Deutschland vor?
- Warum müssen Möwen bejagt werden?

Abb. 120. Haubentaucher.

Haubentaucher, *Podiceps cristatus* L.

Systematik
Ordnung: Podicipediformes, Lappentaucher
Familie: Podicipedidae, Lappentaucher

Aussehen, Gefieder, Gewicht (Abb. 120)
Haubentaucher erreichen ein Gewicht von 800 bis 1400 g. Sie sind im Sommer leicht anzusprechen wegen ihrer „abstehenden Ohren“ und der rotbraunen Halskrause. Die Körperoberseite ist dunkel, die Körperunterseite hell befiedert. Der lange Hals ist weiß. Im oberen Teil des hellen Gesichts ist ein dunkler Überaugenstreif auszumachen. Der Stoß ist sehr kurz. Im Winterkleid ist die Haube nur andeutungsweise zu erkennen. Der Überaugenstreif wird dann weiß. Im Sommer- und Winterkleid fällt der Vogel durch seine helle Flügelzeichnung (nur im Fluge) auf. Die Ruder weisen lappenartige Verbreiterungen auf, mit denen er beim Aufstehen über Wasser wie eine Tauchente anläuft.
Die Jungvögel haben weder Halskrause noch Ohrbüschel.
Verbreitung: Gesamteuropa, außer Großteilen Italiens, Norwegens, Schwedens und Finnlands.
Lebensweise: Typischer Wasservogel der Binnengewässer mit reichlichem Uferbewuchs. Als Strichvogel hält sich der Haubentaucher im Winter hauptsächlich an der Meeresküste auf.
Verhalten: Bekannt ist das Bild zweier miteinander verpaarter Haubentaucher, die mit nach unten gesenkten Köpfen, gespreiztem Hals- und Ohrengefieder gegeneinander im Wasser sitzend ihre Schnäbel seitlich hin- und herbewegen. Die Haubentaucher leben monogam. Sie schwimmen und tauchen hervorragend, sind aber „schlecht zu Fuß“.
Fortpflanzung, Balz, Brutzeit, Aufzucht der Jungen: Haubentaucher legen von März bis August 4–6 Eier in Nester im Schilfgürtel, teilweise in Schwimmnester. Sie brüten abwechselnd etwa 27 Tage so fest, daß Räuber der Eier nicht habhaft werden. Die Jungen sind Nestflüchter, werden aber noch 10 Wochen von beiden Eltern versorgt. Obwohl teilweise Koloniebrüter, zeigen Haubentaucher ausgeprägtes Territorialverhalten.
Nahrung: Fische, Insekten, Frösche und etwas vegetarische Kost.
Feinde: Habicht, Reiher, Rabenvögel, Fuchs, Hermelin, Ratte.
Bejagung: Jagdzeiten nach Bundesverordnung: ganzjährig geschont.
Als weitere Lappentaucher sind bekannt: Rothals-, Zwerg-, Ohren-, Schwarzhalstaucher.

Rallen

Systematik
Ordnung: Gruiformes, Rallen und Kranichvögel
Familie: Rallidae, Rallen
Vertreten mit:

Bläßhuhn:	*Fulica atra*
Wasserralle:	*Rallus aquaticus*
Tüpfelsumpfhuhn:	*Porzana porzana*
Teichhuhn:	*Gallinula chloropus* – Grünfüßiges T.
Wachtelkönig:	*Crex crex*
Zwergsumpfhuhn:	*Porzana pusilla*
Kleines Sumpfhuhn:	*Porzana parva*

Nur das Bläßhuhn unterliegt den Bestimmungen des BJagdG.

Bläßhuhn, *Fulica atra*

Aussehen, Gefieder
Der Name dieses schwarzen Vogels rührt von der weißen Blässe auf dem Vorderkopf; der Schnabel ist ebenfalls weiß. Die Ständer sind grünlich. Die Zehen sind durch Lappen verbreitert.
Verbreitung: Gesamteuropa, außer Mittel- und Nordskandinavien.
Lebensweise: Der Lebensraum ist das Wasser, wobei große Wasserflächen Vorrang haben.
Verhalten: Geselliges Zusammenleben vor und nach der Brutzeit, gelegentlich mit Enten vergesellschaftet. Ruckartige Fortbewegung, Strichvogel.
Fortpflanzung, Balz, Brutzeit, Aufzucht der Jungen: In Schilfnester werden 5–9 Eier gelegt, die 22 Tage bebrütet werden. Beide Geschlechtspartner betreiben Brutpflege. Die Jungen sind Nestflüchter.
Nahrung: Wasserinsekten, Fischlaich, Wasserpflanzen; in der Nähe menschlicher Siedlungen an Fütterungen gewöhnt.
Feinde: Habicht, Rohrweihe, Seeadler, Rabenvögel, Fuchs, Hermelin, Ratten.
Bejagung: Jagdzeiten nach Bundesverordnung: 1.9.–15.1.

Wasserralle, *Rallus aquaticus*

Langbeiniger Wasservogel mit langem, rotem Schnabel. Braune Oberseite mit schwarzer Sprenkelung, graue Unterseite. Die Flanken sind vertikal schwarzweiß gezeichnet. Vorkommen in Gesamteuropa, außer Mittel- und Nordskandinavien. Die Wasserralle ist Teilzieher.

Tüpfelsumpfhuhn, *Porzana porzana*

Wasservogel mit brauner Oberseite und weißen und braunen Flecken. Die graue Brust ist hell gefleckt. Die Flanken sind gebändert.
Vorkommen in Gesamteuropa, außer großen Teilen Englands, Skandinaviens, Spaniens, Portugals und Griechenlands. Das Tüpfelsumpfhuhn ist dämmerungsaktiv. Es lebt in Mooren, an Gräben und Teichen.

Teichhuhn, *Gallinula chloropus*

Dieser zwischen 1/2 und 1 Pfund schwere schwarze Wasservogel hat eine rote Stirn, einen gelben Schnabel mit rotem Schnabelansatz sowie grüne Ständer. Auffallend sind der weiße Unterstoß sowie der schmale weiße Strich an den Flanken. Es kommt in Gesamteuropa vor, außer in Mittel- und Nordskandinavien.
Teichhühner leben in der Uferzone der Binnengewässer, aber auch auf landwirtschaftlichen Nutzflächen, um hier Nahrung aufzunehmen.
Teichhühner fallen beim Schwimmen durch ihr ständiges Kopfnicken auf. Sie leben monogam für einen Sommer. Sie bauen ihre Nester in der Schilfzone und legen 5–10 Eier zwischen April und August. Es gibt 2–3 Bruten. Männchen und Weibchen brüten abwechselnd 20 Tage. Die Küken sind ab dem 3. Tag Nestflüchter. Danach werden sie durch die Altvögel noch mehrere Wochen betreut.
Ihre Nahrungsansprüche sind sehr vielseitig: Insekten, Würmer, Eier, Pflanzen, Körner, Abfälle.
Zu den Feinden zählen Greifvögel, Fuchs, Marder, Hermelin und Ratte.

Wachtelkönig, *Crex crex*

Beigefarbener Vogel, dessen mittelbraune Oberseite dunkel gefleckt ist. Die Flanken sind gebändert. Die Küken sind schwarz gefärbt und damit die einzigen schwarzen Küken im Felde brütender Vögel. Er kommt in Europa nicht im hohen Norden und nicht im Süden vor. Sein Lebensraum ist die landwirtschaftliche Nutzfläche, wo er auch brütet.

Zwergsumpfhuhn, *Porzana pusilla*

Äußerlich als kleine Wasserralle anzusprechen, da die braune Oberseite auch schwarz gesprenkelt, die Unterseite grau ist und die Flanken schwarzweiß gebändert sind. Allerdings ist der grüne Schnabel kurz, die Ständer sind fleischfarben.
Vorkommen nur in Spanien, Frankreich, Jugoslawien und sporadisch in der Bundesrepublik Deutschland und in Italien. Das Zwergsumpfhuhn ist Zugvogel.

Kleines Sumpfhuhn, *Porzana parva*

Es ist dem Zwergsumpfhuhn außerordentlich ähnlich und auch nur unwesentlich größer. Die Männchen beider Arten unterscheiden sich nur in der schwach ausgeprägten Flankenbänderung, dem roten Schnabelfleck auf grünem Grund an der Wurzel, den grünen Ständern. Das Weibchen hat anstelle der grauen eine beigefarbene Unterseite. Die Kehle ist zudem weiß.
Vorkommen in Osteuropa und sporadisch in Mitteleuropa. Das Kleine Sumpfhuhn ist Zugvogel.

Zur Wiederholung und Kontrolle

- Welche Arten gehören zur Ordnung der Rallen?
- Welche Rallenart unterliegt den Bestimmungen des BJagdG?
- Beschreiben Sie das Äußere des Haubentauchers.
- Schildern Sie das Balzzeremoniell der Haubentaucher.
- Wo kommt das Bläßhuhn vor (Angabe des Lebensraumes)?
- Woher rührt der Name Bläßhuhn?

Großtrappe, *Otis tarda* L.

Systematik
Ordnung: Gruiformes, Kranichartige
Familie: Otididae, Trappen

Weidmannsprache
Fährte: Spur
Balz: Paarungszeit
Nest: Nest

Aussehen, Gefieder, Gewicht (Abb. 121)
Der Trapphahn ist erheblich größer und schwerer als die Henne: Flügelspannweite 2,3 m gegenüber 1,8 m für die Henne, Hahnengewicht bis zu 15 kg gegenüber bis zu 8 kg der Weibchen.
Die hellgraue Kopf-Hals-Partie hebt sich deutlich von der gewellten rotbraunen Oberseite und dem gleichfarbigen Halsring der Hähne ab. Der Stoß weist eine schmale weiße Endbinde auf. Die Körperunterseite sowie Stoßunterseite sind ebenso weiß. Die Männchen haben außerdem einen grauweißen Bart.

Abb. 121. Trappe.

Das auffallend kleine Trittsiegel – nicht länger als das des Fasans – ist 8 cm (Hahn) bzw. 6,5 cm (Henne) lang. Die Hinterzehe fehlt.
Lautäußerung: Die Trappen geben kaum Laute von sich, allenfalls während der Balz schnarchende Töne. Die Küken antworten auf die Lockrufe der Henne.
Verbreitung: DDR, Tschechoslowakei, Polen, Rumänien, Ungarn, Bulgarien, Jugoslawien, Sowjetunion, Österreich, Spanien, Portugal.
Lebensweise: Sie bevorzugen weite, große Tiefebenen mit Klee-, Raps- und Luzerneschlägen. Die Trappen sind Strichvögel, d.h. bei großer Kälte wandern sie nach Westen, ausgenommen die Trappen der Iberischen Halbinsel, die dort Standwild sind.
Verhalten: Die Trappen sind keine leidenschaftlichen Flieger – das erklärt sich aus ihrer Größe; wenn sie allerdings gestört werden, stehen sie springend und flügelschlagend auf.
Sie fliegen 50 bis 80 km/h mit langvorgestrecktem Hals. Die Trappen sind argwöhnisch und wahren gegenüber ihrem Hauptfeind, dem Menschen, eine Fluchtdistanz von 200–300 m. Im Sommer leben

Hennen und Küken für sich allein, im Herbst finden sie sich zu kleineren Trupps, die sich im Winter geringfügig vergrößern.

Sinne: Besonders gut sind Gesichts- und Gehörsinn, weniger gut der Geruchssinn entwickelt.

Balz, Brutzeit, Entwicklung der Jungen: Im April finden sich beide Geschlechter auf Balzplätzen ein. Der Hahn bläst seinen Kehlsack auf und legt seinen Stoß auf den Rücken, um mit den weißen Unterfedern zu imponieren. Der Bart wird seitlich hochgerichtet. Sodann werden die Schwingen seitlich ausgestellt, womit die Balzpose vollkommen ist. Die Hähne sind ab 4., die Hennen ab 1. bis 2. Lebensjahr fortpflanzungsfähig. Allerdings kommen die Männchen vor dem 5. Lebensjahr auf den Balzplätzen nicht zum Zuge und werden auch erst danach von den Weibchen respektiert.

Trappen leben polygam. Alle getretenen Hennen nehmen am Balzgeschehen nicht mehr teil, sie suchen vielmehr einen gedeckten Brutort auf, wo sie 1–3 bräunliche Eier mit graubraunen Flecken in eine flachgescharrte Mulde legen und 25 Tage bebrüten. Die geschlüpften Küken sind in den ersten Tagen auf Insektennahrung angewiesen, stellen sich aber nach 10 Tagen auf Grünäsung um. Die Henne kümmert sich sehr intensiv um die Jungen. Diese sind mit 6 Wochen flugfähig.

Geschlechterverhältnis, Zuwachs: Das Geschlechterverhältnis beträgt 1 : 1, stand allerdings zur Zeit intensiver Bejagung zu Ungunsten der Hähne.

Die Trappen erreichen ein Alter von bis zu 30–40 Jahren.

Äsungsansprüche: Die Trappe bevorzugt Samen, Triebe und Knospen aller Acker- und Gründlandpflanzen, Kräuter und ölhaltige Pflanzen, verschmäht aber keineswegs Insekten, Reptilien, Würmer, Schnecken und Mäuse.

Feinde: Solange sie bejagt werden, bleibt der Mensch der Hauptfeind; außerdem kommen wildernde Hunde und Adler in Betracht.

Bejagung: Die Jagd ist heute nur noch in Spanien möglich. In den osteuropäischen Ländern hat man viele Schutzmaßnahmen erlassen, um die letzten Refugien zu erhalten. Dennoch ist es höchst interessant zu erfahren, wie früher gejagt wurde: Als besonders schwierig erwies sich die Pirsch in fast baum- und strauchloser Kultursteppe, zumal Äugen und Vernehmen der Trappen über alle Maßen gut ausgebildet sind. Als bequemere Jagdmöglichkeit erwies sich das „Anfahren" mit Pferdefuhrwerk, auf dem sich der Jäger völlig verborgen hielt. Das Gespann nähere sich kreisend der Trappe; war man auf Schußnähe herangekommen, hielt das Fuhrwerk, und der Schuß auf den argwöhnischen Trapphahn mußte auch schon abgegeben sein.

Das Angehen in Frauenkleidung mit versteckter Büchse mag in früheren Jahren möglich gewesen sein. Bisweilen wurde auch der bewegungslose Ansitz in Trappeneinständen in guter Deckung geübt, heute jedenfalls z. T. noch in Spanien.

Weiterhin kamen Kesseltreiben in Betracht, wobei man auf die aus dem Kessel streichenden Trappen schoß.

Jagdzeiten nach Bundesverordnung: Ganzjährig geschont.

Zwergtrappe, *Tetrax tetrax* L.

Als weitere Art kommt die Zwergtrappe in mehreren südeuropäischen Ländern sowie in Ungarn, Südrußland, in der asiatischen Türkei und in Frankreich vor. Sie ist nicht halb so groß wie die Großtrappe. Die Zwergtrappe unterliegt in der Bundesrepublik Deutschland nicht dem Jagdgesetz.

Zur Wiederholung und Kontrolle

- Worin unterscheidet sich das Gefieder von Trapphahn und -henne?
- Beschreiben Sie den Lebensraum der Trappen.
- Welche Sinne der Trappen sind besonders gut entwickelt?
- In welchen Ländern kommt die Trappe heute noch vor?

Graureiher, *Ardea cinerea* L.

Systematik
Ordnung: Ciconiiformes, Schreitvögel
Familie: Ardeidae, Reiher

Weidmannssprache
Reiherstand: Ort, an dem Reiher horsten

Aussehen, Gefieder (Abb. 122)
Graues Deckgefieder, weißer Kopf mit schwarzer Haube, langem gelbem Schnabel und gelbem Auge. Der Schwingenbug ist schwarz gerändert. Der Stoß ist auffallend kurz. An Brust und Schultern hängen 20 cm lange Schmuckfedern herunter. Der Jungreiher sieht einheitlich grau aus.
Das Reiherflugbild ist durch den S-förmigen Hals und die nach hinten ausgestreckten Ständer unverkennbar (Abb. 123). Ausgewachsene Reiher werden bis zu 1 m lang.
Losung: In Reiherkolonien sind zumeist Boden, Bodenbewuchs, Äste und ganze Bäume durch Reiherlosung weiß gekalkt. Deren ätzende Wirkung läßt einen Großteil der Vegetation eingehen.
Lautäußerung: Kreischend doppelsilbig: „kräick", vorwiegend im Fluge. Der einsilbige Angstschrei, auch Fluchtruf, ist versuchsweise zur Vergrämung des Graureihers in Fischzuchtanlagen mit teilweisem Erfolg abgespielt worden.
Verbreitung: Vorkommen in West-, Mittel- und Osteuropa, in kälteren Regionen Teilzieher. In der Bundesrepublik ist der Graureiher neuerdings wieder häufiger Brutvogel, besonders in Niedersachsen und Schleswig -Holstein.
Lebensweise: Graureiher leben hauptsächlich in der Nähe von Gewässern, meiden Sumpfgelände, bevorzugen klare Waldgewässer, sind aber auch auf Wiesen und Äckern anzutreffen. Nicht selten sind ihre Brutkolonien viele Kilometer vom Wasser entfernt.
Verhalten: Abgesehen vom geselligen Brutgeschäft in Kolonien, trifft man Graureiher häufig allein an. Auffallend ist seine „stoische" Ruhe, in der er im seichten Wasser stehend, den Hals eingezogen, regungslos verharrt.
Er ist ein schlechter Schwimmer. Im Fluge bewegt er ständig seine Schwingen, Schwebeflug ist ihm, außer kurz vor dem Einfallen, fremd.

Abb. 122. Graureiher.

Abb. 123. Graureiher im Flug.

Graureiher sind sehr furchtsam. Zum Menschen wahren sie eine weite Fluchtdistanz, die über die normale Schußentfernung mehrfach hinausgeht. Seine große Waffe bei überraschenden Angriffen oder aber seine Stärke gegenüber Unterlegenen ist der dolchartige Schnabel.
Fortpflanzung, Balz, Brutzeit: Graureiher leben monogam jeweils für ein Jahr. Nach Rückkehr aus den Winterquartieren, soweit sie nicht hier überwintern, zwischen Februar und April suchen sie ihre alten Brutkolonien in hohen Eichen, Buchen oder Kiefern auf, wo Männchen und Weibchen die vorjährigen Horste mit Stroh, Schilf und Reisern wieder herrichten. Im April beginnt die Paarungszeit. Das Weibchen legt 3–5 grünlichblaue glanzlose

Eier, die von beiden Elternteilen abwechselnd 25 Tage bebrütet werden. Die Jungen sind Nesthocker und erst nach 5 Wochen flügge. Während der Jungenaufzucht wird der Horst durch die Altvögel ständig weiter ausgebaut. Dennoch werden viele Jungvögel durch stärkere Geschwister über den Horstrand gedrängt und Beute von Krähen und Milanen.

Nahrung: Hauptbeute sind Fische von 5–20 cm Länge, die der Reiher pirschend oder anwartend im seichten Wasser blitzschnell mit seinem dolchartigen Schnabel erbeutet. Fehlfänge sind selten. Frösche, Insekten, Larven, Schnecken, Regenwürmer, Krebse, Kleinvögel und Mäuse verschmäht er ebenso wenig. Die Jungen werden mit vorverdautem Futter versorgt.

Feinde: Außer dem Menschen noch Marder, Rabenkrähe und Milan, wobei diese sich nur an Eiern und Jungreihern vergreifen. Der hohe Bestandesrückgang der sechziger und siebziger Jahre ist auf die negative Veränderung seines Nahrungs- und Lebensraumes zurückzuführen.

Bejagung

Jagdarten: Einstmals war es fürstliches Vergnügen, Reiher mit Falken zu beizen, um anschließend wahre Festmahle mit Reiherfleisch zu zelebrieren.

Eine andere Variante der Reiherbeize war die Jagd mit Falke, Stöberhund und Pferd, wobei der durch den Beizvogel zu Boden gebrachte lebende Reiher mit herrschaftlichem Monogramm beringt und anschließend wieder freigelassen wurde, also sportliches Vergnügen. Es soll hierbei Reiher mit etlichen Messingringen am Ständer gegeben haben.

Eine wenig weidgerechte Bejagung war der Abschuß nesthockender junger Reiher. Der Kugelschuß sollte den Reiz erhöhen. Die bei dieser Jagdart krankgeschossenen, nicht heruntergefallenen Vögel mußten nach Jagdende durch geübte Kletterer aus dem Horst geworfen werden, oder man schoß Löcher in den Horstboden, damit die Tiere durchfielen.

Üblich war auch der Fang mit Tellereisen oder Schwanenhals auf kleinen Hügeln im Wasser, die der Reiher nach dem Fischen als Ruheort gerne aufsucht.

Mit einer dem Jäger heute besser anstehenden Jagdethik ist die Pirsch vereinbar, wenngleich diese kaum Erfolg verspricht. Der Reiher hält eine hohe Fluchtdistanz zum Menschen ein. Eigene Erfahrung läßt 350–400 m schätzen, also zu weit für jeden Schuß. Zuverlässig ist der Ansitz im gut verblendeten Schirm. Der stets pünktlich eintreffende Reiher wird mit 3,5-mm-Schrot beschossen.

Jagdzeiten nach Bundesverordnung: Der Graureiher ist ganzjährig geschont.

Bestandesregulierung: Einige Bundesländer haben auf dem Verordnungswege Schußzeiten für eine festgelegte Zahl von Reihern zum Schutze der Teichwirtschaften vor übermäßigem Fischraub eingeführt.

Das Land Niedersachsen besorgt beispielsweise einen sog. Testabschuß, bei dem in von der Fischereiverwaltung ausgewählten Testbetrieben (Forellen- und Karpfenteichwirtschaften) jährlich max. 40 von 80 ständig beobachteten Reihern erlegt werden dürfen. Diese Quote ist gemessen am niedersächsischen Gesamtbestand von 7000–8000 Exemplaren vertretbar. Da der Versuch durch wissenschaftliche Forschung begleitet wird, steht zu erwarten, daß das Ergebnis dieses Scheuchtests objektive Beurteilungsgrundlagen für die zukünftige jagdliche Behandlung der Graureiherbestände schaffen wird.

Weitere Reiherarten sind der Purpurreiher (Vorkommen als Sommervogel in der Oberrheinischen

Abb. 124. Rohrdommel.

Tiefebene), Seidenreiher (kein bekanntes Vorkommen in der Bundesrepublik), Rallenreiher (Durchzügler in der Bundesrepublik), Nachtreiher (ehemals Brutvogel auf begrenztem Küstenterritorium Norddeutschlands) und der Silberreiher (früher Brutvogel im äußersten Südosten der Bundesrepublik).
Die Rohrdommel (Abb. 124) und Zwergdommel (Abb. 125) sind einheimische Brutvögel, die der Familie der Reiher zugerechnet werden. Beide unterliegen nicht dem Jagdrecht.
Rohrdommeln fallen durch ihre Dickhalsigkeit und Pfahlstellung bei Gefahr auf. Sie leben in Feuchtgebieten; die Zwergdommel ist bei uns allerdings nur als Sommervogel anzutreffen.

Abb. 125. Zwergdommel in „Pfahlstellung".

Greifvögel

Der Begriff „Greifvogel" gilt seit der Zeit, als der Begriff „Raubvogel" abgeschafft wurde. Das geschah mit dem Ablegen der alten Anschauungen über Nützlichkeit und Schädlichkeit von Lebewesen; denn dem Begriff Raubvogel haftet der Beigeschmack schädigenden Verhaltens an.
Im Volksmund werden unter Greifvögeln alle großen Vögel mit Hakenschnäbeln und starken Fängen (Füße) verstanden. Das hat dazu geführt, daß Laien Greifvögel und Eulen unter einer Ordnung verstanden wissen wollten, die man einfach in Taggreife und Nachtgreife unterteilte. Ornithologen und Jäger sortieren anders: Sie unterscheiden die Ordnung der Falconiformes mit allen Greifvögeln und die der Strigiformes, d.s. die Eulen.

Erstere teilen sich in folgende Unterordnungen auf:
Neuweltgeier, *Catharthae*
Greife, *Accipitres*
Falken, *Falcones*

Nur die Greife und Falken sind für die fachliche Ausbildung von Jägern im deutschsprachigen Raum wichtig.

Gemeinsam ist den Ordnungen der Greifvögel und Eulen, daß
1. beide in mind. einjähriger Einehe leben,
2. sie Nesthocker sind,
3. sie eine Ästlingsperiode durchmachen,
4. sie Beute in Form von kleineren Tieren schlagen,
5. sie unverdauliche Reste als Gewölle durch den Schnabel ausspucken, wobei das Eulengewölle i.d.R. Knochenreste, das Greifvogelgewölle keine oder nur wenige Knochenreste enthält,
6. sie Hakenschnäbel haben,
7. sie große Fänge haben.

Nicht Gemeinsames überwiegt aber und wird für jede Ordnung getrennt erarbeitet.
Die Unterordnung der Greife teilt man weiter in zwei Familien, nämlich: *Pandionidae* mit Fischadler und *Accipitridae*, d.s. Habichtartige mit über 200 Arten, wovon wir etwa 20 kennenlernen wollen.
Der Unterordnung der *Falcones* untersteht nur die Familie der *Falconidae* (Falkenartige). Zwischen Greifen und Falken gibt es folgende Unterschiede:

Greife	Falken
ungekerbter Schnabel = Reißhakenschneideschnabel (Abb. 126, 127)	Falkenzahn (Hornzahn) im Oberschnabel = Reißhakenbeißschnabel (Abb. 128)
helle oder dunkle Augen	meist dunkle Augen
Augenbrauenknochen	obenaufliegendes Auge ohne deutlichen Brauenknochen
Grifftöter = Töten mit den Fängen (Abb. 126, 127)	Griffhalter = Festhalten der Beute mit den Fängen (Abb. 128)
mehr oder weniger breite Schwingen	spitze Schwingen
grünliche Eierschalenfarbe	rötliche Eierschalenfarbe
Horstgestalter (bauen Horst selbst)	Horstbezieher (suchen fertige Horste oder Mulden auf)
Pirsch- und Startfluggreifer, Gleitfluggreifer	Späh- und Stoßfluggreifer

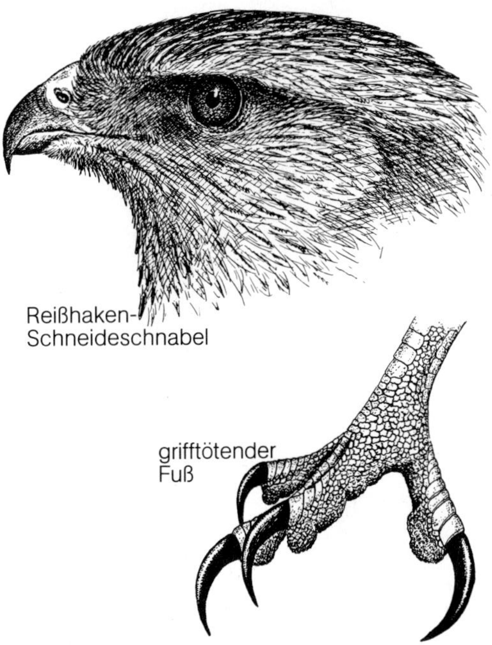

Abb. 126. Mäusebussard mit dazugehörenden Fängen eines Grifftöters.

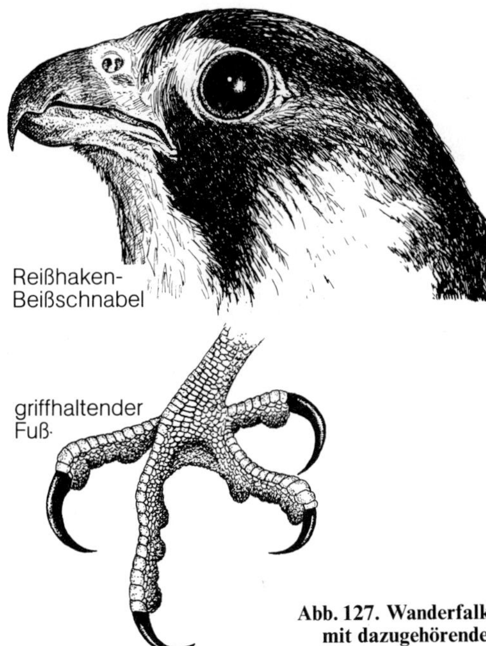

Abb. 127. Wanderfalke mit dazugehörenden Fängen eines Griffhalters.

Habicht

Sperber

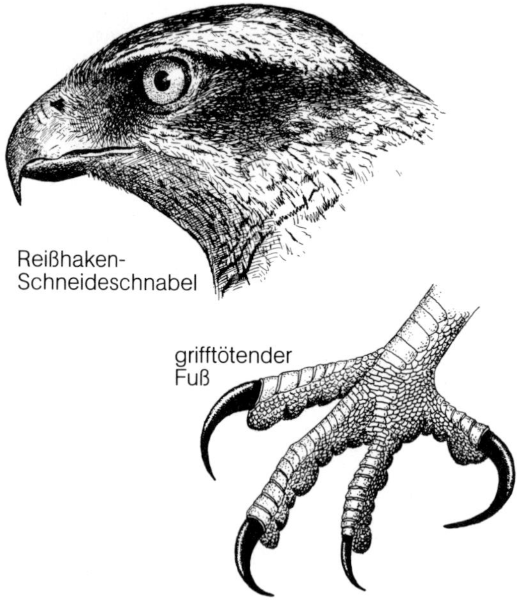

Abb. 128. Habicht mit dazugehörenden Fängen eines Grifftöters.

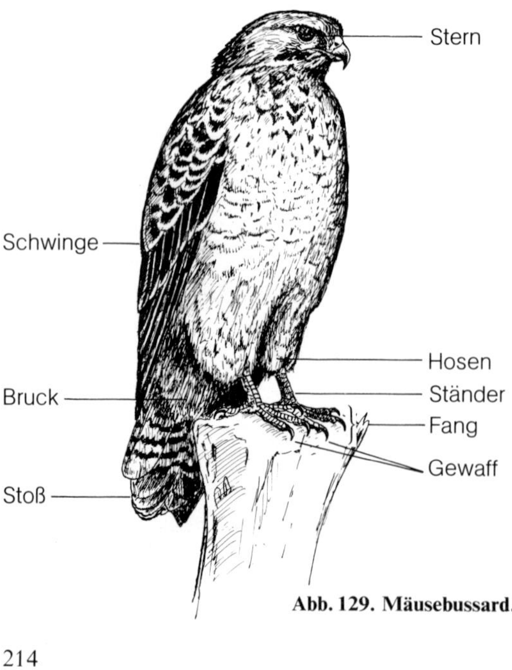

Abb. 129. Mäusebussard.

Weidmannssprache für alle Greifvögel (Abb. 129)

Terzel:	Männchen
Sprinz:	Männchen (nur beim Sperber)
Weib oder Angabe der Art, z. B.	
Bussard, Habicht:	Weibchen
Nestling, Ästling:	Junges
Geschmeiß:	Exkremente
Horst:	Nest
Balz:	Paarungszeit
Atzung:	Nahrung
Atzen, Kröpfen:	fressen
Lahnen:	Betteln der Jungen nach Atzung
Abstreichen:	abfliegen
Schlagen:	Beute greifen

Habicht, *Accipiter gentilis gentilis* L.

Systematik
Ordnung: Falconiformes, Greifvögel
Unterordnung: Accipitres, Greife
Familie: Accipitridae, Habichtartige
Unterfamilie: Accipitrinae, Habichte

Aussehen, Gefieder, Gewicht* (Farbtafel S. 212)
Gewicht: 570–2200 g
Flügellänge*: 300–385 mm
Der Terzel ist äußerstenfalls um $^1/_3$ kleiner als das Weib. Damit sind Habichtterzel und Sperberweib etwa gleichgroß. Habichte sind oberseits dunkelbraun, unterseits weiß mit dunkler Querbänderung. Bis in das 2. Lebensjahr hinein haben Junghabichte nach Wechseln ihrer Dunen statt der Querbänderung der Althabichte eine längsgestreifte Brust auf rötlichem Grund, daher auch die Bezeichnung „Rothabicht". Bis zum 4. Lebensjahr ist die Iris gelb, danach gelb bis orange. Der zunächst schwarze Schnabel der Nestlinge färbt allmählich auf schwarzblau.
Zwischen den dem Körper anliegenden Schwingen und Stoßende ist eine Hand breit Platz.

* Für alle im folgenden verwendeten Angaben über Gewicht und Flügellänge der Greifvögel wird als Quelle angegeben: Weick, F.: Die Greifvögel der Welt. Verlag Paul Parey, Hamburg–Berlin 1980.

Verbreitung: Der Habicht ist mit etwa 50 Arten fast weltweit verbreitet. Seine nördliche Verbreitungsgrenze ist gleichzeitig die Waldgrenze. In Mittel- und Nordeuropa kommt die oben näher bezeichnete Art ausschließlich vor.

Lebensweise: Der Habicht liebt die Wald-Feld-Landschaft mit ausreichend Deckung. Sein Brutbiotop ist das Altholz, wo er seinen Horst im mittleren Kronenbereich baut. Nadelholzbestände haben für ihn einen höheren Stellenwert als Laubholzbestände. Das oft niedergelegte Territorialverhalten ist nach neueren Erkenntnissen (KALCHREUTER 1980) außerhalb der Brutzeit keineswegs so stark ausgeprägt, als daß nicht mehrere Habichte ein gemeinsames Revier bejagen. Entscheidend hierfür ist das Beutetierangebot. Es ist demnach falsch, dem Habicht starre Reviergrößen zuzuschreiben. Hierfür waren bisher 5000 ha veranschlagt worden.

Verhalten: Unsere Habichte sind Stand- oder Strichvögel. Sie überschreiten selten einen 50-km-Kreis um ihren Brutbereich. Völlig anders verhalten sich nordische Habichte, die größere Wanderungen, u. U. bis nach Mitteleuropa unternehmen.

Habichte warten auf Beute an oder halten pirschend über den Baumkronen oder in der Buschzone Ausschau nach Beute. Dabei überraschen sie äußerst wendig ihre Opfer. Der lange Stoß verhilft ihnen zu schneller Flugrichtungsänderung.

Alle Beute wird mit den Fängen getötet, deswegen „Grifftöter". Bei am Boden sich bewegendem Wild schlägt der Habicht seine Fänge in dessen Rücken. Bei fliegendem Wild greift er öfter auch von unten nach seinem Opfer, das er schnell zu Boden zu bringen trachtet. Hier rupft er nach Möglichkeit in sicherem Versteck. Terzel sind wegen ihrer geringeren Größe nur in der Lage, kleinere Beutetiere als die Weibchen zu schlagen.

Der größtenteils tagsüber jagende Habicht hat keine große Ausdauer, dafür erreicht er über kurze Distanzen eine rasante Geschwindigkeit.

Fortpflanzung, Balz, Brutzeit, Aufzucht der Jungen: Habichte sind im 1. Lebensjahr geschlechtsreif. Die Balzflüge finden im Februar/März statt. Der Terzel vollführt dabei taubenähnliche Senkrechtstarts, bei denen die Bruck, das Unterschwanzgefieder, weiß leuchtet und dem Weib imponieren soll.

Parallel dazu läuft der Horstbau ab. Als Horstbäume werden Kiefern bevorzugt, aber auch Fichte, Lärche und Laubbäume genommen. Der Horst befindet sich in etwa 20 m Höhe, liegt aber auch darunter. Horste werden durchaus mehrere Jahre hintereinander bewohnt, aber auch ebenso oft gewechselt. Der fertige Horst wird mit grünen Zweigen ausgelegt. Ende März/Anfang April werden 2–5 Eier gelegt und 38 Tage von beiden Partnern bebrütet. Die weißen Dunenjungen bleiben 38 Tage Nestlinge. Danach kommt die Ästlingszeit, die in die Bettelflugperiode im näheren Horstbereich übergeht. Im August zerfällt der Familienverband, die Jungen suchen eigene Reviere. Während der Eiablage bis zum Beginn der Ästlingszeit vermausert das Weib nacheinander die 10. bis 6. Handschwinge und wird damit flugunfähig. Beim Terzel fängt die Mauser etwa 14 Tage später an, wird aber langsamer vollendet. Damit bleibt die volle Flugfähigkeit erhalten. Deswegen obliegt ihm die Versorgung des Habichtweibs und der Jungen. Die Beute, die entsprechend der Größe des Terzels weniger groß als beim Weib ausfällt, wird bis zur 3. Lebenswoche der Nestlinge gerupft, danach ungerupft angeliefert und vom Weib in Portionen vorgelegt.

Nahrung: Nicht umsonst wurde der Habicht früher Hühnerhabicht genannt. Die oft hellen Hühner bäuerlicher Betriebe in Waldrandlage waren leichte Beute. Die Intensivhuhnhaltung in festen Gebäuden hat den Habicht gezwungen, sich nach anderen Opfern umzusehen. So werden heute als Ersatzbeute Haus- und Ringeltauben besonders oft geschlagen. Dazu kommt alles bezwingbare Wild und Raubzeug der Wildbahn, von der Maus bis zum Hasen und vom Sperling bis zum Auerhahn. Die Habichtdichte hängt allein vom Beutetierangebot ab.

Feinde: Außer dem Menschen kommen Marder, Waschbär und Adler als Feinde in Betracht.

Bejagung

Jagdarten: Erlegung auf Ansitz oder Pirsch, Lebendfang im Habichtskorb.

Hege durch Jagd: Neuere Untersuchungen, aber auch eigene Beobachtungen zeigen, daß der Habicht nicht vom Aussterben bedroht ist. Wegen seiner beachtlichen Anpassungsfähigkeit wird diese Greifvogelart eher überleben als beispielsweise seltene Beutetiere, die nicht diese Adaption zeigen. Hierbei denke ich an Rauhfußhühner oder auch das Rebhuhn. Diese leiden zusätzlich unter nicht für sie

helle
Phase
Mäusebussard
Jungvogel braun
♀ ad. dunkelgraue Phase
♂ ad. norm. Phase brau

dunkelbraune Phase
Rauhfußbussard
Jungvogel
Wespenbussard
♂ ad. helle Phase
♀ ad. norm. Phase

geeigneten Biotopen. Es wäre an der Zeit, Emotionen von Jägern und Vogelschützern nach hinreichender wissenschaftlicher Aufklärung abzubauen. Eine begrenzte Bejagung in Gebieten, in denen seltene Vogelarten gefährdet sind (z. B. Auer-, Birkwild, Rebhuhn) scheint geboten.
Jagdzeit nach Bundesverordnung: ganzjährig geschont.

Sperber, *Accipter nisus* L.

Systematik
Ordnung: Falconiformes, Greifvögel
Unterordnung: Accipitres, Greife
Familie: Accipitridae, Habichtartige
Unterfamilie: Accipitrinae, Habichte

Aussehen, Gefieder, Gewicht (Farbtafel S. 213)
Gewicht: 105–310 g
Flügellänge: 186–248 mm
Der Sprinz (männlicher Sperber) ist oft nur $^1/_2$ so groß wie das Weib. Starke Männchen können die Größe schwacher Weibchen erreichen. Die Oberseite der Männchen ist schiefergrau, die Unterseite ist rostbraun und quergebändert. Die Oberseite der Weibchen ist graubraun, die Unterseite ist braun und quergebändert. Zusätzlich sieht man beim Weib einen weißen Überaugenstreifen. Mitunter haben junge Sperber vor der Mauser eine habichtähnliche Längsstrichelung auf der Brust, allerdings weniger deutlich als der Habicht.
Das Flugbild gleicht dem des Habichts, nämlich kurze runde Schwingen, langer Stoß, wobei das Stoßende gerade ist, beim Habicht rundlich. Das Auge färbt ab Februar des auf die Geburt folgenden Jahres von gelb auf tiefgelb bis orange.
Verbreitung: Der Sperber kommt in Gesamteuropa, außer im äußersten Norden Schwedens und Finnlands vor.
Bei den Sperbern der übrigen Erdteile handelt es sich um andere Arten und Unterarten.
Lebensweise: Als Pirsch- und Startfluggreifer bevorzugt der Sperber deckungsreiche Biotope, vorzugsweise Nadelmischwald. Das schließt nicht aus, daß er auch in der offenen Landschaft anzutreffen ist.
Das Sperberrevier wird mit 700 ha Größe angenommen. Diese ist entscheidend vom Beutetierangebot abhängig.
Seine Horstbäume sind hauptsächlich in Fichtenstangenhölzern zu finden, wobei Bäume mit einer freien Anflugschneise bevorzugt werden (z. B. an einem Weg).
Verhalten: Sperber sind Teilzieher. Sie warten wie der Habicht auf Beute an oder pirschen in der Buschzone. Sie sind Grifftöter. Die geschlagene Maus oder der geschlagene Kleinvogel werden in der Nähe des Fangortes veratzt.
Die Anfangsgeschwindigkeit fliegender Sperber ist sehr hoch, ihre Ausdauer weniger gut, aber besser als die des Habichts.
Der Horst wird nicht wie beim Habicht begrünt.
Fortpflanzung, Balz, Brutzeit, Aufzucht der Jungen: Balzzeit ist ab Mitte März bis Mitte Mai. Da der Sperber Teilzieher ist, kann es sich bei den Brutpaaren um heimische wie auch um zugezogene Paare handeln.
Während der 36tägigen Brutdauer brütet nur das Weib auf 3–6 Eiern. Der Sprinz trägt dem Weib Atzung zu, sobald es das 1. Ei gelegt hat. Das Männchen taugt wegen seiner geringen Größe nicht zum Brüten. Umgekehrt taugt das Weib während dieser Zeit nicht zum Beutemachen, tritt es doch mit Ablegen des 2. Eies in die Mauser. Der Sprinz verliert seine Handschwingen in größeren Zeitabständen, weshalb er voll flugfähig bleibt.
Die Nestjungen tragen ein weißes Dunenkleid und haben zunächst eine dunkle Iris.
Das Weib zerkleinert vom Sprinz bis zu 8mal täglich vorgelieferte Beute und stopft damit den zuerst zuschnappenden Schnabel. Beutereste trägt der Sprinz weg.
Die Nestlingszeit währt 28 Tage. Nach dieser Zeit kommt die Ästlingszeit, die in die Bettelflugperiode übergeht.
Mit 10 Monaten sind Sperber geschlechtsreif.
Nahrung: Wegen unterschiedlicher Größe der Geschlechter wird auch recht unterschiedliche Beute gemacht. Das größere Weib überwältigt Vögel bis zur Größe eines Eichelhähers oder einer Taube.
Der kleinere Sprinz hält sich an Kleinvögeln von der Größe eines Spatzen oder einer Meise schadlos. Mäuse werden von beiden Geschlechtern geschlagen.
Feinde: Menschen haben den Sperber noch vor 20 Jahren wegen seiner „Singvogelschädlichkeit" erbarmungslos verfolgt. Wegen rasanten Fluges wer-

den Sperber oft Opfer von in der freien Landschaft aufgestellten Hindernissen, z.B. Drahtzäune. Krähen zerstören in unbewachten Augenblicken das Gelege. Marder fallen ebenfalls über die Eier, aber auch über die Jungen her.
Habicht und Wanderfalke sind Feinde des männlichen Sperbers.

Bejagung
Jagdzeiten nach Bundesverordnung: Sperber sind ganzjährig geschont.
Hege: Wenngleich Feind unserer Singvögel, verdienen Sperber ganzjährige Schonung. Im Gegensatz zu sonstigen größeren Greifvögeln werden Sperber durch diese auf natürliche Weise reguliert.

Bussarde

Systematik
Ordnung: Falconiformes, Greifvögel
Unterordnung: Accipitres, Greife
Familie: Accipitridae, Habichtartige
Unterfamilie: Buteoninae für Mäuse- und Rauhfußbussard; Perninae für Wespenbussard

Mäusebussard, *Buteo buteo* L.	**Rauhfußbussard,** *Buteo lagopus* Brünnich	**Wespenbussard,** *Pernis apivorus* L.
Aussehen, Gefieder, Gewicht (Farbtafeln S. 216 und 217)		
Gewicht: 535–1200 g	709–1152 g	440–1050 g
Flügellänge: 350–432 mm	400–468	370–447 mm
Farbe: Unterschiedlich gefärbt: von tiefbraun mit längsgetröpfelter weißer Brust bis fast weiß (alle Farbvarianten verpaaren sich miteinander). Kurzer Stoß mit bis zu 11 schmalen Querbändern, bei dunkler Phase oft keine Stoßquerbänder sichtbar.	Oberseite dunkel, Unterseite hell mit dunklem Bauch; heller Kopf; längsgetröpfelte Brust; Ständer sind befiedert (daher der Name), weißer Stoß mit schwarzer Endbinde.	Unterschiedlich gefärbt: von tiefbraun bis hell mit längsgestreifter Brust, kleiner Kopf, helle Iris, langer Stoß mit schwarzer Endbinde und 2 Binden an der Stoßwurzel.
Unbefiederte gelbe Ständer; die Iris ist braun; über dem Auge tritt der Brauenknochen hervor.		

Die Geschlechter sind nicht immer nach Größe zu unterscheiden.

Steinadler
♂ juv.
juv.
ad.
♀ ad.
ad.
♂ ad.
Seeadler
♀ juv.

Fischadler

Mäusebussard	Rauhfußbussard	Wespenbussard
Verbreitung		
Häufiger Brutvogel in Gesamteuropa – Teilzieher.	Brutvogel in Norwegen, Nordschweden, Nordfinnland – Zugvogel, deswegen bei uns nur von Herbst bis April.	Brutvogel in Gesamteuropa; spärlich in England, Spanien; nicht in Norwegen, Irland, Süditalien, Sizilien; Sommervogel – zieht im Winter nach Afrika.
Lebensweise		
Als Kulturfolger ist er mit jedem Biotop zufrieden; vorzugsweise brütet er auf Bäumen der Waldrandlage.	Tundrenvogel, liebt Sümpfe, aber auch Ödland und Ackerland.	Lebt an Waldrändern; übernimmt gerne Krähennester. Brutbäume sind hohe Laubbäume und Fichten.
Verhalten		
Bussarde sind sehr standorttreu (Reviergröße 400–800 ha). Vielfach sieht man sie im Frühjahr am Himmel kreisen. Hierbei handelt es sich um Balz-, aber auch Warnflüge, womit Artgenossen auf das Revier aufmerksam gemacht werden sollen. Ältere Bussarde haben oft 10 Horste zur Wahl. Horste werden mit grünen Zweigen ausgelegt.	Rüttelt häufig.	Rüttelt gerne. Auf dem Zuge in das Winterquartier trifft man oft mehrere zusammen an. Sowohl Horstgestalter als auch Horstbezieher (alte Greifvogel- und Krähenhorste). Legt Horst mit grünen Zweigen aus.
Fortpflanzung, Balz, Brutzeit, Aufzucht der Jungen		
Balz:		
Februar/März	Mai	Mai
Eiablage:		
2–4	3–5	2
Brutdauer:		
34 Tage	35 Tage	34 Tage
Gilt für alle Bussarde: Weib und Terzel brüten		
Nestlingszeit:		
42–49 Tage		34–40 Tage
Terzel trägt Beute zu, Weib füttert		keine klare Aufgabentrennung bei der Fütterung
Nahrung		
Mäuse, Ratten, Kaninchen, Junghasen, Rebhühner, Krähen, Reptilien, Insekten, Frösche, Maulwürfe, Eichhörnchen, Fallwild.	Lemminge, Mäuse, Vögel der Tundra, Luder.	Wespen- und Hummellarven, Insekten, Amphibien, Beeren, Kleinsäuger.
Bejagung		
Jagdzeiten nach Bundesverordnung: ganzjährig geschont.		

Mäusebussard	Rauhfußbussard	Wespenbussard

Hege durch die Jagd: Der Bussard kann bei großer Not, z. B. bei hoher Schneelage, sich der wehrlosen ebenfalls notleidenden Rebhühner bemächtigen. Hierfür den Bussard verantwortlich machen zu wollen, wäre falsch, da der Mensch mit Ausräumung der Landschaft den ständig abnehmenden Rebhuhnbestand allen Verfolgern preisgibt. Dasselbe trifft auf den Junghasenbestand im Frühjahr zu.

Adler

Systematik (nach Brown 1979)
Ordnung: Falconiformes, Greifvögel
Unterordnung: Accipitres, Greife
Familie: Accipitridae, Habichtartige
Unterfamilie: Aquilinae mit Steinadler, Schelladler, Schreiadler, Keilschwanzadler usw.
Unterfamilie: Haliaeetinae mit Seeadler und allen sonstigen Seeadlerarten
Unterfamilie: Circaetinae mit allen Schlangenadlern
Unterfamilie: Buteoninae mit Harpyie, Affenadler usw.
Familie: Pandionidae, Fischadler

Aus der Vielzahl vorgenannter Arten sind für uns von Bedeutung:
Steinadler: *Aquila chrysaetos* L.; Seeadler: *Haliaeetus albicilla* L.; Fischadler: *Pandion haliaetus* L.
Alle 3 Arten kommen in der Bundesrepublik Deutschland noch heute vor.

Aussehen, Gefieder, Gewicht (Farbtafeln S. 220 und 221)

Steinadler	**Seeadler**	**Fischadler**
Gewicht:		
3250–6665 g	3075–7500 g	1120–2050 g
Flügellänge:		
570–725 mm	570–715 mm	450–510 mm
Flügelspannweite:		
1900–2200 mm	2000–2400 mm	1600–1700 mm
Farbe:		
Goldbraun bis dunkelbraun; weißer Stoß, der mit zunehmendem Alter dunkler wird, zusätzlich dunkle Endbinde, befiederte Läufe; Stoß länger als beim Seeadler und weniger abgerundet.	Dunkelbraun mit auffallend gelbem Schnabel. Weißer Stoß, unbefiederte Läufe. Stoß kurz und keilförmig.	Fast schwarze, meist aber dunkelbraune Oberseite, Unterseite weiß; ebenso weißer Kopf mit dunklem Augenfleck und kleiner Haube. Stoß keilförmig. Schwingen auf der Hälfte gewinkelt; einziger Greif, der eine Wendezehe hat und Nasenlöcher beim Tauchen nach Fischen verschließen kann.

juv.
juv.
ad.
ad.
ad.
Schwarzer Milan
ad.
juv.
juv.
Roter Milan

♂ ad.

Rohrweihe

♀ juv.

♀ ad.

♂ ad.

Steinadler	Seeadler	Fischadler
Verbreitung (in der Bundesrepublik Deutschland)		
Deutsche Alpen	Schleswig-Holstein	Nicht mehr als Brutvogel, aber als Zugvogel
Lebensweise		
Gebirge	Felsküsten und abgeschiedene Binnenseen mit Wald	Abgeschiedene Seen und Flüsse
Verhalten		
Spähflug- und Gleitstoßgreifer, verläßt sich auf sein Auge	Spähflug- und Gleitstoßgreifer, verläßt sich auf sein Auge	Spähflug- und Stoßfluggreifer; kann gut rütteln, verläßt sich auf sein Auge
Standorttreu	Teilzieher, im Winter kommen sie auch bisweilen in Nieder- sachsen vor	Zugvogel
Fortpflanzung, Balz, Brutzeit, Aufzucht der Jungen		
Geschlechtsreif mit 5 Jahren. Horstbau an Felswänden, selten auf Bäumen.	Geschlechtsreif mit 5 Jahren. Horstbau in Bäumen und Klippen.	Geschlechtsreif mit 2 Jahren. Horstbau in Bäumen und Klippen, bisweilen mehrere Horste nahe beeinander.
Balz im Februar–März Eiablage: März Eizahl: 2 Brutdauer: 45 Tage Terzel und Weib brüten Nestlingszeit: 80 Tage	Balz im Februar Eiablage: März Eizahl: 1–3 Brutdauer: 45 Tage Terzel und Weib brüten Nestlingszeit: 90 Tage	Balz im März Eiablage: April Eizahl: 2–3 Brutdauer: 35 Tage Terzel und Weib brüten Nestlingszeit: 60 Tage
Nahrung		
Nager bis Murmeltiergröße, außerdem alle freilebenden Tiere bis zum Rehkitz.	Wasserwild: Von der kleinsten Ente bis zum ausgewachsenen Kranich, Fallwild, Fische. Beute bis 15 kg.	Fische, im Winter auch Mäuse und Wasserwild.
Bejagung		
Jagdzeiten nach Bundesverordnung: ganzjährig geschont.		

Hege: Da alle Adler in der Bundesrepublik Deutschland vom Aussterben bedroht sind, genügt der ganzjährige jagdliche Schutz nicht zur Arterhaltung. Man bedenke, daß die Großadler am Ende einer Nahrungskette stehen und somit besonders durch Rückstände in der Natur bedroht sind. Zudem werden die Horste der Adler wegen ihrer Seltenheit von Neugierigen und sog. Naturfreunden gerne aufgesucht und damit empfindlich gestört. Hier ist der Horstschutz durch ehrenamtliche Bewacher – Jäger, Ornithologen und Falkner – begrüßenswert.

Schließlich läßt aber die stark industrialisierte Umwelt den letzten freilebenden Wappenvögeln kaum noch Lebensraum.

Milane

Systematik
Ordnung: Falconiformes, Greifvögel
Unterordnung: Accipitres, Greife
Familie: Accipitridae, Habichtartige
Unterfamilie: Milvinae mit den bei uns lebenden Arten:

Roter Milan *Milvus milvus* L.	**Schwarzer Milan** *Milvus migrans* Boddaert
Aussehen, Gefieder, Gewicht (Farbtafel S. 224)	
Gewicht: 757–1600 g	630–1076 g
Flügellänge: 483–535 mm	417–480 mm
Auffallend ist der tief gegabelte Stoß; rötliche Grundfarbe mit längsgestreifter Unterseite und ebenso gestreiften hellem Kopf.	Etwas gegabelter Stoß; dunkelbraune Grundfarbe, Kopf hellbraun und längsgestreift.

Verbreitung
Beide Arten: Mittel-, Süd- und Osteuropa

Lebensweise Sehr anpassungsfähig, da er in Wäldern und baumbestandener offener Landschaft lebt. Hat sich zunehmend an Fernstraßen eingefunden wegen hohen Fallwildaufkommens.	Lebt gern in der Nähe von Gewässern.
Verhalten Als Teilzieher zieht er bisweilen nach Südeuropa und Nordafrika. Der Horst wird in hohen Bäumen gebaut (Horstgestalter), oder er bezieht alte Krähennester (Horstbezieher). Er bevorzugt hierfür Bestandesränder.	Hauptsächlich Zugvogel. Er kommt im März/April, verläßt uns im September und zieht nach Südafrika. Lebt bisweilen gesellig in Reiherkolonien. Er ist sowohl Horstgestalter als auch Horstbezieher.

Beide Milane staffieren ihren Horst mit Lumpen, Papier und Stroh aus.

Beide Milane sind Gleitfluggreifer, wobei sie gerne anderen Greifen die Beute abjagen oder auch Luder aufnehmen.

Kornweihe
♀ ad.
♂ ad.
♂ ad.
Wiesenweihe
juv.
♀ ad.
♀ ad.

Wanderfalke

Roter Milan	Schwarzer Milan

Fortpflanzung, Balz, Brutzeit, Aufzucht der Jungen

Roter Milan	Schwarzer Milan
Balz: März/April	Balz: März/April
Eiablage: April/Mai	Eiablage: April/Mai
Eizahl: 2–4	Eizahl: 2–3
Brutdauer: 32 Tage	Brutdauer: 30 Tage
nur das Weib brütet	Terzel und Weib brüten
Nestlingszeit: 50 Tage	Nestlingszeit: 45 Tage

Nahrung

Roter Milan	Schwarzer Milan
Kleinsäuger bis Hasengröße, Frösche, Fische, Luder, bettelt Habicht und Wanderfalke die Beute ab.	Vorzugsweise tote Fische, taucht aber nicht. Nimmt gerne kranke Tiere bis Hasen- und Haushuhngröße.

Bejagung
Jagdzeiten nach Bundesverordnung: ganzjährig geschont.

Weihen

Systematik
Ordnung: Falconiformes, Greifvögel
Unterordnung: Accipitres, Greife
Familie: Accipitridae, Habichtartige
Unterfamilie: Circinae mit den bei uns lebenden Arten:

Rohrweihe *Circus aeruginosus* L.	**Kornweihe** *Circus cyaneus* L.	**Wiesenweihe** *Circus pygargus* L.

Aussehen, Gefieder, Gewicht (Farbtafeln S. 225 und 228)

Rohrweihe	Kornweihe	Wiesenweihe
Gewicht:		
405–800 g	362–560 g	227–445 g
Flügellänge:		
375–440 mm	330–390 mm	342–395 mm

Vorstehende Fakten weisen die Rohrweihe als größte, die Wiesenweihe als kleinste bei uns lebende Weihe aus. Das kann man sich mit folgender Eselsbrücke merken: Rohr ist höher als Korn und Korn ist größer als Wiesenbewuchs.

Rohrweihe	Kornweihe	Wiesenweihe
Farbe:		
Dunkelbraun mit heller Kopfplatte beim Weib; der Terzel hat graue Schwingenabzeichen.	Terzel grau, Weib dunkelbraun. Beide haben weißen Bürzel.	Terzel grau, Weib dunkelbraun, weißer Bürzel beim Weib, grauer Bürzel beim Terzel und zusätzlich schwarzer Schwingenstreif.

Rohrweihe	Kornweihe	Wiesenweihe

Alle Weihen haben lange Schwingen, einen langen Stoß und einen eulenartigen Gesichtsausdruck. Sie vollführen einen Gleitflug.

Verbreitung

Gesamteuropa, außer Nordeuropa; in der Bundesrepublik fast ausschließlich in Norddeutschland. Strichvogel.	Europa, außer Süd- und Teilen Nord- und Mitteleuropas; in der Bundesrepublik seltener Brutvogel. Strichvogel.	Gesamteuropa, außer Nordeuropa und Teilen Südeuropas; in der Bundesrepublik vorwiegend in Norddeutschland. Zugvogel.

Lebensweise

Moore, Horst im Schilf (Bodenbrüter)	Moore und trockenere Gegenden, Horst ebenda (Bodenbrüter)	Moore und trockenere Gegenden, horstet häufig gesellig (Bodenbrüter)

Verhalten

Alle Weihen sind Pirschflug- und Gleitfluggreifer.

Im niedrigen Flug sucht die Rohrweihe Wasser und Schilf nach Beute ab, baumt selten auf Bäumen auf, sondern eher auf Pfählen und setzt sich auf den Erdboden.	Niedriger Schaukelflug, sucht keine Bäume auf.	

Fortpflanzung, Balz, Brutzeit, Aufzucht der Jungen

Alle Weihen balzen im März/April.
Eiablage für alle Weihen: Ende April/Mai.
Eizahl bei allen Weihen: 3–6

Brutdauer:

32–33 Tage Nur das Weib brütet.	29–30 Tage Terzel und Weib brüten.	28 Tage Terzel und Weib brüten.

Nestlingszeit:

34–38 Tage	etwa 35 Tage	etwa 35 Tage

Der Terzel trägt Beute zu, das Weib füttert die Nestlinge.

Nahrung

Wasservögel, Bodenbrüter, Kaninchen, Mäuse, Eier, Frösche.	Kleinvögel, Mäuse, Frösche, Insekten.	Wie Kornweihe.

Bejagung

Jagdzeiten nach Bundesverordnung: ganzjährig geschont.

Hege: Die Einstellung der Jagd reicht nicht für das Überleben der Weihen. Vielmehr kommt es auf die Erhaltung der Feuchtbiotope an.

juv.
♂ ad.
♂ juv.
Baumfalke
♂ ad.
♀ ad.

Turmfalke

Falken

Systematik
Ordnung: Falconiformes, Greifvögel
Unterordnung: Falcones, Falken
Familie: Falconidae, Falkenartige
Unterfamilie: Falconinae mit den Arten:

Wanderfalke *Falco pereginus* Tunstall	**Baumfalke** *Falco subbuteo* L.	**Turmfalke** *Falco tinnunculus* L.
Aussehen, Gefieder, Gewicht (Farbtafeln 229, S. 232 und 233)		
Gewicht:		
550–1120 g	131–325 g	113–283 g
Flügellänge:		
289–375 mm	238–286 mm	230–275 mm
Farbe:		
Dunkler Backenstreif; Oberseite blaugrau, Unterseite weißlich, schwarze Bänderung; juveniler Falke hat dunkelbraune Oberseite und längsgestreifte helle Unterseite, dazu undeutlicher Backenstreif. Lange, schmale Schwingen; Stoß, der zum Ende hin schmaler wird.	Oberseite dunkelgrau, Unterseite hell mit Längsstreifung; schmalerer Backenstreif als beim Wanderfalken; juvenile Falken haben braune Oberseite. Lange, spitze Schwingen; kurzer Stoß, der zum Ende hin schmaler wird. Rostbraune Hosen umgeben die Ständer.	Rötliches Gefieder, oben dunkel gefleckt (Männchen), bzw. quer gebändert (Weib); schwarzer Backenstreif. Männchen haben grauen Stoß mit schwarzer Binde fast am Ende. Abschluß bildet weiße Binde. Weib hat gebänderten rostfarbenen Stoß. Der Kopf des Männchens ist grau, der des Weibchens braun.
Verbreitung		
Gesamteuropa, außer Großteilen Englands, Frankreichs, Hollands, Belgiens. Das Vorkommen in West- und Mitteleuropa ist äußerst gering.	Gesamteuropa, außer Sizilien, Großteile Skandinaviens und Englands.	Gesamteuropa.
Lebensweise		
Strichvogel und Zugvogel (Jungvögel), abwechslungsreiche Landschaft mit Wald, liebt Felsen, die auch als Brutort dienen.	Sommervogel von Mai bis September; er überwintert in Ost- und Südafrika. Waldbewohner mit Vorliebe für abwechslungsreiche Landschaft.	Stand- und Strichvogel, Kulturfolger, lebt in Feldgehölzen, in Städten; sehr anpassungsfähig.

Wanderfalke	Baumfalke	Turmfalke

Verhalten

Wanderfalke	Baumfalke	Turmfalke
Jagt ausschließlich auf fliegende Beute; Späh- und Stoßfluggreifer.		Es gibt keinen Greifvogel, der besser oder anhaltender rüttelt, deswegen auch Rüttelfalke genannt. Späh- und Stoßfluggreifer.

Die Beute wird mit den Fängen gehalten (Griffhalter) und mit dem Schnabel getötet (Reißhakenbeißschnabel). Alle Falken sind Horstbezieher, d.h., sie bauen keinen Horst, sondern suchen verlassene Greif- und Krähenhorste auf oder nehmen mit muldenförmigen Felsvorsprüngen (Wanderfalke), oder Fensternischen, Brückenunterbauten und Mauerlöchern (Turmfalke) vorlieb.

Wanderfalke	Baumfalke	Turmfalke
		Horstet bisweilen kolonienweise, weil er gern gesellig lebt. Wenn das nicht möglich ist, brütet er auch in Saatkrähenkolonien oder bei Rabenkrähen.

Fortpflanzung, Balz, Brutzeit, Aufzucht der Jungen

Wanderfalke	Baumfalke	Turmfalke
Balz: März/April	Mai	März/April
Eiablage: Mai	Juni	Mai
Eizahl: 2–4	2–4	4–7
Brutdauer: 33 Tage	28 Tage	27–31 Tage
Beide Partner brüten	Beide Partner brüten	Beide Partner brüten
Nestlingszeit: 38 Tage	30 Tage	28–32 Tage

Nahrung

Wanderfalke	Baumfalke	Turmfalke
Alle Vögel bis Taubengröße.	Kleinvögel, insbesondere Schwalben (Schwalbenfalk) und Lerchen (Lerchenfalk), fliegende Insekten.	Mäuse, Insekten, Reptilien.

Bejagung
Jagdzeiten nach Bundesverordnung: ganzjährig geschont.

Sonstiges (Farbtafel S. 236)
Der **Merlin,** ein Brutvogel der nordischen Länder, kommt als Wintergast (Strichvogel) in der Bundesrepublik Deutschland vor. Der **Rötelfalke,** ein Brutvogel südlicher Länder (Italien, Spanien, Griechenland, Jugoslawien), kommt in Süddeutschland allenfalls als Strichvogel vor.

♂ ad.
♀ juv.
Merlin
♂ ad.
♂ ad.
♀ ad.

Uhu

Waldohreule

Sumpfohreule

Zur Wiederholung und Kontrolle

- Welche Greifvögel leben in der Bundesrepublik Deutschland?
- Wie unterscheiden sich die Unterordnungen der Greifvögel und Falken?
- Was ist der Unterschied zwischen einem Grifftöter und Griffhalter?
- Was ist ein Terzel, was ein Sprinz?
- Wie unterscheidet man Bussard und Habicht
  a) äußerlich?
  b) nach ihrem Verhalten?
- Welche Besonderheiten sind beim Horstbau der Milane festzustellen?
- Wo findet man den Horst der Weihen?
- Welche Jagdart kennen Sie bei den Falken?
- Wie unterscheiden sich Wespen- und Rauhfußbussard vom Mäusebussard?
- Nehmen Sie zum Zugverhalten von Rauhfuß- und Wespenbussard Stellung.
- Was verstehen Sie unter Horstgestalter, was unter Horstbezieher? Nennen Sie Beispiele hierfür.
- Schildern Sie die Arbeitsteilung eines Großteils männlicher und weiblicher Greifvögel während der Brutzeit und während der Aufzucht der Jungen.
- Welchen Einfluß hat die Mauser auf das Aufzuchtgeschäft der Altvögel?

Eulen

Systematik
Ordnung: Strigiformes, Eulen
Familie: Strigidae, Kauzeulen
Familie: Tytonidae, Schleiereulen
Unterfamilie: Tytoninae, Schleiereulen
Unterfamilie: Striginae, Echte Eulen

Merkmale der Eulen im allgemeinen
Eulen leben nachtaktiv.
Sie sind mit vielen Arten über die gesamte Erde verbreitet. Beide Geschlechter sind etwa gleichgroß. Auffallend ist der Stand der Augen, nämlich vorne im Kopf. Die Eule kann infolgedessen nur geradeaus sehen. Für jeden seitwärtigen Blick muß der Kopf gedreht werden, das ist allerdings bis zu 270° möglich. Die besonders gute Sehkraft der Augen ist bei Tag, in der Dämmerung und bei Mondschein vorhanden. Daß die Eule bei absoluter Dunkelheit auch noch gut sehen kann, ist ein Märchen.
Die Federn sind besonders weich. Die 9. und 10. Handschwinge sind gezahnt, womit lautloser Beutenachtflug durch verringerten Windwiderstand möglich wird.
Die Augen werden von einem Federschleier umgeben, dessen Bedeutung noch umstritten ist. Man kann annehmen, daß hiermit bei nächtlichem Beutezug Geräusche zusätzlich aufgefangen werden.
Die bei Uhu und Waldohreule vorhandenen Federohren haben nichts mit den eigentlichen Ohren zu tun. Den kurzen Schnabel umgeben harte, borstige Federn.
Die Fänge sind befiedert. Die 4. Zehe ist als Wendezehe ausgebildet, da sie beim Sitzen nach hinten zeigt, zusätzlich meist noch die 1. Zehe.
Die Augen der Nestjungen sind nach dem Schlüpfen zunächst geschlossen. Eulen hören hervorragend, was durch ein entsprechend ihrer Größe stark vergrößertes Trommelfell sowie durch bewegliche Ohrklappen bewirkt wird.
Eulen sind wie Falken Nestbezieher. Die Eier sind weiß und rundlich. Das Weib brütet alleine, und zwar nach Ablegen des 1. Eies. Das Männchen versorgt Weib und Junge mit Beute. Eulen sind Ansitz- und Pirschflugjäger. Sie unterliegen nicht den Bestimmungen des BJagdG. Sie sind naturgeschützt.

Uhu, *Bubo bubo* L.

Aussehen, Gefieder, Gewicht (Farbtafel S. 237)
Der Uhu ist die größte Eule Deutschlands, er hat eine Flügellänge von 420–500 mm und ein Gewicht von 2000–3000 g. Auffallend sind die Federohren, die längsgestreifte braune Brust und die orangeroten Augen. Die Gefiederoberseite ist rostbraun mit schwarzbraunen Flecken. Zusätzlich ist ein weißer Kehlfleck zu sehen.
Verbreitung (in Europa): In Teilen Nord- und Südeuropas, jedoch sporadisch nur in Mitteleuropa.

Aussetzversuche im westdeutschen Harz waren in den letzten Jahren erfolgreich.

Lebensweise: Er lebt überall dort, wo er ausreichend Nahrung erbeuten, und wo er als Kulturflüchter Unterschlupf finden kann. Dabei bevorzugt er größere Waldgebiete und Gebirge.

Verhalten: Der Uhu ist dämmerungs- und nachtaktiv. Er ist Standvogel. Seine Reviergröße wird mit 8000 ha angenommen. Wenn er tagsüber nicht in Höhlen oder sonstigen Verstecken zubringt, sitzt er auf Ästen nahe am Stamm.

Alle Vögel hassen auf den Uhu, weswegen er früher zur Hüttenjagd verwendet wurde.

Fortpflanzung, Balz, Brutzeit, Aufzucht der Jungen: Uhus sind meist mit einem Jahr geschlechtsreif, selten mit 2 Jahren. Als Horste dienen alte Greifvogelhorste, Felsbänder, aber auch Bodenmulden, in die das Weib Ende März 2–4 Eier legt, die 35 Tage bebrütet werden.

Die Nestlingszeit beträgt ebenfalls 35 Tage. Die Jungen haben für etwa 10 Tage ein grauweißes Dunenkleid, das in ein Zwischenkleid von gelbbrauner Farbe wechselt, ehe das Alterskleid durchfiedert. Nach etwa 4 Wochen verlassen die Jungen den Horst, obwohl sie erst mit 9 Wochen flugfähig sind.

Nahrung: Alle Säuger bis zur Junghasengröße, vorwiegend Mäuse und Ratten, weiterhin Vögel bis Taubengröße, seltener Bussarde.

Waldohreule, *Asio otus* L.

Aussehen, Gefieder, Gewicht (Farbtafel S. 237)
Nach ihrem Äußeren kann man sie „Kleiner Uhu" nennen; denn sie hat wie der Uhu lange Federohren. Oberseits ist sie hellbraun mit dunkler Längsstreifung und asymmetrischer Querbänderung. Unterseits ist auf rostgelber Grundfärbung eine unregelmäßige dunkle Längs- und Querbänderung zu sehen. Die Augen sind orangegelb. Die Flügellänge mißt 280–300 mm, das Gewicht liegt im Durchschnitt bei 300 g.

Verbreitung (in Europa): Gesamteuropa, außer Mittel- und Nordskandinavien. Sie ist in der Bundesrepublik der zweithäufigste Eulenvogel nach dem Waldkauz.

Lebensweise: Sie bevorzugt Waldränder, besonders Nadelholz. Sie gilt als Stand- und Strichvogel.

Verhalten: In die Nähe menschlicher Siedlungen kommt die Waldohreule allenfalls im Winter. Als ausgesprochener Mäusejäger ist sie von der Entwicklung der Mäusepopulationen abhängig.

Als Nachtvogel schläft die Waldohreule tagsüber stammnah auf Ästen.

Im Winter kann man sie in Gemeinschaftsflügen beobachten.

Fortpflanzung, Balz, Brutzeit, Aufzucht der Jungen: Nach der Balz im Februar werden vorwiegend Krähen- und Elsternnester als Brutstätten aufgesucht, wo das Weib ab Mitte März 4–6 Eier ablegt. Die Brutdauer beträgt 28 Tage, die Nestlingzeit etwa 21 Tage. Dann verlassen die Jungen den Aufzuchtort, ohne flügge zu sein. Das tritt erst mit 5 Wochen ein.

Nahrung: Zum überwiegenden Teil leben Waldohreulen von Feldmäusen, nebenher oder im Winter werden aber auch Spatzen und andere Kleinvögel erbeutet.

Sumpfohreule, *Asio flammeus* Pontoppidan

Aussehen, Gefieder, Gewicht (Farbtafel S. 237)
Kaum sichtbare Federohren; gelbliche Oberseite mit dunkler Fleckung, dunkellängsgestreifte Unterseite.

Flügellänge: etwa 300 mm

Gewicht: 280–500 g

Verbreitung: Nordeuropa, in Westeuropa nur noch vereinzelt Brutvogel.

Lebensweise: Sumpfbewohner, Feuchtgebiete, Heiden, kein Waldbewohner.

Verhalten: Strich- und Zugvogel; kommt im Winter bisweilen zusätzlich als Wintergast hier vor. Als Brutvogel lebt die Sumpfohreule in der Bundesrepublik Deutschland hauptsächlich in Niedersachsen. Sie ist überwiegend Dämmerungsjäger.

Fortpflanzung, Balz, Brutzeit, Aufzucht der Jungen: Sumpfohreulen balzen im März, legen im April 4–7 Eier. Die Brutdauer beträgt 27 Tage. Von wenigen Ausnahmen abgesehen, sind sie Bodenbrüter und Horstgestalter.

Die Nestlingszeit endet nach 3 Wochen, die Jungvögel können aber erst mit 5 Wochen fliegen.

Nahrung: Feldmäuse, wenig Kleinvögel und Insekten.

Schleiereule

helle Phase

dunkle Phase

graue Phase

Waldkauz

braune Phase

Rauhfußkauz

Sperlingskauz

Steinkauz

Schleiereule, *Tyto alba* Brehm

Aussehen, Gefieder, Gewicht (Farbtafel S. 240)
Wie der Name sagt, trägt diese Eule einen Schleier um die schwarzen Augen herum. Die Oberseite des Gefieders ist hellbraun mit weißen Flecken, die Unterseite entweder weiß oder braungelb. Federohren fehlen dieser Eule. Bei der sitzenden Schleiereule fallen die X-Beine auf.
Flügellänge: 280 mm
Gewicht: 300 g
Verbreitung: Gesamteuropa, außer Norwegen, Schweden und Finnland.
Lebensweise: Als Kulturfolger bevorzugt sie die Nähe menschlicher Siedlungen. Sie sucht Ruinen, alte Gemäuer und Kirchtürme als Nistgelegenheiten. Als Jagdgebiet kommt die freie Landschaft in Frage.
Verhalten: Schleiereulen sind vorwiegend Standvögel, streifen aber auch besonders im Winter umher. Jungvögel verstreichen aus dem Brutgebiet der Altvögel. Schleiereulen sind im wesentlichen nachtaktiv.
Fortpflanzung, Balz, Brutzeit, Aufzucht der Jungen: Schleiereulen sind mit einem Jahr geschlechtsreif. Die Balz der in Dauerehe lebenden Vögel findet im März statt. Die Größe des Geleges ist abhängig von der Feldmauspopulation, i.d.R. 4–7 Eier, die 30 Tage bebrütet werden. Die Jungeulen werden mit 60 Tagen flügge. Nach Verlassen des Brutortes werden sie weitere 30 Tage gefüttert, um dann selbständig zu sein.
Nahrung: Über 90% Kleinsäuger wie Feldmäuse, Wühlmäuse, Spitzmäuse, Maulwürfe, Ratten. Selten werden Vögel, Käfer und Frösche erbeutet.

Waldkauz, *Strix aluco* L.

Aussehen, Gefieder, Gewicht (Farbtafel S. 240)
Braunes oder graues Obergefieder, längsgestreifte hellbraune Unterseite. Federohren sind nicht vorhanden.
Flügellänge: 260 mm
Gewicht: 500 g
Verbreitung: Gesamteuropa, außer Irland, Korsika, Sardinien und hoher Norden.
Lebensweise: Wald, Parks, Friedhöfe, Gärten.
Verhalten: Ausgesprochen nachtaktiv. Er gilt als Kulturfolger, da er auch in der Nähe menschlicher Siedlungen auftritt. Er ist der häufigste Eulenvogel bei uns.
Fortpflanzung, Balz, Brutzeit, Aufzucht der Jungen: Die Balz ist im Februar. Ende Februar/Anfang März legt das Weib 3–4 Eier, die 28 Tage bebrütet werden. Die Jungen bleiben 30 Tage Nestlinge. Danach erhalten sie aber noch 8 Wochen von den Altvögeln Beute.
Nahrung: Kleinsäuger, Vögel, Käfer, Frösche, Fische.

Steinkauz, *Athene noctua* Scopoli

Aussehen, Gefieder, Gewicht (Farbtafel S. 241)
Sehr kleine Eule, oberseits dunkelbraun mit weißer Fleckung, unterseits weiß mit brauner Streifung, gelbe Augen, flache Stirn.
Flügellänge: 160 mm
Gewicht: um 200 g
Verbreitung: Gesamteuropa, außer Nordeuropa.
Lebensweise: Er bevorzugt offenes Gelände mit etwas Baumbestand. Wald sucht er nicht auf.
Verhalten: Dämmerungsaktiv, Stand- und Strichvogel. Er ist Ansitzjäger. Die Bundesrepublik Deutschland wird nur teilweise von ihm besiedelt.
Fortpflanzung, Balz, Brutzeit, Aufzucht der Jungen: Balzzeit ist im März. Im April werden 3–5 Eier gelegt, die 28 Tage bebrütet werden. Die Nestlinge bleiben 30 Tage im Nest. Danach versorgen die Altvögel noch 35 Tage ihre Jungen.
Nahrung: Insekten, Mäuse, Vögel, Frösche.

Rauhfußkauz, *Aegolius funereus* L.

Aussehen, Gefieder, Gewicht (Farbtafel S. 241)
Kaum größer als der Steinkauz. Der Rauhfußkauz hat eine braune Oberseite mit weißen Flecken; unterseits ist er hellbraun und längsgestreift. Die gelben Augen sind schwarz eingefaßt.
Unterschiede zum Steinkauz: der Kopf ist voller als der des Steinkauzes, die Einfassung der Augen tritt deutlicher als beim Steinkauz hervor, die Augenbrauen des Rauhfußkauzes sind breiter, und der Schleier ist größer sowie schärfer gegen das übrige

Kopfgefieder abgegrenzt. Der Stoß ist länger (R. Peterson et al., 1979).
Flügellänge: 170 mm
Gewicht: 150 g
Verbreitung: Der Rauhfußkauz lebt in Nord-, Mittel- und Teilen Osteuropas. In West- und Südeuropa kommt er selten vor. In der Bundesrepublik Deutschland macht er sich ebenso rar.
Lebensweise: Er ist ein typischer Waldbewohner. Hier sucht er in Baumhölzern Höhlen als Brutorte. Für die Beuteflüge benötigt er Freiflächen. Tagsüber bevorzugt er dichte Jungbestände als Ruheorte.
Verhalten: Der Rauhfußkauz ist Stand- und bisweilen Strichvogel. In Nordeuropa ist er Zugvogel. Als Bruthöhlen werden mit Vorliebe Schwarzspechthöhlen aufgesucht. Er ist nachtaktiv.
Fortpflanzung, Balz, Brutzeit, Aufzucht der Jungen: Nach der Balz Ende Februar werden im März 5 Eier gelegt, die 26 Tage bebrütet werden. Die Nestlinge fliegen nach 33 Tagen aus.
Nahrung: Überwiegend Kleinsäuger; an zweiter Stelle stehen Kleinvögel.

Sperlingskauz, *Glaucidium passerinum* L.

Hierbei handelt es sich um die kleinste Eule Europas mit durchschnittlich 60 g Körpergewicht. Er lebt in gebirgigen Waldgegenden. (Farbtafel S. 241).

Zur Wiederholung und Kontrolle
- Schildern Sie die Lebensweise der Eulen.
- Nennen Sie die größte und kleinste Eule Europas.
- Welches sind die hauptsächlichen Beutetiere der Eulen?
- Welche Eulenvögel kommen in der Bundesrepublik Deutschland vor?
- Welche Eule ist Höhlenbrüter?
- Welche Eulen sind Kulturfolger?
- Welche gesetzlichen Bestimmungen gelten für den Schutz der Eulen?

Für alle verwendeten Angaben über Gewicht und Flügellänge der Eulen werden als Quellen angegeben:
Eck, S.; Busse, H.: Eulen. A. Ziemsen Verlag Wittenberg Lutherstadt 1977.
Mebs, Th.: Eulen und Käuze. Frank'sche Verlagsbuchhandlung, Stuttgart 1966.

Rabenvögel

Systematik
Ordnung: Passeres, Sperlingsvögel
Unterordnung: Oscines, Singvögel
Familie: Corvidae, Rabenvögel
mit den Arten:
Kolkrabe: *Corvus corax* L.

Aaskrähe: *Corvus corone*
  mit den Unterarten:
  Rabenkrähe: *Corvus corone corone* L.
  Nebelkrähe: *Corvus corone cornix* L.
Saatkrähe: *Corvus frugilegus* L.
Elster: *Pica pica* L.
Eichelhäher: *Garrulus glandarius* L.
Tannenhäher: *Nucifraga caryocatactes* L.
Alpenkrähe: *Pyrrhocorax pyrrhocorax* Vieillot
Dohle: *Corvus monedula* Vieillot
Alpendohle: *Pyrrhocorax graculus* L.
Unglückshäher: *Perisoreus infaustus* L.

Die Rabenvögel sind die größten Vertreter der Sperlingsvögel. Sie leben in mehrjähriger, teilweise auch lebenslanger Einehe.
Lediglich der Kolkrabe unterliegt den Bestimmungen des Jagdrechtes bei ganzjährigem Schutz.

Kolkrabe, *Corvus corax* L.

Aussehen, Gefieder, Gewicht (Abb. 130)
Gewicht: 1000–1400 g
Flügellänge: 420 mm
Flügelspannweite: 130 cm
Das Alterskleid besteht aus tiefschwarzem, bisweilen blau glänzendem Gefieder.
Die Kehlfedern sind gesträubt. Der Stoß ist keilförmig. Der Schnabel ist groß (8 cm lang) und pechschwarz.
Verbreitung in Europa: Gesamteuropa, in Teilen Mitteleuropas spärlich, allerdings zunehmend.
Lebensweise: Stand- und Strichvogel. Er ist anpassungsfähig und deshalb in Berglandschaften ebenso zu finden wie in nahezu jedem Biotop der Ebene. Er horstet in hohen Bäumen, vorzugsweise im mittleren Kronenbereich.
Auffallend ist seine tiefe Rabenstimme.

Abb. 130. Kolkrabe

Verhalten: Guter Segelflieger. Im Winter leben Kolkraben außer im Familienverband auch in kleinen Trupps.
Die Horste werden für Jahre bewohnt.
Fortpflanzung, Balz, Brutzeit, Aufzucht der Jungen: Der Kolkrabe balzt bereits im Februar. Ab März brüten beide Altvögel für 21 Tage abwechselnd auf 3–6 Eiern. Die Nestlingszeit beträgt 40 Tage.
Die Geschlechtsreife tritt erst mit 2 Jahren ein.
Nahrung: Der Kolkrabe ist Allesfresser: Mäuse, Maulwürfe, Kaninchen, Vögel bis Fasanengröße, Luder, Insekten, Schnecken, Würmer, Eier, Obst, Körner, Blätter. Er legt gerne Vorräte an.
Bejagung: Jagdzeiten nach Bundesverordnung: ganzjährig geschont.

Rabenkrähe, *Corvus corone corone* L.

Systematik
Die Raben- und Nebelkrähe sind Unterarten der Aaskrähe.

Aussehen, Gefieder, Gewicht (Abb. 131 und 132)
Gewicht: 400–600 g
Flügellänge: 250–350 mm
Flügelspannweite: um 90 cm
Die Rabenkrähe ist deutlich kleiner als der Kolkrabe. Das Gefieder ist schwarz, bisweilen purpurnglänzend, außer bei Vermischung mit der Unterart Nebelkrähe an der Vorkommensgrenze: grauschwarz. Der Schnabelansatz ist befiedert. Er wird bis zu 5 cm lang. Das Stoßende ist gerade (Kolkrabe – keilförmig).
Verbreitung: Westeuropa, außer Irland. In Südeuropa nur Spanien.
Lebensweise: Als Kulturfolger kommt die Rabenkrähe überall vor. Besonders gerne nimmt sie die offene baumbestandene Landschaft an. Vielfach ist sie aber auch in der Nähe menschlicher Siedlungen anzutreffen.
Als Brutbäume werden Eichen, Birken und Kiefern bevorzugt. Wenn nichts Besseres vorhanden, nimmt sie auch Felsen als Brutorte an.
Verhalten: Sie ist Stand- und Strichvogel. Nach Abschluß des Brutgeschäftes werden Fluggesellschaften gebildet.

Abb. 131. Alte Rabenkrähe.

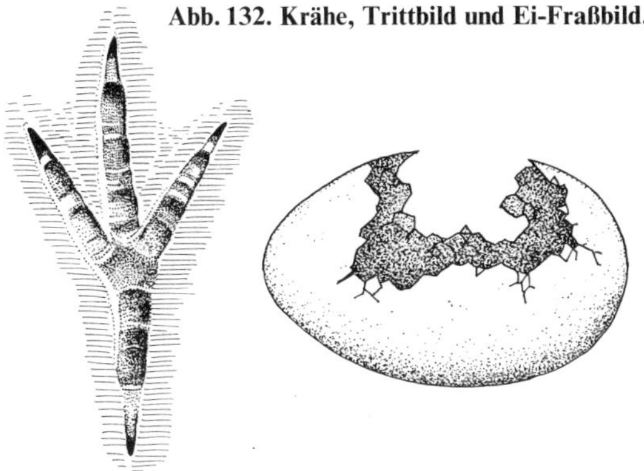

Abb. 132. Krähe, Trittbild und Ei-Fraßbild.

Fortpflanzung, Balz, Brutzeit, Aufzucht der Jungen: Balzzeit ist von März bis Mai. Die Partner finden sich auf Lebenszeit. Das Weibchen legt 2–6 Eier, die es allein etwa 19 Tage bebrütet.
Zunächst füttert das Männchen das brütende Weibchen, später zusätzlich die Jungen, die nach 33 Tagen Nestlingszeit ausfliegen.
Das Weibchen beteiligt sich ab der 2. Woche an der Fütterung der Jungen. Nach dem Flüggewerden versorgen die Altvögel ihre Jungen weitere 35 Tage. Die Jungen werden mit 2 Jahren geschlechtsreif.
Nahrung: Rabenkrähen sind Allesfresser; sie nehmen jedes Tier bis Hasengröße, besonders kranke, aber auch Eier, Obst, Getreidekörner, Abfälle, Luder. Den Greifen jagen sie oft Beute ab.
Feinde: Menschen, wobei die Krähe als intelligenter Vogel zwischen Jägern, die sie verfolgen wollen, und Spaziergängern zu unterscheiden vermag.
Feinde aus der Tierwelt sind Habicht, Wanderfalke, Uhu.

Bejagung
Die Rabenkrähe steht seit dem 1.1.1987 in der Bundesrepublik Deutschland unter besonderem Schutz des BNatSchG. Damit hat man die Europäische Vogelschutzrichtlinie in nationales Recht umgesetzt. Die gleiche Regelung ist auch für die Elster und den Eichelhäher eingetreten. Da Rabenkrähen und Elstern Nahrungsopportunisten sind und als Kulturfolger der menschlichen Wohlstandsgesellschaft folgen, wurde diese Maßnahme von den Jägern heftig kritisiert. Einige Bundesländer haben daraufhin das Töten der in Rede stehenden drei Rabenvögel außerhalb der auf dem Verordnungswege festgesetzten Brutzeit wieder erlaubt. Die Unteren Naturschutzbehörden überwachen das Streckenergebnis.

Nebelkrähe, *Corvus corone cornix* L.

Die Nebel- und Rabenkrähen sind Unterarten der Aaskrähe. Die Nebelkrähe hat einen grauen Rücken, graue Flanken und eine graue Unterseite. Das übrige Gefieder ist schwarz (Abb. 133).
Lebensweise, Nahrungsansprüche sowie ihre Bedeutung im Niederwildrevier sind gleich denen der Rabenkrähe zu beurteilen. Sie gilt als Teilzieher und kommt außerhalb ihres eigentlichen Verbreitungsgebietes – Nord- und Osteuropa sowie Italien, Jugoslawien, Griechenland – im Winter auch öfter in der Bundesrepublik Deutschland vor. Die exakte Verbreitungsgrenze der Nebelkrähe im Westen sowie der Rabenkrähe im Osten bildet die Elbe. Im Grenzbereich beider gibt es Kreuzungen.

Abb. 133. Nebelkrähe.

Saatkrähe, *Corvus frugilegus* L.

Aussehen, Gefieder, Gewicht (Abb. 134 und 135)
Gewicht: etwa 500 g
Flügellänge: 300 mm
Flügelspannweite: etwa 90 cm

Abb. 134. Junge, unter eineinhalb Jahre alte Saatkrähe.

Abb. 135. Alte Saatkrähe.

Stahlblauschillerndes Gefieder. Der Schnabel wirkt schlanker als bei der Rabenkrähe. Der Schnabelansatz des Altvogels ist unbefiedert, der des Jungvogels befiedert – Achtung! Verwechslung mit der Rabenkrähe möglich.

Verbreitung: Mittel-, West-, Ost- und Südeuropa.

Lebensweise: Sie lebt in der Feld-Wiesenlandschaft mit eingesprengten Bäumen.

Verhalten: Die Saatkrähe ist Teilzieher. Außer in Nordeuropa kommt sie (Oktober–Februar/März) überall vor.

Sie lebt sehr gesellig, dabei auch mit Rabenkrähen und Dohlen vergesellschaftet. Die Schlafbäume werden in den Abendstunden bei 400–200 lx aufgesucht. Hierbei kennen die Saatkrähen keine Rangordnung. Sie lassen sich in größen Schwärmen nieder, um Kälte- und Freßfeindschutz zu haben. Vor Tagesanbruch suchen sie in kleinen Trupps ihre Futterplätze auf. Sie ist Kolonienbrüter. Saatkrähen leben in Dauerehe.

Fortpflanzung, Balz, Brutzeit, Aufzucht der Jungen: Im Februar beginnt die Balz. Im März/April legt das Weibchen 3–5 Eier in ein gut gepolstertes Nest. Auf einem Baum sieht man oft 10–20 Horste. Die Eier werden 17 Tage bebrütet.

Die Nestlingszeit beträgt bis zu 30 Tagen. Die Geschlechtsreife tritt im Alter zwischen 1 und 2 Jahren ein.

Nahrung: Insekten, Schnecken, Würmer, Mäuse, Luder, Abfälle, Obst, Körner, Pflanzen.

Feinde: Neben den tierischen Feinden, wie Habicht, Wanderfalke, Uhu, aber auch Adler, kommt der Mensch hauptsächlich als Verfolger in Betracht, da oftmals keine Unterschiede zwischen den einzelnen Krähenarten gemacht werden.

Bejagung

Ihre Bejagung ist ungerechtfertigt, da die Saatkrähe, wie aus der Nahrungsaufzählung zu entnehmen ist, als ausgesprochen „nützlich" anzusehen ist.

Die Saatkrähe unterliegt nicht den Bestimmungen des BJagdG.

Elster, *Pica pica* L.

Aussehen, Gefieder, Gewicht (Abb. 136)

Gewicht: 200 g

Flügellänge: 200 mm

Das schwarzweiße Gefieder mit dem langen Stoß ist auffallend, wobei die schwarzen Partien purpurn und grünlich glänzen.

Verbreitung: Gesamteuropa.

Lebensweise: Sie liebt die Ortsrandlage mit geringem Baumbewuchs. Ihre Brutstätten sind in hohen Bäumen und in Hecken.

Verhalten: Die Elster ist Standvogel. Im Winter lebt sie gern gesellig. Ihr Ruf ist schackernd. Sie ist kein guter Flieger: unverkennbarer unregelmäßiger Flügelschlag.

Abb. 136. Elster.

Fortpflanzung, Balz, Brutzeit, Aufzucht der Jungen: Elstern paaren sich im März. Das Weibchen legt 5–8 Eier in ein Nest mit Haube. Die Nestmulde ist tief und gut mit Lehm und Pflanzenteilen ausgekleidet. Die Brutdauer beträgt 17 Tage, die Nestlingszeit etwa 25. Beide Elternteile führen die Brutpflege aus. Die jungen Elstern sind mit 1–2 Jahren geschlechtsreif.
Nahrung: Jungvögel, Eier, Mäuse, Insekten, Würmer, Luder, Obst, Körner. In Niederwildrevieren Jungwild bis Junghasengröße.

Bejagung

Die Elster steht seit dem 1.1.1987 in der Bundesrepublik Deutschland unter besonderem Schutz des BNatSchG. Damit hat man die Europäische Vogelschutzrichtlinie in nationales Recht umgesetzt. Die gleiche Regelung ist auch für die Rabenkrähe und den Eichelhäher eingetreten (siehe auch Rabenkrähe, S. 245).

Für alle verwendeten Angaben über Gewicht, Flügellänge und Flügelspannweite der Krähenvögel wird als Quelle angegeben: Stubbe, M.: Raubwild, Raubzeug, Krähenvögel. VEB – Deutscher Landwirtschaftsverlag, Berlin 1977 sowie eigene umfangreiche Aufzeichnungen.

Eichelhäher, *Garrulus glandarius* L.

Aussehen, Gefieder, Gewicht (Abb. 137)
Gewicht: 160 g
Flügellänge: 200 mm
Braunrote Körperfarbe. Die Schwingen haben einen weißen Fleck. Die Oberflügeldeckfedern sind einseitig hellblau, von schwarzen und weißen Querbändern unterbrochen. Der auf der anderen Hälfte des Federkiels liegende Federteil der Flügeldecke ist grauschwarz. Lediglich eine Feder am Flügelbug jeder Schwinge ist insgesamt blau und von schwarzen und weißen Querbändern unterbrochen. Man kann diese Feder als Malerfeder (analog Schnepfe) oder Trophäe ansehen. Die Kopffedern sind unterschiedlich gefärbt – von tiefdunkler Schwarzstreifung über normale Schwarz-Weiß-Streifung bis zu heller Streifung kommen alle Übergänge vor. Die Kopffedern können aufgerichtet werden.
Der Bürzel ist weiß.
Verbreitung: Gesamteuropa, außer hoher Norden.
Lebensweise: Vorzugsweise Eichenwälder, aber auch reine Nadelwälder und Parks.
Verhalten: Der Eichelhäher ist Stand- und Strichvogel. Für sein Zugverhalten sind schlechte Wetterverhältnisse (Kälte) und Nahrungsmangel verantwortlich. Sein Flug ist schwerfällig, wodurch er auch leichte Beute des Habichts wird. Auffallend ist der Warnlaut, womit auf Menschen und Raubwild aufmerksam gemacht werden soll. Sehr gut kann der Eichelhäher alle möglichen Tierlaute nachmachen.
Fortpflanzung, Balz, Brutzeit, Aufzucht der Jungen: Im Februar/März finden sich die Geschlechter anläßlich größerer Ansammlungen von Artgenossen. Beobachtet wurde bei der Paarbildung das Werbeverhalten des Männchens, das dem Weibchen zerkleinertes Futter aus dem Kropf anbietet, allerdings nicht immer erfolgreich.
Das Weibchen legt 3–6 Eier in flache Nester in Nadelstangenhölzer. Die Eier werden sowohl von beiden Geschlechtern als auch in vielen Fällen nur vom Weibchen 17 Tage lang bebrütet. Die Nestlingszeit dauert 22 Tage. Das Männchen schafft Beute (Insekten) herbei, die das Weibchen an die Jungen verfüttert.
Nahrung: Sämereien, insbesondere Eicheln, Bucheckern und Mais, Obst, Insekten, Jungvögel, Eier, Schlangen.

Kranich

Goldregenpfeifer

Uferschnepfe

Uferschwalbe

Bruchwasserläufer

Küstenseeschwalbe

Kormoran

Eisvogel

Singschwan

Abb. 137. Eichelhäher.

Feinde: Habicht, Sperber, Eulen, andere Krähenvögel.

Bejagung

Der Eichelhäher steht seit dem 1.1.1987 in der Bundesrepublik Deutschland unter besonderem Schutz des BNatSchG. Damit hat man die Europäische Vogelschutzrichtlinie in nationales Recht umgesetzt. Die gleiche Regelung ist auch für Rabenkrähe und die Elster eingetreten (siehe auch Rabenkrähe, S. 245).

Bedeutung des Eichelhähers in der Land- und Forstwirtschaft: Oft schädigt der Eichelhäher auf Maisschlägen in Waldrandlage, indem er die von Blättern umgebenen Maiskolben freilegt und den Milchmais aufnimmt. Außerdem schadet er in Weizenfeldern und in Obstplantagen (Erdbeeren, Johannisbeeren, Stachelbeeren, Brombeeren, Kirschen, Äpfel, Trauben).

Bedeutende Schäden können in Baumschulen und Forstkulturen angerichtet werden, wo alle möglichen Saaten aufgenommen werden.

Positiv ist seine Aktivität bei der Vernichtung von Waldschädlingen zu beurteilen, z.B. Wickler, Nonne, Spinner. Darüber hinaus sorgt der Eichelhäher für die Ausbreitung des Waldes, indem er Sämereien verschleppt.

Tannenhäher, *Nucifraga caryocatactes* L.

Aussehen, Gefieder, Gewicht

Gewicht: 160 g

Flügellänge: ca. 200 mm

Braune Grundfärbung, weiße Sprenkelung, weißer Unterstoß, schwarze Schwingen.

Verbreitung: Osteuropa und südliche Teile Nordeuropas. Stand- und Zugvogel.

Lebensraum, Verhalten, Fortpflanzung: Er lebt nur in Nadelwäldern. Bisweilen kommt der Sibirische Tannenhäher als Invasionsvogel in Gesamteuropa vor. Man nimmt hierfür Nahrungsmangel als Grund an. Er nistet in Nadelbäumen und lebt von Sämereien, Nüssen, Eicheln, Bucheckern, Insekten, Kleinvögeln und Eiern.

Balzzeit ist März. Die 3–4 Eier werden 17 Tage bebrütet. Die Jungen sind mit 20 Tagen flügge und mit einem Jahr geschlechtsreif.

Bejagung

Der Tannenhäher unterliegt nicht den Bestimmungen des BJagdG.

Alpenkrähe, *Pyrrhocorax pyrrhocorax* Vieillot

Schwarzer Vogel mit langem, gebogenem rotem Schnabel (in der Jugend gelb) und roten Ständern. Sie ist ein guter Flieger und kommt im Gebirge Südeuropas sowie an der Westküste Groß-Britanniens vor. Sie ist Standvogel.

Dohle, *Corvus monedula* Vieillot

Aussehen, Gefieder, Gewicht (Abb. 138)
Gewicht: 250 g
Flügellänge: 220 mm
Schwarzes Gefieder mit grauem Nacken und dunkelgrauer Unterseite. Die Augen sind hellgrau; der Schnabel ist kurz.

Verbreitung: Gesamteuropa, außer Nordskandinavien.

Lebensweise: Lebt in Parks und Gehölzen, in geschlossenen Ortschaften, brütet dort auf Türmen und in Ruinen, aber auch in Baumhöhlen. Sie ist oft mit Saatkrähen vergesellschaftet.

Abb. 138. Dohle.

Verhalten: Guter Flieger, sie ist Stand- und Strichvogel.

Fortpflanzung, Balz, Brutzeit, Aufzucht der Jungen: Die Paarung findet im März/April statt. Das Weibchen legt etwa 5 Eier in ein Nest aus Reisig, Heu, Erde, Papierresten, Federn, Fasern. Die Brutdauer beträgt 17 Tage, die Nestlingszeit 30 Tage. Beide Eltern betreiben Brutpflege. Dohlen sind Koloniebrüter. Mit 1–2 Jahren sind Dohlen fortpflanzungsfähig.

Nahrung: Insekten, Jungvögel, Eier, Mäuse, Luder, Abfälle, Obst, Beeren, Sämereien.

Alpendohle, *Pyrrhocorax graculus* L.

Sie wird von der Alpenkrähe durch ihren kürzeren, geraden gelben Schnabel unterschieden; die Ständer sind wie bei der Alpenkrähe rot. Sie kommt im Alpenraum, in den Pyrenäen sowie auf dem Balkan vor. Sie ist Stand- und Strichvogel.

Unglückshäher, *Perisoreus infaustus* L.

Der Unglückshäher ist graubraun gefärbt. Der lange Stoß und die Schwingen weisen zusätzlich rotbraune Färbung auf. Er kommt nur im hohen Norden als Waldvogel vor. Im Winter zieht er in die Nähe menschlicher Siedlungen.

Zur Wiederholung und Kontrolle

- Zählen Sie die Arten, die zur Familie der Rabenvögel gehören, auf.
- Welche Arten unterliegen den Bestimmungen des BJagdG?
- Welche Unterschiede bestehen zwischen Raben- und Saatkrähe?
- Wo kommt die Nebelkrähe vor?
- Welche positive und negative Bedeutung hat der Eichelhäher in der Land- und Forstwirtschaft?
- Beschreiben Sie den Lebensraum der Dohle.
- Welche Rabenarten sind Kolonienbrüter?
- Welche Übereinstimmung aller Rabenvögel gibt es im Brutverhalten sowie bei der Aufzucht der Jungen?

Störche

Ordnung: Ciconiiformes, Schreitvögel
Familie: Ciconiidae, Störche

Weißstorch, *Ciconia ciconia*	**Schwarzstorch,** *Ciconia nigra*
Beide sind geschützt.	
Gewicht: 3500–4000 g	3000 g
Flügelspannweite: 200 cm	200 cm
Weißes Gefieder, schwarze Schwingen, roter Schnabel und rote Ständer.	Schwarzes, glänzendes Gefieder mit weißer Bauchseite, roter Schnabel und rote Ständer.
Für beide gilt: Einehe mit gemeinsamer Brutpflege.	
Kulturfolger.	Kulturflüchter.
Horstet auf Hausdächern und Schornsteinen.	Horstet auf Waldbäumen.
Geht auf Nahrungssuche in feuchten Wiesen und Feuchtbiotopen.	Geht auf Nahrungssuche in abgelegenen Moor- und Sumpfgegenden, Bächen, Feuchtwiesen.
Lebt von Fröschen, Mäusen, Insekten, Schnecken, Fischen, Lurchen, Schlangen, Regenwürmern.	Lebt von Kleinfischen, Insekten, Krebsen, Schlangen, Molchen, Eidechsen, Lurchen.
Zugvogel.	Zugvogel.
Vorkommen in Ost- und Mitteleuropa, in Spanien und Portugal.	Vorkommen in Osteuropa, vereinzelt auch in der Bundesrepublik Deutschland, in Spanien und Portugal.

Kormoran, *Phalacrocorax carbo*

Systematik
Ordnung: Pelecaniformes, Ruderfüßler
Familie: Phalacrocoracidae, Kormorane
Mit o.a. Ordnung werden der Kormoran – atlantische und Festlandrasse –, die Krähenscharbe und die Zwergscharbe erfaßt.
In der Bundesrepublik Deutschland kommt lediglich der Kormoran vereinzelt vor.
Dieser große schwarze Wasservogel hat ein weißes Gesicht und einen starken Schnabel mit überlappendem Nagel (Schnabelspitze). Schwimmend liegt er tief im Wasser, dabei ist der Kopf etwas angehoben. Oft beobachtet man an Land eine gespreizte Flügelstellung, durch die der Kormoran sich zu trocknen trachtet. Im Gegensatz zu den übrigen Wasservögeln kann der Kormoran sein Gefieder nicht fetten, deswegen die Lufttrocknung.
Die Nahrung besteht ausschließlich aus Fisch. Er brütet in Kolonien auf Bäumen, Felsen und Leuchttürmen.
Er unterliegt nicht mehr den Bestimmungen des BJagdG.

1976 hat man an der niedersächsischen Nordseeküste (Leybucht) die Wiedereinbürgerung versucht. Für dieses Vorhaben wurden 14 Kormorane aus der niederländischen Kolonie Naardermeer unentgeltlich zur Verfügung gestellt. Zwecks Eingewöhnung in deutschen Gefilden wurden sie vorübergehend flugunfähig gemacht und in einem Gehege untergebracht. Zusätzlich will man den Graureiher hier wieder heimisch machen – inzwischen mit großem Erfolg.

Beide Arten – Kormoran und Graureiher – leben gerne gesellig miteinander.

3 Wildkrankheiten

Krankheit	Krankheitsverlauf	Krankheitssymptome	krankheitsanfällige Wildart	Gefährdung des Menschen	Ausgang d. Krankheit beim Wild
3.1 Parasitäre Erkrankungen					
Ektoparasiten (Außenschmarotzer) Räude (Milbe)		Juckreiz mit Scheuern, borkige Verkrustungen, Pickel u. Haarausfall vom Kopf über den gesamten Körper	Gams, Schwarzwild, Fuchs, Seehund, Hund	kann befallen werden	fast immer tödlich
Zecke (Holzbock) Hirschlaus (Abb. 139) (s. auch Seite 341)		Hautentzündung, Juckreiz, kleine Hautbeulen	Wiederkäuer, Pferde, Hunde, Vögel, Reptilien	genauso anfällig wie nebengenannte Tierarten mit zusätzl. Übertragung der Gehirnhautentzünd. (Zeckenencephalitis)	

Abb. 139. Hirschlaus beim Reh.

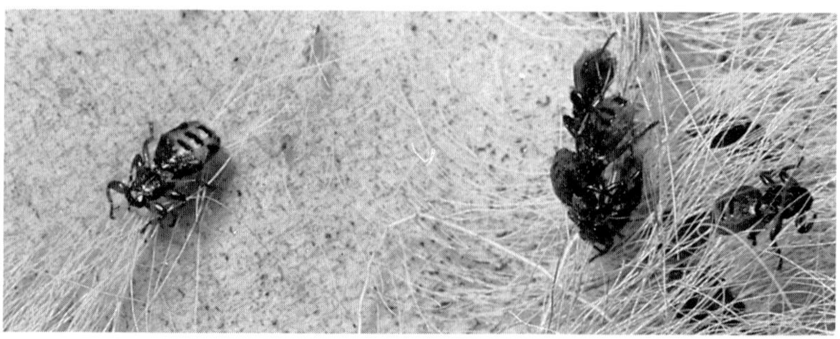

Flöhe, Läuse, Milben		Juckreiz mit Hautentzündung bei starkem Befall	alles Wild	Übertragung auf Menschen möglich	evtl. Schwächung

Krankheit	Krankheits-verlauf	Krankheits-symptome	krankheitsanfällige Wildart	Gefährdung des Menschen	Ausgang d. Krankheit beim Wild
Endoparasiten (Innenschmarotzer)					
Leberegel					
Großer Leberegel	Egel sind doppelgeschlechtlich. Die Eier gelangen über die Galle in den Zwölffingerdarm, dann über die Losung ins Freie. Daraus schlüpft nach 3 Wochen eine Flimmerlarve, die in den Zwischenwirt Zwergschlammschnecke eindringt. Hier Umwandlung in Sporozyste. Durchlaufen weiterer Zwischenstadien in der Schnecke. Danach Niederlassen als Zyste an Grashalmen. Aufnahme durch Wild, bei dem in den Gallengängen geschlechtsreife Leberegel heranreifen.	weiße, verdickte, schleimige Gallengänge	alles Wild, besonders Wiederkäuer und Hase	Befall des Menschen bei Graskauen möglich	fast immer tödlich
Kleiner Leberegel	Entwicklung gleich der des Großen Leberegels, nur benötigt er bis zur vollen Entwicklung 2 Zwischenwirte nacheinander: Landschnekke u. Ameise. Im Gegensatz zum Großen Leberegel, der in feuchten Gebieten vorkommt, bevorzugt der Kleine Leberegel ausschließlich trokkene Kalkböden	wie vor, zusätzlich weiße Flecken auf der Leberoberfläche	alle Pflanzenfresser, besonders Kanin	wie vor	wie vor

Krankheit	Krankheitsverlauf	Krankheitssymptome	krankheitsanfällige Wildart	Gefährdung des Menschen	Ausgang d. Krankheit beim Wild
Bandwürmer	Fast alle Bandwürmer haben einen aus Einzelgliedern bestehenden Körper mit weiblichen und männlichen Geschlechtsanlagen in jedem Einzelglied. Nahrung wird über die Körperoberfläche aufgenommen. Der Kopf hat Saugnäpfe und Haken. Jedes reife Teilglied wird mit der Losung ausgeschieden und durch einen Zwischenwirt aufgenommen. Hier entwickeln sich Finnen. Finnenhaltiges Fleisch führt dann beim Endwirt zur Entstehung geschlechtsreifer Bandwürmer.				
Geränderter Hundebandwurm	schmarotzt im Darm von Wolf, Hund, Marder, Iltis. Die Finne bevorzugt als Zwischenwirt: Schaf, Rind, Schwein, Schalenwild	Abmagern und Kümmern des Wildes	Hund, Wolf, Marder Zwischenwirt: Schaf, Rind, Schwein, Schalenwild		selten tödlich
Dreigliedriger Hundebandwurm	parasitiert im Darm des Hundes. Als Zwischenwirte kommen Rinder, Schafe, Haus- und Wildschwein sowie Gams- und Rehwild in Betracht. Die Finne heißt Hülsenwurm	ruft beim Zwischenwirt Gelbsucht, Atembeschwerden sowie Bauchwassersucht hervor. Finnen leben in Leber und Lunge	Hund Zwischenwirt: Rinder, Schafe, Haus- und Wildschwein, Gams- und Rehwild	Mensch durch Belecken des Gesichts gefährdet	selten tödlich
Großer Fuchsbandwurm vgl. Dreigliedriger Hundebandwurm					
Kleiner Fuchsbandwurm	sylvatischer Zyklus: Endwirt Fuchs; Zwischenwirt Feldmaus. urbaner Zyklus: Endwirt Hauskatze, Hund; Zwischenwirt Hausmaus; Fehlwirt Mensch	beim Endwirt Abmagerung; beim Fehlwirt – Mensch – treten Krankheitssymptome wie bei Leberschäden in der Regel erst nach vielen Jahren auf	Fuchs, Hauskatze, Hund	beim Abbalgen des Fuchses, Streicheln von Hund und Katze (Eier befinden sich auf dem Balg), Heilerfolg ist gering	u.U. tödlich

Krankheit	Krankheitsverlauf	Krankheitssymptome	krankheitsanfällige Wildart	Gefährdung des Menschen	Ausgang d. Krankheit beim Wild
Quesenbandwurm	parasitiert den Darm des Hundes; im Zwischenwirt – Reh, Gams, selten Rind und Pferd – kommt als Finne der Gehirnblasenwurm vor	Verursacht im Zwischenwirt die Drehkrankheit, weil Quesenfinne in Gehirn und Rückenmark wandert; außerdem beim Zwischenwirt Lähmungen und Schlafsucht	Hund Zwischenwirt: Reh, Gams, selten Rind und Pferd		immer tödlich
Gesägter Bandwurm	lebt im Darm des Hundes und Fuchses; Finne lebt in Hase und Kanin als Hasenfinne	Leberzerstörung des Zwischenwirtes, dabei innere Verblutung möglich	Hund, Wolf, Fuchs Zwischenwirt: Hase, Kanin		u.U. tödlich
Lungenwürmer (Abb. 140)	Mit Ausnahme des Großen Lungenwurmes (Rinderlungenwurm) benötigen alle einen Zwischenwirt. Lungenwürmer leben in der Lunge ihres Wirtes, legen dort Eier ab, aus denen sich in der Lunge (oder in der Losung) Larven entwickeln, die hochgehustet, abgeschluckt und dann ausgeschieden werden. Larven entwickeln sich im Zwischenwirt weiter, werden aufgeäst und gelangen über die Lymphbahnen in die Lunge, wo geschlechtsreife Würmer entstehen.				

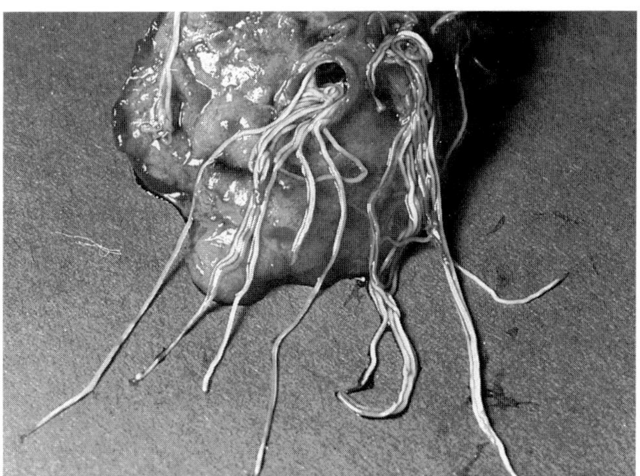

Abb. 140. Lungenwürmer beim Rehwild.

Krankheit	Krankheitsverlauf	Krankheitssymptome	krankheitsanfällige Wildart	Gefährdung des Menschen	Ausgang d. Krankheit beim Wild
Rinderlungenwurm	vgl. Lungenwurm (allgemein) ohne Zwischenwirt	Husten, schmutzigbraune Gewebefärbung der Lunge	Schalenwild, Rind, Schaf		selten tödlich
Schweinelungenwurm	vgl. Lungenwurm, Zwischenwirt ist der Regenwurm	wie vor, zusätzlich bisweilen Ausfluß aus dem Windfang	Schwarzwild		selten tödlich
Haarlungenwurm	vgl. Lungenwurm, Zwischenwirt ist die Kleine Landschnecke	Sitz in den Bronchien und in der Lunge, Lungenentzündung, Lungendauerschaden mit Leistungsabfall, eitrige Knoten auf der Lunge	Hase und Kanin		selten tödlich
Rotwurm	Larven werden mit Futter oder Transportwirten, wie Fliegen, aufgenommen und bleiben mit Saugnäpfen an der Luftröhrenschleimhaut hängen	Erstickungsanfälle, Schnabelausfluß	Fasan, Rebhuhn, Krähe, Elster, Gans, Taube		öfter tödlich, besonders bei Jungwild
Magen- und Darmwürmer	Man unterscheidet, da wirtspezifisch, folgende Arten: Spul-, Palisaden-, Magen-, Peitschen-, Hakenwurm, Pfriemenschwanz. Die im Darmkanal abgelegten Eier werden mit der Losung ausgeschieden. Die sich daraus entwickelnden Larven werden aufgenommen und zu neuen geschlechtsreifen Würmern.				
Spulwurm	wie vor	Dünn- und Blinddarmreizung	Federwild, besonders Auerwild, Fasan, Schwarzwild		beim Federwild tödlich
Palisadenwurm	wie vor	Dickdarmbefall, Darmkatarrh, starkes Abkommen, blutige Losung	Wiederkäuer		vielfach tödlich

Krankheit	Krankheitsverlauf	Krankheitssymptome	krankheitsanfällige Wildart	Gefährdung des Menschen	Ausgang d. Krankheit beim Wild
Magenwurm	wie vor	schlechte Verfärbung, schlechter Haarwechsel, schmutziger Spiegel, träge	Schalenwild, Hase, Kanin, Federwild		wie vor
Peitschenwurm	wie vor	Blinddarmentzündung	wie vor		wie vor
Hakenwurm	wie vor	Dünndarmbefall	Rehwild, Schwarzwild, Haarraubwild		wie vor
Pfriemenschwanz	wie vor	Dickdarmbefall	Gamswild, Hase, Kanin, Federwild		keine Bedeutung
Trichinen	Geschlechtsreife Weibchen legen Larven im Dünndarm ab (Darmtrichinen). Diese wandern über den Lymphstrom in die Muskelpartien und in das Zwerchfell (Muskeltrichinen). Dort verkapseln sie sich. Ansteckung durch Verzehr trichinenverseuchten Fleisches	keine äußeren Symptome erkennbar; Nachweis nur mikroskopisch	alle Fleischfresser	bei Verzehr rohen Fleisches sehr gefährdet – deswegen Beschaupflicht	vielfach tödlich
Coccidiose	Wirtstiere scheiden Coccidien aus, die nach einer Woche zu ansteckungsfähigen Sporen reifen. Diese werden mit der Äsung aufgenommen und bleiben in der Darmschleimhaut.	Darmentzündung, Durchfall, Schwellen der betroffenen Schleimhäute, Aufblähen des Leibes, starkes Abkommen	Hase, Kanin, Fasan, aber auch Schalenwild und Haarraubwild		vielfach tödlich

Krankheit	Krankheits-verlauf	Krankheits-symptome	krankheitsanfällige Wildart	Gefährdung des Menschen	Ausgang d. Krankheit beim Wild
Rachenbremse (Abb. 141)	Die Rachenbremse setzt zwischen Mai und August Larven in den Windfang des Wirtstieres, von wo diese in den Rachenraum wandern. Im folgenden Frühjahr gelangen die Larven über den Windfang ins Freie, wo sie sich verpuppen. Danach schlüpft die geschlechtsreife Bremse.	Hustenreiz und Niesen	Reh- und Rotwild		selten tödlich
Dassellarve (Abb. 142)	Eiablage im Haar des Wirtstieres. Daraus schlüpfende Larven bohren sich durch die Decke. Larven verlassen über die Bohrkanäle im Frühjahr den Wirt, um sich am Boden zu verpuppen.	Eiterbeulen, besonders in Rückenpartie	Reh- und Rotwild		selten tödlich

Abb. 141. Larven der Rachenbremse im Rehschlund.

Abb. 142. Dasselfliege-Larven unter Rehdecke. Durch die Löcher in der Decke haben sich verpuppungsreife Larven bereits nach außen gebohrt.

Krankheit	Krankheitsverlauf	Krankheitssymptome	krankheitsanfällige Wildart	Gefährdung des Menschen	Ausgang d. Krankheit beim Wild
Kreuzlähme	Hierbei handelt es sich um Rundwürmer (Nematoden), die das Zentralnervensystem angehen. Die Krankheit beginnt im Gehirn und lähmt nach zwei- bis dreijährigem chronischen Verlauf die Hinterhand.	Schädigung des Zentralnervensystems – Lähmung der Hinterläufe	Rotwild		tödlich

3.2 Infektionserkrankungen

Bakterielle Erkrankungen					
Tuberkulose	Seltene Erkrankung mit chronischem Verlauf. Infektion über Tröpfchen. Nach schlechtem Allgemeinbefinden treten später Husten (Lungentuberkulose) und starkes Abkommen auf.	Hustenanfälle bei Lungen-TB, Durchfall bei Darm-TB, gelbliche verkäste Knoten in Lunge, Darm, Milz, Nieren	alles Wild mit für die Wildarten speziellen TB-Erkrankungen, nämlich: Federwild-Geflügel-TB, Haarwild-Rinder-TB	auf Menschen übertragbar durch Tröpfcheninfekt, hier aber auch spez. Typ, nämlich Menschen-TB	bei Tieren häufig tödlich
Pseudotuberkulose (Nagerseuche, Rodentiose)	Infektion durch Äsungsaufnahme. Krankheitsverlauf mehr oder weniger akut.	Lungenentzündung mit verkästen Herden; Knötchenbildung in der Darmschleimhaut; vergrößerte Leber und Milz	Nagetiere und Hasenartige, aber auch sonstige Säuger und Vögel (Rebhuhn, Fasan)	Ansteckungsgefahr	bei akutem Verlauf immer tödlich

Krankheit	Krankheits-verlauf	Krankheits-symptome	krankheitsanfällige Wildart	Gefährdung des Menschen	Ausgang d. Krankheit beim Wild
Hasenseuche (Pasteurellose)	Erreger werden mit der Äsung aufgenommen. Da das Bakterium hitzeempfindlich ist, bricht die Seuche bei hohen Sommertemperaturen zusammen.	blaurote Färbung der Luftröhrenschleimhaut; Eiterherde an inneren Organen; Flüssigkeitsansammlungen in Brust- u. Bauchhöhle; befallene Hasen sind träge	Hase, Kanin, Flugwild		fast immer tödlich
Geflügelcholera	Erreger werden mit der Nahrung aufgenommen oder durch Vogelmilben übertragen. Selten ist ein chronischer Krankheitsverlauf, bei dem alle Gelenke anschwellen.	punktförmige Blutungen auf Herz und Darmschleimhaut; Lunge und Milz werden sehr dunkel	Flugwild		tödlich
Milzbrand	Bazillus wird mit der Äsung aufgenommen. Die Bakterien streuen vom Darm aus über den Körper	Erstickungsanfälle; Milz, Leber und Nieren sind stark geschwollen; lackartiger Schweiß, Losung mit Blutspuren	Pflanzenfresser	hoch infektiös, am ehesten über Wunden	tödlich
Salmonellen	Darmkatarrh; Salmonellen sind eine Paratyphuserkrankung	Durchfall	alles Haar- und Federwild, besonders Fasan, Taube, Möwe	Gefährdung bei Verzehr von Fleisch unbekannter Herkunft; Infektion zieht Paratyphus nach sich	vielfach tödlich
Weiße Kükenruhr	Verlauf wie vor, da auch eine Salmonellose	wie vor	Fasan		meist tödlich

Krankheit	Krankheits-verlauf	Krankheits-symptome	krankheitsanfällige Wildart	Gefährdung des Menschen	Ausgang d. Krankheit beim Wild
Nagerpest (Tularämie)	Ansteckung durch Insekten und Berührung mit kranken Tieren. Es gibt einen akuten und einen chronischen Krankheitsverlauf.	gelbe Knoten an Leber, Lunge und Milz; starke Lymphknoten-schwellung, Krämpfe.	Nager, Hasen-artige und Flugwild	Übertragung möglich, Mattigkeit	oft tödlich
Staphylomykose (Traubenkokken)	Übertragung durch Hasenfloh und durch Aufnahme des Erregers mit der Äsung.	Eiterungen an Lymphdrüsen, Muskulatur und Unterhaut, Abszesse	Hase, Kanin	Infektion möglich	Ausheilen möglich
Strahlenpilz (Aktionomykose)	Bei Aufnahme strahlenpilzbefallener Gräser wird der wunde Äser oder Kiefer infiziert. Die Infektion verläuft eitrig; dadurch ist die Äsungsaufnahme nur unter Schmerzen möglich – Folge ist starkes Abkommen.	Kieferaufbauchungen und Muskelgewebe-zersetzungen	Schalenwild	Infektion bei spielerischem Graskauen möglich	u. U. tödlich
Aktionomykose des Wild- und Hausschweines	Erreger durchdringen verletztes Gesäuge	Knotenbildung im Bereich der Milchdrüsen; selten wird auch die Zunge betroffen	Schwarzwild		u. U. tödlich

Krankheit	Krankheitsverlauf	Krankheitssymptome	krankheitsanfällige Wildart	Gefährdung des Menschen	Ausgang d. Krankheit beim Wild
Brucellose (seuchenhaftes Verkalben bzw. Verwerfen)	Infektion über verseuchte Äsung oder bei Beschlag möglich; starkes Abkommen	Erkrankung der Geschlechtsorgane, Abszesse am Uterus, große Milz, käsige Knoten in Leber, Nieren, Milz und Lunge, Aborte	Schalenwild, Hase	Übertragung möglich	Fehlgeburten, Sterilität
Rotlauf	Infektion über Hautkontakt; akuter und chronischer Krankheitsverlauf	bei chronischem Verlauf treten Herzbeutelentzündung, Brustfellentzündung und Gelenkentzündung auf	Nager, Hasenartige, Schwarzwild, Raub- und Federwild	Wundinfektion möglich	oftmals tödlich
Moderhinke	Auf nicht ausreichend steinigem Boden sammelt sich unter vorwachsenden Schalenrändern Schmutz, der anaeroben Bakterien Zugang verschafft. Die Sohlenhaut wird weich und verändert sich krankhaft unter dem Einfluß der Bakterie – *Fusiformis nodosus*.	Schonen befallener Läufe, Aufnahme von Äsung im Sitzen	Muffelwild		kann im fortgeschrittenen Stadium soweit führen, daß Schalen nicht mehr eingesetzt werden können

Krankheit	Krankheitsverlauf	Krankheitssymptome	krankheitsanfällige Wildart	Gefährdung des Menschen	Ausgang d. Krankheit beim Wild
Viruelle Erkrankungen					
Tollwut (s. auch Seite 339)	Das Virus ist im Nervensystem und in der Speicheldrüse anzutreffen. Übertragung ist durch Biß und offene Wunden möglich. 1. Krankheitsstadium: Wesensveränderung, 2. Krankheitsstadium: Wuterscheinungen, Beißwut, 3. Krankheitsstadium: Lähmungserscheinungen. Bei Auslassen des 2. Stadiums spricht man von „stiller Wut". Ausgang tödlich.	nach einer Inkubationszeit von 8 Tagen bis zu mehreren Monaten beginnt die Krankheit beim Wildtier mit Vertrautsein, geht über zur Beißwut (unterbleibt bei stiller Wut), löst Krämpfe aus, Tiere schielen, heiseres Bellen; es folgen im Endstadium Wasserscheue und Lähmungen; der Magen ist völlig leer oder extrem gefüllt	alle Warmblüter, vor allem Fuchs, Reh, Dachs, von den Haustieren Rind, Katze, Hund	große Gefährdung, ohne Impfung tödlich	tödlich
Schweinepest	Wegen hoher Ansteckungsgefahr wird die Schweinepest leicht durch Küchenabfälle mit verseuchtem Fleisch oder Hausschweinkadavern auf Schwarzwild übertragen. Es gibt einen akuten und einen chronischen Krankheitsverlauf. Das Virus ist sehr hartnäckig: Die Lebensdauer des Virus beträgt bis zu $^{1}/_{2}$ Jahr.	Äußere Anzeichen: Keine Scheu vor dem Menschen, Durchfall, Atemnot, Abmagerung. Innere Anzeichen: Blutungen an den Schleimhäuten des Magen-Darmkanals, am Kehlkopf, an der Blase, Lungen- und Herzbeutelentzündung	Schwarzwild	–	oft tödlich

Krankheit	Krankheitsverlauf	Krankheitssymptome	krankheitsanfällige Wildart	Gefährdung des Menschen	Ausgang d. Krankheit beim Wild
Myxomatose (Löwenköpfigkeit) (Abb. 143)	Kontaktinfektion, außerdem Ansteckung durch Insektenstich. Nach vier- bis sechstägiger Inkubationszeit stellt sich eine Augenbindehautentzündung ein. Nach Zuschwellen aller natürlichen Körperöffnungen endet die Krankheit binnen 8–14 Tagen meist tödlich.	Bindehautentzündung, eitrige Schwellungen an allen Körperöffnungen: blind und taub; Kopf wirkt dann löwenköpfig, daher der deutsche Name der Krankheit. Nach evtl. Heilung bleiben Narben am Kopf und Löffelgrund.	Kanin selten Hase	–	tödlich, allerdings auch resistente Stämme. Bei Überstehen der Krankheit lebenslang immun.

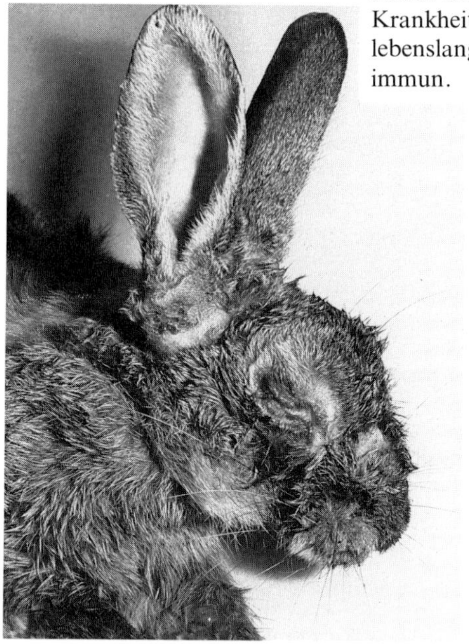

Abb. 143. Myxomatose beim Wildkaninchen.

Krankheit	Krankheitsverlauf	Krankheitssymptome	krankheitsanfällige Wildart	Gefährdung des Menschen	Ausgang d. Krankheit beim Wild
Hühnerpest (Geflügelpest)	Ansteckung durch kranke Tiere oder infizierte Nahrung. Nach einwöchiger Inkubationszeit treten Mattigkeit, Freßunlust auf. Nach kurzer Krankheitsdauer tödlicher Ausgang.	Blutungen an inneren Organen, grünlicher Durchfall, Atemnot	Fasanen, aber auch sonstiges Federwild	–	meist tödlich

Krankheit	Krankheits-verlauf	Krankheits-symptome	krankheitsanfällige Wildart	Gefährdung des Menschen	Ausgang d. Krankheit beim Wild
Geflügelpocken	Durch Tauben verbreitete Viruserkrankung, die entweder akut verläuft und dann oft tödlich ist oder nur den Federwildbestand durchseucht, ohne erkennbare Krankheitssymptome.	Hornige Schnabel- und Ständerwucherungen, ungeordnetes Gefieder	Federwild, besonders Tauben und Rebhühner		bisweilen tödlich
Papageien-krankheit (Ornithose)	Virusinfektion durch Kontakt der Tiere, besonders bei Massentierhaltung (Fasanerien).	ungeordnetes Gefieder, Durchfall, Lungenentzündung, vergrößerte Milz	Federwild	bei Kontakt mit Stubenvögeln und Tauben Übertragung möglich	bei Massentierhaltung häufig tödlich
Maul- und Klauenseuche	Gut- und bösartiger Verlauf. Ersterer kommt zur Ausheilung. Bei bösartigem Verlauft tritt oft der Tod ein.	Bläschenbildung an Äser und Schalen, u.U. auch am Gesäuge und Magen	selten Schalenwild, hier besonders Gams und Wisent	Ansteckungsgefahr bebesteht	bisweilen tödlich
Papillomatose	Viren dringen über Hautverletzungen in Wildkörper ein. Die Krankheit tritt im Winter auf und heilt oft zum Frühjahr wieder aus.	warzenartige Wucherungen an Äser und Lecker	Gams- und Steinwild		wird meist ausgeheilt

Krankheit	Krankheitsverlauf	Krankheitssymptome	krankheitsanfällige Wildart	Gefährdung des Menschen	Ausgang d. Krankheit beim Wild
Gamsblindheit	Kontaktinfektion im Sommer, Erlöschen im Winter. Zieht meist völliges Erblinnach sich, kann aber auch mit Hornhautbeschädigungen ausheilen.	eitrige Absonderungen aus den Augenwinkeln; nach Erblinden oft Absturz oder Verenden im Bett	Gams-, selten Rehwild	–	meist tödlich, bisweilen heilt die Krankheit aus

3.3 Pilzkrankheiten

Ekzeme	Kontaktinfektion. Chronischer Verlauf mit oft tödlichem Ausgang.	Haarausfall mit flächiger Ausbreitung, Schädigung der Hornhaut	Hase, aber auch sonstiges Haarwild	u.U. übertragbar	in aller Regel tödlich, sonst Erblindung häufig

3.4 Ernährungskrankheiten

Nährstoffmangel infolge einseitiger Äsung	Nach Untergewichtigkeit und Kümmern kommt es zu schlechten Wildpopulationen. Stücke sind sehr krankheitsanfällig und kommen zu Tode.	Haarwechsel zur Unzeit, schlechte Trophäenentwicklung; starkes Abkommen	alles Wild	–	kümmerndes Wild, bisweilen tödlicher Ausgang
Verdorbenes Futter	Vergiftungen, die überstanden werden können, u.U. aber auch tödlich enden.	Magen- und Darmentzündungen	alles Wild	–	bisweilen tödlich

Krankheit	Krankheitsverlauf	Krankheitssymptome	krankheitsanfällige Wildart	Gefährdung des Menschen	Ausgang d. Krankheit beim Wild
Vergiftetes Futter	Ursache sind Düngemittel, Pestizide, Bleivergiftungen. Organschäden, Sterilität, Schädigung der Embryonen.	wie vor, jedoch häufig auch undefinierbare Symptome	alles Wild	bei Genuß geschädigten Wildbrets Folgevergiftung möglich	bei hoher Giftigkeit tödlich
Botulismus (Wasenmeisterkrankheit)	Botulismusbakterie ist stäbchenförmig: *Clostridium botulinum*. Unter Sauerstoffabschluß bildet sie Sporen, die allein giftig sind. Eine Fliegenmade reicht für die Tötung einer Ente.	Magen- und Darmentzündung; Lähmungen: 1. Lähmungsphase: Beinbewegungen eingeschränkt 2. Lähmungsphase: zusätzlich Extremitätenmuskellähmung 3. Lähmungsphase: Atembeschwerden mit herunterfallendem Kopf und Hals, Zungen- und Schlundlähmungen	alles Wild	Typ A, B, E, F für Menschen gefährlich	Zungen- und Schlundlähmung, bisweilen tödlich

3.5 Geschwulsterkrankungen

	Gut- und bösartiges Vorkommen. Zellenwucherungen, die das Gewebe durchwachsen, sind bösartig; solche, die das Gewebe beiseite drängen, sind gutartig.	Zellenwucherungen als Karzinome und Sarkome	alles Wild	–	bei bösartigen Geschwulsten tödlich

Krankheit	Krankheitsverlauf	Krankheitssymptome	krankheitsanfällige Wildart	Gefährdung des Menschen	Ausgang d. Krankheit beim Wild
3.6 Mißbildungen					
	Mißbildungen sind krankhafte Veränderungen, die das Embryo bereits erleidet. Ursachen sind Nährstoffmangel, Vergiftungen, anomales Erbgut.	zu den Mißbildungen zählen: Zwergwuchs, Körperteildoppelbildungen, fehlende Körperteile, Körperteildeformierungen, Kieferverkürzungen, Zahnveränderungen, Farbabweichungen, Geschlechtsteilmißbildungen	alles Wild	–	bei Schädigung lebenswichtiger Organe tödlich

3.7 Verletzungen auf Grund äußerer Einwirkungen

Ursachen sind Straßenunfälle, Mähmaschinenverletzungen, Raubwild- und Raubzeugbißverletzungen, Krankschießen, Erfrierungen.

Jagdbetrieb und Behandlung erlegten Wildes

1 Jagdarten

1.1 Einzeljagd

Pirsch (Schleichjagd)
Die Pirsch ist die Krone aller Jagdarten, denn sie stellt hohe Anforderungen an das jagdliche Können sowie an die Sinne des Jägers: Gute Revierkenntnis (Wechsel, Einstände, Suhlen), hervorragende Kondition, geschicktes Bewegen in schwierigem Gelände, gutes Auge und Gehör sowie Kenntnis der Lebensgewohnheiten des Wildes. Hier heißt es, unter Ausnutzung guten Windes und des Geländes ein Stück Wild auf Schußentfernung anzugehen und ihm trotz eigener Erschöpfung noch sicher die Kugel anzutragen. Sie ist wohl die einzige Jagdart, bei der sich der Jäger und die bejagte Kreatur fast ebenbürtig gegenüberstehen. Allerdings sind dieser Jagdart Grenzen gesetzt, wo nämlich die Belange von Jagd und Waldbesucherandrang (besonders an Wochenenden) in Einklang zu bringen sind, zudem der Kugelschuß zu ebener Erde in solchen Fällen nicht ungefährlich ist.
Die beste Pirschzeit sind die frühen Morgen- und die Abendstunden. Auch ruhige, sonnige Mittagsstunden können erfolgreich sein.
Hauptsächlich pirscht man auf Schalenwild; das schließt nicht aus, daß Niederwild ebenso angepirscht werden kann. Bei dieser ursprünglichen Betätigung des Jägers kommt es darauf an, das Wild schneller auszumachen, als man selbst von ihm bemerkt wird. Hierfür muß man seine Augen besonders schulen.
Selbstverständlich kann der Jagdhund bei der Pirsch mitgeführt werden, sofern dieser sich im entscheidenden Moment, wenn man ein Stück Wild angeht, geräuschlos ablegen läßt. Der große Vorteil der Hundebegleitung liegt in der sofortigen Verfügbarkeit zur Nachsuche. Außerdem wird der Hund wegen feinerer Sinnesorgane eher die Nähe von Wild feststellen als der Jäger und dieses durch sein Verhalten zu erkennen geben. Hastige Bewegungen nimmt das Wild übel, und es springt ab. Die ohnehin nicht jagdpflegliche Pirsch sollte nicht bei jedem Wetter durchgeführt werden: starker Regen ist wegen dann veränderter Einstände des Wildes und schlechter Sicht ebenso hinderlich wie Frost, bei dem jedes Geräusch „meilenweit" weitergegeben wird oder hoher Schnee. Bei leichtem Nieselregen oder kurz nach dem Ende eines längeren Landregens kann die Pirsch sehr erfolgreich sein. So reizvoll diese Jagdart auch ist, so kann sie andererseits das Revier wildleer machen. Man hüte sich deshalb vor allzu häufiger Pirsch in Revieren mit dem besonders feinsinnigen Rotwild.

> Pirschen: Anschleichen des Wildes.
> Wichtig ist dabei guter Wind (Gegenwind), lautloses Gehen und zweckmäßige Kleidung.
> Vieles Pirschen vergrämt das Wild.

Ansitz
Diese Jagdart wird auch Anstand genannt. Sie ist die wildpfleglichste Art der Jagdausübung, da hierbei die Tierwelt wenig gestört wird. Der Jäger muß ausdauernd sitzen können – häufiges Wechseln während eines Abend- oder Morgenansitzes sollte unterbleiben. Angesessen wird auf fast alle Wildarten. Der Ort des Ansitzes wird entscheidend durch den Wind bestimmt. Nur guter Wind – d.h. Wind, der dem Jäger entgegenweht – verschafft guten Anblick. Völlige Windstille bringt dem Wild bei ungünstiger Wahl des Anstandes immer noch genug menschliche Witterung, weswegen das angezündete hochgehaltene Streichholz, der angefeuchtete hochgehaltene Zeigefinger, der an der windzugekehrten Seite zuerst kalt wird, oder die stets bereitgehaltenen Seifenblasen empfindlichste Windanzeiger für den Jäger sind.
Küselnder Wind: Windwirbel durch Stau an Hindernissen in ankommender Richtung und Windschatten in windabgekehrter Richtung,
Flatterwind: Wind aus verschiedenen Richtungen,
Kesselwind: rundumziehender Wind,
überkippender Wind: an hohen Bestandesrändern entgegen der Hauptwindrichtung zurückströmender Wind lassen keinen erfolgversprechenden Ansitz zu.

Als Ansitzmöglichkeiten werden unterschieden:
1. Ansitz auf Hochsitz, Kanzel oder Ansitzleiter
2. Ansitz im Schirm
3. Ansitz im Erdloch
4. Ansitz zu ebener Erde hinter einem Baum oder Strauch.

Zeitlich werden Früh- und Abendansitz, evtl. auch Mittags- sowie Nachtansitz unterschieden. Der idealste ist der Frühansitz, weil es minütlich heller wird, zudem das Wild bummelnd in die Tageseinstände zieht. Abends hingegen drängt das Wild meist erst bei Dämmerung auf die Äsungsflächen, wenn das Büchsenlicht schwindet. Der Ansitz in den Mittagstunden setzt sonniges Wetter, aber noch mehr ein ruhiges Revier voraus. Der Nachtansitz muß den Jägern vorbehalten bleiben, in deren Revier sich nur nachts Wild zeigt, z.B. reine Feldreviere, die zudem arg unter Wildschäden leiden. Der Waldjäger hat es eigentlich nicht nötig, auch noch bei Dunkelheit zu jagen. Er sollte dem Wild bei aller Beunruhigung durch die Erholungssuchenden wenigstens ungestörte Nachtstunden gönnen. Besonders werden Ansitzmöglichkeiten in Form fester jagdlicher Einrichtungen in Schußnähe von Wechseln, Suhlen und Mastbäumen, an Dickungsrändern, Wildäsungsflächen und Gestellkreuzen gebaut.
Für das Verhalten des Jägers beim Ansitz gilt: Je ungeschützter er sitzt, desto umsichtiger muß er jede Bewegung vollziehen, z.B. Wenden des Kopfes, Abwehren von Mücken und Fliegen, Hochheben des Fernglases, Anschlagen der Waffe. Der Jagdhund ist nur dann Ansitzbegleiter, wenn er sich für längere Zeit ablegen läßt und selbst bei starker Ungezieferplage oder heranziehendem Wild nicht unruhig wird.

> Ansitzen ist das Erwarten des Wildes an vom Wild häufig aufgesuchten Orten, wie Äsungsflächen, Einständen, Wildwechseln. Ansitzmöglichkeiten bieten Kanzeln, Hochsitze, Ansitzleitern, Schirme, Erdlöcher, schützende Sträucher und Wälle.

Suche, Stöberjagd, Buschieren

Die Suche wird mit dem Vorstehhund im Feld auf Fasan, Rebhuhn, Hase und Kaninchen und in der Wasseruferzone auf Enten durchgeführt. Jäger und Hund haben Sichtverbindung.
Der Hund sucht gegen den Wind oder mit halbem Wind (Seitenwind) das Gelände kreuz und quer ab und steht dabei vor, sobald er an Wild kommt (dem Jäger durch regloses Stehenbleiben anzeigen, daß er Witterung von in Deckung sitzendem Wild hat). In dieser Stellung verharrt der Hund, bis der Jäger das Wild heraustritt, um es zu erlegen. Sodann hat der Hund das erlegte Stück auf Kommando zu suchen und zu bringen.
Als Suche im Walde wird das Stöbern und Buschieren verstanden. Unter Stöbern wird das Aufsuchen und Hochmachen des Wildes in der Dickung, besonders durch Stöberhunde, ohne Sichtkontakt zum Jäger verstanden. Gestöbert wird auf Sau, Fuchs, Hase und Federwild. Der Jäger oder die Jäger stehen in aller Regel schußbereit auf Gestellen oder Schneisen außerhalb der Dickung. Durch Spur-, Sicht- und Standlaut des Hundes erfährt der Jäger vom Ablauf der Jagd.
Für gutes Stöbern ist entscheidend, daß der Stöberhund (Deutscher Wachtel, Cocker Spaniel, Springer Spaniel) aber auch die nicht eigentlichen Stöberhunde, wie Terrier (besonders als Sauhund geeignet), Teckel, Vorstehhunde und Fixköter (keiner bestimmten Rasse angehörender Hund, der Wild hochmacht), bogenrein sind, d.h. nicht alle Dickungen der Umgebung „leerfegen“, und was selten vorkommt, auch rehrein sind, d.h. nicht Rehwild hetzen.
Unter Buschieren versteht man das Aufsuchen und Vorstehen bzw. Hochmachen kleinen Niederwildes (Fasan, Schnepfe, Ente, Hase, Kaninchen) im Schußbereich des Jägers im begehbaren Waldgelände. Hierfür ist außer dem Vorstehhund jeder andere Hund, der mit dieser Jagdmethode vertraut ist, geeignet. Der Hund darf nicht nachprellen, d.h. das Wild nicht verfolgen.

An den Jäger werden hohe Anforderungen gestellt:
1. Vertrautsein mit der Örtlichkeit,
2. Vertrautsein mit den Gewohnheiten des Wildes,
3. gute Hundeführung,
4. Erfahrung mit schneller Schußabgabe.

> Suche, Stöbern und Buschieren werden mit dem Hund durchgeführt.
>
> **Suche:** Jagd mit dem Vorstehhund im Felde auf Fasan, Rebhuhn, Hase und Kaninchen, in der Wasseruferzone auf Enten. Absuchen des Schlages und Vorstehen, bis der Jäger zu Schuß kommt.

Stöbern: Suchen und Hochmachen des Wildes in der Dickung ohne Sichtkontakt zum vorstehenden Jäger.
Buschieren: Suchen, Vorstehen bzw. Hochmachen des Wildes im begehbaren Gelände „unter der Flinte“ des Jägers.

Baujagd

Baujagd auf Fuchs und Dachs: Zur Baujagd auf Fuchs und Dachs werden Teckel sowie Jagd- und Foxterrier eingesetzt.

Die beteiligten Jäger verhalten sich ruhig, um den im Bau durch den Erdhund bedrängten Fuchs zum Springen zu veranlassen.

Bedacht werden muß bei der Baujagd auf den Fuchs, daß dieser keineswegs immer zu Hause ist. Am ehesten ist er bei starkem Regen, Sturm sowie beim ersten Schnee, aber auch während der Ranz anzutreffen.

Der Erdhund schlieft ohne Halsband ein und versucht den Fuchs zu sprengen (herausbringen). Wenn der Fuchs nicht springt, der Erdhund aber den Bau verläßt, nimmt man diesen kurzerhand ab und verhält sich absolut ruhig. Kurze Zeit später verläßt der beunruhigte Fuchs meist den Bau.

Nicht springende Füchse, vielmehr aber die Dachse, werden gegraben. Hierbei stellt man durch Ohrauflegen auf die Erdauflage des Baues fest, wo der Hund fest vorliegt. An dieser Stelle macht der Bodenjäger mit dem Spaten einen Einschlag, mit dem man nach Möglichkeit zwischen Dachs und Hund durchkommt. Zur Ausfahrt hin wird die Röhre verstopft, zum Dachs (Fuchs) hin erweitert. Das freigegrabene Raubwild wird mit der Dachszange gegriffen oder mit einer Faustfeuerwaffe erlegt. Man hüte sich vor dem Schliefen seiner Hunde in Felsenbaue, die man nicht graben kann.

Baujagd auf Fuchs und Dachs wird mit Erdhunden ausgeübt. Der Hund schlieft und sprengt den Fuchs. Dieser springt oder muß (Dachs) gegraben werden. Hierfür ist ein Einschlag zwischen vorliegendem Hund und Raubwild erforderlich.
Vorsicht beim Schliefenlassen der Erdhunde in Felsenbaue!

Vom Verklüften spricht der Erdhundführer, wenn der bedrängte Dachs (Fuchs) Erde vor seinen Verfolger wirft, die dieser nicht sogleich beiseitekratzen kann.

Kaninchenbaujagd: Kaninchen können sowohl anläßlich der Ansitzjagd, der Pirsch, der Such- und Stöberjagd, der Beizjagd, der Treibjagd als auch bei der Baujagd mit dem Frettchen erlegt werden.

Das Frettchen ist ein domestizierter Iltis, das als Albino oder annähernd iltisfarben vorkommt. Die Fähe ist kleiner als der Rüde (auch Bock genannt). Wegen nachgesagter Blutrünstigkeit wird das Frettchen ausschließlich zur Baujagd auf Kaninchen verwendet, soll aber halbsatt gefüttert sich der Kaninchen nicht bemächtigen. Diese Jagdart wird nicht vor Ende Oktober ausgeübt und endet Mitte bis Ende Februar; außerhalb dieser Zeit wären unerfahrene Jungkaninchen leichte Beute des Frettchens. Die handzahmen Tiere sollten nur von der sie betreuenden Person jagdlich eingesetzt werden. Hierzu bedient sich der Führer eines Transportkastens, der mit Stroh oder Heu gepolstert ist und aus dem das Tier am Bau entnommen wird, um es schliefen zu lassen.

Die zwischenzeitlich auf dem Bau angestellten Jäger werden in ihren Schußbereich eingewiesen, da die Unfallgefahr beträchtlich ist. Der Jagdleiter ist gut beraten, wenn er jeweils zwei Schützen Rücken an Rücken stellt. Maximale Schrotgröße – 2,5 mm! Jedes vor dem Frett ausfahrende Kanin macht sich laut polternd bemerkbar, wird aber erst beschossen, wenn es die Röhre ganz verlassen hat. Hierdurch schützt man den kleinen Verfolger und verhindert meist, daß krankgeschossene Kaninchen abermals den Bau erreichen. Das vor dem Bau erscheinende Frettchen wird abgenommen und in die nächste Röhre gesetzt. Sollte es allerdings nicht freiwillig aus dem Bau kommen, halte man ihm ein totes Kaninchen in die Einfahrt, worauf es sich in die Beute verbeißen wird und abgenommen werden kann. Der vielerorts verwendete Maulkorb für das Frett soll vor dem Überfall auf Kaninchen schützen, nimmt ihm allerdings einen erheblichen Teil seiner Passion. Stattdessen legt man dem Frettchen vielfach ein Halsband mit Schellen oder Klingel um den Hals. So werden die Verfolgten eher rege.

Diese reizvolle Jagdart ist an trüben und kalten Tagen besonders erfolgversprechend, da die Kaninchen dann im schützenden Bau bleiben. Will man aber auch bei gutem Wetter jagen, empfiehlt es sich, vor der Jagd einen Hund in der Nähe der Kaninchenbaue revieren zu lassen: Der Zweck heiligt die Mittel.

Baujagd auf Kaninchen wird mit dem Frettchen ausgeführt.
Das Frettchen ist ein domestizierter Iltis.
Die Jäger werden auf dem Bau mit ausdrücklicher Zuweisung ihres Schußbereichs angestellt (Sicherheit). Das Kaninchen wird erst nach gänzlichem Verlassen des Baues beschossen.
Die Jagd ist von Ende Oktober bis Ende Februar möglich.

Lock-, Ruf- und Reizjagd

Mit den vorstehenden Begriffen ist die Jagd durch Nachahmen arteigener Tierlaute (Lock- und Rufjagd) sowie der von Beutetieren (reizen) oder die Verwendung von Tierattrappen für die Jagd, aber auch die Anlage von Luderplätzen (Lockjagd) gemeint.

Die Ruf- und Reizjagd stellen hohe Anforderungen an den Jäger, da er die Wiedergabe der Tierstimmen sicher beherrschen muß, andernfalls er mehr Schaden anrichtet als die ortsübliche Unruhe im Revier verursacht. Daß man bei Ausübung dieser Jagd versteckt und absolut ruhig sitzen oder stehen muß, liegt auf der Hand, denn die Aufmerksamkeit des herangelockten Tieres wird sich auf den Ort der Lautabgabe konzentrieren. Der Schütze muß reaktionsschnell sein, muß rasch ansprechen können und kann nicht immer die günstigste Schußposition abwarten.

Auf die folgenden Tierarten werden die oben genannten Jagdarten angewendet:

Hirsch: Die Rufjagd mit der Tritonschneckenmuschel, dem Ochsenhorn oder der Papp- oder Kunststoffröhre soll die Lautäußerungen des Hirsches beim Brunftbetrieb, das Schreien, Knören und Trenzen wiedergeben, wodurch er sich von einem vermeintlichen Rivalen herausgefordert sieht. Oftmals wird auch der kurze nasale Laut des weiblichen Stückes, das Mahnen, erfolgreich eingesetzt.

Gamsbock: Der Brunftlaut – blädern – wird mit Mund und Nase nachgeahmt. Auch aus dem Tritonschneckenhaus läßt sich dieser Lockruf hervorbringen.

Rehbock: Die Blattjagd – Ausführen des Fieplautes von Ricke und Kitz oder des Sprenglautes auf einem Buchen-, Flieder- oder Faulbaumblatt, auch mittels eines Streifens aus einer Schicht der Birkenrinde – ist die am häufigsten ausgeübte Lockjagd. Bei richtiger Nachahmung springt der Rehbock während der Blattzeit (Juli/August) auf das Blatt, kann allerdings durch unsachgemäßes Blatten auch vergrämt werden. Man verwendet darüber hinaus industriell hergestellte Lockinstrumente: Haselnuß- und auch Gummibalgblatter.

Fuchs: Den Fuchs reizt man am besten durch Mäuseln (Mäusezwitschern), Hasen- oder Kaninchenklagen oder aber auch durch Haushuhngackern. Ebenso lassen sich durch das Mäuseln Marder, Iltis und Wiesel sowie durch das Hasen- und Kaninchenklagen wildernde Hunde, und streunende Katzen anlocken.

Birkhahn: Der Birkhahn wird durch den Hahnenkampfruf „Schleifen“ oder seltener – weil schwieriger – durch den Hennenruf auf Schußnähe herangeholt.

Rebhuhn: Hier wird der Rebhahnlockruf ohne Hilfsmittel, früher mit künstlicher Locke, ausgeführt, wobei sich der Schütze abends am Rande des Waldes oder kleiner Feldholzinseln aufstellt. Er wartet dann den Einfall der Hühner und deren Rufen ab. Diese Jagdmethode ist heute ungebräuchlich, zumal der Rebhuhnbestand arg geschrumpft ist.

Ringeltaube: Das Taubenlocken durch Nachahmen des Balzrufes entweder mit Locker oder mit beiden Händen ohne künstliche Hilfsmittel (aber auch ohne Zuhilfenahme der Hände) ist neben dem Rehblatten die bekannteste Art der Lockjagd. Die dann anstreichende oder sitzende Taube wird mit 3 oder 2,5 mm Schrot geschossen. Man verwendet auch Locktauben aus Holz oder Plastik anstelle des Ruflockens.

Schnepfe: Das Puitzen der Schnepfe wird mit einer Schnepfenlocke hervorgebracht, worauf balzende Männchen zustoßen. Schnepfenjagd im Frühjahr verboten.

Enten: Neben dem Aussetzen künstlicher Lockenten (Holz oder Plastik) gilt hier besonders der Lockruf der Ente mit und ohne Hilfsmittel als Anziehungspunkt. Einige Länder haben die Verwendung künstlicher Lockenten untersagt.

Lock-, Ruf- und Reizjagd: Jagdausübung durch Nachahmen von arteigenen Tierlauten, Beutetierlautäußerungen oder Verwendung von Tierattrappen, aber auch durch Auslegen von Futter, z.B. Luderplatz für Fuchs.

Beizjagd

Die Beizjagd – auch Falknerei – ist mit Sicherheit eine der ältesten Jagdmethoden, wenngleich sie in Deutschland erst im Mittelalter zu Ruhm und Ehr gelangte. Diese mit Greifvögeln auf Niederwild und nicht geschützte Tiere ausgeübte Jagdart setzt jagdliches Können sowie großen Einsatz für wenig Beute voraus. Nicht jeder Greifvogel kann abgetragen oder bereitet werden.

Besonders eignen sich:

Habicht:	für Kanin, Hase, Fasan, Rebhuhn
Sperber:	für Sperling, Drossel, Eichelhäher, Rebhuhn
Wander- und Gerfalke:	für Krähe, Elster, Reiher, Fasan, Rebhuhn, Gans, Ente, Hase, Kanin, evtl. auch Möwe und Dohle
Baumfalke:	für Lerche, Wachtel, selten: Rebhuhn, Drossel
Sakerfalke:	für Reiher und sonstige Großvögel, Hase, Kleingazellen
Präriefalke:	für Krähe, Taube, Rebhuhn, Kleinvögel
Lannerfalke:	für Krähe, Elster, Dohle, Wiesel, Maus
Merlinfalke:	für Drossel, besonders Wacholderdrossel, Star, sonstige Kleinvögel
Steinadler:	für Fuchs, Wolf, Hase, geringes Schalenwild (soweit Jagdzeit)

Man unterscheidet den Faustflug, bei dem der Beizvogel, sobald sich Beute zeigt, von der Hand des Falkners schwingt, die Beizjagd aus der freien Folge, bei der der Greifvogel mit dem stöbernden Hund frei jagt und zwischendurch aufbaumt und schließlich die Beizjagd mit dem anwartenden Falken, der sich aus schwindelnder Höhe auf das vom Vorstehhund hochgemachte Beutetier stürzt.

Heute wird in der Bundesrepublik Deutschland die Beizjagd fast ausschließlich mit dem Habicht und dem Wanderfalken ausgeübt.

Wer die Jagd mit Greifen oder Falken betreiben will, muß einen Falknerjagdschein erwerben, der das Bestehen einer Falknerprüfung und der Jägerprüfung voraussetzt.

Das BJagdG bestimmt, daß im Einzelfall Nestlinge und Ästlinge der Habichte für Beizzwecke mit Genehmigung der nach Landesrecht zuständigen Stelle ausgehorstet werden dürfen.

Beizjagd oder Falknerei ist die Jagd mit einem abgetragenen Greifvogel oder Falken. Bei uns wird hauptsächlich der Habicht eingesetzt. Nestlinge und Ästlinge dürfen nur mit Genehmigung ausgehorstet werden.

Brackieren

Der Name dieser Jagdart verrät den Einsatz mit Hunden, nämlich Bracken, wenngleich auch andere spurlautjagende Stöberhunde geeignet sind. Brakkiert wird auf Hase und Fuchs, wobei der Hund das Wild sticht (hochmacht) und verfolgt. Der Brackenjäger stellt sich auf gern angenommenen Pässen des Hasen an oder hält sich in seinem Einstand auf und wartet ab, bis der Hase wegen seiner Einstandsvorliebe im Bogen zurückkommt. Jagdgesetzlich sind mindestens 1000 ha zur Ausübung dieser Jagd vorgeschrieben.

Hüttenjagd (untersagt)

Bei dieser gegen Ende des 17. Jahrhunderts entstandenen Jagdart verwendete man einen fußgefesselten lebenden Uhu, der ca. 40 Schritt vom Versteck des Jägers (sog. Hütte) auf eine Jule (Pfahl mit Querholz) aufgestellt wurde. Die auf diesen Eulenvogel hassenden Vögel, wie Kolkrabe, Raben-, Nebelkrähe, Elster, Dohle, Eichel- und Tannenhäher, aber auch alle Greifvögel konnten aus der Hütte bejagt werden.

Statt des lebenden Lockvogels konnte man auch Uhu-Attrappen verwenden, deren Körperteile möglichst noch ferngesteuert (mit dünner Schnur von der Jule zum Jäger) bewegt werden konnten.

Außerdem eigneten sich Waldohreule, Sumpfohreule und Schneeeule für alle Krähenarten sowie der Steinkauz für geringe Krähenvögel (Elster und Eichelhäher). Wenig zu empfehlen war der Waldkauz, weil auf ihn Krähenvögel ungern hassen.

Fallenjagd

Die Fallenjagd, auch Fangjagd, dient der Regulierung des Raubwildes und Dezimierung des Raubzeuges. Viele Jäger lehnen diese Jagdart ab, entweder weil sie ihnen zeitlich zu aufwendig ist oder weil sie meinen, Raubwild reguliere unsere Niederwildbestände und brauche deswegen selber nicht reguliert zu werden. Doch das ist falsch gedacht; denn wo Niederwild vermehrt vorkommt, stellen sich auch dessen Feinde häufiger ein. Da nun für diese Feinde natürliche Regulatoren fehlen, nämlich Großraubwild, muß der Jäger deren Aufgabe übernehmen. Zwar besteht die Möglichkeit, Raubwild mit der Waffe zu bejagen, doch kann das wegen vorwiegend nächtlicher Lebensweise dieser Tiergruppen nur bedingt und nicht ausreichend möglich sein.

Jeder verantwortungsbewußte Niederwildrevierinhaber wird also die Fangjagd ausüben müssen. Wenn ihm die Zeit hierfür fehlt oder es an entsprechender Passion mangelt, werden etliche revierlose Jäger gerne einspringen.

Wichtig ist die tägliche Fallenkontrolle, bei der aus mindestens 10 m Entfernung (evtl. vom Fahrzeug aus) festgestellt werden sollte, ob sich etwas gefangen hat. Bei versteckten Fallen benutzt man zu diesem Zweck einen Fallstock, dessen Stellung dieselbe Auskunft gibt. Auf diese Weise hält man menschliche Witterung aus der Fallenumgebung fern.

Folgende Tierarten werden in Fallen gefangen: Fuchs, Marder, Iltis, Wiesel, Waschbär, Katze.

Als Fanggeräte werden eingesetzt: Kastenfalle, Wieselwippbrettfalle, Schwanenhals, Scherenfalle, Knüppelfalle, Marderschlagbaum.

Kastenfalle (Abb. 144): Diese wohl gebräuchlichste Falle gibt es in verschiedenen Ausführungen. Mit ihr werden Marder, Iltis, Waschbär, Ratte und Katze lebend gefangen. Aus tierschützerischer Sicht sind sie sehr zu empfehlen, da sie das gefangene Tier nicht verletzen und bei täglich obligatorischer Kontrolle nicht über Gebühr quälen. Kastenfallen aus Draht sollten nicht eingesetzt werden, da das gefangene Tier wegen des freien Lichtzutritts sich zu Tode tobt. Werden sie dennoch verwendet, muß man sie sorgfältig verblenden.

Kastenfallen werden auf Zwangspässen (trockene Gräben und Kulturgatter) gut verblendet, meist unbeködert aufgestellt. Mit entsprechend großen Fallen kann man auch den Fuchs an Einlässen eingezäunter Luderplätze und Luderschächte, das sind ausgehobene Gruben, in die Fleischabfälle, Kerne usw. versenkt werden, fangen. Mäuseburgen in Laub- und Reisighaufen mit Getreideresten erhöhen die Anziehungskraft. Die schmalen Kastenseiten weisen von der Durchlauffläche gesteuerte Falltüren auf. Die Tötung des gefangenen Tieres erfolgt mit einer KK-Waffe in der Falle. Ebenso kommt der Fang mit einem über die Fallenöffnung gestülpten Sack in Frage.

Abb. 144. Kastenfalle.

Eine besondere Ausführung der Kastenfalle ist die **Wieselwippbrettfalle** (Abb. 145): Diese fängt, wie der Name sagt, beim Überlaufen eines Wippbretts jedes Wiesel. Eine Öffnung im vorderen Teil dieser Falle (17 mm × 23 mm) gibt jedes gefangene und in einigen Bundesländern gemäß Verordnung über Sonderbestimmungen für die Jagdzeiten geschonte Mauswiesel wieder frei. Diese Falle wird in Steinhaufen und Rohrdolen bei glattem Einlauf aufgestellt.

Vielfach wird bei täglich einmaliger Kontrolle das lebend gefangene Wiesel tot aufgefunden: Schuld daran ist der hohe Streß der Wiesel bei Lichteinfall in die Falle, der ihnen in Gefangenschaft kein langes Leben gewährt.

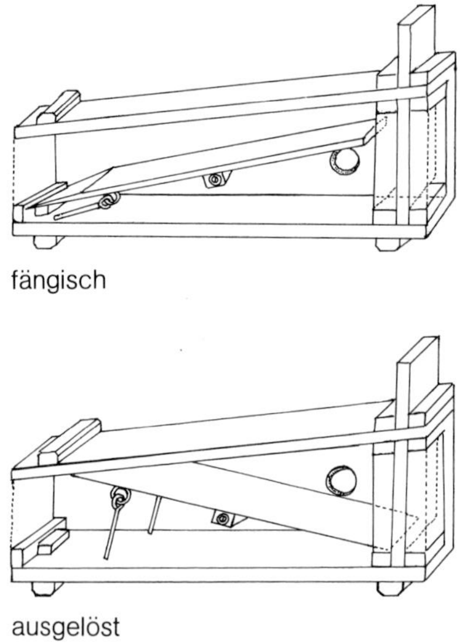

Abb. 145. Wieselwippbrettfalle.

Alle lebend gefangenen Tiere werden mit einer kleinkalibrigen Waffe durch die Öffnung der Falle getötet.

Schwanenhals (Abb. 146): Nach § 19 (1) 9 BJagdG sind Fanggeräte verboten, die nicht unversehrt fangen oder nicht sofort töten. Aus diesem Grunde darf das Tellereisen, dessen bei Tritt ausgelöster Schlagbügel meist nur den Lauf des gefangenen Tieres festhält, nicht verwendet werden. Stattdessen kommt der Deutsche Schwanenhals oder das Berliner Eisen in Betracht, die nach dem Prinzip „Abziehen“ ausgelöst werden und absolut tödlich wirken. Man fängt hiermit Fuchs, Dachs, Waschbär und Katze, früher auch Fischotter, mit kleinen Abzugseisen (Eiabzugseisen) auch Marder und Iltis. Die Falle wird niemals in der Nähe von Wohnsiedlungen oder in stark frequentierten Jagdbezirken aufgestellt, sondern auf abgelegenen Waldblößen, stehende und Fließgewässer oder ebenso einsamen Feldsaaten.

Sie soll nur nachts fängisch sein und muß morgens gesichert werden. Der Schwanenhals wird mit Luder, Gescheide, Bisamkernen, Fleisch und Fisch bzw. bei Eiabzugseisen für Marder und Iltis auch mit einem Ei beködert. Die Falle wird durch Streu verblendet, im Felde mit anstehendem Bodenbewuchs, so daß der sich nähernde Fuchs nicht argwöhnt und Sichtschutz vor Greifvögeln gewährt ist.

Fangzeit für alle Fallen darf gem. § 22 (4) BJagdG auch bei jagdbaren Tieren ohne Schonzeit nur die Zeit außerhalb der Setzzeit sein. Die Bundesländer bestimmen die Setzzeit durch Verordnung.

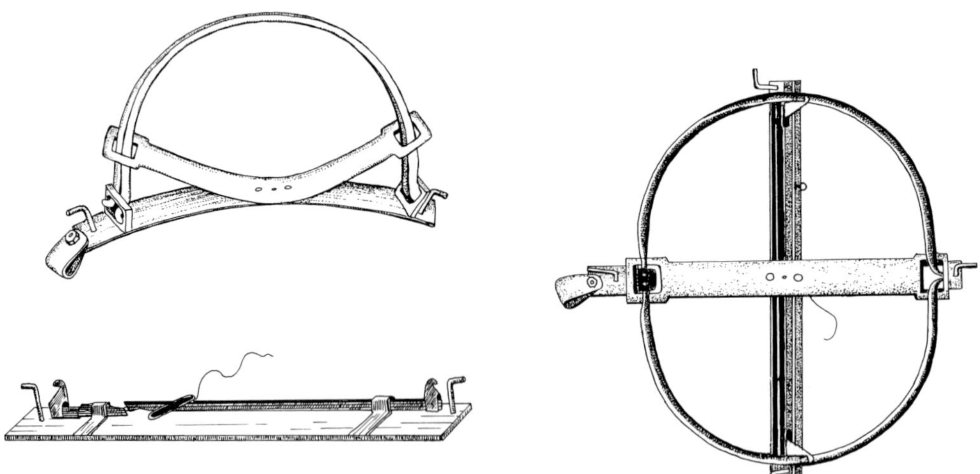

Abb. 146. Schwanenhals.

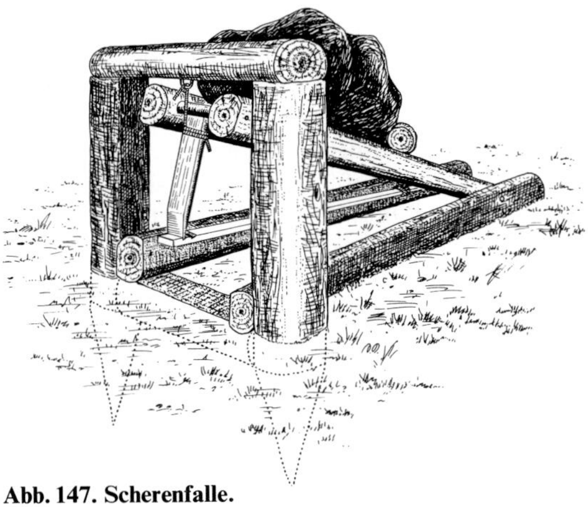

Abb. 147. Scherenfalle.

Scherenfalle (Abb. 147): Mit dieser Quetschfalle fängt man Marder, Iltis, wildernde Katzen und u. U. auch Fuchs. Geeignetes Luder (Köder) ist: Gescheide, Bückling, die in einer Ludergrube im hinteren Bereich der Falle vergraben werden.
Unter Ausnutzung der Hauptwindrichtung (Luder wird gewittert) stellt man Scherenfallen gut versteckt und verblendet unweit von Hauptpässen der zu fangenden Tiere auf. Gut werden zur Falle gelegte Schleppen angenommen.
Die Falle arbeitet über ein Stellholz mit Zunge und eine mit ca. 1 Zentner (Stein) beschwerte Holzschere, die jedes die Ludergrube aufsuchende Tier sofort tötet. Wichtig ist der Zugang von den Seiten. Von vorne umgibt man die Falle mit Maschendraht, um Fehlfänge zu vermeiden.
Knüppelfalle (Abb. 148): Mit dieser Totschlagfalle fängt man Marder, Iltis und wildernde Katzen.

Abb. 148. Knüppelfalle.

Auch hierbei wird ein Stellholz mit Querholz und gekerbter Zunge sowie ein beschwerter Fangkloben gebraucht. Sie wird in Dickungen sowie in der Nähe von Marderpässen ebenerdig im Spätsommer aufgestellt und schon vor der eigentlichen Fangzeit mit Hasen- und Kaninchengescheide, Eiern oder Backobst beködert, damit das Raubwild sich an den Fremdkörper im Revier gewöhnt. Zu dieser Zeit steht sie allerdings nicht fängisch.
Die Falle wird mit Fichtenästen gut verblendet, um sie vor dem Zugriff Unbefugter zu schützen, und um dem Wild jedes Mißtrauen zu nehmen.
Marderschlagbaum (Abb. 149): Dieser Fallentyp ist eine auf „Stelzen" stehende Knüppelfalle mit demselben Fangprinzip. Der Marderschlagbaum wird in Stangenhölzern in der Nähe hohler Bäume aufgestellt und auch gut verblendet.
Von Vorteil gegenüber der Knüppelfalle ist, daß Sauen diese Falle nicht auslösen können. Allerdings wird sie leichter durch „Querfeldein-Spaziergänger" entdeckt und dabei oft beschädigt.

Abb. 149. Marderschlagbaum.

Fanggarten

Der Fanggarten erfüllt den Zweck, Fallenjagd auf Raubwild und „Raubzeug“ gefahrlos für Waldbesucher auszuüben. Allerdings ist diese Einrichtung gegen mutwilliges Eindringen nicht zu schützen.

In einem Fanggarten kann man verschiedene Fanggerätschaften unterbringen.

Die Abmessungen für diese jagdliche Einrichtung betragen 5 × 5 m mit Zutritt durch ein 1 m breites, verschließbares Tor.

Grundsätzlich ist die Wahl des zu verbauenden Zaunmaterials abhängig von den im Revier vorkommenden Wildarten. In Revieren ohne Schwarzwild wird Knotengeflecht, in Schwarzwildrevieren werden besser Baustahlmatten (5 × 5 cm) als Zaunschutz verwendet. Sollte in Schwarzwildrevieren dennoch Knotengeflecht eingesetzt werden, ist dieses beim Anbringen etwa 30 cm nach außen umzulegen, mit Heringen zu befestigen und zu übererden, um den Sauen das Hochnehmen des Drahtes zu erschweren.

Die Zaunhöhe beträgt insgesamt 2 m. Der Pfahlabstand ist mit 5 m ausreichend, sollte allerdings oben und unten durch zwei Rundhölzer verstärkt werden.

Das Zentrum des Gatters ist von einem Mäusebunker ausgefüllt, dessen Aufbau nachfolgend geschildert wird:

Eine 50er Rohrdole (1 m lang) wird aufrecht auf einige liegende Steine gestellt.

Im Winkel von 90° werden von allen Seiten vier durchlöcherte Plastik-Drainagerohre von außen in das Zentrum geführt (Mäusebewegung von außen, aber auch aus dem die Rohre umgebenden Bunkermaterial). Sodann werden gegen den Durchlaß von außen Stroh, Holzwolle, Zeitungspapier, Schlagabraum (dürre, sperrige Äste) und Feldsteine gepackt.

Ein Eimer mit Hinterkorn wird wahllos zwischen diesem Material verteilt. Das Ganze wird mit Erde eingepackt, wobei die Drainagerohre mit langen Stöcken offengehalten werden. Sodann hüllt eine Plastikplane alles Aufgebaute ein. Der Rohrdolenring wird ausgeschnitten. Die Plane schlägt man unten um. Dieses Bauwerk wird abermals mit Steinen beschwert. Zusätzlich verbaut man Stroh und Erde auf ihr. Obenauf kommt Mist. Nach Fertigstellen des Mäusebunkers legt man einen Drahtdeckel auf die Betonrohröffnung, worauf frisches Luder befestigt wird (Abtransport durch Greifvögel). Zusätzlich wirft man Kaff und Körner von oben durch den Draht. Mindestens zwei Julen rahmen den gesamten Fanggarten ein.

In den Fanggarten führt man von außen Einlässe, übr die alles Raubwild Zutritt erhält.

Wahl des Einlaßbaues:

1. Waagerechte Dole so in den Holzrahmen einpassen, daß sie fest liegt. Draht an den Einlässen ausschneiden. Querholzschwelle mit Motorsäge ebnen.
2. 30 cm breiter Holzrahmen, 10 cm hoch, mit aus Palisaden und Holzdach gezimmertem, kurzem Tunnel, der auf einen Fangbunker weist.

Alternativen für Fangbunker:

1. 50 cm tiefes Loch, das ein Fuchs- oder Mardereisen aufnimmt. Auskleiden mit 1 m langen Palisaden, die 20 cm über dem Erdboden stehen. Die Kopfflächen der eingeschlagenen Hölzer werden mit Draht verbunden, um Stabilität zu gewährleisten.
2. 1 m lange Palisaden 30 cm tief einschlagen, also 70 cm Erdüberstand. 20 cm breite Öffnung vorhalten. Wiederum Draht auf den Kopfflächen der Palisaden spannen und mit Krampen halten, außerdem faßdaubenartig Palisaden auf der Hälfte mit fest angezogenem Draht und mit Krampen halten.

Ein oberiridischer, bretteingefaßter Gang führt zu dem oberirdischen Palisadenbau. Ein unterirdischer Schrägeinlauf (1 m lang, 20 cm tief) führt zum unterirdischen Fangbunker.

Zusätzlich wird der oberirdische Fangbunker zu $^{2}/_{3}$ mit anstehendem Erdreich angefüllt. Beide Fangbunker müssen Luderwitterung durch die nicht ganz eingeerdeten Palisaden nach außen lassen. Verschließbare Holzdeckel sichern beide Einrichtungen durch unbefugte Zugriffe. Zusätzlich weist man am Fanggarten, aber auch auf zu dieser Einrichtung hinführenden Wegen, auf die von allen Fallen ausgehende Gefahr hin.

Die in die Fangbunker gelegten Eisen werden außerhalb des Bunkers gespannt und zunächst gesichert. Die Federseite des Eisens liegt auf der dem Bunkereingang abgewandten Seite. Bei zusätzlichem Seiteneingang weist das Eisen mit seiner Achse zu diesem Eingang.

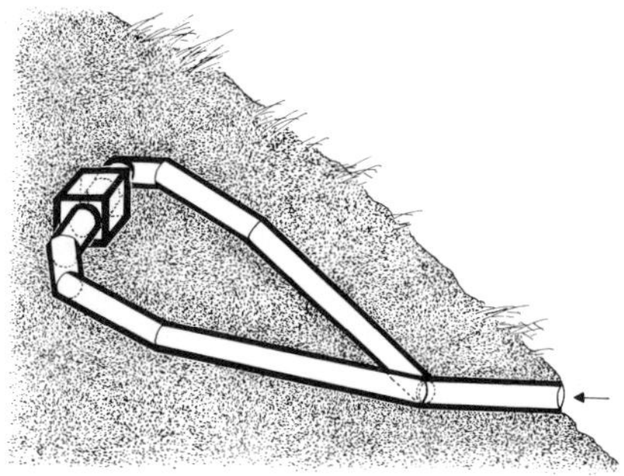

Abb. 150. Kunstbau, Schrägansicht.

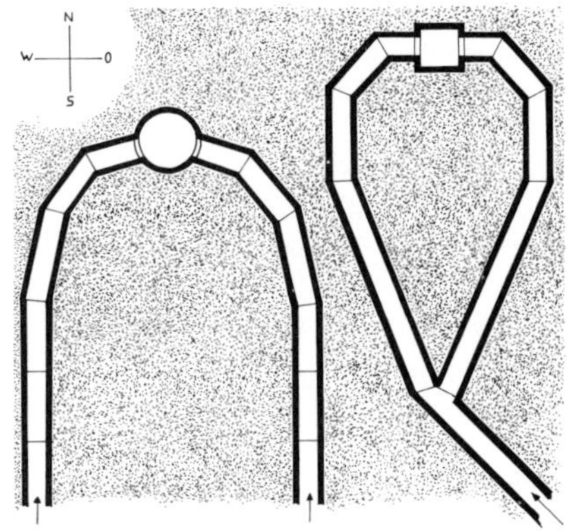

Abb. 151. Fuchs-Kunstbau, Varianten im Grundriß.

Kunstbau

Derartige Baue werden in Revieren angelegt, in denen entweder keine Naturbaue vorhanden sind oder nur Felsenbaue, die man nicht graben kann. Kunstbaue sollen die Jagd auf den Fuchs erleichtern, da dieser bekanntermaßen bei Sturm, Regen, Schnee und während der Ranzzeit einen Bau aufsucht.

Geeignete Anlageorte sind Feldgehölze, Wegraine, Grabenränder, Böschungen und Kiesgruben.

Die ideale Zeit für die Herstellung des Kunstbaus ist im April/Mai, da sich die selbständigen Jungfüchse rechtzeitig an diesen Unterschlupf gewöhnen und im darauffolgenden Winter hier schon erfolgreich bejagt werden können.

Die Gesamtmindestlänge beträgt 20 m. Ein- und Ausfahrten zeigen nach Süden oder Südosten. Sie sollen zugleich gutes Schußfeld bieten. Unter Umständen schafft man Ansitzmöglichkeiten in der Nähe dieser Einrichtung. Die lichte Weite der aus Betonröhren oder Betonplatten mit Sandboden hergestellten Anlage sollte 20 cm sein. Größere Durchmesser meidet der Fuchs. Der Kessel liegt etwas höher als die Röhren, um trocken zu sein. Der runde oder rechteckige Kessel mißt 50 cm Durchmesser und 40 cm Höhe. Bei Einmündung der Röhren sollte darauf geachtet werden, daß sie von verschiedenen Seiten im Kessel enden. So kann beim Einschliefen des Erdhundes der Fuchs den Kessel auf der anderen Seite verlassen, ohne daß es zu Beißereien kommt.

Damit der Fuchs vorwiegend den Kunstbau aufsucht, verstänkert man in der Nähe liegende Naturfelsbaue mit Kornitol.

Wichtig ist, daß bei Anlage des Baues keine Sackgassen entstehen, um einen Durchlauf von Fuchs und Bauhund zu ermöglichen. Kunstbaue sind jedoch auch Anlagen, die der Einarbeitung von Erdhunden an Fuchs und Dachs dienen.

Conibear-Falle

Die Conibear-Falle ist eine Totschlagfalle aus starkem Stahldraht, die in drei Größen für den Fang vom Bisam bis zum Fuchs eingesetzt wird.

Geeignete Einsatzorte sind Zwangspässe, Durchlässe, Löcher im Stall- und Scheunenmauerwerk. Die Falle ist mit der dafür vorgesehenen Spannzange oder einem Strick (Flaschenzugprinzip) leicht handhabbar, wird nicht beködert und eignet sich besonders für kurzfristige Einsätze. Da sie nicht selektiv fängt, muß vor ihrer Anwendung festgestellt werden, welche Tierart den Zwangspaß annimmt (Schnee). Die Auslösedrähte sollten mit Schilf oder Grashalmen überzogen werden, um so die Berührung mit dem Eisen zu vermeiden.

In Bayern darf die Falle nicht verwendet werden.

Fallenjagd dient der Bejagung von Raubwild und Dezimierung von Raubzeug. Mit dieser Jagdart kann man Niederwildpopulationen zahlenmäßig heben, ohne dabei das Raubwild auszumerzen. In Fallen werden gefangen: Fuchs, Marder, Iltis, Wiesel, Waschbär, Katze. Als Fallen werden eingesetzt: Kasten-, Wieselwippbrett-, Scheren-, Knüppel-, Schwanenhals, Marderschlagbaum, Conibear-Falle.

Zur Wiederholung und Kontrolle

- Welche Vorteile bietet der Ansitz gegenüber der Pirsch?
- Nennen Sie alle Ansitzmöglichkeiten.
- Stellen Sie die Unterschiede zwischen suchen, buschieren und stöbern heraus.
- Was verstehen Sie unter frettieren?
- Auf welche Wildarten übt man die Lock-, Ruf- und Reizjagd aus?
- Wie wird das Niederwild mit dem Beizvogel bejagt?
- Was ist Hüttenjagd?
- Welche Fallen setzt man für den Fang von Mardern ein?
- Kann man eine Kastenfalle zum Fang wildernder Katzen während des ganzen Jahres einsetzen?

1.2 Gesellschaftsjagd

Treibjagd

Bei dieser Jagdart wird durch Treiber und Hunde Wild aufgescheucht und von Jägern beschossen.

Treibjagden werden auf Hasen, Kaninchen, Fasanen und Enten durchgeführt. Auf Schalenwild und Füchse ausgeführte Treiben nennt man Drückjagd. Letztere gehen im Gegensatz zu Treibjagden ohne große Beunruhigung des Wildes vonstatten. Treibjagden werden als Vorsteh-, Kesseltreiben, Streife und Böhmische Streife abgehalten. Eine besondere Art der Treibjagd ist die Lappjagd.

Treibjagden allgemein: Wichtige Voraussetzungen für die Durchführung erfolgreicher Treibjagden sind gute Wetterbedingungen, gute Organisation, verläßliche und geübte Treiber sowie disziplinierte, sichere Schützen.

Mit guten Wetterbedingungen sind Sonnenschein und leichter Frost gemeint, die alle Jagdteilnehmer bei Laune halten, zudem den Treibern Nässe und den Schützen beengende, warme Kleidung ersparen. Etwas Frost kann bei Niederwildjagden Wunder wirken, da der Hase wegen der Hellhörigkeit nicht so fest wie bei nassem Wetter sitzt. Jede Beunruhigung veranlaßt ihn hochzufahren und gibt damit den Schützen mehr Schußgelegenheit. Auch der Wind bestimmt in manchen Fällen die Höhe der Jagdstrecke: Man treibt gut mit Rückenwind, andernfalls bräche das Niederwild seitlich aus.

Mit der Organisation steht und fällt die Jagd. Es versteht sich von selbst, daß man nicht improvisiert, sondern planmäßig vorgeht. Jedes Treiben wird vor Durchführung der Jagd mit dem anstellenden Jäger, sofern nicht der Jagdherr als Organisator selber anstellt, und dem Obertreiber umgangen; dabei werden u. U. die Stände verbrochen, oder zumindest deren Auswahl getroffen. Dem Obertreiber wird die Richtung der Treiberkette vorgegeben. Sammelplätze, Frühstücksplatz mit einer der Menge der Jagdteilnehmer angepaßten Zahl von Feuern und Sitzgelegenheit sowie die Fahrtroute des Streckenwagens werden ebenfalls geplant und die hierfür Verantwortlichen eingewiesen.

Es ist selbstverständlich, daß für das abendliche Schüsseltreiben im Gasthaus oder in der Jagdhütte die nötigen Vorbereitungen getroffen werden. Auf dieses gesellige Vorhaben ist auch in der rechtzeitig vor Beginn der Gesellschaftsjagd versandten Einladung hinzuweisen, damit jedermann planen kann. Wichtig sind die Angaben über Jagdart, zu bejagende Wildarten, Ort und Jagdbeginn. Für ortsunkundige Jäger sollte der Jagdeinladung eine Kartenskizze mit farbig auffallender Fahrtroute beigelegt werden. An Hundeführer und Jagdhornbläser ergeht die Bitte, ihre Vierbeiner und Hörner mitzubringen. Der Text endet mit der Bitte um fristgerechte Zu- oder Absage, um dem Jagdleiter die Jagdvorbereitungen zu erleichtern. Bei solch guter Planung läuft die Gesellschaftsjagd meist reibungslos ab.

Der Jagdherr wird am Jagdtage pünktlich den Fürstengruß (Jagdsignal „Begrüßung") blasen lassen können und mit einleitenden Worten den organisatorischen Ablauf des Jagdtages sowie alle zu bejagenden Wildarten bekanntgeben. Unerläßlich ist die Verkündung von Verhaltensmaßregeln für den Umgang mit der Waffe, wobei örtliche Sonderregelungen besonders hervorgehoben werden. Der Jagdleiter hat sich vor Beginn der Jagd den gültigen Jagdschein jedes eingeladenen Jagdgastes vorzeigen zu lassen. Das führt zu einer Verantwortungsentlastung. Erst danach kann das Signal „Aufbruch zur Jagd" geblasen werden. Der zuvor genau eingewiesene Obertreiber formiert seine Treiberwehr und der anstellende Jäger setzt sich mit den ihm zugeteilten Weidgenossen in Richtung erstes Treiben in Marsch.

Zeitsparend kann man jedes Treiben von 2 Seiten umstellen – in diesem Fall gebraucht man 2 Anstellende und teilt die Jagdgesellschaft vorher auf.
Der auf seinen Stand eingewiesene Jäger nimmt sofort Verbindung zu seinem Nachbarn auf, um jede Gefährdung bei Schußabgabe auszuschließen, lädt seine Waffe und ist sodann berechtigt, auf freigegebenes Wild zu schießen. Das Treiben wird nach vollständiger Platzeinnahme aller Jäger angeblasen, womit die Treiber gleichzeitig aufgefordert werden anzugehen.
Sollte der Schuß in das Treiben erlaubt sein, kann hiervon nur so lange Gebrauch gemacht werden, wie Treiber nicht gefährdet sind. Jedes beschossene oder erlegte Stück Wild wird während des Treibens von keinem der angestellten Jäger verfolgt und auch nicht durch Verlassen des Standes aufgenommen. Das ist erst nach dem Abblasen „Hahn in Ruh" möglich, wobei nachzusuchendes Wild ordnungsgemäß zu verbrechen und dem Jagdleiter zu melden ist. Dieser entscheidet über den Beginn der Nachsuche. Verendetes Wild wird entsprechend erteilter Anweisung sofort oder später versorgt.
Niederwild, außer Rehwild, wird i.d.R. vom Erleger zum Sammelplatz getragen, wo es auf den Wildwagen gelangt.
Für alle Gesellschaftsjagden sind folgende Hauptregeln, sofern nicht bereits genannt, verbindlich:
1. Das Gewehr ist außerhalb eines Treibens stets mit der Mündung nach oben zu tragen.
2. Das Gewehr darf nur während des Treibens geladen sein, ist aber nach dessen Beendigung sofort zu entladen. Ist das Entladen nicht möglich, so ist der Jagdleiter zu informieren.
3. Das Durchziehen durch die Schützen- oder Treiberlinie mit angeschlagenem Gewehr ist unstatthaft.
4. Nach Beendigung des Treibens und nach Versammlung der Jäger oder Treiber darf nicht mehr geschossen werden.
5. Niemand darf einen Schuß abgeben, bevor er das betreffende Stück Wild genau angesprochen hat.
6. In allen besonderen Gefahrenfällen, z.B. vor dem Überschreiten von Geländehindernissen (Gräben, Zäunen), vor Besteigen oder Verlassen eines Hochsitzes sowie vor Rückkehr zum Sammelplatz oder zu den Wagen usw. ist das Gewehr zu entladen.

Vorstehtreiben (Abb. 152): Im Unterschied zu Feldtreiben sind **Waldtreiben** wegen des Baumbewuchses meist unübersichtlicher. Deswegen hat bei Treibern und Schützen absolute Disziplin zu herrschen: Die Treiberkette hat an jeder das Treiben durchschneidenden Schneise haltzumachen und sich neu auszurichten. Das Kommando zum Weitergehen gibt der Obertreiber. Auf diese Weise werden Aussackungen in der Treiberwehr durch zurückbleibende Treiber verhindert, wobei die Hasen nach hinten ausbrechen; die Schützen haben dann auch auf ihrer schmalen Schußschneise nicht mit einzeln hervortretenden Treibern zu rechnen. Allzu lautes Treiben ist unzweckmäßig.
Etwa jeder 4. bis 5. Treiber wird mit einer Klapper ausgerüstet, mit deren Betätigung er das Wild rege macht. Derbe Stöcke, mit denen man auf Sträucher und gegen Bäume schlägt, erfüllen denselben Zweck. Sobald die Treiber die Schützenlinie erreichen, machen sie sich bemerkbar.
Die Schützen werden möglichst nah an das Treiben herangestellt, um das gesamte Gestell beschießen zu können. Auf besonders schmalen Schneisen läßt man die Jäger nur in eine Richtung (links) schießen, wobei geklärt sein muß, ob sie frontal oder mit dem Rücken zum Treiben stehen.
Vor dichten Beständen, die nicht einzusehen sind, wird man sich mit dem Rücken gegen das Treiben aufstellen, in lichte Bestände sieht man besser hinein. Der Schützenabstand beträgt maximal 80 bis 100 Schritt (lichte Bestände), minimal 40–50 (enge Bestände). Die Zahl der Schützen darf nicht für den zu wählenden Abstand ausschlaggebend sein; denn man will Wild weidgerecht bejagen und nicht bei zu weiten Abständen für schlechte Schüsse und bei zu geringen Abständen für die Gefährdung des Nachbarschützen sorgen. Wo die Zahl der Jäger zu gering ist, stellt man nur die Front und mehr oder weniger lange Flanken ab.
Mit durchgehende Schützen nehmen allenfalls Obertreiberfunktionen wahr, deren Schießen unterbleibt, um nicht vorstehende Schützen und Treiber zu gefährden.
In der Regel schießt man bei Waldtreiben auf kürzere Entfernungen. Man wählt deswegen eine weniger eng schießende Flinte oder lädt Streupatronen (dann aber Schußfolge: 1. oberer, 2. unterer Lauf). Besonderheiten ergeben sich bei ausgesprochenen

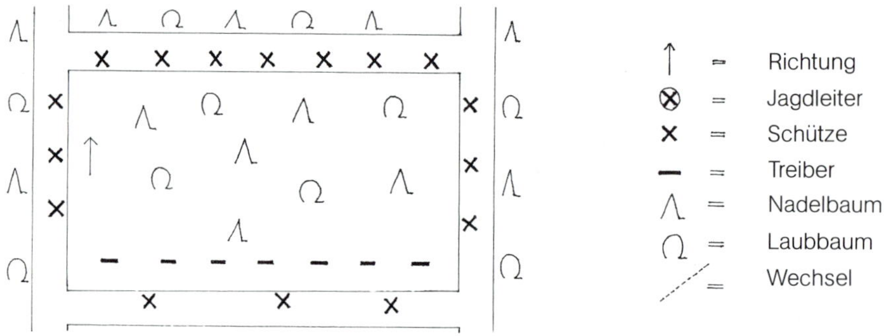

Abb. 152. Vorstehtreiben.

Fasanen- und Kaninchentreiben. Für erstere empfiehlt sich das Vorgehen einzelner Treiber, die öfter mit Stöcken gegen Bäume und Sträucher schlagen. Nur so kann man die Infanteristen (laufende Fasanen) vor Erreichen der Schützenlinie einzeln zum Aufstehen bringen.

Für Kaninchentreiben wählt man die Zeit zwischen 10^{00} Uhr und 14^{00} Uhr. Die Treiberwehr macht nach 15–20 Schritt halt, trampelt und wiederholt diese Taktik. Ein altes Treibjagdrezept empfiehlt, am Tage vor der Jagd Kiefern- oder sonstiges Nadelholzreisig möglichst tief in die Baueingänge mit nach außen zeigenden Spitzen zu schieben. Die Kaninchen verlassen dann zwar den Bau, fahren aber wegen stechender Nadelspitzen nicht wieder ein.

Beim **Feldtreiben** werden die Schützen so angestellt, daß sie für ihre Nachbarn gut sichtbar sind. Feldvorstehtreiben sind jagdpflegeglicher als Kesseltreiben bei geringerem Jagderfolg. Für ältere Schützen sind sie weniger strapaziös.

Für den Jagdleiter ist ein Feldtreiben einfacher zu leiten als ein unübersichtliches Waldtreiben, zumal die Treiberwehr leichter zu überwachen ist. Die Treiber selbst sind auch längst nicht so gefordert. Der Einsatz von Klappern und Stöcken erübrigt sich. Wichtige Aufgabe der Treiber bleibt, in gerader Linie mit annähernd gleichen Abständen voranzugehen.

Die Schützen werden stärkere Schrote bevorzugen (bei trockenem Wetter genügt 3 mm), da man im Felde weiter als im Walde schießt. Außerdem ist es besser, wenn die Flinte weniger streut.

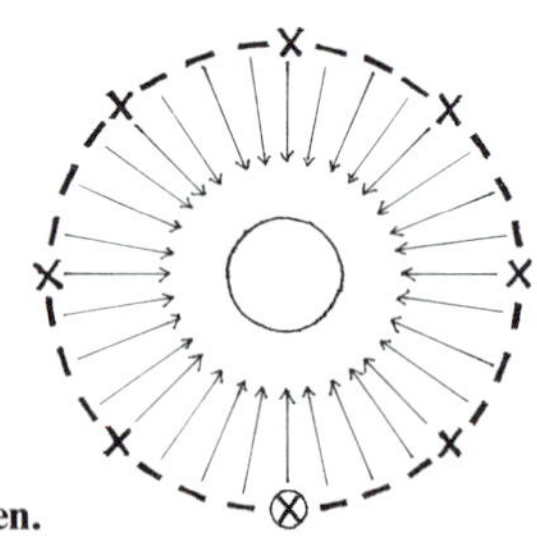

Abb. 153. Kesseltreiben.

Kesseltreiben (Abb. 153): Kesseltreiben sind besonders erfolgversprechend. Allerdings stellen sie hohe Anforderungen an die Disziplin von Schützen und Treibern. Sie lassen sich nur in übersichtlichem Gelände durchführen (große Feldgebiete).

Der Jagdleiter wird vor Jagdbeginn den Umfang des Kessels ausschreiten, um daraus den erforderlichen Abstand von Schütze zu Schütze und Treiber zu Schütze bzw. Treiber zu Treiber zu errechnen. Nach

> Beim Vorstehtreiben wird ein Wald- oder Feldgebiet mit Schützen allseitig umstellt. Mehrere Treiber treiben diszipliniert das Wild in diesem Treiben auf die Schützen zu. Alle Schützen verständigen sich über ihren Stand mit den Nachbarn. Niemand darf seinen Stand vor Ende eines Treibens verlassen. Das Schießen in Richtung gefährdeter Personen ist zu unterlassen. Das Durchziehen durch die Schützen- oder Treiberkette mit angeschlagenem Gewehr ist lebensgefährlich.
>
> Ohne ausdrückliche Genehmigung des Jagdleiters darf niemand mit der Kugel in das Treiben schießen.

dieser gedanklichen Vorarbeit läßt der Jagdleiter von seinem Standort Schützen und Treiber im Verhältnis 1 : 3 nach rechts und links ablaufen. Der Abstand von „Mann zu Mann' beträgt etwa 60–70 Schritt. Die Flügelmänner bilden einen Kreis, der mit demselben Abstand wie beim Abgehen als geschlossen gilt, wenn sie sich gegenüber der Abgangsstelle wieder getroffen haben. Solange die Mitglieder der Jagdgesellschaft nicht ihre Ausgangsstände im Kreis eingenommen haben, darf nicht geschossen werden. Ausnahmen werden angesagt. Sodann bläst einer der Spitzenmänner das Signal „Das Ganze", welches bis zum Jagdleiter durch andere Bläser weitergegeben wird. In umgekehrter Richtung läuft das Signal „Halt" und daraufhin das Signal „Langsam treiben". Spätestens jetzt darf beim Vorgehen aller auf den gekennzeichneten Mittelpunkt geladen und geschossen werden. Jedermann hat jederzeit auf einheitlichen Abstand zu achten. Durch gleichmäßiges Vorgehen wird verhindert, daß sich Säcke (Ausbuchtungen im Kreis) bilden. Sobald der Kessel einen Durchmesser von etwa 400 m erreicht hat, wird aus Sicherheitsgründen durch Blasen des Signals „Treiber in den Kessel" verhindert, daß weiterhin in den Kessel geschossen wird. Jetzt bleiben sämtliche Schützen stehen, drehen sich um 180° und schießen nur noch auf alles aus dem Kessel geflüchtete Wild, während die Treiber auf die Kesselmitte zugehen. Nach deren Zusammenkommen ertönt das Signal „Hahn in Ruh". Das Treiben ist beendet. Die Flinten sind zu entladen.

Kesseltreiben werden nur in übersichtlichem Gelände durchgeführt. Der Jagdleiter läßt Schützen und Treiber nach links und rechts von seinem Stand aus einen Kreis ausgehen. Nach Schließen des Kreises gehen alle gleichmäßig auf die Kreismitte zu, wobei die Schützen auf aufstehendes, freigegebenes Wild schießen. Sobald der Kesseldurchmesser so gering wird, daß sich Gegenüberstehende bei Schußabgabe gefährden, bleiben auf das Signal „Treiber in den Kessel" alle Schützen stehen und schießen nur noch nach außen.

Streife (Abb. 154): Bei dieser Jagdart bewegen sich Schützen und Treiber in breiter Front vor, wobei die Schützen alles aufstehende, freigegebene Wild beschießen. Die Reihenfolge von Schützen und Treibern wird durch deren Zahl bestimmt. Der Abstand von „Mann zu Mann" beträgt etwa 10 m. Die Treiber nehmen alles erlegte Wild auf.
Ideales Gelände ist die baumlose Fläche, allenfalls eine Waldkultur. Kurz suchende Hunde sind willkommen.

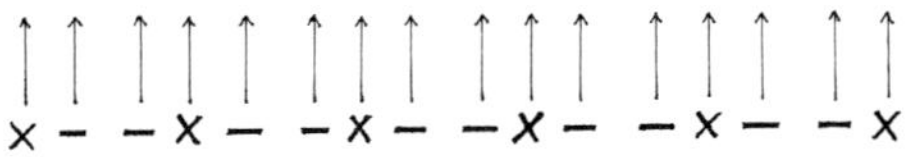

Abb. 154. Streife.

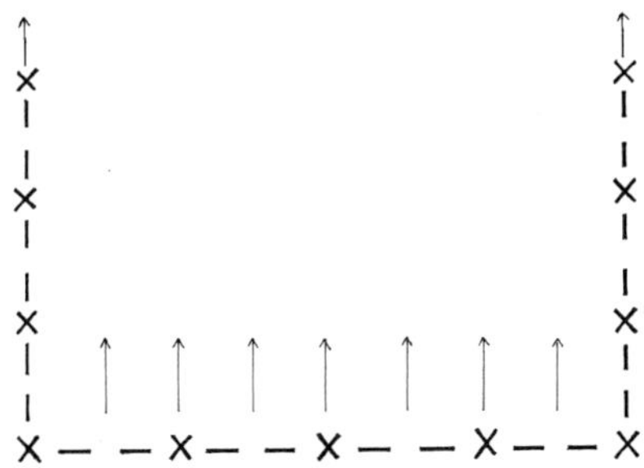

Abb. 155. Böhmische Streife.

Böhmische Streife: Sobald der rechte und linke Flügel vorschwenken, also ein oben offenes Rechteck bilden, spricht man von der Böhmischen Streife (Abb. 155). Auch hier gehen Schützen und Treiber in einer Richtung vor. Bei dieser Art des Treibens kann das verfolgte Wild seitlich kaum ausbrechen.
Drückjagd (Abb. 156): Drückjagden werden auf Hochwild und Füchse durchgeführt. Im Gegensatz zur Treibjagd auf Hase, Kaninchen und Fasan geht die Treiberwehr ruhig durch die Bestände. Alle Schützen werden in der Nähe von Wechseln (besonders gut sind Rückwechsel) oder an übersichtlichen Bestandesrändern abgestellt, damit sie das beunruhigte Wild gut ansprechen können. Für guten Jagderfolg ist guter Wind entscheidend. Im Unterschied zur Hasenjagd drückt man gegen den Wind, andernfalls bräche alles Wild durch die Treiberwehr. Auch bei dieser Jagdart ist Frostwetter ein guter Garant für viel Anblick. Bei Nässe meidet man

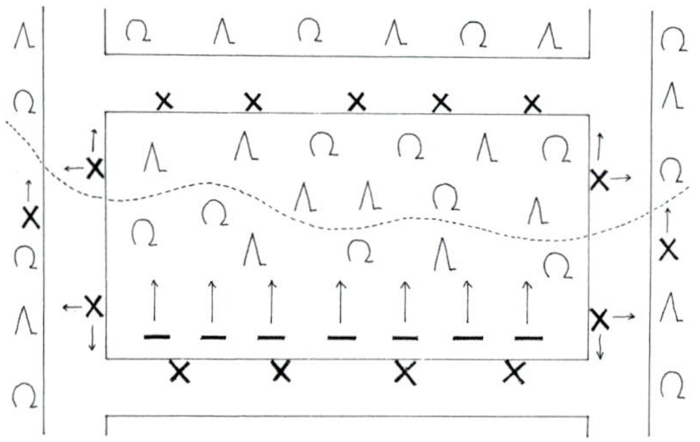

Abb. 156. Drückjagd.

Dickungen und drückt stattdessen Stangenhölzer. Eine Neue (Neuschnee) ist darüber hinaus hilfreich.
Mit den Treibern durchgehende Schützen schießen nicht.
Eine Abwandlung des Drückens ist das Riegeljagen. Hierbei werden ganze Revierteile bis zu 500 ha Größe von 4–6 Treibern ruhig (ohne Hund) durchstreift. Zurückgehen kann erforderlich werden, wobei man Hunde schnallt, wenn Sauen vorkommen. Die Schützen stehen in der Nähe von Wechseln oder sitzen in Jagdschirmen. Diese Jagdart ermöglicht meist besonders sorgfältiges Ansprechen. Allerdings ist wiederholtes Riegeln der Feind des ruhesuchenden Hochwildes.

Drückjagden werden auf Hochwild und Füchse abgehalten. Alle Schützen werden in der Nähe von Wechseln oder aber an übersichtlichen Stellen außerhalb des Treibens abgestellt. Wenige Treiber gehen ruhig durch.

Lappjagd: Bei dieser Art von Treibjagd wurden besonders in früherer Zeit an Schnüren in geringen Abständen Lappen aus Tuchstücken oder Federn aufgehängt. Hiermit wollte man anwechselndes Wild abschrecken und erreichen, daß es an unverlappten Stellen durchwechselt, wo es dann durch angestellte Jäger abgepaßt wurde. Wind und Wechsel verdienen besondere Beachtung; denn schlechter Wind macht jede Erfolgsaussicht zunichte. Vom Schalenwild ständig angenommene Wechsel bleiben unverlappt und werden abgestellt.
Die Lappen wurden früher auf Haspeln aufgewikkelt. Je nach Wildart wurden die Lappen unterschiedlich hoch aufgehängt: z.B. Rotwild – 1 bis 1,5 m; Hase – 0,5 m.
Fast alle früher verwendeten Lappen trugen Namen oder Wappen des Jagdherrn. Heute gibt es bei uns Lappjagden allenfalls auf den Fuchs, der eigentlich nie durch die Lappen geht. Das Einlappen von Schalenwild gilt als unweidmännisch.
Jagdgesetzlich sind Lappjagden nur außerhalb einer Zone von 300 m ab Reviergrenze zulässig.

Zur Wiederholung und Kontrolle

- Erklären Sie den Unterschied zwischen einer Treib- und Drückjagd.
- Wann werden bei einer Drückjagd die Hunde geschnallt?
- Worin besteht der Unterschied zwischen einer Streife und einer Böhmischen Streife?
- Nennen Sie die jagdgesetzlichen Bestimmungen für Lappjagden.
- Darf der Jäger vor dem Anblasen schießen?
- Nennen Sie die Hauptregeln für den Umgang mit der Waffe bei Treibjagden und sonstigen Gesellschaftsjagden.

2 Jagdliche Einrichtungen oder Reviereinrichtungen

Hierunter sind zu verstehen: Hochsitze, Kanzeln, Ansitzleitern, Schirme, Fütterungen, Salzlecken, Luderplätze, künstliche Suhlen, künstliche Brutstätten, Tränken, Jagdhütten, künstliche Baue, Fallen, Pirschsteige, Hegebüsche, Wildäsungsflächen, Verbißgehölze.
Zusammenfassend bezeichnet man mit o.a. Begriff künstlich geschaffene Einrichtungen zur Ausübung der Jagd und Hege.
Die Rechtmäßigkeit zur Errichtung kann aus § 1, Absatz 1 und 2 BJagdG abgeleitet werden, wobei die Länder unterschiedliche Bestimmungen in ihren Jagdgesetzen für die Zustimmungspflicht der Grundstückseigentümer bei Errichtung und Beseitigung der Anlagen bzw. beim Übergang auf den Jagdnachfolger erlassen haben.

Bei allen baulichen Jagdeinrichtungen sind die Unfallverhütungsvorschriften „Jagd" der landwirtschaftlichen Berufgenossenschaften zu beachten.

2.1 Ansitzmöglichkeiten

Der Hochsitz und ähnliche Ansitzmöglichkeiten sind die wohl bekanntesten Reviereinrichtungen; denn ohne sie könnte man nur weniger geschützt ansitzen, nicht annähernd so sicher schießen und weniger gut ansprechen. Bei Verzicht auf Hochsitze, Kanzeln, Ansitzleitern und Schirme im Revier kommen vorwiegend Pirschgänge in Frage, die auf Dauer das Wild vergrämen.

Es gibt sehr unterschiedliche Bauweisen für vorgenannte Einrichtungen, die abhängig sind:

- von der zu bejagenden Wildart
- von der Häufigkeit der Benutzung
- vom Geschmack des Revierinhabers
- von der landschaftlichen Umgebung, in die der Hochsitz o.ä. gestellt werden soll
- vom Geldbeutel und
- vom handwerklichen Geschick der Erbauer.

Je feinsinniger eine Wildart, desto höher muß der Hochsitz sein, um dem austretenden Wild die Anwesenheit des Jägers nicht sofort zu verraten. So kann man bei derartigen Einrichtungen für Rot-, Schwarz- und Muffelwild etwa 5–6 m Fußbodenhöhe vorsehen, bei Rehwild reichen schon 3–4 m Höhe. Je häufiger man einen Hochsitz zu besetzen gedenkt, desto besser sollte er ausgestattet sein. Das trifft ganz besonders für Nachtansitze auf Sauen und Fuchs zu. Hier empfiehlt sich der Kanzelbau (geschlossener Hochsitz), der ein Schutzdach und eine Seitenverschalung mit evtl. Ausstattung von Schiebefenstern aufweist.
Über den Geschmack beim Bau von Hochsitzen läßt sich streiten: Ein Jäger liebt geräumige Ansitzmöglichkeiten mit viel Komfort, ein anderer das Gegenteil, mancher Jäger verblendet die Seiten mit vorhandenem Reisig, ein anderer verschalt die Seiten, ein Dritter trennt Stangen mit der Motorsäge auf und nimmt Halbhölzer als Seiteneinfassung. Höchste Ansprüche sollten ihre Grenze in der immer noch zur Jagd gehörenden Natürlichkeit und Chancengleichheit gegenüber dem Wild finden, soweit bei der Ansitzjagd hiervon überhaupt noch die Rede sein kann. Zudem sollte der Jäger in erster Linie Landschaftsarchitekt sein und seinen Hochsitz in die Umgebung einpassen: den Waldrand oder eine Baumgruppe als Aufstellungsort suchen. Wenn sich in einer baumlosen Gegend kein Hochsitzversteck finden sollte, bleibt immer noch die Möglichkeit, den Hochsitz mit Schlingknöterich (*Polygonum aubertii*) und Baumwürger (*Celastrus orbiculatus*) (gute Düngergabe) zu tarnen.
Allerdings muß jeder Hochsitz gutes Blick- und Schußfeld bieten und sollte zudem geräuschlos über einen Pirschsteig erreicht werden können. Für die Aufstellung beachte man auch den Abstand zur Grenze (manches Stück Schalenwild legt nach gutem Schuß noch über 100 m zurück), um mit dem Reviernachbarn ein gutes Verhältnis zu haben.
Abgesehen von der ästhetischen Verpflichtung gegenüber der Landschaft hat der Jäger weitere Rücksichten beim Bau seines Hochsitzes zu nehmen: Wenn schon Bequemlichkeiten beim Schießen, dann aber nicht auch noch den „Genuß", alles Wild im Revier an einer Fütterung oder auf einem Wildacker bejagen zu wollen. Dagegen spricht sowohl § 19 (1) Ziffer 10 BJagdG, sachliches Verbot, Schalenwild in Notzeiten in einem Umkreis von 200 m von Fütterungen zu erlegen, wie auch der Grundsatz, weidgerecht zu jagen.
Vielmehr wähle man natürliche Äsungsflächen, wie Kulturflächen, begrünte Wegebankette, Waldwiesen, Ackerflächen, die Nähe eines Wechsels und Einstände. Darüber hinaus weiß der Jäger über die Lebensgewohnheiten und Äsungsansprüche des zu bejagenden Wildes sowie über dessen Wechsel und die Windverhältnisse Bescheid.
Jede abseits des Weges geschaffene Ansitzmöglichkeit wird eine Stunde vor dem Austreten des Wildes aufgesucht, um die hinterlassene Witterung der eigenen Spur in dieser Zeit verschwinden und das evtl. nahe stehende Wild sich beruhigen zu lassen.

Die Ansitzmöglichkeiten im einzelnen:
Hochsitz (Abb. 157): Freistehend oder in lebende Bäume gebaut mit viereckigem oder dreieckigem Grundriß nach Maßgabe der Bestimmungen der Gemeinde-Unfallversicherungsverbände.
Kanzel (Abb. 158): Die Kanzel ist ein mit Dach versehener Hochsitz. Neben halboffenen gibt es völlig

Abb. 157. Hochsitz.

Abb. 159. Ansitzleiter mit Sitzfläche vor der Leiter.

Abb. 158. Kanzel.

geschlossene Kanzeln, die lediglich Schießscharten, u. U. weiteren Komfort, wie Schlafmöglichkeiten, Öfen, ausgemusterte Sofas usw. aufweisen. Derartige Auswüchse sind abzulehnen.

Ansitzleiter: Hierunter versteht man durch Leitern erreichbare Brettsitze, die freistehend oder baumangelehnt aufgestellt werden.

Man unterscheidet bei den baumangelehnten Ansitzleitern solche mit **Sitzfläche vor der Leiter** (Abb. 159) und mit **Sitzfläche hinter der Leiter** (Abb. 160 und 161). Frei aufgestellte Ansitzleitern (Abb. 162) werden durch Streben von der der Leiter entgegengesetzten Seite und durch Querstreben nach den Seiten gestützt. Die Leiterholme werden in diesem Falle des festeren Standes wegen unten breitgestellt und laufen oben aufeinander zu. Darüber hinaus sind zusammenlegbare, leicht transportable Ansitzleitern baumangelehnt (Abb. 163) und freistehend (Abb. 164) aus Leichtmetall im Handel.

Jagdschirm: Auch hier gibt es allerhand Arten, wobei dem Einfallsreichtum des Jägers keine Grenzen gesetzt sind:

Abb. 160. Ansitzleiter mit Sitzfläche hinter der Leiter.

Abb. 161. Ansitzleiter mit Sitzfläche hinter der Leiter.

Abb. 162. Frei aufgestellte Ansitzleiter.

Abb. 163. Baumangelehnte Ansitzleiter aus Leichtmetall.

Abb. 164. Freistehende Ansitzleiter aus Leichtmetall.

- Schirm als gewachsener Strauch (Abb. 165), den man entsprechend der erforderlichen Sicht und zur eigenen Sitzbequemlichkeit zurechtstutzt
- Jagdschirm aus eigens zu diesem Zweck gepflanzten Sträuchern (Abb. 166)
- künstlich gebauter Schirm mit entsprechend der Umgebung ausgewählter Verblendung, z. B. Zweige oder Laub mit Rundblick, d.h. allseitige Sicht (Abb. 167), sowie mit dreiseitiger Sicht (Abb. 168).

Erdloch: Vielfach verpönt, aber dennoch zulässig, in baum- und strauchloser Landschaft sogar unverzichtbar, wird diese unter der Erde gebaute Ansitzmöglichkeit zum Nachtjagdansitz, aber auch für Drückjagden verwendet. Allerdings ist der Kugelschuß von unten nach oben sehr gefahrvoll, da oftmals ein Kugelfang fehlt. Der ansitzende Jäger wird sich längst nicht so vorsichtig bei nahestehendem Wild verhalten müssen wie bei jeder anderen Ansitzjagd. Man hängt ihm aus diesem Grunde Niedertracht und Waffenungleichheit gegenüber dem Wild an.

Abb. 165. Schirm als gewachsener Strauch.

Abb. 166. Schirm aus gepflanzten Bäumen oder Sträuchern.

Abb. 167. Jagdschirm mit Rundblick.

Abb. 168. Jagdschirm mit dreiseitiger Sicht.

Je nach Bauweise kann das Erdloch einseitige oder mehrseitige Sicht, aber auch Rundumsicht gestatten. Vor Baubeginn muß der Grundwasserstand bekannt sein. Sandige Erdlöcher werden gegen schnellen Verfall mit Brettern ausgeschlagen. Ratsam ist eine Überdachung, die auf Eckpfählen ruht.

Hochsitz, Vorteil gegenüber der Kanzel:
einfacher und billiger in der Erstellung,
besseres Wahrnehmen von Geräuschen und Tierlauten, z.B. Brunftschrei oder Anwechseln und Ziehen des Wildes,
bessere Rundumsicht gegenüber einer geschlossenen Kanzel.

Hochsitz, Nachteil gegenüber der Kanzel:
witterungsabhängiger,
oft weniger bequem,
weniger Schutz vor Sicht von außen sowie gegen Wind und Kälte gegenüber geschlossener Kanzel.

Hochsitz, Vorteil gegenüber der Ansitzleiter:
bequemeres Sitzen,
festerer Stand durch gerüstartigen Unterbau,
unbehindertes Schießen nach allen Seiten, Auflegen und Anstreichen leichter,
besserer Schutz vor nach oben äugendem Wild: Rot- und Muffelwild.

Hochsitz, Nachteil gegenüber der Ansitzleiter:
Umsetzen wegen festen Standes vielfach unmöglich,
teurer wegen aufwendigerer Bauweise.

Alle mit Leitern versehenen Ansitzmöglichkeiten, Vorteil gegenüber dem Schirm:
besserer Überblick, besonders in unübersichtlichem Gelände,
windunabhängiger,
weniger Belästigung durch Mücken und Fliegen,
Eräugen des Jägers durch feinsinniges Wild schlechter möglich.

Alle mit Leitern versehenen Ansitzmöglichkeiten, Nachteil gegenüber dem Schirm:
bauaufwendiger,
ungestörtes Besteigen und Abbaumen bei Hochsitz und Ansitzleiter selten möglich,
wenig Verwendungsmöglichkeit außerhalb der Einzeljagd.

Hochsitz, Kanzel, Ansitzleiter, Jagdschirm und Erdloch sind Reviereinrichtungen für den Ansitz;
Bau in der Nähe von Wechseln, auf Gestellkreuzen, auf Kulturflächen, an Wegebanketten in Einständen und an Wildäckern (hier allerdings nur für Beobachtung).
Hauptwindrichtung, Wildart, Erreichbarkeit bei Dunkelheit, landschaftliche Einpassung beachten! Alle Vor- und Nachteile der Einrichtungen vor Baubeginn abwägen! Sicherheit bei Sturm und Gewitter beachten, ebenso Lichtverhältnisse und Sonneneinstrahlung! Auf jeden Fall die Baubestimmungen des zuständigen Gemeindeunfallversicherungsverbandes einhalten!
Beachten Sie: Sprossenabstand nicht über 30 cm, Abflachen der Sprossen an den Endstellen, Einkerben der Holme und nageln!

2.2 Fütterungen

Um dem Fütterungsangebot für unser Wild in Notzeiten zu entsprechen, schafft der Jäger Futterplätze mit planmäßiger Verteilung über das Revier. Je nach Wildart wird deren Zahl schwanken. Wild mit ausgeprägtem Territorialtrieb (Rehwild) wird keine weiten Wege zur nächsten Fütterung zurücklegen, Wild mit entgegengesetztem Verhalten (Rot- und Schwarzwild) kann aus größerer Entfernung angekirrt werden.

Dementsprechend wird die Zahl der Futterstellen bemessen: Rehwild kommt bei hoher Wilddichte (8 Stück/100 ha) mit einem Futterplatz je 70 ha Waldfläche aus, Rotwild bei einer Wilddichte von 3 Stück/100 ha mit einem Futterplatz je 500 ha. Als ideale Orte für Futterstellen werden ausgesucht: Ruhige, windgeschützte Orte mit guter Rundumsicht und schutzbietenden Nachbarbeständen. Schälgefährdete Baumarten sollten nicht in unmittelbarer Nähe wachsen. Da besonders bei Schneelage gefüttert wird, muß man auf gute Zugänglichkeit der Anlage für Wild und Heger bedacht sein, d.h.u.U. den Schneepflug einsetzen können.

Der Futterplatz ist von Zeit zu Zeit aus hygienischen Gründen zu säubern, ganz besonders im Frühjahr. Nach Ablauf der Fütterungsperiode sollte man das Areal mit Ätzkalk abstreuen oder aber die Futtereinrichtungen umsetzen (Nachteil: Verlassen des gut geeigneten Platzes und Umgewöhnen des Wildes).

Die baulichen Fütterungseinrichtungen sollen verhindern, daß das Futter mit Losung verunreinigt wird und daß es unter dem unmittelbaren Einfluß von Schnee und Regen schnell verdirbt.

Im einzelnen stellt man auf:

Überdachte Futterraufe mit Trog (Abb. 169): In der Raufe wird Rauhfutter (Heu), im Trog Kraftfutter (Getreide, Eicheln, Mais) dargereicht.

Das weit überstehende Dach kann als Spitz- oder Pultdach konstruiert sein. Die Raufensprossen müssen zum Schutz der im Winter wachsenden Bastgehörne gehörigen Abstand voneinander haben. Die Tröge werden sowohl auf der Stirnseite als auch breitseits angebracht. Lästige Mäuse hält man durch Blechmanschetten ab, die man um die Holme legt.

Freistehende Tröge (Abb. 170) werden als Kraftfutterbehälter auf Pfähle gestellt. Falls Sauen an der Fütterung erwartet werden, müssen diese Einrichtungen besonders stabil gebaut sein, um der Zerstörungswut standzuhalten.

Kälberställe (Abb. 171) sind für die ewig Benachteiligten da: Rotwildkälber und Rehwild.

Eine Trograufe steht dann innerhalb dieser nur für geringes Schalenwild durchgängigen Einfriedung

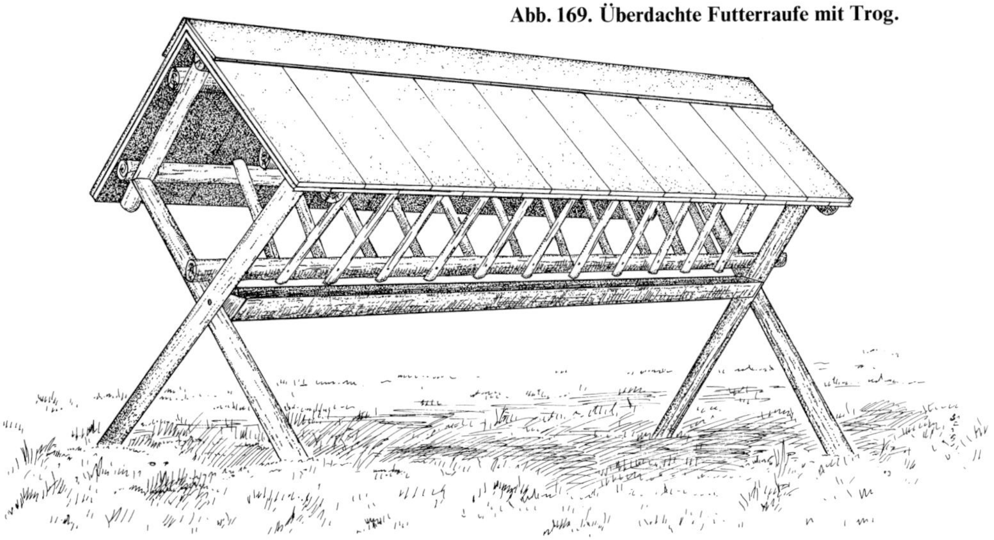

Abb. 169. Überdachte Futterraufe mit Trog.

Abb. 170. **Freistehender Trog.**

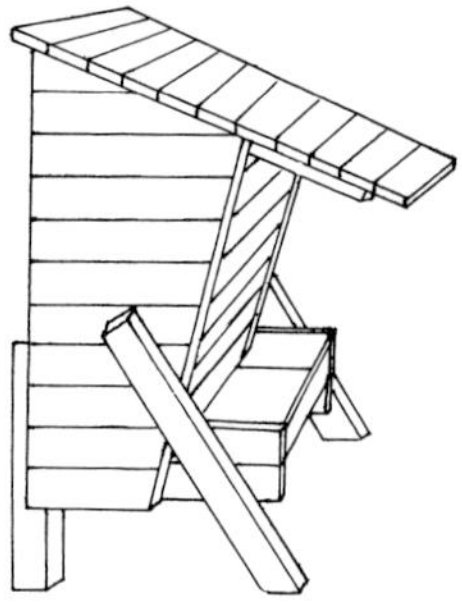

Abb. 172. Kraftfutterautomat.

und hält futterneidisches großes Schalenwild – Hirsche und erwachsenes Kahlwild – ab.

Kraftfutterautomaten (Abb. 172) stellen Tröge mit darübergebautem Vorratsbehälter dar, der kontinuierlich Futter nachrutschen läßt.

Es gibt allerdings auch industriemäßig hergestellte Futterautomaten (Abb. 173), in die ein digitaluhrgeschaltetes Streuaggregat mit Motor eingebaut ist und die bis zu mehrmals täglich eine vorgewählte Futtermenge freigeben.

Silage- oder Rübeneinzäunung mit einem entsprechend der Annahme solcher Fütterung versetzbaren Frontgatter (Abb. 174). Dieses Fütterungsverfahren hat sich gut bewährt, wird doch nicht mehr Futter freigegeben, als das Wild täglich aufnimmt. Der nicht freigegebene Futterteil bleibt durch Folie vor Witterungseinflüssen geschützt.

Heustadel (Abb. 175) als reiner Heuspender ohne Troganbringung.

Silo: Diese Einrichtung zur Futtervergärung reicht vom großen Plastiksack über das Betonrohr und Kunststoffaß bis zum Betonsilo. Auch das gegrabene, mit Folie ausgelegte Erdloch ist geeignet.

Vorratshaus: Aus rationellen Gründen wird man den Winterfuttervorrat nach Möglichkeit auf dem Futterplatz lagern, um die oftmalige teure Anfuhr zu sparen. Zu diesem Zweck baut man Vorratshäuser bzw. Vorratskeller.

Abb. 171. Kälberstall.

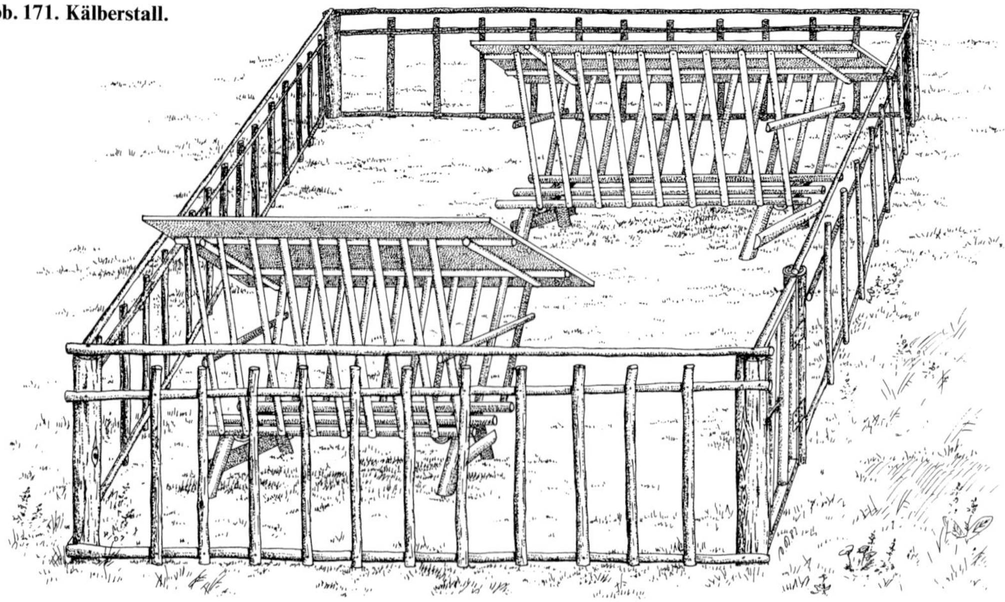

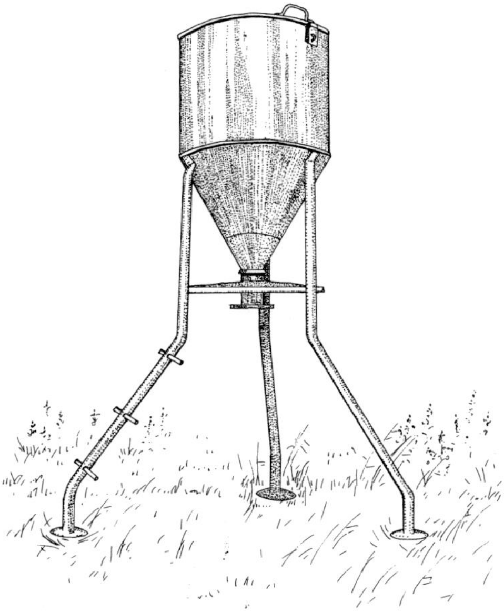

Abb. 173. Industriemäßig hergestellter Futterautomat.

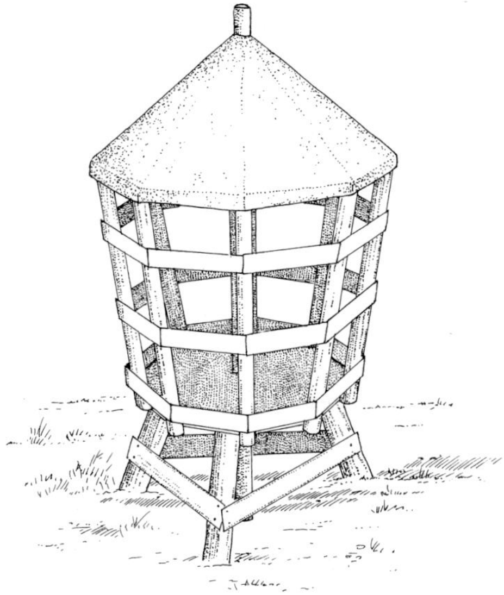

Abb. 175. Heustadel.

Abb. 174. Silage- oder Rübeneinzäunung mit versetzbarem Frontgatter.

Abb. 176. Saupilz.

Saupilz (Abb. 176): Ein flach überdachter, seitlich offener Unterstand, der zwar das ausgelegte Futter trockenhält, das allerdings von Sauen zertreten und durch Losung verschmutzt wird.

Fasanenschütte (Abb. 177 und 178): Diese an den Seiten offene Futtereinrichtung mit einem Grundriß von 4 m × 2 m hat ein zur Hauptwindrichtung geneigtes, oft aufklappbares, Dach mit 40 cm Bodenabstand. An der gegenüberliegenden Seite beträgt die Dachhöhe 80 cm. Alle dachtragenden Pfosten werden 30 cm in den Boden eingelassen. Jede Schütte wird in nächster Nähe mit einigen Fallen vor Raubwild und Raubzeug geschützt. Gegen Greifvögel hilft die Aufstellung in Stangenhölzern und Remisen, nicht jedoch unter Einzelbäumen.

Abb. 177. Fasanenschütte.

Abb. 178. Fasanenschütte. Entstehung der Dachkonstruktion.

Rebhuhnfütterung: In der Regel ist für Rebhuhnfütterungen keine besondere bauliche Einrichtung erforderlich, doch kann man eine bewährte Primitivbauweise empfehlen, bei der an Stangen über weitständigen 1,5 m langen Pfählen Reisig hängt, das die Rebhühner vor Überraschungsangriffen aus der Luft schützt.

Fütterungen sind für das hungernde Wild in Notzeiten bestimmt. Aufstellung an ruhigen, windgeschützten Orten mit guter Rundumsicht. Im Frühjahr wird der Futterplatz von Losung und Futterresten gesäubert, um das Wild vor Parasiten zu schützen.

Als Futtereinrichtungen werden genannt: Futterraufe mit Trog, freistehende Tröge, Kälberstall, Futterautomaten, Saftfuttergatter mit versetzbarem Fronttor, Heustadel, Silo, Futtervorratshaus, Saupilz, Fasanenschütte, Rebhuhnfütterung.

2.3 Salzlecken

Der geringe Salzbedarf unseres Wildes wird über Salzlecksteine befriedigt. Sie werden als Lehm-, Stock-, Kisten- oder Stammsulzen an Wildwiesen, Wildäckern, Wechseln, Tageseinständen und Fütterungen dargeboten. Zur Gewöhnung des Wildes wird zunächst nur ebenerdiges Auslegen empfohlen. In Notzeiten entferne man alle Lecksteine, da Schälen und Verbeißen wegen des entstehenden Durstgefühls gefördert werden.

Lehmsulze (Abb. 179): In Trögen oder in mit Motorsäge ausgestochenen Stubben werden Lehm und Kochsalz im Verhältnis 6 : 1 lagenweise eingestampft. Zusätzlich können als Lockmittel Anisöl oder Veilchenwurzel beigegeben werden.

Sofern Tauben hauptsächliche Besucher der Salzlecke sind, sollte ein Baum unmittelbar daneben stehen, aus dem die einfallenden Tauben vor Annahme der Lecke erlegt werden können.

Stocksulze: Hierbei wird in ausgehöhlte Baumstubben (Wurzelstöcke) ein Salzleckstein gelegt, der direkt beleckt wird. Durch die hiervon ausgehende Wildwitterung wird der Fuchs zur Einstandsmarkierung veranlaßt, indem er sich mit Vorliebe auf der Stocksulze löst. Als sicheres Gegenmittel hilft ein Mittelpfahl (Abb. 180) oder schräg über die Lecke gegeneinander gestützte Pfähle (Abb. 181).

Abb. 179. Lehmsulzen.

Abb. 180. Stocksulze mit Mittelpfahl.

Abb. 181. Stocksulze mit Pfahlstützen.

Stammsulze: früher vielfach „Spindellecke" genannt.

Sie wird in für das Wild unerreichbarer Höhe auf einem Pfahl oder abgesägten Baum angebracht, so daß nur herablaufende Salzlösung geleckt werden kann.

Es gibt folgende Möglichkeiten der Lecksteinbefestigung:

Der 1 m hohe Baumstumpf wird in seinem oberen Teil gespalten, so daß der Leckstein eingeklemmt gehalten wird (Abb. 182). Hier besteht allerdings die Gefahr, daß sich auf die Hinterläufe stellendes Wild, das an den Leckstein gelangen will, die Vorderläufe in der Pfahleinkerbung verletzt.

Auf dem Baumstumpf oder Pfahl aufgenagelter

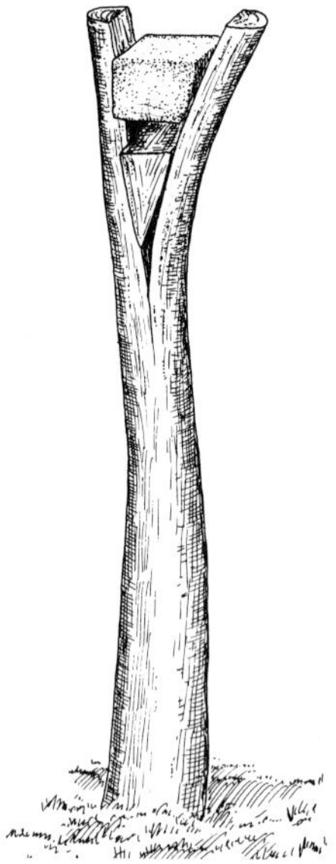

Abb. 182. Stammsulze mit gespaltenem Baumstumpf oder Pfahl.

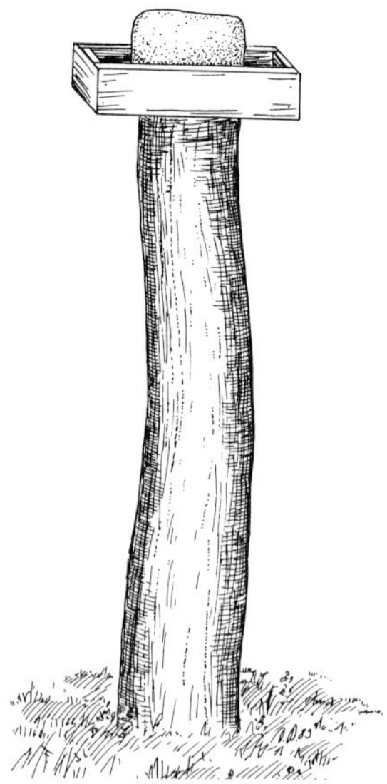

Abb. 183. Stammsulze mit aufgenageltem Kasten.

Kasten (Abb. 183), der den Leckstein, aber auch loses Speise- oder Viehsalz aufnimmt.
Ringsum auf das Pfahlende aufgenagelte oben überstehende, angeschrägte, 3–5 cm, starke Hölzer, die den Leckstein halten (Abb. 184).
Mit der Motorsäge ausgestochener Baumstumpf, in den der Leckstein gelegt wird (Abb. 185).

Kistensulze (Abb. 186): An Bäumen angenagelte, Salzlecksteine aufnehmende Kistchen.

2.4 Luderplatz

Abseitige, mit Luder (jagdliche Bezeichnung für Aas), Küchen- (Vorsicht: Schweinepest) und Fischabfällen sowie in Streifen geschnittenen Wildbälgen beschickte Blöße, wohin der Fuchs gelockt wird, um ihn aus der Luderhütte (gut verblendetes Erdversteck) oder von einem nahestehenden Hochsitz bei mondheller Nacht erlegen zu können. Zum Luderplatz kann man den Fuchs mit einer Schleppe (Wildgescheide) hinführen. Auf dem Luderplatz kann man einen Luderschacht anlegen. Dieser besteht aus einem bis zu 1 m tiefen Erdloch, in das ein bis 20 cm

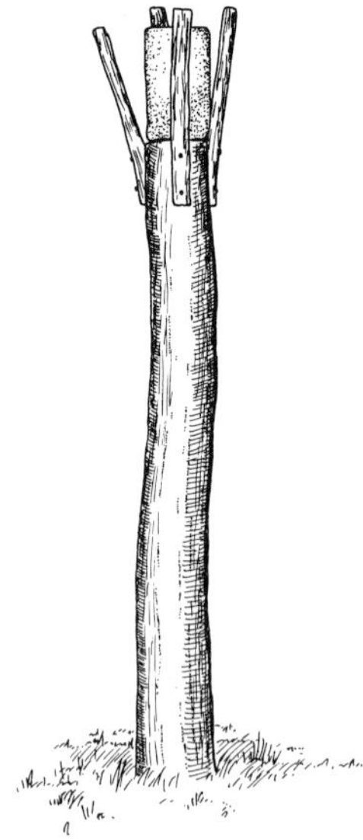

Abb. 184. Stammsulze mit angeschrägten Hölzern.

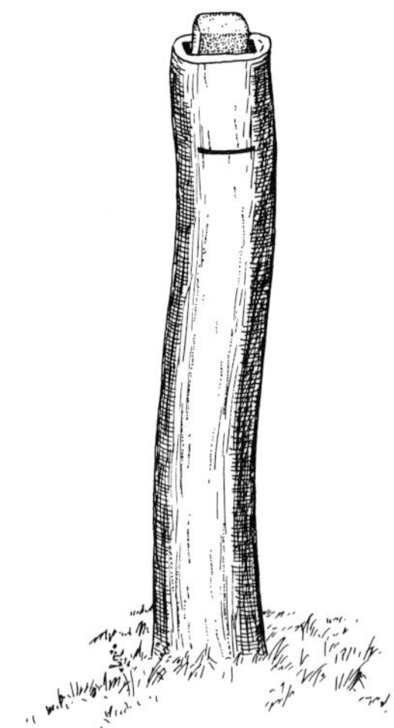

Abb. 185. Stammsulze mit einem mit der Motorsäge ausgestochenen Lecksteinbehälter.

Abb. 186. Kistensulze.

starkes Tonrohr eingelassen wird. Das Wasser im Luderschacht muß versickern können. Schon im Sommer kann man hier Aufbruch und Schlachtabfälle „versenken“. Allerdings wird eine solche Ludervorratskammer zum Fliegenreservoir und nicht zum Anziehungspunkt für Raubwild – deswegen lieber Luderplatz als Luderschacht. Gut geeignet sind auch Rosinen und anderes Obst (frisch oder trocken) sowie heimische Waldbeeren. Hierfür gräbt man Löcher, die man mit Stroh abdeckt.

2.5 Künstliche Suhlen

Suhlen werden nur dort künstlich geschaffen, wo Mangel an Wasser herrscht. Das flache Betonbett wird minimal 6 m^2 umfassen und mit Schlamm und Wasser gefüllt. Die neuerdings für künstliche Teiche angepriesenen Folien können den Beton nur dann ersetzen, wenn sie besonders dick sind.

2.6 Künstliche Brutstätten

Hiermit sind Vogelnistkästen und Fledermauskästen gemeint. Auch wenn größtenteils nicht jagdbare Tiere von diesen Nisthilfen profitieren, so ist diese Arbeit des Jägers besonders bedeutungsvoll: Die Erhaltung des biologischen Gleichgewichts ist Aufgabe aller in der freien Natur Tätigen! Selbstverständlich wird mit dieser Maßnahme auch jagdbaren Vögeln geholfen: Enten, Hohltauben. So nimmt die Stockente jede ihr dargebotene Nistgelegenheit an, sei es ein Brutkorb, ein Bruthaus oder eine hingelegte Milchkanne. Wichtig ist nur, daß ein Landebrett mit etwas Wasserabstand vor dem Flugloch sowie Plastik- oder Blechmanschetten über den die Nisteinrichtung tragenden Pfählen gegen aufsteigende Ratten angebracht werden.

2.7 Pirschsteige

Diese „Schleichwege“ führen an wichtigen Wildbeobachtungsstationen vorbei, ohne daß der gut pirschende Jäger vom Wild wahrgenommen wird. Die Unterhaltung ist aufwendig, da nur ast- und laubfreie Pirschsteige ihren Zweck erfüllen. Um diese wertvolle jagdliche Einrichtung nicht zum allgemeinen Wanderweg zu machen, sollte man auf einen gedeckten Pirschsteigverlauf achten. Zudem sollte er an das vorhandene Wegenetz unauffällig angebunden werden. Baum- und Strauchriegel oder aber umgefallene nicht aufgearbeitete Bäume lassen Pirschsteige oft gar nicht erkennen, zumindest sehen sie aber unbenutzbar aus.
Pirschsteige dienen auch als Zuwegungen zu Hochsitzen, Jagdhütten und dergleichen.

2.8 Hegebüsche

Wildpflege muß nicht unbedingt zur Belastung der Landschaft führen, sondern kann bei sachgemäßer Ausrichtung auch das Gegenteil bewirken. Für diese Behauptung stehen die inzwischen vielerorts von Jägern geschaffenen Hegebüsche, die mit jagdfördernden, jagdverbandseigenen und privaten Geldmitteln finanziert werden. Hegebüsche schaffen Deckung für das Wild, sie bieten Vogelbrutmöglichkeiten, sie heben das Landschaftsbild, schützen vor Wind- und Wassererosionen, verbessern den Wasserhaushalt, verbessern die Ertragsfähigkeit von Ödländereien und liefern den Rohstoff Holz. Entscheidend ist, daß derartige Anpflanzungen standortgerecht sind und richtig angelegt werden. Oft braucht man sich nur in benachbarten Wäldern umzusehen, um zu wissen, welche Baum- und Straucharten hierher passen. Im Zweifelsfalle beteilige man den sachkundigen Förster oder Landschaftsgärtner.
Geeignete Standorte für die Anlage solcher Flurgehölze sind Brachen, Müllhalden, Graben- und Wegeränder, aufgegebene Kiesgruben, Steinbrüche und Böschungen, allerdings mit der einschränkenden Maßgabe, daß ökologisch wertvolle Biotope in dieser Aufzählung von einer Rekultivierung (auch Hegebüsche) ausgenommen werden sollten.
Als Bäume und Sträucher kommen in Betracht: Weide, Traubenkirsche, Robinie, Eiche, Roterle, Wildobst, Vogelbeere, Fichte, Holunder, Weiß- und Schwarzdorn, Haselnuß, Schneeball, Hainbuche, Hartriegel, Pfaffenhut, Liguster, Brombeere und Himbeere, Ginster. Bei der eigentlichen Anlage wird auf die Hauptwindrichtung Rücksicht zu nehmen sein: man legt die Pflanzenreihen quer dazu und begründet den Rand weitständig, damit die unteren Äste nicht absterben. Auf diese Weise schafft man Windruhe und Schutz für das Wild.
Die fachgerechte Pflanztechnik garantiert gutes Anwachsen. Zusätzlich hilft auf ärmeren Standorten und bei anspruchsvolleren Baumarten die Startdüngung.

Mit diesen Ausführungen soll nicht die Aufforstung jeder Waldwiese befürwortet werden. Das wäre landschafts- und wildpflegerisch unverantwortlich. Vielmehr ist an die Unterbrechung großer landwirtschaftlicher Acker- und Grünlandschläge (Kultursteppen) gedacht, deren Anblick jeden Ästheten das Grauen lehrt (vgl. auch Kap. Biotopgestaltung und Biotophege).

2.9 Äsungsflächen (vgl. auch Kap. Landbau)

Die Anlage von Äsungsflächen ist besonders in zusammenhängenden Wirtschaftswäldern bedeutend, da es hier vielfach an natürlicher Äsung fehlt. Diese Flächen dienen aber auch der Abwendung von Wildschäden an Forstkulturen und Jungbeständen. Die durch mehrere Forstverwaltungen verordnete Gesamtäsungsflächengröße von 1% der Holzbodenfläche (Waldfläche) erscheint zu umfangreich. Als ausreichend werden 0,5% angesehen.

Mit o.a. Begriff sind gemeint: Dauergründlandflächen, Wildwiesen, Wildäcker, Verbißgehölze, begrünte Wegebankette, begrünte Kulturschneisen und bestellte Feuerschutzstreifen. Die räumliche Verteilung von Äsungsflächen ist abhängig von deren Zweckbestimmung (Verhinderung von Wald- oder Feldschäden), vom Flächenzuschnitt des Jagdbezirkes, von der Baumartenverteilung, von der Wildart, von der Wilddichte, von der Art des Äsungsangebotes und vom Maschinenangebot für Anlage und Pflege der Fläche.

Bei Rotwild kann wegen relativ großgebietlicher Einstände eine weiträumigere Äsungsflächenverteilung vorgesehen werden als beim ausgesprochen territorial lebenden Rehwild. Auf keinen Fall darf bei der oben vorgegebenen Leitzahl von 0,5% in einem größeren Jagdbezirk nur eine Äsungsfläche angelegt werden. Dann käme es zu Wildmassierungen mit erheblichen Schäden an den Kulturpflanzen in den angrenzenden Tageseinständen.

Man veranschlagt für ein Stück Rotwild 1000 m², für ein Stück Rehwild 200 m² Äsungsfläche. Die optimale Wildäsungsflächengröße liegt zwischen 0,2 und 0,5 ha, für Verbißholzflächen bei 1 ha.

Von öffentlichen Straßen hält man mindestens 300 m Abstand, um den verkehrsgefährdenden Wildwechsel einzuschränken. In der Regel werden Äsungsflächen als ständige Einrichtungen angelegt.

Dauergrünlandfläche: Sie sollen ganzjährig Äsung liefern, fallen allerdings bei hoher Schneelage aus. Nach gründlicher Entwässerung werden sie zwischen April und August angelegt und mit Klee-Gras-Gemisch eingesät. Geeignete Äsungspflanzen sind: Knäuelgras, Wiesenlieschgras, Wiesenfuchsschwanz, Glatthafer, Deutsches Weidelgras, Straußgras, Wiesenrispe, Weißklee, Rotklee, Hornklee. Der Kleeanteil beträgt zwischen 10 und 20%. Jede Dauergrünlandfläche wird mindestens einmal jährlich gemäht und u. U. abgerecht. Bis zur erstmaligen Mahd soll durch Einzäunung Wild ferngehalten werden. Jährliches Düngen ist ebenso wichtig.

Wildwiese: Wildwiesen werden als Winterfutterlieferanten gebraucht. Hier sind der Flächengröße nach oben hin aus rationellen Gründen keine Grenzen gesetzt, es sei denn, daß diese Flächen vom Wild stark frequentiert werden. Geeignete Pflanzenarten sind alle bei Dauergrünlandflächen genannten Gräser und Kleearten. Ich gebe jedoch zu bedenken, daß der Jäger als Nichtlandwirt wirtschaftlicher handelt, wenn er seine Winterfuttervorräte bei einem Landwirt einkauft, da dieser billiger produziert. Hier empfiehlt es sich, mit dem Landwirt feste Futtermengenabsprachen wegen seiner betrieblichen Planungen zu treffen.

Wildacker: Der Wildacker ist eine landwirtschaftlich bearbeitete, vorübergehend gegatterte Fläche. Die Anlage ist aufwendig: so sind nur ebene, stockgerodete Waldflächen auf gutem Standort auszuwählen. Sie müssen für landwirtschaftliche Maschinen erreichbar sein. Es gibt ein- und mehrjährige Wildäcker, die im entsprechenden Turnus neu bearbeitet und bestellt werden. Auch hier sollte jeder Jäger betriebswirtschaftlich kalkulieren. Er wird sicher zu dem Ergebnis kommen, daß es billiger ist, Futter (Silage, Kraftfutter) anzukaufen, als im Walde selbst zu produzieren.

Ausnahmsweise kann der Sommerwildacker für Schalenwild zur Abwendung von Wildschäden im Felde bedeutsam sein. Er wird mit Leguminosen, Buchweizen oder Hafer mit Kleeuntersaaten, aber auch mit Mais und Sonnenblumen bestellt. Häufiger ist der Winterwildacker anzutreffen, dessen Boden im Herbst vor der Anlage bearbeitet wird. Für die Frühjahrsbestellung stehen zur Wahl: Topinambur,

Raps, Kohl (Markstammkohl, Westfälischer Furchenkohl), Hafer, Roggen mit Wicke, Kartoffeln, Luzerne, Serradella, Lupine, Klee, Rübsen, Zottelwicke. Selbstverständlich muß im Frühjahr gedüngt werden.

Verbißgehölz oder Proßholzfläche: Natürlicher geht es kaum. Mit der Begründung von eigens für den Verbiß bestimmten Bäumen und Sträuchern soll von ebenso begehrenswerten Forstkulturen abgelenkt werden. Auf guten Standorten bereitet der Anbau von Proßhölzern keine Schwierigkeiten, auf ärmeren wird durch Düngung nachgeholfen. Da Verbißgehölze stark regenerationsfreudig sein und dem Wild schmecken müssen, kommen nur einige Baum- und Straucharten in die engere Wahl: Eiche, Linde, Hainbuche, Esche, Feld-Ahorn, Wildobst, Weide (Hanf-, Bandstock-, Ulbrich-, Engl. Asch-, Kottenheider Weide), Liguster, Pfaffenhut, Hartriegel, Aspe Robinie, Vogelbeere, Vogelkirsche, Ginster, Hirschholunder, Hasel, Brombeere und Himbeere. Proßholzflächen können als Gruppe in Forstkulturen, aber auch separat begründet werden. Da es sich bei den meisten Verbißhölzern um Baumarten mit hohen Lichtansprüchen handelt, kommen schmale Schneisen wegen der Beschattung durch die Randbestände für diesen Zweck nicht in Frage. Für die Begründung wählt man unkrautfreie Flächen oder bekämpft das Unkraut im Herbst zuvor. Der Pflanzverband beträgt 2 m × 1 m. Bis zum Überwachsen des konkurrierenden Unkrautes müssen die Verbißhölzer freigestellt werden. Ihre Gatterung bis 1,5 m Pflanzenhöhe ist unumgänglich. Danach kann für die Erholung der Proßhölzer vorübergehender Zaunschutz – z. B. während der Vegetationszeit – erforderlich werden. Sobald einjährige Triebe dem Äser des Wildes entwachsen, müssen die Hölzer auf 50 cm Höhe zurückgeschnitten werden. Diese Arbeit nimmt man im Winter vor, um dem Wild Schälmaterial anbieten zu können.

Wegebankette, Kulturschneisen, Feuerschutzstreifen, Holzlagerplätze (vorübergehende Äsungseinrichtungen): Dem Schalenwild ist an der Kleinäsungsfläche mit nahem deckungbietendem Wald sehr gelegen. Eingesäter Klee oder perennierende Lupine werden gerne angenommen. Doch auch schon der natürliche Aufwuchs kann durch geringe Düngergaben und jährliche Mahd schmackhaft sein.

Auf ärmsten Waldböden kann durch Kalk-Phosphatdüngung der Altbestände dem Wild bessere Äsung angeboten werden. Hierbei müssen allerdings Kleinflächen wechselnd gegattert werden, um Äsungspflanzen heranwachsen zu lassen.

2.10 Fruchttragende Bäume

Hierzu zählen Eiche, Buche, Roßkastanie, Wildobst, Eberesche, Holunder, Sanddorn. Diesen Baum- und Straucharten kommt in reinen Nadelwäldern große Bedeutung als Äsungslieferant zu. Man sollte sie vor dem Einschlag schützen und bei Durchforstungen von bedrängenden Nadelhölzern freistellen. Falls man sie im Zuge normaler Kulturmaßnahmen z. B. an Wegerändern pflanzt, muß man sie mit Drahthosen gegen Fege-, Schäl- und Schlagschäden schützen. Breitkroniges Aufwachsen wird durch großen Pflanzabstand (7–10 m) gewährleistet.

Reviereinrichtungen, die der Wildpflege dienen: Hegebüsche, Äsungsflächen (Dauergrünlandfläche, Wildwiese, Wildacker, Proßholzfläche, Äsungskleinflächen als Böschungen, Wegebankette, Kultur- und Feuerschutzschneisen), fruchttragende Bäume.

Hegebüsche sind Ruhe- und Schutzzonen für unser Wild in oft baumloser Kultursteppe.

Dauergrünlandflächen sind Klee-Gras-Äsungsflächen bis 0,5 ha Größe, die dem Wild ganzjährig zur Verfügung stehen.

Wildwiesen dienen der Winterfutterbevorratung.

Wildäcker werden je nach Zweckbestimmung im Sommer oder Winter vorübergehend zur Äsung freigegeben. Im Sommer dienen sie als Ablenkungsfütterungen, im Winter helfen sie Futternot lindern.

Proßholzflächen sind Baum- und Strauchkulturen, die dem Verbiß durch Schalenwild dienen und von den übrigen Forstkulturen ablenken sollen.

Äsungskleinflächen haben oft nur provisorischen Charakter, da sie bei anderweitiger Zweckbestimmung wieder aufgegeben werden, z. B. Holzlagerplatz, Kulturschneisen, Feuerschutzstreifen.

Fruchttragende Bäume liefern begehrtes Kraftfutter und sollten besonders in Nadelholzrevieren gefördert werden.
Sonstige Reviereinrichtungen, die dem Wohlbefinden, der Gesunderhaltung des Wildes und seiner Vermehrung dienen: Salzlecken als Lehm-, Stock-, Stamm- und Kistensulze, Suhlen, Tränken, künstliche Brutstätten.

Zur Wiederholung und Kontrolle

- Welchen Zwecken dienen jagdliche Einrichtungen?
- Welche Vorteile hat der Hochsitz gegenüber der Kanzel und umgekehrt?
- Was ist ein Jagdschirm?
- Wann darf das Wild gefüttert werden? Hierbei informieren Sie sich bitte über die gesetzlichen Bestimmungen in Ihrem Bundesland.
- Was ist ein Kraftfutterautomat?
- Worin besteht der Unterschied zwischen Fasanen- und Rebhuhnfütterungen?
- Welche Art von Salzlecken kennen Sie?
- Was ist ein Luderplatz?
- Nennen Sie den Unterschied zwischen einem Hegebusch und einem Verbißgehölz.
- Welche Baum- und Straucharten eignen sich für den Anbau auf einer Proßholzfläche?
- Worin besteht der Unterschied zwischen einer Dauergründlandfläche und einer Wildwiese?
- Zählen Sie einige Wildackerpflanzen auf.

3 Der Schuß auf Wild

Zu unterscheiden sind der Schuß auf Schalenwild mit der Kugel sowie der Schrotschuß auf sonstiges Haar- und Federwild. (Handhabung der Waffe und die Anschlagsarten s. Kap. Jagdwaffenkunde.)

3.1 Kugelschuß

Jeder Jäger führt eine geeignete Waffe. Der Feldjäger, der hauptsächlich auf Hase und Fasan jagt und nur ab und an ein Stück Schalenwild erlegen kann, wird als geeignete Waffe eine Doppelflinte neben einer Büchse führen. Der Wald- und Feldjäger, den eine gemischte Strecke erwartet, verwendet sicher eine kombinierte Waffe (Drilling). Der Waldjäger mit ebenfalls gemischter Strecke, aber überwiegend Schalenwild im Revier, wählt eine Bockbüchsflinte. Der Jäger in geschlossenen Waldgebieten mit ausschließlichem Schalenwildvorkommen führt lediglich eine Büchse. Das vorausgeschickt, kommt es auf die der zu bejagenden Wildart entsprechende Patrone an. Tunlichst gebührt dem stärksten und härtesten Wild – Rotwild und Sauen – ein angemessenes Kaliber, das für schwächeres Schalenwild, z.B. Rehwild, eher als brutal einzustufen wäre.
Letztes technisches Erfordernis für einen guten Büchsenschuß ist eine optimale Visierung, d.i. in aller Regel ein Zielfernrohr.
Sodann versucht man, auf eine günstige Entfernung, die bei Schalenwild nicht über 100–150 m (im Hochgebirge bis 200 m) liegen sollte, an das zu erlegende Stück heranzukommen und ihm die Kugel sicher anzutragen. Hierfür muß man wissen, wo die lebenswichtigen Organe des Stückes liegen, um ihm Qualen nach schlechten Schüssen zu ersparen (Abb. 187).
Zugegeben, der Jäger ist auch nur ein Mensch mit vielen Fehlern: Er ist nicht selten erregt, gestreßt und bisweilen unvorsichtig.

Oberster Grundsatz für den Jäger beim Schuß auf Schalenwild:

1. Achte auf die Sicherheit!
   Umgebung genau auf Geländeausformung (kupiertes Gelände), Hindernisse (Beeinträchtigung der Flugbahn) und Kugelfang (z.B. Dickung) beurteilen.
2. Ruhe bewahren!
   Nicht übereilt und unüberlegt schießen, beide Augen offenhalten, um das Stück im Schuß zu beobachten.
3. Handele weidgerecht!
   Auf Schalenwild nur mit der Kugel schießen; abwarten, bis das Stück breitsteht. Der Schuß spitz von vorne oder spitz von hinten (weniger Ziel) kann, wie auch der Schuß auf das Haupt (Äserschuß), nur in Ausnahmefällen – z.B. bei Fangschüssen – erforderlich werden.
4. Eigenen Standort und Standort des Wildes bei Abgabe des Schusses einprägen, um den Anschuß

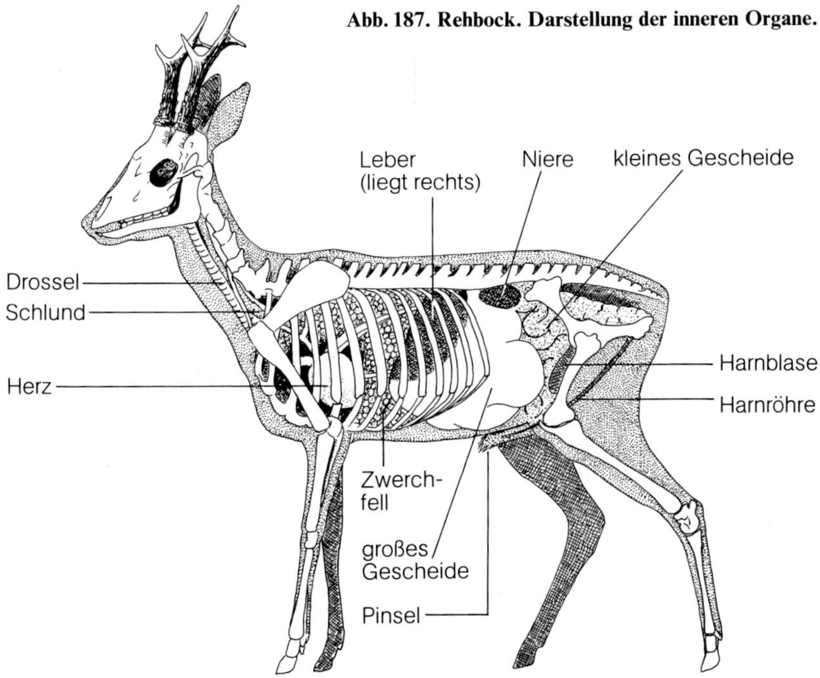

Abb. 187. Rehbock. Darstellung der inneren Organe.

festlegen zu können. Hierdurch erleichtert man sich und dem Hundführer die Arbeit bei erforderlich werdender Nachsuche. Oft genügt hierfür das Erkennen eines markanten Baumes oder Astes in unmittelbarer Nähe des zu erlegenden Stückes; auf monotonen Ackerschlägen hilft vielleicht auch ein größerer Stein, auf ebenso eintönigen Wiesen oder Weiden bisweilen eine nicht häufig dort wachsende Pflanze oder ein Weidepfahl. Sobald der Jäger nämlich seinen eigenen Standplatz verlassen hat, ohne sich vorher den Ort des Anschusses eingeprägt zu haben, irrt er häufig suchend umher.

3.2 Schrotschuß

Der Schrotschuß gilt dem Niederwild, außer Rehwild. Die geeignete Waffe ist die Flinte.
Als Grundsätze für den Schrotschuß haben zu gelten:

1. Achte auf die Sicherheit!
   Dieser Merksatz gilt besonders für Schrotschüsse, weil der Jäger sich zur Schrotschußabgabe meist sehr schnell entschließen muß. Man hüte sich vor zu flachen Schüssen, d.s. solche unter 45° Abgangswinkel.
2. Keine Weitschüsse riskieren!
   Die günstigste Schrotschußentfernung beträgt 35 m. Mit zunehmender Entfernung verbreitert sich die Schrotgarbe. Einher geht damit die Verringerung der Durchschlagskraft. Damit erhöht sich das Risiko, Stücke krankzuschießen.
3. Handele weidgerecht!
   Alles Federwild nur im Fluge beschießen (Ausnahme: Auer- und Birkwild sowie Tauben bedingt), alles Haarwild, wenn es sich bewegt. Für Raubwild und Raubzeug gilt diese Regel nicht.

4 Der Jäger nach dem Schuß

4.1 Zeichnen

Jeder Jäger beobachtet das Verhalten des beschossenen Stückes im und nach dem Schuß, indem er beide Augen offenhält. Man nennt dieses Verhalten des Wildes „zeichnen". Jungjäger übersehen oft dieses erste wichtige Schußzeichen.

Die Reaktion eines beschossenen Stückes Wild ist bei gleichartigen Schüssen selten unterschiedlich.

Im Normalfall soll das Geschoß beide Lungenflügel erfassen. Hierzu muß der Zielstachel des Zielfernrohres hinter dem Vorderlauf senkrecht hochgeführt werden, bis die Kammermitte erreicht wird und der Abzug betätigt werden kann. Man nennt derartige Schüsse Blattschüsse.

Ich vertrete allerdings den Standpunkt, daß bei dieser Technik nur dann saubere Blattschüsse abgegeben werden, wenn der Vorderlauf weder vorgesetzt ist noch nachgezogen werden muß. Deswegen empfehle ich, den Zielstachel von vorne waagerecht hinter das Blatt in Höhe des Schultergelenkes – d.i. ein sich deutlich abhebendes Polster auf dem Blatt – zu führen.

Der **mittlere Blattschuß** (Abb. 188) bewirkt schlagartiges Zusammenbrechen oder aber eine max. 80 bis 100 m lange gestreckte Hochflucht.

Abb. 188. Der mittlere Blattschuß.

Der **tiefe Blattschuß,** d.i. der tiefe Kammerschuß mit Herz- und Lungenverletzung, (Abb. 189) veranlaßt das kranke Stück zu rasanter, flacher Flucht mit vorgestrecktem Haupt.

Der **Hochblattschuß** (Abb. 190) erfaßt die Lunge und läßt das Stück sofort zusammenbrechen oder eine steile Hochflucht machen.

Abb. 189. Der tiefe Blattschuß.

Abb. 190. Der Hochblattschuß.

Beim **Krellschuß** (Abb. 191) werden die Dornfortsätze der Wirbelsäule getroffen. Das verletzte Stück bricht schlagartig zusammen und kommt nach kurzem Schlegeln wieder zu sich. Es wird hoch und flüchtig.

Der **Geweihschuß** aber auch **Kopfstreifschüsse** zeitigen ähnliche Wirkung.

Abb. 191. Der Krellschuß.

Der **Weidwundschuß** (Abb. 192) erfaßt den Pansen oder das kleine Gescheide. Das getroffene Stück fährt heftig, bisweilen auch unmerklich, zusammen und keilt besonders bei kleinem Gescheideschuß mit den Hinterläufen aus. Die Lauscher werden zurückgelegt. Beim Pansenschuß sieht man vielfach den krummen Rücken wie beim Leberschuß. In beiden

Abb. 192. Der Weidwundschuß.

Fällen sucht das Wild langsam flüchtend die nächste Dickung auf, wo es sich niedertut.

Leber- und Milzschüsse (Abb. 193) ähneln im Zeichnen oft dem Pansenschuß. Typisch ist der gekrümmte Rücken. Das krankgeschossene Stück flüchtet weniger schnell und tut sich bald nieder.

Abb. 193. Der Leber- und Milzschuß.

Abb. 194. Der Nierenschuß.

Beim **Nierenschuß** (Abb. 194) bricht das kranke Stück hinten weg und bleibt oft vorne aufrechtsitzen. Alle Wildarten klagen, Sauen besonders. Flüchtende Stücke strecken den Wedel oder Pürzel zitternd weg.

Der **Äser- bzw. Gebrechschuß** lassen das verletzte Stück sofort zusammenbrechen und ebenso schnell wieder hochwerden und flüchten. Sauen klagen in aller Regel.

Nach einem **Trägerschuß** mit getroffenem Halswirbel bricht das Stück im Feuer zusammen. Wird allerdings lediglich die Drossel erfaßt, geht das Stück röchelnd ab, um sich schon bald niederzutun.

Alle Knochenschüsse sind bis auf Wirbelsäulenschüsse nicht tödlich.

Abb. 195. Der Vorderlaufschuß.

Bei **Vorderlaufschüssen** (Abb. 195) knickt das kranke Stück nach der verletzten Laufweite hin ein, wenn es nicht wie beim Tiefblattschuß eine rasante Flucht vollführt. Der getroffene Lauf schlenkert beim flüchtenden Stück.

Abb. 196. Der Hinterlaufschuß.

Der **Hinterlaufschuß** (Abb. 196) läßt das Stück nur dann zur verletzten Seite hin wegbrechen, wenn der Laufknochen getroffen worden ist. Andernfalls zeichnet das Stück unmerklich.

Der **Wildbretschuß** läßt verletztes wie gesundes Wild reagieren, wobei vielfach behauptet wird, daß das

Stück dem Schmerz ausweicht: Tiefe Wildbretschüsse bewirken eine Hochflucht, hohe Wildbretschüsse das Gegenteil.
Hohlschüsse gibt es nicht, da die Kugel weder in der Brust- noch Bauchhöhle freie Passagen findet.
Bei allen mit Schrot beschossenen Stücken hängt die Schußwirkung von der Deckung (gleichmäßige Streuung) ab. Die Schrote veranlassen den Schocktod. Im einzelnen zeichnen:
Fuchs: Der tödlich getroffene Fuchs sinkt entweder augenblicklich zusammen oder aber flüchtet mit steil nach oben stehender Standarte und tiefer Nase in gerader Richtung. Klagelaute gibt nur der kranke Fuchs von sich. Ebenso beißt dieser bisweilen nach der kranken Körperstelle. Schwenkt der Fuchs die Lunte, so zeigt er damit einen Fehlschuß an. In Wirklichkeit schlägt er mit der schwenkenden Standarte als Steuerhilfsmittel eine andere Richtung ein.
Hase: Der tödlich getroffene Hase rolliert, kann aber ebenso noch bis zu 100 m flüchten. In aller Regel schießt man auf ihn, solange er auf den Läufen ist. Krankgeschossene Hasen klagen bisweilen.
Kaninchen: Bei krankgeschossenen Kaninchen besteht die Gefahr, daß sie den nächsten Bau annehmen.
Fasan und Rebhuhn: Der tödlich getroffene Fasan (Rebhuhn) fällt sofort zu Boden. Geständerte Stücke lassen den verletzten Ständer hängen und sondern sich vom Volk ab. Kopfschüsse werden durch mehrmaliges In-die-Höhe-springen des verletzten Federwildes nach dem Fall quittiert. Weidwundgeschossene Fasane oder Rebhühner vollführen einen gestreckten Flug mit horizontal gehaltenem Hals und Kopf, wobei beide Ständer vorübergehend herunterhängen. Geflügelte Tiere segeln zu Boden, um anschließend zu laufen. Schrote in der Brusthöhle verursachen steiles Hochfliegen, das sog. Himmeln.
Waldschnepfen: Sie gelten als weiche Vögel, die nach jeder Verletzung zeichnen. Tödlich getroffen, fallen sie sofort zu Boden, wobei die Schwingen körperangelegt sind. Weidwunde Schnepfen streichen mit steifen Flügeln allmählich nach unten. Kopfverletzte Schnepfen himmeln oft.
Enten: Sie gelten als hartes Flugwild. Tödliche Schüsse werden mit Kopfhängen und Stoßwackeln quittiert. Jede kranke Ente versucht im Wasser wegzutauchen.

4.2 Kugelschlag

Einher mit dem Zeichnen geht der Kugelschlag, der unmittelbar nach dem Büchsenknall vom geübten Jägerohr wahrgenommen wird. Dumpfer Kugelschlag läßt auf Weidwundschuß, heller, klatschender Schlag auf Kammerschuß, heller und harter Schlag auf Laufschuß, aber auch auf einen Baum- oder Steinschuß schließen. Bei hochrasanten Geschossen ist meist nur in einiger Entfernung ein zeitlicher Abstand zwischen Büchsenknall und Kugelschlag zu vernehmen.
Außer dem Zeichnen und Kugelschlag gehören Kugelriß im Boden oder Baum zu den Schußzeichen.

4.3 Anschuß

Den Anschuß – d.i. der Ort, an dem dem Stück die Kugel angetragen wird – sucht man nur dann auf, wenn das Stück dort zusammengebrochen ist oder zu erwarten ist, daß das Stück nicht in unmittelbarer Nähe davon im Wundbett sitzt.
Um bei einer erforderlichen Nachsuche den Anschuß wiederzufinden, verbricht man mit Anschuß- und Fährtenbruch (vgl. Kap. 5.4 Brüche).
Vielfach wird bei letztem Büchsenlicht noch der Schuß gewagt. Dann gilt es, insbesondere zur Sommerzeit, möglichst noch in der Dämmerung des Wildes habhaft zu werden, um es nicht bis zum nächsten Morgen verhitzen zu lassen (keine Nachsuche mehr!). Am Anschuß wird nach Pirschzeichen (d.s. vom Wild am Anschuß und im weiteren Verlauf der Wundfährte hinterlassene Zeichen, die man „pirschend" ermittelt) gesucht. Dazu gehören: Eingriffe, Ausrisse, Schweiß, Schnitthaar, Knochensplitter, Deckenfetzen, Wildbretteile, Teile innerer Organe, Panseninhalt.
VON RAESFELD und FREVERT rechnen die Pirschzeichen zu den Schußzeichen. In des Wortes strenger Auslegung kann mit „Schußzeichen" aber nur das

Schweiß. a = Herz; b = Lunge; c = Leber; d = Wildbret, arteriell; e = Wildbret, venös; f = Weidwund. Nach einem Aquarell von Dietrich Bornhalm.

a
b
c
d
e
f

Zeichnen, der Kugelschlag und der Kugelriß im Erdreich oder Baum gemeint sein.

Eingriffe, Ausrisse
Durch plötzliches Zusammenfahren im Schuß hinterläßt das Schalenwild tiefe Trittsiegeleingriffe im Boden, allerdings auch bei Fehlschüssen. Das dabei aus dem Boden herausgerissene Erdreich nennt man Ausriß.

Schweiß (Farbtafel Seite 305)
Das wohl wichtigste Indiz für eine Trefferbeurteilung ist der Schweiß. Aus seiner Beschaffenheit, Farbe und Menge kann man auf die Art der Verletzung schließen.

Man unterscheidet:

Herzschweiß:	dunkelrot
Lungenschweiß:	hellrot und schaumig
Leberschweiß:	dunkelrotbraun, griesig-körnig
Weidwundschweiß:	braunrot mit grünlichem Panseninhalt oder Gescheideinhalt oder mit halbverdauter Äsung durchsetzt
Nierenschweiß:	dunkelrot
Wildbretschweiß:	hellrot aus Arterie, dunkelrot aus Vene – dünnflüssig
Schweiß durch	
Äserschuß:	Speichelfäden im Schweiß
Drosselschuß:	mittelrot mit Blasen
Schlundschuß:	grünlichrot

Je nach Höhe der hinterlassenen Schweißtropfen am Bewuchs kann auch auf den Sitz der Kugel geschlossen werden: Schweiß in der Fährte läßt auf Brustkern-, hohe Lauf- oder auch Trägerschüsse schließen. Weit umhergespritzter Schweiß bedeutet tiefe Laufschüsse, Schweiß neben der Fährte dokumentiert Durchschuß des Wildkörpers.

Schnitthaar
Schnitthaar ist, wie der Name sagt, an seinem glatten Schnitt zu erkennen, der von der in den Wildkörper eindringenden Kugel herrührt. Im Unterschied dazu gibt es ausgerissene Wurzelhaare, die meist vom Ausschuß herrühren.
Je nach Wildart, Geschlecht, Körperteil und Jahreszeit gibt es unterschiedliches Schnitthaar. Den besten Überblick verschafft man sich durch eine Schnitthaarsammlung.

Knochensplitter
Die Beschaffenheit der am Anschuß gefundenen Knochensplitter gibt ebenfalls Aufschluß über den Sitz der Kugel: Kieferschüsse geben meist Zahnstücke her, Laufschüsse werden durch scharfe, spitze Splitter verraten, Rippenknochen sind nicht glashart wie Laufknochen, eher porös.

Deckenfetzen und Wildbretteile
Deckenfetzen und Wildbretteile lassen ebenso wie viel Schnitthaar auf einen Streifschuß schließen.

Schuß auf Wild:
Geeigente Waffe für vorkommende Wildarten im Revier führen.
Angemessenes Kaliber verwenden.
Optische Hilfsmittel (Zielfernrohr) einsetzen.
Günstige Schußentfernung wählen:
Schalenwild (Kugelschuß): 100–150 m (Hochgebirge 200 m)
Niederwild (Schrotschuß): 35 m
Beachten: Sicherheit, Ruhe bewahren, weidgerecht handeln, eigenen Standort und den des Wildes einprägen.

Nach dem Schuß:
Schußzeichen: Zeichnen, Kugelschlag, Kugelriß.
Pirschzeichen: Eingriffe, Ausrisse, Schweiß, Schnitthaar, Knochensplitter, Deckenfetzen, Wildbretteile, Teile innerer Organe, Panseninhalt.

4.4 Nachsuche
(vgl. Kap. über Jagdhundewesen)

Der Hundeführer begibt sich mit einem auf Schweiß arbeitenden Hund zum Anschuß, nachdem er zuvor das nachzusuchende Stück im Wundbett hat krankwerden lassen. In aller Regel können hierfür 2–3 Stunden veranschlagt werden.
Die Ausnahmen von dieser Regel werden bei Krellschüssen gemacht. Hier gilt es, mit einem brauchbaren Hund möglichst schnell nachzusuchen.

Bei Weidwundschüssen auf Hochwild wird die Wartezeit auf 4 Stunden ausgedehnt.
In der Dämmerung beschossenes Wild kann erst am nächsten Morgen nachgesucht werden.
Im einzelnen geht der Hundeführer wie folgt vor: Er legt den Hund 5–10 m vor dem Anschuß ab, untersucht den Anschuß auf Pirschzeichen. Ein weißes Taschentuch, mit dem man Schweißtropfen tupfend aufnimmt, kann sehr hilfreich sein. Bei guten Schüssen schweißt das kranke Stück oft erst nach einigen Metern, nachdem infolge Bewegung Schweiß aus der verletzten Körperstelle ausgedrückt wird.
Wenn man sich über den Sitz der Kugel klargeworden ist, holt man den bisher abgelegten Hund ohne jede Hast zum Anschuß und läßt ihn mit dem Kommando „Such verwundt“ die Schweißfährte am Riemen aufnehmen. Zeigt der Hund während der Fährtenarbeit weitere Pirschzeichen, indem er stehenbleibt und das Gefundene unaufhörlich bewindet, bisweilen auch zu seinem Führer aufblickt, so verweist er. Hierfür gebührt dem Hund besonderes Lob.
Der während der Nachsuche an ein krankes Stück gebrachte Hund wird geschnallt, um zu hetzen. Seine erfolgreiche Hetze endet mit dem Stellen des Stückes durch Standlaut. Nur der Hundeführer trägt den Fangschuß an. Jeder Versuch an der Nachsuche beteiligter Dritter, gestelltes Wild durch Fangschuß zu töten, muß unterbleiben. Hundeführer und Hund sind dabei im höchsten Maße gefährdet.
Nach erfolgreicher Nachsuche wird der Hund abgeliebelt. Als Belohnung wird ihm nach dem Aufbrechen Milz und etwas Schweiß gereicht. Man nennt das „genossenmachen“.

4.5 **Behandlung kranken Wildes** (auch krankgeschossenes und schwerkrankes Wild im Sinne des § 22a BJagdG)

Trotz modernster Waffentechnik wird nicht jedes Stück Wild sogleich im Feuer zusammenbrechen. Der Mensch ist eben auch nur ein mit Fehlern behaftetes Lebewesen, das hier als Jäger vielfältig versagen kann: Schlechte Schüsse z. B. durch falsches Zielen, schlechte Gewehrauflage, ungünstige Witterungseinflüsse, versagende Technik der Schußwaffe. Die Folge ist schmerzleidendes Wild, dessen Qualen man unter allen Umständen schnell zu beenden trachtet.

Krankes Wild kann auf folgende Art und Weise getötet werden:
Fangschuß: Der Fangschuß hat vor jeder anderen Tötungsmethode den Vorrang; denn er kann in aller Regel sicher auf Träger oder Blatt angebracht werden und erspart dem ohnehin leidenden Wild den Anblick des sich beim Abfangen, Abschlagen oder Abfedern erforderlichen Annäherns des Jägers. Auch auf kleineres Niederwild sollte der Fangschuß mit Schrot gewählt werden.
Tierschutz hat Priorität vor der Arbeit mit Weidblatt und Saufeder, womit man früher Jägerschneid und jagdliches Können bewies.
Es gibt jedoch Situationen, in denen der Fangschuß nicht anzubringen ist, z. B., wenn Hunde das krankgeschossene Stück decken, oder wenn ein angefahrenes krankes Stück der nächsten Polizeidienststelle in einer geschlossenen Ortschaft zugeführt wird. Hier bietet sich eine der nachfolgenden Tötungsmethoden an.
Abfangen: Man tritt vom Rücken an das kranke Stück heran, um nicht von den schlegelnden Läufen erfaßt zu werden.

Blattfangen oder Herzfang: Die blanke Waffe wird hinter dem Blatt (auf der Mitte) schräg nach vorn in Richtung Herz gestoßen und drehend zurückgezogen. Vorzugsweise wird das Weidblatt (vgl. Jagdwaffenkunde) oder ein Messer verwendet, das an der Spitze breiter ist und damit eher die wichtigen Organe (Herz) trifft als der Hirschfänger und den Brustkorb weit öffnet. Hiermit wird der Unterdruck im Lungenraum und die Atmung schlagartig aufgehoben.
Weniger gebräuchlich, aber ohne große Übung durchführbar ist der

Kälberfang oder Kälberstich bei Kahl- und Rehwild. Hierbei wird die Klinge vom Stich (Brustmitte) in die Brusthöhle gestoßen und Lunge und Herz oder die Hauptschlagader getroffen (nicht zu empfehlen). Eine für Rehwild häufig angewandte Methode ist das

Abknicken oder der Genickfang: Hier wird der Nicker zwischen Atlas und Hinterhauptbein einge-

führt, womit man das Rückenmark trifft. Augenblicklich tritt der Tod ein. Wichtig ist der richtige Ansatz des Messers, nachdem man das Gehörn des Rehbockes oder die Lauscher der Ricke umfaßt und damit das Haupt herunterbiegt.
Das Abknicken muß unbedingt am verendeten Stück häufig geübt werden.

Bei kranken Sauen wird außer dem Fangschuß aus Sicherheitsgründen allenfalls die Saufeder eingesetzt. Man läßt das kranke Stück entweder auflaufen oder bringt hiermit den Blattfang an.
Abschlagen: Kranke Hasen und Kaninchen werden an den Hinterläufen gehalten und mittels Handkantenschlag oder Stockschlag hinter die Löffel der Atlas ausgerenkt.
Krankes Raubwild, insbesondere Fuchs, erlöst man, wenn nicht durch Schrotschuß, schmerzlos durch Stockschlag von hinten zwischen die Gehöre. Der oftmals propagierte Schlag auf die Nasenwurzel und über den Kehlkopf bereiten dem Tier große Qualen.
Abfedern: Krankes Federwild sollte nicht abgefedert werden (Federkiel einer Schwungfeder in das Hinterhauptloch treiben), sondern besser mit dem Kopf gegen einen harten Gegenstand (Stein, Stiefelabsatz) geschlagen werden.
Ebenso wirksam ist das Eindrücken der Schädeldecke mit dem Daumen bei jungem Federwild, oder man umfaßt die Brust und preßt sie kräftig zusammen, wonach das Stück infolge Atemnot sofort verendet.

Zur Wiederholung und Kontrolle

- Welche Grundsätze hat der Jäger beim Schuß auf Schalenwild zu beachten?
- Wie weit ist die maximale Schrotschußentfernung?
- Was verstehen Sie unter „Zeichnen"?
- Was ist der Kugelschlag?
- Wie zeichnet ein weidwundes Stück Schalenwild?
- Was verstehen Sie unter „himmeln"?
- Wie zeichnet der tödlich getroffene Fuchs?
- Wie stellt man den Anschuß fest?
- Wie kennzeichnet man den Anschuß?
- Wie sieht Schnitthaar aus?
- Welches Aussehen hat Lungenschweiß?
- Worauf lassen weit umhergespritzte Schweißtropfen schließen?
- Wann beginnt man im Normalfalle mit der Nachsuche?
- Bei welchen Schüssen hat die Nachsuche möglichst sofort zu beginnen?
- Was verstehen Sie unter „verweisen"?
- Was ist „genossenmachen"?
- Gesetzt den Fall, Sie müssen ein krankes Stück Schalenwild, das der verunfallte Kraftwagenfahrer in sein Stadthaus mitnimmt, ohne Schußwaffe töten. Welche Möglichkeiten gibt es?
- Welche der erörterten Tötungsmöglichkeiten ist Ihrer Meinung nach die tierschutzgerechteste?
- Wie tötet man einen kranken Fasan?

4.6 Behandlung erlegten Wildes

Mit dem Aufbrechen beginnt der blutige Teil der Arbeit. Wer sich hiervor scheut, kann auch nicht jagen; denn grundsätzlich bricht der Erleger selber am Erlegungsort auf. Bei beschwerlichem Transportweg und starken Stücken kann das Aufbrechen bei Erreichen des Transportwagens erfolgen, um einfachereres Schleifen möglich zu machen. Bei warmer Witterung muß man dann allerdings lüften, wobei man die Bauchhöhle öffnet und durch einen Knüppel offenhält. Besser, aber transportungeeignet, ist das Aufschärfen vom Schloß bis zum Brustbein. Kleine Luftlöcher in der Decke verstopfen sehr schnell durch herausquellendes Gescheide. Ebenso unmöglich ist der Stich in den Pansen, weil dann mit dem Panseninhalt Fäulnisbakterien in die Bauchhöhle dringen.
Das Stück wird vor Beginn des Aufbrechens zunächst auf den Rücken gelegt, nachdem man beim Gamsbock den Gamsbart gerupft und während der Brunft des Gamswildes die Brunftfeigen entfernt hat. Bei männlichem Wild (inbesondere Hochwild mit stärkerer Trophäe) gibt die Trophäe unter dem waagerecht liegenden Haupt dem Wildkörper festen Halt.
Der Aufbrechende begibt sich nunmehr entgegen althergebrachter Gepflogenheit, bequem gekleidet, d. h. nicht zwingend mit Jagdrock, sondern durchaus

mit kurzärmeligem Hemd bekleidet, an die eigentliche Arbeit. Dabei schärft er zunächst bei allen Wiederkäuern die Decke einschließlich Haut vom Drosselknopf bis zum Stich auf. Die dann freigelegte Drossel und der Schlund werden durchtrennt. Anschließend verknotet man den Schlund, damit keine Äsung nach oben austritt. Damit der Knoten nicht zur Öffnung abgleitet, wird zuvor das Wildbret an der für den Knoten vorgesehenen Stelle des Schlundes mit dem Messer entfernt (abgekratzt) oder aber der Schlund vertikal auf seiner Mitte eingeschnitten und durch diese Öffnung dann das obere Schlundende verknotet. Drossel und Schlund werden sodann mit der Faust in die Brusthöhle gedrückt, um später beim Herausziehen des Aufbruchs aus Brust- und Bauchhöhle leichtere Arbeit zu haben.

Zwischen den auseinandergeklappten Hinterläufen beginnt man dann, vom Schloß bis zum Brustbein die Bauchdecke aufzuschärfen. Dabei führt man das Weidmesser waagerecht zwischen Zeige- und Mittelfinger der nicht messerführenden Hand, um das Gescheide am Vordrängen zu hindern. (Abb. 197)

Bei männlichen Stücken entfernt man die Brunftkugeln, die Brunftrute einschließlich umgebender Decke und die Samenstränge. Der Pinsel (außer bei brunftigen Rot- und Damhirschen und bei Keilern) sowie das Feuchtblatt nebst Schürze verbleiben an der Decke.

Nunmehr kann das die Keulen verbindende Wildbret durchschärft werden, ohne die Sehnenhaut zu verletzen. Indem dann der Pansen vom Zwerchfell weggedrückt wird, erreicht man den Schlund am Übergang von der Brust- zur Bauchhöhle. Durch gefühlvolles Ziehen befördert man das gesamte Gescheide unter Zurückdrücken der Leber nach hinten aus dem Wildkörper. Der Weiddarm, der zunächst noch im Wildkörper verbleibt, kann erst entfernt werden, wenn das Schloß geöffnet worden ist. Hierbei ertastet man eine erhöhte Knorpelnaht, die bei jungen Stücken mit dem Weidmesser aufgetrennt wird; bei älteren Stücken nimmt man das Weidblatt oder eine Säge zu Hilfe. Achtung – nicht die Blase verletzen! Sodann hebt man beide Keulen in den durchtrennten Schloßhälften mit den Händen an, bis deutliches Knochenreißen zu vernehmen ist. Hiermit werden Blase, Weiddarm und Tragsack so weit freigelegt, daß sie mühelos herausgelöst werden können. Anschließend schärft man die an der Innen-

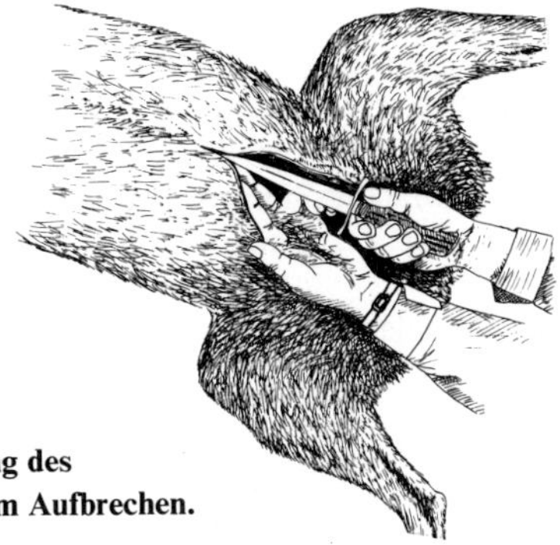

Abb. 197. Führung des Weidmessers beim Aufbrechen.

seite des Schlosses verlaufenden Brandadern auf, um das Stück ausschweißen zu lassen; hierbei handelt es sich um Venen, die vom Rücken zu den Keulen verlaufen.

Zum Schluß wird das Zwerchfell mit dem Messer von den Rippen getrennt, wonach das Geräusch (Herz, Lunge, Leber) mitsamt der Drossel und dem Schlund ohne besondere Mühe herausgezogen werden können (beim Schwarzwild wird ein Teil des rückenanliegenden Zwerchfelles für die pflichtgemäße Trichinenschau im Wildkörper belassen). Bei Schwarzwild, Muffel- und Gamswild bleibt dann noch das Herauslösen der Gallenblase aus der Leber. Um das Stück weiter ausschweißen zu lassen, hebt man es vorne an. Schwere Stücke (z.B. Rotwild) legt man einfach mit gespreizten Läufen auf die Bauchseite. Durch Weidwundschuß stark verschmutzte Stücke wäscht man mit Schweiß aus der Brusthöhle oder wischt sie mit einem sauberen Lappen aus. Zu Hause nimmt man hierfür einen Wasserschlauch.

Heute hat sich vielfach ein vereinfachtes Aufbrechen durchgesetzt, wobei nach Öffnen von Bauchdecke und Brustkorb das Schloß wie üblich aufgebrochen wird. Danach wird das Zwerchfell an den Federn abgeschärft und von der Drossel her das gesamte Geräusch und Gescheide erfaßt und nach hinten herausgezogen. Bei dieser zügigeren Art des Aufbrechens werden auch Hautgewebe und Brandadern mit herausgerissen. Außerhalb des Wildkörpers trennt man Geräusch und Gescheide. Dieser neue Brauch ist hygienisch einwandfreier als der bisherige.

Das Aufbrechen ist nicht beendet, bevor man nicht das vor sich liegende Stück „fleischbeschaut“ hat.

Hierbei ist zu achten auf:

1. Geschwülste oder Abszesse an inneren Organen oder in der Muskulatur,
2. Schwellungen der Gelenke oder Hoden, Leber- u. Milzschwellungen,
3. Knoten auf Lunge, Leber, Nieren, Herz und Milz,
4. Anomale Gasbildung in Magen- und Darmkanal mit Verfärben innerer Organe.
5. Stickige Reifung nach später Versorgung
6. Offene Knochenbrüche, die nicht von der Erlegung herrühren.

Aus dem Rotwildoberkiefer löst man die Grandeln mit dem Messer heraus.

Bei Sauen wird statt des Schlundverknotens ein Quertrennschnitt durch Schwarte, Drossel und Schlund geführt.

Hasen und Kaninchen werden, nachdem sie erlegt sind, ausgedrückt, wobei der Jäger sie rücklings über sein Knie legt und mit dem Daumen der freien Hand fest auf die Blase in Richtung Schloß drückt. Näßt der Hase nicht, ist seine Blase von Schroten getroffen oder vorübergehend die Blasenmuskulatur verkrampft. Dann weidet oder wirft man sofort aus, was man andernfalls nach dem Streckelegen erledigen kann: 2 Finger breit über dem Weidloch führt man einen handbreiten Querschnitt durch den Balg und die Bauchdecke. Sodann trennt man von Hand bis zum Brustbein Bauchdecke und Balg voneinander, um anschließend die Bauchdecke bis zum Brustbein aufzuschärfen. Auf diese Weise kann das Gescheide einfach entnommen werden. Das Schloß wird nicht aufgebrochen. Vielmehr wird der Darm vor Eintritt in das Schloß abgerissen.

Vor dem oben beschriebenen Balgquerschnitt wird ein kleines Loch in den Balg geschärft. Die nunmehr durch die hergestellten Öffnungen gezogene Blume verschließt den Hasen oder das Kaninchen gut.

Das oftmals in Lehrbüchern propagierte Ausschleudern muß aus hygienischen Gründen abgelehnt werden, da oftmals Verunreinigungen in der Bauchhöhle zurückbleiben.

Federwild wird ausgenommen, sofern es sich nicht um stärkere Arten (z.B. Auerhahn, Wildgänse) handelt. Man schärft am Weidloch ein kleines Loch auf, in das man mit den Fingern hineinlangt, um das Gescheide herauszunehmen.

Das Aushaken mit einem überall auffindbaren Stöckchen mit Zwiesel als Haken oder einer an vielen Jagdmessern vorgesehenen Einrichtung, die man drehend in das Weidloch einführt, ist aus hygienischen Gründen zu verwerfen, weil vielfach der Darm im Inneren des Wildkörpers abreißt (insbesondere nach Schrotschußverletzungen) und der Darminhalt sich in die Bauchhöhle ergießt.

Nicht vergessen sollte man, den Kropf von Taube und Fasan aufzuschärfen und zu reinigen, um dem Säuern des Inhalts vorzubeugen.

Auerhähne werden aufgebrochen. Diese weidmännische Bezeichnung wird wegen deren Zugehörigkeit zum Hochwild gewählt. Der Vorgang ist identisch mit dem Ausfahren größeren Federwildes, bei dem der Balg vom Weidloch bis zum Brustbein aufgeschärft wird, um das Gescheide entnehmen zu können. Federwild, das als Ganzpräparat hergerichtet werden soll, ist hiervon ausgenommen.

Schnepfen werden wie sonstiges kleines Federwild ausgenommen; denn Schnepfendreck (Eingeweide, die man zubereitet) ist keineswegs als Delikatesse zu essen. Ebenso gut könnte man das Gescheide anderen Wildes essen!

Lüften: Erforderlich bei warmer Witterung, wenn sofortiges Aufbrechen unmöglich ist. Aufschärfen des Schalenwildkörpers vom Schloß bis zum Brustbein und Offenhalten durch Knüppel.

Aufbrechen: Versorgen erlegten Schalenwildes, um es vor dem Verderb zu schützen.

Die herkömmliche überlieferte Art des Aufbrechens ist größtenteils durch eine einfachere und hygienisch einwandfreiere ersetzt worden. Hierbei werden Bauchdecke und Brustkorb aufgeschärft, das Schloß aufgebrochen und das Zwerchfell von den Federn abgeschärft. Sodann werden Drossel mit Schlund, Geräusch und Gescheide nach hinten herausgezogen und separiert.

Kleines Jägerrecht: Dem Aufbrechenden (nicht dem Erleger) gehört das Kleine Jägerrecht. Dazu rechnet Herz, Lunge, Leber, Nieren und Feist, soweit mit dem Weidmesser und den Fingern lösbar.

Bei Gesellschaftsjagden, auf denen oftmals Waldarbeiter mit dem Aufbrechen beschäftigt werden, entscheidet der Jagdherr über die Aufteilung des Kleinen Jägerrechts.
Zum Jägerrecht gehört außerdem die Trophäe (Erleger) – dazu zählt auch der gesamte Auer- und Birkhahn sowie nach dem Abschlagen des Kopfschmuckes der freigelegte Bregen (auch: Brägen = Gehirn) und der Lecker.
Ausdrücken: Entleeren der Blase von Hase und Kaninchen durch Daumendruck auf den Unterleib.
Ausweiden, auswerfen: Hasen und Kaninchen werden ausgeworfen, indem die Innereien nach Aufschärfen der Bauchdecke, die vorher vom Balg getrennt wird, entnommen werden.
Ausfahren: Beim Federwild den Balg vom Weidloch bis zum Brustbein aufschärfen und Gescheide entnehmen. (Derselbe Vorgang wird beim Auerwild „Aufbrechen" genannt.)
Ausnehmen: Gescheide des kleinen Federwildes über ein am Weidloch aufgeschärftes Loch mit den Fingern entnehmen.

4.7 Transport von Wild

Grundsätzlich gilt, alles auf der Einzeljagd Erlegte so schnell wie möglich in die Wildkammer oder einen mit gleicher Zweckbestimmung vorgesehenen Raum zu transportieren. Das geschieht heute in den meisten Fällen unter Zuhilfenahme des PKW. Lediglich größere Stücke Rot-, Dam- und Schwarzwild werden, sofern der PKW keine Ladefläche aufweist, mit hierfür besser geeigneten Fahrzeugen befördert.
Einen Hauch von jagdlicher Romantik kann sich derjenige bewahren, dessen Wildabnahmestelle (Forsthaus, Wohnhaus, Jagdhütte) im Revier liegt und der mittels Pferdefuhrwerk oder handgezogenem Karren das Stück Schalenwild ordnungsgemäß versorgt heimwärts ziehen läßt oder zieht. In solchen Fällen wird das Transportmittel mit Brüchen ausgelegt sowie das erlegte Stück ebenso bedeckt. Nach altem Brauchtum zeigt das Haupt des Stückes in Fahrtrichtung.
Im Gebirge wird schwächeres Schalenwild (Gams- und Rehwild) oftmals mit einem Gamsträger (Ledergurt) auf dem Rücken talwärts befördert. Rehwild kann man außerhalb der warmen Jahreszeit auch mit durchheßten Vorderläufen (zwischen Handwurzel und Ellenbogen), durch die man die Hinterläufe kreuzweise zieht, im Rucksack befördern.
Für das Niederwild außer Rehwild ergeben sich kaum Transportprobleme. Der Fuchs wird zur Schonung seines Balges außen auf dem Rucksack mit verschränkten Läufen getragen. Alles übrige Haarwild kann in den Rucksack gelegt werden – vorausgesetzt, daß es sich um Einzelstücke handelt.
Die übliche Methode, den Hasen an den Hinterläufen kopffallend mit der Hand zu tragen, sollte vergessen werden, da der Kopf meist den Boden berührt. Besser zieht man beide Vorderläufe durch die geheßten Hinterläufe.
Auf Treibjagden erlegtes Haarwild, hier insbesondere Hasen und Kaninchen, wird mit zusammengebundenen Hinterläufen auf Querstangen, die eigens zum Wildtransport auf einem Wildwagen angebracht sind, befördert.
Federwild wird umgekehrt mittels eines durch die Nasenlöcher gezogenen Bandes auf dem Wildwagen aufgehängt. Auf der Einzeljagd erlegte Rebhühner und Fasanen werden am Galgen – das ist eine Schlinge, die den Kopf des erlegten Stückes faßt – getragen. Alles Wild, das entgegen dieser Beschreibung unsachgemäß übereinanderliegend befördert wird, verhitzt leicht und ist dann für den menschlichen Genuß ungeeignet.

4.8 Aus der Decke schlagen, abschwarten, streifen

Das Aus-der-Decke-schlagen (Schalenwild, außer Schwarzwild) bzw. Abschwarten (Schwarzwild und Dachs) wird vielfach unter dem Begriff „zerwirken" miterfaßt. Das Haarraubwild (außer Dachs) sowie sonstiges Haarwild wird abgebalgt oder gestreift. Alle weidmännischen Bezeichnungen, aus-der-Decke-schlagen, abschwarten, abbalgen (streifen), stehen für das Loslösen der Decke, Schwarte oder des Balges vom Wildkörper.
Beim Aus-der-Decke-schlagen und Abschwarten sowie Streifen trifft man Vorbereitungen für leichtes Arbeiten, indem man nach Möglichkeit jedes schwere Stück (Rotwild, Schwarzwild) auf einen Tisch legt. Leichtere Stücke hängt man an einem Fleisch-

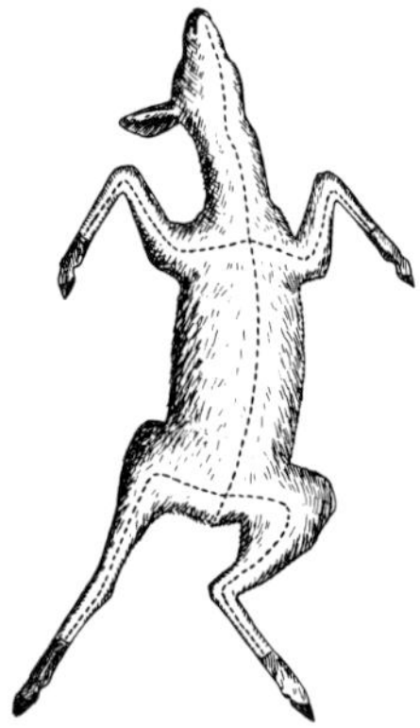

Abb. 198. Schnittführung beim Aus-der-Decke-schlagen.

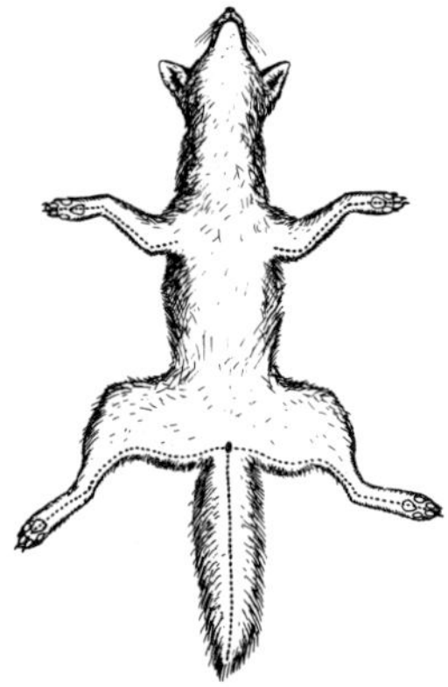

Abb. 199. Schnittführung beim Abbalgen.

haken auf. Notwendiges Bücken sollte sich auf Ausnahmen beschränken, z.B. erforderliches Aus-der-Decke-schlagen im Hochgebirge, um das Stück talwärts transportieren zu können.

Man beginnt mit der Arbeit stets an einem der Vorderläufe, da man entgegengesetztenfalls allzu leicht Decke und Bauchfell nicht voneinander trennt (Abb. 198).

Die Decke der Läufe wird oberhalb des Geäfters durch Rundschnitt getrennt. Sodann wird die Innenseite der Läufe bis zum Brustbein und von dort aus bis zum Äser aufgeschärft (soweit nicht schon beim Aufbrechen vom Schalenwild, außer Schwarzwild, in Teilen geschehen – Drosselknopf bis Stich). Mit dem Messer wird die Decke entlang der vorbeschriebenen Schnittführung soweit gelöst, bis man ziehend unter Zuhilfenahme des auf den Wildkörper drükkenden Daumens bzw. auch der Faust das Wildbret freilegt. Beim Abschwarten von Schwarzwild läßt sich die Schwarte nur Stück für Stück mit dem Messer lösen.

Für den hinteren Teil geht man analog der Methode für die Vorderläufe vor mit Schnittführung Richtung Schloß. Danach vollendet man die andere Hälfte des Stückes auf die gleiche Weise. Der aus der Decke geschlagene Teil verbleibt weiterhin in der gelösten Decke zum Schutz gegen Verschmutzung, insbesondere beim Verrichten der Tätigkeit auf dem Erdboden. Das Streifen beginnt man möglichst sogleich nach dem Töten des Raubwildes oder sonstigen Haarwildes, weil sich der Balg dann leichter vom Kern (Rumpf) lösen läßt. Das Haarraubwild wird zunächst auf den Rücken gelegt, um alle Laufinnenseiten von den Ballen bis zum Weidloch (bei den Hinterläufen) bzw. von den Ballen bis zum Wildkörperansatz (bei den Vorderläufen) aufzuschärfen (Abb. 199).

Die Zehenknochen kneift man im ersten Glied mit einer Zange durch, so daß die Krallen am Balg belassen werden. Die Lunte wird unterseits aufgeschärft, um die Rübe freilegen zu können. Dies kann aber auch geschehen, indem man die Luntenwirbel am Rumpf durchschärft und die Rübe im oberen freigelegten Teil zwischen zwei Holzleisten erfaßt, so daß man die Luntenwurzel noch mit einer Zange greifen kann. Sodann zieht man mit ihr die Rübe unter Zurückhalten der Schwanzhaut durch die Holzleisten heraus.

Anschließend wird das Haarraubwild, Kopf bodenwärts, aufgehängt, und man streift den Balg über den Hals des Stückes. Die Gehörknorpel werden körpernah durchschärft. Jedes kraftvolle Ziehen muß jetzt unterbleiben, um nicht die Lidränder auszureißen. Nase, Lefzen und Fang werden sauber mit dem Messer freigelegt.

Zur Kontrolle der Arbeit werfe man öfter den Kopfbalg zurück (Haarseite oben).

Hasen und Kaninchen hängt man von vornherein nach Einhessen der Hinterläufe auf. Hier wird auch wie beim Schalenwild ein Rundschnitt angelegt, hernach die Keuleninnenseiten aufgeschärft und der Balg bis zu den Vorderläufen abgezogen. Hier werden die Ellenbogengelenke mit den Fingern freigelegt und abgeschärft. Sodann schärft man den Hals unterhalb des Kopfes durch. Erst danach wird die Bauchdecke geöffnet und das Stück zerlegt (es sei denn, man hat das Stück zuvor ausgeworfen).

Alles Schalenwild, außer Schwarzwild, wird aus der Decke geschlagen, Schwarzwild und Dachs werden abgeschwartet. Alles Haarraubwild, außer Dachs, sowie sonstiges Haarwild werden abgebalgt oder gestreift.

4.9 Zerwirken

Mit dem Begriff „zerwirken“ war nach alter Terminologie „aus der Decke schlagen“ gemeint. Die genaue Begriffsbestimmung kann im heutigen Sprachgebrauch in des Wortes wahrer Bedeutung nur „zerlegen“ bedeuten.
Das „Aus-der-Decke-schlagen“ geht dem Zerwirken voraus. Das Stück wird zum Schutz gegen Verschmutzung auf der ausgebreiteten Decke bzw. Schwarte zerlegt. Man kann es allerdings auch an einem Fleischhaken aufhängen. Zunächst werden die beiden Blätter ausgelöst, hernach das Brustbein aufgeschlagen oder mit einer kurzen Säge (Fuchsschwanz) aufgesägt. Dann werden die Rippen vom Rücken getrennt. Hierfür kann die Trennlinie (knapp handbreit beiderseits der Wirbelsäule) durch Einstechen der Rippenzwischenräume mit dem Messer vorgezeichnet werden. Umso leichter fällt das anschließende Durchbrechen der Rippen mit dem Messer (unschöne Bruchstellen) oder Durchsägen mit der Säge oder Durchschneiden mit einer Baumschere. Vor den Keulen wird der Rücken mit der Säge durchtrennt. Die Keulen werden dann durch leichte Drehung gegeneinander unter Zuhilfenahme eines Messers zweigeteilt. Sodann wird der Rücken am Trägeransatz durchgeschärft und -gesägt, um anschließend Vorderrücken und Filetrücken (Vorder- und Wedelziemer) zu trennen.
Sofern das Haupt bei männlichen Stücken nicht schon vom Wildkörper abgeschlagen worden ist, bleibt jetzt noch Zeit dazu, womit der Träger übrigbleibt.

Für zerwirktes Schalenwild kann folgender Aufteilungsschlüssel angehalten werden:

Aufteilung nach Gewicht:

Rücken	16,7 %
2 Keulen	33,2 %
2 Blätter	16,7 %
Hals, Kamm, Federn	16,7 %
Decke, Läufe, ggf. Haupt	16,7 %
	100,0 %

Aufteilung nach dem Wert:

Rücken	28 %
2 Keulen	45 %
2 Blätter	15 %
Hals, Kamm, Federn	7 %
Decke, Läufe, ggf. Haupt	5 %
	100 %

Wertigkeit für die Preisfindung unter Bezug zum Durchschnittspreis:

	Schalenwild (außer Schwarzwild)	Schwarzwild
Keule	170 %	170 %
Rücken	160 %	160 %
Blatt	110 %	120 %
Kamm (Nacken)	100 %	140 %
Hals	50 %	–
Federn	40 %	80 %

4.10 Wildverwertung und Wildbrethygiene

Die gesetzlichen Bestimmungen sind beim Thema „Jagdrecht und verwandtes Recht“ abgehandelt worden.
Hier soll nur die Behandlung des Wildbrets geschildert werden.
Grundsätzlich verfahre man mit allem Wildbret so, als wolle man es selbst verwerten. Nur dann ist die bestmögliche Versorgung gesichert.
Die Verwertung nahe dem Erlegungsort muß heute nicht unbedingt vor dem Versand stehen, da Kühlfahrzeuge jeden Verderb bei vorher richtiger Behandlung ausschließen.
Grundsätzlich gilt es, alles Wild nach der Erlegung sofort aufzubrechen (Schalenwild), auszuweiden

(Hase und Kaninchen) oder auszunehmen (Federwild). Danach läßt man das Stück 1–2 Stunden an der frischen Luft (bei Fliegengefahr unbedingt in der Wildkammer) reifen, außer Enten und Rebhühner.
Dieser Reifeprozeß soll die Muskulatur nach Abklingen der Totenstarre erfassen. Jede nicht einwandfrei abgelaufene Reife zeigt grünlichgraue Wildbretfarbe. Unbedingt abgelehnt werden muß die sofortige Unterbringung des soeben versorgten noch warmen Stückes im kühlen Keller.
Wenn das Wildbret die vorgeschriebene Zeit abgehangen hat, kann man es verarbeiten oder bei einer Dauertemperatur von − 18 °C einfrieren.
Zweckmäßigerweise wird das Stück Schalenwild portionsweise in Gefrierplastikbeuteln eingefroren (die Größe der Portionen ergibt sich beim Zerwirken, kann aber wunschgemäß auch weitergehend sein, z.B. Rotwildkeule zweiteilen). Die Hausfrau versieht jede Portion mit einem auf der Plastikfolie angebrachten Klebestreifen, auf dem Wildart, Bezeichnung des Wildbretteiles, Gewicht und Einlagerungsdatum vermerkt sind.
In Kühlschränken oder Kühlräumen kann Wildbret nur vorübergehend aufbewahrt werden. Es ist darüber hinaus möglich, Wildbret einzukochen oder zu räuchern (Wildschweinkeule).

4.11 Behandlung der Trophäe

Als Trophäen des deutschen Jägers gelten:
Ganzpräparate: z. B. Auerhahn, Birkhahn, Schnepfe.
Teilpräparate: z. B. Kopf und Träger und Vorschlag von Gams-, Muffelwidder- und Rehbockhaupt, oder Kopf mit Stingl und Fächer vom Auerhahn
Hauptschmuck: Geweih, Gehörn, Schnecken, Krukken, Abwurfstangen,
Eckzähne: Keilerwaffen, Bachenhaken, Fuchshaken, Hirschgrandeln, Tiergrandeln
Decken, Bälge, Teile von Decken: z. B. Gamsbart
Gefiederteile: z. B. Schnepfenbart, Malerfeder, Erpellocken;
Weidkörner, Schädel von kleineren Tieren.

Das Präparieren von Ganz- und Teilpräparaten überläßt man dem Dermoplastiker, wobei diesem die Wünsche über Tierstellung oder Kopfhaltung kundzutun sind. Wenngleich Präparatoren Fachleute sind, kann man sehr leicht an weniger gute Naturbeobachter – Naturbeobachten ist eine der wesentlichen Voraussetzungen für einfühlsames Nachempfinden und Nachformen tierischer Körperstellungen – gelangen, die einem den Anblick persönlicher Erinnerungsstücke verleiden.
Man lasse sich im übrigen nicht vom anfänglichen Überschwang und der Freude über die Beute hinreißen und gleich den ersten Rehbock als Kopfpräparat herrichten. Später entschließt man sich beim Anblick derartiger Staubfänger oftmals für den Verbleib in einer finsteren Ecke.
Die überwiegende Zahl der Trophäen sind Stirnwaffen unserer Hirsche, Rehböcke, Muffelwidder (evtl. auch Schaf) und des Gamswildes. Sie werden in aller Regel vom Erleger selber präpariert.
Das Haupt wird zunächst zwischen Hinterhauptbein und Atlas (1. Halswirbel) vom Körper getrennt. In der Jägersprache nennt man das „Abschlagen der Trophäe" (früher wurde hierzu der Hirschfänger benutzt; deswegen „abschlagen"). Es ist jedoch auch möglich, die Trophäe entsprechend gewünschter Größe von vornherein abzuschlagen. Bei diesem Vorgang werden die Lauscher am Stück belassen. Der Schädel wird vor den Lauschern (5 cm hinter den Rosenstöcken) aufgesägt. Man hüte sich hierbei vor irreparabelen schiefwinkligen Schnitten oder Nasenbeinbruch! Sodann schärft man die Decke vom Schädel ab und wässert diesen 24 bis 48 Stunden in kaltem, fließendem Wasser. Wenn hierzu die Möglichkeit nicht vorhanden ist, kann man auch den Schädel in einen Topf stellen, dessen Wasser man häufiger wechselt. Alsdann kocht man den Schädel ab und läßt dabei Geweih oder Gehörn aus dem Wasser herausragen. Der Vorgang des Kochens darf sich auf max. 20–30 Minuten für Rehgehörne, bzw. 60 Minuten für Geweihe, erstrecken, da sonst die Stirnnaht aufzureißen droht. Wichtig ist, daß alle Schädelteile im kochenden Wasser liegen, um Ränder und Flecke durch auf dem Wasser schwimmendes Fett an herausragenden Schädelteilen zu verhindern. Für den richtigen Tiefgang des Schädels kann man sich spezieller Abkochvorrichtungen (Abkochstativ Abb. 200) bedienen, ebenso auch Primitivmethoden anwenden, bei denen die Trophäe mittels eines Drahtes über ein Querholz oder die Kochtopfhenkel gehalten wird.

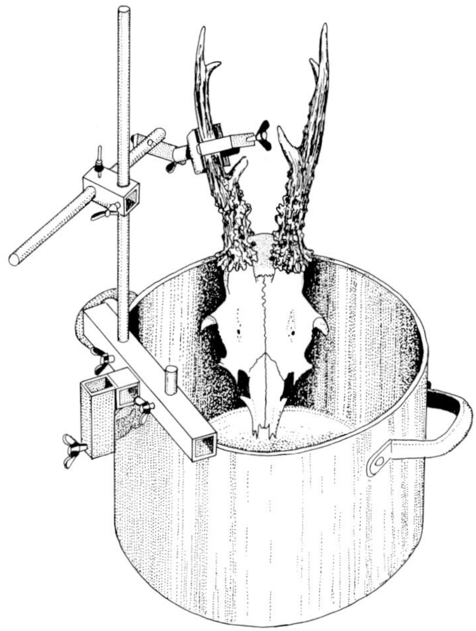

Abb. 200. Abkochstativ.

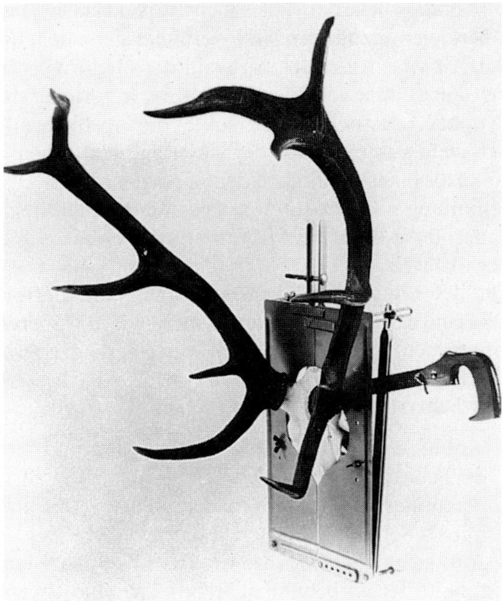

Abb. 201. Gehörn-(Geweih-)säge

Nach dem Abkochen stellt man den Schädel in kaltes Wasser, um ihn abzuschrecken. Damit wird erreicht, daß die Poren kein Fett anziehen. Unterlassenes Abschrecken ergibt gelbe Schädel, die sich nur schwer bleichen lassen.

Hiernach trennt man den Schädel (sofern man das gesamte Haupt abgeschlagen hat) in der gewünschten Größe – meist mit langer Nase – vom hinteren Teil, indem man einen Sägeschnitt gerade durch die Mitte der Augenhöhle von oben (Knochenwulst am Hinterhaupt) nach unten (Nasenspitze) führt. Unsaubere Schnitte lassen sich auf einem Schmirgelband beheben. Sicherer geht man mit einer Gehörn-(Geweih-)säge (Abb. 201), in die der Schädel eingehängt wird, um. Sodann wird der Schädel mit einem Messer von allen Wildbretresten befreit.

Sauberer und schädelschonender, aber kaum praktiziert, ist eine andere Macerationsmethode, bei der durch Wasserfäulnisbakterien alle Wildbretreste vom Knochen gelöst werden. In diesem Falle wird der gesamte Schädel in einem verschließbaren Eimer mit ständig 40°C warmem Wasser restlos bedeckt. Die daraufhin einsetzende Fäulnis löst binnen 3 Tagen sämtliche Wildbretteile vom Knochen. Der Schädel wird anschließend unter fließendem Wasser saubergespült. Weniger warmes Wasser verzögert den Fäulnisprozeß.

Alsdann wird entleimt, d.h. abgekocht, wobei Knochenleim und Fettreste freigesetzt werden. Der anschließend getrocknete Schädel kann dann mit Tetrachlorkohlenstoff (Vorsicht beim Einatmen entweichender Gase!) entfettet werden.

Endgültig sauber ist der Knochen nach abermaligem Wässern.

Das abschließende Bleichen in 30 prozentigem Wasserstoffsuperoxyd sorgt bei beiden beschriebenen Vorgängen für schneeweiße Schädelfarbe, in letzterem Falle garantiert ohne Fettflecke. Man achte darauf, daß die Rosen nicht mit dieser Lösung benetzt werden – sie verlieren dann ihre dunkle Farbe.

Der etwas aufwendige zweite Vorgang eignet sich besonders für das Präparieren vollständiger Schädel kleinerer Tiere (Wiesel und dergl.), die man auf diese Weise unbeschädigt aufbereitet.

Sodann wird meistens aufgesetzt: Der bereits gerade abgesägte Schädel mit Trophäe wird auf ein seiner Größe entsprechendes Schild gesetzt.

Für Beutestücke, die zur Pflichttrophäenschau mit Oberkiefer anzuliefern sind, verbietet sich zunächst das Aufsetzen. Bei der Auswahl der Gehörn- oder Geweihschilder gelte der Grundsatz, je geringer die Trophäe, desto geringer sollte die verbleibende Schädelmasse und auch die Unterlage sein. Ebenso sollte die Gleichmäßigkeit der Gehörn- und Geweihsammlung nicht dadurch gestört werden, daß man dauernd die Farbe und Form seiner Trophäenschilder wechselt.

Die Befestigung der Trophäe auf dem Schild erfordert einige Sorgfalt, wenn man nicht wie in früheren Zeiten den Schädel von vorn mit einer oder zwei dicken Schrauben „verzieren“ will. Als bessere Möglichkeiten bieten sich heute an:

1. Anbohren der Rosenstöcke von hinten und hier die Schrauben hineindrehen.
2. Patentklammern in die Schädelhöhle einsetzen und mittels Schraube das Schild hiermit verbinden.
3. Aufkleben des Gehörns, was aber absoluten Planschnitt der vorbehandelten Trophäe voraussetzt. Hierfür eignen sich auch nur leichte Trophäen: Rehgehörne und Gamskrucken.

In diesem Zusammenhang noch ein Wort zur Aufbewahrung des Unterkiefers: Einige Jäger pflegen einen Unterkieferast in einem dafür vorgesehenen Fach auf der Rückseite des Schildes unterzubringen, andere sehen wegen ungleichen Abschliffes beider Kieferhälften zwei Fächer für diesen Zweck vor. Hinzu kommt bei Pedanten ein weiteres Fach zur Aufbewahrung der Schneidezähne, denn auch diese können für die Altersbestimmung, insbesondere beim Rotwild, von Bedeutung sein.

Es gibt jedoch auch Beutesammler, die das Gebiß auf der Vorderseite des Schildes zu beiden Seiten der Trophäe – je einen Kieferast in einer dafür vorgesehenen Aussparung – unterbringen: Unterkiefer als Trophäe oder Prahlen mit richtigem Abschuß?

Schnecken des Muffelwidders oder Krucken des Gamswildes werden bis zum Ansatz der Schläuche abgekocht. Hernach werden die Trophäen kurze Zeit (30 Minuten) vollends in das kochende Wasser eingetaucht, damit sie sich anschließend vom Stirnzapfen abdrehen lassen. Auf diese Weise verhindert man, daß Gewebeteile an den Stirnzapfen verwesen können. Die anschließend wieder aufgesetzten Schnecken und Krucken werden über mit Zeitungspapier umwickelte oder mit Leim bestrichene Stirnzapfen gestülpt.

Keilerwaffen kocht man mit den Teilen des Ober- und Unterkiefers ab, in denen sich der nicht sichtbare Teil von Gewehren und Haderern befindet – d.s. bei den unteren Eckzähnen mehr als $^{2}/_{3}$ der Gesamtlänge, bei den Haderern weniger. Der 30 Minuten dauernde Vorgang ermöglicht das Herausdrücken der Trophäen aus Unter- und Oberkieferast.

Um die Gewehre vor dem Aufreißen zu bewahren, füllt man sie mit Stearin oder fettet sie. Für das Aufsetzen wählt man Schilder mit oder ohne Verzierung, kann aber auch das Gewaff mit zusammenhaltenden Metallfassungen ohne Unterlage oder mit grüner Kordel umwickelt aufhängen.

Weitere Trophäen, wie Gamsbart, Fuchshaken, Erpellocken, Malerfedern und Schnepfenbart lassen sich als Hutschmuck, Grandeln für Ringe, Manschettenknöpfe, Broschen, Krawattennadeln, Armbänder und Uhrenketten verarbeiten.

Gegerbte Decken werden als Wandschmuck und Vorleger (Brücken) verwendet, Raubwildbälge ergeben ansehnliche Tagesdecken oder Bekleidungsschmuck.

Geweihe, Gehörne, Schnecken, Krucken und Keilerwaffen werden i.d.R. abgekocht.

Geweih- und Gehörnschädel: 24–48 Stunden ohne Decke wässern, dann max. 20–30 Minuten (Rehgehörne), bzw. 60 Minuten (Geweihe) kochen, wobei Stangen vollends aus dem Wasser herausragen müssen; anschließend abschrecken; Schädel in gewünschter Größe aufsägen und Wildbretreste mit dem Messer entfernen.

Aufsetzen durch Schrauben von hinten in die Rosenstöcke, Aufkleben oder Patentklammern.

Schnecken, Krucken: Abkochen des Schädels mit vorübergehend völlig eingetauchten Schnecken bzw. Krucken. Trophäen abdrehen und Stirnzapfen sowie Schädel säubern. Anschließend Trophäen über mit Zeitungspapier umwickelte oder geleimte Stirnzapfen stülpen.

Keilerwaffen: Mit großen Teilen des Ober- und Unterkiefers, in denen das Gewaff steckt, kochen. Anschließend Gewehre und Haderer herausdrücken. Vor dem Aufplatzen schützen durch Fetten oder Stearinfüllung.

4.12 Behandlung verwertbarer Decken, Schwarten und Bälge

Decken und Schwarten werden, nachdem alle Reste von Feist bzw. Weißem und sonstigem Wildbret entfernt worden sind, mit der Innenseite nach außen auf eine Bretterunterlage genagelt, um luftig zu trocknen, ohne dabei großer Hitze ausgesetzt zu sein.
Hiernach oder aber auch im frischen Zustand gibt man sie an den Handel.
Mit dem Gerben von Sommerdecken bzw. Winterschwarten, die man als Vorleger oder Wandschmuck verwenden möchte, beauftragt man Gerbereien.
Hasen- und Kaninchenbälge werden mit der Balginnenseite nach außen auf Spannbretter gezogen und luftgetrocknet oder aber mit Stroh prall ausgestopft.
Das Wenden von Hasen- und Kaninchenbälgen erübrigt sich.

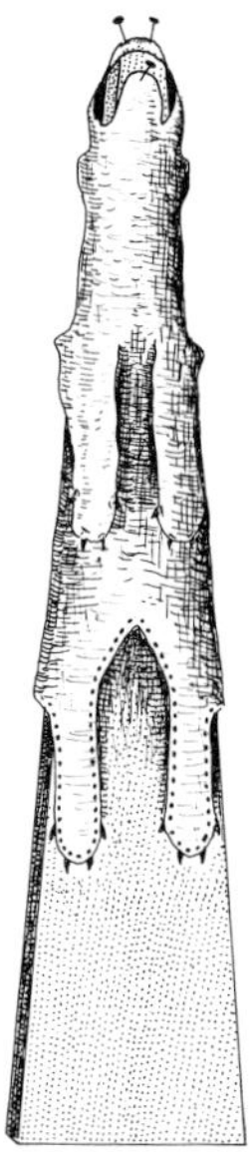

Abb. 202. Spannbrett mit gewendetem Raubwildbalg (Unteransicht).

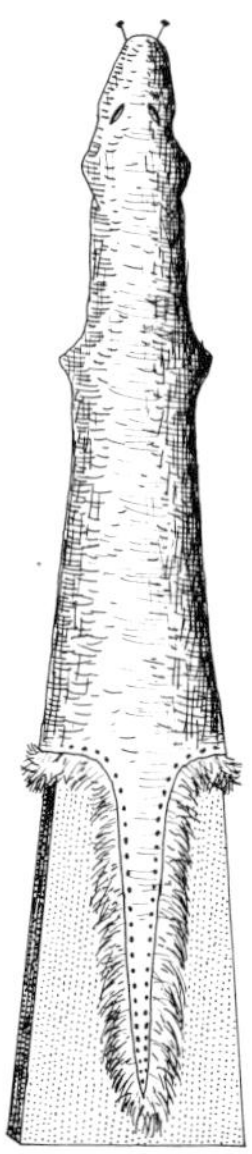

Abb. 203. Spannbrett mit gewendetem Raubwildbalg (Oberansicht).

Raubwildbälge werden nach dem Abbalgen auf ihre Größe entsprechende Spannbretter mit der Balginnenseite nach außen gezogen (Abb. 202, Abb. 203).
Derartige Bretter laufen an der abgerundeten Spitze konisch zu. Die Nasenspitze greift über die Spannbrettkante und wird mit kleinen Nägeln gehalten.
Der heute nur noch straff in Längsrichtung gezogene, auch an den Hinterläufen und der Lunte festgenagelte Balg wird im gewendeten Zustand 14 Tage auf dem Spannbrett in einem luftigen Raum aufgestellt. Die Vorderläufe werden mit Zeitungspapier ausgelegt, um nicht aufzurollen. Nach Ablauf dieser Frist kann der Balg über mehrere Monate luftig gelagert werden, bevor man ihn gerben läßt. Vor der Aufbewahrung in Plastiktüten wird gewarnt! Die auf der Balginnenseite verbliebenen Fettreste werden dann nämlich ranzig – sie spalten in Fettsäuren und Glyzerin auf – und sorgen mit der Zeit für Haarausfall.

Zur Wiederholung und Kontrolle

- Schildern Sie den Vorgang des Aufbrechens bei einem Stück Schwarzwild.
- Wann wird ein Stück Schalenwild gelüftet?
- Wie lüftet man?
- Was verstehen Sie unter dem Kleinen Jägerrecht?
- Was ist ausdrücken, was auswerfen?
- Ist Schnepfendreck genußtauglich?
- Worin besteht der Unterschied im Abschwarten eines Dachses und im Streifen eines Fuchses?
- Wie spannt man einen Marderbalg?
- In welche Teile zerwirkt man ein Stück Schalenwild?
- Wie bewahrt man ein Stück Schalenwild über längere Zeit auf?
- Welche gesetzlichen Bestimmungen sind bei der Wildverwertung zu beachten?
- Beschreiben Sie den Vorgang des Abkochens einer Rehbocktrophäe.
- Wie setzt man ein Gehörn auf?
- Welche anderen Trophäen gibt es, und wie werden diese verwertet?
- Wie wird der auf der Einzeljagd erlegte Fuchs transportiert?
- Was ist ein Galgen?
- Wann spricht man von Reife des Wildbrets?

5 Jagdliches Brauchtum

5.1 Geschichte der Jagd

Nachstehende Übersicht soll über die Jagd innerhalb der geschichtlichen Zeitabschnitte Auskunft geben:

Zeitabschnitt	Jäger, Jagdart, allgemeiner Entwicklungsstand	eingesetzte Jagdwaffen
Ältere Steinzeit bis 10000 v. Chr.	Neandertalermensch – jagte wegen der tierischen Nahrung vorwiegend Großtiere, auch Fallgrubenjagd	Waffen aus Knochen, Faustkeil, Keule und Speer aus Holz
Mittlere Steinzeit bis 4000 v. Chr.	Aurignacrasse – jagte nicht nur wegen der Nahrung, sondern auch um Knochen und Geweihe für den Werkzeugbau zu erhalten – zusätzlich Fischfang	Äxte aus Geweihen, Speere mit Steinspitzen oder mit Knochenspitzen, Bola u. Schleudern
Jüngere Steinzeit bis 2000 v. Chr.	Cro-Magnon-Rasse Jagdhundeentwicklung, außer der Jagd Viehwirtschaft und Pflanzenbau	Steinwaffen, Bola und Schleudern
Bronzezeit bis 1000 v. Chr.	um 2000: Germanen übernehmen die Herrschaft – Urdorfbildung – gemeinschaftliche Jagdbezirke – weiterentwickelte Landwirtschaft ab 1500: Stammesgliederung mit jagdlicher Herrschafts- und Untertanenschicht	Speere mit Metallspitzen, Schwerter aus Metall, Netze
Eisenzeit bis 300 n. Chr.	zunächst Rückentwicklung der Landwirtschaft – Einsatz gezähmten Wildes (Rotwild, Wisent) für die Jagd – Segusier- und Leithundentwicklung	Schwerter, Pfeile mit Eisenspitzen u. Bogen, Axt
Mittelalter bis 1517 (Reformation)	stetige Aufwärtsentwicklung der Landwirtschaft (ab 500 n. Chr.)	
Frühes Mittelalter bis 920	Landaneignung der fränkischen Könige – umfassende Waldrodungen – dem König stand die Jagd zu, die er z. T. auf Vasallen, die auch jagdberechtigt waren, übertrug. Seit dem 8. Jahrhundert gelangte auch die Geistlichkeit mit der Landübernahme durch die Kirchen zu Jagdfreuden, wogegen Karl der Große 789 einschritt – Schaffen der Bannforsten durch denselben gegen unbefugtes Jagen – ganzjährige Jagdzeit auf alles Wild, wobei unterschiedliche Qualitäten von Decke und Wildbret allmählich zu jahreszeitlichen Jagdschwerpunkten führten seit 800: Einführung von Jagdspezialisten: Otter- u. Biberjäger, Wolfsjäger, Hasen- u. Feldhuhnjäger, Pirschjäger für Hochwild	Pfeil und Bogen, Schwert, Wurfspieß, Saufeder, Weidmesser

Zeitabschnitt	Jäger, Jagdart, allgemeiner Entwicklungsstand	eingesetzte Jagdwaffen
Frühes Mittelalter bis 920	ab 900: Einführung eines Jägermeisters mit eigenem Lehen, Pferd, Dienerschaft u. Einnahmen aus Geldbußen, die bei jagdlichen Zuwiderhandlungen einkamen	
Hohes Mittelalter bis 1250	hohe Bedeutung der Falkenjagd – Blüte der Fangjagd durch Fußangeln u. Schlingen – Fährtensuche ohne Hunde durch Jäger, die Gestelle u. Wege nach frischen Fährten absuchten Wildtiermorde bei Hetzjagden statt jagdlichem Können prägen diesen Zeitabschnitt – Beendigung der Waldrodungen – die sog. Freien durften auf eigenem Grund und Boden jagen, wildernde Sklaven erhielten hohe Strafen, u. U. sogar die Todesstrafe	um 1200 Einführung der Armbrust; Schwerter erhalten spitze Form
Spätes Mittelalter bis 1517	starke Belastung der Bauern mit jagdlichen Frondiensten; darüber hinaus durften sie ihr Eigentum nicht gegen Wild schützen. Die allgemeine Landflucht wurde Ende des 14. Jahrhunderts gestoppt. Die Jagd bedeutete bisweilen in gewerblicher Hinsicht viel: Wildbret, Häute (Jägerkleidung), Waffen, Netze, sonstiges Jagdgerät. Große Bedeutung der sog. Heckenjagd, die Vorläuferin der Jagd mit Netzen und Tüchern war. Die Weidsprüche kommen in der ersten Hälfte des 14. Jahrhunderts auf	ab 1400 Feuerwaffen: Luntenschloß 1500: Feuersteinschloß 1517: Einführung des Radschloßgewehres, Neuaufkommen von Fuchseisen
Neuere Zeit bis heute	Verarmung des Bauernstandes nach dem Dreißigjährigen Krieg, dadurch große Abhängigkeit vom Großgrundbesitz Ausübung der Jagd fast nur durch die Fürstenhöfe, allerdings gab es Ausnahmen, in denen das Volk (Bauern) mit Erlaubnis auf Bär, Wolf, Luchs und Raubzeug jagen durfte. Um 1520 gegendweise Einführung von Jagdruhezeiten (Schonzeit) – allgemein jedoch erst im 17. Jahrhundert. Aufkommen der Haupt- und Bestätigungsjagen im 16. Jahrhundert. Im 17. Jahrhundert erscheint die erste deutsche Jagdliteratur (COLERUS, später TÄNTZER) Flugschießen Ausgang des 17. Jahrhunderts. Forst- und Jagdverwaltung verschmelzen im 17. Jahrhundert. Ende des 18. Jahrhunderts sorgte Friedrich der Große für den Vorrang der Forst- vor der Jagdwirtschaft.	1556: Einführung des Schrotgewehres 1750: Windbüchse 1830: Zündnagelgewehr 1878: Repetiergewehr

Zeitabschnitt	Jäger, Jagdart, allgemeiner Entwicklungsstand	eingesetzte Jagdwaffen
Neuere Zeit bis heute	Aussterben der Weidesprüche Anfang des 18. Jahrhunderts. Ende der Jagdfronen im Jahre 1848, Verbot der Schlinge im Jahre 1870, Übergang des Jagdrechtes auf den Grundeigentümer zur gleichen Zeit. 1891: Wildschadensgesetz zu Gunsten der Landwirtschaft, 7. 3. 1850 – Preußisches Jagdgesetz, 3. 7. 1934 – Reichsjagdgesetz, 29. 11. 1952 – Bundesjagdgesetz.	

5.2 Weidgerechtigkeit

Die Auslegung des Begriffes „Weidgerechtigkeit" ist seit Ende des 18. Jahrhunderts versucht worden. Bekannte Philosophen und Jagdschriftsteller haben hierüber geschrieben. Ich will ORTEGA Y GASSET zitieren: „Zum guten Jäger gehört eine Unruhe im Gewissen angesichts des Todes, den er dem bezaubernden Tiere bringt."
Hiermit wird die ethische Einstellung des Jägers zum Wild unterstrichen. Zweifellos läßt sich außerdem auch eine jagdgesetzliche Grundlage in der Beachtung sachlicher Verbote gem. BJagdG finden.
Darüber hinaus setzt Weidgerechtigkeit jagdfachliches Können sowie den Einsatz aller Sinne des Jägers voraus, um möglichst qualfrei zu töten.
Die Gerechtigkeit als Teil des auszulegenden Wortes befaßt sich aber auch mit dem Verhältnis zum Mitjäger, dem man anständig und offen begegnet.
Jeder Jungjäger, der die Jagd nur als freizeitfüllendes Vergnügen auszuüben gedenkt, sollte rechtzeitig sein Jägerprüfungsvorhaben aufgeben; denn der Zwang zum Töten kann nicht Hobby sein.
Der vom Gewissen hin- und hergerissene Jäger, in dessen Brust zwei Seelen wohnen – der Beutetrieb und das Gewissen, das bei allen jagdlichen Handlungen mitwirkt – denkt ständig über die Motivation der Jagdausübung nach. Dabei hat er auch den alleinigen Anspruch des Menschen, über Leben und Tod eines Tieres zu entscheiden, zu verkraften. Als gewissenberuhigende Antwort kann nur der Zwang zur Regulierung aller zur Massenvermehrung neigenden freilebenden Tierbestände gegeben werden, seitdem das Großraubwild bei uns ausgestorben ist. Doch der Weitergrübelnde gibt sich mit dieser Rechtfertigung für jagdliches Tun noch nicht zufrieden. Man denke nur an normale Vorgänge in der Natur, wo jede kaum verfolgte Tierart nach Massenvermehrung und Zusammenbruch der Population auf ein normales Maß zurückgeführt wird (z.B. Mäuse, Borkenkäfer). Warum nicht gleiche Vorgänge bei allen jagdbaren Tieren? Hierauf gibt es eine Antwort aus dem BJagdG, das den Ausgleich in den landeskulturellen Verhältnissen vor Massenausbreitung sichergestellt wissen will. Andernfalls käme es zu unverantwortbaren Schäden an volkswirtschaftlich und kulturell zu schützenden Gütern, wie Wald und Feld.
Zusammenfassend läßt sich Weidgerechtigkeit folgendermaßen definieren: Sie ist das Handeln gegenüber Mitjägern und Wild unter Berücksichtigung ethischer, moralischer und rechtlicher Normen. Sie schließt jagdfachliches Können und Pflege des Brauchtums ein.
An dieser Stelle soll die bei vielen Jägern dem erlegten Wilde als letzte Ehre erwiesene Totenwacht kritisch gewürdigt werden: Mensch und Tier sind Geschöpfe Gottes, deren Tod aber eine unterschiedliche ethische Wertung erfährt. Solange unter der „Totenwacht" der Naturgenuß des Einzeljägers im letzten Büchsenlicht oder bei aufgehender Sonne und das Überdenken des abgelaufenen Jagderlebnisses mit Freude über die Beute sowie die Erholung nach durchlebter Strapaze verstanden werden kann, kann ihr keine negative Kritik angehängt werden (vgl. auch Seite 328).

5.3 Weidmannssprache sowie sonstige jagdliche Begriffe in Kurzfassung

(soweit nicht schon bei den einzelnen Tierarten erläutert und im kynologischen Lexikon behandelt)

abbalgen: Abziehen des Felles beim Niederwild, außer Rehwild

abblasen: Beenden eines Treibens durch Hornsignal

Abkommen: Angabe des Schützen über den Sitz der Kugel im Ziel

abschlagen: 1. Trophäe absägen
2. Hase und Kaninchen durch Handkantenschlag hinter die Löffel töten
3. Auflösen der Mutter-Kindbeziehung beim Wild
4. Vertreiben eines geringeren Hirsches durch einen stärkeren

Abschußbock: ein den Hegezielen nicht entsprechender Rehbock, der erlegt werden sollte

Abschußhirsch: ein den Hegezielen nicht entsprechender Rothirsch, der erlegt werden sollte

abschwarten: Abziehen des Felles (Schwarte) von Schwarzwild und Dachs

abwerfen: Verlieren der Stangen bei allen Cerviden

annehmen: 1. Angreifen des Gegners durch wehrhaftes Wild
2. Benutzen eines Wechsels durch Wild
3. Aufsuchen einer Fütterung

Anschuß: Ort, an dem sich das Wild zum Zeitpunkt der Schußabgabe befand

anschweißen: Krankschießen von Wild

ansprechen: Wild nach Art, Geschlecht und Stärke beurteilen

äsen: Nahrungsaufnahme des Wildes, außer Schwarz- und Raubwild

Aufbruch: Innere Organe des Schalen- und Auerwildes nach Herausnahme aus dem Wildkörper (Kleines Jägerrecht)

Ausschuß: Stelle, an der das Geschoß aus dem Wildkörper heraustritt

Beihirsch: Rothirsch ohne Führungsanspruch im Rudel

Beizjagd: Jagd auf Niederwild mit Greifvögeln

bestätigen: Standort des Wildes sowie Art, Geschlecht und Stärke feststellen

Bett: Ruheort des Schalenwildes, außer Schwarzwild

Blatt: 1. Schaufelknochen oberhalb des Vorderlaufes beim Schalenwild
2. Klinge des Weidmessers

Blattschuß (Kammer–): Schuß auf das Blatt

Büchsenlicht: Lichtverhältnisse, die die sichere Schußabgabe auf Wild zulassen

Decke: Haut allen Schalenwildes, außer Schwarzwild

Eigenjagdbezirk: zusammenhängende Grundflächen mit einer land-, forst- oder fischereiwirtschaftlich nutzbaren Fläche von 75 ha an, die im Eigentum ein und derselben Person oder einer Personengemeinschaft stehen (BJagdG § 7)

Einfahrt: Baueingang (Fuchs, Dachs, Kanin)

Einschlag: Fuchs- oder Dachsbau an der Stelle aufgraben, wo der Bauhund vermutlich vorliegt

Einstand: Schalenwildaufenthaltsort

Eiruhe: verlängerte Tragezeit durch Unterbrechung der Embryonalentwicklung bei Reh, Seehund, Dachs, Baum- und Steinmarder sowie u. U. auch Hermelin

Fährte: Trittsiegelabdrucke allen Schalenwildes sowie des Auerwildes

Fallwild: Wild, das durch Kälte, Krankheit, Hunger, Unfall oder Alter eingeht

Fang: 1. Maul des Raubwildes und des Hundes
2. Füße oder Zehen oder Klauen der Greifvögel

fegen: Abreiben des Bastes bei allen Geweihträgern an Bäumen und Sträuchern

Feist: Fett unter der Decke des Schalenwildes außer Schwarzwild (hier: Weißes)

forkeln: Stoßen der Cerviden mit dem Geweih oder Gehörn gegen Rivalen, Menschen oder Hunde

Gabler: Hirsch oder Rehbock mit 2 Enden an jeder Stange

Gatter: Wildzaun zum Schutz wertvoller Kulturen

Geäfter: d.s. die oberhalb des Fesselgelenkes beim Schalenwild nach hinten wegstehenden Klauen

gelt: vorübergehend nicht führendes weibliches Stück; dauernd nicht führend: dauergelt

gemeinschaftlicher Jagdbezirk: Bildung durch alle Grundflächen einer Gemeinde, die nicht zu einem Eigenjagdbezirk gehören. Vorgeschriebene Mindestgröße: 150 ha

Geräusch (Kl. Jägerrecht): Herz, Leber, Lunge, Nieren des Schalenwildes

Gescheide: Magen und Därme des Wildes
großes Gescheide – Magen (Pansen)
kleines Gescheide – Gedärm

Geschmeiß: Exkremente der Greifvögel und Reiher

Gestell: Waldschneise zum Abstellen von Schützen und Treibern

Haarwild: alle jagdbaren Säugetiere

Hege: Schutz und Pflege des Wildes bei gleichzeitigem Einsatz der Büchse

Hegegemeinschaft: Zusammenschluß mehrerer Jagdbezirke zum Zwecke der gemeinsamen Bewirtschaftung von Schalenwildbeständen eines ökologisch einheitlichen Lebensraumes

Hegering: vereinsmäßiger Zusammenschluß von Jägern auf Ortsebene unterhalb der Kreisgruppe des DJV

Hegeziel: einen den landschaftlichen und landeskulturellen Verhältnissen angepaßten artenreichen gesunden Schalenwildbestand mit angemessenem Anteil starken und reifen Wildes erhalten

Hubertus: Schutzpatron der Jägerei (von 700 bis 728 Bischof von Lüttich)

Hubertusjagd: Jagd am 3. 11. j.J. zu Ehren des St. Hubertus

Jagdausübungsberechtigter: der die Jagd in einem bestimmten Gebiet auf Grund rechtlicher Befugnis Ausübende

jagdbar: 1. alle den jagdgesetzlichen Bestimmungen unterliegenden Tierarten sind jagdbar, ohne daß für sie Jagdzeiten vorgesehen sein müssen
2. Trophäenträger ab einer bestimmten Stärke (Geweihgewicht)

Jagdbehörde: 1. oberste Jagdbehörde – i.d.R. Min. f. ELF des Landes
2. obere oder höhere Jagdbehörde – Bezirksregierung (Regierungspräsidium)
3. untere Jagdbehörde – Landkreis oder kreisfreie Stadt

Jagdgenossenschaft: Zusammenschluß aller Grundeigentümer einer Gemeinde zum Zwecke der Bildung gemeinschaftlicher Jagdbezirke

Jagdschaden: der durch die Jagdausübung entstehende Schaden

Jagdschutz: Schutz des Wildes vor Wilderern, Raubwild, Futternot, Wildseuchen und Raubzeug sowie Sorge tragen für die Einhaltung der zum Schutze des Wildes erlassenen Vorschriften

Jägernotweg: wer die Jagd ausübt, den Weg zum Jagdbezirk aber nicht auf einem zum allgemeinen Gebrauch bestimmten Weg oder nur auf unzumutbarem Umweg nehmen kann, ist zum Betreten eines fremden Jagdbezirks in Jagdausrüstung,

(Jägernotweg)	auch auf einem nicht zum allgemeinen Gebrauch bestimmten Weg befugt. Dieser Weg wird Jägernotweg genannt
kleines Weidwerk:	Jagd auf alles zum Niederwild gehörende Wild
krankschießen:	Wild schußverletzen, ohne es zu töten
Kulturflüchter:	menschlichen Siedlungen und künstlich beeinflußter Kulturveränderung aus dem Wege gehend: z.B. Auer-, Birk-, Haselwild, Schwarzstorch
Mastbaum:	fruchttragender Baum: Eiche, Buche, Kastanie
Melanismus:	Schwarzfärbung als Mutation bei normalerweise andersgefärbtem Wild, z.B. schwarzes Rehwild
Nachbrunft:	zur Unzeit einsetzende Brunft
nässen:	Harnlassen des Wildes und der Hunde
Nestflüchter:	nach Setzakt bzw. Schlüpfen seine Heimstatt verlassendes Jungwild: Hase, Ente, Fasan
Nesthocker:	nach Setzakt in seiner Heimstatt zunächst verbleibendes Wild: Kaninchen, Taube, Greifvögel
Raubwild:	alle dem § 2 BJagdG unterliegenden und zusätzlich durch die Länder für jagdbar erklärten Tierarten, soweit sie von der Verfolgung mit anschließendem Verzehr anderer Tiere leben
Raubzeug:	alle nicht dem Jagdrecht unterliegenden sowie auch nicht nach dem Naturschutzrecht besonders geschützten Tiere, die von der Verfolgung und dem Verzehr anderer Tiere leben, zum Beispiel Wanderratte, Hamster, wildernde Katzen und Hunde (nicht in allen Bundesländern)
Schweiß:	Blut von Wild und Hund, sobald es sichtbar wird
Standwild:	Wild mit festem Einstand Gegensatz – Wechselwild
Stärkeklasse:	bei allem Schalenwild (außer Schwarzwild) gliedert sich das männliche Wild in folgende Stärkeklassen: I, II und ggf. Unterteilung der letztgenannten Klasse; bei Nichtunterteilung der Kl. II gilt zusätzlich Kl. III. Maßgebend für die Zuordnung zu einer Stärkeklasse ist die Gewichtsgrenze der Trophäe, neu: Altersklasse
unweidmännisch:	Handlungen wider die Weidgerechtigkeit
vergrämen:	Wild durch Beunruhigung zum dauernden oder vorübergehenden Einstandswechsel veranlassen
verhoffen:	Stehenbleiben des Schalenwildes, um zu sichern
verhören:	Wildeinstand durch Wahrnehmen der Lautäußerungen brunftigen oder balzenden Wildes ausmachen
Verminderungsabschuß:	Dezimieren ökologisch unvertretbar hoher Schalenwildbestände
Wasserwild:	Federwild, das am oder im Wasser lebt
Wechsel:	durch Schalenwild ausgetretener Weg, auf dem es hin- und herzieht
Wechselwild:	durch ein Revier hindurchziehendes Schalenwild, das hier nicht ständig seinen Einstand hat, also nicht Standwild ist Gegensatz – Standwild
Weichholz:	bevorzugte Wildäsungsbaumarten, die weiches, stark saftendes Holz mit hohem Wassergehalt bilden – z.B. Weide, Pappel, Aspe
Weiddarm:	Mastdarm bei allem Wild
weidgerecht, weidmännisch:	den Regeln und Gebräuchen jagdlicher Überlieferung entsprechend unter Zugrundelegung ethischer, tierschützerischer Begriffe
Wilddichte:	Angabe des Frühjahrswildstandes, auf 100 ha Reviergröße bezogen. Hierfür ist nur die Fläche maßgebend, auf der das Wild Einstand oder Äsung hat

Wildfolge: mit dem Reviernachbarn getroffene Vereinbarung zur Nachsuche krankgeschossenen Wildes in den Nachbarjagdbezirk (z.T. gesetzlich gefordert)

Wildschaden: der an land- und forstwirtschaftlichen Grundstücken durch Wild entstandene Schaden

Zielstock: Hilfsmittel zur Auflage des Glases oder des Gewehres beim Ansprechen oder bei Freihandschüssen – entweder selbstgefertigter Stock mit Zwille zur Gewehrauflage oder fabrikmäßig hergestellter Naturholz- oder Leichtmetallstock mit der gleichen Vorrichtung

zur Strecke bringen: erlegen

Zwangswechsel: ein durch natürliche oder künstliche Hindernisse für das Schalenwild vorgegebener oder erzwungener Wechsel

5.4 Brüche

„Was dem Handwerksburschen der Zinken, ist dem Jäger der Bruch.“ Diese alte Regel gilt heute nur noch teilweise, haben doch diese Zeichen der Verständigung und Symbolik viel an Bedeutung verloren. Heute sind vielfach nur noch der Anschuß- und Schützenbruch bekannt. Alle übrigen Brüche werden selten oder gar nicht mehr verwendet. Eine umfassende Jungjägerausbildung bezieht die Lehre von den Brüchen in ihr Unterrichtsprogramm mit ein; denn praktische Jagd ohne perfekte Anwendung der Bruchzeichen ist Laienarbeit, geschweige denn Weidwerk!

Die alten Jägerhöfe hatten verschiedene Bruchzeichen, die allerdings vor etwa 50 Jahren vereinheitlicht wurden.

Man kennt 5 bruchgerechte Holzarten:
Kiefer, einschließlich Latsche und Zirbelkiefer
Fichte
Weißtanne
Eiche
Erle

Alle derzeit verwendeten Brüche werden nachstehend bildlich und beschreibend vorgestellt:

1. Hauptbruch: (Abb. 204)
   Dieser Bruch ist armlang und wird mit dem Messer befegt. Er kann sowohl aufgehängt als auch hingelegt werden.
   Bedeutung: „Achtung“

Abb. 204. Hauptbruch.

Abb. 205. Leitbruch.

2. Leitbruch (Abb. 205):
   Dieser Bruch ist halbarmlang und wird mit dem Messer befegt. Die gewachsene Spitze zeigt in Folgerichtung.
   Bedeutung: „Folgen“

Abb. 206. Standplatzbruch mit Stand- und Hauptbruch, der die Folge in Richtung gewachsener Spitze angibt.

3. Standplatzbruch (Abb. 206):
   Dieser Bruch besteht aus dem Stand- und Hauptbruch. Ersterer wird ohne genaue Längenangabe halbkahl und aufrecht in die Erde gesteckt. Der

dazugehörende Hauptbruch ist unter 1. beschrieben worden. Seine gewachsene Spitze zeigt in Folgerichtung. Die Anordnung beider Brüche geschieht so, daß der Jäger zwischen beiden steht. Bedeutung: Markierung des Schützenstandes mit Anzeigen der Folge.

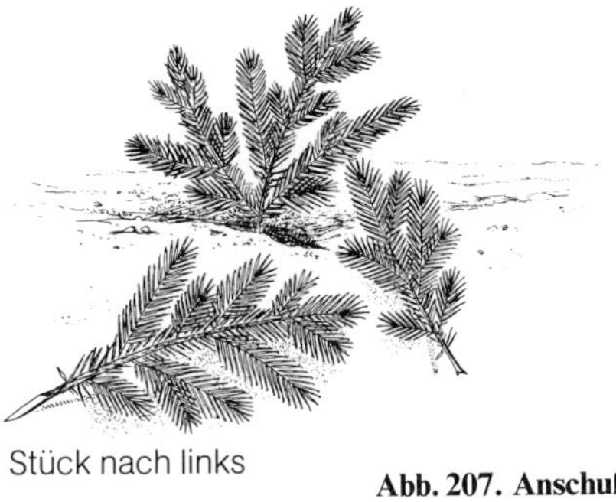

Abb. 207. Anschußbruch mit Fährtenbruch für männliches Stück (geäftert).

4. Anschußbruch (Abb. 207):
   Dieser halbarmlange, unbefegte Bruch wird aufrecht in die Erde gesteckt.
   Bedeutung: Markieren des Anschusses. Er gilt in Verbindung mit dem

Abb. 208. Anschußbruch mit Fährtenbruch für männliches Stück (doppelt geäftert wegen unbekannter Fluchtrichtung).

5. Fährtenbruch (Abb. 208):
   Dieser unbefegte Bruch wird in die Fährte des beschossenen Stückes gelegt. War das beschossene Stück männlich, zeigt das mit einem Messer angespitzte untere Ende, andernfalls die gewachsene Spitze in Fluchtrichtung.

Um hierbei jeden Irrtum über die Fluchtrichtung auszuschließen, wird der Fährtenbruch geäftert. Hierzu nimmt man einen kurzen Bruch, der quer hinter das der Fluchtrichtung abgekehrte Ende des eigentlichen Fährtenbruches gelegt wird. Bei unbekannter Fluchtrichtung wird doppelt geäftert.

Abb. 209. Wartebruch.

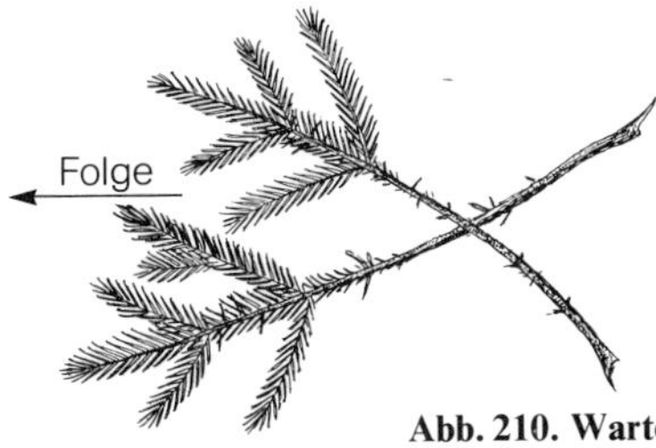

Abb. 210. Warten aufgeben.

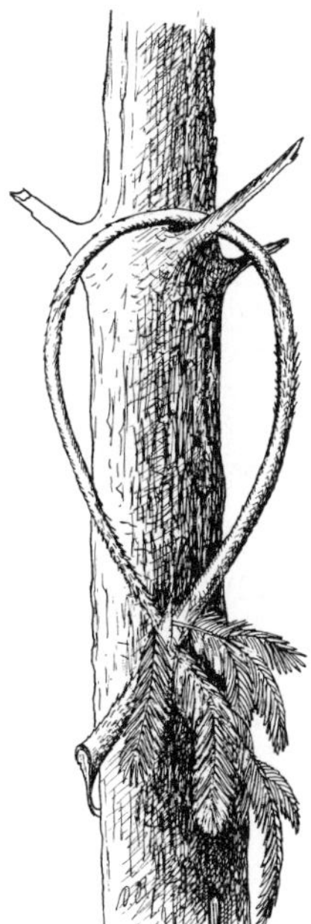

Abb. 211. Warnbruch.

6. Wartebruch (Abb. 209):
   Zwei armlange, unbefegte Brüche liegen gekreuzt.
   Bedeutung: „Warten"
   Wird das Warten aufgegeben, werden beide Brüche bis auf die Spitzen kahlgemacht und mit den gewachsenen Spitzen in Folgerichtung gelegt. (Abb. 210).
   Bedeutung: „Warten aufgegeben"
7. Warnbruch (Abb. 211):
   In Augenhöhe aufgehängter, völlig blankgefegter, mit Ausnahme der Spitze astloser, zur Schleife geformter Bruch.
   Bedeutung: „Warnen"
8. Inbesitznahmebruch (Abb. 212):
   Hierbei handelt es sich um einen Bruch mit heute nur noch symbolischer Bedeutung. Mit ihm soll dem versorgten Stück Schalenwild die letzte Ehre zuteil werden. Dem auf die rechte Seite zu strekkenden Stück Schalenwild wird linksseitig kurz hinter dem Blatt ein kurzer Bruch aufgelegt, der beim männlichen Stück mit dem gebrochenen Ende, beim weiblichen Stück mit der gewachsenen Spitze zum Haupt zeigt.
   Frühere Bedeutung: „Inbesitznahme eines Stükkes Schalenwild"

Abb. 212. Inbesitznahmebruch und „Letzter Bissen".

9. Letzter Bissen (Abb. 212):
   Das männliche Stück Schalenwild erhält außerdem einen Bruch in den Äser (symbolische Bedeutung). In Österreich und Bayern auch Murmel, Auer-, Birk- und Haselhahn.
10. Schützenbruch:
    Mit diesem Bruch wird der Erleger eines Stückes Schalenwild, eines Auer- und Birkhahnes, eines Fuchses und Murmels geehrt. Bei Treib- und Drückjagden erhält der Erleger nach dem Streckelegen durch den Jagdherrn diesen Bruch (bei Erlegung mehrerer Stücke durch einen Jäger ebenfalls nur einen Bruch). Bei Begleitung durch einen Mitjäger auf der Einzeljagd wird dieser tätig. Keineswegs gilt es als abwegig, wenn sich der Jäger nach erfolgreicher Einzeljagd selbst „bedient".
    Der durch Wildschweiß gezogene Bruch wird dem Erleger auf dem Weidblatt, Hirschfänger oder Hut zweckmäßigerweise linkshändig übergeben, um die rechte Hand zum Händedruck freizuhaben. Der Empfänger befestigt den Schützenbruch an der rechten Hutseite.
    Symbolische Bedeutung
11. Hundebruch:
    Ist die Nachsuche mit einem Hund erfolgreich gewesen, gehört es zum guten Ton und Brauch des Erlegers, dem Hundeführer einen Teil des Schützenbruches mit Weidmannsdank für die gelungene Nachsuche für die Halsung des Hundes zu übergeben.

Brüche werden grundsätzlich gebrochen, nie geschnitten!

5.5 Strecke legen

Das Strecken des erlegten Wildes ist alter Brauch und läßt dem Geschöpf letzte Ehre zuteil werden. Das ordnungsgemäß gestreckte Stück wird Erinnerungen an das eigentliche Jagderlebnis wachrufen.
Auf der Einzeljagd erlegtes Schalenwild wird nach dem Aufbrechen rechtsseitig gelegt, das Haupt von Trophäenträgern durch ein unterstützendes Holzstückchen aufrecht gehalten. Sodann wird der Inbesitznahmebruch auf die linke Seite des Stückes gelegt (vgl. Brüche). Dieser Handlung kommt heute nur noch symbolische Bedeutung zu, war sie noch vor geraumer Zeit Zeichen für ordnungsgemäße Versorgung, Besitzanzeige und Transportbereitstellung. Männlichen Stücken gebührt darüber hinaus der letzte Bissen. Der Wildkörper wird mit sperrigen Brüchen offengehalten, ohne die Keulen aufzuklappen. Alle sichtbar schweißroten Stellen deckt man mit Brüchen zu.

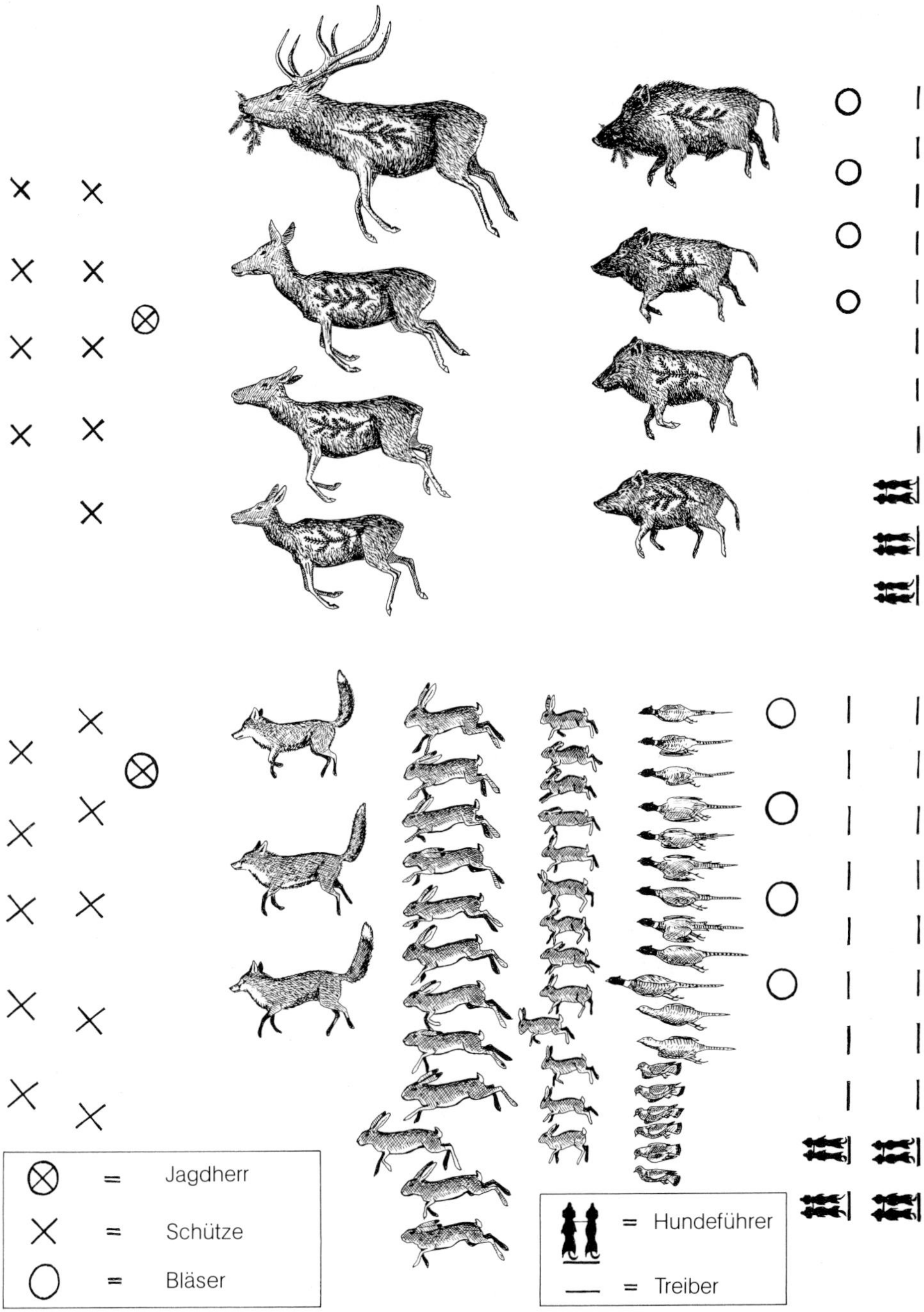

Abb. 213. Hochwildstrecke und Niederwildstrecke.

Bisweilen hält der Erleger „Totenwacht", um sich in Ruhe und Abgeschiedenheit über das Erlebnis und die Beute zu freuen. Es versteht sich von selbst, daß auf diese Weise vielleicht vor der Jagdhütte gestreckte Stücke nicht tagelang der Witterung ausgesetzt sein dürfen. Man wird sich nach Abschluß seines Gedenkens zur weiteren Verwertung entschließen müssen (vgl. auch Seite 320).

Auf der Gesellschaftsjagd (für Rot-, Dam- und Rehwild: Drückjagd) erlegtes Wild wird nach Versorgung auf dem zum Streckelegen bestimmten Platz in folgender Anordnung gestreckt:
Schalenwild: In der ersten Reihe liegt das Rotwild, am rechten Flügel Hirsche, am linken Ende das schwächste Stück. In der zweiten Reihe wird in gleicher Anordnung das Damwild gestreckt. Es folgen Sauen, Rehwild. Selbstverständlich ist, daß alle Stücke Schalenwild den Inbesitznahmebruch, die männlichen Stücke außerdem den letzten Bissen erhalten.
Niederwild (außer Rehwild): Alles Niederwild wird, wie auch das Schalenwild, rechtsseitig gestreckt.
In der ersten Reihe liegen die Füchse mit aufrechtgelegter Lunte, am linken Flügel sonstiges Raubwild. Es folgen in der zweiten Reihe Hasen, jeder zehnte (von rechts abgezählt) um eine halbe Länge vorgezogen. Anschließend werden Kaninchen genauso wie Hasen gestreckt. Diesen folgt das Flugwild, rechts Fasanen, links anschließend übriges Flugwild ohne Rangfolge. Sollten bei einzelnen Wildarten nur wenige Stücke auf der Strecke liegen, ist es durchaus gerechtfertigt, insbesondere bei gemischten Strecken, beispielsweise in der ersten Reihe ein Stück Rotwild (am rechten Flügel) und in derselben Reihe zwei Stück Rehwild am linken Flügel zu strecken. Es folgt anschließend sonstiges Niederwild (Abb. 213).
Der Jagdherr steht mit den Schützen vor, die Bläser unmittelbar hinter der Strecke. Die Treiber nehmen hinter den Bläsern Aufstellung; die Hundeführer flankieren linksseitig, neben den Treibern.
Oftmals säumen Fackelträger zu beiden Seiten die Strecken, sofern nicht stattdessen kleine Feuer entfacht werden. Nach Aufstellung nennt der Jagdherr das Streckenergebnis und überreicht die Schützenbrüche, wie im Kap. Brüche abgehandelt worden ist.
Sodann werden die Totsignale in der Reihenfolge der gestreckten Wildarten geblasen, zum Abschluß die Signale „Jagd vorbei" und „Halali". Beim „Halali" ziehen die Jäger ihre Kopfbedeckung; Uniformträger heben die rechte Hand zum Gruß an die Kopfbedeckung.
Abschließend wird der Treffpunkt für das abendliche Schüsseltreiben (in Bayern auch Knödelbogen genannt), sofern nicht bei der Einladung schriftlich oder bei der morgendlichen Begrüßung mündlich geschehen, bekanntgegeben.

5.6 Jagdsignale

Zu einer gut organisierten Gesellschaftsjagd gehört der Einsatz von Hörnern. Hörnerschall weckt also nicht nur romantische Gefühle.
Während früher Blasinstrumente aus Messing, Horn, Bein oder Holz eingesetzt wurden, ist man in heutiger Zeit zu Hörnern aus Messing übergegangen.

Die Bezeichnung und Verwendung alter Hörner:

1. Flügelhorn: kleines Horn aus Messing.
   Man blies, wenn man mit den Hunden zur Jagd ging, sie suchen oder jagen ließ. Man rief hiermit Hunde zur Koppel; weiterer Einsatz bei Eräugen des Wildes und bei Genußgeben für die Hunde. Abschluß, wenn man nach Hause ritt.
2. Hifthorn: auch Hiefhorn oder Hüfthorn genannt, aus Bein, Horn oder Holz von Wildruf- oder Horndrehern hergestellt.
   Sie waren für Signale während der Jagd brauchbar. Sie wurden an einem ledernen Riemen, dem Hiefriemen oder der Hornfessel, über der linken Schulter getragen. Die Länge dieser auch sog. Faischschnur oder Schweißschnur bestimmte außerdem die Entfernung beiderseits einer Straße, von der aus reisende Jäger Fuchs, Hase und Ente zur Aufbesserung ihres Zehrgeldes schießen durften. Die Hifthörner wurden hergestellt als:
   Rüdenhorn, dient dem Einsatz der Saurüden bei Saujagden mit besonders tiefem Laut,
   Mittelhorn, liegt im Ton zwischen Rüdenhorn und Jagdzinken,
   Jagdzinken, das kleinste Jagdhorn, mit dem man das Blasen lernte.

Der Jägerbursch mußte imstande sein, hierauf zu blasen:
einen langen Hief (Laut),
drei lange Hiefe,
wenigstens einen jagdbaren Hirsch mit soviel Hiefen, wie dieser Enden hatte, verblasen,
Abblasen eines Jagens mit kurzen Hiefen.

3. Großes Jagd- oder Parforcehorn: aus Kupfer oder Messing hergestellt. Kupferne hatten einen dumpferen Ton. Parforcehörner wurden an einer Hornfessel rechtsseitig mit der Glocke nach vorn getragen. Ihr Einsatz war für alle Gelegenheiten bei eingestellten Jagen und sonstigen freien Jagen bestimmt.
4. Waldhorn: Messinghorn mittlerer Größe; Verwendung auf der Jagd und zur Tafelmusik bei der Herrschaft.
5. Sauerländer Halbmond: kupfernes Horn der Sauerländer Brackenjäger, das heute noch geführt wird. Dieses Horn wird links getragen.
6. Fürst-Pleß-Horn B: das einheitlich in neuester Zeit aus Messing hergestellte Jagdhorn, auf dem 5 ganze Töne zu blasen sind, wird vielseitig eingesetzt. Es ist unentbehrliches Hilfsmittel auf gut organisierten Gesellschaftsjagden. Wie sollte wohl eine Treibjagd ohne An- und Abblasen reibungslos ablaufen können – wie sollte man ein Kesseltreiben gefahrlos durchführen können?

In heutiger Zeit werden u.a. folgende Signale auf dem Fürst-Pleß-Horn geblasen:

Jagdleitsignale
Aufbruch zur Jagd
Anblasen des Treibens
Das Ganze
Richtung
Halt
Aufmunterung im Treiben
Treiber in den Kessel
Abblasen des Treibens
Rechter Flügel
Linker Flügel
Laut treiben
Leise treiben
Treiber zurück
Ecke vor
Wo bist Du denn? (Hegeruf)
Bin hier! (Antwort)
Sammeln der Jäger
Sammeln der Treiber
Bin in Not (Notruf)
Wild ablegen
Hunderuf
Wagenruf

Totsignale
Wisent tot
Elch tot
Bär tot
Hirsch tot
Damhirsch tot
Muffel tot
Gams tot
Sau tot
Reh tot
Fuchs tot
Hase tot
Kaninchen tot
Flugwild tot

Allgemeine Signale
Das hohe Wecken
Begrüßung
Zum Essen
Jagd vorbei
Halali

Die Wiedergabe der Noten würde den Rahmen dieser Veröffentlichung sprengen.
Das Fürst-Pleß-Horn wird rechtsseitig – Hornfessel über der Schulter hängend – getragen, wobei die Schallöffnung zweckmäßigerweise nach hinten zeigt, weil beim Durchstreifen von Dickungen wenig Widerstand zu erwarten ist.
Die Stellung des Bläsers ist etwas breitbeinig, das Horn mit aufgewickelter Hornfessel wird mit der Schallöffnung gegen den Oberschenkel gedrückt und für den Fall gemeinschaftlichen Blasens einer Gruppe auf leises Kommando einheitlich zum Mund geführt. Der Einsatz für das Signal kommt ebenfalls mit Flüsterkommando. Dabei faßt die bis zum Anheben des Hornes herunterhängende linke Hand in die linke Hüfte oder aber bis in Schulterhöhe hinter den Gewehrriemen der über die linke Schulter hängenden Waffe.

7. Jagdhorn nach Prof. Clewing: Dieses Horn hat Taschenformat und ist ebenfalls in Tonart B gehalten. Äußerlich hat es die gleiche runde Form wie das Fürst-Pleß-Horn B.

Voraussetzung für den Einsatz aller Hörner ist das Verstehen der Bedeutung der Signale für die Teilnehmer einer Jagd.
Es erscheint deswegen unumgänglich, jedem Jungjäger aufzuerlegen, daß er die wichtigsten Jagdleitsignale akustisch kennenlernt.

Gut organisierte Jagden sind ohne den Einsatz von Jagdhörnern (Fürst-Pleß-Horn B) nicht denkbar.

Man unterscheidet:
1. Jagdleitsignale – d.s. solche, die der Organisation und der Sicherheit der Beteiligten dienen.
2. Totsignale – d.s Signale, die am erlegten Stück oder nach dem Streckelegen für die einzelne Wildart (z.B. Reh tot) oder für Wildartengruppen (Flugwild tot) geblasen werden.
3. Allgemeine Signale – d.s. Signale, die der Gesellschaftsjagd einen würdigen Rahmen geben, ohne aus organisatorischen Gründen oder solchen der Sicherheit geblasen werden zu müssen.

Zur Wiederholung und Kontrolle
- Was verstehen Sie unter Weidgerechtigkeit?
- Wann spricht der Jäger von der Fährte, wann von der Spur?
- Was ist ein Bett?
- Worin besteht der Unterschied zwischen einer Hegegemeinschaft und einem Hegering?
- Was ist Jagdschaden, was ist Wildschaden?
- Was ist ein Mastbaum?
- Definieren Sie das Wort „Wilddichte".
- Erläutern Sie den Begriff „Verminderungsabschuß".
- Was ist ein Zwangswechsel?
- Welche Baumarten sind bruchgerecht?
- Beschreiben Sie den Anschußbruch in Verbindung mit dem Fährtenbruch für eine nachzusuchende Ricke.
- Wem gebührt der Inbesitznahmebruch und wem der letzte Bissen?
- Wie wird Strecke gelegt?
- Wo stehen die Bläser beim Verblasen der Strecke?
- Was ist Schüsseltreiben oder Knödelbogen?
- Auf welchem Horn wird in heutiger Zeit die Strecke verblasen?
- Welche Signale gelten als Jagdleitsignale?
- Welcher der 3 Gruppen ordnen Sie das Halali zu?

5.7 Schüsseltreiben oder Knödelbogen

Was früher Brauch war, nämlich nach Abschluß der Gesellschaftsjagd sich in einem Gasthaus, einer Jagdhütte oder beim Jagdherrn zum fröhlichen Umtrunk, dem Schüsseltreiben oder Knödelbogen, einzufinden, gilt auch heute noch, wenn auch im Hinblick auf oft weite Heimfahrten mit dem PKW mit weniger „Saufgelagen" als vielmehr zum Jagdessen und gemütlichen Beisammensein.
Sich auszuschließen sollte hierbei die Ausnahme sein; denn wer tagsüber jagen konnte, sollte auch abends Zeit für Geselligkeit mitbringen.
Der Jagdherr braucht sich keineswegs als Spender des gesamten Essens verpflichtet zu fühlen – diese Ausgabe kann er mit gutem Gewissen dem einzelnen überlassen.

Nach dem eigentlichen Mahl erfolgt, sofern nicht schon vor dem Verblasen der Strecke bekanntgegeben, die Proklamation des Jagdkönigs durch den Jagdherrn. Dieser Ritus kann auch durchaus unterbleiben.
Sodann ergreift der Frischgekürte (bzw. der Älteste) das Wort, wobei er in aller Regel den Dank für Durchführung und Organisation der Jagd an den Jagdherrn abstattet, ohne dabei die Leistungen der Hundeführer, Bläser und Treiber, insbesondere bei Regen und Schnee, zu vergessen.
Die abschließenden dreifachen Horrido-Joho-Rufe geben dem offiziellen Teil einen würdigen Abschluß.
Es kommt dann nicht selten vor, daß sich ein Jagdgericht aus Staatsanwalt, Richter und Gerichtsdiener konstituiert, dessen spaßhafte Aufgabe es ist, Jagdvergehen während des abgelaufenen Jagdtages zu

rügen und je nach Schwere des Vergehens zu ahnden. Dem Einfallsreichtum des Hohen Gerichts obliegt die gediegene Bestrafung, die beispielsweise in einer Futterspende für notleidendes Wild im Winter oder dem immer wieder beliebten wenig geistreichen Bestrafen mit Bier- bzw. Schnapsrunden gipfeln kann.

Abschließend gesehen, tragen die Schüsseltreiben zum näheren Kennenlernen von Mitjägern bei. Sie fördern Jagdkameradschaft und jagdlichen Erfahrungsaustausch.

Schade, wenn die Treiber, die während des gesamten Jagdtages für das Zustandekommen einer guten Jagdstrecke Sorge trugen, für den Rest des Tages nicht geladene Gäste aller anwesenden Jäger sind.

Angefügt sei hier noch ein oftmals belächelter Brauch, der aber sehr wohl tiefere Wurzeln hat, nämlich das Glasheben beim Schüsseltreiben mit der linken Hand:

Da früher vielfach beritten gejagt und damit die rechte Hand zum Zügelhalten gebraucht wurde, konnte ein nach dem Jagen gereichter Trunk nur linkshändig entgegengenommen werden. Außerdem meinte man, daß die linke Hand als Herzhand Unheil vom Jäger abwende.

5.8 Hubertustag

Hubertus gilt als der Schutzpatron der Jäger. Geboren etwa 655 n. Chr. als Sohn Bertrands, Herzog von Guienne, lebte er am Hofe des fränkischen Königs Theoderich III. Nach dem Tode seiner Frau wurde er von Papst Sergius I. 700 n. Chr. zum Bischof von Lüttich ernannt. Er starb am 3. 11. 727.

Erst lange nach seinem Tode wurde sein Werdegang zum gnadenlosen Jäger durch einen Klosterbruder als unverbürgte Legende weitergegeben. Danach soll der Gram über den Tod seiner Frau ihn in die Einsamkeit zum Jagen getrieben haben. Ohne Rücksicht auf Feiertage jagte er unentwegt, bis ihm bei der Hetzjagd an einem Karfreitag ein weißer Hirsch mit leuchtendem Kreuz zwischen den Geweihstangen begegnete. Daraufhin entsagte er der Jagd und wandte sich dem Christentum zu. Fortan ehrte er die Wildtiere als Gottes Geschöpfe.

Ähnlich soll es dem Heiligen Eustachius (vormals römischer Feldherr Placidus) um 100 n. Chr. ergangen sein, der z. Z. Kaiser Hadrians verstarb. Die sich um Eustachius bewegende Legende gleicht der um Hubertus.

Eustachius wurde im 5. Jahrhundert, Hubertus im 15. Jahrhundert heilig gesprochen. Eustachius war der christliche Nachfolger der heidnischen römischen Jagdgöttin Diana (die griechische Jagdgöttin hieß Artemis).

Seit dem 17. Jahrhundert ist der 3. 11. der Hubertustag, den man als Jagdtag oder Hubertusmesse begeht, wenngleich bis 1850 Diana bei allen aktiven deutschen Jägern als Schutzherrin der Jagd vorrangig verehrt und geachtet wurde.

6 Wildernährung für Schalenwild

Gemäß § 23 BJagdG umfaßt der Jagdschutz u. a. den Schutz des Wildes vor Futternot. Die Bundesländer erlassen hierzu nähere Bestimmungen. Unstreitig ist, daß das Füttern in Notzeiten eine Hegemaßnahme ist. Das BJagdG gibt den Ländern außerdem folgende Rahmenregelungen gem. § 28 (5) vor: „Die Länder können die Fütterungen von Wild untersagen oder von einer Genehmigung abhängig machen."

Wegen klimatischer, standörtlicher, land- und forstwirtschaftlicher und damit auch landschaftlicher Unterschiedlichkeiten in den einzelnen Bundesländern haben diese auch keine gleichlautenden ergänzenden Landesjagdgesetzesbestimmungen für Fütterungsgebote und Fütterungsverbote erlassen.

Einig sind sich alle mit der Anordnung der Fütterungspflicht in Notzeiten. Jedoch gilt auch hier, daß übertriebenes Füttern nicht weidgerecht ist und dem Ansehen der Jägerschaft schadet.

Schädlich wirkt sich solches Tun auf die Vermehrungsquote und Konzentration des Wildes aus und damit auf eine Zunahme der Wildschäden. Darüber hinaus wollen wir alle kein domestiziertes Wild. Oftmals kann schon das Schneefreipflügen der Bodenvegetation (Beerkraut, Heide, Gras), das Aufreißen der Schneeharschschicht mit Schneepflug oder Wiesenwalze, das Auslegen von Weichhölzern (z.B. Obstbaumschnitt), Durchforstung von Weichholzbeständen, das Pflanzen masttragender Bäume in den Wildeinständen, die Anlage von Äsungsflächen und die Gewährung von Ruhe im Revier zur ungestörten Nahrungsaufnahme nur eine minimale Zufütterung in Notzeiten erforderlich machen oder diese zeitlich hinauszögern helfen; es sei denn, es handelt sich um besonders strenge Winter mit hoher Schneelage oder Gebirgslagen mit extremen Witterungsverhältnissen. Grundsatz für den Umfang der Winterfütterung sollte sein: Nur so viel füttern, wie der der örtlichen Vegetation angepaßte Sommerwildstand zum Überleben benötigt. Bedenkt man den zunehmend eingeengten Lebensraum und das damit eingeschränkte Äsungsangebot für unser Wild, so ist es nicht verwunderlich, daß unsere land- und forstwirtschaftlichen Kulturpflanzen bisweilen arg geschädigt werden, ganz besonders im Winter. Hier greift also das oben zitierte Fütterungsgebot des BJagdG, dessen Ausfüllung weitestgehend dem Jäger überlassen bleibt. Der Revierinhaber wird sich über das „seinem Wild" bekömmliche Futter sowie die entsprechende Fütterungsweise informieren müssen. Küchenabfälle, Südfrüchte, Backwaren, Sojaschrot oder industriemäßig aufbereitete Pellets sind kein artgerechtes Wildfutter.

Daß Fütterungen vor Hochsitzen, Leitern und Schirmen abzulehnen sind, versteht sich von selbst. Das ist Ehrensache weidgerechter Jäger!

§ 19, Ziffer 10 BJagdG verbietet zudem, Schalenwild in einem Umkreis von 200 Metern von Fütterungen zu erlegen.

Einige Bundesländer erlauben das Ankirren von Schwarzwild, zusätzlich in einigen Fällen von Fuchs, Waschbär, Marder und Iltis auch außerhalb der Notzeit. Hier gibt es bisweilen Definitionsschwierigkeiten bei den Jägern zwischen Füttern und Kirren.

Füttern: Auslegen von artgerechtem Futter in einer Menge, die dem Erhaltungsbedarf des den landeskulturellen und landschaftlichen Verhältnissen angepaßten Wildbestandes entspricht.

Kirren: Anbieten von artgerechtem Futter (Fraß), das dem Anlocken insbesondere von Schwarzwild und auch bisweilen wie oben angegeben von Fuchs, Waschbär, Marder, Iltis dient, allerdings nur gelegentlich (2–3 mal wöchentlich) und in kleinen Mengen (für Schwarzwild: 1–2 kg Mais und Getreide). Kirrungen dürfen für sonstiges Wild nicht bereitstehen. Auf diese Weise dargebotenes Futter muß vergraben oder zugedeckt sein.

Die speziellen Ansprüche werden bei den einzelnen Tierarten, Möglichkeiten der Fütterungshilfe in den Kap. Fütterung und Äsungsflächen behandelt. Es kommt hier also auf die Grundlagen der Wildernährung sowie die Erläuterung allgemeiner Begriffe an. Das in der Bundesrepublik Deutschland lebende Schalenwild, außer Schwarzwild, wird mit dem Begriff Wiederkäuer erfaßt. Alle Wiederkäuer sind Pflanzenfresser mit ausgesprochener Äsungsspezialisierung. Entsprechend ihrer Körpergröße und Anatomie der Verdauungsorgane sowie ihrer Leistungsfähigkeit verlangen der Wiederkäuer und das Schwarzwild unterschiedliche Futtermengen, deren Gütegrad der Futterwert ist. Dieser ist aus Futterwerttabellen der Futtermittelhersteller getrennt nach Trockensubstanz, Eiweiß- und Stärkegehalt ablesbar (E. Ueckermann, 1964). Für eine hohe Futterqualität der Wiederkäuernahrung spricht eine niedrige Trockensubstanz, womit hoher Wasseranteil garantiert ist. Erhebliche Bedeutung kommt dem Rohfaseranteil des Wiederkäuerfutters als Ballaststoff zu, wenngleich mit dessen steigendem Anteil der Futterwert fällt. Weiterhin sind Calzium, Phosphor, Natrium und Magnesium als Mineralien sowie Eisen, Jod, Kobalt, Kupfer und Mangan als Spurenelemente bedeutend. Als minimaler Futterbedarf ist der Erhaltungsbedarf des Wildes (E. Ueckermann, 1964) zu nennen, der bei normaler Wildfütterung aber noch bis zu 40% unterschritten werden darf, da selbst bei Futternot noch immer etwas natürliche Äsung gefunden wird. Zudem soll das Wild mit der Suche nach Äsung beschäftigt werden. Für unser Wildfutter unterscheiden wir folgende Futtermittelgruppen*.

Grundfutter

Rauhfutter: Heu, Grummet, Laubheu, Zweige, Knospen, Rinde

Saftfutter: Rüben, Silage, Kartoffeln, Topinambur, Obst, Zuckerrübenschnitzel, Apfeltrester, Biertreber

* nach Fachverband Futtermittelindustrie e.V.

Kraftfutter
Mischfutter: industriehergestelltes Futter
Einzelfutter: Eicheln, Bucheckern, Kastanien, Mais, Gerste, Hafer, Sojaschrot

Zusatzfutter
Beifutter: Spurenelemente, Hormone, Vitamine

An dieser Stelle soll auch auf die Vor- und Nachteile von Wintergattern eingegangen werden.
Derartige Gatter bezwecken die vorübergehende „Gefangennahme" von Rotwild im Hochgebirge, wobei ihm auf gezäuntem Areal ausreichend Futter geboten wird. Das Wild, das an seiner natürlichen Winterwanderung in die äsungsreicheren, schneeärmeren Täler durch anthropogene Schuld (Erschließung, Fremdenverkehr) gehindert wird, kann auf diese Weise den ohnehin gestreßten Hochgebirgswald nicht zusätzlich schälen und verbeißen.
Gegner solcher Gatter meinen, daß sich das Rotwild in der wirklichen Notzeit ohnehin nur an Fütterungen aufhält und auch die ungegatterten Fütterungseinstände nicht verläßt. Befürworter vertreten den Standpunkt, daß vorhandene Wintergatter das Wild vor schaulustigen Touristen schützen. Allerdings beeinträchtigen derartige Anlagen den biologischen Rhythmus des Wildes zum Winterende hin erheblich. Zu diesem Zeitpunkt würden sich in freier Wildbahn geschlechtergetrennte Rudel bilden, Alttiere sich vor dem Setzen absondern, nicht gefangengehaltenes Wild auf schneefreie Äsungsflächen drängen. Diese Aktivitäten werden bei langer Gatterhaltung unterbunden. Zu frühes Öffnen des Gatters fördert andererseits die Wildschäden, da der Hochgebirgswinter lange andauert und der Winterwald nur spärliche Äsung vorhält.
Gefüttert wird in Wintergattern mit gutem Heu. Kraftfutter ist allenfalls Lockfutter, bis man das Gehege schließen will.

7 Fallwild im Straßenverkehr

Ein wesentlicher Teil der Jahresstrecke unseres Wildes wird durch Verkehrsunfälle auf der Straße erbracht. Im langfristigen Jahresmittel werden dabei 16 Menschen getötet und 1900 verletzt. Der durchschnittlich jährliche Sachschaden macht 270 Mill. DM aus. Von Seiten der Straßenbaulastträger wie insbesondere auch der Jäger als Straßenanrainer darf nichts unversucht bleiben, um eine Minderung von Wildunfällen zu erreichen:

1. Aufstellen von Verkehrsschutzzäunen, wegen hoher Bau- und Unterhaltungskosten jedoch fast ausschließlich an Schnellstraßen und Autobahnen.
2. Anbringen von Wildwarnreflektoren an Leitpfählen, an Straßenbäumen und eigens für diesen Zweck vorgesehenen Pfählen.
   Die Genehmigung der Straßenbauämter ist hierfür erforderlich.
   Es empfiehlt sich, die Haftpflichtversicherer zu einer Kostenbeteiligung zu bewegen.

Im einzelnen gibt es folgende Reflektoren:

a) Spiegelreflektoren, deren Ersatz bei häufigem Diebstahl oder Zerstörung je nach Bauart mehr oder weniger teuer ist
b) Alu-Folie verschiedener Breiten und Stärken, die um Bäume oder Pfähle gewickelt wird
c) reflektierende selbstklebende rote und weiße Folie auf – in verschiedenen Längen gesägtem – Kabelschlauch (5 cm d) in 5 cm Breite angebracht
d) reflektierende Abfallstücke von Alu-Verkleidungen mit Draht aufgehängt.

Gute Erfolge mit den unter a–d genannten Arten sind bei Anbringen außerhalb der Straßenränder in 5–10 m Tiefe zu verzeichnen. Vermehren, Verringern und Umhängen der Folien in unterschiedlichen Intervallen fördern hier den Wildwarneffekt. Auf Vollständigkeit der Reflektoren ist unbedingt zu achten. Der Grundeigentümer ist selbstverständlich vorher zu befragen.

3. Aufstellen von Verkehrsschildern – Wildwechsel – auch Übergröße.
4. Erhöhen des Abschusses ist zu bedenken, wenn der Straßenverkehr hohe Verluste fordert (Bericht – K. Hoffmann, 1990).

Erste Hilfe bei Jagdunfällen

1 Allgemeine Richtlinien

„Erste Hilfe“ sind die ersten Hilfsmaßnahmen, die an Ort und Stelle eingeleitet werden, bevor der Verletzte oder Akutkranke ärztlicher Behandlung zugeführt wird. Diesen Dienst kann jeder versehen. – Wirkungsvolle Erste Hilfe setzt eine gute Schulung voraus; denn die plötzliche Notwendigkeit zur Hilfeleistung läßt keine Zeit, um nachzulesen, welche Art der Ersten Hilfe geleistet werden muß.
Ein entsprechender Lehrgang kann hier helfen, Unkenntnis und Unsicherheit abzubauen.
Nicht selten bestehen bei einem Verletzten mehrere Verletzungen zugleich. Hier muß rasch erkannt und entschieden werden, welche Verletzung vorrangig versorgt werden muß. Es ist z.B. falsch, mit der Stillung einer kleinen Blutung wertvolle Zeit zu verlieren, wenn die Atemwege verlegt sind oder dem Verunfallten der Tod durch Ersticken droht. Es ist klüger, sich auf einfache, leicht zu handhabende und sicher beherrschte Maßnahmen zu beschränken und Maßnahmen zu vermeiden, die Ärzten vorbehalten sind.
Dabei ist zu beachten: Schnell, aber ohne Hast handeln. – Den Verletzten beruhigen. – Dafür sorgen, daß ein Arzt verständigt wird.
Ziel der Ersten Hilfe ist es, das Leben zu erhalten, lebensbedrohliche Zustände, wie Atemstillstand und Kreislaufstillstand, zu verhindern oder zu beheben, einen drohenden Schock zu bekämpfen, Blutungen zu stillen, dem Verletzten oder Kranken unnötige Schmerzen zu ersparen, eine Überwärmung oder Unterkühlung zu verhindern, einen schonenden Transport ins Krankenhaus vorzubereiten bzw. durchzuführen.

Dementsprechend werden folgende Maßnahmen durchgeführt:

1. Bergen des Verunglückten.
2. Atmung freihalten bzw. freimachen. Bei Atemstillstand oder ungenügender Atmung: Atemspende.
3. Bei Kreislaufstillstand äußere Herzmassage, kombiniert mit Atemspende (2. + 3. = sog. **Elementarhilfe).**
4. Blutstillung und Schockbekämpfung: Nur eine lebensbedrohliche Blutung darf den Vorrang vor einer erforderlichen Atemspende und Herzmassage haben. Es ist unsinnig, wegen einer geringfügigen Blutung die Wiederbelebung zu verzögern.
5. Lagerung des Verletzten und Schutz vor Unterkühlung bzw. vor Überwärmung.
6. Vorbereitung und Durchführung des Transportes ins Krankenhaus.

2 Jagdunfälle und Erste Hilfe

Prellungen und Zerrungen
Um Gewebeschädigungen und Blutergüsse durch Prellungen und Zerrungen gering zu halten, ist anzuraten, 10 Minuten lang ein feuchtes Tuch, in Wasser und Alkohol getränkt, auf die verletzte Stelle zu legen.

Verbrennungen
Rasche Entkleidung der verbrannten Körperteile ist wichtig. Anschließend muß man 20 Minuten kühlen. Auf keinen Fall dürfen Brandblasen geöffnet werden, da sie dann zu Infektionsquellen werden.
Nach der Kühlung wird die verletzte Stelle mit Wundgel (anstelle von Fettsalben) behandelt.

Schußverletzungen
Es muß nach Ein- und Ausschuß gesucht werden. Der Einschuß ist klein, mit glatten Rändern. Bei Schüssen mit aufgesetzter Waffe weist der Wundrand eine dunkle Verfärbung, den sog. Pulverschmauch, auf. Die Ausschußöffnung ist größer als die Einschußöffnung. Fehlt der Ausschuß, so befindet sich das Geschoß noch im Körper; es muß operativ entfernt werden.
Erste Hilfsmaßnahmen bei Schußverletzungen: Sofortiger steriler Wundverband bzw. frisches Taschentuch als Notverband verwenden. – Ggf. Druckverband bei stärkeren Blutungen. – Bei lebensbedrohlichen Blutungen Abbinden oder Zudrücken der entsprechenden Arterie und Hochhalten des verletzten Körperteils.

Platz-, Quetsch- und Rißwunden
Es sind die am häufigsten vorkommenden Wunden. Im allgemeinen mäßige Blutung, da die Blutgefäße

zerrissen und gequetscht, nicht aber glatt durchtrennt sind. Häufig einhergehend mit derartigen Verletzungen sind Bluterguß und Schwellung.
Als Sofortmaßnahmen kommen Ruhigstellen des gequetschten Körperteils, Kühlen und ein möglichst steriler bzw. sauberer Wundverband in Betracht.

Kratz- und Bißwunden
Diese Wunden sind besonders infektionsgefährdet, da sich an den Zähnen immer viele Keime befinden. Die Keime gelangen beim Biß tief in die Wunde.
Daher: **Achtung:** Tollwut- und Wundstarrkrampfgefahr!
Erstmaßnahme: Kratz- und Bißwunden sollten sofort ausgewaschen werden, wenn möglich mit Seifenwasser, anschließend keimfreier Verband. – Auf jeden Fall Weiterleitung in ärztliche Behandlung aufgrund der Gefahr von Wundstarrkrampf, Gasbrand oder Tollwut.
Schlangenbisse sind in Deutschland selten; als Giftschlange kommt die Kreuzotter in Betracht. – Die Bißstelle zeigt 2 kleine punktförmige Enden direkt nebeneinander.
Sofort nach einem Schlangenbiß treten starke Schmerzen und Schwellungen auf. Wenn nicht schnelle Hilfe erfolgt, treten Schwächegefühl, Atemnot, Schwindelgefühl, Herzjagen, Erbrechen, Bewußtseinsverlust und Sehstörungen hinzu. Wie rasch sich diese Symptome entwickeln, hängt davon ab, wie schnell das Gift in die Blutbahn gelangt.
Erste Hilfe: Absolute Ruhe, damit die Giftaufnahme nicht durch Bewegungen beschleunigt wird. Abbinden der Extremität, bis die Venen gestaut sind, aber nicht bis zur Pulslosigkeit. Kreuzschnitt durch die Bißstelle mit scharfem Messer, Aussaugen der Wunde mit dem Mund, sofern Lippen und Zahnfleisch unverletzt sind. Eine andere Möglichkeit ist das Aufsetzen einer Saugflasche; diese kann dadurch hergestellt werden, daß eine Flasche in heißem Wasser erhitzt und dann sofort mit der Flaschenöffnung auf die Wunde aufgedrückt wird. Die sich abkühlende Luft in der Flasche zieht sich zusammen und bewirkt so das Absaugen.
Wenn die Schwellung über die abgebundene Stelle hinaus fortschreitet, muß weiter herzwärts abgebunden werden, herzwärts der Schwellung evtl. weitere tiefe Hautschnitte in ringförmiger Anordnung anlegen.
Schneller Abtransport ins Krankenhaus, damit so rasch wie möglich Schlangenserum verabreicht werden kann.

Knochenbrüche
Man unterscheidet geschlossene und offene Brüche. Bei einfachen geschlossenen Brüchen ist lediglich der Knochen verletzt. Offene Brüche zeigen dagegen eine Hautwunde, die in Richtung Knochenbruch führt. Die Wunde kann entweder durch ein spitzes Knochenende, das die Haut von innen durchbohrt, oder durch eine Verletzung, die von außen nach innen wirkt, entstehen. Ein offener Knochenbruch stellt wegen der möglichen Keimausbreitung von der Wunde her eine schwere Verletzung dar. Kennzeichen eines Knochenbruches sind starke Schmerzen und Schwellung im Bruchbereich; Bewegungs- und Belastungsversuche verstärken die Schmerzen betächtlich. – Bei ausgedehnten Knochenbrüchen: Schockgefährdung!
Als Sofortmaßnahmen: Wundverband bei offenen Knochenbrüchen und Knochenbruch mittels Schiene ruhigstellen.

Gehirnerschütterung, Schädelverletzungen
Bei Unfallverletzten mit Schädelhirnverletzungen sind besonders sorgfältig Atmung, Puls, Blutdruck und Temperatur zu beachten. Bewußtseinslage sorgfältig registrieren. Atemwege freihalten, evtl. Kopf flach polstern und Verletzten auf unverletzte Seite legen und in dieser Lage transportieren.

Hitzschlag
Sehr ernstes Krankheitsbild mit oft tödlichem Ausgang. Heißes Wetter, Bewußtlosigkeit und Krämpfe sollten immer an einen Hitzschlag denken lassen.
Sofortmaßnahmen: Der Betroffene muß sofort in den Schatten gebracht und flach gelagert werden, wobei der Kopf leicht angehoben wird. Zusätzlich sollte mit Wasser gekühlt und Luft zugefächelt werden; Kleidung bis auf Unterwäsche ausziehen, wenn möglich, kalte Umschläge oder Eispackungen auf Nacken, Stirn, Beine und Arme. Nach wenigen Minuten kann die Kälteapplikation unterbrochen werden. Verfärbt sich danach die Haut wieder rot, muß erneut mit kalten Umschlägen begonnen werden. Umgehender Transport in ein Krankenhaus ist anzustreben. Bei Bewußtlosigkeit muß die Freihaltung der Atemwege gesichert werden.

Augenverletzungen

Bei Fremdkörpern im Auge versuchen, Fremdkörper sofort zu entfernen: Unterlid herunterziehen und mit Taschentuchzipfel den Fremdkörper in Richtung Nase herauswischen. – Bei Fremdkörpern im Bereich des Oberlides dieses einige Male über das Unterlid ziehen oder Streichholz auf Oberlid legen und Lid überklappen, so daß der Fremdkörper herausgewischt werden kann.

Metallsplitter müssen durch den Arzt entfernt werden.

Eingedrungene kleine Fremdkörper, die die vordere Augenwand durchschlagen haben, können so feine Wunden hinterlassen, daß sie sich der Untersuchung mit bloßem Auge entziehen. – Fachärztliche Behandlung erforderlich.

Allgemeiner Grundsatz bei Verdacht auf Augapfelverletzungen: durch beidseitigen, möglichst sterilen Verband absolut ruhigstellen, bis augenärztliche Behandlung möglich ist.

Schnittwunden

Ränder sind scharf und glatt. Wegen der glatten Durchtrennung bleiben die Blutgefäße länger offen, so daß Schnittwunden stärker bluten und eingedrungene Keime leichter ausgeschwemmt werden.

Sofortmaßnahme: Sterile Wundbedeckung, bei stärkerer Blutung Druckverband.

Stichverletzungen

Kleine Fremdkörper (Holzsplitter, Dornen) können ohne Schwierigkeiten entfernt werden; dabei dürfen keine Reste steckenbleiben.

Tiefsitzende und große Fremdkörper (Dolche, Nägel, Drahtspitzen), die aus der Wunde herausragen, dürfen nicht ohne weiteres entfernt werden, weil dabei bis dahin noch abgedrückte große Blutgefäße eröffnet werden können, aus denen eine oft tödliche Blutung erfolgt. Umgebung der Stichverletzung sorgfältig steril abdecken und umpolstern, ggf. verletzten Körperteil ruhigstellen, Transport ins Krankenhaus, wo der Fremdkörper operativ entfernt wird.

Schock

Bei Schock versagt der Kreislauf.

Ursachen: Verminderung des Blutvolumens durch eine äußere oder innere Blutung, Verminderung des Eiweiß-, Wasser- oder Salzgehaltes bei Verbrennungen und gehäuftem Erbrechen, Abnahme der Herzleistung als Folge von Herzinfarkt oder Lungenembolie, Einschwemmung von Bakteriengiften in die Blutbahn bei bakteriellen Infektionen, allergischer Schock bei Überempfindlichkeit gegen Fremdeiweiß.

Zu trennen von diesen Schockformen ist der sogenannte **orthostatische Kollaps,** auch **Ohnmacht** genannt. Hier liegt kein Volumenmangel, sondern nur eine Blutverteilungsstörung vor. Das Hirn wird ungenügend durchblutet, da das Blut in die Körperregionen abfließt und nur langsam und ungenügend zum Herzen zurückströmt. Sauerstoffmangel im Gehirn kann zu Bewußtlosigkeit führen. Der Puls ist hierbei im Gegensatz zum Schock verlangsamt. – Es genügt im allgemeinen, den Patienten flach zu lagern (Beine hoch). Hierdurch erholt sich der Kranke rasch, und das Bewußtsein kehrt wieder.

Beim eigentlichen Schock im engeren Sinne ist der Verletzte oder Kranke unruhig, ängstlich und häufig verwirrt. Er klagt über Schwindel und Durst. Der Puls ist beschleunigt und erschwert tastbar. Die Haut ist blaß, feucht und kalt, insbesondere die Haut der Arme und Beine. Lufthunger, d.h. das Verlangen des Verletzten nach mehr Luft, Schnappatmung und Unruhe zeigen an, daß der Blutverlust bzw. der Schockzustand zunimmt.

Sofortmaßnahmen: Den Verletzten in eine für ihn angenehme Lage bringen und vor Schmerzen durch unnötiges Umlagern oder falsche Lagerung bewahren, da diese den Schock verstärken können. – Beine hochlagern, jedoch nicht bei Kopf- und Brustverletzungen und bei Knochenbrüchen der Beine. – Schutz vor Unterkühlung bzw. Überwärmung. – Arzt verständigen und ihn von der Schocksituation des Verletzten unterrichten. – Mut zusprechen und Angst beschwichtigen, rascher und schonender Transport in ein Krankenhaus.

Lebensbedrohliche Zustände wie Herz-, Kreislauf- und Atemstillstand bedürfen folgender Sofortmaßnahmen: Atemwege freihalten durch stabile Seitenlage, dabei Kopf und Oberkörper etwas tieferlegen oder Rückenlage mit überstrecktem Kopf und geschlossenem Mund (z.B. bei Wirbelverletzungen). – Bei ungenügender Atmung oder Atemstillstand künstlich beatmen: Mund-zu-Mund oder Mund-zu-Nase. – Für die Atemspende gilt die sogenannte

BBB-Regel: **B**efreie die Atmung – **B**eatme die Lunge – **B**elebe den Kreislauf.

Bei gleichzeitigem Herzstillstand muß unverzüglich mit zusätzlicher externer Herzmassage begonnen werden. – Für den Beginn einer erfolgreichen Wiederbelebung stehen nur 3 Minuten zur Verfügung.

Bei der äußeren Herzmassage kniet der Helfer neben dem auf dem Rücken liegenden Patienten und drückt mit beiden aufeinandergelegten Handwurzeln mit kräftigen Stößen regelmäßig senkrecht auf die untere Hälfte des Brustbeins, das bei jedem Stoß mindestens 3–4 cm gegen die Wirbelsäule gedrückt wird. – Ohne genügende Beatmung kann eine Herzmassage nicht erfolgreich sein, so daß gleichzeitig eine ausreichende Beatmung (Mund-zu-Mund oder Mund-zu-Nase) eingeleitet werden muß. Steht ein 2. Helfer zur Verfügung, so führt der eine die Atemspende und der 2. die Herzmassage durch, ohne daß es hierdurch zu einer Unterbrechung des Atemrhythmus oder der Herzmassage kommt: Auf 5 Herzkompressionen erfolgt ein Atemstoß. Dies entspricht bei 60 Kompressionen 12 Atemstößen in der Minute.

Ist nur ein Helfer vorhanden, so muß er abwechselnd die Atemspende und die Herzmassage durchführen; hierbei erfolgen im allgemeinen auf 15 Kompressionen in 15 Sekunden jeweils 2 Atemstöße.

Lebensrettende Sofortmaßnahmen am Unfallort: Bergung und Lagerung des Verletzten – Beatmung, ggf. unter gleichzeitiger äußerer Herzmassage – Blutstillung – Herbeirufen ärztlicher Hilfe bzw. rasche Überführung ins Krankenhaus.

Ergänzend dazu allgemeine Maßnahmen: Auskühlung und Überwärmung sollen vermieden werden, Zuschauer fernhalten, besänftigend mit Verletzten reden, ggf. Sicherung bzw. Kennzeichnung der Unfallstelle.

3 Der Jäger nach Kontakt mit tollwutkranken Tieren

Die Tollwut ist außer in Australien über alle Erdteile verbreitet. Sie tritt endemisch eher in Feuchtbiotopen als in Trockenzonen auf.

Der Erreger (das Virus) weist eine Stabform mit erhabenen Punkten auf der Oberfläche auf.

Das Virus kann auf alle Warmblüter bei gradueller Empfänglichkeit übertragen werden. Wildlebende Karnivoren, Katzen und Rinder sind hochgradig, Menschen, Hunde und Pferde sind mittelgradig gefährdet.

Das Hauptreservoir des Virus ist in unserer mitteleuropäischen Klimazone der Rotfuchs. In anderen Gegenden übertragen die dort lebenden Karnivoren die Tollwut, in den USA Waschbär, Skunk und Graufuchs, in Osteuropa neben dem Fuchs der Marderhund. Der Grund für die Übertragung durch Karnivoren ist einmal darin zu suchen, daß diese besonders empfänglich für das Tollwutvirus sind, zum anderen trägt ihre ausgeprägte Wanderfreude und Populationsdichte zur raschen Ausbreitung der Seuche bei.

Die den bei uns lebenden insektenfressenden Fledermäusen neuerdings nachgesagte Fähigkeit, Tollwutüberträger zu sein, ist zwar theoretisch denkbar, praktisch aber irrelevant.

Fest steht nach einem von der WHO/FAO initiierten und ausgeführten Wildtollwut-Forschungsprogramm, daß die in Mitteleuropa endemisch auftretende Tollwut sylvatischen Ursprungs ist, d.h. eine Wildtollwut ist, die bei nicht aufgehaltener Ausbreitung auf Haustiere übergreift. Jede Bekämpfungsmaßnahme muß deswegen beim Hauptreservoir, dem Fuchs, ansetzen. Die Übertragung auf den Haustierbestand geschieht in erster Linie über frei umherlaufende, streunende Hunde und Katzen, die damit auch vorrangig den Menschen gefährden (in unseren Breiten kein regelrechtes Seuchengeschehen, eher in Ländern der 3. Welt). In ländlichen Gebieten stellt das Rind noch eine Gefahrenquelle für den Menschen dar. Man nennt die durch Haustiere übertragbare Tollwut urbane Tollwut.

Der Seuchenzug kulminiert im Frühjahr, wenn die wildlebenden Karnivoren die Ranz durchlebt haben und erreicht im Herbst nach Abwandern der Jungtiere in neue Reviere einen zweiten Höhepunkt.

Das Virus wird über den Speichel durch Biß oder Kratzen, aber auch durch das Belecken verletzter Hautstellen oder Schleimhäute von tollwütigen Tieren auf den Menschen übertragen. Bei unverletzter Haut ist eine geringe Ansteckungsgefahr gegeben. Allerdings ist auch eine aerogene (durch die Luft) Infektion über die Mundschleimhäute sowie über die Augenbindehaut möglich. Dies ist aber verhältnismäßig selten.

Bereits wenige Minuten nach der Infektion gelangen die Viren in das Blut des Wirtes. Sie sind kälte-, aber nicht hitzeresistent.

Die Inkubationszeit (Zeit zwischen Infektion und Krankheitsausbruch) liegt zwischen 8 Tagen und mehreren Monaten. Auch schon vor Ausbruch der Krankheit geben infizierte Tiere den Erreger weiter.

Das Virus befällt das Zentralnervensystem (Gehirn und Rückenmark) und endet ohne vorbeugende Vakzination immer tödlich.

Eine sichere Krankheitsdiagnose bei Mensch und Tier ist nur über eine Laboruntersuchung zu stellen.

Die Krankheitssymptome beim Wildtier beginnen mit Vertrautsein, Unruhe, Futterverzicht, Aufnahme unverdaulicher Gegenstände (Holz, Steine), anschließend Beißsucht und Krämpfe. Im Endstadium treten Lähmungen auf, insbesondere solche des Schlundes.

Die Krankheitssymptome beim Menschen sind hochgradige Erregung sowie ausgeprägte Hydrophobie (Wasserscheue).

Bei den Maßnahmen zur Bekämpfung der Seuche ist zu unterscheiden zwischen denen beim Wildtier und denen beim Haustier. Beiden Seuchenzügen muß mit allen zur Verfügung stehenden Mitteln Einhalt geboten werden, um das Infektionsrisiko für den Menschen zu verringern.

So ist bei der sylvatischen Tollwut eine intensive Fuchsbejagung bedeutend. Wirkungsvoller ist seit einiger Zeit die Schluckimpfung der Füchse als Prophylaxe. Hierbei werden mit Tollwutimpfstoff und Tetracyclin präparierte Fertigköder aus Talg und Fischmehl zur Aufnahme durch den Fuchs ausgelegt. Der Impfstoff, der aus lebenden Tollwutviren besteht, ist von einer Kunststoff-Folienkapsel umgeben. Für den Menschen besteht bei sachgerechtem Umgang mit dem streichholzschachtelgroßen Köder keine Gefahr. Das heißt, daß deren Ausbringen mit Plastikhandschuhen durchgeführt werden sollte. Bei Kontakt mit beschädigten Impfkapseln ist Händewaschen angezeigt, bei Verletzungen der Haut ist ein Arzt zu konsultieren.

Die Köder werden im Revier an Pässen, befahrenen Bauen und sonstigen vom Fuchs aufgesuchten Stellen ausgelegt und mit Laub oder Gras zugedeckt, um sie vor der Entdeckung durch Unbefugte und Vögel zu schützen. Je 100 ha werden 15 Köder ausgebracht.

Auf einer Revierkarte werden die Auslegepunkte verzeichnet, um die Köderaufnahme nach 7 und 14 Tagen kontrollieren zu können.

Alle Hunde- und Katzenhalter werden über die Presse und Plakataktionen aufgefordert, ihre Tiere während dieser Zeit nicht frei umherlaufen zu lassen.

Etwa 4 Wochen bis zum 7. Monat nach der ausgeführten Schluckimpfung wird für je 1000 ha ein erlegter Fuchs auf Antikörper untersucht. Auf diese Weise ist inzwischen in großen Teilen der Bundesrepublik Deutschland der Seuchenzug unterbrochen.

Jeder Haustierhalter sollte darauf achten, ob die ihm anvertrauten Tiere, die mit Wildtieren Kontakt haben könnten, Bißwunden aufweisen oder Wesensveränderungen zeigen. Zugelaufene Tiere nimmt man besser nicht auf. Es ist ratsam, seine Haustiere alljährlich vorbeugend gegen Tollwut impfen zu lassen.

Tollwutverdächtige Haustiere kann man unter Quarantäne stellen, um einen evtl. Ausbruch der Krankheit festzustellen. Stellen sich binnen 14 Tagen keine Anzeichen der Seuche ein, kann die Isolierung des Tieres aufgegeben werden.

Bei positivem Verlauf der Tollwut wird das eingegangene oder getötete Tier in wasserdichter Verpackung dem nächsten veterinärmedizinischen Untersuchungsamt zugeleitet.

Bei der menschlichen Anamnese wird zu berücksichtigen sein:

1. Vorkommen der Tollwut in der Region des Patienten.
2. Die Lage der Verletzung, besonders gefährdet sind der Kopf und der Hals, danach Hände und Beine, weniger der Rumpf.
3. Das Alter des Verletzten (Kinder sind stärker gefährdet als Erwachsene).
4. Vorausgegangene Tollwutschutzimpfung.

Als Erste-Hilfe-Maßnahmen kommen in Betracht: Auswaschen der Wunde mit Wasser und Seife oder

anderen Reinigungsmitteln. Sofern beim Aufenthalt im Revier nur Wasser vorhanden ist, reicht das zunächst. Danach behandelt man die Verletzung mit Jod oder hochprozentigem Alkohol und sucht so schnell wie möglich einen Arzt auf. Dieser wird die Wunde versorgen und eine Schutzimpfung einleiten, auch wenn nur die Schleimhäute mit tierischem Speichel in Kontakt gekommen sind.
Sollte sich beim tollwutverdächtigen Tier die in Rede stehende Krankheit nicht bestätigen, wird die Vakzination abgebrochen. Entkommen verdächtige Tiere, wird immer eine Impfaktion bei Vorliegen der genannten Fakten anzuraten sein.
Seit dem 1.4. 1977 wird in der Bundesrepublik Deutschland ein neuer inaktivierter Impfstoff – HDC-Vakzine – verwendet, der aus menschlichen Zellen (Gewebekulturen) gewonnen wird. Hersteller ist die Firma Mérieux in Lyon. Dieser Impfstoff enthält einen nur geringen Gehalt an Fremdeiweiß und gewährt somit hohe Verträglichkeit und guten Schutz. Er zeitigt nicht mehr die Nebenwirkungen früherer Impfstoffe und kann sowohl prophylaktisch wie auch aus gegebenem Anlaß verarbreicht werden.
Die Persistenz der Antikörper ist über 2 bis 3 Jahre gegeben. Da die Jäger zu den durch Tollwut gefährdeten Berufsgruppen gehören, sollten sie sich mit der prophylaktischen Impfung in jedem Falle anfreunden. Sofern sie darüber hinaus die Baujagd ausüben, muß der vorbeugende Impfschutz zum freiwilligen Zwang werden.
Eine gesetzliche Regelung ist in Form der Verordnung zum Schutze gegen die Tollwut (Tollwut-Verordnung) am 11.3. 1977 – BGBl. I, Seite 444 – auf Grund des §79 Abs. 1 des Viehseuchengesetzes in der Fassung vom 23.2. 1977 – BGBl. I, Seite 313 – erlassen worden. Danach hat der Jagdausübungsberechtigte dafür zu sorgen, daß alles Wild, das tollwutkrank scheint oder tollwutverdächtig ist, erlegt und unschädlich beseitigt oder als Untersuchungsmaterial zur Verfügung gestellt wird. Bei festgestellter Tollwuterkrankung ist der Fuchs verstärkt zu bejagen. Andere Bekämpfungsmaßnahmen haben die Grundeigentümer und Jagdausübungsberechtigten zu dulden und zu unterstützen.

4 Andere Infektionskrankheiten, die vom Tier auf den Menschen übertragen werden können

Hierunter fallen: Brucellose, Milzbrand, Rauschbrand, Nagerpest (Tularämie), Leptospirose, Listerose, Tuberkulose, Pseudotuberkulose (Nagerseuche), Salmonellen.
Um die Ausbreitung von Wildseuchen zu verhindern, hat der Jagdausübungsberechtigte solche gem. §24 BJagdG der zuständigen Behörde anzuzeigen. Als zuständige Behörde gilt die nach Landesrecht benannte Dienststelle, meist die Untere Jagdbehörde.
Sofern die Wildseuchen auch Viehseuchen sind, kommen auch die Bestimmungen des Viehseuchengesetzes zum Tragen. In diesem Falle kann auch die Veterinärbehörde weitere Maßnahmen vorschreiben, z.B. die behördliche Tötung seuchenverdächtiger und kranker Tiere oder die unschädliche Beseitigung toter Tiere.

5 Verhalten des Jägers nach Zeckenstich

Welcher Jäger ist nicht schon einmal durch Hautjucken auf einen Zeckenstich an seinem Körper aufmerksam geworden? Welcher Jäger hat einer nach Zeckenstich hinterlassenen Hautrötung Beachtung geschenkt? Aber: Welcher Jäger hat schon eine von Zecken verursachte Krankheit durchgemacht? Die letzte Frage können in neuerer Zeit immer mehr Jäger positiv beantworten. Deswegen scheint es erforderlich, sich mit der Ätiologie, Epidemiologie, Diagnostik und Prophylaxe dieser Krankheiten näher zu befassen.
Zecken gehören zu den Außenschmarotzern (Ektoparasiten). Sie bilden eine große Familie, von der weltweit viele hundert Arten bekannt sind. Sie saugen an über 100 verschiedenen Wirtstieren, so in unseren Breiten hauptsächlich an Haustieren, wie Hund, Rind, Pferd, Schaf und Ziege und an

Wildtieren, wie Maus, Maulwurf, Marder, Wildschwein, Reh-, Rot- und Muffelwild, Vogel und Eidechse.

Der Hauptvertreter der Zecken ist der Holzbock *(Ixodes ricinus)*. Er lebt überwiegend in der Strauchzone unserer Wälder. Die augenlosen, graubraunen Tiere haben einen Saugrüssel und 8 Beine. Adulte Weibchen sind 3 bis 4 mm, Männchen 2,5 mm lang. Sie leben polygam, d. h. ein Männchen kann mehrere Weibchen begatten. Das Weibchen saugt nach der Kopulation auf dem Wirt 6 bis 11 Tage lang Blut und legt in den folgenden Monaten bis zu 5000 Eier im Oberboden ab. Nach einigen Wochen schlüpfen die Larven mit nur 3 Beinpaaren. In der Endphase des Larvenstadiums entwickelt sich die achtbeinige Nymphe. Hier werden bereits die Flügel gebildet. Nymphen können nur dann geschlechtsreife Zecken werden, wenn sie auf einem Wirt 2 bis 7 Tage lang gesaugt haben. Larven und ausgewachsene Zecken können über einen langen Zeitraum ohne Nahrung auskommen, letztere über 2 Jahre. Holzböcke und ihre Larven werden von ihrem Wirt an Sträuchern oder Gebüschen während der warmen Jahreszeit, vorzugsweise im Frühsommer und Herbst, abgestreift. Im Winter sind sie inaktiv. Nach Befall saugen sie sich innerhalb 12 Stunden bis 11 Tage fest, um sich anschließend als bläuliche Rundkugeln (blutgefüllt) mit äußerlich kaum sichtbarem Kopf fallen zu lassen. Die Männchen saugen anstelle von Blut Gewebeflüssigkeit.

Der Stich wird wegen der anästhesierenden Wirkung des Speichels nicht als Schmerz empfunden. Er hinterläßt flächenweise Hautrötungen bis zu etlichen cm Durchmesser, die in der Mitte heller erscheinen. Vorzugsweise werden folgende Körperstellen aufgesucht: Arme und Beine, besonders gerne die Beugen, Hände und Achseln. Mit dem Stich hinterläßt die Zecke in seltenen Fällen Viren, die die bereits seit langem bekannte Zecken-Enzephalitis, auch Frühsommer-Meningoenzephalitis (FSME) hervorrufen.

Das FSME-Virus ist lange lebensfähig, wird allerdings durch Austrocknen, Pasteurisierung und chemische Behandlung schnell wirkungslos. Es wird von Larven, Nymphen und geschlechtsreifen Zekken weitergegeben. Entscheidend für die Lebensfähigkeit und Aktivität der Zecken ist die Temperatur, die relative Luftfeuchte, die Bodenfeuchtigkeit, der Biotop, die Populationsdichte der virustragenden Zecken und der das Virus aufnehmenden Wirte. Bei etwa +7 °C beginnt im März das Zeckenleben und endet im Oktober/November bei gleicher Temperatur. Innerartlich wird das FSME-Virus der Zecke von Entwicklungsstadium zu Entwicklungsstadium weitergegeben, ohne daß die Zecke selbst erkrankt.

Die Übertragung auf den Wirt erfolgt über die stechend-saugenden Mundwerkzeuge, aber auch über das Trinken nicht keimfreier Milch. Im ersten Falle kann das Virus ohne langes Saugen schon weitergegeben werden.

FSME ist hauptsächlich in Osteuropa – UdSSR – sowie in Mitteleuropa – Österreich und südliche Länder der Bundesrepublik Deutschland, nämlich Baden-Württemberg, Bayern und Saarland – anzutreffen.

Zu den Risikogruppen gehören Menschen in land- und forstwirtschaftlichen Berufen, Spaziergänger und Sammler von Waldfrüchten. Eine Krankheitshäufigkeit bestimmter Altersgruppen ist nicht gegeben. Die jährlichen Erkrankungszahlen in der Bundesrepublik Deutschland sind gering.

Das Krankheitsbild ist unterschiedlich: Nach einer Inkubationszeit von 2 bis 28 Tagen tritt Fieber bis 39 °C auf. Dieses erste Stadium ist nach max. 8 Tagen beendet. Die zweite Phase tritt mit hohem Fieber, Kopfschmerzen, Rückenschmerzen, Unwohlsein und Magenbeschwerden auf. In schweren Fällen kommen Bewußtlosigkeit, Lähmungen und Geistesstörungen hinzu.

Normalerweise heilen derartige Krankheitsverläufe aus. Kopfschmerzen, Depressionen, Krampfneigung, mangelnde Leistungsfähigkeit und Schwerhörigkeit können zurückbleiben.

Eine sichere Krankheitsdiagnose ist nur durch Laboruntersuchungen zu stellen.

Die Therapie wird sich immer an den Krankheitssymptomen orientieren: Hohes Fieber wird durch Bettruhe auskuriert, Lähmungen werden durch Krankengymnastik gemildert, Unwohlsein und Kopfschmerz werden medikamentös behandelt.

Vorbeugender Schutz durch Tragen geeigneter Schutzkleidung ist illusorisch. Vielmehr gilt es, Zecken geduldig und sachgerecht zu entfernen. Bei gewaltsamen Ausreißen mit den Fingernägeln von

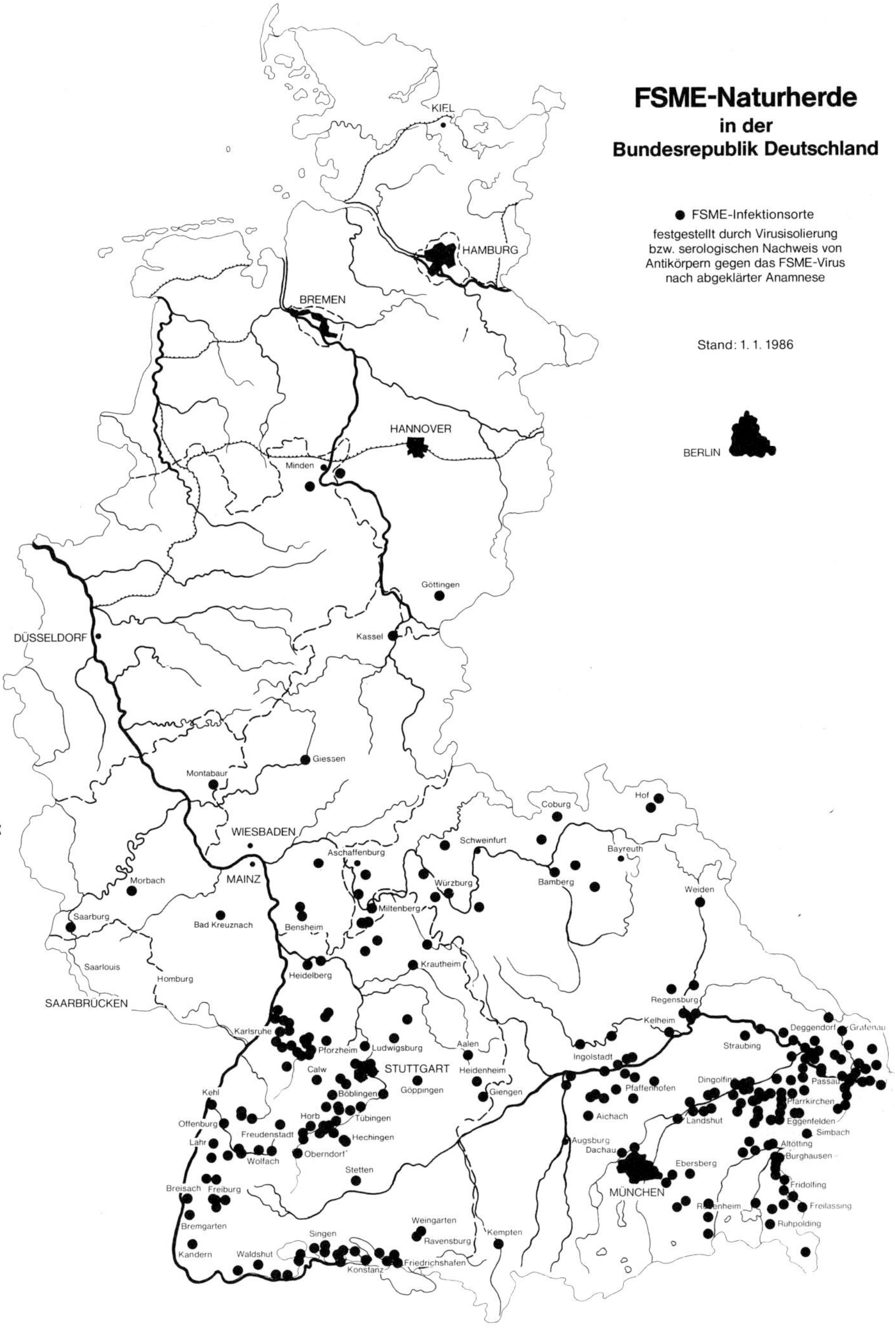

Abb. 214. FSME-Naturherde in der Bundesrepublik Deutschland.

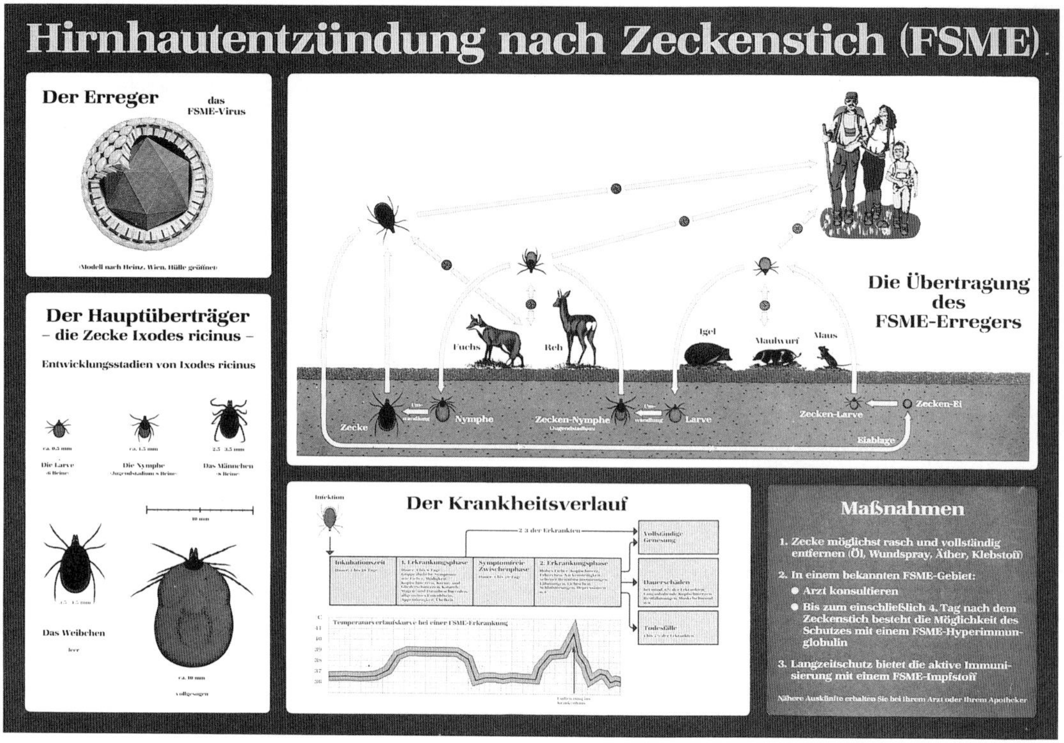

Abb. 215. Hirnhautentzündung nach Zeckenstich (FSME).

Zeigefinger und Daumen bleibt oftmals der Kopf mit den Mundwerkzeugen in der Haut zurück und verursacht Entzündungen. Um dem vorzubeugen, betupft man den Holzbock oder die Larve mit Öl, Fettsalbe, Klebstoff, Waschbenzin, Aceton, Glycerin, Äther, Ballistol, Nagellackentferner, Chloroform, Äthylalkohol oder Chloräthyl-Spray, wonach sich der Schmarotzer wegen Atemnot nach $^1/_4$ Stunde mühelos herausziehen läßt. Sodann desinfiziert man die Stelle mit Antiseptikum oder Jod. Wenn keine Hilfsmittel bei akutem Zeckenbefall während der Jagdausübung vorhanden sind, versucht man die Zecke mit Zeigefinger- und Daumennagel zu entfernen.

Ein **vorbeugender** Impfschutz (aktive Immunisierung) gewährleistet nach dreimaliger Vakzinierung mit inaktiviertem FSME-Virusimpfstoff einen langfristigen Schutz.

1. Teilimpfung
2. Teilimpfung 1 bis 3 Monate nach der 1. Impfung
3. Teilimpfung 9 bis 12 Monate nach der 2. Impfung

Auffrischung 3 Jahre nach der 3. Impfung

Bereits kurz nach der 2. Teilimpfung ist der Patient für 1 Jahr immunisiert.

Die **nach** einem Zeckenstich einsetzende Vakzinierung nennt man passive Immunisierung. Sie erfolgt 2 bis 4 Tage nach dem Zeckenstich mit 0,1 ml/kg Körpergewicht FSME-Bulin.

Dieser Impfstoff wird von Spendern gewonnen, die viele Antikörper haben.

Die hier erforderliche 2. Teilimpfung erfolgt 4 Wochen nach der ersten Impfung.

Mit dem Stich kann die Zecke aber auch Borrelien hinterlassen, die mit dem Erreger *Borrelia burgdorferi* die sog. Lyme-disease auslösen. Hierbei handelt es sich um ein Krankheitsbild, das im

1. Stadium, dem sog. Frühstadium, eine Hauterkrankung zeigt (Inkubationszeit 1 bis 4 Wochen) mit starker sich vergrößernder Rötung um die Bißstelle und hellem Innenbereich. Statt dessen können aber auch Lymphdrüsenschwellungen, Unterhautschwellungen, Fieber und Gelenkschmerzen auftreten.
2. Stadium: Wochen bis Monate danach vielfältige Hautrötungen (multiple Erytheme), Herzmuskelentzündungen (Myo-Pancarditis) oder Hirnhaut-Nervenentzündungen (Meningo-Polyneuritis). Hinzu kommen Gesichtslähmungen.
3. Stadium: Monate, u. U. Jahre danach Entzündungen der Knie- und Sprunggelenke (Polyarthritis), Hauterkrankungen (Pergamenthaut) oder Nerven- und Herzrhythmuserkrankungen.

Die Krankheit kann sich ohne Einhalt vorgegebener Reihenfolge auch im 2. oder 3. Stadium zeigen. (H. Horst, Zecken-Borreliose (Lyme-disease) 1986).

Die Krankheit ist absolut sicher serologisch diagnostizierbar. Einen vorbeugenden Impfschutz gibt es nicht. Wichtig ist bei Auftreten von Beschwerden, den behandelnden Arzt auf einen Zeckenbiß hinzuweisen. Je früher die Behandlung einsetzt, desto größer ist die Aussicht auf Heilung.

Der Krankheit ist im Frühstadium über hohe Penicillin-Dosen beizukommen.

Der Durchseuchungsgrad der Zecken mit Borrelien beträgt in Süddeutschland bereits 13 %, der der in der Bundesrepublik lebenden Menschen 5 %. Man hat ein deutliches Süd-Nord-Gefälle bei den belasteten Zecken festgestellt.

6 Tetanus – Wundstarrkrampf – eine Gefahr für den Jäger

Jäger gehören zu dem Personenkreis, der sich mit Tetanusbazillen infizieren kann.

Dieser Bazillus – *Clostridium tetani* – befindet sich in der Erde, an Dornen und alten Holzsplittern, im Straßenstaub, im Darminhalt von Hund, Pferd und Rind. Die Sporen weisen eine hohe Resistenz gegenüber Umwelteinflüssen auf. Sie können jahrelang in der Erde oder an rostigem Draht überleben. Nach der Infektion der Wunde durch die Sporen keimen die Bazillen unter Luftabschluß in der Tiefe der Wunde, wobei Toxine (Gifte) produziert werden. Ohne das Zusammenwirken mit anderen Bakterien kommt es zu schweren Auswirkungen, die u. U. tödlich sind.

Eine Übertragung von Mensch zu Mensch ist ausgeschlossen.

Die Inkubationszeit (Zeitpunkt der Verletzung bis Auftreten von Krankheitsanzeichen) beträgt 4 bis 28 Tage und länger. Je kürzer die Inkubationszeit, desto schwerer ist der Krankheitsverlauf.

Das Krankheitsbild beginnt mit Kopfschmerzen, Schwitzen, Schlaflosigkeit und Wundschmerz. Später treten Krämpfe im Bereich der Gesichts- und Nackenmuskeln sowie der Brust-, Bauch- und Rückenmuskulatur auf. Im Endstadium kommen Ateminsuffizienz und Skelettmuskelstarre hinzu. Das Bewußtsein ist zu keiner Zeit ausgeschaltet.

Die einzige Behandlung mit Erfolg ist die Impfprophylaxe mit vom Menschen gewonnenem Serum. Abgesehen von der Säuglingsimmunisierung wird im Verletzungsfalle wie folgt passiv mit Gammaglobulinpräparaten schutzgeimpft:
1. Impfung aus aktuellem Anlaß.
2. Impfung 4 bis 6 Wochen später.
3. Impfung nach einem Jahr.

Alle 5 Jahre werden Auffrischungsimpfungen empfohlen.

Mit der 1. Impfung hat eine sachgemäße Wundversorgung einherzugehen.

Bei der aktiven Impfung, die für Jäger selbstverständlich sein sollte, wird mit inaktiviertem Toxin (Toxoid) geimpft.

7 Trichinose

Alle Fleischfresser sind trichinengefährdet. Auch der Mensch kann sich über den Genuß rohen Fleisches infizieren. Bei diesen Innenschmarotzern handelt es sich um zweigeschlechtliche Rundwürmer, deren Weibchen zwischen 10000 und 20000

Larven im Dünndarm des Wirtes ablegen. Diese gelangen über den Lymph- und Blutstrom in die Muskulatur, wo sie sich Jahrzehnte verkapseln. Einher mit dieser Trichinellenwanderung gehen Erbrechen, Unwohlsein, hohes Fieber, Muskelschmerzen, u. U. Myokarditis. Der Grad der Erkrankung hängt von der Menge aufgenommener Trichinen ab. Vorbeugend kann durch die Trichinenschau der Verzehr befallenen Wildbrets verhindert werden. Bei Schwarzwild ist sie obligatorisch nach § 1, Abs. 3 des Fleischhygienegesetzes.

Sofern auch andere fleischfressende Tiere dem menschlichen Verzehr zugeführt werden sollen (z. B. Bär oder Dachs), gilt diese Bestimmung entsprechend.

Für die Trichinenschau werden aus dem Zwerchfell möglichst nahe dem Ziemer (hier sitzen die gut durchbluteten Muskelpartien, die sog. Zwerchfellpfeiler) oder aus der Unterarmmuskulatur Proben für die trichinenmikroskopische Untersuchung entnommen. Die Pflicht trifft den Jagdausübungsberechtigten oder Revierinhaber. Bei Abgabe an gewerbliche be- und verarbeitende Betriebe müssen diese die Trichinenschau beim Tierarzt oder amtlich bestellten Fleischbeschauer veranlassen. Jäger, die nicht entsprechend handeln, sind gewissenlos und machen sich strafbar.

8 Verhalten des Jägers bei Gewitter

Merkblatt zur Verhütung von Blitzunfällen im Freien – herausgegeben vom Ausschuß für Blitzschutz und Blitzforschung im Verband Deutscher Elektrotechniker (ABB).

Vom Gewitter überrascht, was nun?

Ein Gewitter ist gefährlich nahe, wenn zwischen Blitz und Donner weniger als 10 Sekunden vergehen; es ist dann höchstens 3 km entfernt. Der nächste Blitz kann bereits in unmittelbarer Nähe einschlagen. Dabei treten kurzzeitige Spannungen von einigen Millionen Volt und Ströme bis zu 100000 Ampere auf.

Nahezu alle Blitzunfälle ereignen sich außerhalb von Gebäuden. Wolken-Erde-Blitze schlagen an solchen Stellen ein, die die Umgebung überragen. Das kann im Freien der Mensch sein, der spazierengeht, läuft, radfährt, reitet oder ein landwirtschaftliches Gerät bedient. Wird ein Mensch direkt von einem Blitz getroffen, so entstehen in der Regel Brandspuren oder Verbrennungen auf der Haut. Nasse Kleider werden aufgerissen, metallene, am Körper getragene Gegenstände zeichnen sich durch Strommarken auf dem Körper ab.

Auch ein Blitz, der den Menschen nicht unmittelbar trifft, sondern in der Nähe des Standortes einschlägt, kann lebensgefährlich werden.

Fließt ein Blitzstrom durch den menschlichen Körper, so tritt ein ähnlicher Schock auf wie bei der Berührung unter elektrischer Spannung stehender Teile in Starkstromanlagen. Der Strom wirkt unmittelbar auf das Herz und kann zu Herzkammerflimmern oder Herzstillstand und somit zum Tode führen. Auch Reiz- und Wärmewirkungen auf das Zentralnervensystem und alle stromdurchflossenen Körperteile können auftreten. Dabei können Nerven und Muskeln gelähmt werden und Verbrennungen entstehen.

Wenn der Unfall nicht tödlich verläuft, schwinden in der Regel die Nerven- und Muskellähmungen im Verlauf von Stunden oder äußerstenfalls von Tagen ohne schädliche Nachwirkungen.

Gefahren für den Menschen bei Blitzschlag

In unmittelbarer Nähe eines vom Blitz getroffenen Objektes besteht für Personen die Gefahr eines Blitzüberschlages. Personen, die sich unter Bäumen, neben Holzmasten, in der Nähe der Außenwände von Scheunen, Hütten, Unterständen oder auf Hochsitzen befinden, sind deshalb besonders gefährdet.

Der Blitzstrom wird an der Einschlagstelle nicht punktformig vom Erdboden aufgenommen. Er benötigt, je nach Beschaffenheit des Erdbodens, lange Wege, um in die Erde einzudringen.

Ein Mensch ist auch in größerem Abstand vom Blitzeinschlagsort entfernt durch Blitzströme gefährdet. Die Gefahrenzone beträgt bei Lehm oder Humus bis zu 15 m, bei Kies und Sand einige 10 m und bei Fels bis zu einigen 100 m.

Beim Berühren des Erdbodens oder einer Felswand

mit Händen, Füßen oder anderen Teilen des Körpers, wie z.B. beim Liegen, kann ein Teil des Blitzstromes über den Körper fließen. Dieser führt meist zu unkontrollierten Reaktionen der Muskeln. Personen können bis zu einigen Metern weit geschleudert werden. Im Gebirge können Bergsteiger abstürzen. Im Wasser verteilt sich der Blitzstrom ähnlich wie im Erdboden über große Flächen. Schon ein schwacher Blitzstrom kann bei Schwimmern zu Schockreaktionen führen und den Tod bedeuten.
Der grell aufleuchtende Blitz ruft eine sehr starke, kurzzeitige Blendung hervor. Diese genügt oft, um bei der Benutzung von Kraftfahrzeugen von der Straße abzukommen.
Gefahr kann auch der plötzliche Ausfall von Ampel- und Signalanlagen bedeuten.

Schutzmaßnahmen
Wird man vom Gewitter überrascht, so bieten Gebäude mit Blitzschutzanlagen, Fahrzeuge mit Ganzstahlkarosserie, wie Kraftwagen, Eisenbahnwagen, Metallkabinen von Seilbahnen oder Zugmaschinen mit metallenen Aufbauten (Wetter- oder Überrollschutz), sicheren Schutz vor Blitzschlag.
Wird man von einem Gewitter im Freien überrascht, so ist eine Bodenmulde, ein Hohlweg, die Sohle eines Steinbruches oder der Fuß eines Felsvorsprunges aufzusuchen. Wichtig ist, sich nicht an Felswände anzulehnen und keine Personen oder Tiere mit den Händen zu berühren oder sich einzuhaken! Mit geschlossenen Beinen hinhocken, nicht hinlegen!

Abb. 216. Richtiges Verhalten des Jägers bei Gewitter.

Im Gebirge bieten die an Klettersteigen aufgestellten metallenen Biwakschachteln einen sicheren Unterschlupf. Sicher ist man unter Felsvorsprüngen und am Fuß von Felswänden. Auf Steinschlag achten! Von Drahtseilen, nassen Kletterseilen, eisernen Leitern, Metallgittern und von Weidezäunen Abstand nehmen!
In Scheunen, Holz- und Steinhütten, die keine Blitzschutzanlagen haben, sollte man sich in der Mitte des Gebäudes aufhalten und Hockstellung einnehmen!
Im Innern eines Waldes mit gleichmäßig hohem Baumbestand ist man ziemlich sicher. Am Waldesrand sollte man sich nicht aufhalten. Einzelstehende Bäume, wie Eichen und Buchen, sind zu meiden.
Badende und Wassersporttreibende sollten bereits beim Aufzug eines Gewitters das Wasser verlassen. (Anmerkung des Verfassers: Dieselbe Vorsicht bei Wasserarbeit mit Jagdhunden walten lassen.)
An Ampelanlagen, Warnanlagen an Bahnübergängen und sonstigen Signalanlagen ist bei Gewitter und danach Vorsicht geboten. Durch Blitzeinwirkungen können diese ausgefallen sein.
Bei Fehlen einer Schutzmöglichkeit meide man Standorte, die erfahrungsgemäß besonders gefährdet sind, wie z. B. einzeln stehende Bäume und Baumgruppen. Personen im Freien sollten nicht in Gruppen nahe beieinander stehen, sondern getrennt Schutz suchen.

Erste Hilfe bei Blitzunfällen
Blitzunfälle sind nicht immer tödlich. Nach der Unfallstatistik der letzten Jahre überlebten weit mehr als die Hälfte der Personen, die von einem Blitz getroffen wurden. Bei Bewußtlosigkeit oder Atemstillstand sind sofort Wiederbelebungsmaßnahmen vorzunehmen:

- Befreiung der Atemwege
- Atemspende
- äußere Herzdruckmassage

haben unbedingten Vorrang vor allen anderen Hilfeleistungen für den Verunglückten. Sie müssen ohne Unterbrechung auch beim Transport des Verunglückten durchgeführt und solange fortgesetzt werden, bis der Erfolg eintritt oder aber ein Arzt den Tod festgestellt hat.
Sind Kreislauf und Atmung erhalten, ist der Verunglückte gegen Witterungseinflüsse geschützt zu lagern und vor Auskühlung und Überhitzung zu bewahren. Einengende Kleidungsstücke öffnen. Bewußtlose Personen mit Eigenatmung sind in die stabile Seitenlage zu bringen. Die Atmung ist zu überwachen.
Unterstützung des Kreislaufes durch Hochlagerung der Beine, das Abdecken von Verbrennungen mit sterilem Verbandstoff und das Ruhigstellen evtl. gebrochener Gliedmaßen sind weitere Maßnahmen der Ersten Hilfe. Besteht keine Bewußtlosigkeit, sollte man den Verletzten so früh wie möglich reichlich trinken lassen, um dem Eintritt eines schweren Schockzustandes vorzubeugen. In jedem Falle sind unverzüglich ärztliche Hilfe und der zuständige Rettungsdienst herbeizurufen.

9 Unfallverhütungsvorschrift Jagd (UVV 4.4)

§ 1 Waffe und Munition

(1) Es dürfen nur Schußwaffen verwendet werden, die nach dem Waffengesetz und dem Bundesjagdgesetz für jagdliche Zwecke zugelassen sind. Die Waffen müssen funktionssicher sein und dürfen nur bestimmungsgemäß verwendet werden.

Durchführungsanweisung
1. Eine Waffe ist funktionssicher, wenn sie z. B. zuverlässig gesichert werden kann, ihre Verschlüsse dicht sind und wenn sie keine Laufaufbauchungen, Laufdellen oder Rostnarben aufweist.
2. Eine bestimmungsgemäße Verwendung ist nicht das Erschlagen des Wildes mit der Waffe oder die Benutzung der Waffe als Werkzeug (z. B. Niederhalten von Zäunen, Aufstoßen von Hochsitzluken u. a.).

(2) Es darf nur die für die jeweilige Schußwaffe bestimmte Munition in einwandfreiem Zustand verwendet werden. Die Bezeichnung der Munition (Kaliber) muß den Angaben auf der Schußwaffe entsprechen.

Durchführungsanweisung
1. In nicht einwandfreiem Zustand ist z. B. feucht gewordene Munition, die getrocknet wurde.

2. Nach § 27 Sprengstoffgesetz ist auch das nicht gewerbsmäßige Herstellen von Munition nur Personen gestattet, die über eine Erlaubnis dazu verfügen.

(3) Flintenlaufgeschoßpatronen müssen so mitgeführt werden, daß Verwechslungen mit Schrotpatronen ausgeschlossen sind.

§ 2 Ausübung der Jagd

(1) Schußwaffen dürfen nur während der tatsächlichen Jagdausübung geladen sein. Beim Laden oder Entladen ist die Laufmündung stets in eine Richtung zu halten, in der niemand gefährdet wird. Nach dem Laden ist die Waffe zu sichern.
(2) Beim Besteigen oder Verlassen eines Hochsitzes, beim Überschreiten von Hindernissen, beim Besteigen von Fahrzeugen und bei ähnlichen Gefahrlagen ist die Schußwaffe zu entladen.
(3) Ein Schuß darf erst abgegeben werden, wenn sich der Schütze vergewissert hat, daß niemand gefährdet wird.

Durchführungsanweisung
Eine Gefährdung ist auch dann gegeben, wenn andere Personen durch Geschosse, die an Steinen, gefrorenem Boden, Ästen oder Wasserflächen abprallen, verletzt werden können.

(4) Von Wasserfahrzeugen aus darf im Stehen nur geschossen werden, wenn das Fahrzeug gegen Umschlagen und der Schütze gegen Stürzen gesichert ist.
(5) Bei einer mit besonderen Gefahren verbundenen Jagdausübung im Hochgebirge, auf Gewässern und in Mooren ist ein Begleiter zur Hilfeleistung mitzunehmen.

Durchführungsanweisung
Besondere Gefahren können sich z. B. durch Witterungs-, Gelände- und Bodenverhältnisse ergeben.

§ 3 Besondere Bestimmungen bei Treib- und Gesellschaftsjagden

(1) Bei Treibjagden und anderen Gesellschaftsjagden ist ein Jagdleiter zu bestimmen. Die Anordnungen des Jagdleiters sind zu befolgen.

(2) Der Jagdleiter hat den Schützen und Treibern die erforderlichen Anordnungen für den gefahrlosen Ablauf der Jagd zu geben. Er hat insbesondere die Schützen und Treiber vor Beginn der Jagd zu belehren, ihnen die Signale bekanntzugeben und dem Schützen jeweils seinen Stand und den seiner beiden Nachbarn sowie den einzuhaltenden Schußbereich genau zu bezeichnen. Der Jagdleiter kann für einzelne Aufgaben Beauftragte einsetzen.

Durchführungsanweisung
Zu den Aufgaben des Beauftragten können z. B. gehören das Einweisen der Schützen in die Schützenstände und das Führen der Treiberwehr.
(3) Nach Einnehmen der Stände haben sich die Schützen mit den jeweiligen Nachbarn zu verständigen. Sofern der Jagdleiter nichts anderes bestimmt, darf der Stand vor Beendigung des Treibens weder verändert noch verlassen werden. Verändert oder verläßt ein Schütze seinen Stand, so hat er sich vorher mit seinen Nachbarn zu verständigen.
(4) Wenn sich Personen in gefahrbringender Nähe befinden, darf in diese Richtung weder angeschlagen noch geschossen werden. Ein Durchziehen mit der Schußwaffe durch die Schützen- oder Treiberlinie ist unzulässig.
(5) Das Schießen mit Büchsen- oder Flintenlaufgeschossen in das Treiben hinein ist nur mit Genehmigung des Jagdleiters erlaubt.
(6) Bei Kesseltreiben darf nach dem Signal „Treiber rein“ nicht mehr in den Kessel geschossen werden.
(7) Nach jedem Treiben ist die Schußwaffe sofort zu entladen.
(8) Das Gewehr ist vor und nach dem Treiben mit der Mündung nach oben zu tragen. Der Jagdleiter kann erforderlichenfalls andere Sicherheitsmaßnahmen bestimmen.

Durchführungsanweisung
1. Eine Abweichung von Satz 1 kann z. B. bei Regen oder Schnee erforderlich sein.
2. Eine andere Sicherheitsmaßnahme ist z. B. das Öffnen des Verschlusses.

(9) Bei Treibjagden und anderen Gesellschaftsjagden muß sich die Kleidung der Treiber farblich von der Umgebung abheben.

Durchführungsanweisung
Als geeignete Maßnahmen können z. B. gelbe Regenbekleidung, Brustumhänge in orange-roter Alarmfarbe, wie sie z.B. beim Straßenbau Verwendung finden, angesehen werden.

(10) Die Absätze 1 bis 8 gelten auch bei der Nachsuche auf Schalenwild, wenn mehrere Personen daran beteiligt sind.

§ 4 Verhalten auf Schießständen

(1) Das Übungsschießen ist nur auf nach dem Waffengesetz zugelassenen Schießständen unter Leitung einer verantwortlichen Aufsichtsperson erlaubt. Den Anordnungen der Aufsichtsperson ist Folge zu leisten.

Durchführungsanweisung
Auf die gültige Fassung der „Schießvorschrift des Deutschen Jagdschutzverbandes e. V.", vor allem deren Abschnitte „Allgemeine Sicherheitsbestimmungen" und „Schießstandordnung" sowie auf die gültige Fassung des Waffengesetzes (WaffG) wird hingewiesen.

(2) Beim Übungsschießen müssen die Gewehrriemen abgenommen sein und nicht benutzte Waffen ungeladen mit geöffnetem Verschluß bzw. abgekipptem Lauf abgestellt sein oder getragen werden. Schußwaffen dürfen erst auf dem Schießstand, bei Mehrladeeinrichtungen Büchsen nur mit einer und Flinten nur mit zwei Patronen geladen werden. Vor dem Verlassen des Schießstandes muß die Waffe entladen sein.

§ 5 Bauliche Jagdeinrichtungen

(1) Erhöht gebaute Jagdeinrichtungen, ihre Zugänge sowie Stege müssen aus kräftigem Material hergestellt sein. Holz darf nur verwendet werden, sofern es gesund ist. Aufgenagelte Sprossen sind nur an geneigt stehenden Leitern zulässig; sie sind in Einkerbungen einzulassen. Belaghölzer müssen so verlegt und befestigt sein, daß sie gegen Verschieben, Kippen und Kanten gesichert sind.

Durchführungsanweisung
Auf UVV 2.1 „Allgemeine Bestimmungen für bauliche Anlagen und Einrichtungen" wird verwiesen.

(2) Bauliche Jagdeinrichtungen müssen stets, insbesondere im Frühjahr, überprüft und in einwandfreiem Zustand erhalten werden. Mangelhafte Teile sind unverzüglich auszubessern. Nicht mehr benötigte Einrichtungen sind abzubauen.

§ 6 Fangeisen

Das Sichern und Entsichern von Fangeisen darf nur mit einem geeigneten Gegenstand durchgeführt werden.

§ 7 Inkrafttreten

Diese Unfallverhütungsvorschrift tritt am 1. Januar 1981 in Kraft. Gleichzeitig treten die Unfallverhütungsvorschriften vom 1. Oktober 1958 in der Fassung vom 1. Januar 1978 außer Kraft.

Jagdhundewesen

1 Anatomie des Hundes

1.1 Hundekörper

Hier kann im wesentlichen auf die Ausführungen zur allgemeinen Zoologie der Wildtiere zurückgegriffen werden (Abb. 217, 218).
Ergänzend soll noch auf das Äußere unserer Jagdhunde eingegangen werden: Man liest dabei häufig das Wort „Standard", womit die Rassebeschreibung gemeint ist. Im einzelnen werden Größe, Gewicht, Körperform, Gebiß, Behänge, Augen, Läufe, Rute, Haar und Gangart für jede Rasse beschrieben. Je weniger ein Hund vom Standard abweicht, desto besser fällt sein Formwert aus. Formwert ist das auf Zuchtschauen gegebene Zuchtwertgüteurteil:

v = vorzüglich
sg = sehr gut
g = gut
gen = genügend
m = mangelhaft

Da nun unsere Jagdhunde neben ihrer Nase ganz besonders auf ihre Läufe angewiesen sind, soll hierzu ausgeführt werden: Wie auch Wolf, Fuchs und Katze gehört der Hund zu den Zehengängern, d.h. nur die Zehen berühren den Boden, während Mittelhand und Mittelfuß aufgerichtet sind.
In Normalstellung stehen Vorder- und Hinterläufe (in Frontalsicht) parallel zueinander. Davon abweichend gibt es Hunde, die durch angeborene Formveränderungen der Läufe und Zehen, nämlich
O-Beine, Faßbeinigkeit
X-Beine, Kuhhessigkeit
Spreizfuß, offene Pfote,
bewegungseingeschränkt sind.

Als weitere Körperfehler werden angesehen:

Augenfehler
Ektropium: angeborene Augenerkrankung, bei der das Augenunterlied herunterhängt, bzw. die hierbei typisch große Lidspalte zu sehen ist. Unter Umständen kann das ektropierte Augenlid in Höhe des nasalen Lidwinkels liegen (Cocker, Basset).
Entropium: angeborene oder durch Verletzung eingetretene Augenerkrankung, bei der das Ober- oder/und Unterlid teilweise oder gänzlich eingerollt sind.

Hüftgelenksdysplasie:
HD- – krankhafte Hüftgelenkverformung

Rückenfehler
Senkrücken: Hohlkreuz
Karpfenrücken: Buckel
steile Schultern
schmaler Brustkorb

Hodenfehler
Kryptorchismus: Verbleiben beider Hoden im Leistenkanal oder in der Bauchhöhle
Monorchismus: wie vor, gilt nur für einen Hoden
Atrophie: Hodenverkleinerung

Unterschreiten oder Überschreiten der rassevorgeschriebenen Stockmaße
d.i. Widerristhöhe ab Erdboden oder auch Schulterhöhe. Sie kann genauer ermittelt werden, indem das Maß der Elle mit 2,6 multipliziert wird. Beide Zahlenwerte (Ellenmaß und Schulterhöhe) stehen beim Hund in einem immer gleichbleibenden Verhältnis zueinander.

Rutenfehler
Sichelrute: Krümmung in der Rute auf gesamter Länge
Säbelrute: zum Ende hin geschwungene Rute
Knickrute: in sich nicht gerade verlaufende Rute
Haarfehler
abweichende Behaarung von der für den jeweiligen Schlag vorgegebenen.

1.2 Gebiß

Das Hundegebiß besteht aus 42 Zähnen mit folgenden Zahnformeln (Abb. 219):

$$\begin{array}{ll} \text{Oberkiefer} = \\ \text{Unterkiefer} = \end{array} \frac{3\,\text{I}}{3\,\text{I}} \quad \frac{1\,\text{C}}{1\,\text{C}} \quad \frac{4\,\text{P}}{4\,\text{P}} \quad \frac{2\,\text{M}}{3\,\text{M}} \times 2 = 42$$

$$\text{vereinfacht} \quad \frac{3}{3} \quad \frac{1}{1} \quad \frac{4}{4} \quad \frac{2}{3} \quad \times 2 = 42$$

$$\begin{array}{l} \text{weiter} \\ \text{vereinfacht} \end{array} \quad \frac{3}{3} \quad \frac{1}{1} \quad \frac{6}{7} \quad \times 2 = 42$$

Für das Milchgebiß gilt folgende Zahnformel:

$$\frac{3\,\text{i}}{3\,\text{i}} \quad \frac{1\,\text{c}}{1\,\text{c}} \quad \frac{3\,\text{p}}{3\,\text{p}} \quad \begin{array}{l} (2.\text{–}4.\text{p}) \\ (2.\text{–}4.\text{p}) \end{array} \times 2 = 28$$

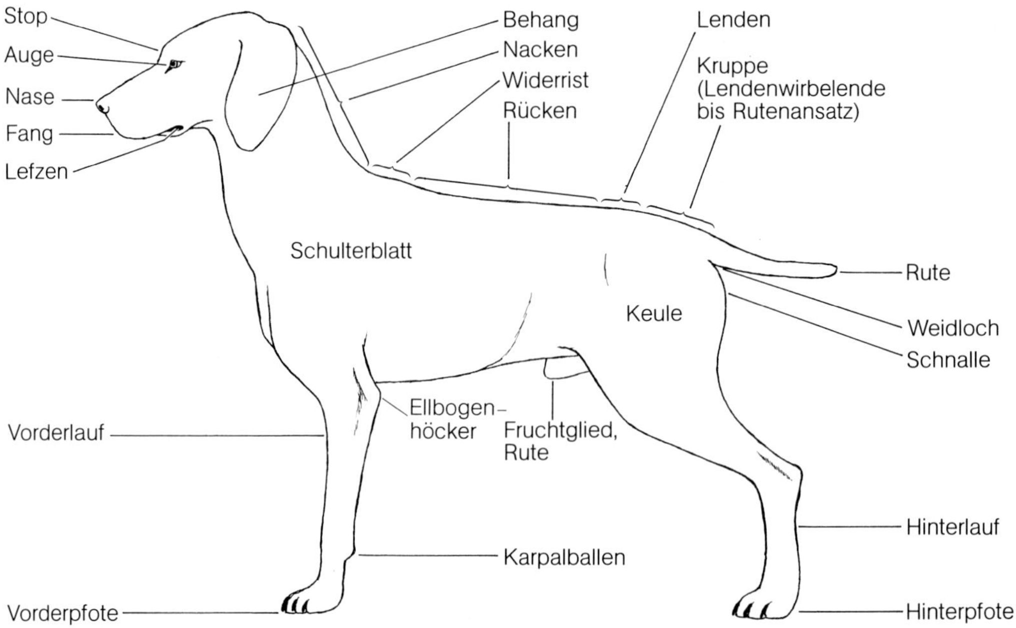

Abb. 217. Jagdhund.

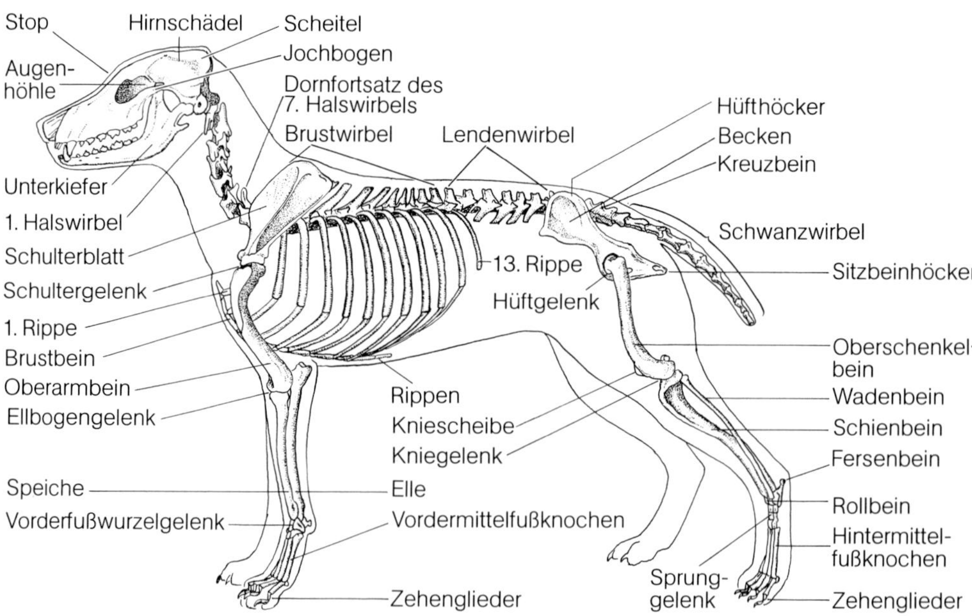

Abb. 218. Anatomie des Hundes.

vereinfacht $\frac{3}{3} \quad \frac{1}{1} \quad \frac{3}{3} \qquad \times 2 = 28$

Die Milchzähne werden zwischen der 4. und 6. Lebenswoche geschoben. Ab der 14. Lebenswoche beginnt der Zahnwechsel. Mit $^1/_2$ Jahr (evtl. 7. Lebensmonat) ist der Zahnwechsel vollzogen.
Wenngleich Hund und Fuchs die gleiche Anzahl an Zähnen haben, sind beide Gebisse äußerlich gut voneinander unterscheidbar: vgl. hierzu Zeichnungen und Erläuterungen des Fuchsgebisses.

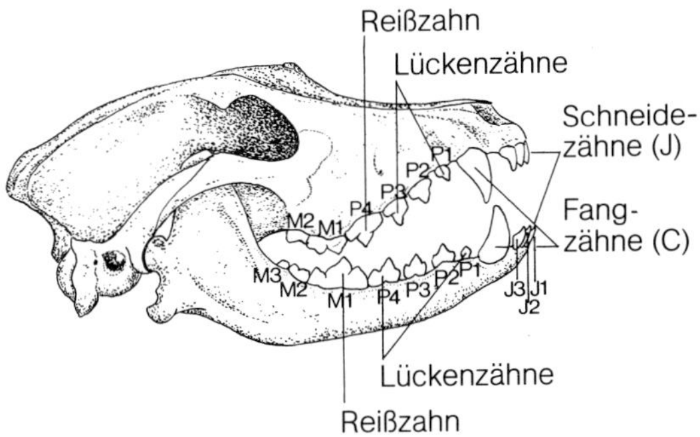

Abb. 219. Gebiß des Hundes.

Gebißfehler
Rückbeißer, auch Unterbeißer, bei dem die Schneidezähne des Unterkiefers deutlich hinter denen des Oberkiefers stehen.
Vorbeißer, auch Überbeißer, bei dem die Schneidezähne des Oberkiefers hinter denen des Unterkiefers stehen.
Zangengebiß als bedingt korrekte Gebißform des Hundes, wobei die Schneidezähne von Ober- und Unterkiefer zangengleich aufeinandergreifen, anstelle des Vorgreifens der Schneidezähne des Oberkiefers (Normalgebiß – Scherengebiß). Das Zangengebiß als bedingt korrekt ansehen zu wollen, obwohl der Wildhund nur so ausgestattet ist, muß als Zuchtfanatismus bezeichnet werden.
Staupegebiß: Zahnfäule, die zwar nicht erblich, aber prämierungsabwertend ist.

2 Vom Wolf zum Jagdhund

Die Abstammung des Hundes beim Wolf beginnen zu lassen, hieße, etliche Millionen Jahre unter den Tisch zu kehren; denn auch der Wolf hatte Ahnen. So glaubt man, daß der Urvater unserer Hunde ein kurzläufiger Fleischfresser, der Miacis (FOX 1975), war. Das liegt 40 Mio. Jahre zurück. Zwischen ihm und dem Wolf liegen weitere 3 Entwicklungsstufen.
Derselben Familie wie der Wolf gehören an: Fuchs, Marderhund, Schakal, Kojote und der Haushund.
Da dem Wolf Eigenschaften hochentwickelter Tiere eigen sind – dabei sei an seine Fähigkeit, in Gemeinschaften mit sozialer Rangordnung zu leben, gedacht –, muß angenommen werden, daß nur er für eine Domestikation zum Hund in Frage kam. In diesem Haustier wollte man alle Fähigkeiten des Wolfes erhalten wissen, dabei ihm aber auch durch menschliche Dressur andere Verhaltensmuster anerziehen.
Die ersten Haushunde sind etwa um 8000 v. Chr. vorhanden. Die vom Menschen diesen Tieren zugedachten Aufgaben schaffen später Spezialisten, z. B. Schäferhunde, Windhunde und Jagd- bzw. Laufhunde.
Wenn man die Entwicklung des für uns Jäger interessanten Jagdhundes weiterverfolgt, so wird man schon zur Zeitwende erstmalig den Rassebegriff „Bracke" in Form der „Keltenbracke" vermittelt bekommen.
Die Kelten, bekannt als gute Jäger, gebrauchten ihre Jagdhunde als Spür- und Hetzhunde. Ersterer war der Segusier, der nur mit der Nase das Wild verfolgte. Letzterer war der Vertragus, auch keltischer Windhund, der nur mit dem Gesicht jagte.
Man nimmt an, daß sich der Segusier zwischen 500 und 1300 n. Chr. über die Bracke zum Leithund fortentwickelt, dem Hund, der auf der kalten Fährte vorsucht, um Wild zu bestätigen.
Die Jagdarten wurden immer vielfältiger: es gab Hirschjäger, Hühnerjäger, Hasenjäger, Fuchsjäger, Otterjäger. Jeder Jäger wollte für seine Jagdausübung den ihm geeignet erscheinenden Hund führen. So kam es zu Jagdhundspezialisten, wie wir sie teilweise auch heute noch kennen, nämlich zu Erdhunden, Stöberhunden, Hühnerhunden, Otterhunden. Schweißhunde gibt es zwar auch schon über ein Jahrtausend in Form der Bracken, nur wird die planmäßige Ausbildung des Leithundes zum

Schweißhund erst zu einer Zeit vollzogen, als moderne Feuerwaffen eingesetzt werden = 18. Jahrhundert.
Der vor planmäßiger „Indienststellung“ der Schweißhunde für Schweißarbeiten gelegentlich eingesetzte Leithund wurde für den eigentlichen Zweck der Vorsuche verdorben; denn verständlicherweise sucht es sich auf der Wundfährte leichter als auf der kalten Gesundfährte.

3 Vorstellung aller Jagdhunderassen in Wort und Bild

Für die Auswahl eines Jagdhundes steht eine große Anzahl von Rassen mit bestem Zuchtmaterial zur Verfügung.
Bevor man sich für seinen „Jagdgehilfen auf 4 Läufen“ entscheidet, lerne man zunächst die Eignung der einzelnen Rassen für die infrage kommenden Arbeiten kennen. Daß darüber hinaus der Geschmack, auch von Familienangehörigen, und die Art des Wohnsitzes, nämlich Landwohnsitz mit viel Auslauf oder Stadtetagenwohnung ohne viel Auslauf, bei der Entscheidung für eine Rasse eine Rolle spielen, sei miterwähnt und zu bedenken gegeben.
Von Bedeutung ist der Hinweis, daß viele Bundesländer in Ausführung des § 1 des BJagdG fordern, daß für die Jagd ein brauchbarer Jagdhund je Jagdbezirk zur Verfügung zu stehen hat, daß für bestimmte Jagdarten der Einsatz von Hunden vorgeschrieben ist und daß für Nachsuchen ein entsprechend ausgebildeter Hund vorhanden sein muß.
Wir unterscheiden zunächst nach Verwendungsart und Fähigkeiten folgende Gruppen:

Deutsche Vorstehhunde
Deutsch Kurzhaar (DK)
Deutsch Drahthaar (DD)
Deutsch Stichelhaar (DSt)
Griffon (Gr)
Pudelpointer (PP)
Deutsch Langhaar (DL)
Großer Münsterländer (GM)
Kleiner Münsterländer Vorstehhund (KlM)
Weimaraner (kurz- und langhaariger Schlag) (W)

Englische Vorstehhunde
Pointer (P)
Englischer Setter, auch Laverack (ES)
Irischer Setter (IS)
Gordon Setter, auch Schottischer Setter (GS)

andere ausländische Vorstehhunde
Magyar Vizsla, Ungarischer Kurzhaar (UK)
Drahthaariger Ungarischer Vorstehhund (UD)
Epagneul breton oder Bretonischer Vorstehhund (BV)

Apportierhunde
Golden Retriever (Retr.)
Labrador Retriever (Retr.)

Stöberhunde
Deutscher Wachtel (DW)
Cocker Spaniel (Co.-Sp.)
Springer Spaniel oder English Springer (Spr.-Sp.)

Schweißhunde
Hannoverscher Schweißhund (HS)
Bayerischer Gebirgsschweißhund (BGS)
Dachsbracke (DBr)

Erdhunde
Terrier
Deutscher Jagdterrier (DJT)
Foxterrier: Glatthaarfoxterrier,
Drahthaarfoxterrier (FT)
Teckel
Kurzhaarteckel (KT)
Rauhhaarteckel (RT)
Langhaarteckel (LT)

Bracken
Deutsche Bracke oder Sauerländer oder Olper Bracke (De.-Br.)
Österreichische Brandlbracke oder Vieräugl
Dachsbracke (Br-Br.)
Alpenländisch-Erzgebirgler D. (A.-DBr.)

Meutehunde
Foxhound (FH)
Beagle (Be)
Basset: Basset Griffon Vendeen (BGV), Basset Artesien Normand (BAN)

Rasse	Schulterhöhe	Behaarung	Farbe	Habitus Erscheinungsbild	Rute	jagdlicher Einsatz
Deutsch Kurzhaar (Abb. 220)	Rüde: 62–66 cm Hündin: 58–63 cm	kurzhaarig, soll sich derb und hart anfühlen	braun, hell und dunkel, braunschimmel mit brauner Kopffarbe, braunen Platten oder Tupfen, schwarz, schwarzschimmel (Preußisch Kurzhaar), weiß mit brauner Kopfzeichnung, braunen Platten oder Tupfen	eleganter Typ	kupiert	vielseitiger Gebrauchshund

Abb. 220. Deutsch Kurzhaar.

Abb. 221. Deutsch Drahthaar.

Deutsch Drahthaar (Abb. 221)	Rüde: 60–67 cm Hündin: 56–62 cm	rauhharig mit Bart	braun, braunschimmel mit ebensolcher oder brauner Kopffarbe, schwarzschimmel	kräftige, robuste Erscheinung	kupiert	vielseitiger, robuster Gebrauchshund

Rasse	Schulterhöhe	Behaarung	Farbe	Habitus Erscheinungsbild	Rute	jagdlicher Einsatz
Deutsch Stichelhaar (Abb. 222)	60–68 cm	rauhhaarig (borstenhaarig) mit dichter Unterwolle im Winter, etwas längeres Bauchhaar, mäßiger Bart, betonte Brauen	brauner und weißer Grundton mit deutlichen großen braunen Platten	kräftig und groß	kupiert	vielseitiger, robuster, wegen seiner Behaarung draufgängerisch wirkender Gebrauchshund

Abb. 222. Deutsch Stichelhaar.

Abb. 223. Griffon.

Griffon (Abb. 223)	Rüde: 55–60 cm Hündin: 50–55 cm	rauhhaarig (harsch, länger als bei sonstigen rauhhaarigen Vorstehhunden), weiche, dichte Unterwolle, starker Bart, betonte Brauen	grau mit braunen Platten, einfarbig braun (mit oder ohne graue Stichelung)	etwas kleiner als DD, Hund soll ein wenig länger als hoch sein	kupiert	vielseitiger, robuster Gebrauchshund

Rasse	Schulterhöhe	Behaarung	Farbe	Habitus Erscheinungsbild	Rute	jagdlicher Einsatz
Pudelpointer (Abb. 224)	Rüde: 60–68 cm Hündin: 55–63 cm	stockhaarig mit ausgeprägtem Bart und Augenbrauen	dunkelbraun, dürrlaubfarben, schwarz, kleine weiße Abzeichen kommen vor	ausgeprägter Stop (Stirnabsatz), breiter Kopf mit langem, breitem Fang	kupiert	vielseitiger Gebrauchshund

Abb. 224. Pudelpointer.

Abb. 225. Deutsch Langhaar, braun.

Rasse	Schulterhöhe	Behaarung	Farbe	Habitus Erscheinungsbild	Rute	jagdlicher Einsatz
Deutsch Langhaar (Abb. 225, Abb. 226)	Rüde: 63–66 cm (min. 60, max. 70) Hündin: 60–63 cm (min. 58, max. 66)	langhaarig	a) braun b) braun mit weißen oder geschimmelten Abzeichen c) dunkelschimmel d) hellschimmel e) forellenschimmel f) braun-weiß, entweder reinbraun-weiß oder mit sehr wenigen kleinen Flecken	durch lange Behaarung elegant wirkend	lange Rute mit Fahne	vielseitiger Gebrauchshund

Rasse	Schulterhöhe	Behaarung	Farbe	Habitus Erscheinungsbild	Rute	jagdlicher Einsatz
Großer Münsterländer (Abb. 227)	Rüde: 60–65 cm Hündin: 58–63 cm	langhaarig	weiß mit schwarzen Tupfen und schwarzen Platten u. schwarzem Kopf (häufig mit Blesse), schwarzschimmel	wirkt hochläufig, muskulös	lange Rute mit Fahne	vielseitiger Gebrauchshund

Abb. 226. Deutsch Langhaar, braunschimmel.

Abb. 227. Großer Münsterländer.

Rasse	Schulterhöhe	Behaarung	Farbe	Habitus Erscheinungsbild	Rute	jagdlicher Einsatz
Kleiner Münsterländer Vorstehhung (Heidewachtel) (Abb. 228, Abb. 229)	Rüde: 52–56 cm Hündin: 50–54 cm ± 2 cm Maßtoleranz	langhaarig, jedoch nicht übermäßig gewellt	braun-weiß, braunschimmel lohfarbene Abzeichen am Fang und Auge zulässig	mittelgroß	mittellange Rute mit Fahne	vielseitiger Gebrauchshund
Weimaraner (Abb. 230, Abb. 231)	Rüde: 59–70 cm Hündin: 57–65 cm	kurzhaarig oder langhaarig	silber-, maus-, oder rehgrau, bisweilen kleine Abzeichen an der Brust und den Zehen	größter Vorstehhund	Kurzhaar: kupiert, sonst lange Rute mit Fahne	vielseitiger Gebrauchshund, bisweilen Mannschärfe

Abb. 228. Kleiner Münsterländer Vorstehhund.

Abb. 229. Kleiner Münsterländer, braunschimmel.

Abb. 230. Weimaraner, kurzhaarig.

Abb. 231. Weimaraner, langhaarig.

Abb. 232. Pointer.

Abb. 234. Englischer Setter.

Rasse	Schulterhöhe	Behaarung	Farbe	Habitus Erscheinungsbild	Rute	jagdlicher Einsatz
Pointer (Abb. 232)	58–63 cm	kurzhaarig, glänzend	weiß mit schwarzen, braunen oder orangefarbenen Platten oder Tupfen; einfarbig in o.a. Farben	muskulös, oft gestreckte Haltung bei der Arbeit; ausgeprägter Stop	lange Rute	Vorstehhund (Federwildhund), aber auch vielseitiger Gebrauchshund
Englischer Setter (Abb. 234)	61–68 cm	langhaarig	weiß mit schwarzen od. braunen Tupfen; selten auch dreifarbig, d.h. weiß mit schwarz u. zusätzlichem Braun, jedoch nur am Kopf u. an den Läufen	durch lange Behaarung elegant wirkend	mittellange Rute mit Fahne	Vorstehhund (Feldhund)
Irischer Setter (Abb. 235)	Rüde: 65–70 cm Hündin: geringer	langhaarig	kastanienbraun, weiß an Brust, Zehen u. Kehle erlaubt	wie vor	mäßig lange Rute, tief angesetzt an der Wurzel stark, z. Ende spitz auslaufend	Vorstehhund (Feldhund)

Abb. 235. Irischer Setter.

Abb. 236. Gordon-Setter.

Rasse	Schulterhöhe	Behaarung	Farbe	Habitus Erscheinungsbild	Rute	jagdlicher Einsatz
Gordon Setter (Abb. 236)	Rüde: 66 cm Hündin: 62 cm	langhaarig	schwarz mit kastanienroten Abzeichen	eleganter Hund, symmetrisch substanzvolle Ausgewogenheit	lange Rute bis Sprunggelenk	vielseitiger Vorstehhund
Magyar Vizsla oder Ungar. Kurzhaar (Abb. 237)	Rüde: 56–61 cm Hündin: 52–57 cm Abweichung ±4 cm zulässig	kurzhaarig	semmelfarben bis rostfarben	markanter Widerrist, trockener Kopf, mäßiger Stop	kupiert	vielseitiger Gebrauchshund

Abb. 237. Magyar Vizsla oder Ungarisch Kurzhaar.

Abb. 238. Drahthaar. Ungarischer Vorstehhund.

Rasse	Schulterhöhe	Behaarung	Farbe	Habitus Erscheinungsbild	Rute	jagdlicher Einsatz
Drahthaar. Ungarischer Vorstehhund (Abb. 238)	Rüde: 58–62 cm Hündin: 54–58 cm Abweichung ± 3 cm zulässig	rauhhaarig durch Einkreuzung DD	sandgelb	kräftiger im Körperbau als UK	kupiert	wie vor

Rasse	Schulterhöhe	Behaarung	Farbe	Habitus Erscheinungsbild	Rute	jagdlicher Einsatz
Epagneul breton (Abb. 239)	Rüde: 48–50 cm Hündin: 47–49 cm	wenig gewellte Behaarung	weiß-orange, weiß-braun, weiß-schwarz, geschimmelt in jeder vorgenannten Farbkombination	stämmig gedrungen quadrat. Form, Rüde möglichst kurz	kurz kupiert (10 cm), wenn nicht angewölfte Stummelrute	vielseitiger Gebrauchshund
Golden Retriever (Abb. 240)	Rüde: 56–61 cm Hündin: 51–56 cm	flach oder gewellt, langhaarig mit wasserabweisender Unterwolle	goldfarben bis cremefarben	kräftig, ausgeprägter Stop, breiter Kopf, wirkt schwer, ist aber sehr schnell	lange Rute mit Fahne bis Sprunggelenk	Apportierhund, Stöberhund
Labrador Retriever (Abb. 241)	Rüde: 56–57 cm Hündin: 54–56 cm	hartes, kurzes Haar, wasserabstoßende Unterwolle	schwarz, gelb u. chocolate, gelb reicht von creme- bis fuchsfarben	breiter Kopf, breit in Lenden u. Hinterhand	mittellange otterähnliche Rute	wie vor

Abb. 239. Epagneul breton.

Abb. 240. Golden Retriever.

Abb. 241. Labrador Retriever, schwarz.

Rasse	Schulterhöhe	Behaarung	Farbe	Habitus Erscheinungsbild	Rute	jagdlicher Einsatz
Deutscher Wachtel Abb. 242, Abb. 243)	Rüde: 48–54 cm Hündin: 45–51 cm	langhaarig, leicht gewellt	dunkelbraun, vielfach mit weißen Abzeichen an Brust u. Zehen; auch roter oder gelber Brand o. braunschimmel (auch Braunweiß-Schecken u. Dreifarbige)	mittelgroß, derbknochig, muskulöse Figur	kupiert um max. $^1/_3$, gut befedert	brauner gilt als Kurzjäger, braunsch. als Langjäger, für alle Arbeiten außer Vorstehen geeignet
Cocker Spaniel (Abb. 244)	Idealmaß Rüde: 40,5 cm Hündin: 39,5 cm	langhaarig	schwarz, rot, braun, weißschwarz, weißbraun, braunschimmel, orangeweiß, orangeschimmel, braunweiß, braunweiß mit Loh, zobelfarben, weißschwarz mit lohfarbenen Abzeichen, schwarz mit lohfarbenen Abzeichen	klein, deutlicher Stop, tiefangesetzte Behänge	kupiert	Stöberhund, aber auch gut für Wasser- und Schweißarbeit
Springer Spaniel (Abb. 245)	Idealmaß 48–52 cm min. 45 cm	langhaarig	wie vor, meist jedoch weißbraun oder weißschwarz	mittelgroß, gut proportioniert	kupiert	Einsatz wie Deutsch Wachtel
Hannoverscher Schweißhund (Abb. 246)	Rüde: 50–55 cm Hündin: 48–53 cm Abweichung ± 2 cm zulässig	kurzhaarig	hirschrot oder gestromt – mit u. ohne Maske, kleine weiße Flecken am Brustkern werden toleriert	kraftvoll wohlproportioniert, breite, tiefe Brust, breiter Kopf	lange Rute	auf Schweißfährte v. Hochwild (Schalenwild)

Abb. 242. Deutscher Wachtel, braunschimmel.

Abb. 243. Deutscher Wachtel, braun.

Abb. 244. Cocker Spaniel.

Abb. 245. Springer Spaniel.

Abb. 246. Hannoverscher Schweißhund.

Abb. 247. Bayerischer Gebirgsschweißhund.

Abb. 248. Deutscher Jagdterrier.

Rasse	Schulterhöhe	Behaarung	Farbe	Habitus Erscheinungsbild	Rute	jagdlicher Einsatz
Bayerischer Gebirgsschweißhund (Abb. 247)	Rüde: 48–50 cm Hündin: 45 cm Abweichung ± 2 cm zulässig	kurzhaarig	tiefrot, hirschrot über semmelfarben bis gelb, auch geflammt oder dunkel gestrichelt	leichter als Hann. Schweißhund	mittellange Rute max. bis Fußwurzel	auf Schweißfährten allen Schalenwildes
Deutscher Jagdterrier (Abb. 248)	33–40 cm bester Durchschnitt 37 cm	rauhhaarig, dicht, hartes o. derbes, nicht zu kurzes Glatthaar	schwarz mit roten oder braunen Abzeichen dunkelbraun mit hellbraunen Abzeichen	niedrig, typischer Terrierkopf mit Kippohren	um $^1/_3$ kupiert	Erdhund, aber auch für alle anderen Arbeiten, außer Feldarbeiten
Foxterrier (Abb. 249)	39,4 cm	glatthaarig drahthaarig	dunkle o. helle Maske erlaubt überwiegend weiß, gestromte leberfarbene Abzeichen sind fehlerhaft	eckig wirkend, markante Formen durch Scheren oder Trimmen unterstrichen (bei drahth. Schlag), kurzer Rücken	kupiert auf $^3/_4$ oder $^2/_3$	wie vor
Teckel (Abb. 250) Kurzhaarteckel	kleinere Schläge dekla-riert als Zwerg- (Brustumfang bis 35 cm) bzw. als Kaninchenteckel (Brustumfang bis 30 cm, gemessen mit über 15 Monaten)	kurzhaarig	rot, gelb, schwarzrot	niedrig, langer Rücken, gerade Läufe	lange Rute	Erdhund, aber auch für andere Arbeiten, besonders Schweiß geeignet
(Abb. 251) Rauhhaarteckel		rauhhaarig mit Bart und buschigen Brauen	saufarben, dürrlaubfarben, schwarzrot	wie vor	wie vor	wie vor
(Abb. 252) Langhaarteckel		langhaarig	rot mit vielen Nuancen (teilweise auch mit schwarzem Deckhaar) schwarzrot	wie vor	wie vor mit Fahne	wie vor

Abb. 249. Terrier-Koppel, Draht- und Glatthaar.

Abb. 250. Kurzhharteckel.

Abb. 251. Rauhhaarteckel.

Abb. 252. Langhaarteckel.

Abb. 253. Deutsche Bracke.

Abb. 254. Österreichische Brandlbracke.

Abb. 255. Dachsbracke.

Abb. 256. Foxhound.

Abb. 257. Foxhound-Meute.

Abb. 258. Beagle.

Abb. 259. Basset Griffon Vendéen.

Abb. 260. Basset Artesien Normand.

Rasse	Schulterhöhe	Behaarung	Farbe	Habitus Erscheinungsbild	Rute	jagdlicher Einsatz
Deutsche Bracke (Abb. 253)	40–53 cm	glatt- bis stockhaarig	dreifarbig: rot bis gelb mit schwarzem Sattel und weißen Brakkenabzeichen	mittelgroßer kräftiger Hund auf hohen Läufen	lange Rute, etwas länger behaarte Unterseite (Bürstenrute)	Hasenhund und Schweißarbeit. Verlorenbringer, Saufinder
Österreichische Brandlbracke (Abb. 254)	46–58 cm	glatthaarig fest anliegend, ca. 2 cm lang	Grundfarbe schwarzrot, „Vieräugl" wegen der gelb bis hirschroten Abzeichen über den Augen, außerdem Brand an Fang, Brust u. Läufen	hochläufiger Hund, Rücken leicht eingesenkt (Brackendruck)	lange Rute bis Fersengelenk, Unterseite leicht bürstenbildend	Schweißarbeit
Alpenländische Dachsbracke (Abb. 255)	34–42 cm Ideal: Rüde: 37–38 cm Hündin: 36–37 cm	stockhaarig	hirschrot, hirschrot mit schwarzer Stichelung und dunkler Gesichtsmaske; schwarz mit rostrotem Brand	kräftig, ununtersetzt	mittellange Rute mit unterseits mäßig bürstigem Haar	Hasen- und Fuchshund, Schweißarbeit
Foxhound (Abb. 256, Abb. 257)	56–63 cm	kurzhaarig	zwei- bis dreifarbig: weißgelb, weißschwarz, weißschwarz-gelb	kräftig, rechteckiger Fang, deutlicher Stop	lange Rute	Jagd mit der Meute, in der BRD auf Wild nicht mehr erlaubt; lediglich zu Schleppjagd der Reiter
Beagle (Abb. 258)	33–41 cm	kurzhaarig	dreifarbig	bedeutend niedriger als der Foxhound, wirkt	lang mit Bürstenbehaarung an	Meutehund auf Hase und Kanin in England.

Rasse	Schulter-höhe	Behaarung	Farbe	Habitus Erschei-nungsbild	Rute	jagdlicher Einsatz
Beagle (Fortsetzung)				weniger kräftig als der Fox-hound, deut-licher Stop	der Un-terseite	In der BRD nicht erlaubt. Außerdem für Stöber- und Schweiß-arbeit geeig-net
Basset Griffon Vendéen (Abb. 259)	4 Grö-ßenvarie-täten: 60–68 cm 53 cm 38–42 cm 32–38 cm	rauhhaarig mit Bart, buschige Brauen	schneeweiße Grundfarbe mit rostroten Abzeichen und schwarzen bzw. grauen oder braunen Flecken oder zweifarbig weiß-orange	gut propor-tioniert, drahtig	lange Rute	Schweißar-beit, Stöber-arbeit
Basset Artesien Normand (Abb. 260)	26–36 cm	kurzhaarig	schwarz-braun-weiß oder weiß-orange	gut propor-tioniert mit korkenzie-herartig ge-gedrehten Behängen	lange Rute	Schweißar-beit, Stöber-arbeit

4 Der Jagdgebrauchshund

4.1 Geburt

Die Hündin ist zweimal jährlich heiß, die Junghündin erstmals nach etwa 7 Monaten. Die Hitze währt 21 Tage. Der geeignetste Zeitpunkt für den Deckakt ist der 11./12. Tag. Nach 63 bis 65 Tagen Tragezeit wölft die Hündin. Kürzere und längere Tragezeiten sind häufig.

4.2 Welpe

Die Welpen sind zunächst blind und taub. Während der ersten 2 Lebenswochen suchen die Welpen Milchdrüsenkontakt und Wärme. Die Hündin sorgt für Reinlichkeit. Der Rüde – so man ihn ließe – beteiligt sich am Aufzuchtgeschäft durch Futterbringen. Nach 18 Tagen können die Welpen sehen und hören. Sie nehmen jetzt auch ihre Umgebung riechend wahr. Von nun an werden die Jungen auch mit vorverdauter Nahrung der Eltern gefüttert. Kurze Zeit später laufen die Welpen umher. Nach einem Monat gewöhnen sie sich auch an festen Fraß. Mit 2 Monaten verteidigen die Junghunde bereits ihr Futter, wobei Futterneid nur bei Einzelfuttergabe erzeugt wird. Jetzt entstehen aus anfänglichem Spielen mit Wurfgeschwistern und sonstigen Meutemitgliedern soziale Rangordnungsauseinandersetzungen.

Mit 8–10 Wochen können Welpen aus der Elternbindung gelöst und an Hundehalter abgegeben werden.

4.3 Ausbildung

Der Gesetzgeber schreibt die Verwendung brauchbarer Jagdhunde vor. Deswegen muß sich nicht jeder Jäger selbst einen Hund halten.
Abgesehen von mangelnder Möglichkeit zu gerechter Hundehaltung (z. B. in Etagenwohnung) ist auch nicht jeder Jäger ein sog. „Hundemann". Hierfür bedarf er der angeborenen Liebe zum Tier, genügendem Verständnis und hoher Opferbereitschaft für den Hund. Nur so kann die Abrichtung erfolgreich sein und der Hund zu hoher Leistung geführt werden.
Wer als Revierinhaber keine Zeit für seinen Hund und dessen Führung hat, sollte sich in seiner Umgebung ein eingearbeitetes Gespann (evtl. revierloser Jäger mit Hund) suchen und bei Bedarf einsetzen. So erspart sich der Jäger Ärger mit seinem unglücklichen Hund.
Jeder Hund hat eine Menge angewölfter Anlagen, die es zu erkennen und durch Erziehung und Abrichtung weiterzubilden gilt.
Die **Erziehung** beginnt schon mit der Übernahme des Welpen. Sie soll den künftigen Jagdkameraden in den menschlichen Lebensbereich einordnen und zu einem angenehmen Begleiter machen.
Die **Abrichtung** soll den Junghund gezielt auf seine späteren jagdlichen Aufgaben vorbereiten.
Folgende Grundprinzipien der Erziehung und Abführung gelten für alle Hunde gleichermaßen:
Der Hund ist wie der Wolf ein gesellig lebendes Tier mit der angeborenen Anlage, sich einer strengen Rangordnung im Rudel zu unterwerfen. Das stärkste Tier – der Leitwolf – führt alle anderen Rudelmitglieder, die unter sich auch stets eine klare Rangordnung auskämpfen. Sie ordnen sich der Führung des Leitwolfes willig unter, solange dieser sich durchsetzt. Er demonstriert durch besondere Gesten (z. B. erhobene Rute, Aufreiten, erstes Recht auf Futter) ständig seine überlegene Position und kämpft rücksichtslos jede Auflehnung nieder. Jedes Mitglied der Meute ist aber stets bereit, eine Schwäche des Stärkeren auszunutzen, um sich selbst in der Rangfolge einen höheren Platz oder die Führungsposition zu sichern. Die Kenntnis dieses Sozialverhaltens bildet die Grundlage für jede Hundehaltung und Abrichtung.
Unser Jagdhund sieht die Mitglieder der ihn haltenden Familie als sein Rudel an. Je nach individueller Veranlagung wird er auch hier mehr oder weniger nach der Position des Leittieres streben.
Es gilt also, ihm beizeiten klarzumachen, daß in der kleinen Jagdmeute der Jäger der Leithund ist und bleiben wird. Er muß konsequent Unterordnung verlangen und jede Auflehnung gegen seine Führungsposition unterbinden. Sonst werden Jäger und Hund nicht mehr gemeinsam jagen.
Viele Hunde erkennen im Menschen auf Grund seiner Größe ohnehin den Meuteführer an. Durch erzieherische Maßnahmen wird diese Einstellung des Hundes gefördert: Jede Missetat muß **sofort** bestraft werden. Spätere Bestrafung verbindet der Junghund nicht mehr mit seinem Fehler. Gemaßregelt werden Vergehen gegen die Stubenreinheit und Hausordnung (Zerreißen von Papier und Kleidung, Zernagen des Teppichs, Zerfetzen von Gardinen, Besteigen von Sofas und Sesseln, Naschen, Geflügeljagd). Deswegen lasse man ihn in der Wohnung nicht unbeaufsichtigt. Das ihm beizeiten in der Wohnung zugedachte Lager ist niemals der Ort für Bestrafung. Hier soll sich unser Hund wohlfühlen.
Der Leithund faßt einen unfolgsamen Welpen oder Junghund im Genick und schüttelt ihn kräftig durch, bis dieser durch Demutsgebärde seine Unterwerfung anzeigt (Hinwerfen auf den Rücken und Darbietung der empfindlichen Körperunterseite und des Halses). Diese Geste löst beim Sieger sofort eine Beißhemmung aus und sollte auch für den Erzieher Signal sein, seine Maßnahmen sofort einzustellen, das Ziel ist damit erreicht. Diese Unterordnung darf aber nicht soweit gehen, daß das Selbstbewußtsein des Junghundes unterdrückt wird. Eine vernünftige Erziehung schafft keinen eingeschüchterten, willenlosen „Befehlsempfänger", sondern läßt Raum für die Entwicklung eines lebensfrohen, selbstbewußten aber anhänglichen Tieres.
Wichtig ist, nicht mit der Hand oder Leine zu strafen. Beides dient der liebevollen Führung. Vielmehr greift der Leithund „Mensch" zum Pantoffel, zur Rute oder zur Zeitung.
Das größte Übel falscher Erziehung ist die Vermenschlichung des Hundes, womit ihm auch solche Fähigkeiten unterstellt werden. Im Verhältnis zum Menschen ist der Hund „dumm". Alle ihm angehängten menschlichen Verhaltensweisen oder Tu-

genden entspringen nur seinen inneren Trieben bzw. sind anerzogen.
Jeder Hundeführer muß sich gegenüber seinem Hund beherrschen können. Für falsche Reaktionen seines Hundes sucht man die Schuld bei sich selbst.

Der Hund lernt nicht durch Einsicht, sondern ausschließlich durch Speicherung und Auswertung positiver oder negativer Erfahrungen.

Bevor wir ausbilden bzw. abrichten, überzeugen wir uns von der Nervenstärke des Hundes. Der Fachmann nennt sie Wesensfestigkeit. Nervenschwache Hunde (überempfindlich, ängstlich, weidlaut) taugen nicht für die Jagd.
Sodann wende man sich den jagdlichen Anlagen zu, d.s. die Ausdauer, der Jagdtrieb, der Beutetrieb, das Riechvermögen, die Schärfe an Raubwild und Raubzeug, der Spurwille. Je nach Rasse und Jagdgebrauch können noch Wasserfreude, Suche und die Bereitschaft zum Vorstehen hinzukommen.
Der Jagdtrieb ist vielfach auch Nichtjagdhundrassen als Wolfserbe angewölft. Hier gilt es festzustellen, ob überhaupt jagdliche Passion vorliegt. Andernfalls ist der Hund für die weitere Ausbildung nicht geeignet.
Beim Beutetrieb handelt es sich um den Wunsch, Besitz von einer Beute zu ergreifen. Diese Eigenschaft des Hundes macht sich der Jäger bei der Nachsuche und beim Bringen von erlegtem Niederwild zu Nutze.
Wesentlich ist das Riechvermögen. Hauptsächlich wegen seiner guten Nase ist der Hund für die Jagd einsetzbar. Manche Hunde jagen anstatt mit der Nase mit den Augen, d.h. sie verfolgen oder suchen das Wild optisch. Ich denke dabei an die Hetzhunde. Auch unter den Jagdhunden sind diese Typen zu finden, aber nicht begehrenswert.
Raubwild- und Raubzeugschärfe verlangen unserem Jagdhund Mut ab. Sie ist wesentlicher Bestandteil aller Jagdhundzuchten. Raubwild- und Raubzeugschärfe heißt, mit bezwingbarem Raubwild und Raubzeug fertigzuwerden, von überlegenem Raubwild und Raubzeug durch Verbellen nicht abzulassen. (Eine Schärfeprüfung der Hunde an lebenden Tieren verbietet sich nach den Bestimmungen des Tierschutzgesetzes.)
Der Spurwille kann sehr schnell erkannt und gefördert werden. Schon der Junghund wird auf einer Futterschleppe zu seiner Mahlzeit geführt, oder der Hundeführer läßt die eigene Spur durch den von einem Helfer kurze Zeit festgehaltenen Hund arbeiten.
Zu den nicht jeder Jagdhundrasse abverlangten Erbeigenschaften, wie Wasserfreude, Suche, Bereitschaft zum Vorstehen sei ausgeführt:
Wasserfreude fördert man ohne Anwendung von Gewalt. Zunächst führt man den Junghund in flaches Wasser. Sobald ihm dieses behagt, gewöhnt man ihn an tieferes Wasser.
Alle Vorstehhunde sind zu gutem Suchen geboren. Trotzdem muß man diese Anlage konsequent fördern. Dabei lernt der Hund, sich auf Wind, Gelände und Wildart einzustellen.
Die Bereitschaft zum Vorstehen ist zwar auch angewölft, muß allerdings auf die von Feldjägern geforderte Qualität gehoben werden. Vorstehen heißt für den Hund, dem Jäger durch regloses Stehenbleiben anzuzeigen, daß Witterung von in Deckung sitzendem Wild vorhanden ist. Sobald der Junghund oder wenig gearbeitete ältere Hund das vorgestandene Wild durch Vorpreschen hochmacht, genügt er nicht den Ansprüchen an sachgerechtes Vorstehen. Abhilfe schafft hier nur die Feldleine in Verbindung mit einem Stachelhalsband.
Die weitere Ausbildung gliedert sich in Grundabrichtung oder Stubendressur und in jagdliche Abführung im Revier.
Die Stubendressur findet nicht, wie der Name sagt, im geschlossenen Raum statt, sondern zunächst in einem für den Hund befriedeten Bezirk ohne Ablenkung. Mit fortschreitender Grundabrichtung wechselt man den Ort und läßt sehr wohl störende Einflüsse auf den Hund einwirken, damit er praxisreif wird. Die Stubendressur beginnt mit dem 10. Monat. Sie befaßt sich ausschließlich mit der Unterordnung des Hundes.

Dazu gehören
Leinenführigkeit: Beifußgehen mit Leine, später ohne Leine
fortgeschritten: Wenden und Umgehen von Bäumen Kommando „Bei Fuß" oder „Fuß"
Sitzmachenlassen (Abb. 261): Kommando „Sitz" oder Handzeichen „erhobener Zeigefinger"

Platzmachenlassen (Abb. 262) (flaches Hinlegen): Kommando „Platz" oder „Ablegen" oder „Down" oder Handzeichen „erhobene Hand" oder schriller Pfiff auf der Trillerpfeife
Haltmachenlassen (Stehenbleibenlassen): Kommando „Halt" oder „Steh" (selten bei Jagdhunden).

Eigentlich wird zwischen Platz- und Haltmachenlassen bei Jagdhunden kein Unterschied gemacht: Mit beidem meint der Jäger „hinlegen". Für mich, aber auch für alle Schutzhundevereine, sind das verschiedene Begriffe, schon im wahrsten Sinne des Wortes.

Abb. 261. Kommando ‚Sitz'.

Abb. 262. Kommando ‚Platz'.

Kommen: Kommando „hier" oder Doppelpfiff
Lautgeben: Kommando „gib laut" oder „laut"
Bringen: Kommando „Apporte" oder „bring" (Abb. 263)

Schußfestigkeit: Hierbei wird der Hund an den Schuß gewöhnt. Er hat in der vor Schußabgabe eingenommenen Stellung zu verharren.
Suchen: Kommando „Such voran".

Als Abrichtehilfsmittel kann man einsetzen:
Leine, Stachelhalsband (auch Dressier- oder Korallenhalsband), Dressierangel, an der tote Beute vor dem Jagdhund kreisend gezogen wird, Hundepfeife, Apportierbock, Bälge als Apportiergegenstände, evtl. Teletakt, das ist ein Dressurgerät, mit dem der Hund bei Nichtgehorsam Stromstöße empfängt, die der Hundeführer mit dem Gerät auslöst (es

Abb. 263. Apportieren.

Abb. 264. Vorstehen.

gehört nur in die Hand des erfahrenen und besonnenen Jägers und kann nur Erfolg in der Abrichteendphase versprechen).

Die jagdliche Abführung umfaßt die Arbeit vor und nach dem Schuß. Dazu gehören:

Feldarbeit: Suche, vorstehen, Bringen des Apportierbockes, den man hantelähnlich gewichtiger und leichter machen kann und auch von Bälgen bzw. erlegtem Haar- und Federwild (Abb. 264).

Waldarbeit: Stöbern, d.i. das Aufsuchen und Hochmachen von kleinem Niederwild in der Dickung ohne Sichtkontakt zum Jäger.

Buschieren, d.i. das Aufsuchen und Vorstehen kleinen Niederwildes unter der Flinte, d.h. im Schußbereich des Jägers in begehbarem Waldgelände. Der Hund darf nicht nachprellen, d.h. das Wild nicht verfolgen.

Brackieren: Bracken einen Hasen lautjagend verfolgen lassen, bis er an bestimmten Pässen dort angestellten Jägern kommt oder in die Nähe seiner Sasse zurückkehrt.

Wasserarbeit: Wie bereits ausgeführt, gewöhnt man den Hund zunächst an flaches Wasser; erst allmählich macht man ihn auch mit tieferem Wasser vertraut, anschließend mit Stöbern hinter einer Ente, Apportieren einer erlegten Ente, ordnungsgemäßem Ausgeben in Sitzstellung. Die ersten Wasserübungen werden erleichtert, wenn auch der Hundeführer wasserfreudig ist.

Bauarbeit: Für diese Arbeit sind nur niedrige Hunde – Erdhunde – geeignet. Eingearbeitet wird der Teckel oder Fox- bzw. Jagdterrier im Kunstbau, d.i. ein in den Boden verlegter Betonbau mit der Wirklichkeit entsprechenden Kesseln. Der lernende Hund kann hier von Fuchs und Dachs durch den sog. Schieber (Abschottung) getrennt werden, bis man ihm die Schärfe am „Feind" zutraut. Erdhunde, die den Fuchs zum Springen veranlassen, sind Sprenger, solche, die den Fuchs anhaltend verbellen, aber nicht zum Springen bringen können, nennt man Steher. In diesen Fällen muß man meist graben. Der Dachs wird grundsätzlich gegraben, da er vor dem unterlegenen Bauhund nicht springt, vielmehr diesen oft erheblich verletzt.

Nachsuche: Sie gilt dem krankgeschossenen Wild. Nachsuchen gehören zur wichtigsten Arbeit des Hundes, weil es darum geht, Wild von seinen Qualen zu erlösen. Niederwild, mit Ausnahme von Rehwild, wird auf der Wundspur gesucht und apportiert. Das hierfür gültige Kommando lautet „such verloren!" oder „such verloren, apporte!". Erst jetzt darf der Apporteur suchen, andernfalls gilt er als schußhitzig. Das gebrachte Stück Wild (Fuchs, Hase, Kanin und Federwild) liefert der Hund vorschriftsmäßig ab, indem er sich vor seinen Herrn setzt und erst auf den Befehl „aus" die Beute hergibt. Englische Apportierhunde arbeiten hier anders. Sie werfen das apportierte Stück Wild vor die Füße des Herrn. Für die von unseren Verlorenbringern verlangten „Förmlichkeiten" besteht bei den großen Niederwildstrecken in England keine Zeit. Vielmehr hat der Retriever hier „Schlag auf Schlag" zu suchen und zu bringen.

Gut vorbereitet für die Nachsuche auf Niederwild wird der Hund durch die Schleppe, d.i. eine Suche auf einer von einem Helfer des Jägers (Jägerspur verleitet zum Arbeiten nur dieser Spur) mit einem erlegten Fuchs, Hasen oder Kaninchen gezogenen Schleppspur. Der Hund darf den Helfer auf der Schleppe nicht sehen, um nicht mit dem Auge zu jagen. Prüfungsmäßige Schleppen sind 300 m lang und weisen 2 rechtwinklige Haken auf.

Alles krankgeschossene Schalenwild wird auf der Schweißfährte nachgesucht.

Im Gegensatz zum gleich nach dem Schuß nachgesuchten kleinen Niederwild wartet man beim Schalenwild ab, bis es krankgeworden ist. Dafür hält man mindestens 2 bis 3 Stunden vor. Jeder Junghund muß zunächst eingearbeitet werden. Dazu gehört – und das nicht nur für den Hannoverschen Schweißhund – vorrangig die Arbeit auf der gesunden kalten Fährte (3–4 Stunden alt), damit der später eingearbeitete Hund auch Krankfährten nichtschweißender Stücke aufnimmt. Grundsätzlich sollte für alle Übungs- und wirklichen Nachsuchen der lange Schweißriemen von 8–12 m Länge benutzt werden.

Da für Übungszwecke nicht nur echte Wundfährten zur Verfügung stehen, muß man auch künstliche Fährten legen. Je nach Fähigkeit des Hundes wähle man zunächst die 400 m-Wundfährte mit $^1/_4$ l Schweiß, nehme dann für dieselbe Distanz $^1/_8$ l und komme baldmöglichst zur 1000 m-Übernachtfährte. (Die Wundfährte ist „kalt", wenn sie mindestens 6 Stunden, möglichst aber über Nacht steht.)

Die Kunstfährte wird gespritzt (durchbohrter Kor-

Abb. 265. Schweißarbeit mit Hannoverschem Schweißhund.

Abb. 266. Totverbeller.

Abb. 267. Bringselverweiser.

ken auf Sektflasche) oder getupft (Nagelstock mit Pansenstück oder Fährtenschuh mit in Sohle eingespanntem Hirschlauf).
Für Übungszwecke kann man statt reinem Wildschweiß auch Rinder- oder Schafblut oder Haus-Wildtier-Schweißgemisch wählen.
Schulmäßig lege man den Hund 5–10 m vom Anschuß ab, untersuche den Anschuß und nehme dann mit dem Kommando „such verwundt“ oder „such verwundt, mein Hund“ die Riemenarbeit (Abb. 265) auf. Jede Freiverlorensuche ist von Übel. Sie vernachlässigt die Arbeit in der Meute „Mensch (Führer) und Hund“. Sie sollte nur auf die Hetze beschränkt bleiben, die erst dann beginnt, wenn der Hund am kranken Stück im Wundbett ist.
Jede positive Nachsuche geht mit einem Lob und dem Genossenmachen des Hundes zu Ende. Dabei gibt man dem Hund je nach Größe Teile des Pansens des erlegten Stückes.
Im Zusammenhang mit der Nachsuche gilt es, die Begriffe Totverbeller, Totverweiser und Anschneider zu erläutern. Totverbeller (Abb. 266) sind Hunde, die am kranken oder verendeten Stück standlaut geben und damit den Hundeführer zum Stück rufen. Totverweiser sind Hunde, die ihren Herrn zum verendeten oder kranken Stück führen oder durch Bringselaufnahme ihrem Herrn bedeuten, daß sie fündig geworden sind (Bringselverweiser Abb. 267). Anschneider sind Hunde, die vom verendeten Stück „frühstücken“. Oftmals ist diese unangenehme Eigenschaft selbst mit Strafe dem Hund nicht abzugewöhnen.

4.4 Hundeprüfungen

Warum soll der jagdlich geführte Hund eine Prüfung ablegen? Diese Frage wird oft unter Jägern diskutiert und kann folgendermaßen beantwortet werden: Der leistungsmäßige Erbwert eines Rassehundes kann nur durch Prüfungen festgestellt werden. Er gibt dem Züchter wertvolle Hinweise für das Züchten leistungsstarker Hunde. Jagdhundeprüfungen sollen darüber hinaus den Leistungsgrad und die Verwendbarkeit bestimmter Hunderassen aufzeigen. Nicht weniger bestimmen Prüfungszertifikate den Kaufwert eines Jagdhundes. Außerdem möchte der Hundeführer die Leistungen seines Hundes mit denen anderer Hunde vergleichen. Daß hierbei Ehrgeiz der Pate einer jeden Prüfung ist, mag einleuchten. Der Jagdhaftpflichtversicherer versichert Jagdhunde nur dann über die obligatorische Jagdhaftpflichtversicherung, wenn sie ihre Brauchbarkeit durch vorgeschriebene Prüfungen nachgewiesen haben oder nachweislich jagdlich abgerichtet werden (noch in der Ausbildung stehen).
Nicht zuletzt erhalten Berufsjäger und Forstbeamte sogenannte Futterbeihilfen ihres Arbeitgebers in der Regel nur dann, wenn sie bestimmte Prüfungszertifikate vorweisen.
Wir unterscheiden Anlagenprüfungen, womit der Junghund die vererbten Anlagen zeigen soll, Zuchtprüfungen, auf denen der Erfolg des Führens nachgewiesen wird, Leistungsprüfungen oder Gebrauchshundeprüfungen, die zusätzliche Fähigkeiten des Hundes verlangen sowie Jagdeignungs- oder Brauchbarkeitsprüfungen, d. s. Prüfungen, auf denen durch Minimalanforderungen die Eignung des Hundes für den Einsatz im Revier festgestellt wird.

Die Hündin wird zweimal jährlich heiß.
Nach 63–65 Tagen wölft die Hündin.
Die Welpen sind 18 Tage lang blind und taub.
Nach 8–10 Wochen können die Welpen abgegeben werden.

Die Erziehung und Abrichtung bauen auf angewölften Anlagen auf:

1. Erziehung: Stubenreinheit, Bestrafen von Missetaten
2. Abrichtung nach Feststellen der Wesensfestigkeit: Stubendressur oder Grundabrichtung ab 10. Monat, Unterordnung
3. Jagdliche Abführung; Feldarbeit: Suche, vorstehen, bringen, Waldarbeit: stöbern, buschieren, brackieren, Wasserarbeit: Vertrautmachen mit Wasser, stöbern, bringen, Bauarbeit: Arbeit an Fuchs bzw. Dachs, Nachsuche: Arbeit auf der Wundspur bzw. Wundfährte, apportieren, totverbellen, totverweisen

Prüfung	evtl. spezielle Prüfungs-bezeichnung	Prüfungsinhalt	Hunderassen, die für die Prüfung in Betracht kommen	ggf. Leistungszeichen
Verbandsjugendprüfung – VJP –	Derby für DK (ohne Hasenspur)	Spurarbeit, Nase, Suche, Vorstehen, Führigkeit	Vorstehhunde	
Verbands-herbstzucht-prüfung – HZP –	Solms für DK (Spurarbeit ist nicht obligatorisch), Schorlemer für DL, Vorm-Waldes für GM, Bundes-HZP für KlM, Hegewald-Zuchtprüfung für DD	Nase, Suche, Verlorenbringen von Federwild, Haarwildschleppe, vorstehen, Wasserarbeit (stöbern, verlorenbringen), Bringen von Hase oder Kanin, Ente, Huhn oder Fasan, Arbeitsfreude, Gehorsam, Führigkeit	Vorstehhunde	
Verbands-gebrauchs-prüfung – VGP –	Bundes-VGP für KlM	Wasserarbeit (Stöbern mit und ohne Ente (verlorenbringen), Feldarbeit, Nase, Suche, vorstehen, Arbeit mit Federwild, Waldarbeit (Schweißarbeit, Fuchsschleppe, Hasen- u. Kaninchenschleppe, stöbern, buschieren). Bringen von Fuchs über Hindernis, Bringen von Hase oder Kanin, Federwild; Gehorsam	Vorstehhunde	– = Totverbeller | = Totverweiser ⁄ = Würger \ = Lautstöberer > = Lautjager u. Würger ⪢ = Lautjager, Würger und Totverbeller Die Leistungsziffern 0–4 (ungenügend bis sehr gut) werden mit Fachwertziffern multipliziert. Das Produkt ist die Urteilsziffer. Die FWZ spiegelt den Schwierigkeitsgrad und die Bedeutung des Prüfungsfaches wider.
Kleemann		Ausleseprüfung	DK – Rüden	
Diana		Ausleseprüfung	DK – Hündinnen	
		nach bestandenem Derby, Solms und VGP mit vorgeschriebener Benotung; sowie Vbr auf natürlicher Hasenwundspur; Formwert mindestens „sg“		

Prüfung	evtl. spezielle Prüfungs-bezeichnung	Prüfungsinhalt	Hunderassen, die für die Prüfung in in Betracht kommen	ggf. Leistungszeichen
Bringtreue-prüfung – Btr –		Bringen eines in einer Dikkung ausgelegten Fuchses nach einmaligem Befehl: „Voran“, ohne spez. Befehl „Apporte“. Der Hund soll jedes apportierfähige Wild (auch kaltes Stück), das er zufällig findet, bringen	Vorstehhunde	
Verlorenbrin-gerprüfung – Vbr –		Finden und Bringen eines krankgeschossenen Fuchses oder Hasen auf 300 m Wundspur nach einmaligem Befehl	Vorstehhunde	
Verbands-schweiß-prüfung – VSwP –		1000 m Übernachtschweiß-fährte über 20 Stunden bzw. über 40 Stunden mit $^1/_4$ l Wildschweiß	alle Jagdhun-derassen	SW I SW II SW III (röm. Ziffer bedeutet Preisrangfolge) oder SW = bestanden über 20 Std. SW/ = bestanden über 40 Std.
Jugend- und Alterssuche		Feldarbeit: Nase, vorstehen, Suche, Hasenreinheit, sekundieren (Mitvorstehen ohne Witterung, wenn ein anderer Hund vorsteht)	Englische Vorstehhunde	
Herbstzucht-prüfung		Feldarbeit ohne sekundieren, verlorenbringen, Wasserarbeit	Englische Vorstehhunde	
Jagdgebrauchs-prüfung		Haar- und Federwildschleppe, Suche unter der Flinte, Wasserarbeit, Schweißfährte nicht obligatorisch	Retriever	

Prüfung	evtl. spezielle Prüfungs-bezeichnung	Prüfungsinhalt	Hunderassen, die für die Prüfung in in Betracht kommen	ggf. Leistungszeichen
Spezial-Jagd-gebrauchs-prüfung		Haar- und Federwildschleppe, freie Verlorensuche, Wasserarbeit	Retriever	
Vorprüfung – VP –		Riemenarbeit auf Gesundfährte; für Bayer. Gebirgsschweißhund auf künstlicher Schweißfährte	Schweißhunde	
Hauptprüfung – HP –		Riemenarbeit auf natürlicher Schweißfährte (mindestens 4 Std. alt)	Schweißhunde	: = bestandene Hauptprüfung = = Lautjager auf der Fährte
Jugendprüfung – JP –		Nase, Spur, Wasserfreude, Schußfestigkeit, Führigkeit	DW, Spaniel	
Eignungs-prüfung – EP –		Nase, Spur, Wasserfreude, Schußfestigkeit, Führigkeit, Bringen von Federwild	ältere DW	Leistungszeichen wie bei Vorstehhunden
Gebrauchs-prüfung – GP –		Nase, Spur, stöbern, buschieren, Wasserarbeit, Schleppe mit Bringen von Haar- und Federwild, Schweißarbeit, Gehorsam	DW, Spaniel	Leistungszeichen wie bei Vorstehhunden * = schärfegeprüft
Jugendprüfung – JP –		Spur, Suche, Schußfestigkeit, Schlieffreude	Jagdterrier, Foxterrier	\ = Spurlautjager \\ = Spurlautjager mit 2 × Note 4
Gebrauchs-prüfung – GP –		Nase, stöbern, Wasserarbeit mit Bringen einer Ente, Schleppe mit Bringen leichten Haarwildes, Schweißarbeit, Gehorsam, Bauprüfung (für Foxterrier ist Bauprüfung Vorbedingung)	Jagdterrier, Foxterrier	/ = Schärfe // = Würger mit 2 × Note 4h – = Totverbeller : = natürliche Schweißfährte ⋗ = Lautjager, Würger, Totverbeller ∩ = Bauprüfung | = Verlorenbringer

Prüfung	evtl. spezielle Prüfungs-bezeichnung	Prüfungsinhalt	Hunderassen, die für die Prüfung in in Betracht kommen	ggf. Leistungszeichen
Gebrauchs-prüfung – GP –		Schweißprüfung auf natürlicher Schweißfährte, mindestens 4 Stunden alt. Kunstschweißfährte nur bei mangelnder Gelegenheit auf Naturschweiß; Hase- und Fuchssuche mit Spurlauthetze, Führigkeit, Gehorsam; nicht obligatorisch: verlorensuchen, apportieren, Mannschärfe	Dachsbracke	
Spurlaut-prüfung – Sp –		Nase, Suche, laut auf der Hasenspur, Spurwille, Spursicherheit	Teckel, Beagle	Sp Sp/J = Ablegen der Prüfung bis zum 12. Monat
Stöberprüfung – St –		Stöbern, Leinenführigkeit, Ablegen, Benehmen auf dem Stand, Schußfestigkeit (Sp oder VP ist Vorbedingung), zusätzlich Leichtapport für Beagle	Teckel, Beagle	St
Bauprüfung		Bauarbeit, Ausdauer hierbei, Lautgeben vor Fuchs oder Dachs	Terrier	∩ BhD = Bauprüfung Dachs BhF = Bauprüfung Fuchs
			Teckel	BhDK = Bauprüf. Dachs Kunstbau BhDN = wie vor Naturbau BhFK = Bauprüf. Fuchs Kunstbau BhFN = wie vor Naturbau

Prüfung	evtl. spezielle Prüfungs-bezeichnung	Prüfungsinhalt	Hunderassen, die für die Prüfung in in Betracht kommen	ggf. Leistungszeichen
Schweiß-prüfung		Schweißarbeit	Teckel, Beagle	SchwhK = Schweiß auf Kunst-fährte SchwhN = wie vor natürliche Wundfähr-te Tv = Totverbel-ler Tw = Totver-weiser
Kaninchen-schleppe		Kanin nach Spurarbeit aus dem Bau ziehen	Kaninchen-teckel	KSchlH
Kaninchen-sprenger – KSprN –		Kaninchen im Naturbau sprengen, würgen oder herausziehen	Kaninchen-teckel	KSprN
Vielseitigkeits-prüfung – VP –		stöbern, spurlaut, Schweiß-arbeit, Gehorsam, Wasser-arbeit nicht obligatorisch	Teckel	VP
Jagdeignungs- oder Brauch-barkeitsprüfung – JEP oder BP –		Arbeit des Hundes nach dem Schuß	ohne Rasse-bindung und ohne Ahnen-tafel	

Noten: 0 = ungenügend; 1 = mangelhaft; 2 = genügend; 3 = gut; 4 = sehr gut; 4h = hervorragend

Hundeprüfungen: Anlagen-, Zucht-, Gebrauchs-hunde- und Jagdeignungsprüfungen.
Vorstehhunde: VJP, HZP, VGP, Btr, Vbr
Schweißhunde: Vorprüfung, Hauptprüfung
Stöberhunde: JP, EP, GP
Bauhunde (Terrier): JP, GP, Bauprüfung
Bauhunde (Teckel): Sp, St, Bauprüfung, Schweißprüfung, KSchlH, KSprN, VP
Bracken (Dachsbracke): GP
alle Jagdhunderassen: VSwP,
ohne Rassebindung: JEP oder BP

5 Hundehaltung, Hundepflege, Ernährung

Zeige mir, wie Du Deinen Hund hältst, und ich will Dir sagen, was für ein Mensch Du bist. Hieran sollte der verantwortungsbewußte Jäger immer wieder denken.

Tierschutzgerechte Mindestanforderungen sind schon durch die „Verordnung über das Halten von Hunden im Freien" vom 6.6.1974 – BGBl I Seite 1265 gegeben – doch soll unser Jagdhund ja mehr sein als ein guter Begleiter und Zwingerhund.

Dazu gehört also auch der Aufenthalt in der Wohnung. Wie sollten sich sonst Jäger und Jagdhund aufeinander einspielen, wenn sie nur während der Jagdausübung miteinander zu tun haben? Andererseits kann der alleinige Aufenthalt in der warmen Wohnung unseren Jagdbegleiter verweichlichen. Es gilt also, den Hund abzuhärten und auch ausreichend Kontakt zu seinem Herrn, dem Meuteführer, haben zu lassen. Durch den Aufenthalt im Hause braucht der Hund nicht zu vermenschlichen, wie z.B. Sofa- und Sesselplatz, gemeinsames Zubettgehen. Vielmehr weist man seinem Hund einen festen Platz, u.U. Hundekorb oder Hundedecke, zu. Der Aufenthalt draußen setzt allerdings ein entsprechendes Grundstück voraus. Eine Wohnung, bei der der Balkon als einziger Freiplatz zur Verfügung steht, erlaubt keine Hundehaltung, es sei denn, man bewegt sich sehr viel mit seinem Vierbeiner an frischer Luft.

Je größer ein Hund, desto mehr Auslauf braucht er. Zum Schutz gegen Witterungsunbill ist eine feste Unterkunft (Hütte) erforderlich, die er mit eigener Körperwärme warmhalten kann. Die Öffnung zu diesem Raum darf nicht zu groß (Kälteeinfluß) und nicht zu klein sein. Gegen die Wetterseite ist sie zu schützen oder von ihr abzuwenden. Zu empfehlen ist ein Vorraum, in dem der Hund lang liegen und dabei gut beobachten kann, z.B. Hofeinfahrt, Hauszugang, niemals Blick zu einer unmittelbar vor ihm liegenden Wand oder zu einem geschlossenen Zaun.

Das leicht geneigte Dach dient bei schönem Wetter als Liegeplatz. Es muß sich öffnen lassen, um das Innere der Hütte reinigen zu können. Winters sollte die Hütte mit Stroh, Heu oder Sägespänen ausgelegt sein, wobei der Hygiene wegen alle 3 Wochen das alte Material gegen neues auszuwechseln wäre. Selbstverständlich muß im Zwinger auch ein Schattenplatz zur Verfügung stehen.

Die eigentliche Pflege unseres Hundes trägt wesentlich zu dessen Wohlbefinden bei. Allzu übertriebene Reinlichkeit, z.B. häufiges Baden mit Seife oder Shampoo, ist nicht ratsam. Vielmehr reinigt sich der Hund bei der Wasserarbeit ohne menschliches Dazutun. Gründliche Körperwäsche einmal jährlich oder aus aktuellem Anlaß (Wälzen in Kuhfladen) mit Hundeshampoo bei warmem Sommerwetter reicht aus. Im Winter bei der Wasserarbeit eingesetzte Hunde müssen sich nach getaner Arbeit warmlaufen können. Auf keinen Fall darf die Haar-, Ohren- und Augenpflege vernachlässigt werden.

Langhaarige Hunde werden häufiger gebürstet oder gekämmt, weil ihr Haar verfilzt. Das Ohrinnere sollte nach jedem größeren Einsatz mit einem Holzstäbchen, auf dessen Ende Watte aufgezogen wird, gereinigt werden. Die Augen sind bei häufigem Einsatz stark gefährdet: Erde, Pollen, Dornen, Sträucher reizen die Bindehäute. Wenn nicht normale Wasserspülung ausreicht, greife man zu Kamillenextrakt (Kamillentee ist wegen der körnigen Rückstände ungeeignet).

Bei undefinierbarem Unwohlsein suche man den Tierarzt auf.

> Jäger und Hund bilden eine Meute. Deswegen den Hund außerhalb der Jagdausübung sich nicht allein überlassen.
> Optimal sind Zwinger- und Hausgewöhnung.
> Trockene geschützte, wärmespendende Hütte mit Schattenplatz bzw. Hundeplatz in der Wohnung.
> Hundepflege: Körperpflege, Haarpflege, Ohren- und Augenpflege.

Zum Thema Ernährung gibt es unterschiedliche Meinungen. Nicht zuletzt ist die Geschmacksrichtung des Hundes mit ausschlaggebend, die allerdings durch die von Anfang an dargereichte Kost des Fütternden mitgeprägt wird.
Vergegenwärtigen wir uns zunächst einmal die Freßgewohnheiten des Hundestammvaters, des Wolfes: Nachdem Wölfe ein Beutetier gerissen haben, ludern sie sich voll, bis es nicht mehr geht. Kleine Mägen, d.h. Welpenmägen, sind dann allerdings eher gefüllt als ausgewachsene Hundemägen. Daraus schließen wir, daß Welpen in geringeren Zeitabständen fressen müssen: etwa dreimal pro Tag.
Einjährige und ältere Hunde werden täglich einmal gefüttert. Der Junghund soll seinen Napf zu bestimmten Tageszeiten zügig leerfressen. Um ihn daran zu gewöhnen, nimmt man Futterreste nach Aufgeben der Futteraufnahme weg. Wichtig ist der gleichbleibende Zeitrhythmus beim Füttern – allerdings wählt man die Tageszeit beliebig.
Hunde, die regelmäßig morgens eingesetzt werden, füttert man abends, um ihnen die erforderliche Ruhe zum Verdauen der Nahrung zu gönnen. Langschläfer, die vielleicht ihren Hund in der Wohnung halten, füttern besser morgens, um frühes Ausführen ihres Begleiters nach sonst nächtlicher Verdauung zu umgehen. Die durchschnittliche Verdauungsdauer beträgt 8–10 Stunden. Außerhalb der eingespielten Zeiten erhält unser Vierbeiner keine zusätzlichen Mahlzeiten, es sei denn, man will ihn nach erfolgreicher Nachsuche genossen machen. Die Futtermenge ist abhängig von der Größe des Hundes und der an ihn gestellten Leistungsanforderungen. Feste Regeln lassen sich hierfür nicht aufstellen.
Mit zunehmender Körpergröße nimmt der Grundumsatz – d.i. der Nährstoffumsatz ohne Leistung – je kg Körpergewicht ab. Ein bedeutsamer Weiser scheint mir die allgemeine körperliche Verfassung des Hundes: In unserer Wohlstandsgesellschaft, an deren Vorzügen auch die Haustiere teilhaben, gehen mehr Tiere durch Überfressen ein, als daß sie einen qualvollen Hungertod sterben.
Die Futterqualität ist abhängig vom Vorhandensein aller wichtigen Nährstoffe, nämlich Eiweiß, Fett, Vitamine, Kohlenhydrate, Mineralien und Spurenelemente.
Welche dieser Nährstoffe sind im Hundefutter enthalten?

Fleisch: Fett, Mineralien, Eiweiß, Spurenelemente (vorausgesetzt, daß Fleisch aller Körperregionen angeboten wird, dazu gehört besonders der Pansen der Wiederkäuer) – Vorsicht: rohes Wildbret – Bandwürmer und Salmonellen!
Rohes Gemüse und Obst: hoher Anteil an Vitaminen, Mineralien, Spurenelementen. Viele Hunde fressen mit Vorliebe rohe Äpfel, Mohrrüben, Bananen.
Fertigfutter: reich an Nährstoffen. Fertigfutter minderer Qualität ruft Mangelerscheinungen beim Hund hervor, die man durch zeitweiligen Wechsel des Futters verhindert.
Knochen: Vorsicht! Diese gehören zwar zur Lieblingskost der Hunde, erhalten auch ein intaktes Gebiß, sorgen allerdings für Verstopfung. Deswegen nur von Zeit zu Zeit Knochen füttern.
Beifutter: in Form von gequetschtem Hafer, Hafer- oder Maisflocken.
Wenn auch vielseitig, so ist das Füttern menschlicher Kost, wie häufig mit Resten vom Mittagessen gehandhabt, nicht ratsam. Man bedenke hierbei, daß Gewürze die feine Nase empfindlich beeinflussen und auch dem Hundemagen abträglich sein können.
Bleibt der Wasserbedarf der Hunde. Ein Hund kann wohl längere Zeit ohne Futter leben, nicht aber ohne Wasser. Gleich dem Menschen bestehen alle Tiere zu $^2/_3$ aus Wasser. Damit der Wasserhaushalt ausgeglichen bleibt, muß dem Hund immer frisches Wasser zur Verfügung stehen. Die Gefahr übermäßiger Flüssigkeitsaufnahme gibt es nur beim Menschen.

Junghunde täglich dreimal füttern, ab einem Jahr täglich einmal.
Gleichbleibenden Zeitrhythmus wählen.
Ausreichend, aber nicht übermäßig füttern.
Das Futter muß enthalten: Eiweiß, Fett, Vitamine, Kohlenhydrate, Mineralien und Spurenelemente.
Im Qualitätsfertigfutter ist alles enthalten.
Ständig frisches Wasser zur Verfügung stellen!

6 Hundekrankheiten

Krankheit	Ätiologie –Ursachen–	Krankheitsbild	Prophylaxe	Therapie	Heilungs-aussichten

6.1 Parasiten

Ektoparasiten (Außenschmarotzer)

Krankheit	Ätiologie –Ursachen–	Krankheitsbild	Prophylaxe	Therapie	Heilungs-aussichten
Räude	Milben	bei roten Flecken in den Achselhöhlen und den Schenkelinnenseiten starker Juckreiz	Ungezieferhalsband, Desinfektion aller Gegenstände, mit denen der Hund in Berührung kommt Isolierung von kranken Hunden	häusliche Behandlung: Bäderbehandlung mit Alugan eigentl. Behandlung durch den Tierarzt	bei Nichtbehandlung oft unheilbar
Zecke	Zecke	Hautentzündung, Jurckreiz, kleine Hautbeulen	Knoblauchgranulat im Futter hilft übermäßigen Befall abwenden	Öl auf die Zecke träufeln, die sich wegen drohender Erstickung fallen läßt; oder nach kurzem Einreiben des Öles Zecke mit den Fingernagelspitzen herausdrehen	ungenügende Routine beim Entfernen dieser Parasiten führt zur Trennung von Körper und Kopf, wonach letzterer herauseitert
Flöhe	Flöhe	ständiges Kratzen verrät oftmals Flohbisse	Ungezieferhalsband	Suche nach Flöhen am Rutenansatz einzelne können dort entfernt werden; sonst Spray, Puder verwenden auskämmen mit Staubkamm	als Zwischenwirt für Hundebandwürmer gebührt dem Floh größte Aufmerksamkeit
Läuse	Läuse	Läuse sitzen auf Körperpartien, die Wärme für die Parasiten bieten, wie Leistengegend, Behanginnenseiten, Rutenwurzel; ständiges Kratzen und Wundsein	Ungezieferhalsband	2 mm lange graue Tiere fallen schlecht auf. Leichter sind die Nissen (Eier) im Haar zu finden. Spray, Puder oder apothekenpflichtige Medikamente verwenden	–

Krankheit	Ätiologie –Ursachen–	Krankheitsbild	Prophylaxe	Therapie	Heilungs-aussichten
Haarlinge	Haarlinge	wie vor	Ungezieferhalsband	1 mm lange gelbe Tiere; Behandlung wie vor	–
Endoparasiten (Innenschmarotzer)					
Spulwürmer	Spulwürmer erwachsene Hunde: Aufnahme der Eier mit Kot oder durch Verschmutzung Welpen: Aufnahme über Milch Embryonen: Aufnahme über Mutterkuchen	Aufgetriebener Bauch bei Welpen; Rundwürmer in der Losung; struppiges Haar; Magen- und Darmstörungen	saubere Haltung	Wurmkur bei 2 Wochen alten Welpen durchführen; Folgebehandlung nach 2 Wochen erforderlich; Entwurmung der trächtigen Hündin ratsam	Welpen sind sehr gefährdet. Bei Nichtbehandlung bleiben Welpen in der Entwicklung zurück oder tödlicher Ausgang
Bandwürmer	Lebensweise der Bandwürmer vgl. „Wildtierkrankheiten“				
Geränderter Hundebandwurm, Dreigliedriger Hundebandwurm, Großer Fuchsbandwurm, Kleiner Fuchsbandwurm, Quesenbandwurm, Gesägter Bandwurm		typisch ist das Rutschen (Schlittenfahren) durch Weidlochjucken, außerdem findet man abgestoßene Bandwurmglieder in der Losung, struppiges Haar, Abmagerung	verhindern, daß der Hund Flöhe bekommt; rohes Fleisch, besonders Aufbruch (Netz) vermeiden	Tierarzt verschreibt Mittel, die den Bandwurm abtreiben oder im Körper auflösen	Zurückbleiben in der Entwicklung

Krankheit	Ätiologie –Ursachen–	Krankheitsbild	Prophylaxe	Therapie	Heilungs-aussichten

6.2 Infektionskrankheiten

Bakterielle Krankheiten

Krankheit	Ätiologie –Ursachen–	Krankheitsbild	Prophylaxe	Therapie	Heilungs-aussichten
Leptospirose (Stuttgarter Hundeseuche, Weilsche Krankheit)	Bakterien: Leptospiren mit spiraligem Aussehen	Anfangsstadium: Schwäche der Hinterläufe; später: Verhaltensänderung: Reizbarkeit, Müdigkeit, Appetitlosigkeit, Erbrechen mit blutigem Aussehen, Durchfall, übler Geruch aus dem Fang, Zahnfleisch- und Mundhöhlengeschwüre. Schwere Fälle: Gelbsucht und Bewegungsstörungen	vorbeugende Schutzimpfung mit Leptospirosis Vaccine (Candivac) meist gemeinsam mit Schutzimpfung gegen Hepatitis und Staupe u. U. auch gegen Tollwut und Parvovirose	ohne prophylaktische Impfung gehen die Hunde bei Ausbruch der Krankheit ohne tierärztliche Hilfe nach 14 Tagen ein	Heilung ist möglich

Viruelle Krankheiten

Staupe – die Staupe ist eine Viruserkrankung, die Hunde jeden Alters befallen kann. Junghunde und Welpen sind stärker als ältere Hunde gefährdet, deren Abwehrsystem sich mit den Staupeviren intensiver auseinandergesetzt hat. Je nach Orientierung der Viren im Wirtskörper unterscheidet man folgende Staupeerkrankungen:

Krankheit	Ätiologie –Ursachen–	Krankheitsbild	Prophylaxe	Therapie	Heilungs-aussichten
Magen- und Darmstaupe		Magen- und Darmschleimhautentzündung, Durchfall, Erbrechen, Fieber	siehe gegenüberliegende Seite		

Krankheit	Ätiologie –Ursachen–	Krankheitsbild	Prophylaxe	Therapie	Heilungsaussichten
Katarrhalische Staupe		Augenbindehautentzündung, Nasenschleimhauterkrankung, obere Luftwege entzündet, triefende Nase, verklebte Augen mit starker Tränenabsonderung	aktive Immunisierung in Kombination mit Schutzimpfung gegen Leptospirose, Hepatitis u. U. Tollwut und Parvovirose Grundimmunisierung: 1. Impf.: 7–9 Wochen, 2. Impf.: 12–14 Wochen, Wiederholungsimpfungen in Abständen von 1–2 Jahren	schwierige Behandlung unter Einsatz von Gammaglobulin-Präparaten durch den Tierarzt möglich, zusätzlich Antibiotika gegen Sekundärerscheinungen	bei jungen Hunden geringe Heilungserfolge, bei alten Hunden bleiben oft Dauerschäden zurück
Lungenstaupe		Krankheitserscheinungen wie vor, später kommen Kehlkopfentzündung, Bronchialkatarrh und Lungenentzündung hinzu; starker Husten, hohes Fieber			
Nervöse Staupe (Gehirnstaupe)		Gehirnzellenschädigung: Reizbarkeit, nervöse Zuckungen, Krämpfe (Kaukrämpfe), schwankende Fortbewegung, Lähmungen			
Hautstaupe		Hautentzündungen an allen geschützten Körperpartien: obere Laufinnenseiten, Bauch; eitriger Ausschlag, Staupeexanthem			
Hartballenkrankheit		neben der Verhärtung von Zehenballen u. Nasenspiegel treten auch nervöse Symptome auf			

Krankheit	Ätiologie –Ursachen–	Krankheitsbild	Prophylaxe	Therapie	Heilungsaussichten
Infektiöse Leberentzündung (Hepatitis)	Viren	akuter Verlauf: Fieber, Mattigkeit, Appetitlosigkeit, Entzündung aller Schleimhäute, Durchfall; chronischer Verlauf: katarrhalische Entzündung der Schleimhäute, einseitige Hornhauttrübung	Schutzimpfung gemeinsam mit der gegen Staupe, Leptospirose u.U. auch gegen Tollwut und Parvovirose Grundimmunisierung wie bei Staupe	wie bei Staupe	Junghunde sind gefährdeter als Althunde, oftmals ist keine Heilung möglich, bisweilen bleiben Hornhauttrübungen zurück
Tollwut	Viren	vgl. Wildtierkrankheiten	Schutzimpfung, oft gemeinsam mit der gegen Leptospirose, Staupe, Hepatitis, Parvovirose Grundimmunisierung ab 7. Lebenswoche, Wiederholungsimpf. 1 × jährlich	keine Therapie möglich	keine Heilung möglich, tollwutkranke Hunde dürfen nicht behandelt werden
Parvovirose (Katzenseuche des Hundes)	katzenseuchenähnlicher Virus	Erbrechen und blutiger Durchfall nach Magen- und Darmbeschwerden mit Fieber, junge Hunde bekommen Herzmuskelerkrankungen	Schutzimpfung oft in Kombination mit der gegen Staupe, Hepatitis, Tollwut, Leptospirose	Behandlung mit Serum	schlechte Heilungsaussichten bei nicht rechtzeitiger Behandlung
Aujeszkysche Krankheit (Pseudowut)	Viren im Zentralnervensystem; Infektionsquelle ist rohes Fleisch erkrankter Schweine	Unruhe, Juckreiz, daher Selbstverstümmelung; Schluckbeschwerden, Atemnot, bisweilen Fieber	kein rohes Schweinefleisch füttern	keine Therapie bekannt	2–3 Tage nach Krankheitsanzeichen tödlich

Krankheit	Ätiologie –Ursachen–	Krankheitsbild	Prophylaxe	Therapie	Heilungsaussichten

6.3 Hautkrankheiten

Krankheit	Ätiologie –Ursachen–	Krankheitsbild	Prophylaxe	Therapie	Heilungsaussichten
Ekzeme	oftmals chron. Nierenerkrankungen	nässende Hauterosionen, meist vom Ohrrand über den Rücken zum Rutenansatz verlaufend	–	Ichthyolsalbe, auch Salben aus der Humanmedizin; bei Vorliegen einer chron. Nierenerkrankung ist Ursachenbehandlung erforderlich	langwierig
Eitrige Hauterkrankungen	hierbei handelt es sich um bakterielle Infektionen, die als Eiterherde auftreten				

6.4 Sonstige Erkrankungen

Krankheit	Ätiologie –Ursachen–	Krankheitsbild	Prophylaxe	Therapie	Heilungsaussichten
Dackellähme	Bandscheibenerkrankung	steife Fortbewegung auf Grund von Lähmungen der Hinterhand; Sichlösen und Nässen können nicht mehr kontrolliert werden	–	tierärztliche Behandlung	1. Gefahr von Rückfällen 2. Dauerschäden können zurückbleiben
Ohrenzwang	1. Bakterien (Erkältung) 2. Ohrenmilben 3. Fremdkörper 4. starke Ohrenschmalzproduktion durch mangelnde Belüftung (Hängeohren, Haare), Zersetzung des Schmalzes in Fettsäuren, diese wirken ätzend	eitriges Sekret, Kopfschiefhalten	Sauberkeit, übermäßigen Haarwuchs entfernen	tierärztliche Behandlung: Säubern des Gehörganges, z.B. mit Alkohollösung	oft langwierig; bei Nichtbehandlung Durchbruch zum Mittelohr möglich: Gleichgewichtsstörung, Hörschäden

Krankheit	Ätiologie –Ursachen–	Krankheitsbild	Prophylaxe	Therapie	Heilungs-aussichten

6.5 Mißbildungen

Zahn- und Kieferanomalien

Zangengebiß, Überbeißer, Rückbeißer } vgl. Kap. Jagdkynologische Begriffe und Anatomie des Hundes

Ektropium, Entropium } vgl. Kap. Anatomie des Hundes

Krankheit	Ätiologie –Ursachen–	Krankheitsbild	Prophylaxe	Therapie	Heilungs-aussichten
Hüftgelenks-dysplasie	Erbfehler vieler Rassehunde: flache Pfanne, flacher Gelenkkopf	Lahmen durch Luxation, Arthrose, Arthritis	Röntgenbildnachweis; Zuchtausschluß	Operation, Entzündungsbehandlung, Schmerzbehandlung	unheilbar; bei Behandlung in leichten und mittleren Fällen Milderung der Symptome möglich

7 Jagdkynologische Begriffe

abfangen: 1. ein Stück Schalenwild mit dem Hirschfänger oder Weidblatt töten durch Ansetzen des Werkzeuges hinter dem Blatt
2. Fangen und Ankoppeln jagender Hunde

abhalsen: Abnehmen der Hundehalsung

ablegen: Jagdhund auf Geheiß des Herrn an einer bestimmten Stelle liegend oder sitzend warten lassen

abliebeln: den Hund nach erfolgreicher Arbeit belobigen und streicheln
vgl. auch liebeln

Afterkralle: zurückgebildete 5. Zehe am unteren Hundelauf. An den Hinterläufen können stark ausgeprägte Afterkrallen, auch Wolfskrallen, die Bewegungsfähigkeit des Hundes einschränken, weswegen sie beim Welpen beseitigt werden

anfallen: Aufnehmen einer Fährte durch den Schweißhund
vgl. auch annehmen 2).
vgl. auch aufnehmen 2).

anhalsen: dem Hund die Halsung anlegen

anhetzen: Aufforderung an den Hund, Wild zu verfolgen

anlegen: 1. Schweißhund auf die Fährte bringen
2. Anbinden des Hundes

annehmen: 1. Hund anleinen
2. Aufnehmen einer Fährte durch den Schweißhund
vgl. auch anfallen
vgl. auch aufnehmen 2).

anschlagen: Lautgeben des Hundes

anschneiden: Anfressen gefundenen Wildes durch den Hund

anziehen: vorsichtiges Vorwärtsbewegen des Hundes, wenn er an Wild kommt

Appell: Gehorsam des Hundes

apporte! französisches Kommando – deutsche Übersetzung: Bring! gilt dem

(apporte!)	Jagdhund, der ein erlegtes Stück Wild bringen soll. Heute wird in der Bundesrepublik Deutschland nur „apporte!" (allerdings nur bei Jagdhunden) gebraucht. Rassehundevereine, die sich nicht mit Jagdhunden befassen, gebrauchen das Kommando „bring!".
Apportierbock:	Übungsgerät, meist scheibenhantelähnlich aus Holz gebaut, für die Hundeabrichtung
apportieren:	Bringen von erlegtem Wild von der Größe bis zum Fuchs durch den Hund
Apportierhund:	speziell zum Apportieren abgeführte Hunde aus England (Retriever)
arbeiten:	1. Abrichten und Führen des Hundes, auch anführen 2. die Tätigkeit des Hundes auf Fährte und Spur
aufdocken:	den Schweißriemen brauchtumsgerecht aufwickeln
aufnehmen:	1. Trächtigwerden der Hündin 2. Beginn der Fährtenarbeit durch den Hund vgl. auch anfallen vgl. auch annehmen 2. 3. Greifen des erlegten Stück Wildes durch den Hund 4. den Schweißhund von der Fährte nehmen
Behang:	1. herabhängende Ohren des Jagdhundes (auch Gehänge, auch Geläppe) 2. Altersbezeichnung des Schweißhundes, zweites Lebensjahr – erster Behang
behangen:	der Hund gilt als gut behangen bei lang herunterhängenden Behängen
beischlagen:	Hunde, die sich einer jagenden Meute anschließen, schlagen bei
belegen:	Hundebegattung vgl. auch decken 1. (auch behängen, auch bestreichen auch beziehen)
bestätigen:	Nachweis der Anwesenheit einer Wildart oder eines bestimmten Stückes, z.B. Rothirsch. Früher wurde hierzu der Leithund verwendet
binden:	1. Verbundensein verpaarter Wölfe, Hunde und Füchse auch hängen 2. Anfallen und Greifen wehrhaften Wildes durch Hunde vgl. auch decken 2. vgl. auch packen
blenden:	1. Zuhalten der Augen des Hundes, um ihn in der Nähe stehendes Wild nicht sehen zu lassen 2. Vorstehen eines Vorstehhundes, ohne Wild vor sich zu haben
Bringsel:	s. totverweisen
CACIB:	Certificat d'aptitude au Championat international de beaute – Zeugnis für die Anwartschaft auf das internationale Schönheits-Championat
CACIT:	Certificat d'aptitude au Championat international de travail – Zeugnis für die Anwartschaft auf das internationale Arbeits-Championat
decken:	1. Hundebegattung vgl. auch belegen (auch behängen, auch bestreichen auch beziehen) 2. Anfallen und Greifen wehrhaften Wildes durch Hunde vgl. auch binden 2. vgl. auch packen
DGStB:	Deutsches Gebrauchshund-Stammbuch
dressieren:	Abrichten von Hunden
Dressierhalsband:	Stachelhalsband zur Hundedressur auch Dressurhalsband, Koralle
Dressierleine:	Strick, den man zum Abrichten von Vorstehhunden verwendet
einfahren:	Aufsuchen des Dachs- oder Fuchsbaues durch den Erdhund auch einkriechen, schliefen

eingreifen:	bodennahes Suchen des Schweißhundes
einjagen:	Erlernen der Fähigkeit eines Hundes zu jagen
einkriechen:	s. einfahren auch schliefen
einspringen:	der schlecht arbeitende Vorstehhund wirft nach kurzem Vorstehen durch Vorpreschen das Wild aus seiner Deckung
Fahne:	lange Haare an der Rute langhaariger Vorstehhunde
Fang:	1. Schnauze des Hundes 2. Eckzahn des Hundes
fangen:	Greifen von Wild durch Hund
färben:	Bluten der läufigen Hündin aus der Schnalle
Federn:	lange Behaarung an den Vorderläufen
Feld:	1. Altersbezeichnung des Vorstehhundes (beim Schweißhund = Behang) – 2. Lebensjahr = 1. Feld 2. gebräuchlich bei der Suche des Hundes: nimmt viel oder wenig Feld
Feldarbeit:	Arbeit des Hundes in der offenen Landschaft
Felddressur:	Abführen des Hundes auf dem Gebiete seiner späteren jagdlichen Betätigung im Felde: Vorstehen, Suche, Schleppe
ferm:	voll abgeführter Hund auch firm
Fix früher:	spitzohriger, kleiner, wendiger Saufinder mit weniger guter Nase; guter Meuteführer vgl. auch Saufinder
heute:	keiner bestimmten Rasse angehörender Sauhund
Fransen:	lange Haare an den Behängen
führig:	Adjektiv für den Hund, der sich gut führen läßt
gängig:	flotte Arbeit des Hundes am Riemen
gehen:	der Hund geht auf Schweiß, wenn er die Wundfährte eines krankgeschossenen Stückes verfolgt
Geläut:	Bellen der Hunde bei Verfolgen von Wild
genossen machen:	dem Hund von dem durch ihn nachgesuchten oder gefangenen Stück Wild Teile des Aufbruchs zu fressen geben; diese Teile sind der „Genuß"
Gesäuge:	Milchdrüsen der Hündin
Geschröt:	Hodensack des Rüden
Hals:	Gebell des Hundes lockerer Hals = bellfreudig
halsgeben:	bellen
Halsung:	Hundehalsband
halten:	Aufderfährtebleiben des Hundes - der Hund hält die Fährte
handscheu:	Adjektiv für einen Hund, der die Nähe seines Herrn scheut, weil er Strafe ahnt (Dressurfehler)
hängen:	s. binden 1.
hart:	1. borstiges Hundehaar 2. schwer führbarer Hund, der Strafe nicht übelnimmt – Gegenteil = weich
hasenrein:	Adjektiv für den Hund, der den gesunden Hasen nicht verfolgt, bzw. für den hasenverfolgenden Hund, der auf Pfiff oder Ruf die Verfolgung aufgibt
Hatz:	s. Hetze
heiß:	deckwillige Hündin vgl. auch hitzig vgl. auch läufig
Hetze:	1. In der Bundesrepublik Deutschland verbotene Jagdart mit Hatz-Hunden, die das verfolgte Wild einholen auch Hatz 2. jede Nachsuche mit einem Hund auf der Wundfährte, auf der er geschnallt wird, um das kranke Stück niederzuziehen oder zu stellen
Hetzlaut:	Lautgeben des hetzenden Hundes bei Verfolgen von Wild (sichtlaut)
hitzig:	deckwillige Hündin vgl. auch heiß vgl. auch läufig

Hose: lange Behaarung langhaariger Hunde an deren oberen Hinterläufen

Jacke: Fell des Hundes

Jagdgebrauchshundeverband (JGHV): Dachverband für alle Jagdgebrauchshundevereine auf Bundesebene, eingetragener Verein ohne Landesverbände, arbeitet allerdings mit den Bearbeitern für Gebrauchshundewesen der Landesjagdverbände zusammen

Jagdhundtyp: der nach der Domestikation des Wolfes um 4000–2000 v. Chr. auserwählte Hundetyp für die Jagd neben Schäferhund-, Windhund- und Spitzhundtyp

Jugendschliefen: Dachs- und Fuchsbauprüfung für junge Erdhunde

Jugendsuche: VJP – Verbandsjugendprüfung – Anlagenprüfung für Vorstehhunde

Kippohr: Terrierohren, die teilweise aufgerichtet sind und nur im oberen Bereich zu Behängen abkippen

knautschen: Durchkneten des Wildes beim Apportieren durch den Hund

Kopfhund: eigentlicher Meuteführer; Gegensatz: Schwanzhund; im modernen jagdkynologischen Sprachgebrauch: wesensfester, sich ungern unterordnender Hund

Koppel: mehrere an einer Leine (Gabelleine) laufende Hunde

koppeln: mehrere Hunde an einer Gabelleine anleinen

Kruppe: letzter Rückenteil des Hundes ab Lendenwirbelende

Kryptorchismus: Erbfehler, bei dem der oder die Hoden in der Bauchhöhle oder im Leistenkanal liegenbleiben und nicht in den Hodensack absteigen. Wenngleich dieser Fehler die Fortpflanzungsfähigkeit nicht unbedingt beeinflussen muß und auch operabel ist, schließt er Zuchttauglichkeit aus

kuhhessig: x-förmige Hinterläufe des Hundes

kupieren: Kürzen von Behängen und Rute des Hundes – bei etlichen Jagdhunden entsprechend ihrer Rassemerkmale nur der Rute – bis zum Alter von weniger als 8 Tagen ohne Betäubung zulässig

kurz: die Suche des Hundes bezeichnet man als kurz, wenn er am Hundeführer „klebt", d.h. nicht weit von ihm sucht

Kynologie: Wissenschaft vom Hund, abgeleitet von „Kynos" (griechisch = Hund)

läufig: deckwillige Hündin, vgl. auch heiß, vgl. auch hitzig

Laufhunde: in der Rasseentwicklung in gerader Linie um die Zeitwende aus dem ursprünglichen Jagdhundtyp als Vorläufer der Bracken und Schweißhunde entstandener Hundetyp. Heute werden alle Brackenschläge als Laufhunde bezeichnet

lautgeben: bellen

Lefzen: Lippen des Hundes

leinenführig: angeleint Beifußgehen des Hundes, dabei hängt die Leine durch der Hundekopf steht $^{1}/_{2}$ Länge vor dem linken Bein des Hundeführers

Leithund: für das Bestätigen von Hochwild (Schalenwild) früher eingesetzter Hund, dessen Nachfahre der Hann. Schweißhund ist, welcher heute noch in seiner Vorprüfung wie der Leithund arbeitet

liebeln: den Hund nach erfolgreicher Arbeit belobigen und streicheln vgl. auch abliebeln

lösen: Koten von Hunden

Losung: Exkremente der Hunde

markieren: der Vorstehhund zeigt durch sein Verhalten an, wenn sich vor ihm Wild drückt

Maske: dunkles Gesicht mancher Hunderassen, z.B. Hann. Schweißhund

Meute: in einem Verband jagende Hunde, z.B. Saumeute

Meutehunde: Hunde, die im Verband jagen und von einem Kopfhund geführt werden

nacharbeiten: s. nachhängen

nachfahren: 1. der schweißarbeitende Hund folgt der Wundfährte
2. einem im Bau arbeitenden Hund einen zweiten folgen lassen

nachgeben: 1. nachlassende Hetze müde gewordener Jagdhunde
2. dem nachsuchenden Hund mehr Riemen geben

nachgreifen: bei zu schneller Schweißarbeit des Hundes diesen am Schweißriemen kürzernehmen

nachhängen: dem Schweißhund am Riemen auf der Fährte nachgehen
auch nacharbeiten

nachlassen: Schnallen des Hundes und ihm freies Folgen nach krankem Wild ermöglichen

nachprellen: der Vorstehhund verfolgt kurz vor ihm aufstehendes Wild

nachsuchen: krankes Wild suchen

Nase: schlechthin für die Riechfähigkeit des Hundes verwendeter Ausdruck: gute oder schlechte Nase

näseln: riechendes Suchen des Hundes

nässen: Urinieren allen Wildes und der Hunde

nehmen: 1. den Hund an die Leine nehmen
2. der Vorstehhund sucht weit oder klebt, d.h. er nimmt viel oder wenig Feld

niederziehen: Drosselbiß des Hundes mit anschließendem Niederreißen eines Stückes Wild

offene Pfoten: Spreizpfoten des Hundes

Otterhund: zur Otterjagd eingesetzter Hetzhund. Die Otterhundrasse ist der Vorfahre des heutigen Airedaleterriers

Otterrute: lange herabhängende Dachshundrute

packen: Anfallen und Greifen wehrhaften Wildes durch Hunde
vgl. auch binden 2).
vgl. auch decken 2).

Packer: Hunde, die ein Stück Schwarzwild decken (packen)

Preisschliefen: Dachshund- und Terrierbauprüfung

Quersuche: der gut arbeitende Vorstehhund sucht den vor ihm liegenden Schlag nach allen Seiten ab

rein: 1. die Rasseechtheit des Hundes wird mit „reiner Rasse" (reinrassig) bezeichnet
2. der Hund ist schußrein, wenn er nicht schußscheu ist
3. der Hund ist fährtenrein, wenn er die aufgenommene Fährte ohne Ablenkung konsequent arbeitet
4. ein Saufinder, der nur an Sauen arbeitet, ist rein

Reißzahn: Backenzähne der Carnivoren, die als Quetschzangen z.B. auch Knochen zerkleinern, d.s. der 4. Prämolar im Oberkiefer und der 1. Molar im Unterkiefer

revieren: zügige Suche des Vorstehhundes und des Stöberhundes, aber auch des wildernden Hundes

richten: Hunde auf Prüfungen beurteilen

Rückbeißer: die Schneidezähne des Unterkiefers stehen deutlich hinter denen des Oberkiefers – zuchtausschließender Erbfehler
auch Unterbeißer

Rüde: männlicher Hund

Rüdemann: erfahrener Hundemann; früher galt diese Bezeichnung dem Hundemeuteführer

Rüdemeister: alte Bezeichnung für den Aufsichtsführenden beim Einsatz von Hundemeuten

Rute: Schwanz des Hundes

Säbelrute: zum Ende hin geschwungene Rute des Hundes

Saufinder: Hunde keiner besonderen Rasse, die als Finder, Fänger und jagende Hunde eingesetzt werden, vornehmlich Hof- und Hirtenhunde und verdorbene Vorstehhunde, vgl. auch Fix

Sauhatz: Hetzjagd mit Hunden auf Schwarzwild

Sauhund: s. Saufinder

Scherengebiß: Normalgebiß des Hundes, bei dem die Schneidezähne des Unterkiefers dicht hinter denen des Oberkiefers stehen

schlagen: Verletzen der Verfolger von Sauen durch deren Gewaff

Schleppe: künstliche Wundfährte durch Ziehen eines verendeten Stückes Wild erstellen, um den jagdlich abzuführenden Hund darauf arbeiten zu lassen

schliefen: s. einfahren
auch einkriechen

Schnalle: weibliches Geschlechtsteil

schnallen: ableinen

schußhitzig: der Hund ist schußhitzig, wenn er Wild eher hochtreibt als es beschossen wird oder er nach Schußabgabe voreilig zum erlegten Stück prescht

schußscheu: Angst des Hundes beim Schießen

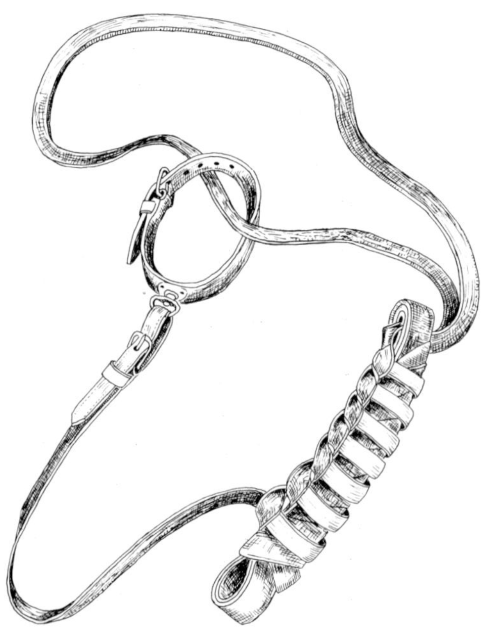

Abb. 268. Schweißriemen.

schwärmen: kopfhochsuchender Schweißhund, anstatt mit tiefer Nase zu suchen, aber auch Revieren des Jagdhundes ohne System

Schweißarbeit: Arbeit des Hundes auf der Schweißfährte des Schalenwildes

Schweißhalsung: breites, ohne Würgering versehenes Lederhalsband mit einem drehbaren Wirbelring

Schweißriemen: (Abb. 268) Lederriemen von 8–12 m Länge, der dem Schweißhund für die Nachsuche an der Halsung angelegt wird. Das Auf- und Abwickeln nennt man Auf- und Abdocken

sichtlaut: Hund, der hinter sichtbarem Wild laut wird

sprengen: Fuchs oder Kaninchen mit dem Hund oder Frettchen aus dem Bau herausbringen

spurlaut: ein auf der Spur lautgebender Hund, ohne Wild zu sehen

standlaut: permanentes Verbellen gestellten Wildes durch den Hund

stellen: durch Hunde nach Hetze zum Stehenbleiben veranlaßtes Wild, das sich unter Umständen gegen seinen Verfolger wendet (Mensch, Hund)

stöbern: Aufsuchen und Hochmachen des Wildes in der Dickung, besonders durch Stöberhunde, ohne Sichtkontakt zum Jäger

Stop: Absatz zwischen Nasenbein und Stirn beim Hund; je nach Hunderasse mehr oder weniger stark ausgeprägt

stumm: Hunde, die Wild lautlos verfolgen, sind stumm

Totengräber: Hund, der aufgefundenes Wild vergräbt, anstatt es zu bringen

totverbellen: an einem wegen seiner Größe nicht apportierfähigen Stück Wild (Schalenwild) gibt der nachsuchende Hund solange laut, bis der Hundeführer eintrifft
vgl. auch verbellen

totverweisen:	seinen Herrn an ein nachgesuchtes, wegen seiner Größe nicht apportierfähiges Stück Wild (Schalenwild) führen bzw. dem Herrn durch Bringselaufnahme bedeuten, daß er fündig geworden ist
tragen:	der Hund sucht mit hoher Nase, d.h. er trägt seine Nase hoch
Überbeißer:	Gebißfehler des Hundes – Zuchtausschließungsgrund – die Schneidezähne des Oberkiefers stehen hinter denen des Unterkiefers auch Vorbeißer
überrollen:	Dachs oder Fuchs kommen über den vorliegenden Hund aus dem Bau
überschießen:	eine Fährte durch den sie arbeitenden Hund überlaufen
Unterbeißer:	s. Rückbeißer
verballen:	Wundlaufen der Ballen des Hundes auf vereistem Boden
verbeißen:	beißender Kampf von Hunden
verbellen:	Anbellen kranken oder gesunden wehrhaften, sich stellenden Wildes, aber auch Lautgeben am verendeten Stück vgl. auch totverbellen
verklüften:	der im Bau durch Erdhunde bedrängte Dachs oder Fuchs versucht, Erdreich zwischen sich und seine Verfolger zu bringen
verwerfen:	Totgebären bei Raubwildartigen und Hunden
voran!:	Hundesuchkommando
Vorbeißer:	s. Überbeißer
vorliegen:	der im Bau vor sich stellendem Dachs und Fuchs liegende bellende Erdhund
vorstehen:	angeborenes (angewölftes) Verhalten von Hunden (Vorsteh–), die dem Jäger durch regloses Stehenbleiben anzeigen, daß sie Witterung von in Deckung sitzendem Wild haben
vorsuchen:	Bestätigen von Wild mit dem Leithund, aber auch mit jedem für derartige Arbeiten abgerichteten Jagdhund; außerdem Kontrollsuche im Gelände, um einen Anschuß zu finden
weich:	kälteempfindlicher sowie Strafe übelnehmender Hund
weidlaut:	Bracken, die auf frischer Fährte laut sind, ehe sie an Wild sind oder sonstige Jagdhunde, die, ohne auf einer Fährte zu sein, faselnderweise lautgeben
Welpe:	Junghund
werfen:	Gebären beim Hund auch wölfen
Wesensfestigkeit:	Nervenstärke und Ausgeglichenheit beim Hund
Wind holen:	eigenmächtiges Gegendenwindsuchen des Hundes, um sich Wildwitterung zu holen
wölfen:	s. werfen
Wolfskralle:	s. Afterkralle
Wurf:	Gesamtzahl der gewölften Jungen beim Hund
Zangengebiß:	bedingt korrekte Gebißform beim Hund, bei der Schneidezähne zangengleich aufeinandergreifen, anstelle des Vorgreifens der Schneidezähne des Oberkiefers (Normalgebiß – Scherengebiß)
Zuchtbuch:	Rassehundregister der Zuchtvereine auf internationaler Grundlage
Zuchtschau:	Zuchthundetauglichkeitsprüfung mit Vergabe des Formwertes (Bewertungsurteil)
Zuchtsuche:	Prüfen der natürlichen Anlagen junger Hunde
Zwinger:	1. abgezäunter Hundeauslauf 2. Hundezuchtstätte eines Züchters mit im Zuchtbuch eingetragener „geschützter" Bezeichnung

Hinweise zum Gebrauch des Wörterbuches

es bedeuten:

s. = „siehe" – die Erklärung des Begriffes findet nur dort statt

vgl. auch = „vergleiche auch" – die Erklärung des Begriffes findet an selbiger und an anderer Stelle statt

8 Jagdhundverbandswesen

Der Jagdgebrauchshundverband (JGHV) ist die Dachorganisation aller Vereine, die sich durch Prüfung, Zucht oder kynologische Tätigkeit dem brauchbaren Jagdhund widmen. Der JGHV verwaltet das Deutsche Gebrauchshund-Stammbuch (DGStB), das einen Nachweis rassespezifischer Leistungen darstellt.

Darüber hinaus hat der JGHV für folgende Verbandsprüfungen Prüfungsordnungen erlassen:
VJP: Verbandsjugendprüfung
HZP: Verbandsherbstzuchtprüfung
VGP: Verbandsgebrauchsprüfung
VSwP: Verbandsschweißprüfung
Vbr: Verlorenbringerprüfung
Brt: Bringetreueprüfung

Außerdem erarbeitet und verarbeitet der JGHV neue jagdkynologische Erkenntnisse.

Ihm sind folgende Zuchtvereine unterstellt:
Verein Deutsch-Drahthaar e.V.
Griffon-Club e.V.
Verein Pudelpointer e.V.
Verein Deutsch-Stichelhaar e.V.
Deutsch-Kurzhaar-Verband e.V.
Weimaraner Klub e.V.
Verein Ungarischer Vorstehhunde e.V.
Deutsch-Langhaar-Verband
Verband Großer Münsterländer e.V.
Verband für Kleine Münsterländer
Vorstehhunde e.V.
Verein Hirschmann
Klub für Bayerische Gebirgsschweißhunde 1912 e.V.
Deutscher Retriever Club e.V.
Verband der Vereine und Verbände für Englische
Vorstehhunde
Club für Bretonische Vorstehhunde
Jagdspanielklub 1907 e.V.
Verein für Deutsche Wachtelhunde
gegründet 1903 e.V.
Deutscher Bracken-Club e.V.
Verein Dachsbracke e.V.
Deutscher Bracken-Verein e.V.
Deutscher Jagdterrier-Club e.V.
Deutscher Foxterrier-Verband e.V. gegr. 1909
Deutscher Teckelklub gegr. 1888, e.V.
Vereinigung der Meutehalter im deutschen
Reiter- u. Fahrerverband
Beagle Club Deutschland e.V.

9 Was kostet ein Jagdhund?

Der Wert eines Jagdhundes hängt ab

von der Jagdeignung,
von der Rasse,
vom Geschlecht,
von der Abstammung,
von der Qualität des äußeren Erscheinungsbildes (Formwert),
vom Alter des Hundes,
von der Nachfrage und dem Angebot,
u. U. vom Bekanntheitsgrad des Zwingers,
von der Wertschätzung, die ein Kaufinteressent (Jäger) einem bestimmten Jagdhund (dessen Charakter, seinem Äußeren und seiner Leistung) entgegenbringt, oder die der Verkäufer seinem zu verkaufenden Hunde zumißt. Man könnte hier einen Liebhaberpreis oder den sog. ideellen Wert finden, der über dem objektiven, sonst üblichen Preis liegt.

Fest steht, daß der tatsächliche Marktpreis abgeführter Hunde in einem Mißverhältnis zur aufgewendeten Führerzeit steht: Abgeführte Jagdhunde werden in aller Regel zu billig verkauft. Tatsächliche Marktpreise stagnieren schon seit vielen Jahren, sie halten nicht Schritt mit der Inflationsrate. Da auch für die Zukunft nicht mit steigenden Preisen zu rechnen ist, können hier durchaus Zahlen genannt werden, ohne daß damit die Auflage dieses Buches bei Herausgabe schon wieder veraltet wäre.

Welpen: 250,– DM bis 600,– DM

junge Vorstehhunde mit
VJP, I. Preis: ca. 1200,– DM
HZP, I. Preis: ca. 2000,– DM
VGP, I. Preis: ca. 3000,– DM.

Junge Hunde mit II. oder III. Preisen werden mit jeweils $^1/_6$ unter der nächsthöheren Stufe liegenden Preisen gehandelt (nach SCHINDLER 1976). Teckel,

Jagdterrier und Stöberhunde haben im allgemeinen geringere Marktwerte. Geprüfte Schweißhunde werden wegen ihrer Seltenheit kaum gehandelt. Hier gibt es keine Richtpreise.
Es empfiehlt sich, Welpen nach Empfehlung bekannter Zwinger zu kaufen oder sich an den betreffenden Zuchtverein für die Empfehlung eines Zwingers zu wenden.
Ausgebildete Hunde läßt man sich im Revier vorführen.
Das Geschäft wickelt man zweckmäßigerweise über einen schriftlichen Vertrag ab.

Zur Wiederholung und Kontrolle

- Welche zuchtausschließenden Gebißfehler kennen Sie beim Jagdhund?
- Wieviel Zähne weist das Dauergebiß des Hundes auf?
- Welche Hunderassen gehören zu den Deutschen Vorstehhunden?
- Wie unterscheidet sich das Apportieren der Vorstehhunde von dem der Apportierhunde?
- Welche Rassen gehören zu den Stöberhunden?
- Beschreiben Sie einen Griffon.
- Unterscheiden Sie die beiden Weimaraner Schläge.
- Unterscheiden Sie den Hannoverschen Schweißhund vom Bayerischen Gebirgsschweißhund äußerlich und hinsichtlich ihrer Aufgaben.
- Welche Bracken sind Ihnen bekannt?
- Was wird bei der VJP geprüft?
- Was verstehen Sie unter Solms?
- Zeichnen Sie das Leistungszeichen eines Lautstöberers.
- Welche Prüfungen gibt es für den Teckel?
- Was ist eine Jagdeignungsprüfung?
- Was verstehen Sie unter Formwert?
- Was ist Wesensfestigkeit?
- Was verstehen Sie unter Stubendressur?
- Welche Anlagen sind unseren Jagdhunden angewölft?
- Wie fördern Sie die Wasserfreude Ihres Jagdhundes?
- Welche Kommandos müssen Sie bei der Grundabrichtung kennen?
- Was verstehen Sie unter einer kalten Gesundfährte?
- Wie legt man eine Schweißkunstfährte?
- Was ist ein Bringselverweiser?
- Was haben Sie beim Aufstellen einer Hundehütte zu beachten?
- Wie pflegen Sie die Augen des Hundes?
- Wie oft füttert man einen Junghund (bis zu 1 Jahr)?
- Kann man Knochen unbedenklich füttern?
- Wonach bestimmt sich der Marktwert eines Jagdhundes?
- Wie entfernen Sie Zecken aus der Haut des Hundes?
- Wo findet man am ehesten Flöhe auf dem Fell des Hundes?
- Wodurch wird der Bandwurm auf den Hund übertragen?
- Gegen welche Krankheiten impft man den Hund?
- Welche Aufgaben hat der JGHV?
- Was ist der Behang?
- Was verstehen Sie unter einem Totengräber?
- Was verstehen Sie unter dem Begriff „vorstehen“?

Jagdwaffenkunde

Der Jäger führt kalte oder blanke Waffen und Feuerwaffen. Die Feuerwaffen gehören zu den Schußwaffen. Während die kalten Waffen als Hieb- und Stichwaffen, und zu ihnen können wir auch Speer und Schleuder sowie Pfeil und Bogen rechnen, weit in die Vorgeschichte zurückreichen, beginnt die Entwicklung der Feuerwaffen erst mit der Erfindung des Schwarzpulvers am Anfang des 14. Jahrhunderts n. Chr.

Vom Luntengewehr verläuft dann die Entwicklung über das Rad- und Batterieschloß bis hin zur Perkussions- und zur Lefaucheux-Zündung. Mit der letzteren beginnt der Übergang vom Vorderlader- zum Hinterladergewehr. Der Vorderlader wurde durch die Mündung mit den einzelnen Komponenten Pulver – Zwischenmittel – Geschoßvorlage geladen. Der Hinterlader braucht eine Patrone.

In der zweiten Hälfte des 19. Jahrhunderts nahm die Entwicklung einen rasanten Verlauf. In Amerika wurden von Henry und kurze Zeit danach in Europa von den Gebrüdern Mauser in Oberndorf a. N. und nahezu gleichzeitig von Ritter von Mannlicher, Mehrlader, sog. Repetierer konstruiert.

Der Mauser-Verschluß erreichte im Gewehr 1898 dann eine kaum noch zu verbessernde Reife und wurde zum meist gebauten und nachgebauten seiner Art in der Welt.

Die Feuerwaffen werden eingeteilt in Lang- und Kurzwaffen, wobei 60 cm Gesamtlänge das gesetzliche Trennmaß bilden.

Die Langwaffen haben entweder feststehende Läufe mit unterschiedlichen Verschlüssen und Systemen oder in einem Scharnier abkippbare Läufe. Je nachdem, ob sie für den Kugel- oder Schrotschuß eingerichtet sind, unterscheiden wir Büchsenläufe und Flintenläufe.

Die Kurzwaffen wurden früher Faustfeuerwaffen genannt, sie werden in Revolver und Pistolen unterteilt. Revolver haben zur Aufnahme der Patronen eine drehbare Trommel. Bei den Pistolen ist das Patronenlager in den Lauf gefräst.

Sämtliche modernen Jagd- und Kurzwaffen sind Hinterlader und verschießen rauchschwache, mit Nitrozellulosepulver geladene Munition.

> Schußwaffen sind Geräte, bei denen Geschosse durch einen Lauf getrieben werden. Handfeuerwaffen sind Schußwaffen, bei denen zum Antrieb der Geschosse heiße Gase verwendet werden. Sie werden mit einer oder mit beiden Händen gehalten und benützt.

1 Jagdpatronen

Die modernen Hinterladerwaffen wurden erst voll funktionsfähig durch die Konstruktion der gasdichten Patrone mit Zentralzündung. Wir unterscheiden Patronen für den Büchenschuß und solche für den Schrotschuß. Die Patronen für Kurzwaffen sind im Prinzip die gleichen wie die Büchsenpatronen. Wenden wir uns zunächst den Schrotpatronen zu (Abb. 269).

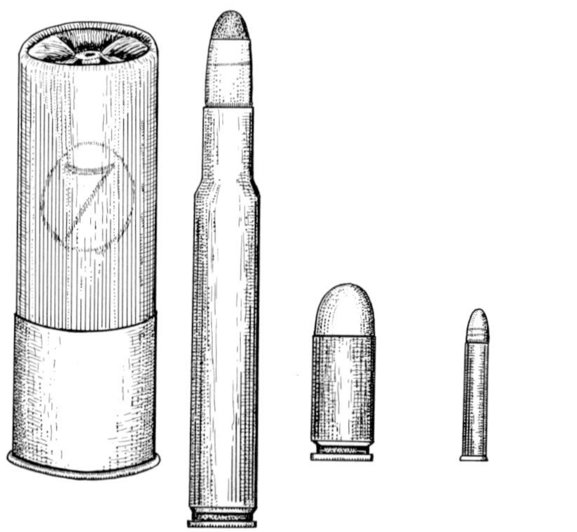

Abb. 269. Jagdpatronen.

1.1 Schrotpatronen

Die Schrotpatrone dient dem schnellen Schuß auf ein sich bewegendes Ziel. Der Schrotschuß ist ein Streuschuß. Um Erfolg zu haben, muß er möglichst viele Schrote gleichmäßig verteilt und mit hoher Geschwindigkeit ins Ziel bringen. Der Lauf und die

richtige Schrotpatrone bieten die Gewähr hierfür. Die Patrone muß folgende Ansprüche erfüllen: Maßhaltigkeit, Lagerfähigkeit, unempfindlich gegen Feuchtigkeit und Sicherheit.
Voraussetzungen hierfür sind: Gutes Material, saubere Verarbeitung, geeignete Treibmittel, elastisches Zwischenmittel, und dessen gleichmäßig fester Sitz und ein guter Verschluß.

Aufbau
Die Schrotpatronen bestehen aus Hülse, Bodenpfropf, Zündung, Treibmittel, Zwischenmittel, Schrotladung und Abschluß. Die Hülse wurde früher in erster Linie aus Pappe gefertigt, heute besteht sie überwiegend aus Plastik. Daneben kommen Hülsen aus Aluminium und anderen Metallen vor.
In den Boden der Hülse wird entweder ein Bodenpfropf aus Preßpappe oder Kunststoff eingesetzt, oder er ist, wie bei vielen Plastikhülsen, fester Bestandteil der Hülse. Der Bodenpfropfen nimmt das Zündhütchen auf. Bei guten Schrotpatronen verwendet man die sogenannte Mediumzündung. Sie besteht aus dem Amboß mit dem Zündhütchen und dem Zündungsmantel. Die Hülse ist meist mit einer unterschiedlich hohen Bodenkappe aus Metall, dem Culot, versehen. Im Innern birgt sie über dem Bodenpropfen das Treibmittel, ein rauchschwaches Nitrozellulosepulver vom offensiven Typ (Tab. 3). Darüber folgt das Zwischenmittel, das meistens aus einem Plastikteller mit daran anschließendem Schrotkorb besteht. Der Schrotkorb nimmt die Schrote auf, deren Gesamtgewicht bei den verschiedenen Patronen und Kalibern von 25 g bis über 40 g schwanken kann.

Abb. 270. Schrotpatrone. Abgefeuert (links); fertig gefaltet (rechts).

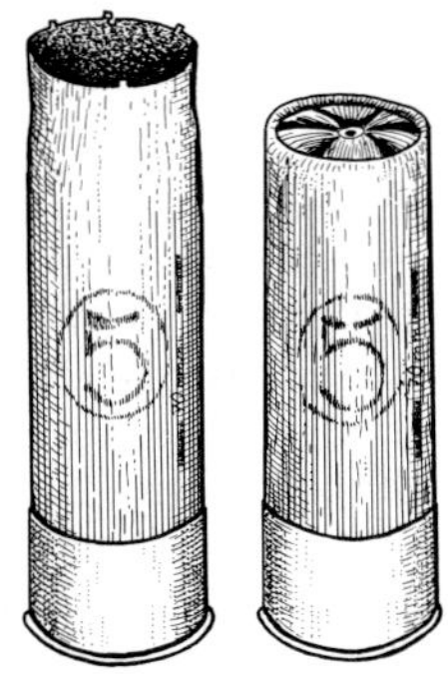

Abb. 271. Längsschnitt durch Schrotpatrone. Faltverschluß (links); Bördelverschluß (rechts).

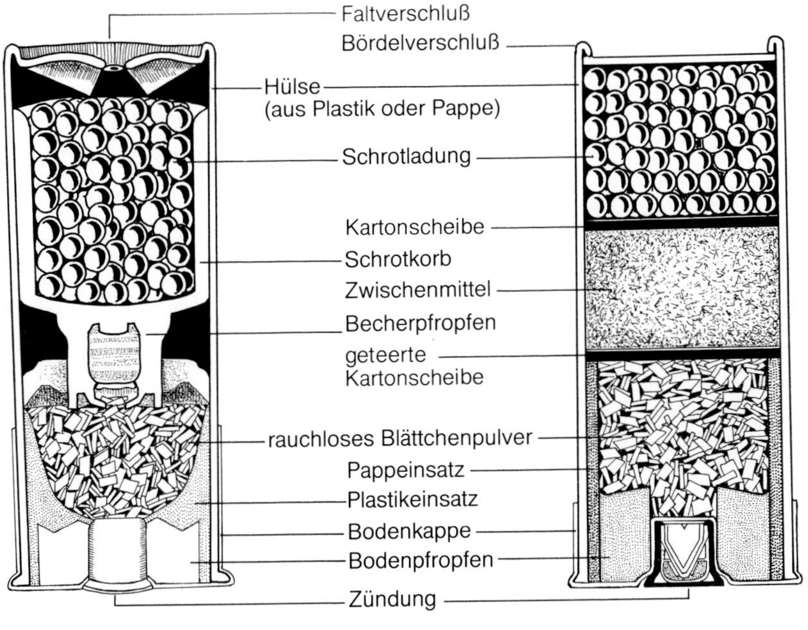

Das Zwischenmittel dichtet den Pulverraum gegen die Schrotladung ab. Es hat Einfluß auf die Schrotgarbe und deren gleichmäßige Schrotverteilung sowie auf die Schußentwicklung (Abb. 271).
Die ältere, aber nicht schlechtere Art des Zwischenmittels ist der Fettpilzpfropfen, der oben und unten ein geteertes Pappblättchen trägt und bei der richtigen Filzqualität hervorragende Ergebnisse liefert.
Die Schrotpatronen werden am oberen Ende entweder mit einem Abschlußdeckel versehen; dieser wird dann durch Rändelung der Hülse über der Schrotladung festgehalten, oder sie haben den moderneren Stern- oder Faltverschluß, bei dem die Hülse nach innen, wie der Name sagt, sternförmig über die Schrotladung gefaltet wird. Dieser Faltverschluß fixiert die Ladung.
Der feste Verschluß der Patronen ist sehr wichtig. Er hat mit Einfluß auf die gleichmäßige Entwicklung des Gasdrucks.
Die erste handliche und brauchbare Patrone für Hinterlader war die Lefaucheuxpatrone, die im Gegensatz zu den hier beschriebenen Zentralfeuerpatronen einen Zündstift besaß, der seitlich aus der Bodenkappe herausragte und durch den außenliegenden Hahn der damaligen Waffen auf die im Hülseninnern befindliche Zündmasse geschlagen wurde. Der Nachteil war, daß die Patronen beim Hinunterfallen oder durch einen Schlag unbeabsichtigt zünden konnten (Abb. 272).

Abb. 272. Lefaucheuxpatrone.

> Aufbau der Schrotpatrone:
> Hülse, Bodenpropf, Zündung (Zündhütchen), Treibmittel (rauchschwaches Nitrozellulosepulver), Zwischenmittel, Schrote, Abschluß.

Kaliber

Für den Schrotschuß gibt es Waffen in verschiedenen Kalibern mit unterschiedlich langen Patronen. Wir unterscheiden zwischen Kaliber 12, 16, 20, 24, 28, 32 und 36. Letzteres wird jedoch auch als .410 angesprochen.
Die Kaliberangaben kommen aus England. Wenn man aus einer Menge Weichblei, die ein englisches Pfund = 453 Gramm wiegt, 12 gleichgroße Kugeln gießt, so hat jede das Kaliber 12. Gießt man aus derselben Menge 20 Kugeln, so hat jede das Kaliber 20 usw. (Tab. 4).

Tab. 3.
Aufbau der Schrotpatrone

Aufbau	traditionell	modern
Hülse	Pappröhre	Plastik
Bodenpropf	Preßpappe	Plastik
Zündung	Zündhütchen	rostfrei/verdeckt Medium-Zündung
Treibmittel	früher Schwarzpulver	rauchschwaches Nitrozellulosepulver 1- oder doppelbasig
Zwischenmittel	Filzpropf gefettet	Plastikteller kombiniert mit Schrotkorb
Schrotladung	Weichblei	Hartblei, teilweise vernickelt
Verschluß	Deckblättchen	Sternfaltung

Tab. 4.
Flintenkaliber

Kal. 4	Kal. 8	Kal. 10	Kal. 12	Kal. 16
23,4 mm	20,8 mm	19,3 mm	18,2 mm	16,8 mm
Kal. 20	**Kal. 24**	**Kal. 28**	**Kal. 32**	**Kal. 36/.410**
15,7 mm	14,7 mm	13,8 mm	12,7 mm	10,2 mm

Beispiel:

Kaliber 20 = 20 Bleikugeln à 22,65 g = 453 g
Kaliber 16 = 16 Bleikugeln à 28,31 g = 453 g
Kaliber 12 = 12 Bleikugeln à 37,75 g = 453 g

Die in der Bundesrepublik Deutschland gebräuchlichsten Kaliber sind 12 und 16, wobei das Kaliber 16 bei den Flinten fast völlig vom Kaliber 12 verdrängt wurde, während es bei kombinierten Waffen wegen der Gewichtsersparnis immer noch gerne verwendet wird. Läufe in beiden Kalibern hatten früher Patronenlager mit einer Länge von 65 mm. Neuere Waffen haben durchweg solche von 70 mm Länge.
Entsprechend gibt es in beiden Kalibern Patronen mit unterschiedlicher Hülsenlänge. Da es gefährlich ist, die 70er Patrone aus Läufen mit 65er Lager zu verschießen, sind die 70er Patronen in Deutschland durch einen Längsstrich auf der Hülse und mit der Aufschrift 70 mm gekennzeichnet.
Die Tiefe des Patronenlagers und die auf der Hülse angegebene Länge beziehen sich immer auf die abgefeuerte Patrone. Das bedeutet, daß die verschlossene, noch geladene Hülse in jedem Fall kürzer ist und daß deshalb die 70er Patrone ohne weiteres und ohne daß der Schütze es merkt, in das 65er Lager paßt. Da sich die Patrone beim Abfeuern auffaltet, kann es bei falscher Verwendung zu einer Verengung im Übergangskonus zwischen Patronenlager und Lauf kommen und damit zu unkontrollierten Gasdrucksteigerungen (Abb. 273).

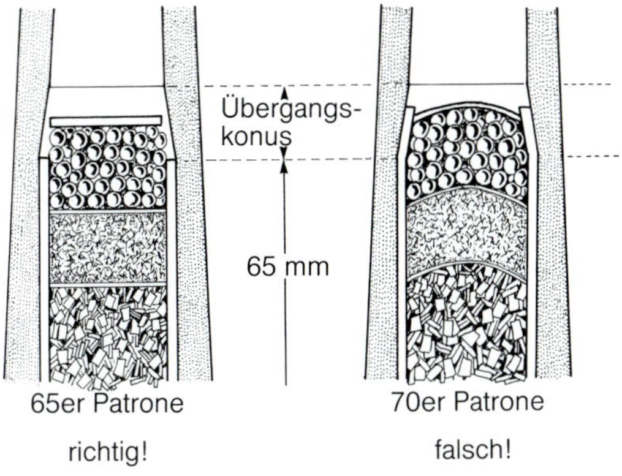

Abb. 273. Schrotpatronen unmittelbar nach dem Abfeuern.

Kaliberbezeichnung 12/65 oder 12/70 oder 16/65 oder 16/70 unbedingt beachten. Gefahr!

Seit einiger Zeit werden Schrotpatronen mit einer Länge von 67,5 mm und entsprechender Aufschrift angeboten. Diese können ohne weiteres aus beiden Lagern verfeuert werden.
Außer diesen gängigen Arten gibt es sowohl im Kaliber 12 und 16 als auch im Kaliber 20 Waffen, die mit längeren Lagern versehen sind, um Patronen mit größerer Schrotladung verschießen zu können.
Zur handelsüblichen Bezeichnung der Patrone gehört auch die Angabe der Hülsenlänge und der Schrotgröße; die Hülsenlänge ist in mm oder Zoll, die Schrotgröße in mm oder einer entsprechenden Kenn-Nr. auf der Hülse anzugeben.
Die deutschen Schrotpatronen entwickeln durchweg eine Anfangsgeschwindigkeit von etwa 390 m/s und eine V 10 von ca. 330 m/s.

Gebräuchlichste Kaliber: 12 für Flinten und 16 für kombinierte Waffen bei Patronenlagertiefen von 65 oder 70 mm.

Schrotgrößen

Den unterschiedlichen Anforderungen, die der praktische Jagdbetrieb, die verschiedenen Wildarten sowie das Übungs- und Wettkampfschießen stellen, wird jeweils durch entsprechende Schrotgrößen Rechnung getragen. Die Größen liegen für das einzelne Schrot zwischen 4 mm ∅ und gehen in Stufen herunter von jeweils $^1/_4$ mm bis zu einem ∅ von 2 mm. Die Schrotgrößen werden auch mit Nummern bezeichnet, wobei 4 mm die Nr. 1 tragen und die kleinsten mit 2 mm die Nr. 9. Die Größen 1, 3, 5 und 7 sind die in der Bundesrepublik Deutschland jagdlich meist geführten. Ausländische Patronen tragen auch andere Bezeichnungen.
Die Schrotgrößen werden auch durch farbige Deckplättchen gekennzeichnet.
Dabei bedeuten:

Gelb	Nr. 1 = 4,0 mm
Rot	Nr. 3 = 3,5 mm
Blau	Nr. 5 = 3,0 mm
Grün	Nr. 7 = 2,5 mm (Tab. 5).

Die jeweiligen Zwischengrößen kommen aber auch mehr und mehr aus dem Ausland auf den deutschen Markt.

Tab. 5.
Durchschnittliche Schrotkornzahl je nach Gesamtgewicht der Schrotladung der Patrone

Gewicht	Durchmesser (mm)					
g	2,00	2,41	2,50	3,00	3,50	4,00
26,5	568	333	280	167	105	70
27,0	579	339	293	170	107	72
29,5	632	371	320	186	117	73
31,0	664	390	397	195	123	82
32,0	685	402	340	201	127	85
34,0	729	427	369	214	105	98
36,0	771	453	391	226	143	96
36,5	782	459	396	230	145	97
40,0	857	503	434	251	158	106

Die günstigsten Schrotgewichte dürften im Kaliber 12/70 zwischen 32 und 36 g liegen. Die Auftreffgeschwindigkeit, d. h. die Geschwindigkeit im Ziel = V/Z im Kaliber 12 je nach Würgebohrung auf 35 m bei den verschiedenen Schrotgrößen etwa:

mm	V 35 in m/s
2,5	190
3,0	215
3,5	225
4,0	240

Zweckmäßige Verwendung
Die Nr. 9 = 2 mm ist eine Übungspatrone und wird in erster Linie beim Skeet-Schießen verwendet. Von diesen kleinen Schroten haben sehr viele in einer Patrone Platz. Da das einzelne Schrotkorn aber aufgrund seines geringen Gewichtes sehr schnell Geschwindigkeit und damit Energie verliert, eignen sich diese Patronen nur für Schüsse auf kurze Entfernung. Will man die günstigste Schrotentfernung, die zwischen 35 und 40 m liegt, ausnützen, so muß man mindestens Patronen mit der Schrotgröße Nr. 7 = $2^1/_2$ mm verwenden. Diese sind geeignet auf Trap-Tauben sowie auf kleines Wild. Weitere Beispiele siehe Tab. 6.
Die angeführten Grenzen sind fließend. Man sollte immer und bei allen Schrotgrößen daran denken, nicht zu weit zu schießen. Im Gegensatz zum Kugelschuß wirkt der Schrotschuß in der Regel durch die plötzliche Reizung vieler Nervenenden unter dem Balg des getroffenen Wildes, und nur wenn genügend Schrote mit ausreichender Energie ins Ziel kommen, ist der Reiz so groß, daß ein augenblicklicher Schocktod eintritt. Die Chancen hierfür verringern sich mit zunehmender Entfernung sehr schnell; durch die sich trichterförmig öffnende Schrotgarbe sinken die möglichen Trefferprozente rasch ab.

Tab. 6.
Schrotgrößen und ihre Eignung

Schrotgröße:		Geeignet für:
Nr. 7	2,5 mm	Rebhuhn, Taube, Schnepfe, Kanin
Nr. 6	2,8 mm,	
Nr. 5	3,0 mm	Fasan, Marder, Ente, Hase
Nr. 3	3,5 mm	Auerhahn, Birkhahn, Hase
Nr. 1	4,0 mm	Fuchs, Gans, Dachs

Beispiel:
Das Kaliber 12/70 bringt mit Schrot Nr. 3 auf einen quer flüchtenden Hasen ins Ziel:

Entfernung in m:	Anzahl der Schrote:	Auftreffenergie in Joule:
20	70	72
30	34	26
40	17	10
50	10	4

Bei der Verwendung von Schroten, die größer sind als 3,5 mm, also beispielsweise die Nr. 1 oder den folgenden Rollern und Posten, besteht immer die Gefahr, daß zu wenig Schrote das Ziel erreichen und das einzelne Schrot dann aufgrund seiner Größe zwar noch genügend Energie mitbringt, um das Wild ernsthaft zu verletzen, ohne es jedoch im Feuer zu töten. Die höhere Anzahl der Schrote im größeren Kaliber 12 gegenüber 16 und 20 verbessert die Trefferwirkung erheblich.
Wenn eine besonders große Streuung wünschenswert erscheint, empfiehlt sich die Verwendung von Streupatronen. Bei diesen Patronen wird die Aus-

breitung der Schrotgarbe nach dem Verlassen der Mündung durch einen eingelagerten Zerstreuer (Streukreuz) besonders gefördert.
Streupatronen eignen sich deshalb nur für Schüsse auf kurze Distanzen, üblich: Skeet-Streukreuz 2 mm für jagdliches Skeetschießen, Streukreuz 2³/₄ mm für Niederwild bis ca. 20 m.
Wie bei allen Schüssen wird auch beim Schrotschuß das Hinterland gefährdet. Hier ist aber zu berücksichtigen, daß sich die Schrotgarbe auch seitlich ausbreitet und die Gefährdung durch abprallende Schrote (Steine, gefrorener Boden, Drähte, Wasseroberfläche etc.) noch erhöht.
Faustregel: Schrotgröße × 100 = Gefährdungsbereich in m (Tab. 7).

Tab. 7.
Gefährdungsbereich der Schrotgarbe

Gefährdungsbereich ca.	in der Tiefe:	in der Breite:
2,0 mm	bis 200 m	100 m
2,5 mm	bis 250 m	90 m
3,0 mm	bis 300 m	60 m
3,5 mm	bis 350 m	50 m
4,0 mm	bis 400 m	40 m

Hierbei kommt es entscheidend auf den Abgangswinkel an. Der gefährlichste ist bei ca. 25 Grad zur Waagrechten.
Die Schrotgarbe zieht sich im Schuß in die Länge. Es entsteht ein sogenannter Schrotschlauch, mit einer Kerngarbe und einem Garbenschwerpunkt. Die Würgebohrung, geringfügige Gewichtsunterschiede und Abweichungen in der Form der einzelnen Schrote sind die Ursachen hierfür. Nach der Mündung wird die Garbe unter Umständen auch vom nachstoßenden Pfropfen oder dem Abschlußdeckel beeinflußt.
Der Garbenschwerpunkt ist der Punkt, vor dem und hinter dem gleich viele Schrote fliegen. Er liegt etwa am Ende des ersten Garbendrittels. In der Kerngarbe fliegen etwa 85% der Gesamtschrote, die restlichen gehören zu den sogenannten Randschroten mit besonders starker Streuung.

Der höchstzulässige Gebrauchsgasdruck von Schrotpatronen darf in der Bundesrepublik Deutschland in den Kalibern 10–16 650 Bar, im Kaliber 20 680 Bar und in den Kalibern 28–.410 720 Bar betragen. Patronen, die diesen Wert überschreiten, müssen besonders gekennzeichnet sein. Es genügt die Bezeichnung „Magnum". Solche Patronen dürfen nur in speziell geprüften Gewehren verwendet werden.
Der höchstzulässige überhöhte Gebrauchsgasdruck beträgt 900 Bar.

Gebräuchlichste Flintenkaliber sind 12 und 16. Die Patronenlagertiefe beträgt heute meist 70 mm. Die herkömmliche Tiefe beträgt 65 mm. Beim Gebrauch von Patronen unbedingt auf die genaue Kaliberbezeichnung 12/65 oder 12/70 oder 16/65 oder 16/70 achten!
Falsche Verwendung zu langer Patronen kann zur Verengung im Übergangskonus und gefährlich überhöhtem Gasdruck führen.

Schrotgrößen:
4 mm geeignet für Fuchs, Gans, Dachs
3,5 mm geeignet für Hase
3 mm geeignet für Hase, Fasan, Marder, Ente
2,5 mm geeignet für Rebhuhn, Taube, Kanin

Der rechnerische Gefährdungsbereich in Metern beträgt = Schrotgröße × 100.

Zur Wiederholung und Kontrolle

- Welche Schrotgröße enthält eine Patrone mit der Nr. 5?
- Welcher Pulvertyp findet in Schrotpatronen Verwendung?
- Warum dürfen Patronen mit 70 mm Länge nicht aus 65er Lagern verschossen werden?
- Welchen Nachteil haben zu grobe Schrote?
- Welche Schrotgröße würden Sie auf den Fuchs verwenden?
- Welche Leistungen werden von einer Schrotpatrone verlangt?
- Bis zu welcher Entfernung wird das Hinterland durch Schrote gefährdet?

1.2 Flintenlaufgeschoß

Das Flintenlaufgeschoß ist ein massives Bleigeschoß, das etwa das Gewicht einer Schrotladung hat. Durchgesetzt hat sich weitgehend die Konstruktion „Brennecke", bei der Geschoß und Filzpropfen miteinander verbunden sind. Diese Bauart verleiht dem Geschoß Bolzencharakter. Der Schwerpunkt wird nach vorne verlagert. Somit erreicht man eine bedingte Stabilität im Flug (Abb. 274).

Flintenlaufgeschosse sind eine Behelfslösung zum Schuß auf Schalenwild, in erster Linie auf Sauen. Ihre mangelnde Präzision erlaubt aber nur beschränkte Schußentfernungen von max. 50 m, besser 35 m. Der Jäger muß, wenn er Flintenlaufgeschosse benützen will, unbedingt vorher ausprobieren, wie die Treffpunktlage und Streuung seiner Waffe ist. Er kann nicht aus der Treffpunktlage seiner Schrotschüsse Schlüsse auf die des Flintenlaufgeschosses ziehen. Auch ist zu prüfen, ob die Läufe überhaupt für solche Geschosse geeignet sind.

Beim Schuß ist zu beachten, daß sich Flintenlaufgeschosse beim Anstreifen an Bäumen oder anderen Hindernissen nicht zerlegen, sondern zu gefährlichen Querschlägern führen.

Patronen, die Flintenlaufgeschosse enthalten, sind besonders gekennzeichnet und immer ohne Abschlußdeckel, so daß das Geschoß sichtbar und fühlbar ist. Die Hülsen werden neuerdings aus durchsichtigem Material hergestellt.

Schrot- und Flintenlaufpatronen dürfen aus Sicherheitsgründen nicht in derselben Tasche getragen werden. Sie sind stets gesondert zu verwahren, damit Verwechslungen ausgeschlossen sind.

Die Höchstreichweite des Flintenlaufgeschosses beträgt ca. 1200 m.

1.3 Jagdbüchsenpatronen

Die Jagdbüchsenpatrone wird aus Läufen mit Drall verschossen. Ihr Geschoß soll das Ziel punktgenau treffen und auch stärkstes Wild möglichst sofort zur Strecke bringen. Es gibt Patronen in vielen Größen und Kalibern. Unter Kaliber versteht man den Innendurchmesser des Laufes bzw. den Geschoßdurchmesser, oft ist damit im Sprachgebrauch aber

Abb. 274. Brenneke-Flintenlaufgeschoß.

auch die ganze Patrone gemeint. Ein Universalkaliber für alle Zwecke gibt es nicht.

Auf geringes Wild werden in erster Linie Patronen im Kaliber 5,6 mm von unterschiedlicher Größe und Rasanz verwendet. Je größer und stärker das Wild, um so größer werden die Kaliber und um so schwerer auch die Geschosse. Von den insgesamt mehreren hundert verschiedenen Patronen haben sich einige besonders bewährt und deshalb am weitesten verbreitet. Man unterscheidet Patronen mit Rand, Patronen ohne Rand, Patronen mit Gürtel und Zwischenformen (Abb. 275).

Mit Ausnahme der verschiedenen Kleinkaliberpatronen, den sogenannten „KK-Patronen", haben alle Zentralzündung. Patronen mit Rand finden überwiegend in Kipplaufwaffen und solche ohne Rand in Mehrladern Verwendung.

Abb. 275. Jagdbüchsenpatronen.

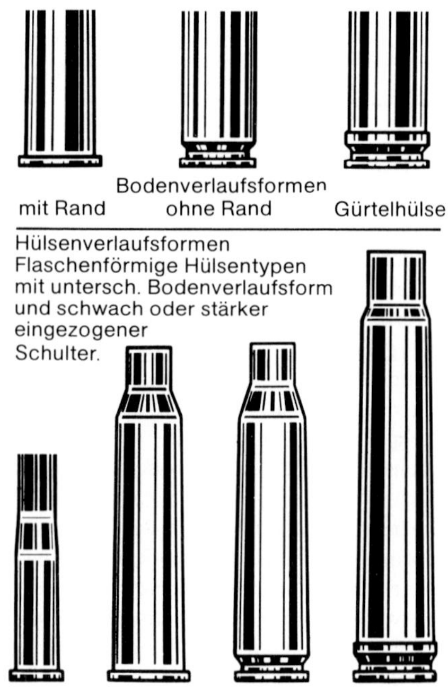

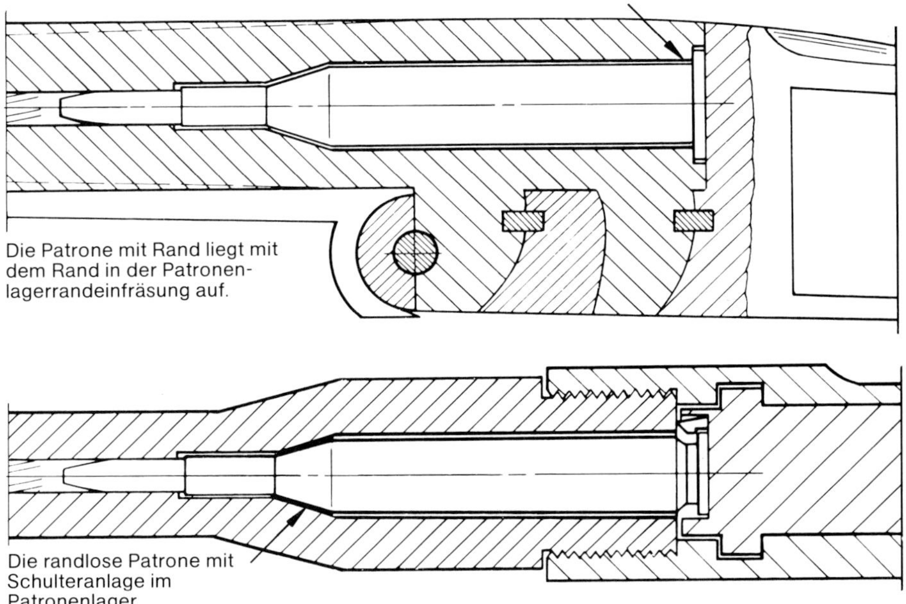

Abb. 276 Jagdbüchsenpatronen, mit Rand und randlos.

Während die Randlosen knapp über dem Boden eine ringförmige Rille aufweisen, haben die meisten amerikanischen Magnumpatronen über dieser Rille noch eine Verstärkung der Hülse, den Gürtel.
Bei den Patronenhülsen unterscheidet man 3 Grundformen:

gekröpfte Hülsen,
zylindrische Hülsen
und konische Hülsen.

Randlose Patronen stützen sich im Patronenlager auf ihrer Schulter ab, die anderen entweder auf dem Rand bzw. auf dem Gürtel. Sie bilden so den „Verschlußabstand". Jede Patrone muß innerhalb vorgegebener Toleranzen genau zu ihrem entsprechenden Patronenlager passen.
Der Verschlußabstand ergibt sich aus der Differenz zwischen den Maßen der Patrone und dem Patronenlager. Bei geschlossenem Verschluß darf die Differenz zwischen Patronenboden und Stoßboden nicht größer sein als ca. $^1/_{10}$ mm, weil sonst die Gefahr besteht, daß die Patronenhülse im Schuß abreißt (Abb. 276).
Innerhalb eines jeden Kalibers gibt es Patronen von unterschiedlicher Hülsenlänge. die Kaliberangabe erfolgt entweder in Millimeter-Angaben oder in Bruchteilen von Zoll auf dem Patronenboden. Ein Zoll = 25,4 mm. Hinzu kommt noch der Name oder das Firmenzeichen oder ein anderes Symbol des Herstellers:

Beispiel:
6,5 × 57 R
RWS

Es bedeuten:
6,5 – Geschoßdurchmesser im Nennkaliber
57 – Länge der Hülse in mm
R – Patrone mit Rand
RWS – Hersteller

Bei den angelsächsischen Patronen wird das Nennkaliber meistens in hundertstel oder tausendstel Zoll angegeben. Die Hülse wird häufig durch den Namen des Konstrukteurs oder der Firma, welche die Patrone als erste herausbrachte, gekennzeichnet. Ein exaktes System ist nicht zu erkennen.
Unter Nennkaliber versteht man die handelsübliche Angabe, die dem tatsächlichen Geschoßkaliber meist nur annähernd entspricht (Tab. 8).

Beispiel:
.300 Weatherby Magnum

Es bedeuten:
.300 – Geschoßdurchmesser im Nennkaliber in tausendstel Zoll $= \frac{25{,}4 \cdot 300}{1000} = 7{,}62\ \text{mm}$
Weatherby – ist der Name des Konstrukteurs
Magnum – ist der Hinweis darauf, daß es sich um eine Patrone mit hohem Gasdruck handelt.

Tab. 8.
Kaliberangaben im Vergleich

Deutsch mm	Amerikanisch Zoll	Englisch Zoll
5,6	.22	.220
6,5	.25	.257
7,62	.30	.303
9,5	.38	.375

Patronen können in jedem Kaliber mit Geschossen von verschiedenem Gewicht versehen sein. Das Geschoßgewicht ist auf keiner Patrone angegeben, es wird nur auf der Packung ausgewiesen. Der Fachhandel darf keine einzelnen Patronen, sondern nur ganze Packungen abgeben.
Alle Patronen sind stets in der Originalpackung, von den Waffen getrennt und vor fremdem Zugriff geschützt, in möglichst gleichmäßig temperierten Räumen aufzubewahren.
Im Kaliber 8 mm ist auf folgende Besonderheit zu achten: Die ursprüngliche deutsche Infantriepatrone „8 × 57" gibt es in zwei Ausführungen. Einmal als
8 × 57 I und 8 × 57 IR
Geschoßdurchmesser = 8,09 mm
sowie eine neuere Version, die
8 × 57 IS und 8 × 57 IRS
Geschoßdurchmesser = 8,22 mm.
Die Geschosse der mit einem „S" bezeichneten Patronen haben einen etwas größeren Durchmesser und dürfen deshalb nur aus den entsprechenden „S-Läufen" (Felder ∅ 7,90 statt 7,80) verschossen werden. Sie sind durch eine umlaufende Rändelung besonders gekennzeichnet. Die Zündhütchen dieser Patronen sind schwarz eingefärbt und jede Packung trägt einen entsprechenden Hinweis (Abb. 277).

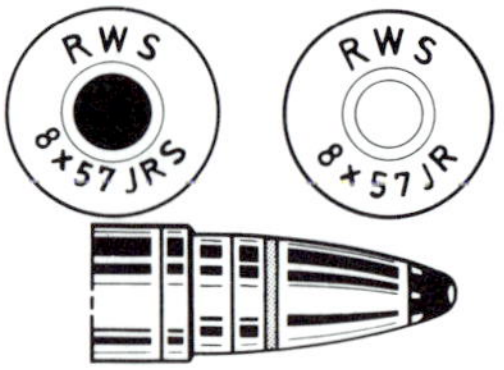

Abb. 277 Jagdbüchsenpatronen, Patronenkennzeichnung.

Da die Unterschiede nur minimal sind, ist es möglich, die Patronen in nicht für sie bestimmte Waffen zu laden. Wenn eine Patrone mit dem größeren „S-Kaliber" aus einer Waffe mit dem engeren Laufkaliber verschossen würde, könnte es zu einer Gasdrucksteigerung mit Laufaufbauchung oder Laufsprengung kommen. Besondere Sorgfalt ist deshalb angezeigt.
Der Gasdruck, den eine Patrone entwickelt, wird in Bar gemessen. Die Energie resultiert aus dem Geschoßgewicht und der Geschoßgeschwindigkeit und wird in Joule angegeben.

Für die Jagd auf Rehwild und auf Seehunde schreibt das Gesetz eine Mindestenergie von 1000 Joule, gemessen 100 m vor der Mündung (= E 100), vor. Für alles übrige Schalenwild wird ein Mindestkaliber von 6,5 mm und die Mindestenergie von 2000 Joule gefordert.

Pufferpatronen sind kurze patronenähnliche Einsätze, die statt des Zündhütchens ein federgelagertes Plastikformstück haben. Man braucht sie zum materialschonenden Abschlagen der Schlosse (Entspannen) von bestimmten selbstspannenden Waffen.
Exerzierpatronen sind Attrappen. Mit ihnen kann der Anfänger gefahrlos das Laden und Entladen üben.

Aufbau
Jagdbüchsenpatronen bestehen aus der Messinghülse mit dem Zündhütchen, der Pulverladung und

dem Geschoß. Die Zündhütchen werden in die Zündglocke im Patronenboden eingepreßt. Der oder die Zündkanäle verbinden die Zündglocke mit dem Pulverraum. Der Hülsenkörper verläuft leicht konisch bis zur Schulter. Die Schulter selbst ist unterschiedlich stark eingezogen und endet in dem verhältnismäßig kurzen Hülsenhals, welcher das Geschoß so fest aufnimmt, daß eine erhebliche Kraft nötig wäre, um es herauszuziehen. Man spricht vom „Auszugswiderstand".
Bei den Zentralfeuerpatronen werden zwei Zündsysteme verwendet.
Das Berdan-Zündhütchen enthält nur die Zündmasse und wird über einen, in der Mitte der Zündglocke befindlichen Dorn, den Amboß, gestülpt. Seitlich vom Amboß, der das Widerlager für den Schlagbolzen bildet, befinden sich zwei gegenüberliegende Zündkanäle.
Die Boxerzündung ist weiter verbreitet, hier enthält das Zündhütchen neben der Zündmasse auch noch den Amboß. Die Zündglocke hat nur ein zentrales Zündloch (Abb. 278).
Beide Zündungsarten arbeiten heute überwiegend mit korrosions- und erosionssicheren Zündsätzen, bei denen das „Nachschlagen", eine durch frühere Zündsätze geförderte Rostbildung und Ausbrennungen in den Läufen, ausgeschlossen ist.

Treibladungsmittel
Die Hülse enthält rauchschwaches, meist einbasiges Nitrozellulosepulver mit progressivem Abbrandverhalten. Progressiv bedeutet, daß der Gasdruck sich unter dem Einfluß des Auszugswiderstandes, des Geschoßgewichts, des Einpreßwiderstands des Geschosses beim Eintreten in den gezogenen Teil des Laufs und des Reibungswiderstands beim Durcheilen des Laufs, verhältnismäßig langsam aber stetig bis zur Höchstmarke steigert. Offensives Pulver, wie es in Schrotpatronen, Kleinkaliber- und Kurzwaffenpatronen verwendet wird, verbrennt dagegen schnell und erreicht seinen Höchstgasdruck früher als das progressive. Der Unterschied zwischen beiden Pulverarten ist relativ und nicht genau abzugrenzen.
Über unterschiedliche Kornformen, Korngrößen und eine entsprechende Oberflächenbehandlung wird das Abbrandverhalten beeinflußt.
Diese Nitrozellulosepulver oder Treibladungsmittel entwickeln bei ihrer Verbrennung aus einem Gramm Gewicht knapp 1 Liter Gas. Der daraus resultierende normale Gebrauchsgasdruck liegt je nach Waffe und Kaliber bei bis zu 3900 Bar. Die Hülse lidert beim Schuß, sie schmiegt sich für einen Mo-

> Jagdbüchsenpatronen bestehen aus der Messinghülse mit dem Zündhütchen, der Pulverladung und dem Geschoß.
> Mit Ausnahme der verschiedenen Kleinkaliberpatronen haben alle Patronen Zentralzündung. Als Zündsystem werden Berdan-Zündhütchen oder Boxerzündung verwendet.
>
> Statt offensivem (Schrot-, Kleinkaliber-, Kurzwaffenpatronen) wird progressives Pulver für Büchsenpatronen verwendet. Dieses verbrennt langsamer als das offensive Pulver und steigert sich später bis zu seinem Höchstgasdruck.

Abb. 278. Amboß-Zündhütchen (links); Berdan-Zündhütchen (rechts).

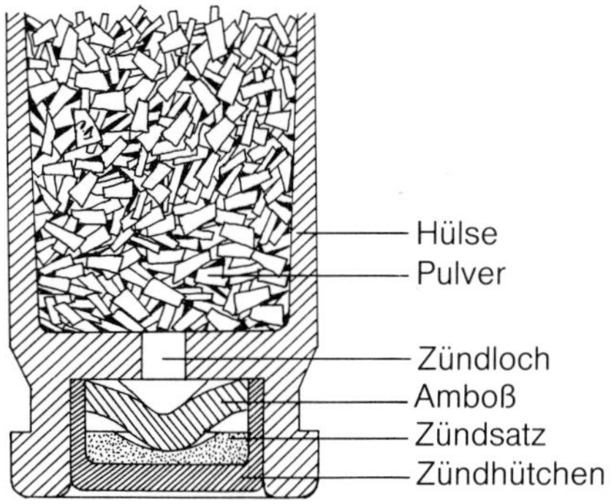

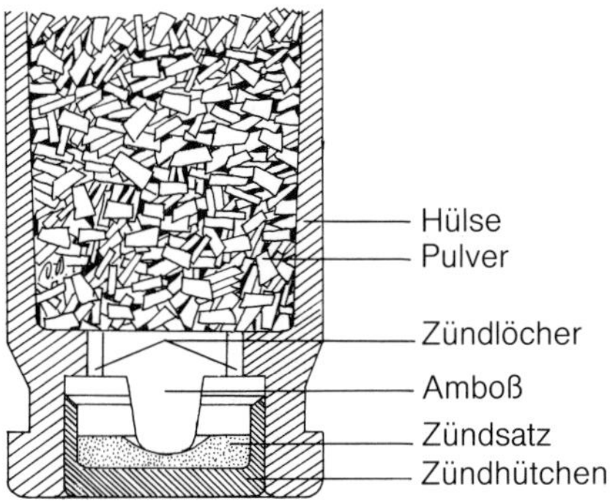

ment elastisch in das Patronenlager und schließt dieses dadurch zum Verschluß hin gasdicht ab. Schwarzpulver ist ein Gemenge aus Schwefel, Salpeter und Holzkohle und wurde in den alten Vorderladerwaffen benützt. Auch die ersten Patronen für Hinterlader wurden noch mit Schwarzpulver gefüllt.

Geschosse

In den alten großkalibrigen Schwarzpulvergewehren wurden zunächst Rundkugeln und später Langgeschosse aus Blei verwendet. Die damit zu erreichende Anfangsgeschwindigkeit war begrenzt. Mit den rauchlosen Pulvern konnte man leichtere Gewehre mit kleineren Kalibern bauen und die Anfangsgeschwindigkeit erheblich steigern. Der dadurch höheren Beanspruchung der Geschosse im Lauf versuchte man zunächst durch einen Mantel aus dünnem Kupferblech gerecht zu werden. Heute verwendet man neben plattiertem Flußstahl vorwiegend Kupfer-Zink-Legierungen wie Tombak, Lubaloy u.a.

Die ersten Vollmantelgeschosse brachten nicht die erwartete jagdliche Wirkung. Sie durchschlugen das Ziel meistens ohne sich zu deformieren und ohne damit ihre Energie in Wirkung umzusetzen. So kam es zur Entwicklung der unterschiedlichen Geschoßarten, wie: Vollmantelgeschosse, Teilmantelgeschosse, Kappengeschosse und Vollgeschosse.

Abgesehen von der Konstruktion unterscheidet man die Geschosse nach ihrer Form in Rundkopf-, Halbspitz- und Spitzgeschosse. Wenn sie einen Heckkegel haben, sind es Torpedogeschosse.

Von den verschiedenen Herstellern werden unterschiedliche Abkürzungen benützt. Als Beispiele seien genannt:

TmS = Teilmantel-Spitzgeschoß
RdK = Teilmantel-Rundkopfgeschoß
HM = H-Mantel
KS = Kegelspitzgeschoß
HS = Halbspitzgeschoß
TIG = Torpedo-Ideal-Geschoß
TUG = Torpedo-Universal-Geschoß

Vollmantelgeschosse (Abb. 279a) werden vom Heck aus mit dem Bleikern versehen, der Mantel umschließt die Spitze und das Geschoß in voller Länge. Bei großen Kalibern wird die Mantelspitze noch verstärkt.

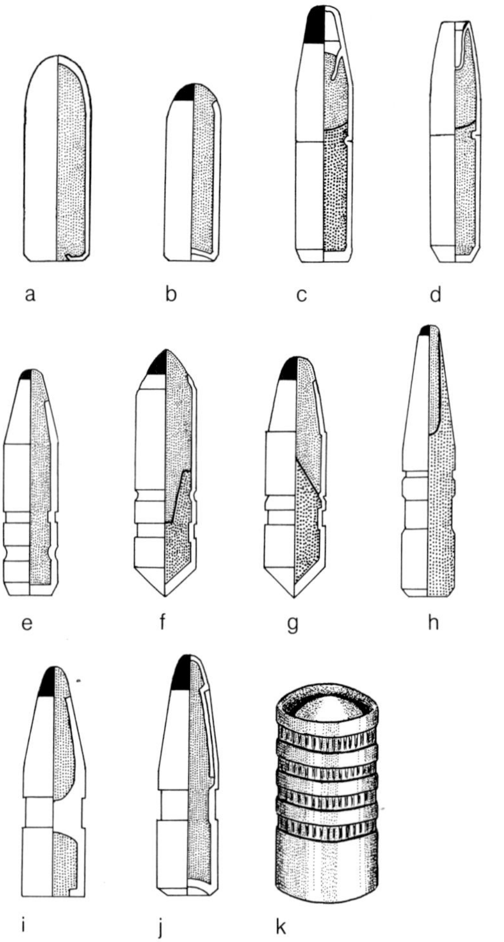

Abb. 279. Geschosse.
a) Vollmantelgeschoß,
b) Teilmantelgeschoß,
c) H-Mantel-Geschoß,
d) H-Mantel-Geschoß mit offener Hohlspitze,
e) Kegelspitz-Geschoß,
f) Brenneke-Torpedo-Ideal-Geschoß,
g) Brenneke-Torpedo-Universal-Geschoß,
h) ABC-Geschoß,
i) Nosler-Geschoß,
j) Silvertip-Geschoß,
k) Wadcutter-Bleigeschoß (Kurzwaffen-Scheibengeschoß).

Vollmantelgeschosse werden auf der Jagd nur selten geführt. Zum einen werden sie in leichten Kalibern beim Schuß auf Raubzeug und geringes Wild eingesetzt, um eine unnötige Zerstörung des Balges zu vermeiden. Zum anderen braucht der Großwildjäger beim Schuß auf afrikanische Dickhäuter großkalibrige Vollmantelgeschosse mit entsprechender Durchschlagskraft. Die weiter unten behandelten Teilmantelgeschosse würden bei diesem Wild entweder schon auf der Decke zerplatzen oder sich bereits in den Muskelpartien zerlegen.

Bei den jagdlich üblichen Teilmantelgeschossen endet der Mantel vor der Spitze, der Bleikern ist sichtbar. Wenn das Geschoß statt der Spitze eine trichterförmige Vertiefung hat, so ist es ein Hohlspitz- oder Lochspitzgeschoß. Es gehört auch zu den Teilmantelgeschossen. Diese sollen, um sicher zu wirken, im Ziel aufpilzen und mehr oder weniger Splitter abgeben, ihren Querschnitt vergrößern und dabei aber möglichst ausreichend Masse bewahren, um breitstehendes Wild mit größter Geschwindigkeit zu durchschlagen. Je nach Geschoß und Geschwindigkeit und Sitz des Treffers ist die Verformungs- oder Zerlegungsbereitschaft sehr unterschiedlich.

Ein hartes Geschoß wird sich bei niedriger Geschwindigkeit und einem weichen Treffer nicht verformen, während umgekehrt ein zerlegungsfreudiges Geschoß bei hoher Geschwindigkeit und Knochentreffer u.U. keinen Ausschuß bringt. Es gibt kein Geschoß, das allen Anforderungen gerecht wird. Die verschiedenen Spezial-Geschosse bieten aber gute Kompromisse. Bei diesen wird durch Ausbildung des Mantels, der Geschoßspitze sowie des Bleikerns eine rechtzeitige Verformung des vorderen Geschoßteils und ein rechtzeitiges Ende dieses Vorgangs zu erreichen versucht, damit genügend Masse für die Tiefenwirkung und Ausschuß bleibt.

Spezialgeschosse nennt man jene Teilmantelgeschosse, die einen geteilten Bleikern von unterschiedlicher Härte und/oder einen besonderen Mantelaufbau (unterschiedliche Wandstärken etc.) haben. Je nach ihrem Verhalten im Ziel werden sie wiederum in Splitter- und Verformungsgeschosse eingesteilt.

In Deutschland haben sich folgende Konstruktionen bewährt und durchgesetzt:

Das einfache Teilmantelgeschoß hat eine freiliegende Bleispitze von unterschiedlicher Form. Es gibt seine Energie konstruktionsbedingt bei großer Splitterbildung sehr früh ab. Die Tiefenwirkung ist deshalb nicht immer ausreichend (Abb. 279b).

Das H-Mantel-Geschoß gibt es sowohl mit verdeckter, als auch mit offener Hohlspitze (Abb. 279c). Es ist von guter Zerlegungsbereitschaft und liefert Splitter. Die typische H-Rille bewahrt den hinteren, härteren Geschoßteil und garantiert so Tiefenwirkung (Abb. 279d).

Das Kegelspitz-Geschoß hat durch seine Form eine große Führungslänge und günstige ballistische Werte. Die kegelförmige Spitze macht es relativ unempfindlich. Unterschiedliche Mantelstärken steuern hier das Aufpilzen des Geschoßkopfes (Abb. 279e).

Das Brenneke-Torpedo-Ideal-Geschoß (Abb279f) von RWS ist wie das **Torpedo-Universal-Geschoß** mit zwei Bleikernen von unterschiedlicher Härte ausgerüstet, wobei der vordere weicher ist und verformt, während der hintere härtere Kern erhalten bleibt und Ausschuß bringt. Beim TIG ist der Weichkern trichterförmig in den härteren hinteren Teil eingelassen. Beim TUG-Geschoß ist es umgekehrt (Abb. 279g). Diese Geschosse zeichnen sich außerdem durch einen Scharfrand des Mantels aus, der einen kalibergroßen Einschuß und auf jeden Fall Schnitthaare gewährleistet. Das TUG hat eine größere Tiefenwirkung und ist daher für stärkeres Wild geeignet.

Das ABC-Geschoß von Hirtenberg ist ein Tombak-Vollgeschoß, das lediglich an der Spitze einen geringen Weichbleieinsatz aufweist, durch den die Verformung eingeleitet wird. Das Geschoß rollt sich fahnenförmig auf. Es bewahrt sehr viel Masse (Abb. 279h). An ausländischen Geschossen sind neben dem ABC-Geschoß von Hirtenberg noch zu erwähnen:

Das Nosler-Partition-Geschoß erreicht beste Tiefenleistung durch seine besondere Konstruktion. Der Tombak-Geschoßkörper wird aus dem Vollen gearbeitet. Ein massiver Steg trennt den vorderen vom hinteren Bleikern, so daß man ein Teilmantel- und ein Vollmantelgeschoß in einem hat (Abb. 279i).

Das Silvertip-Geschoß von Winchester weist als Besonderheit eine dünne Aluminiumhaube über der Bleispitze auf. Diese Haube reicht tief zwischen Mantel und Bleikern und reguliert mit die Geschoßkopfverformung (Abb. 279j).

Tab. 9.
Die wichtigsten Kaliber und ihre Verwendung (nach einer Empfehlung des DJV)

Kaliber	Verwendung
.22 lfB (lang für Büchsen)	für Übungszwecke
.22 Win. Mag.	Übungs- und Schonzeitpatrone
.22 Hornet .222 Rem.	Raubzeug Raubwild Wettkampfschießen
die .222 Rem. ist die kleinste auf Rehwild zugelassene Patrone und deshalb nur bedingt ratsam.	
.222 Rem. .223 Rem. 5,6 × 52 R 5,6 × 57 5,6 × 57 R .243 Win.	Rehwildpatronen
6,5 × 57 6,5 × 57 R 7 × 57 7 × 57 R 7 × 64 7 × 65 R .270 Win. 7 mm Rem. Mag. .308 Win. .30-06 Springfield 8 × 57 IS 8 × 57 IRS	Rehwild und anderes Schalenwild
7 m Rem. Mag. 7 × 66 Superexpress vom Hofe .300 Win. Mag. .300 Weath. Mag. 8 × 68 S 9,3 × 62 9,3 × 64	Starkes Schalenwild
6,5 × 68 6,5 × 68 R 7 mm Rem. Mag. .300 Win. Mag. 7 × 66 Superexpress vom Hofe 8 × 68 S	Hochgebirge und weite Schußentfernungen
9,3 × 62 9,3 × 64 und 9,3 × 74 R .375 Holland & Holland Mag. .458 Win. Mag.	Außereuropäisches Großwild

Schußweiten und Gefährdungsbereich
Je nach Kaliber und Patronen reichen die Gesamtschußweiten beim günstigsten Abgangswinkel zwischen 30 und 33 Grad bis über 5000 Meter. Schwache Laborierungen und sehr leichte Geschosse haben auch schon Reichweiten bis zu 2000 Metern.

Dem Gefährdungsbereich muß bei Abgabe eines jeden Schusses Rechnung getragen werden.

Wird ein bestimmtes Kaliber mit unterschiedlichen Geschoß- und Pulvergewichten angeboten, so spricht man von verschiedenen „Laborierungen".

Unter der Bezeichnung Kaliber können verstanden werden:

1. die Bezeichnung der Patrone z.B. 7 × 64
2. der Geschoßdurchmesser
3. das Zugkaliber als Maß zwischen den Zügen und
4. das Feldkaliber, der Durchmesser zwischen den Feldern.

Das Geschoßkaliber liegt immer zwischen dem Feld- und dem Zugkaliber nahe dem Zugkaliber.

Patronen dürfen nur in verschlossenen Originalpackungen verkauft oder abgegeben werden.

Auf der kleinsten Verpackungseinheit müssen das Herstellerzeichen, ein Fertigungszeichen und die offizielle Bezeichnung der Munition angebracht sein, wobei als Hersteller auch gilt, wer die Munition vertreibt etc.

Munition, die mit einem überhöhten Gebrauchsgasdruck zugelassen ist, muß wie folgt gekennzeichnet sein:

1. Auf dem Bodenrand der Hülse durch eine deutliche Riffelung oder, wenn dies nicht möglich ist, mit einer Aufschrift auf dem Hülsenmantel.
2. Die kleinste Packung muß die Aufschrift „Achtung! erhöhter Gasdruck! in normal geprüften Schußwaffen nicht verwendbar!“ tragen.
3. Bei Randfeuerpatronen muß entweder das Geschoß oder die Hülse oder der Boden der Hülse blau eingefärbt sein.

Es gibt Vollmantel-, Teilmantel-, Kappen- und Vollgeschosse.
Nach ihrer Form unterscheidet man z.B. Rundkopf-, Halbspitz- und Spitzgeschosse.
Der Gefährdungsbereich liegt je nach Laborierung und Abgangswinkel zwischen 2000 und 5000 m.
Das Geschoßkaliber liegt zwischen dem Feld- und Zugkaliber.

Geschosse im Sinne des Gesetzes sind:
1. feste Körper (Einzelgeschoß oder Schrot) und
2. gasförmige, flüssige oder feste Stoffe in Umhüllungen, die zum Verschießen aus Schußwaffen bestimmt sind.

Zur Wiederholung und Kontrolle

- Welche Mindestenergie E 100 wird vom Gesetz auf Rehwild verlangt?
- Wie hoch ist der maximale zulässige Gasdruck bei Büchsenpatronen?
- Was bedeutet das R bei der Patrone 7 × 65 R?
- Welches Mindestkaliber wird auf Schalenwild mit Ausnahme des Rehwildes verlangt und wieviel Joule?
- Wie müssen Patronen aufbewahrt werden?
- Worauf ist im Kaliber 8 mm zu achten?
- Wie weit reichen die Gesamtschußweiten?
- Nennen Sie ein Kaliber, das sich für die Jagd auf Gams eignet.
- Welches Treibladungsmittel findet in Büchsenpatronen Verwendung?
- Wie heißt die kleinste für den Schuß auf Rehwild zugelassene Patrone?
- Woraus resultiert die Wirkung eines Büchsengeschosses?
- Zeichnen Sie ein TIG-Geschoß im Schnittbild.
- Wozu braucht man Vollmantelgeschosse?
- Welche Zündung hat die 8 × 57-IRS-Patrone?
- Welches Verhalten erwartet man von einem Teilmantelgeschoß im Ziel?
- Was ist beim Mitführen von Flintenlaufgeschossen besonders zu beachten?
- Was bedeutet die Kaliberangabe .308 Win. auf einer Patronenpackung?
- Was bezweckt der Scharfrand an einem Geschoß?
- Was bedeutet die Rändelung an einem 8-mm-Geschoß?
- Worauf ist bei der Verwendung von Flintenlaufgeschossen besonders zu achten? Womit ist zu rechnen?

1.4 Kurzwaffenpatronen

Kurzwaffen dienen im Jagdbetrieb der Selbstverteidigung und dem Fangschuß. Ihre Patronen und Geschosse sollen daher eine große Aufhaltekraft entwickeln, um einen evtl. Angreifer zu „stoppen“. Große Kaliber, 9 mm und mehr, mit stumpfen Geschossen sind am besten geeignet. Es gibt zwei Hülsengrundformen:

1. Zylindrische Hülsen mit Rand, die vorwiegend in Revolvern verwendet werden,
2. randlose zylindrische und auch flaschenförmige Hülsen mit Rille für Selbstladepistolen.

Bei den **Pistolenpatronen** wird das Kaliber meist in Millimetern angegeben, ergänzt durch den Namen des Konstrukteurs oder eine andere Bezeichnung.

Bedingt durch die Funktion der Selbstladewaffen sind diese Patronen meist mit ovalen Vollmantelgeschossen oder auch mit Kegelspitzgeschossen geladen. Die Energieabgabe und damit auch die Stoppwirkung ist deshalb nicht immer ausreichend.

Revolverpatronen verlangen keine funktionsbedingten Zugeständnisse an die Geschoßform. Es werden meist stumpfe Bleigeschosse mit hoher Stoppwirkung geladen. Um für bestimmte Fälle die Durchschlagskraft zu steigern, gibt es Kappengeschosse. Bei diesen ist nur die sichtbare Geschoßspitze ummantelt, der in der Patrone steckende Teil nicht. Das Kaliber wird bei Revolvern überwiegend in Zoll angegeben, wobei auch hier meist noch ein Name oder eine andere Bezeichnung folgt, welche die Größe und Leistung der jeweiligen Patrone näher bezeichnet.

Bleigeschosse müssen gefettet werden. Dies geschieht entweder mittels querverlaufender Fettrillen oder neuerdings auch durch eine Beschichtung des ganzen Geschosses mit Teflon oder mit Wachs. Wenn die Fettrillen an dem Geschoßteil innerhalb der Hülse sind, so spricht man von Innenfettung, wenn sie am sichtbaren Geschoßteil sind, von Außenfettung. Mit der Fettung wird der übermäßigen Verbleiung der Läufe vorgebeugt.

Das Wad-Cutter-Geschoß (Abb. 279k)
Das Wad-Cutter ist ein Spezialgeschoß für das Scheibenschießen, es wird für Revolverpatronen im Kaliber .32 S+W und .38 Special hergestellt und kann auch aus der .357 Magnum verschossen werden. Durch seine stumpfe Form mit scharfem Rand stanzt es exakt kalibergroße Löcher aus der Scheibe,

Abb. 280 (oben): Die gebräuchlichsten Revolver-Patronen. a) Kaliber .32 S&W lang; b) Kaliber 7,62 Nagant; c) Kaliber .38 S&W; d) Kaliber .38 Spezial Wadcutter; e) Kaliber .38 Spezial Rundkopf; f) Kaliber .357 Magnum; g) Kaliber .44 Magnum; h) Kaliber .45 Long Colt.

Abb. 281 (unten): Standard-Pistolen-Patronen. a) 4 mm Übungspatrone M 20 für Einstecklauf; b) Kaliber 22 kurz; c) Kaliber 22 lfB; d) Kalibaer 6,35 Brow.; e) Kaliber 7,65 Brow.; f) Kaliber 9 mm kurz; g) Kaliber 9 mm Parabellum; h) Kaliber .45 ACP.

es fliegt unter der Schallgeschwindigkeit und erreicht beste Präzision.
Während die Pistolenpatronen häufig Berdanzündung haben, weisen die Patronen für Revolver meist Boxerzündung auf.
Beide Arten werden mit rauchlosem offensivem Nitrozellulosepulver geladen (Abb. 280, 281).
Da Kurzwaffenpatronen in der Praxis häufig über längere Zeit entweder in der Waffe, zumindest aber im Magazin bleiben, besteht die Gefahr, daß Waffenöl in den Pulverraum eindringt und es so zu Versagern oder zu schlappen Schüssen kommt. Deshalb werden sowohl die Geschosse, als auch die Zündhütchen oft mittels eines Speziallacks öldicht in die Hülse eingesetzt.

Kurzwaffen dürfen jagdlich nur für den Fangschuß verwendet werden. Beim Schalenwild verlangt das Gesetz hierfür eine Energie an der Mündung = E/0 von mindestens 200 Joule.

Die Deutsche Versuchs- und Prüfanstalt für Jagd- und Sportwaffen e.V. (DEVA) empfiehlt dagegen einen Mindestwert von 350 Joule. Sie begründet ihre Empfehlung damit, daß sich der Jäger beim Fangschuß in einer Ausnahmesituation befindet und deshalb der üblicherweise auf den Träger gerichtete Schuß oft das Ziel verfehlt. Besser ist es, mit der Kurzwaffe den Fangschuß auf die Kammer abzugeben.
Die geforderten Werte werden in den gängigsten Kalibern u.a. von folgenden Patronen erreicht bzw. zum Teil beträchtlich überschritten (Tab. 10).

Tab. 10.
Kurzwaffen und Energie an der Mündung

Pistolen	E/0 ca. Joule	**Revolver**	E/0 ca. Joule
7,65 Browning	220	.38 Spezial	370
7,65 Para	390	.357 Mag.	1000
9 × 18 Ultra	330	.44 Mag.	1500
9 mm Para	490		
.45 ACP	550		

Hohlspitzgeschosse für Kurzwaffenpatronen sind in der Bundesrepublik Deutschland verboten.
Teilmantelgeschosse sind nur mit Einschränkungen erlaubt. (Der Geschoßmantel darf keine Soll-Bruchstellen aufweisen.)

Im Kaliber .38 Spezial gibt es eine spezielle Fangschußpatrone mit besonderem Geschoß, das in seiner Form etwa dem Wad-Cutter-Geschoß entspricht.

DEVA
Die DEVA ist die Deutsche Versuchs- und Prüfanstalt für Jagd- und Sportwaffen e.V. Wer eine Waffe hinsichtlich ihrer Schußleistung prüfen lassen will, kann dies dort gegen eine entsprechende Gebühr machen lassen. Die Anschrift lautet: 4791 Altenbeken-Buke, Am Schießstand.

1.5 Kleinkaliberpatronen

Für das Übungs- und Wettkampfschießen sowie in der Schonzeit werden verschiedene Randfeuerpatronen im Kaliber .22 = 5,6 mm benützt. Diese Patronen haben kein Zündhütchen, ihr Zündsatz ist im Bodenrand untergebracht und wird vom Schlagbolzen beim Abschlagen gequetscht und so entzündet.

Tab. 11.
Gebräuchliche Kleinkaliberpatronen

.22 kurz	in Sportpistolen	zum Wettkampfschießen
.22 lfB	in Pistolen, Revolvern und Büchsen	zum Übungs- und Wettkampfschießen
.22 lfB HV	in Büchsen und Einsteckläufen	als Schonzeitpatrone
.22 Win. Mag.	in Büchsen und Einsteckläufen	als Schonzeitpatrone

Kleinkaliberpatronen gibt es in verschiedenen Längen mit unterschiedlicher Leistung (Tab. 11).

Die Gesamtschußweiten der Randfeuerpatronen und die der Pistolen- und Revolverpatronen liegen zwischen 1200 und 2500 Metern.

Als Übungsmunition sei die Patrone M 20 vom Kaliber 4 mm noch erwähnt, die besonders in Einsteckläufen/Übungsläufen für Kurzwaffen verwendet wird.

Zur Wiederholung und Kontrolle

- Was versteht man unter der Stoppwirkung eines Geschosses?
- Welche wichtigste Eigenschaft wird von einer Kurzwaffenpatrone erwartet?
- Wie sehen die typischen Hülsen für Revolverpatronen aus?
- Nennen Sie wenigstens ein Pistolenkaliber, das für den Fangschuß auf Schalenwild geeignet ist.
- Welche Geschoßarten sind in Kurzwaffen verboten?
- Wie groß ist die Gesamtschußweite der Kurzwaffenpatronen?
- Welche KK-Patronen werden jagdlich eingesetzt?

1.6 Das Wiederladen

Das Wiederladen von abgeschossenen leeren Patronenhülsen und das Selbstladen von neuen war immer ein angestammtes Recht des Jägers. In der Nachkriegszeit wurde es dann verboten und erst vor einigen Jahren unter bestimmten Voraussetzungen wieder erlaubt. Der interessierte Jäger und Schütze kann, wenn er die Voraussetzungen erfüllt, durch das Wiederladen nicht nur billiger und damit öfter schießen, sondern er kann auch sehr gute Munition, abgestimmt speziell auf seine eigenen Waffen, herstellen und zu optimalen Ergebnissen kommen.
Wer die Vorteile wie günstiger Preis, hohe Präzision und große Geschoßauswahl von selbstgeladenen Patronen nutzen will, muß einen Sprengstofferlaubnisschein erwerben. Er erhält diesen nach einer erfolgreich bestandenen Sachkundeprüfung.
Entsprechende Vorbereitungskurse der Landesjagdverbände vermitteln die dazu notwendigen Kenntnisse.

Treibladungsmittel dürfen nur in begrenzten Mengen im Rahmen des Sprengstofferlaubnisscheins erworben, transportiert und gelagert werden.

Die meisten Büchsen-, Schrot- und Kurzwaffenhülsen sind zum Wiederladen geeignet. Probleme bereiten lediglich mit Berdan-Zündung versehene Hülsen wegen der Schwierigkeiten bei der Entfernung des alten Zündhütchens infolge der 2 Zündkanäle.
Einwandfreie Ausrüstung ist Voraussetzung für sichere und zuverlässige Ergebnisse. Folgende Geräte, die vom Fachhandel in reicher Auswahl angeboten werden, sind nötig:
Eine Presse mit Hülsenhalter und zwei bis drei Matrizen pro Kaliber zum Rekalibrieren und Ausstoßen der alten Zündhütchen sowie zum Setzen der neuen Geschosse; weiter ein Pulverdosiergerät und eine exakt arbeitende Pulverwaage zum genauen Einstellen des Dosierers.
Zündhütchen, Pulver und Geschosse werden ebenso wie Zwischenmittel und Schrot im Fachhandel geführt.

2 Läufe

An den Lauf werden hohe Anforderungen gestellt. In ihm entwickelt sich der Gasdruck, der im Bereich des Patronenlagers am höchsten ist. Es werden nur Stähle von bester Qualität verwendet, deren Güte abhängig ist von ihrer Elastizität und Zähigkeit.

Man unterscheidet vier Gruppen:

- unlegierte
- niedrig legierte
- höher legierte = rostträge
- höchst legierte = rostsichere Läufe

2.1 Jagdflintenläufe

Jagdflintenläufe sind in aller Regel 70–72 cm lang. Spezialausführungen jedoch bewegen sich zwischen 64 und 81 cm Lauflänge. Sie sind innen glatt gebohrt, poliert und teilweise auch hart verchromt. Die Patronenlager sind von unterschiedlicher Länge, wobei 65 und 70 mm am häufigsten vorkommen (76 mm nur selten). Dem Patronenlager folgt ein konischer Teil, der den Übergang zum zylindrischen Lauf bildet. Kurz vor der Mündung verengt sich der Lauf mehr oder weniger, man nennt diese Verjüngung Würgebohrung oder Choke und unterscheidet $^{1}/_{4}$, $^{1}/_{2}$, $^{3}/_{4}$ und Voll-Choke, wobei die Form der Bohrung je nach Hersteller und dem angestrebten Zweck unterschiedlich sein kann (Abb. 282). Man darf jedoch davon ausgehen, daß sich die Laufbohrung beim Voll-Choke um etwa 1 mm und beim $^{1}/_{2}$-Choke um etwa 0,5 mm verjüngt. Die Schrotgarbe wird durch die Bohrung beeinflußt, sie wird bei Voll-Choke länger und enger, die Deckung dadurch dichter und erlaubt so einen wirkungsvollen Schuß auf weitere Entfernung (45 m, Feldjagd, Wasserwild). Bei völlig zylindrisch gebohrtem Lauf dagegen öffnet sich die Schrotgarbe sehr schnell, ihre Deckung ist dabei ungenügend und die Schußleistung deshalb nur auf kürzeste Distanz (15–20 m, Waldjagd, Skeet) ausreichend.

Bei einläufigen Flinten findet man verstellbare Mündungsaufsätze zur Veränderung der Würgebohrung, die teilweise auch mit Schlitzen versehen sind (Abb. 283). Je nach Anordnung der Schlitze kann der Rückstoß vermindert und durch Beruhigung der Schrotgarbe auch eine bessere Deckung erreicht werden (Tab. 12). Verschiedene Hersteller bieten auch für Bock-Doppel-Flinten auswechselbare Chokeeinsätze mit unterschiedlicher Würgebohrung an.

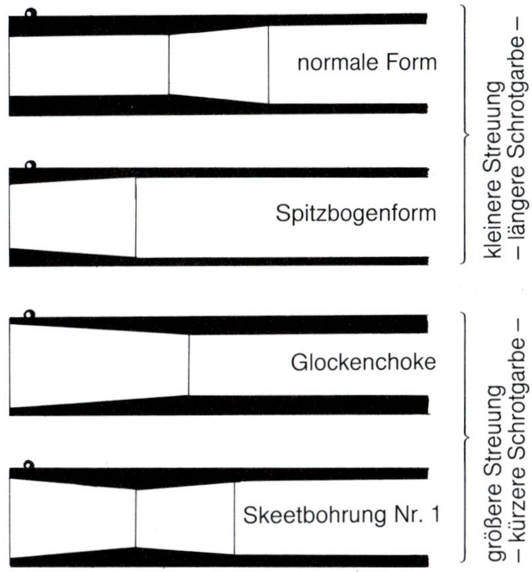

Abb. 282. Würgebohrung der Schrotläufe.

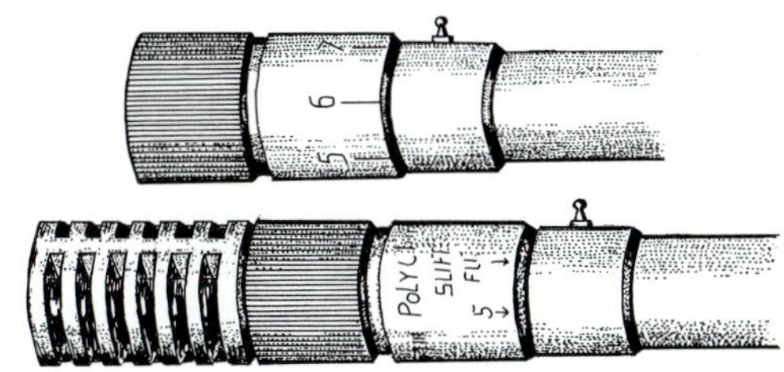

Abb. 283. Poly-Choke (oben); ventilierter Poly-Choke (unten).

Die Chokebohrungen der Läufe sollten dem jeweils gewünschten Verwendungszweck angepaßt sein. Auf der Jagd hat sich im ersten Lauf $^{1}/_{4}$ bis $^{1}/_{2}$-Choke und im zweiten Lauf $^{3}/_{4}$ bis $^{1}/_{1}$-Choke bewährt. Im Wald und Busch bei kurzen Schußentfer-

Tab. 12.
Kenntlichmachung der Würgebohrung

		ital. Fertigung		span. Fertigung	FN u.a.
Viertel	improved	$^{1}/_{4}$	* * * *	+ + + +	* * –
Halb	modified	$^{1}/_{2}$	* * *	+ + +	* *
Dreiviertel	improved-modified	$^{3}/_{4}$	* *	+ +	* –
Voll	Fullchoke	$^{1}/_{1}$	*	+	*

nungen werden kurze Läufe mit größerer Streuung mehr Erfolg bringen, während bei der Feld- und Wasserjagd, also beim Schuß über offene freie Flächen etwas längere und enger schießende Läufe mehr Erfolg versprechen.
Die Leistung von Schrotläufen mißt man an ihrer Garbenstreuung und an deren Deckung. In einem Kreis von 75 cm Durchmesser sollen dabei je nach Choke möglichst viele Schrote auftreffen, und gleichmäßig über die ganze Fläche verteilt sein, wobei die Scheibe in 35 m Entfernung aufgestellt wird. Die Leistung der einzelnen Schrotläufe wird in Trefferprozenten ausgedrückt.

2.2 Gezogener Lauf

Die Läufe der Büchsen sind innen nicht glatt, sondern haben Züge und Felder, die in einem schraubenförmigen, meist rechtsdrehenden Drall verlaufen. Man unterscheidet gezogene, gedrückte und gehämmerte Läufe. Bei jedem dieser Verfahren wird der Lauf zunächst glatt gebohrt, dann werden beim Laufziehen im spanabhebenden Verfahren die Züge eingeschnitten. Zwischen den Zügen bleiben die Felder stehen. Man unterscheidet Zug- und Feldkaliber. Bei spanlosen Verfahren werden die Züge mit entsprechenden Werkzeugen eingedrückt oder von außen über einen Profildorn gehämmert. Die beiden letzten Verfahren verdichten und verbessern die Materialstruktur. Bei Jagdwaffen finden sich meist vier oder sechs Züge.

2.3 Polygonlauf

Der Polygonlauf hat keine ausgeprägten Züge, sondern einen vieleckigen (polygonen) Querschnitt. Das Geschoß wird hier durch breite Streifen geführt, die ebenfalls Drall haben. Scharfe Ecken und Kanten fehlen. Diese Läufe sind deshalb leicht zu pflegen und recht langlebig.
Moderne Jagdbüchsen haben je nach ihrem Kaliber Drallängen zwischen 200 und 360 mm. Die Drall-

Polygonläufe haben keinen kreisförmigen, sondern einen vieleckigen Querschnitt (Abb. 284).

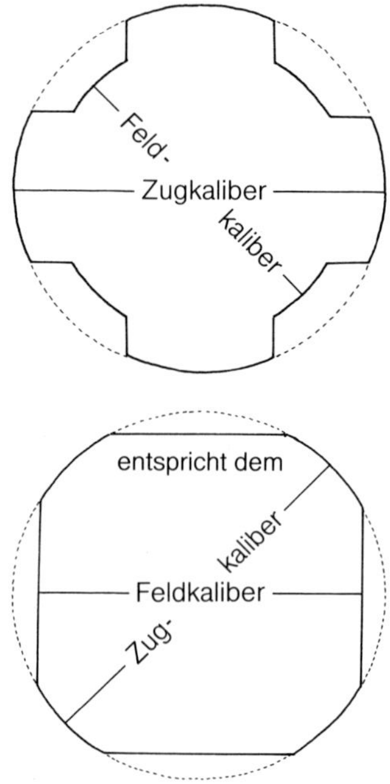

Abb. 284. Normallauf (oben); Polygonlauf (unten).

länge ist der Weg, den das Geschoß zurücklegt, während es sich einmal um seine Längsachse dreht.
Durch diese Drehung wird das Geschoß in seiner Längsachse stabilisiert, ohne diese Rotation würde es sich im Flug überschlagen.
Die Umdrehungsgeschwindigkeit ergibt sich aus der Eigengeschwindigkeit des Geschosses und der Dralllänge; sie liegt bei 3500 Umdrehungen pro Sekunde und mehr.
Die Lauflänge hat Einfluß auf die Geschoßgeschwindigkeit. Je länger der Lauf, desto besser kann die im Treibmittel schlummernde Energie ausgenützt werden. In Büchsen werden normalerweise 60 cm lange Läufe verwendet, wobei für Patronen höchster Rasanz und Leistung 65 cm Lauflänge vorzuziehen sind. Kurze Läufe für Stutzen und Drückjagdgewehre sollten ein Mindestmaß von 55 cm nicht unterschreiten.
Die Leistung eines Kugellaufs wird nach seiner Präzision, d.h. nach seiner Fähigkeit, möglichst konzentrierte Gruppen (Trefferbilder) zu schießen, beurteilt. Ein unbestechliches Ergebnis erhält man mit

der Schießmaschine. Dabei wird der Lauf mit dem System in eine entsprechende Vorrichtung eingespannt und dann Gruppen von 3, 5 oder mehr Schüssen abgegeben.
Je kleiner der Streukreis der Gruppen, um so besser ist der Lauf. Zu berücksichtigen ist dabei, daß der Streukreis mit der Anzahl der abgegebenen Schüsse pro Gruppe wächst, so daß ein Trefferbild aus 3 Schüssen weniger aussagekräftig ist, als ein solches aus 10 Schüssen. Für Jagdwaffen wurde zur Bewertung vorgeschlagen:

Gruppendurchmesser von 5 Schuß auf eine Entfernung von 100 m
bis 40 mm = Sonderklasse
bis 50 mm = sehr gut
bis 65 mm = gut
bis 75 mm = befriedigend

Je nach Verwendungszweck werden verschiedene Läufe zusammengefügt. Liegen die Läufe übereinander, spricht man von Bockgewehren oder Bockwaffen. So hat die Bockdoppelflinte zwei übereinander angeordnete Schrotläufe und die Bockdoppelbüchse zwei übereinanderliegende Kugelläufe. Waffen mit zwei nebeneinanderliegenden Kugelläufen sind Doppelbüchsen. Die entsprechende Flinte nennt man Doppel- oder Querflinte.
Schrot- und Kugelläufe werden zu kombinierten Waffen zusammengefügt.
Äußerlich werden Läufe und meistens auch die übrigen Metallteile durch das Brünieren gegen allzu leichtes Rosten geschützt. Brüniert wird entweder heiß in einem Tauchbad oder kalt durch Bestreichen mit speziellen Lösungen. Bei der blauen, schwarzen oder braunen Verfärbung, die die Metalloberflächen annehmen, handelt es sich um eine Art Edelrost, der imstande ist, Öl und Fett auf der Waffe festzuhalten.

2.4 Patronenauszieher/Ejektoren

Viele Kipplaufwaffen sind mit Ausziehersschlitten oder Auswerfern, den Ejektoren versehen. Randpatronen liegen mit ihrem Rand zum Teil auf dem Ausziehersschlitten, und dieser schiebt die Patrone beim Abkippen der Läufe zum besseren Erfassen etwas aus dem Patronenlager heraus.

Man unterscheidet:

gezogene Läufe,
gedrückte Läufe,
gehämmerte Läufe: eingeschnittene Züge, die Felder bleiben stehen (Drall)
Polygonläufe: Streifenführung mit Drall bei vieleckigem Querschnitt

Flintenläufe sind vorne meistens „Verjüngt“: Würgebohrung oder Choke. Man unterscheidet $^1/_4$, $^1/_2$, $^3/_4$ und Vollchoke. Bei $^1/_2$-Choke ist der Lauf um ca. 0,5 mm, bei Vollchoke um ca. 1 mm verjüngt.

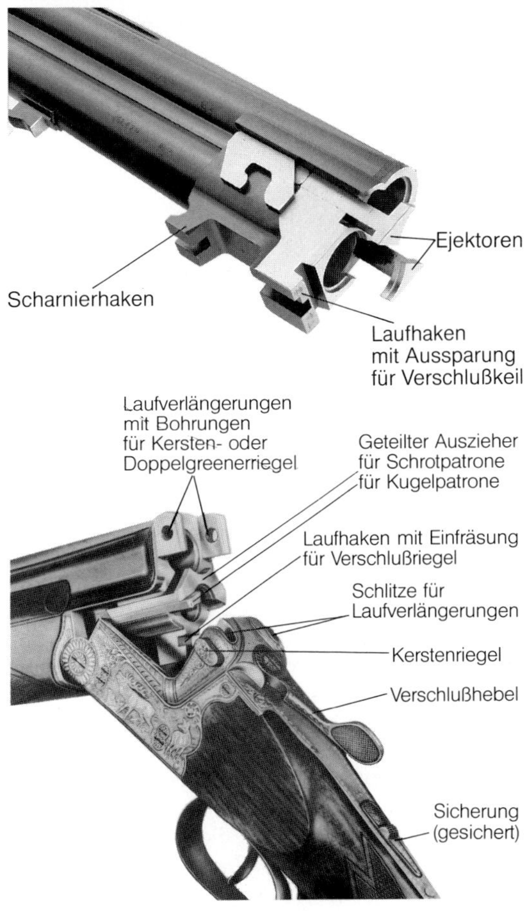

Abb. 285. Ejektoren und Auszieher.

Die Ejektoren dagegen werfen, wie der Name sagt, durch Federdruck die abgeschossenen Hülsen des oder der abgeschlagenen Schlosse aus. Sie sind deshalb im Unterschied zu den Ausziehern geteilt. Bei kombinierten Waffen werden die Schrotläufe selten mit Ejektoren, der Kugellauf jedoch mit einem Auszieher ausgerüstet.

Zur Wiederholung und Kontrolle

- Wie nennt man die Verjüngung kurz vor der Mündung der Schrotläufe?
- Was bedeutet es, wenn ein Schrotlauf mit zwei Sternen versehen ist?
- Wonach wird die Leistung eines Schrotlaufs beurteilt?
- Was versteht man unter einem gehämmerten Lauf?
- Welche beiden Kaliberbezeichnungen verwendet man bei Büchsläufen?
- Was ist ein Polygon-Lauf?
- Was bewirkt der Drall?
- Was versteht man unter einem Trefferbild?
- Was sind Ejektoren?

3 Systeme

Unter diesem Begriff versteht man den Teil der Waffe, der den Verschluß und das Schloß aufnimmt und die Verbindung zwischen Lauf und Schaft bildet. Man spricht damit auch die Bauart des Gewehres an (Repetierer, Selbstlader, Kipplaufwaffe). Der Verschluß verschließt die Waffe so, daß der Stoßboden hinter dem Patronenlager zu liegen kommt. Der Verschluß muß so sauber gearbeitet sein, daß aus dem Patronenlager kein Treibgas nach hinten austreten kann. Dies wird in Verbindung mit dem schon früher erwähnten Lidern der Patronenhülse erreicht.
Das Schloß enthält die Teile, die zum Auflösen des Schusses nötig sind, wie Abzug, Stange, Schlagbolzen oder Schlagstück sowie die dazugehörigen Federn und die Sicherung.

3.1 Einzellader-System mit feststehendem Lauf

Einzellader mit feststehendem Lauf haben meistens einen Zylinderverschluß ohne Magazin (Einzellader) oder einen Blockverschluß. Der Blockverschluß baut sehr kurz, so daß die Gesamtlänge einer Waffe mit einem solchen System auch bei 65 cm langem Lauf unter derjenigen von Gewehren mit 60-cm-Lauf und Zylinderverschluß bleibt.

Ein kurzes Gewehr ist „führig“.

Der Block enthält das Schloß, er bewegt sich in einem mit dem Lauf fest verschraubten Gehäuse. Je nach seiner Öffnungsbewegung unterscheiden wir:

Den Vertikalblock mit senkrechter Bewegung,
den Fallblock mit hinter dem Block liegender Achse,
den Drehblockverschluß mit vorliegender Achse.

3.2 Kipplaufsysteme

Bei den Kipplaufwaffen sind der oder die Läufe mit dem Schaft und dem System durch ein Scharnier verbunden. Der Vorderschaft ist meistens abnehmbar oder zu verschieben. Lauf und Schaft können so mit wenigen Handgriffen auseinander genommen werden. Kipplaufwaffen sind Einzellader, auch dann, wenn sie mehrere Läufe haben.
Sie haben den Vorteil, daß sie nahezu geräuschlos und einfach zu laden und zu entladen sind. Bei Gesellschaftsjagden können sie vor, nach und zwischen den Treiben offen und damit für jedermann sichtbar als ungefährlich getragen werden. Das beim Schuß auftretende Kippmoment wird durch geeignete Verschlüsse aufgefangen.

Der höchstzulässige Gasdruck kann bei Kipplaufwaffen meist nicht so hoch gewählt werden wie bei Kammerverschlüssen.
Man unterscheidet im wesentlichen drei Verschlußarten:

Laufhakenverschlüsse, Querriegelverschlüsse und hakenlose Verschlüsse, die zum Teil auch miteinander kombiniert werden.

Basküle
Den Systemkasten, der bei Kipplaufwaffen das Schloß und Verschlußteile aufnimmt, nennt man auch Basküle. Er besteht entweder aus Stahl oder aus Duraluminium. Die Gewichtsersparnis liegt je nach Waffentyp bei der Verwendung von Duraluminium zwischen 250 und 300 Gramm. Oben auf der Basküle befindet sich der Verschlußhebel und oft auch der Sicherungsschieber.
Signalstifte, die bei manchen Waffen oben auf der sogenannten Scheibe oder seitlich aus der Basküle austreten, zeigen an, ob die Schlosse gespannt sind.

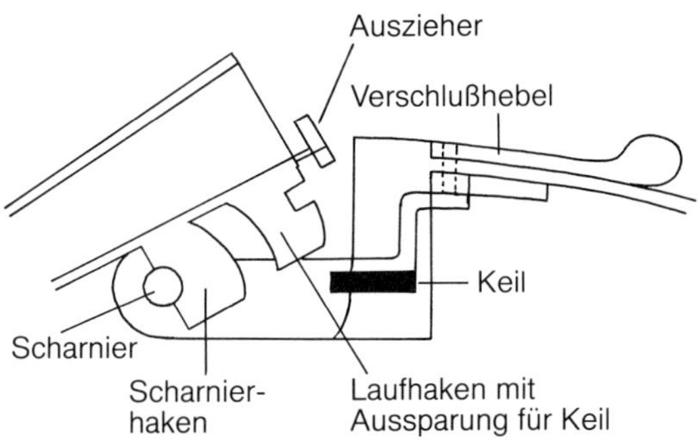

Abb. 286. Laufhaken- oder Riegelverschluß.

Laufhakenverschluß (Abb. 286)
Bei dieser Verschlußart greifen stabile Riegel (Keile), die in der Basküle gelagert sind und mit dem Verschlußhebel bewegt werden, in entsprechende Aussparungen der Laufhaken ein. Die Laufhaken sind an der Unterseite des Laufendes in der Mitte unter dem oder den Patronenlagern angebracht. Es gibt Verschlüsse mit einem und Verschlüsse mit doppeltem Laufhaken.

Greener-Verschluß (Abb. 287a, b, c)
Beim Greener-Verschluß wird eine Verlängerung am hinteren Laufende, die beim Schließen der Waffe in einen Schlitz der Basküle eintritt, mit diesem durch den Greener-Querriegel verriegelt. Die Verlängerung kann in der Mitte oder seitlich angebracht sein. Der Verschlußhebel bewegt gleichzeitig den Querriegel, und wenn der Verschluß mit Laufhaken versehen ist, auch deren Verriegelungskeile.
Die Greener-Sicherung wirkt auf die Schloßstangen bzw. auf die Abzüge. Sie wird durch einen Schiebeknopf auf der linken Seite der Basküle bedient.

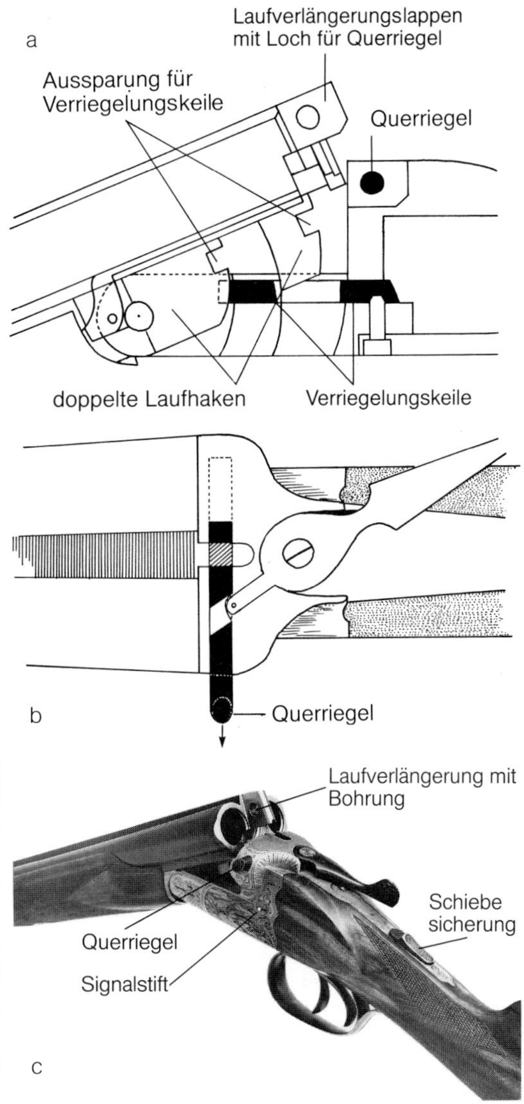

Abb. 287. Greener-Verschluß mit doppelten Laufhaken.

Kersten-Verschluß (Abb. 288)
Der Kersten-Verschluß wird auch fälschlich als doppelter Greener-Verschluß bezeichnet. Er erweitert diesen durch eine zweite Laufverlängerung. Diese Verschlußart gilt in Verbindung mit doppelter Laufhakenverriegelung als sehr stabil und für starke Kaliber geeignet.

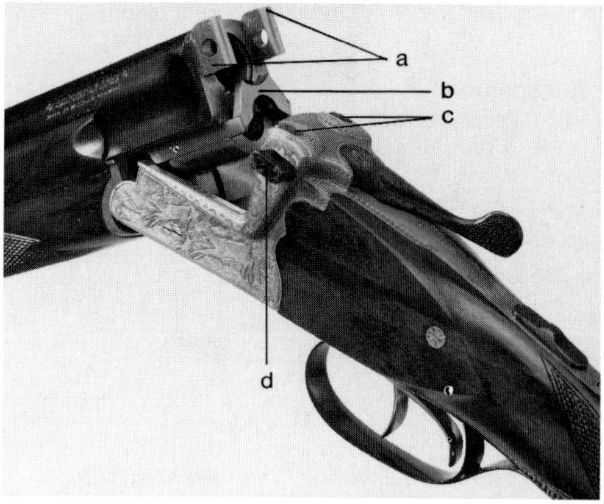

Abb. 288. Kersten-Verschluß. a 2 Laufverlängerungen, b Patronenauszieher, c Eintrittsschlitze, d doppelter Querriegel.

3.3 Schlosse für Kipplaufwaffen

Die Schlosse für Kipplaufwaffen gibt es als Hand- und als Selbstspannerschlosse.
Je nach Unterbringung und Anordnung der Schloßteile unterscheidet man verschiedene Arten.

Hahn-Schloß (Abb. 291)
Das Hahn-Schloß hat außen angebrachte Hähne, die von Hand gespannt und auch entspannt werden. Die Hahnseiten-Schlosse werden je nach der Position ihrer Schlagfedern in vorliegende, halbvorliegende oder rückliegende Seitenschlosse eingeteilt. Als Rückspringschlosse bezeichnet man solche, bei denen der Hahn nach dem Schuß ein wenig zurück-

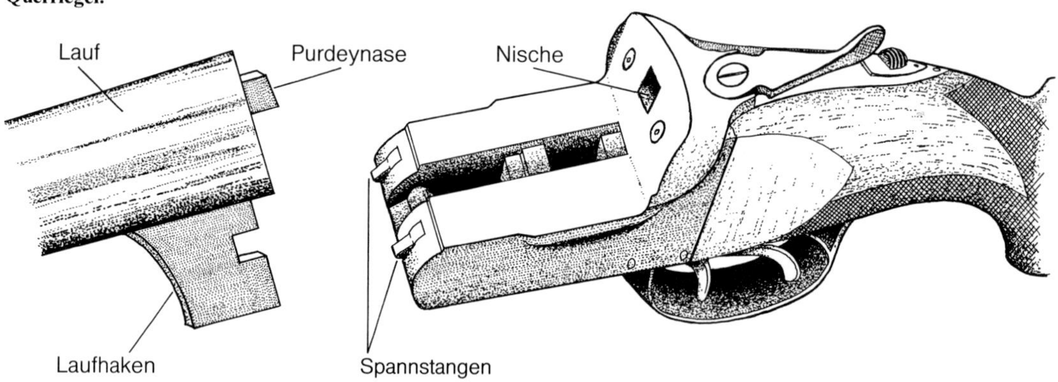

Abb. 289. Pudrey-Verschluß mit einfachem Laufhaken.

Purdey-Verschluß (Abb. 289)
Der Purdey-Verschluß findet sich vorwiegend bei eleganten Doppelflinten. Er ergänzt die Laufhakenverriegelung mit der Purdeynase, einer Verlängerung zwischen den Laufenden, die beim Zuklappen in eine Nische im Stoßboden der Basküle eintritt und durch den Purdeyriegel festgelegt wird.

Flanken-Verschluß (Abb. 290)
Der Flanken-Verschluß ist ein hakenloser Verschluß, den man bei Bockdoppelflinten findet. Sein typisches Merkmal ist der hochliegende Drehpunkt des Scharniers. Verriegelt wird durch rechts und links aus dem Kasten austretende und in entsprechende Bohrungen des Laufblocks greifende Bolzen.

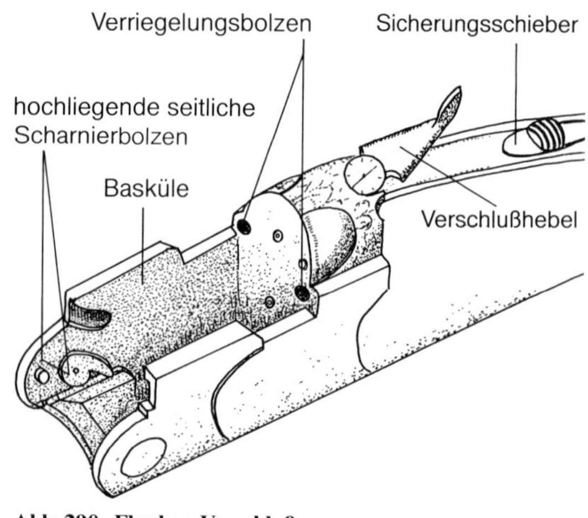

Abb. 290. Flanken-Verschluß.

Abb. 291. Hahn-Doppelflinte.

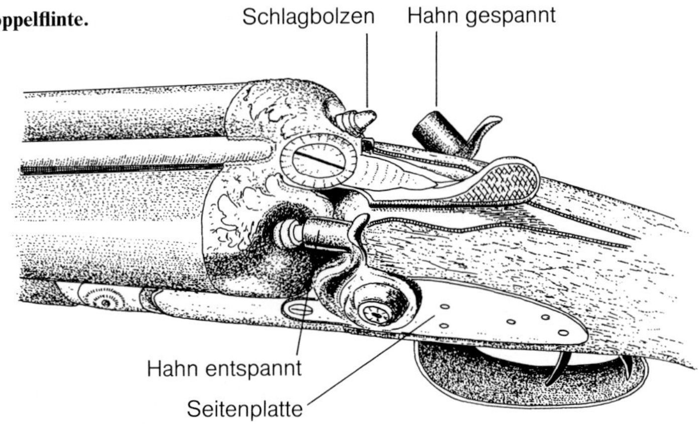

geht und in einer Ruhe- oder Rückspringrast festgestellt wird.

Hahnlose-Schlosse
Bei diesen Schlossen sind die Hähne in das System verlegt. Die innenliegenden Schlagstücke werden beim Abkippen der Läufe durch besondere Spannstangen automatisch gespannt. Waffen dieser Art brauchen im Gegensatz zu den Hahngewehren unbedingt eine Sicherung. Diese wird entweder von Hand bedient oder beim Öffnen des Verschlußhebels selbsttätig eingeschaltet.

Die wichtigsten und bekanntesten Schlosse für Kipplaufwaffen sind:
Seitenschlosse (Holland-Holland)
Kastenschlosse (Anson & Deeley)
Abzugsblechschlosse (Blitzschloß)

Beim **Seitenschloß** sitzen die Schloßteile auf der Innenseite der Schloßplatten. Dies hat den Vorteil, daß sie zur Reinigung oder Reparatur leicht entfernt und bearbeitet oder ausgetauscht werden können. Die Abzüge können bei Seitenschlossen besonders genau eingestellt werden, so daß sie bei geringstem Abzugswiderstand trotzdem sicher halten. Seitenschlosse werden in allen Arten von Kipplaufwaffen verwendet (Abb. 292)

Anson & Deeley-Schloß (Abb. 293)
Das Anson & Deeley-Schloß ist ein Kastenschloß. Die Schloßteile lagern auf der Rückseite des Stoßbodens in der Basküle. Die Übersetzungsverhält-

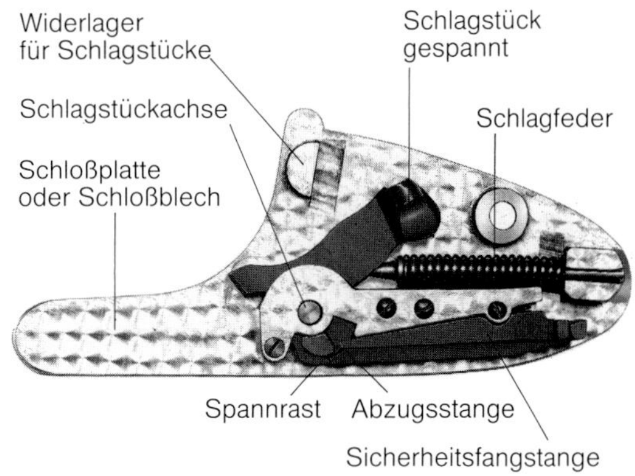

Abb. 292. Seitenschloß (rechts) herausgenommen (Innenseite) mit Schloßteilen.

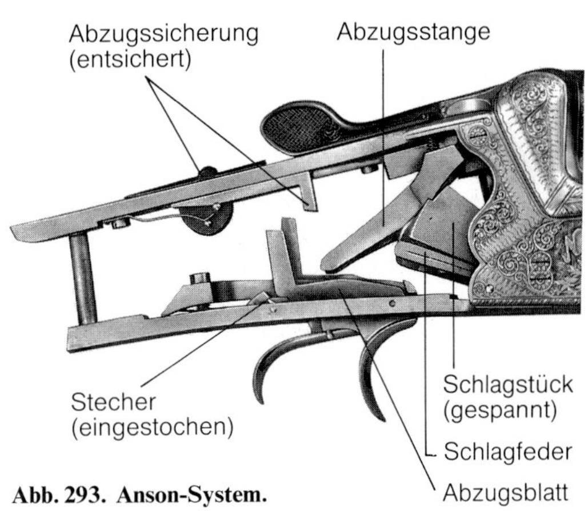

Abb. 293. Anson-System.

nisse sind etwas ungünstiger als beim Seitenschloß, so daß die Abzüge etwas härter stehen als bei diesem. Das Anson & Deeley-Schloß wird meistens bei Doppelflinten verwendet.

Blitz-Schloß (Abb. 294)
Beim Blitz-Schloß werden alle Schloßteile auf das den Kasten von unten verschließende Abzugsblech montiert. Es baut etwas länger als das zuvor erwähnte Anson & Deeley-Schloß, dafür hat es den Vorteil, daß die Schloßteile leicht entfernt bzw. komplett ausgetauscht werden können. Blitz-Schlosse werden meist bei Drillingen, aber auch bei anderen kombinierten Waffen verwendet.

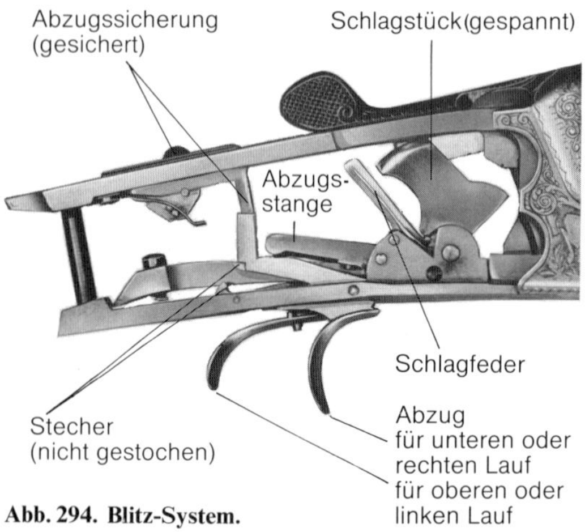

Abb. 294. Blitz-System.

Handspanner (Abb. 295)
Ein Nachteil des Selbstspanners ist es, daß er gespannt geführt werden muß. Handspanner mit innenliegenden Schlagstücken bieten dagegen die Möglichkeit, sie so wie Hahngewehre entspannt, aber geladen und damit doch sicher zu führen. Durch einen seitlichen Hebel oder einen auf dem Kolbenhals liegenden Spannschieber können die Schlosse gespannt und entspannt werden. Waffen mit dieser Möglichkeit nennt man Sicherheitsgewehre, es gibt sie in verschiedenen Ausführungen.
Eine Besonderheit sind Schlosse, die mit einer zusätzlichen Sicherheitsautomatik versehen sind, bei der über ein Schwinggewicht bei einem unbeabsichtigten Stoß oder Fall das Schloß automatisch entspannt wird.

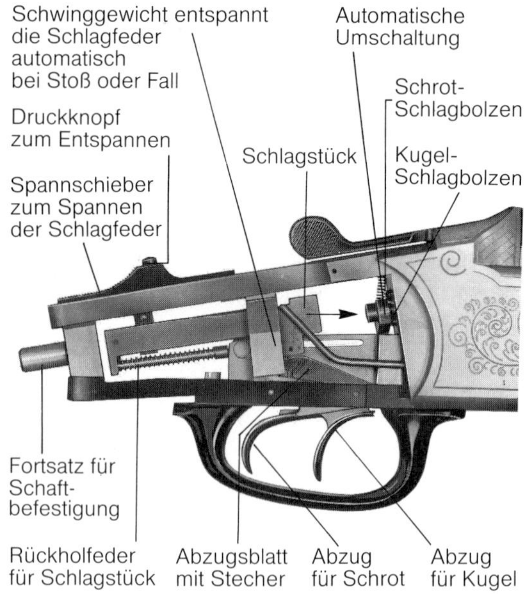

Abb. 295. Einschloß-Sicherheitsschloß für Bockbüchsenflinte mit Schwinggewicht.

3.4 Mehrladersysteme

Der Wunsch, mehrere Schüsse in rascher Folge abgeben zu können, führte zur Konstruktion der Repetiergewehre. Bei diesen nimmt ein Magazin mehrere Patronen auf und eine weitere kann direkt in den Lauf geladen werden. Nach dem Abfeuern wird durch Öffnen und Betätigen des Verschlusses die leere Hülse ausgeworfen, das Schloß dabei neu gespannt und eine neue Patrone aus dem Magazin nachgeladen.
Mit Hilfe der Mehrladeeinrichtung ist es möglich, mehrere Schüsse hintereinander aus einem Lauf abzugeben, ohne jedesmal von Hand eine neue Patrone einführen zu müssen.
Zu dieser Art von Gewehren gehören die mit **Kammer- oder Zylinderverschlüssen** nach der Art von Mauser oder Mannlicher und deren Varianten, ferner Spezialverschlüsse wie der amerikanische **Lever-Action,** zu deutsch „Unterhebelverschluß" und die Pumpguns mit **Slide-Action,** zu deutsch „Vorderschaftrepetierer".

Die Kammerverschlüsse verriegeln auf unterschiedliche Weise. Die verschiedenen Ausführungen werden im einzelnen bei den Langwaffen abgehandelt. Eine Sonderstellung nehmen die Selbstlader ein, früher Halbautomaten genannt, bei denen der Repetiervorgang automatisch abläuft.

> Selbstladewaffen im Sinne des Gesetzes sind Schußwaffen, bei denen nach dem ersten Schuß durch bloßes Betätigen des Abzugs weitere Schüsse aus demselben Lauf abgegeben werden können.

> **Zur Wiederholung und Kontrolle**
> - Was ist ein Blockverschluß?
> - Nennen Sie wenigstens zwei Verschlüsse für Kipplaufwaffen?
> - Wie wird ein Hahnschloß gesichert?
> - Wie unterscheidet sich das Anson & Deeley-Schloß vom Blitzschloß?
> - Wie heißt der typische Verschluß für Repetiergewehre?

3.5 Sicherungen

Wie der Name sagt, sollen Sicherungen das unbeabsichtigte Auslösen eines Schusses verhindern. Sie werden entweder nach ihrer Wirkungsweise oder ihrer Bedienungsart bezeichnet. Es ist also zu berücksichtigen, daß beispielsweise Schiebesicherung oder Druckknopfsicherung noch nichts über deren Wirkungsweise aussagen. Danach sind zu unterscheiden:
- Abzugssicherung
- Stangensicherung
- Schlagstücksicherung (Abb. 296)
- Fangstangensicherung
- Schlagfedersicherung.

Mit unterschiedlicher Betätigung wird dabei entweder der Abzug oder die Stange bzw. das Schlagstück blockiert. Gelegentlich werden auch verschiedene Arten miteinander kombiniert. Als am wirkungsvollsten werden die auf das Schlagstück wirkende und die Schlagfedersicherung bezeichnet, wobei letztere leider nur selten zu finden ist.

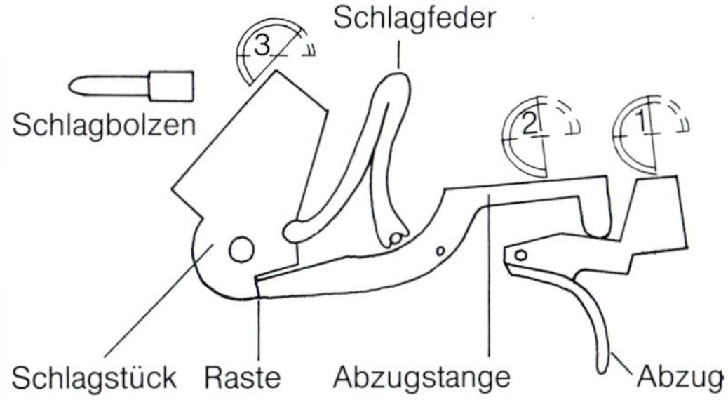

Abb. 296. Sicherungsschema. 1 Abzugsicherung, 2 Stangensicherung, 3 Schlagstücksicherung.

Bei Sicherungen, die nur auf den Abzug wirken, ist zu bedenken, daß unter Umständen durch starke Erschütterung die Stange aus ihrer Rast springt, und der Schuß trotz eingeschalteter Sicherung losgehen kann.

Bedienungsarten

Wir kennen Flügel-, Schiebe- und Druckknopfsicherungen. Daneben gibt es noch etliche automatisch wirkende Arten, wie die Griffstück-, Schaftkappen-, Riemen- und Magazinsicherungen. Sie wirken in der Weise, daß bei schußbereit umfaßtem Griff oder bei eingezogenem Schaft bzw. bei von der Schulter genommenem und dabei entspanntem Trageriemen die Waffe entsichert wird. Die Magazinsicherung wirkt, wenn das Magazin entnommen wird und verhindert damit, speziell bei Kurzwaffen, das unbeabsichtigte Abfeuern einer im Lauf verbliebenen Patrone.

Kipplaufwaffen sind häufig mit automatischer Sicherung versehen. Bei diesen Modellen wird durch das Öffnen des Oberhebels die Sicherung jedesmal selbsttätig eingeschaltet, so daß die Waffe beim Schließen immer gesichert ist.

Bei den meisten Waffen wird im entsicherten Zustand ein roter Punkt oder ein großes „F“ vor dem Sicherungsschieber sichtbar. Wenn gesichert wird, zeigt sich ein großes „S“.

3.6 Abzüge

An den Abzug stellt man zwei gegensätzliche Ansprüche. Einmal soll er so sicher stehen, daß ein unbeabsichtigtes Auslösen nicht vorkommt, zum anderen jedoch soll er so leicht zu betätigen sein, daß ein sicheres Auslösen und Abkommen möglich ist. Je nach Konstruktion werden die verschiedenen Abzüge mehr der einen oder der anderen Forderung gerecht. Am sichersten halten Druckpunktabzüge und am leichtesten lösen sich die verschiedenen Stecherarten. Zwischen beiden liegt der Flintenabzug und der Feindrücker oder Feinabzug, auch leichter Flintenabzug genannt.

Der **Druckpunktabzug** ist so konstruiert, daß man den Abzug zunächst leicht bis zu einem deutlichen Widerstand bewegen kann. „Man nimmt Druckpunkt". Nun muß der hohe Abzugsstollen, der im Schloß den Schlagbolzen festhält, zurückgezogen werden. Der Abzug kriecht deshalb beim weiteren Durchziehen des Schießfingers, bis der Schuß fällt (Abb. 297).

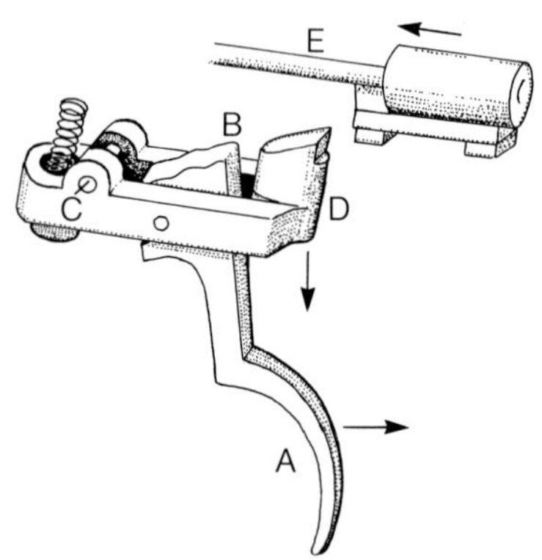

Abb. 297. Druckpunktabzug. Wird der Abzug A zurückgezogen, legt er sich mit der Nase B gegen die Hülse und stützt sich ab. Über das Gelenk C wird die Abzugstange D nach unten bewegt, womit der Schlagbolzen E ausgelöst wird.

Beim **Flintenabzug** stehen, vereinfacht gesagt, Schlagstück und Abzugstange Kante auf Kante. Der Auslöseweg mit dem Abzug ist äußerst kurz und bei guter Verarbeitung ohne toten Gang. „Der Abzug steht trocken".

Der **Feinabzug** oder leichte Flintenabzug wird als besonderes Konstruktionselement in Repetierbüchsen eingebaut. Das Ausrasten des Schlagbolzens erfolgt hier nicht direkt, sondern hier wird über eine fein einstellbare Rast durch eine Übersetzung der Abzugstollen freigegeben. (In Deutschland oft kombiniert mit Rückstecher.)

Der **Stecherabzug** besitzt eine Zusatzeinrichtung, mit deren Hilfe der Abzug vorgespannt wird und dann auf leichteste Berührung auslöst. Der eingestochene Abzug hält nur noch wenige Gramm. Er kann mit einer Stellschraube in seiner Empfindlichkeit reguliert werden. Man unterscheidet den deutschen, auch **Doppelzüngelstecher** genannt, und den französischen Rückstecher. Der deutsche Stecher hat zwei Abzüge. Eingestochen wird durch das Zurückziehen des hinteren Abzugs bis zum Einrasten. Ausgelöst wird der Schuß mit dem vorderen Abzug. Kommt man nicht zu Schuß, muß entstochen werden. Dazu wird gesichert, dann wird zunächst der hintere Abzug ganz und danach auch der vordere etwas durchgezogen und dann werden beide gleichzeitig langsam wieder losgelassen. Wenn dies richtig geschieht, ist das Schloß wieder entstochen, aber noch gespannt. Die Einstellschraube sitzt beim deutschen Stecher zwischen den beiden Abzügen im Abzugsblech. Dieser Stecher wird in Repetiergewehren und bei Wettkampfbüchsen verwendet.

Der **französische Rückstecher** wird mit einem Abzug bedient. Man baut ihn deshalb vorzugsweise in kombinierte Waffen ein. Im Interesse der Griffgleichheit wird er neuerdings aber auch mehr und mehr in Repetierern verwendet. Man erkennt den Rückstecher an der im Abzugsblatt sitzenden Einstellschraube. Gespannt wird der Stecher durch Vordrücken des vorderen Abzugs gegen die Abzugsrichtung bis zum Einrasten. Beim Auslösen des Schusses ist darauf zu achten, daß die Bewegung nicht seitlich, sondern sauber von vorne nach hinten erfolgt, sonst ist ein Versagen möglich. Zum Entstechen wird wieder zuerst gesichert und dann die Waffe aufgeklappt. Dann wird der Abzug vorsichtig zwischen Daumen und Zeigefinger erfaßt und zurückgeführt. Auch hier darf nicht vergessen werden, daß nach dem Entstechen die Waffe immer noch gespannt ist.

Neuere Stechschlösser werden mit einem besonderen Spannschieber eingestochen und gegebenenfalls auch entstochen. Auch finden sich in modernen Repetierern Stecherkonstruktionen, die sich beim Sichern und/oder beim Öffnen des Verschlusses automatisch entspannen.

Der **Canjar-Stecher** fällt durch einen besonders breiten Abzug auf. Wird dieser nach vorne gedrückt, tritt ein zusätzlicher Abzug aus der Mitte des eigentlichen etwas nach vorne heraus. Mit diesem wird das Stechschloß ausgelöst. Zum Abstechen wird der Hauptabzug wieder nach vorne gedrückt und beide wieder gemeinsam zurückgeführt, nachdem auch hier zuerst gesichert wurde.

Die drei wichtigsten Stecherarten sind:
1. der deutsche Doppelzüngelstecher
2. der französische Rückstecher
3. der Scheibenbüchsenstecher (mehrfach übersetzt und daher besonders empfindlich).

3.7 Magazine

Bei den Magazinen unterscheiden wir fest eingebauten Arten und Wechselmagazine. Zu den ersteren gehören die Streifen- und Rahmenlader, aber auch die Röhrenmagazine. Bei Repetiergewehren herkömmlicher Bauart befinden sich die Magazine in einem Schacht unter dem Verschluß. Die Patronen lagern entweder zick-zack-förmig oder senkrecht übereinander oder ringförmig im Trommelmagazin. Die Magazinfeder drückt den Patronenzubringer gegen die Patronen und damit diese nach oben. In Waffen mit Streifenladermagazinen, wie z.B. die Mauser 98, können alle Patronen mittels Ladestreifen von oben auf einmal in das Magazin gedrückt werden. Es können jederzeit auch einzelne Patronen geladen oder nachgeladen werden.

Wechselmagazine (Einsteckmagazine) oder Magazine mit aufklappbarem Boden sind, da man auf der Jagd sehr oft laden und entladen muß, vorzuziehen. Magazine mit Schulterführung der Patronen schonen die Geschoßköpfe, die sonst durch den Rückstoß oft deformiert werden.

Die wichtigsten Magazinarten sind (Abb. 298):
Das **Kastenmagazin,** in dem die Patronen entweder in einer Reihe oder im Zick-Zack übereinander lagern und von einem Zubringer durch die Zubringerfeder in die Verschlußbahn gedrückt werden.
Das **Trommelmagazin** enthält die Patronen um eine Längsachse kreisförmig gelagert. Bei jedem Repetiervorgang wird die jeweils nächste Patrone unter Federdruck dem Verschluß zugeführt.

Abb. 298. Kastenmagazine mit Einsteckreihenmagazin und Zickzackmagazin, Trommelmagazin.

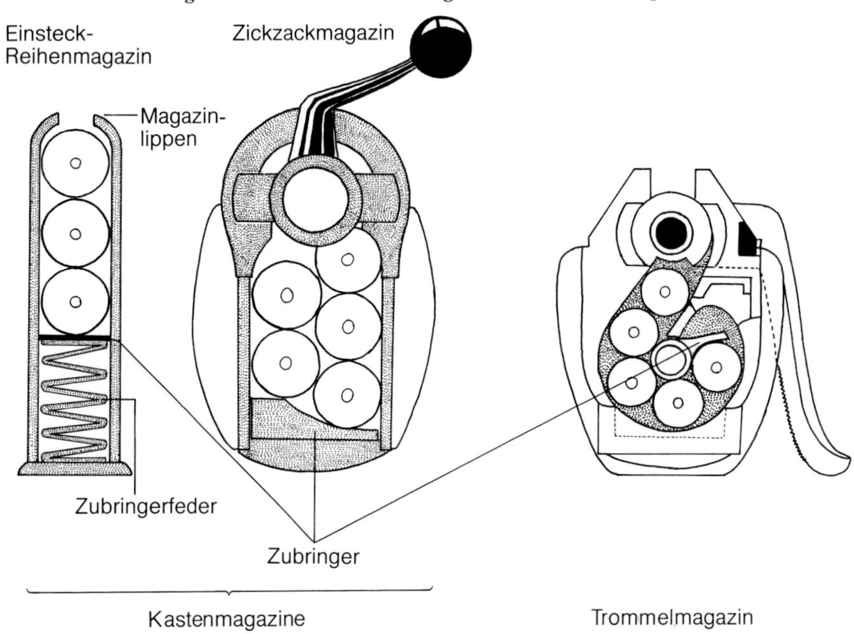

Das **Röhrenmagazin** besteht aus einem unter dem Lauf angebrachten Rohr, in das die Patronen hintereinander eingeschoben werden. Sie werden beim Repetieren unter Federdruck mit einem Ladelöffel in den Verschluß gehoben.
Man findet diese Magazine bei Vorderschaftrepetierern, Selbstladeflinten und bei Unterhebelgewehren amerikanischer Bauart. Röhrenmagazine haben zwei Nachteile:

1. Aus Sicherheitsgründen können nur runde oder flache Geschoßkopfformen verwendet werden,
2. das Laden und Entladen ist umständlich.

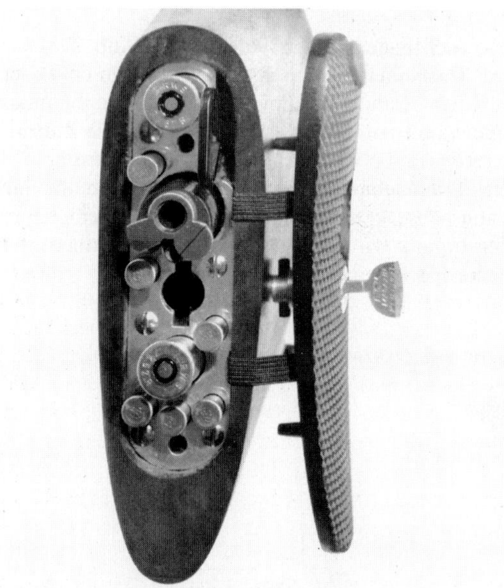

Abb. 299. Schaftkappenmagazin.

Zur Wiederholung und Kontrolle

- Nennen Sie drei Sicherungsarten.
- Was ist eine Magazinsicherung?
- Wie wird ein französischer Rückstecher eingestochen?
- Welche Stecherarten kennen Sie außerdem?
- Beschreiben Sie ein Kastenmagazin.
- Was verstehen Sie unter einem Flintenabzug?
- Wie wird ein deutscher Stecher eingestochen?
- Woran erkennen Sie den französischen Rückstecher?

Hier sei auch noch auf die **Schaftmagazine,** wie man sie bei Drillingen findet, hingewiesen (Abb. 299). Dort sind in den Schaft Aussparungen gebohrt, in denen dann unter einem Deckel oder unter der Schaftkappe einige zusätzliche Kugelpatronen und manchmal sogar das Einstecklläufchen mitgeführt werden.

4 Schäfte und Garnitur

Der **Schaft** macht die Waffe erst gebrauchsfähig. Er hält alle Teile des Gewehres zusammen. Seine Form und sein Material entscheiden nicht nur über ein gefälliges Äußeres, sondern in hohem Maße auch über Erfolg und Mißerfolg. Dies gilt ganz besonders für die Flinten. Denn der alte Satz stimmt: „Der Lauf schießt, aber der Schaft trifft."
Es kann durchaus sein, daß ein Schütze mit den serienmäßigen Normalmaßen zurechtkommt. Für hohe und höchste Ansprüche jedoch wird man um einen Maßschaft nicht herumkommen. Der Schäfter nimmt dabei die Maße für die Büchse und die Flinte oder für eine kombinierte Waffe individuell nach den Maßen des Schützen. Er wird auch berücksichtigen, ob eine Waffe für die Jagd oder für spezielle sportliche Zwecke geschäftet werden soll.
Büchsen werden heute meist mit Zielfernrohren geführt, so daß der Schaftrücken möglichst hoch sein muß, damit der Schütze einen gleichmäßigen und sicheren Anschlag findet. Flinten für das Trapschießen werden so geschäftet, daß der Schütze viel Schiene sieht. Flinten für das Skeetschießen werden so geschäftet, daß der Schütze wenig Schiene sieht. Für das jagdliche Schießen sollte eine normale Projektion der Schiene gegeben sein.
Sehr wichtig ist die richtige Schaftlänge, zu kurze Schäfte führen meist dazu, daß der Schütze sein Ziel häufig unterschießt.
Ganz durchgehende Schäfte werden für Repetierbüchsen und vergleichbare Waffen benützt. Diese sogenannte Stutzenschäftung reicht bis zur Mündung. Diese Art wird gerne im Gebirge geführt, weil der Lauf damit gegen versehentliches Anstoßen geschützt wird. Andererseits kann die Treffgenauigkeit leiden, wenn der Schaft einseitig am Lauf anliegt

oder sich durch Feuchtigkeit verzieht und so gegen den Lauf drückt. Dieses Problem kann natürlich bei jeder Schaftlänge auftreten. Man gibt heute dem frei schwingenden Lauf den Vorzug. Dabei wird die Waffe mit einem deutlichen Spalt zwischen Lauf und Holz geschäftet.

Den Schaftteil, der vor dem Abzug liegt, nennt man den Vorderschaft. Besonders breite Ausführungen werden als Halbbiberschwanz oder Biberschwanz-Vorderschaft bezeichnet. Der Schaftteil hinter dem Abzug ist der Hinterschaft oder auch Kolben (Abb. 300).

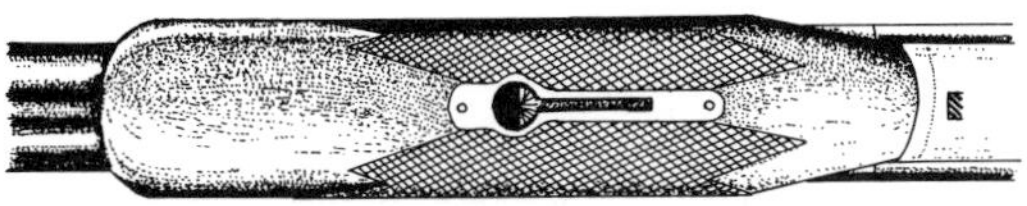

Biberschwanz

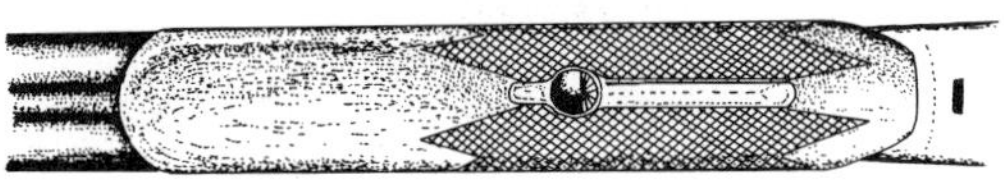

Halbbiberschwanz

Abb. 300. Vorderschäfte.

Bei Kipplaufwaffen und vielen Selbstladern sind die Schäfte geteilt. Je nach Verwendungszweck werden unterschiedliche Formen bevorzugt. So ist für eine jagdliche Doppelflinte mit zwei Abzügen die schlichte englische Form ideal. Für eine Bockdoppelflinte mit nur einem Abzug eignet sich dagegen ein Schaft mit halbem Pistolengriff besonders gut. Büchsen werden mit unterschiedlich hohem Schaftrücken mit verschiedenen Backenauflagenformen geschäftet (Abb. 301).

Die Haupt-Schaftmaße, nämlich die Senkung, die Schränkung und die Länge sind besonders wichtig. Aber auch der Pitch, das ist der Winkel zwischen Schaftkappe und Lauflängsachse, muß dem Schützen angepaßt sein (Abb. 302, 303).

Krüppelschäfte, auch Muschelschäfte, sind Spezialanfertigungen für körperlich Behinderte, aber auch für einen Rechtsschützen, der gezwungen ist, mit dem linken Auge zu zielen.

Je nach Preis und Qualität wird unterschiedliches Material verwendet. Das Nußbaummaserholz von der Wurzel, als das edelste und teuerste, wird immer seltener. Häufiger findet man Schäfte aus Nußbaumstammholz. Bei einfachen Waffen werden Buche und andere Hölzer verwendet. Sperrholzartig verleimtes Schichtholz hat sich sehr gut bewährt, weil es witterungsunempfindlich und formstabil ist. Kunststoffschäfte konnten sich, obwohl sie dieselben Vorzüge haben, noch nicht richtig durchsetzen. Die einfachen und billigen Hölzer werden meist lackiert oder mit einem Kunststoffüberzug versehen. Nußbaumschäfte dagegen werden als geschliffene Ölschäfte verarbeitet und teilweise poliert, wobei die schöne Maserung besonders gut zur Geltung kommt. Ölschäfte bedürfen der dauernden Pflege mit Schaftöl und evtl. auch mit Wachs.

Dort, wo der Schaft beim Schießen erfaßt wird, macht man ihn durch das Einschneiden von Fischhaut oder durch Punzieren der Oberfläche besonders griffig. Schnitzereien, wie Wildmotive u.ä., nennt man Schaftverschneidungen.

Zur **Garnitur** zählen die Riemenbügel, die Schaftkappe, das Abschlußkäppchen auf dem Pistolengriff, der Abschluß des Vorderschaftes aus Horn oder einem besonderen Holz sowie der Abzugsbügel. Die Riemenbügel dürfen nicht klappern. Vorteilhaft sind abnehmbare Ausführungen, die ein einfaches Entfernen des Trageriemens ermöglichen.

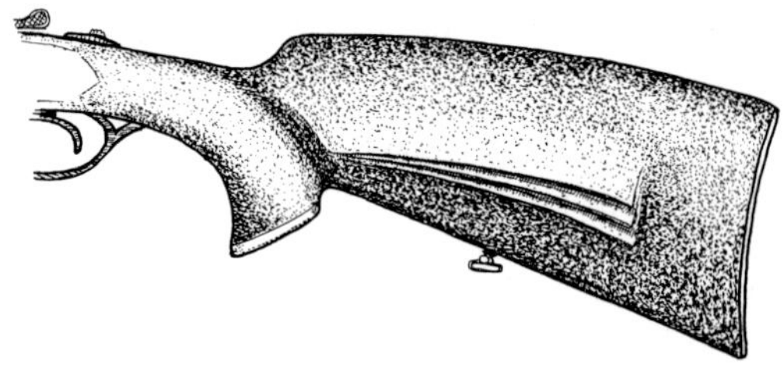

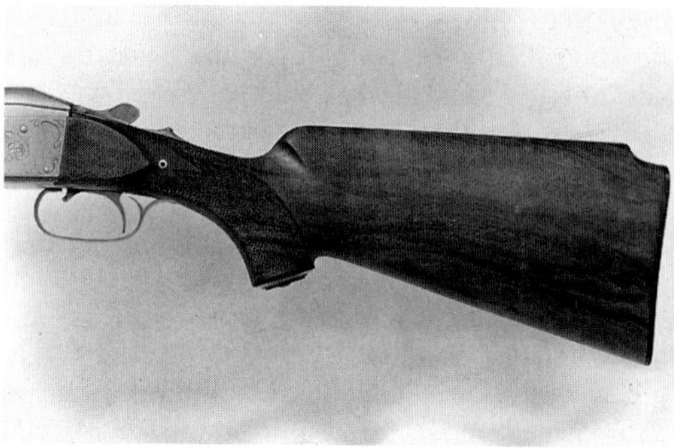

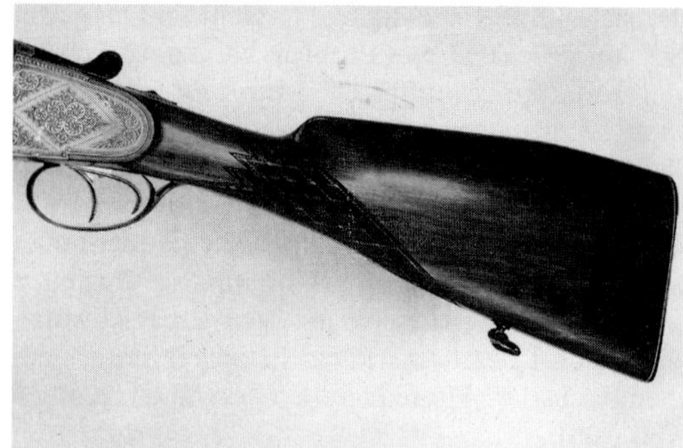

Abb. 301. Oben links: Buckelschaft mit Pistolengriff und Bayerischer-Backe; oben rechts: Englischer Schaft mit Schweinsrücken; unten links: Monte-Carlo-Schaft; unten rechts: Sonderschäftung mit Kaisergriff.

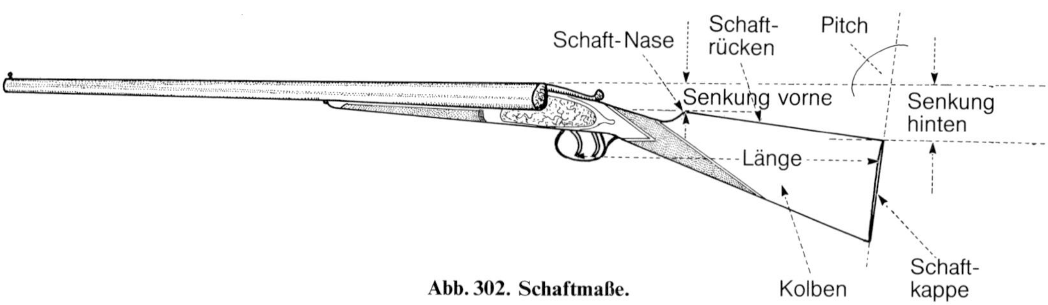

Abb. 302. Schaftmaße.

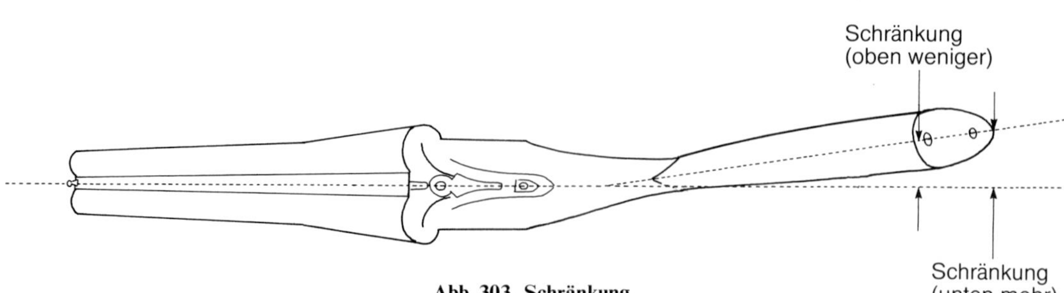

Abb. 303. Schränkung.

5 Visierungen

Mit der Visierung wird das Gewehr auf das Ziel ausgerichtet. Es wird anvisiert. Man unterscheidet offene Visierung und optische Visierung. Zur offenen gehören Kimme und Korn, aber auch Diopter und andere Einrichtungen, wie Fluchtvisiere, Flintenvisiere und die Laufschiene bei der Flinte. Kimme und Korn sollten nie zu fein gewählt werden und in der Form immer zueinander passen (Abb. 304).

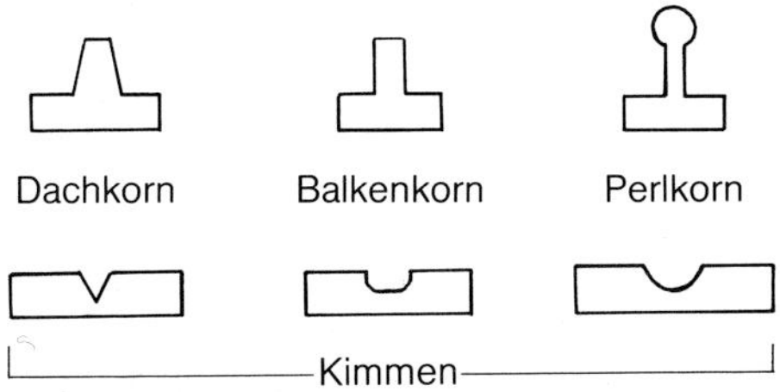

Abb. 304. Dach-, Balken-, Perlkorn.

Die offene Visierung
Die offene Visierung eignet sich für Schüsse auf laufendes Wild und kurze Entfernungen. Bei schlechtem Licht wird es allerdings schwierig, sauber zu zielen. Da Kimme und Korn und das Ziel in drei verschiedenen Ebenen liegen, ist nur das junge und gesunde Auge in der Lage, alle drei gleichzeitig einigermaßen scharf zu sehen. Der ältere Schütze verliert diese Fähigkeit zunehmend, sein Auge ist nicht mehr in der Lage, ausreichend zu akkommodieren. Bei gutem Licht kann durch die Verwendung eines Diopters anstelle der Kimme dieser Mangel ausgeglichen werden. Der Diopter ist eine Lochscheibe. Er wirkt wie die Blende an einer Kamera und verbessert so die Tiefenschärfe. Ringvisiere ähneln den Diopterscheiben, sie gewähren aber einen größeren Durchblick.
Visiert wird bei der offenen Visierung in der Weise, daß das Korn gleichmäßig in der Mitte der Kimme erscheint und seine Oberkante mit der der Kimme eine Linie bildet. Man läßt das Ziel aufsitzen. Die Waffe wird deshalb mit etwas Hochschuß eingeschossen.
Zu Zielfehlern kommt es, wenn das Korn links oder rechts verklemmt wird, die Waffe verkantet wird oder zu viel oder zu wenig Korn erscheint. Je nach Zielfehler oder Zielfehlern ergibt sich eine abweichende Treffpunktlage (Abb. 305).

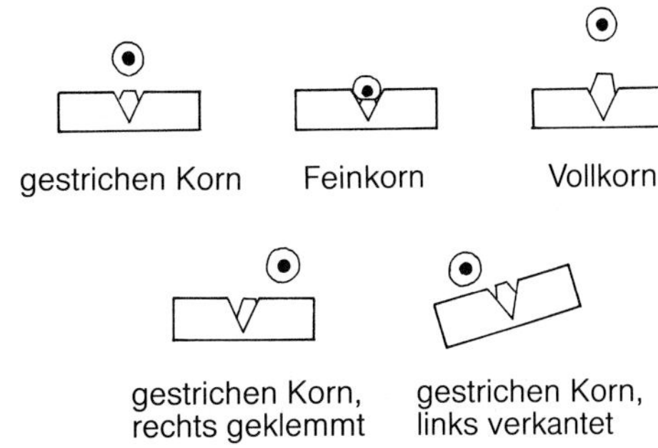

Abb. 305. Zielfehler mit abweichenden Treffern.

Zielfehler:

Feinkorn: Tiefschuß
Vollkorn: Hochschuß
rechts geklemmt: Rechtsschuß
links geklemmt: Linksschuß
rechts verkantet: Tiefschuß rechts
links verkantet: Tiefschuß links
starkes Licht von oben: Tiefschuß
Licht von links: Rechtsschuß
Licht von rechts: Linksschuß

Einschießen bzw. Umschießen auf eine andere Laborierung:
Bei Linksschuß: Korn nach links oder Kimme nach rechts.
Bei Rechtsschuß: Korn nach rechts oder Kimme nach links.
Bei Hochschuß: höheres Korn einpassen oder Kimme niedriger feilen.
Bei Tiefschuß: niedrigeres Korn einpassen oder höhere Kimme einsetzen.

Zur Verbesserung der Zielmöglichkeit bei schlechtem Licht verwendet man besonders bei Kurzwaffen die sog. Leuchtvisierung. Dabei wird das Korn oder auch Kimme und Korn mit einem phosphoriszierenden Belag versehen.
Fluchtvisiere nennt man auch Schmetterlings- oder Schwalbenschwanzvisierungen, die durch eine besonders weit geschnittene Kimme ein rasches Auffinden des flüchtigen Ziels ermöglichen sollen.

Flintenvisiere sind auf die Schiene aufsetzbare Zusätze, mit deren Hilfe besonders der Anfänger bessere Schrotschußleistungen erzielen soll.

Optische Visierung

Zu dieser gehören in erster Linie das Zielfernrohr, aber auch andere, wie z.B. die Single-Point- und Quick-Point-Visierungen. Die beiden letzten gibt es in speziellen Ausführungen für Flinten und für Büchsen. Gezielt wird dabei mit beiden Augen. Der Schütze sieht, wenn er richtig visiert, dann im Ziel einen roten Punkt, seinen Haltepunkt.

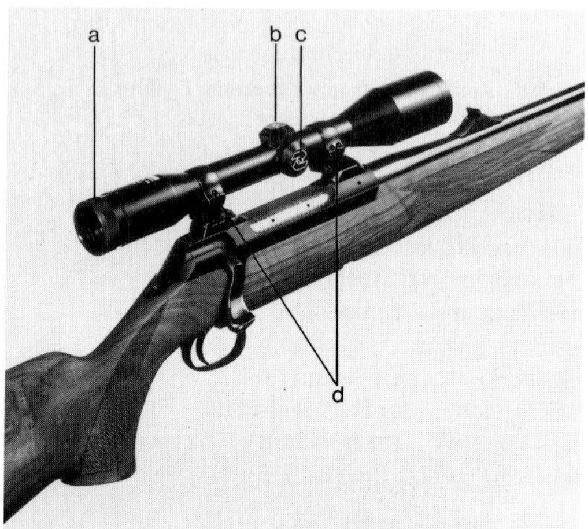

Abb. 306. Zielfernrohr. a) Einstellring, b) Höhenverstellung, c) Seitenverstellung, d) Klemmringe.

Das **Zielfernrohr** (Abb. 306) bringt optisch Absehen und Ziel scheinbar in eine Ebene und läßt beides scharf erscheinen. Gleichzeitig wird das Ziel entsprechend der Stärke und Vergrößerung optisch nähergebracht und je nach Dämmerungsleistung aufgehellt. Ein Glas mit der Bezeichnung 8 × 56 vergrößert 8fach und hat einen wirksamen Objektivdurchmesser von 56 mm. Objektiv nennt man die dem Ziel zugekehrte Linse, Okular die dem Auge zugekehrte. Hält man das Glas ungefähr 20 cm vom Auge weg gegen das Licht, so erkennt man auf dem Okular einen runden hellen Fleck, die Austrittspupille. Diese errechnet sich als Quotient aus Objektivdurchmesser und Vergrößerung. In unserem Beispiel 56 : 8 = 7 mm. Das menschliche Auge kann einen Wert von mehr als 6–7 mm nicht ausnützen, andererseits sollte er bei Dämmerungsgläsern nicht kleiner sein als 4 mm.

Für ältere Schützen ist die Vergrößerung unter diesen Voraussetzungen wichtiger als die Dämmerungsleistung. Die Dämmerungsleistungszahl errechnet sich als Wurzel aus dem Produkt von Vergrößerung und Objektiv. Bei unserem Beispiel = Wurzel aus 8 × 56 = 448 = 21,166. Die Dämmerungsleistungszahl ist ein besserer rechnerischer Vergleichswert, als die früher immer angegebene geometrische Lichtstärke.

Aber auch die Dämmerungsleistungszahl alleine läßt keine sicheren Rückschlüsse auf die Qualität eines Zielfernrohres zu. Darüber entscheidet das verwendete Glas, die exakte Justierung, der Belag der Linsen zur Verbesserung der Lichtdurchlässigkeit und vor allem auch die Abdichtung und die gesamte Verarbeitung. Die Gläser sollten eine möglichst hohe Randschärfe haben und ein großes Sehfeld. Das Sehfeld wird bei Zielfernrohren für eine Entfernung von 100 Metern angegeben. Je stärker die Vergrößerung, desto enger wird das Sehfeld, desto mehr bemerkt aber auch der Schütze sein eigenes Wackeln. Hieraus ergibt sich, daß für den raschen flüchtigen Schuß kleine Vergrößerungen von $1^1/_2$–$2^1/_2$fach, für die Pirsch mittlere Vergrößerungen von $1^1/_2$–4fach, für den Ansitz 4–6fach und für den Ansitz in der Dämmerung und bei Nacht die 7–10fach vergrößernden Gläser geeignet sind.

Es ist ratsam, beim Zielen, sei es mit dem Zielfernrohr oder über Kimme und Korn, beide Augen offen zu lassen.

Variable Zielfernrohre, bei denen die Vergrößerung den verschiedenen Bedingungen angepaßt werden kann, sind ideal, wenn eine Waffe universell eingesetzt werden soll.

Die Zielvorrichtungen im Glas nennt man das Absehen. Es gibt davon sehr viele Formen. Die gebräuchlichsten jedoch sind die Nummern 1, 2, 3 und 4 (Abb. 307). Das Absehen Nr. 1 ermöglicht auch das Abschätzen der Entfernung (Abb. 308). Kräftige Balken, d.h. ein grobes Absehen ist besonders in der Dämmerung und bei Nacht von Vorteil. Dagegen eignen sich dünne Fadenkreuze oder auch das Punktabsehen und ähnliche nur bei gutem Licht oder auf dem Schießstand.

Parallaxenfreiheit ist im Zielfernrohr nie ganz zu erreichen. Die heutigen Gläser sind so gebaut, daß

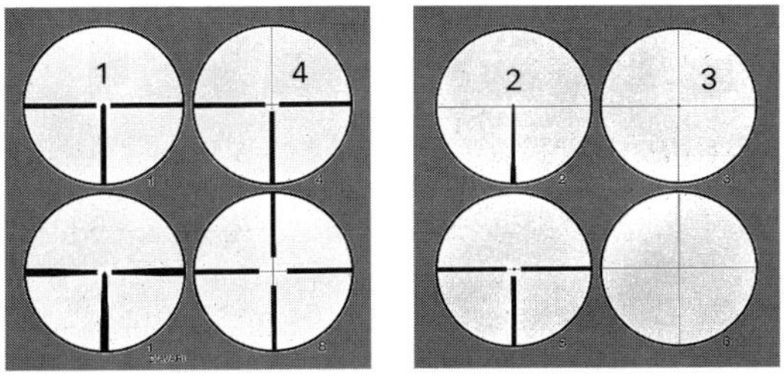

Abb. 307. Absehen.

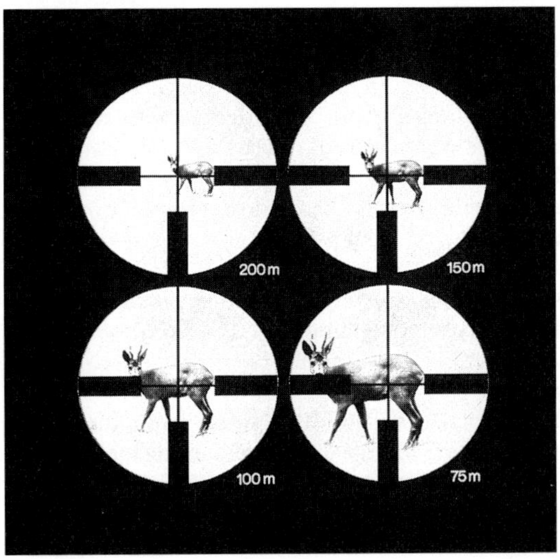

Abb. 308. Entfernungsschätzen mit Hilfe des Zielfernrohres.

bei Entfernungen um 100 Meter keine Parallaxe auftritt oder daß die auftretende Parallaxe für jagdliche Anforderungen belanglos ist.
Parallaxe tritt auf, wenn Zielbild und Absehen nicht in einer Bildebene liegen. Bei seitlicher Verschiebung des beobachtenden Auges verändert sich dann die Lage des Absehens auf dem Ziel (Abb. 309).
Der Schütze muß sich deshalb immer bemühen, sein Auge im richtigen Abstand von etwa 7 cm hinter das Okular zu bringen. Er sieht dann einen schattenfreien kreisrunden Ausschnitt. Ist dies nicht der Fall, so muß er seinen Anschlag entsprechend korrigieren.
Zielfernrohrmontagen: Die Verbindung des Zielfernrohrs mit dem Gewehr erfolgt mit unterschiedlichen Montagen. Entweder wird das Zielfernrohr fest mit der Waffe verschraubt, oder man verwendet abnehmbare Montagen, um das Zielfernrohr beim Transport oder zum Schuß über offene Visierung entfernen zu können. Auf kurze Distanz, z.B. beim Fangschuß, kann dies von Vorteil sein.
Bekannt oder bewährt sind die **Suhler-Einhak-**Montagen mit 3 oder 4 Füßen und die **Schwenk-Montage.** Bei beiden wird das Zielfernrohr von mit der Büchse fest verbundenen Sockeln aufgenommen. Meist hat der rückwärtige Fuß der Montage zum Einschießen einen Support, d.h. er ist verstellbar gelagert.
Aufschubmontagen eignen sich nur für leichte Kaliber. Bei ihnen wird das Gesteck auf das Zielfernrohr

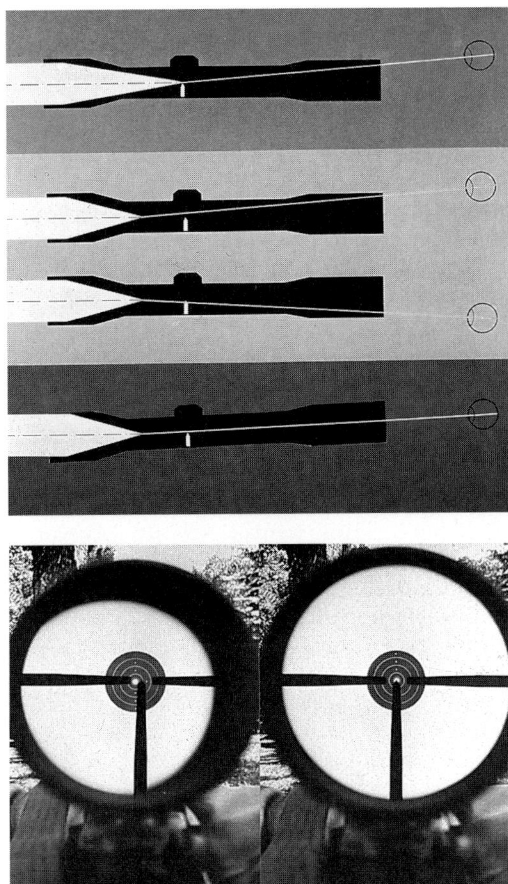

Abb. 309 oben und unten. Parallaxe bei nicht zentrischem Einblick in das Okular.

und die Büchse aufgeschraubt und die Montagefüße an den Fußplatten mit Schrauben oder kleinen Hebelchen festgeklemmt.
Zum Einschießen haben die Zielfernrohre entweder einfache oder doppelte Absehenverstellung. Die Einstellschrauben sind etwa in der Mitte des Zielfernrohrs in kleinen Türmen untergebracht: Oben auf dem Zielfernrohr die Höhenverstellung und rechts die Seitenverstellung. Nach Abdrehen der Staubkappen findet man mit Skalen versehen Rändelschrauben. Durch Verdrehen dieser Rändelschrauben oder der Einstellplatten kann das Absehen höher oder tiefer bzw. nach rechts oder links verstellt werden. Beim Einschießen muß das Absehen immer zum Treffpunkt hin bewegt werden, d.h. bei Tiefschuß wird das Absehen nach unten verstellt, bei Rechtsschuß nach rechts usw.
Zielfernrohre mit Aluminiumgehäuse haben normalerweise eine Montageschiene. Gläser mit Stahlgehäuse und solche ohne Schiene müssen zum Anlöten der Montagefüße meistens zerlegt werden.
In der letzten Zeit haben sich Montage-Bestecke mit Klemmringen durchgesetzt. Diese sind leichter zu befestigen, und das nicht immer vorteilhafte Zerlegen der Zielfernrohre wird vermieden.

Man unterscheidet zwischen offenen und optischen Visierungen.

Für die offene Visierung benützt man Kimme und Korn.

Als optische Visierung gebraucht man meist ein Zielfernrohr. Hier werden Absehen (Zielvorrichtung im Glas) und Ziel scheinbar in eine Ebene gebracht. Außerdem wird das Ziel optisch nähergebracht und aufgehellt.
Die üblichen Vergrößerungen liegen je nach Verwendungszweck zwischen $1^1/_2$- und 10fach.
Die Dämmerungsleistung ergibt sich als Wurzel aus dem Produkt der Vergrößerung und dem Objektivdurchmesser. Je höher dieser rechnerische Vergleichswert, desto besser ist die theoretische Dämmerungsleistung.
Zielfernrohre werden durch Einhakmontage, Schwenkmontage oder Aufschubmontage auf der Waffe gehalten.

6 Jagdliche Optik

Die weidgerechte Ausübung der Jagd ohne Fernglas und ohne Zielfernrohr ist heute undenkbar. Der Jäger stellt an beide hohe Anforderungen, nämlich ausreichende Vergrößerung, ein scharfes Bild und große Dämmerungsleistung. Beim Handglas und Spektiv werden die optischen Werte genauso ermittelt und bewertet, wie beim Zielfernrohr bereits beschrieben. Handgläser sollten eine 7–10fache Vergrößerung haben. Kleinere Vergrößerungen ergeben wenig Nutzen und größere sind nur noch mit Stativ sinnvoll einzusetzen. Wenn der Bergjäger trotzdem Spektive, das sind ausziehbare Fernrohre mit bis zu 60facher Vergrößerung, verwendet, so wegen der besonderen Gegebenheiten im Gebirge, die Beobachtungen über größere Entfernungen nötig machen.
Handgläser werden entweder mit Einzelokulareinstellung oder mit Mittelbetrieb angeboten. Bei der Einzelokulareinstellung wird die Schärfe sowohl für das linke, als auch für das rechte Auge separat eingestellt.
Bei Ferngläsern mit Mitteltrieb kann die unterschiedliche Sehkraft der Augen am rechten Okular ausgeglichen werden. Zu diesem Zweck visiert man zunächst einen möglichst entfernt stehenden Gegenstand durch das linke Okular an und stellt mit dem Mittelbetrieb das Bild scharf ein. Dann schließt man das linke Auge und stellt nun mit Hilfe der Einzelokularverstellung das Bild auch für das rechte Auge nach, sofern es noch nötig ist. Diese Einstellung kann man sich an der dafür vorgesehenen Markierung an den Gläsern merken, so daß man in Zukunft nur noch das Fernglas über den Mitteltrieb auf die benötigte Entfernung einstellen muß.
Gläser mit echter **Innen-Fokussierung** haben an der Mittelbrücke zwei Einstellräder. Mit dem auf der Okularseite gelegenen wird wie üblich die Schärfe eingestellt. Mit dem weiter vorne gelegenen Stellrad werden evtl. Unterschiede in der Sehkraft beider Augen, wie oben beschrieben, ausgeglichen.
Das Sehfeld wird bei Handgläsern auf eine Entfernung von 1000 m angegeben.
Für Brillenträger werden viele Ferngläser mit verstellbaren oder umklappbaren Augenmuscheln angeboten.

Zur Wiederholung und Kontrolle
- Was versteht man unter offener Visierung?
- Wozu dient sie?
- Was versteht man unter einem Ringvisier?
- Wo sitzt der Treffer bei links verkantetem Gewehr?
- Wo sitzt der Treffer bei Vollkorn?
- Wie errechnet sich die Austrittspupille eines Zielfernrohrs?
- Was ist ein Okular?
- Wie errechnet sich der Dämmerungswert eines Handglases 10 × 40?
- Was versteht man unter Sehfeld?
- Was versteht man unter „Abkommen"?
- Wie muß das Zielfernrohr verstellt werden, um einen Hochschuß auszugleichen?
- Was ist ein Spektiv?

7 Amtlicher Beschuß

In der Bundesrepublik Deutschland müssen Schußwaffen, bevor sie in den Verkehr gebracht werden, amtlich beschossen werden. Nach dem Austausch, der Veränderung oder Instandsetzung wesentlicher Teile an ihnen ist der Beschuß zu wiederholen. Wesentliche Teile sind der Lauf, der Verschluß, das Patronenlager, sofern es nicht Teil des Laufes ist (z.B. die Trommel beim Revolver).
Der amtliche Beschuß wird in den 5 Beschußämtern durchgeführt. Es sind Kiel, Hannover, Ulm, München und Köln. Die Beschußzeichen dieser Ämter sind (Abb. 310a):

Das komplette Beschußzeichen besteht aus (Abb. 310b):
1. dem Bundesadler
2. einem Kennbuchstaben
3. dem Ortszeichen
4. dem Jahreszeichen

Büchsen und Kurzwaffen werden mit einer um etwa 30% überhöhten Ladung beschossen, Flintenläufe mit 850 Bar und bei erhöhtem Gasdruck mit maximal 1200 Bar.

Neben der Druckfestigkeit werden alle Waffen auf korrekte Innenmaße und hinsichtlich ihrer Funktionssicherheit geprüft.

Die wichtigsten Kennbuchstaben sind:

N für Nitrobeschuß mit normalem Gasdruck
V für überhöhten Gasdruck
SP für Schwarzpulverbeschuß
I für Wieder- oder Instandsetzungsbeschuß

Bei Waffen, die wieder beschossen werden und dabei nicht mehr den Anforderungen entsprechen, werden die Beschußzeichen kreuzweise überschlagen und damit entwertet.

Auf einer Schußwaffe müssen neben den amtlichen Beschußzeichen folgende Zeichen angebracht sein:
1. der Name, die Firma oder das Firmenzeichen des Herstellers oder des Importeurs,
2. eine Seriennummer,
3. die Bezeichnung der für diese Waffe handelsüblichen Munition, wie sie in der Anlage III der 3. Waffenverordnung festgehalten ist.

Aufgrund eines Abkommens werden die Beschußzeichen folgender Staaten in der Bundesrepublik Deutschland anerkannt:

Belgien
Chile
CSSR
DDR
England
Finnland
Frankreich
Italien
Österreich
Spanien
Ungarn

Zur Wiederholung und Kontrolle
- Wann müssen Waffen beschossen werden?
- Wo werden Waffen beschossen?
- Was muß ein vollständiges Beschußzeichen enthalten?
- Wie werden Büchsen und Kurzwaffen beschossen?
- Was wird beim Beschuß geprüft?

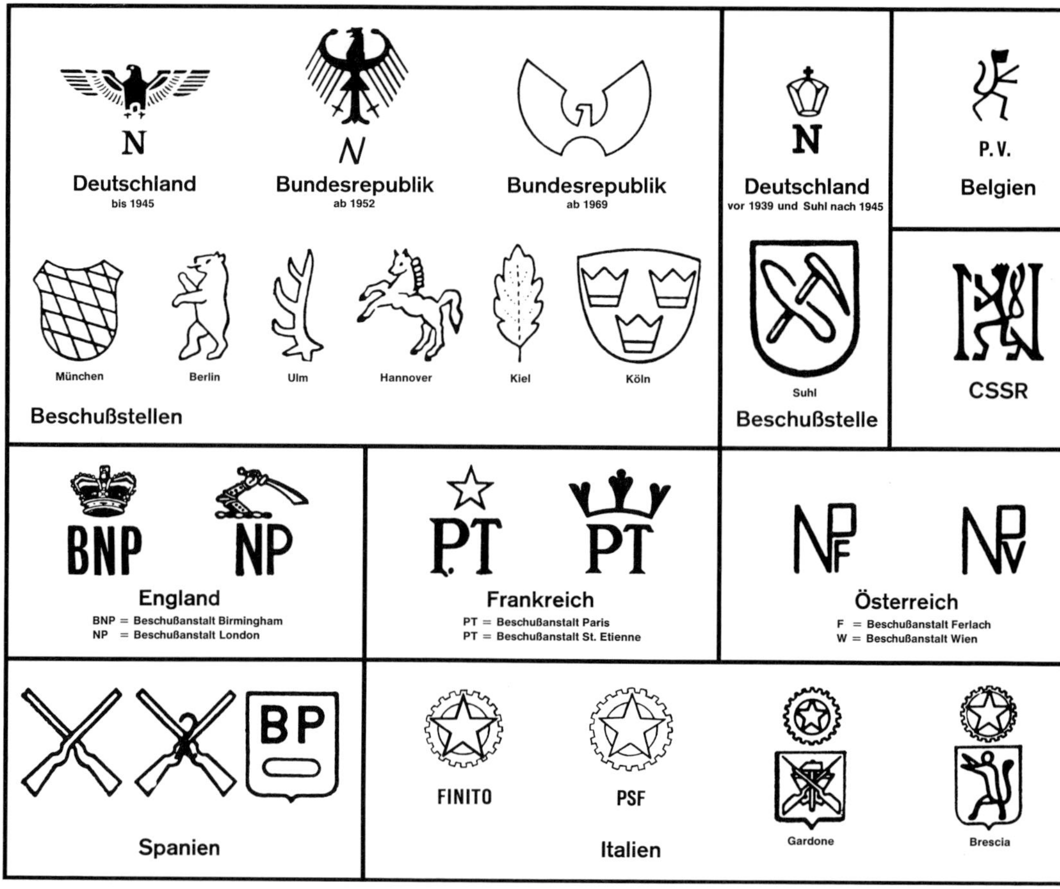

Abb. 310 a. Amtliches Beschußzeichen für den Endbeschuß mit Nitropulver (in Berlin wird kein amtlicher Beschuß mehr ausgeführt).

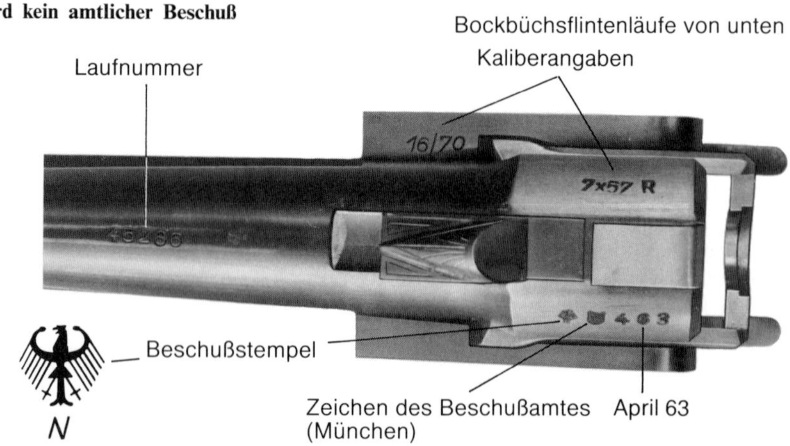

Abb. 310 b. Das komplette Beschußzeichen.

8 Langwaffen

Zu den Langwaffen gehören alle Feuerwaffen mit einer Länge von mehr als 60 cm. Das sind Büchsen und Flinten als Einzel-, Mehr- oder Selbstlader sowie die Kipplaufwaffen. Mit einer derzeit bekannten Ausnahme sind alle Gewehre mit abkippbaren Läufen Einzellader.
Die Ausnahme ist die Cosmi-Selbstladeflinte, die als Kipplaufwaffe gebaut ist und ihr Röhrenmagazin im Kolben hat.

8.1 Einzellader mit feststehendem Lauf

Büchsen dieser Art werden vorwiegend zum Scheibenschießen als Wettkampfwaffen benützt. Diese Wettkampf- oder Matchgewehre sind besonders schwer. Sie haben auffallend großrahmig geschnittene Schäfte und oft auch sehr dickwandige Läufe.
Je schwerer eine Waffe ist, desto ruhiger liegt sie im Anschlag.
Die Regeln für das DJV-Wettkampfschießen schreiben aber als obere Grenze für eine Büchse mit Zielfernrohr ein Gesamtgewicht von 5 kg vor.

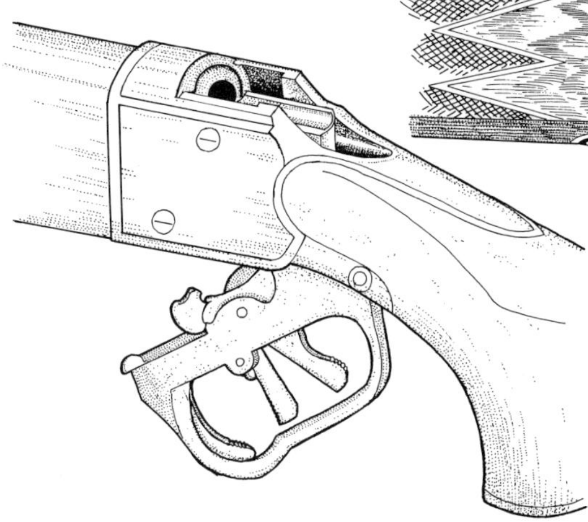

Abb. 311. Heeren-Büchse mit geöffnetem Vertikalblockverschluß.

Heeren-Büchse (Abb. 311)
Die Heeren-Büchse ist ein typischer Vertreter einläufiger Jagdbüchsen mit Blockverschluß. Ihr Vertikalblockverschluß hat eine interessante Schloßkonstruktion, die es ermöglicht, die Waffe geladen, aber ungespannt zu führen. Gespannt wird durch eine dem Einstechen ähnliche Bewegung erst im Anschlag. Die Schlagfedersicherung ist eine weitere Besonderheit. Der Verschluß wird mit dem Abzugsbügel bewegt.

Der Blaser-Block-Verschluß (Abb. 312)
Sein besonderer Vorzug ist die einfache Art der Bedienung. Der Verschluß wird durch Aufklappen des Abzugsbügels geöffnet, dabei wird das Schlagstück zurückgezogen, der Schlagbolzen damit entlastet und gegebenenfalls die leere Hülse ausgeworfen oder die Patrone ausgezogen. Beim Schließen der Waffe bleibt nach dem Einrasten des Verschlusses ein Restweg von 8 mm für den Abzugsbügel. Dieser letzte Weg wird erst im Anschlag zugezogen und damit das Schloß gespannt. Der Flintenabzug ist als Rückstecher ausgelegt. Mit einem Druckknopf auf dem Kolbenhals wird auf einfache Weise entspannt. Der Abzugsbügel öffnet sich wieder um 8 mm, der Verschluß bleibt geschlossen. Das Gewehr kann also

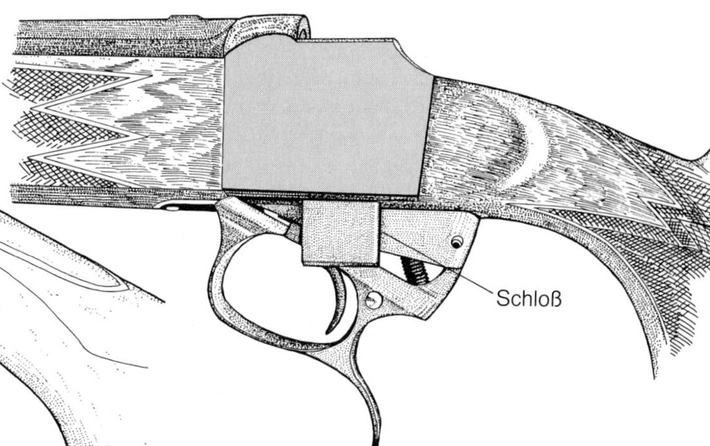

Abb. 312. BL-820, geöffneter Verschluß.

geladen, jedoch entspannt, gefahrlos geführt werden. Die große Anlagefläche des Blocks erlaubt die Verwendung stärkster Kaliber.

8.2 Einzellader mit Kipplaufsystem

Zu dieser Art gehört die Mehrzahl der Jagdgewehre. Angefangen von den einfachen einläufigen Flinten mit außenliegendem Hahn über Doppel- und Bockdoppelgewehre bis zu den verschiedenen Kombinationen von Flinten und Büchsen.
Einläufige Kipplaufflinten mit außenliegendem Hahn haben jagdlich ebenso wenig Bedeutung wie die sog. Repetierflinten, sie werden beide evtl. als Erstwaffe für jugendliche Anfänger oder beim Feldschutz geführt.

Doppelflinte (Abb. 313)
Die Doppelflinten im Kaliber 12 und 16 mit leichtem und schmalem Vorderschaft gehören zur Standardausrüstung im Niederwildrevier. Sie sind angenehm zu führen und für die Feld- und Waldjagd hervorragend geeignet. Es gibt sie sowohl ohne als auch mit Patronenauszieher und mit Ejektoren.
Daß eine Waffe Ejektoren hat, erkennt man daran, daß der Auszieherschlitten geteilt ist und so jeder Lauf separat bedient werden kann. Die leeren Hülsen werden vom Ejektor beim Aufklappen der Waffe ausgeworfen, während die nicht abgefeuerten Patronen zum besseren Erfassen lediglich etwas aus dem Patronenlager herausgeschoben werden.
Ob Flinten eine erhabene Laufschiene, eine hohl- oder trapezförmig geschnittene Schiene haben, ist zweitrangig. Der Schütze wird sich, wenn ihm die Waffe liegt, schnell an die eine oder andere Ausführung gewöhnen.
Die Doppelflinte (auch Querflinte genannt) hat in aller Regel zwei Abzüge, wobei der vordere Abzug den rechten, auch ersten Lauf genannt, und der zweite Abzug den linken oder zweiten Lauf bedient. Die Abzüge halten zwischen ca. 13 N und 20 N, wobei der hintere Abzug, um das „Doppeln“ zu vermeiden, immer etwas härter steht als der vordere Abzug.
Beim „Doppeln“ geht durch die Erschütterungen, die vom ersten Schuß ausgehen, der zweite Schuß mit los.
Die meisten Doppelflinten haben Laufhakenverschlüsse mit Oberhebel und ein Anson & Deeley-System. Die Schiebesicherung (mit unterschiedlicher Wirkungsweise) befindet sich auf dem Kolbenhals. Bei teuren Modellen findet man häufig den Purdey-Verschluß und Seitenschlosse mit gleicher Sicherungsanordnung.

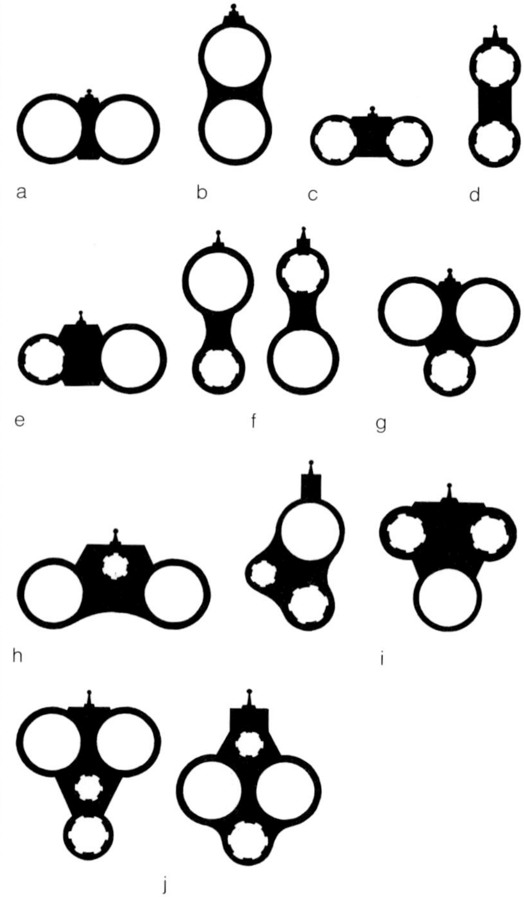

Abb. 313. Doppelflinte (a).
Abb. 314. Bockdoppelflinte (b).
Abb. 315. Doppelbüchse (c).
Abb. 316. Bockdoppelbüchse (d).
Abb. 317. Büchsflinte (e).
Abb. 318. Bockbüchsflinte (f).
Abb. 319. Drilling, Normalausführung (g).
Abb. 320. Schienendrilling (h).
Abb. 321. Bocksdrilling (links); Doppelbüchsdrilling (rechts) (i).
Abb. 322. Vierling, T-Form (links); Vierling, gebräuchliche Anordnung der Läufe (rechts) (j).

Durch das seit dem 1.1.1978 gültige „Gesetz über internationale Einheiten des Meßwesens" ändern sich u.a. folgende Einheitszeichen:

Für die Kraft statt bisher „kp" jetzt das Newton: N (0,1 kg)

für die Energie statt bisher „kpm" jetzt das Joule: 9,8 Joule (1 kpm)

für den Druck statt bisher „1 kp/cm^2" jetzt das Bar: 1 Bar (1 kp/cm^2).

Bockdoppelflinte (Abb. 314)
Die Bockdoppelflinten sind in der Regel etwas schwerer als die herkömmlichen Querflinten. Sie sind eben deshalb für den Schießstand besser geeignet. Ihr sehr viel größerer Vorderschaft erleichtert das Schießen bei heißer Waffe, was besonders beim Wurftaubenschießen angenehm und wichtig ist. Selbstverständlich sind Bockdoppelflinten auch auf der Jagd bewährt und beliebt. Gerade bei diesen Flinten findet sich oft ein Einabzug, der allerdings umschaltbar sein sollte. Bei Doppelabzügen bedient der vordere Abzug den unteren und der hintere Abzug den oberen Lauf. Einige Modelle sind darüber hinaus so konstruiert, daß wahlweise einer der beiden Abzüge als Einabzug benützt werden kann. Beim Schießen schaltet dann die Waffe entweder mechanisch oder ausgelöst durch den Rückstoß von einem auf den anderen Lauf um. Die Umschaltung wird häufig mit dem Sicherungsschieber kombiniert. Die Schiebesicherung auf dem Kolbenhals wird zum Entsichern nach vorne geschoben. Die meisten Modelle sind mit Ejektoren ausgestattet.
Viele Hersteller bieten auch Wechselläufe an. Damit ist es möglich, Flintenläufe, Büchsläufe oder Kombinationen in dasselbe System einzulegen.
Laufhaken-, Kersten- und Flankenverschlüsse mit Abzugsblechschlossen (Blitz-System) sind üblich. Einige Fabrikate verwenden leicht austauschbare Abzugsgruppen. Bei teueren Modellen werden meistens Seitenschlosse verwendet.

Kipplaufbüchsen (Abb. 315 und 316)
Einläufige Büchsen werden wegen ihrer kurzen Bauart und ihres geringen Gewichts gerne im Gebirge geführt. Ihren Nachteil, daß nicht sofort ein zweiter Schuß zur Verfügung steht, gleichen die Doppelbüchsen und Bockdoppelbüchsen aus. Diese Waffen werden bei uns auf Drückjagden und mit stärksten Kalibern als Tropenbüchsen bei der Großwildjagd in Afrika, aber auch überall dort, wo es gilt, auf wehrhaftes Wild einen sicheren und schnellen zweiten Schuß zu haben, sehr geschätzt. Man darf allerdings an das Zusammenschießen der beiden Läufe keine überhöhten Anforderungen stellen. Zweckmäßigerweise wird mit solchen Gewehren ohnehin nur auf kurze Entfernung und über offene Visierung geschossen.

Bergstutzen
Der Bergstutzen hat zwei unterschiedliche Kugelläufe. Ein großes Kaliber für den Schuß auf Schalenwild, wie es im Gebirge vorkommt und ein leichteres Kaliber für die Jagd auf Kleinwild.
Der Lauf mit dem kleineren Kaliber ist in die Laufschiene eingebettet. Bei zwei Abzügen bedient der vordere das große Kaliber und der hintere das kleine Kaliber. Bei Gewehren mit Einabzug kann umgeschaltet werden.

Kombinierte Waffen
Büchsflinte und Bockbüchsflinte (Abb. 317 und 318):
Diese Waffen sind bewährte Kombinationen sowohl für die Pirsch- als auch für die Ansitzjagd, wobei die Entwicklung ganz klar zur Bockbüchsflinte geht.
Wie der Drilling, sind sie für die Jagd gedacht und gebaut und für das Übungs- oder Wettkampfschießen nicht geeignet. Die Bockbüchsflinte wird sowohl als Selbstspanner wie auch als Handspanner angetroffen. Bei Waffen mit zwei Abzügen betätigt der vordere Abzug als Rückstecher den Kugellauf. Der hintere Abzug wirkt auf den Schrotlauf.
Die Handspanner-Bockbüchsflinte wird entweder mit einem Schieber auf dem Kolbenhals oder mit einem seitlich angebrachten besonderen Hebel ge- und entspannt. Es gibt sie mit einem und mit zwei Schlossen. Bei den Einschloßkonstruktionen mit Einzelabzug wird mit einem kleinen Stellhebel wahlweise auf Kugel oder Schrot umgeschaltet. Bei Waffen mit einem Schloß und zwei Abzügen betätigt der vordere Abzug den Kugel- und der hintere den Schrotlauf. Das gespannte Schloß wird selbsttätig von dem benützten Abzug ausgelöst, d.h. mit dem vorderen Abzug fällt der Kugelschuß und mit dem hinteren Abzug der Schrotschuß. Will man beide

Läufe nacheinander abfeuern, muß zwischendurch gespannt werden.

Drilling (Abb. 319 und 320): Der normale Drilling hat für jeden Lauf ein Schloß, also drei Stück, aber nur zwei Abzüge. Er muß deshalb umgeschaltet werden, je nachdem, ob die Schrotläufe oder der Kugellauf abgefeuert werden sollen. Wird ein Schieber auf dem Kolbenhals nach vorne geschoben, so klappt bei den meisten aus der Laufschiene ein Visier heraus. Der vordere Abzug wirkt jetzt auf den Kugellauf. Gleichzeitig werden bei manchen Konstruktionen die Schrotläufe bzw. die Schrotschlosse gesichert. Wird der Umschaltschieber zurückgenommen, so verschwindet die Kimme wieder in der Laufschiene. Der vordere Abzug des Drillings wirkt jetzt auf den rechten Schrotlauf, der hintere Abzug wirkt immer auf den linken Schrotlauf. Der Rückstecher funktioniert in jedem Fall, so daß der rechte Schrotlauf auch mit dem Stecherschloß abgefeuert werden kann.

Auch Drillinge mit separater Kugelspannung haben innenliegende Schlagstücke, werden aber auch entweder mit einem Spannschieber oder einem Spannhebel gespannt. Der Spannschieber auf dem Kolbenhals spannt den Kugellauf und schaltet gleichzeitig den vorderen Abzug um. Mit dem seitlichen Spannhebel werden die Schrotschlosse gespannt. Diese Ausführung ist selten, häufiger trifft man dagegen Drillinge, bei denen die Schrotschlosse als Selbstspanner und das Kugelschloß als Handspanner ausgelegt sind.

Solange der Spannschieber in Spannstellung steht, wird auch dieses Schloß beim Abkippen der Waffe automatisch mitgespannt. Der Schieber wird durch einen Druckknopf festgelegt und kann durch Eindrücken desselben zurückgenommen und das Schloß so entspannt werden.

Kipplaufwaffen soll man zur Schonung der Schlagbolzen niemals leer abschlagen, sondern Pufferpatronen verwenden.

Der Selbstspanner-Drilling wird zum Entstechen zunächst gesichert. Dann wird die Waffe geöffnet und der Rückstecher zwischen Daumen und Zeigefinger vorsichtigt zurückgeführt. Will man entladen und entspannen, so werden jetzt die Patronen entnommen, dann entsichert und auf Schrot geschaltet. Anschließend werden beide Abzüge gleichzeitig durchgezogen und die Waffe ein kleines Stück geschlossen. Abzüge loslassen und auf Kugel schalten, ist das nächste, dann wieder in die Abzüge greifen und die Waffe vollends schließen. Jetzt ist der Drilling entstochen, entladen und entspannt und kann so nach der Reinigung aufbewahrt werden.

Einfacher ist der ganze Vorgang, wenn man nur die Schrotschlosse entspannt und den Kugellauf mit einer Pufferpatrone abschlägt.

Doppelbüchsdrillinge nennt man diejenigen, welche zwei Kugelläufe und einen Schrotlauf haben. Liegen die Läufe übereinander, so spricht man von Bockbüchs- oder Bockdrillingen (Abb. 321).

Fast alle Kipplaufbüchsen und kombinierte Waffen werden mit Kersten-Verschlüssen, aber mit unterschiedlichen Systemen gebaut. Es finden sich Anson & Deeley ebenso wie das Blitz-System und Seitenschloßwaffen. Bei Seitenschloßdrillingen wirken die Seitenschlosse auf die Schrotläufe. Der unten liegende Kugellauf wird mit einem Blitzschloß bedient.

Es kommen sowohl Abzugs- und Stangensicherungen wie auch Schlagstück- und Fangstangensicherungen vor, die entweder mit einem Schieber auf dem Kolbenhals oder bei der sog. Greener-Sicherung mit einem auf der linken Seite angebrachten Schiebeknopf betätigt werden.

Vierling (Abb. 322): Der Vierling gleicht einer Kombination aus Bergstutzen und Querflinte. Er hat meist 4 Schlosse und 2 Abzüge. Je nach Schaltstellung bedient der vordere Abzug entweder den großen Kugellauf oder den rechten Schrotlauf und der hintere Abzug den kleinen Kugellauf oder den linken Schrotlauf.

Bei manchen Modellen wird beim Umschalten von Kugel auf Schrot oder umgekehrt die jeweils andere Laufgruppe gesichert.

Bei der sog. T-Bauart liegt der kleine Kugellauf unterhalb der Schrotläufe über dem Kugellauf. Bei dieser Art finden sich Gewehre mit 3 Schlossen und 2 Abzügen. Hier muß mit dem Umschalten auf Kugelstellung auch der gewünschte Lauf gewählt werden.

Bei allen Waffen mit mehreren, auf der ganzen Länge verlöteten Läufen tritt besonders beim Kugelschießen ein typisches Problem auf. Die unterschiedliche Wärmeausdehnung des Laufbündels nach dem Schuß führt zu Treffpunktlageveränderungen der folgenden Schüsse. Drilling und Bockbüchsflinte z.B. mit untenliegendem Kugellauf „klettern“. Bei anderen Kombinationen ist ein entsprechendes „Auswandern“ der Treffer zu erwarten. Neuerdings begegnet man dem „Klettern“ durch freiliegende Kugelläufe.

Alles im folgenden Gesagte versteht sich für Rechtshänder und Rechtsschützen.

Laden, Stechen, Entstechen, Entspannen

Alle Kipplaufwaffen erfaßt man zum Laden mit der rechten Hand am Kolbenhals und mit der linken Hand am Vorderschaft. Der Daumen der rechten Hand drückt den Verschlußhebel auf dem Kolbenhals nach rechts und die linke Hand zieht den Vorderteil der Waffe nach unten. Hat die Waffe keine automatische Sicherung, so wird vor dem Laden der Schieber auf dem Kolbenhals bzw. der kleine Hebel der Greenersicherung auf der linken Seite nach hinten gestellt und die Waffe damit gesichert. Dann wird geladen und anschließend die Waffe vorsichtig geschlossen, indem man den Kolben gegen die immer noch nach unten zeigenden Läufe anhebt und den Verschlußhebel anschließend nach links nachdrückt. Wenn man jetzt schießen will, so wird entsichert. Bei Waffen mit mehreren Läufen darf man nicht vergessen, daß die Waffe noch geladen ist, wenn man lediglich einen Schuß abgegeben hat. Kipplaufwaffen mit automatisch arbeitender Sicherung sichern sich bei jedem Öffnen selbst. Zum Entspannen der Schlosse von Waffen mit automatischer Sicherung und Ejektoren oder Einzelabzügen benützt man Pufferpatronen und läßt die Schlosse nach dem Schließen abschlagen, bei allen anderen Waffen wird der Verschluß bei durchgezogenen Abzügen geschlossen und so entspannt.

8.3 Mauser-Verschluß

Der Mauser-Verschluß besteht aus der Hülse, die das Magazin und Teile des Abzugs enthält. Der Lauf wird von vorne in den Hülsenkopf eingeschraubt. In der Hülse gleitet die Kammer. Die Kammer enthält den Schlagbolzen, die Schlagbolzenfeder, den Auszieher und Abzugsteile. Hinten auf der Kammer sitzt das Schlößchen mit der Schlagbolzenmutter und dem Sicherungsflügel mit Sicherung. Vorne hat die Kammer zwei Verriegelungswarzen, diese greifen in die dazugehörigen Aussparungen im Hülsenkopf. Eine weitere Verriegelungswarze befindet sich am Kammerstengel. Mit dem Kammerstengel wird die Kammer bedient. Die Sicherung wirkt auf den Schlagbolzen. Sie hat drei Stellungen. Liegt der Flügel links, so ist die Waffe entsichert, steht er senkrecht, so ist der Schlagbolzen blockiert, aber die Kammer läßt sich öffnen und schließen. Wird der Sicherungsflügel ganz nach rechts gelegt, so sind Kammer und Schlagbolzen blockiert.

Die Mauser-Verschlüsse gibt es in drei Längen. Die Originalversion faßt Patronen bis zu einer Gesamtlänge von 83,5 mm, die Kurzversion Patronen kürzer als 70 mm und die Magnum-Ausführung solche bis zu einer Gesamtlänge von 92 mm.

Geladen werden sie bei offener Kammer, indem die Patronen nacheinander von oben in das Magazin gedrückt werden. Anschließend wird durch Schließen der Kammer die erste Patrone in den Lauf gebracht. Entweder wird jetzt geschossen oder gesichert.

Entladen wird bei senkrecht stehendem Sicherungsflügel, wobei jede Patrone einzeln durch Öffnen und Schließen der Kammer entnommen wird.

Entspannt werden alle Kammerverschlüsse durch Schließen des Verschlusses unter gleichzeitigem Durchziehen des Abzugs in entsichertem Zustand.

Die Kammer wird vom Schloßhalter gegen unbeabsichtigtes Entnehmen in der Hülse festgehalten. Er befindet sich auf der linken Seite in der Nähe der Hülsenbrücke. Wenn man ihn abzieht, kann man die Kammer nach hinten aus der Hülse ziehen.

Bei anderen Systemen wird u.U. die Kammer nur vom Abzugsstollen gehalten und kann dann nach Durchziehen des Abzugs herausgenommen werden, oder man muß sowohl den Schloßhalter als auch den Abzug gleichzeitig bedienen.

8.4 Mannlicher-Schönauer-Verschluß

Das Mannlicher System hat in seiner ersten Ausführung ein integriertes Trommelmagazin, in dem die Patronen ringförmig um eine Achse lagern. Die Zuführung zum Lauf ist dabei günstiger als beim Zick-Zack-Magazin. Zum Entleeren des Magazins wird

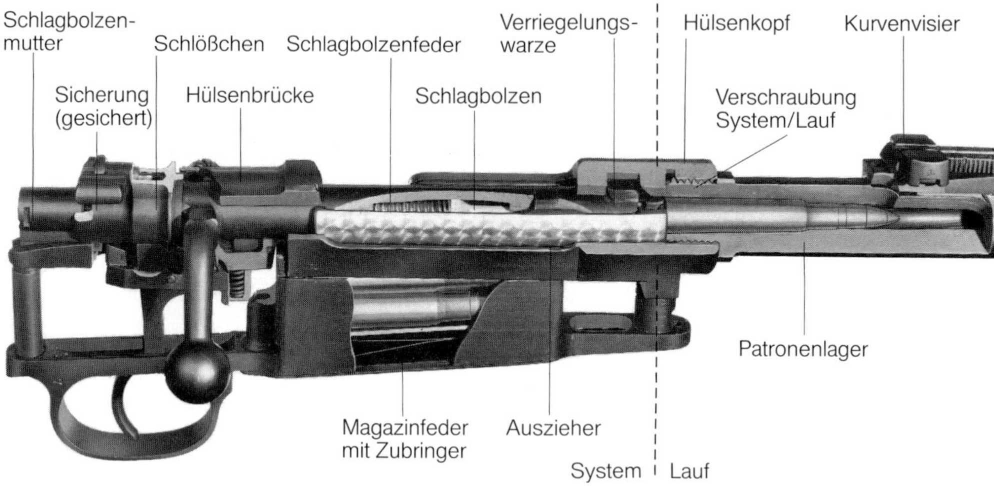

Abb. 323. 98er System im Schnitt.

ein seitlich auf der Hülse angebrachter Druckknopf eingedrückt und dadurch sämtliche Patronen nach oben ausgeworfen. Die Kammer hat nur zwei vorne liegende Verriegelungswarzen, in Spezialausführung für verschiedene Patronen auch eine dritte am Kammerstengel. Wie bei allen Kammerverschlüssen enthält diese den Schlagbolzen und die Schlagbolzenfeder sowie die Sicherung. Die Flügelsicherung ist beim Mannlicher in der Stellung links entsichert und rechts gesichert. Eine zusätzliche Schiebesicherung auf dem Kolbenhals wirkt auf den Abzug. Diese ist nach vorne geschoben in entsichertem und zurückgezogen in gesichertem Zustand. Der Kammerstengel befindet sich etwa in der Mitte der Kammer. Er gleitet beim Öffnen und Schließen durch die durchbrochene Hülsenbrücke (Abb. 323 und 327).

8.5 Mauser-Kurzverschluß (Sy.-Gehmann)

Der Mauser-Kurzverschluß (Abb. 324) ist eine bedeutende Weiterentwicklung der Kammerverschlüsse. Seine teleskopartige Bauweise verkürzt die Kammer und damit die Gesamtlänge eines Gewehres bei gleicher Lauflänge um 9 cm. Die Hülse ist geteilt. Der Hülsenkopf sitzt auf dem Lauf. Der obere Teil der Hülse mit der Hülsenbrücke und in ihr die Kammer gleitet auf dem unteren Teil. Das Magazin faßt je nach Kaliber 2 bis 3 Patronen. Die anfänglich druckknopfartige, auf den Schlagbolzen wirkende Sicherung wurde durch eine am rechten Kammerende angebrachte Flügelsicherung mit automatischer Sperre ersetzt. Die Läufe sind bei diesem System durch Lösen zweier Imbusschrauben leicht austauschbar. Es ist also möglich, sofern die Patronenböden denselben Durchmesser haben, und die Wechselläufe kein stärkeres Kaliber als der Originallauf aufweisen, mehrere Läufe in derselben Waffe zu verwenden.

8.6 Mauser-Verschluß 77

Dieser Verschluß (Abb. 325) ist eine Neuentwicklung mit normaler Kammerlänge. Die Verriegelungswarzen sind zurückverlegt. Der Abzug gleicht einem Flintenabzug mit Druckpunktstellung. Das System hat einen neuartigen Stecher, der durch einen seitlich am Kolbenhals liegenden Schieber betätigt wird. Beim Öffnen und Schließen der Waffe wird automatisch entstochen. Dies kann aber auch durch Zurücknehmen des Schiebers geschehen. Die Sicherung entspricht derjenigen vom Modell 66.
Das Magazin ist ein auswechselbares Reihenmagazin.

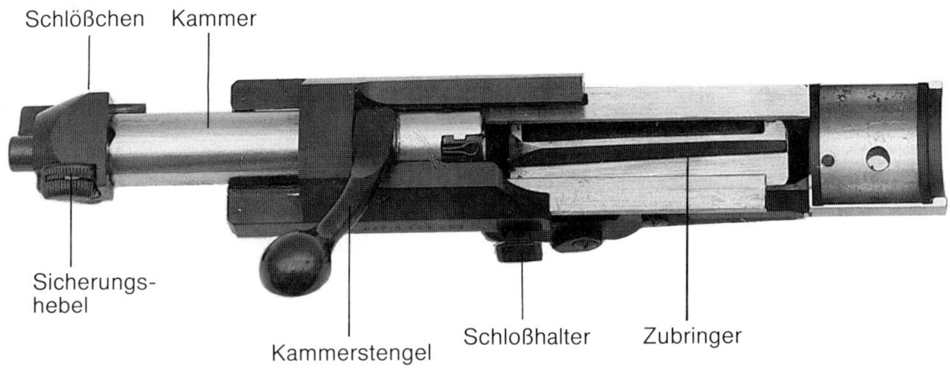

Abb. 324. Mauser-Kurzverschluß M 66 S.

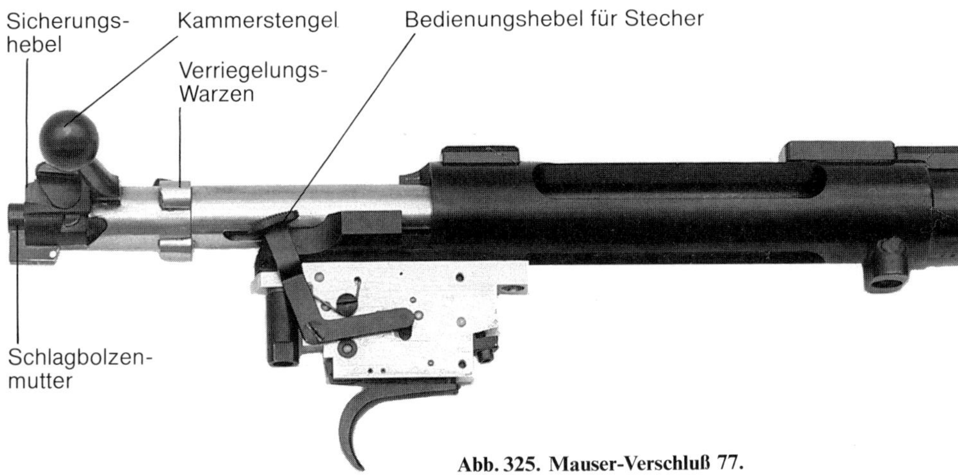

Abb. 325. Mauser-Verschluß 77.

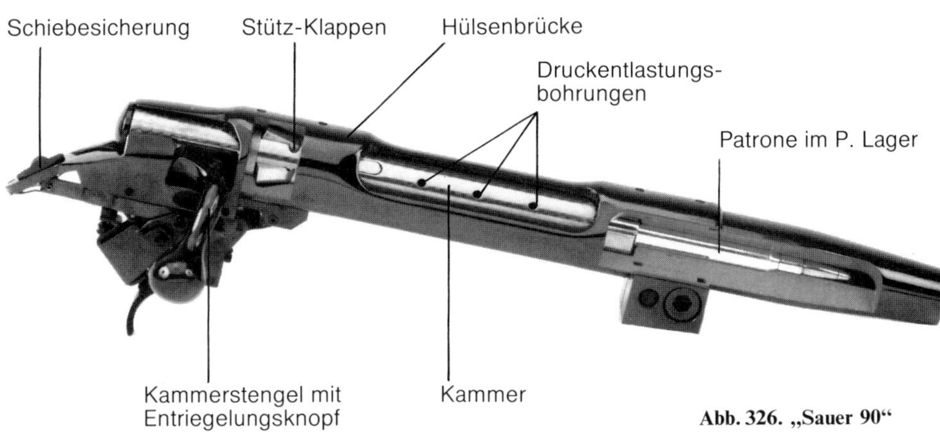

Abb. 326. „Sauer 90“

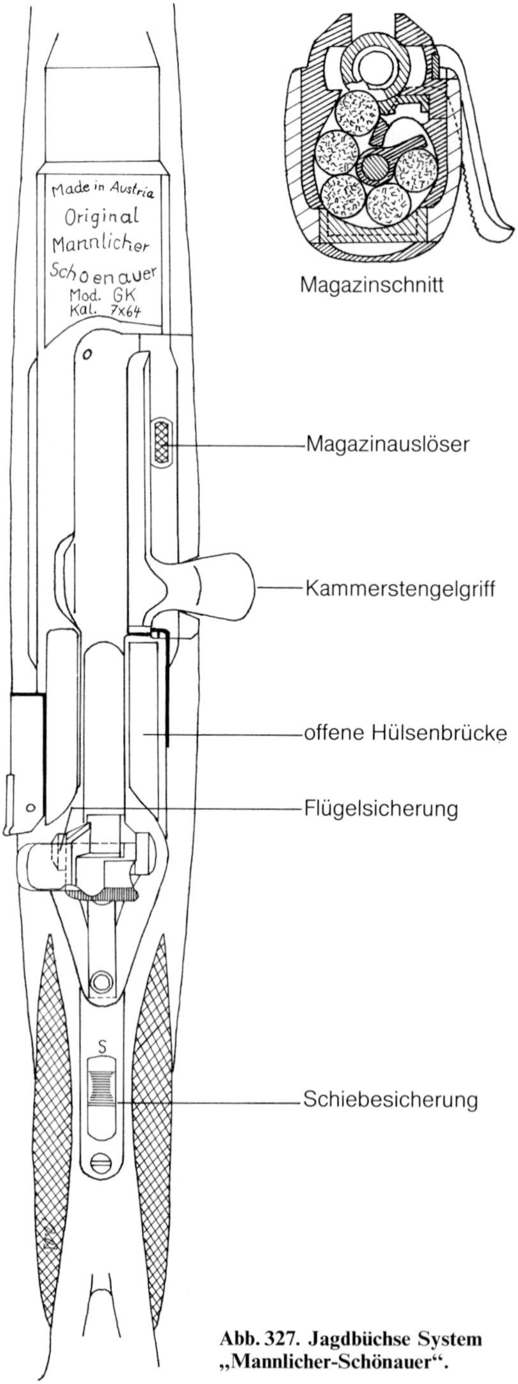

Abb. 327. Jagdbüchse System „Mannlicher-Schönauer“.

Das Reihenmagazin wird wie das Stangenmagazin einer Pistole geladen, indem man eine Patrone nach der anderen mit dem Boden voran unter die Magazinlippen schiebt. Dabei drückt man zunächst den Zubringer und dann die bereits im Magazin befindlichen Patronen nach unten.

8.7 Stützklappenverschluß

Der Stützklappenverschluß der Sauer 90 (Abb. 326) ist ein gerade laufender Kammerverschluß mit einer speziellen Art der Verriegelung. Anstelle der üblichen Verriegelungswarzen hat er drei Stützklappen. Er zeichnet sich durch besonders weichen Schloßgang und die doppelt wirkende Sicherung mit wahlweise festgelegter oder entriegelter Kammer aus. Ein Signalstift zeigt an, ob sich eine Patrone im Lauf befindet. Der Flintenabzug ist als Rückstecher ausgebildet, er kann nur bei gespanntem Schloß betätigt werden. Nach dem Sichern wird der Stecher durch Öffnen der Kammer entspannt. Das Wechselmagazin faßt je nach Kaliber 3 bis 4 Patronen.

8.8 Weatherby-Verschluß

Der Weatherby-Verschluß (Abb. 328) ist eine Spezialkonstruktion für großvolumige Patronen bis zu einer Gesamtlänge von 95 mm bei stärkster Ladung. Die mit Druckentlastungsbohrungen versehene Kammer weist neun kleine Verriegelungswarzen auf, die in drei jeweils um 120 Grad versetzten Reihen angeordnet sind.

Die Sicherung wirkt auf Schlagbolzen und Kammerstengel, der Sicherungshebel befindet sich am rechten Kammerende. Der Magazinboden läßt sich durch einen Drücker zum Entladen öffnen.

Druckentlastungsbohrungen, die man auch bei anderen Fabrikaten findet, sollen evtl. durch das Schlagbolzenloch nach hinten austretendes Gas für den Schützen gefahrlos ableiten.

8.9 Sicherheitsrepetierer

Blaser SR 830 zeigt Elemente vom klassischen Repetierer wie vom Selbstlader und von der Blockbüchse

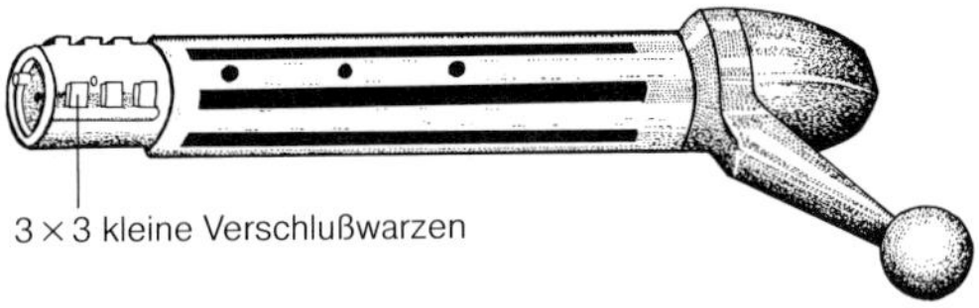

Abb. 328. Weatherby-Büchsenschloß.

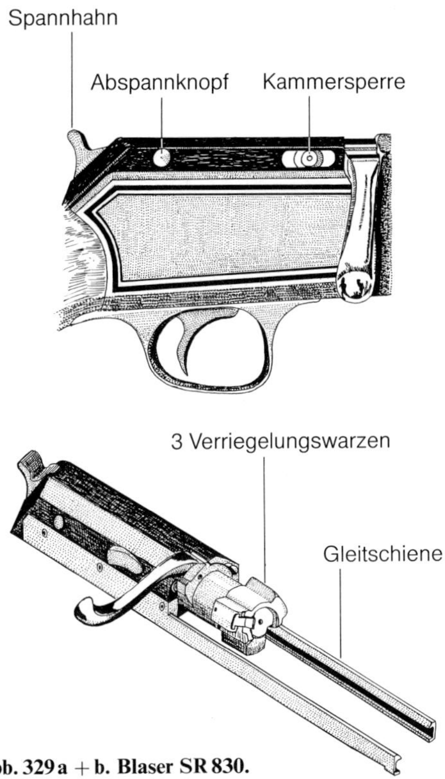

Abb. 329 a + b. Blaser SR 830.

(Abb. 329a und b). Anstelle der Hülse verbindet ein Systemkasten aus Dural Lauf, Vorderschaft und Hinterschaft. Der Verriegelungskopf, in den der Lauf eingeschraubt ist, bildet so mit Lauf und Verschluß im geschlossenen Zustand eine Einheit. Der Verrigelungskopf wird mit nur einer Schraube gehalten, so daß ein Laufwechsel einfach und rasch möglich ist.

Der Gleitschienen-Verschluß baut kurz und zeichnet sich durch einen weichen, fast lautlosen Gang aus. Das Kunststoff-Magazin mit Schulteranlage faßt zwei Patronen. Sie werden von oben in den Kasten eingesetzt und gefüllt. Bei einem evtl. Laufwechsel kann so für jedes Kaliber das passende Magazin verwendet werden.

Eine weitere Besonderheit ist ein Schieber, mit dem die Kammer gegen unbeabsichtigtes Öffnen verriegelt wird. Entriegelt wird durch den Rückstoß beim Schuß oder von Hand. Besonders hervorzuheben ist die Möglichkeit, das Schloß der geladenen Waffe mit einem Druckknopf zu entspannen und diese so gefahrlos zu führen.

Vor dem Schuß wird dann ein Spannhahn am Ende des Verschlußstückes mit dem Daumen nach vorne gedrückt und die Schlagbolzenfeder gespannt. Beim Repetieren für den 2. und 3. Schuß spannt dann das Schloß selbsttätig, so daß eine rasche Folge gewährleistet ist. Der Flintenabzug ist auch als Rückstecher zu verwenden.

8.10 Die Blaser Sicherheitsbüchse – SR 850/88

Sie ist eine Weiterentwicklung der Blaser 830; der dort noch verwendete Spannhahn ist verschwunden, seine Funktion wird bei der neuen Konstruktion vom Kammerstengel übernommen. Durch Vordrücken desselben wird das Schloß gespannt und gleichzeitig die Kammer verriegelt. Durch den Schuß wird entriegelt und der Kammerstengel geht in seine Ausgangsstellung zurück. Nach dem Repetieren bleibt das Gewehr entspannt. Das Eindrücken der Kammersperre verhindert unbeabsichtigtes Öffnen oder Spannen des Schlosses.

Der Drei-Warzenverschluß ergibt einen kleinen Öffnungswinkel. Der Feinabzug kann über einen Schieber im Magazinschacht reguliert werden. Die besondere Konstruktion der Waffe ermöglicht Lauf- und damit Kaliberwechsel in kurzer Zeit und mit einfachen Mitteln.

8.11 Repetierbüchse – Sauer 200

Dieses Gewehr zeichnet sich durch seine besondere Konstruktion und Wandlungsfähigkeit aus. Kolben und Vorderschaft sind einzeln austauschbar. Wechselläufe in verschiedenen Kalibern können durch die Klemmverbindung mit dem Systemgehäuse einfach

und schnell ausgetauscht werden. Dies wird möglich durch die neue, direkte Verriegelung im Lauf. Der 6-Warzen-Verschluß mit versenktem Stoßboden dichtet in Verbindung mit der Konstruktion des Ausziehers optimal ab, so daß das Gehäuse keinen Druck aufnehmen muß. Entlastungsborhungen im Laufende, in der Kammer und im Gehäuse leiten gegebenenfalls austretendes Treibgas ab.
Die Abzug/Sicherungs-Gruppe wird als Flinten- oder Stecher-Abzug gebaut. Die integrierte Sicherung wirkt über den Abzug auf den Abzugsstollen und Schlagbolzen. Dabei wird die Kammer gegen Öffnen gesperrt. Das Schloß kann bei gespanntem Stecher nicht entsichert werden.

8.12 Die RWS-Sicherheitsbüchse

Die Waffe ist ausgerüstet mit einem kombinierten Hand- und Selbstspanner-System. Mit dem griffgünstig auf dem Kolbenhals angebrachten Spannschieber wird erst kurz vor dem Schuß das Schloß gespannt und gegebenenfalls auch entspannt. Beim Spannen wird gleichzeitig die Kammer entsperrt. Bleibt der Schieber in Spannstellung, so wird das Gewehr beim Repetieren neu gespannt. Im entspannten Zustand ist die Kammer gegen unbeabsichtigtes Öffnen gesperrt. Eine Entriegelungstaste ermöglicht das Öffnen in diesem Zustand.
Der Zylinder-Verschluß verriegelt mit zwei Verriegelungswarzen unmittelbar hinter dem Patronenlager.
Der serienmäßige Flintenabzug ist mit einem Rückstecher kombiniert, der durch Zurücknehmen des Spannschiebers entstochen wird.

8.13 Sonstige Mehrlader

Aus Amerika sind die Unterhebel- und Vorderschaft-Repetierer zu uns gekommen. Während der Vorderschaft-Repetiermechanismus bei Flinten und bei Büchsen vorkommt, findet man Unterhebel-Repetierer nur als Büchsen. Bei diesen Waffen wird entweder durch Vor- und Zurückbewegen des Vorderschaftes oder durch Öffnen und Schließen des verlängerten Abzugsbügels beim Unterhebelverschluß repetiert. Die Vorderschaft-Repetierer haben sich gut bewährt, sie gelten als außerordentlich zuverlässig und erreichen in der Hand geübter Schützen eine rasche Schußfolge.
Flinten mit diesem System haben unter dem Lauf liegende Röhrenmagazine.
Büchsen findet man sowohl mit Röhren-, als auch mit Kastenmagazinen.

9 Selbstlader

Die Selbstlader ähneln äußerlich den Vorderschaft-Repetierern. Bei ihnen übernimmt aber nach dem ersten Schuß je nach Konstruktion entweder der Gasdruck oder der Rückstoß das Ausstoßen der Hülse, das Spannen des Schlosses und das Zuführen einer neuen Patrone.
Der Gasdrucklader entnimmt aus einer Bohrung an der Laufunterseite beim Schuß Gasdruck, mit dem er über einen Kolben und ein Gestänge den Verschluß bewegt und so die für das Repetieren notwendige Bewegung selbsttätig ausführt.
Der Rückstoßlader dagegen verwendet hierfür anstelle des Gasdrucks einen Teil der Rückstoßenergie.
Beide Systeme kommen sowohl bei den Flinten, als auch bei Büchsen vor. Selbstlade-Flinten verwenden die bereits beschriebenen Röhrenmagazine, Büchsen dagegen auswechselbare Kastenmagazine.
Bei Selbstladeflinten mit Magazinsperre wird nur beim Schießen nachgeladen, jedoch nicht beim Öffnen des Verschlusses von Hand.

Langwaffen sind Handfeuerwaffen mit mehr als 60 cm Länge. Dazu gehören Büchsen und Flinten als Einzel-, Mehr- oder Selbstlader sowie die Kipplaufwaffen.

Im einzelnen sind zu nennen:

Doppelflinte	Bockbüchsflinte
Bockdoppelflinte	Drilling
Kipplaufbüchse	Vierling
Doppelbüchse	Mehrlader
Bockdoppelbüchse	Selbstlader
Bergstutzen	Repetierer
Büchsflinte	

Die Magazine von Selbstladern dürfen laut Gesetz nur 2 Patronen fassen; eine weitere kann direkt in den Lauf geladen werden, so daß die Kapazität dieser Gewehre auf 3 Schuß beschränkt ist.

10 Zubehör

An Zubehör braucht der Jäger für seine Waffen gute Trageriemen aus Leder, am besten in geflochtener oder mit Gummi unterlegter Ausführung; ferner Mündungsschoner und evtl. aufschnallbare Schaftbacken aus Leder sowie Staubschutzdeckel für das Zielfernrohr und möglichst gefütterte Futterale für den Transport der Waffen. Aus Gummi gefertigte Schaftkappenverlängerungen als Rückstoßminderer sind sehr empfehlenswert.

Zur Wiederholung und Kontrolle

- Wann gilt eine Waffe als Kurzwaffe?
- Woran erkennt man, ob eine Flinte Ejektoren hat?
- Wieviel Newton sollten die beiden Abzüge einer Doppelflinte halten?
- Welchen Lauf bedient der hintere Abzug einer Bockdoppelflinte?
- Was ist ein Bergstutzen?
- Was versteht man unter einem Sicherheitsgewehr?
- Welchen Lauf bedient der hintere Abzug eines Drillings, wenn der Umschaltschieber auf Kugel steht?
- Was ist vor dem Entstechen zu tun?
- Was versteht man unter „Klettern"?
- Wie wird eine Repetierbüchse entspannt?
- Wo befinden sich die Verriegelungswarzen?
- Wie wird ein deutscher Stecher entstochen?

11 Kurzwaffen

Die Kurzwaffen, früher auch Faustfeuerwaffen genannt, werden in Pistolen und Revolver eingeteilt. Sie dienen in erster Linie der Selbstverteidigung und auf der Jagd in bestimmten Situationen auch dem Fangschuß. Eine Kurzwaffe sollte deshalb nicht zu groß und nicht zu schwer sein, damit sie auch wirklich immer mitgeführt wird, andererseits aber auch nicht zu klein, damit sie bei Bedarf sicher zu erfassen ist. Wichtig sind ferner stete Feuerbereitschaft und ein Kaliber von ausreichender Stoppwirkung und Energie.

Getragen werden Kurzwaffen in Futteralen, aber nie lose in der Rock- oder Manteltasche. Rechtshänder schnallen das Futteral am besten auf die linke Körperseite und zwar so, daß der Griff nach vorne zeigt und auch bei geschlossener Kleidung rasch und glatt gezogen werden kann.

Futterale für Kurzwaffen sollten aus einem kräftigen steifen Leder so geformt und geschnitten sein, daß die Waffe sicher getragen werden kann und auch beim Bücken, Laufen, Klettern oder bei einem Sturz nicht herausfällt. Die meisten Holster, das sind offene Futterale nach amerikanischem Vorbild, erfüllen diese Forderung nicht. Besser sind deshalb Pistolen- oder Revolvertaschen mit einem Deckel oder einem Sicherungsriemen, der die Waffe in der Tasche fixiert. Offene Holster, bei denen die Waffe durch eine eingearbeitete Klemmfeder festgehalten wird, sind am zweckmäßigsten.

Gebrauchswaffen unterscheiden sich von Wettkampfmodellen durch ihr glattes Äußeres und einfache Visierung. Die Wettkampfwaffen haben meistens größere Griffe, breitere Abzüge und Hähne, sowie oft eine Laufschiene, die manchmal durchbrochen, also ventiliert ist und grobe Visierung, bei der die Kimme sowohl der Höhe als auch der Seite nach zu verstellen ist. Das Korn wird, um störende Reflexe auszuschalten, oft hinterschnitten (Abb. 330 und 331).

11.1 Selbstladepistolen

Selbstladepistolen gibt es in vielen Ausführungen. Man unterscheidet jedoch prinzipiell solche mit Massenverschluß und andere mit verriegeltem Verschluß. Bei der ersten Art drückt lediglich die Rückholfeder das Verschlußstück gegen den starr mit dem Rahmen verbundenen Lauf. Der Verschluß gehorcht dem Impulssatz der Mechanik, wonach sich die

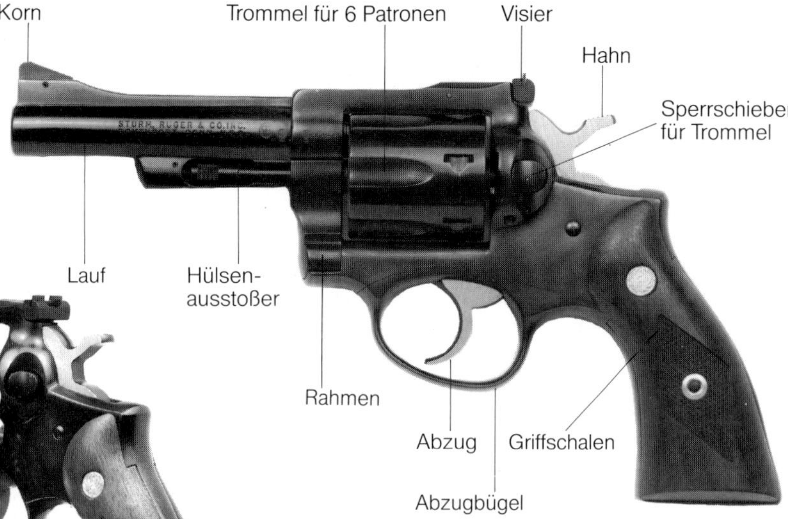

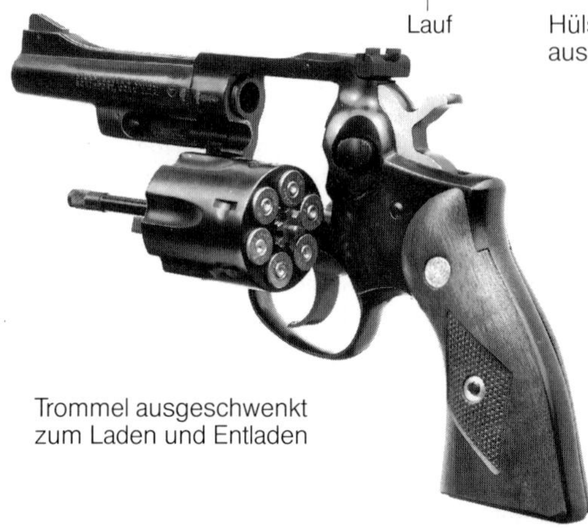

Abb. 330. Ruger-Revolver, 6schüssig.

Wege der Massen umgekehrt verhalten, wie die Massen selbst.

GG = Geschoßgewicht in Gramm
LL = Lauflänge in Millimeter
VG = Verschlußgewicht in Gramm
S = Strecke (die der Verschluß theoretisch in der Zeit zurücklegt, in der das Geschoß den Lauf durcheilt).

Abb. 331. Links: Schnitt durch die Selbstladepistole PP, Kaliber 7,65 mm. Rechts: Walther Pistole.

Formel: $S = \frac{GG \cdot LL}{VG}$

Massenverschlüsse werden vorwiegend in leichteren Pistolen verwendet. Stärkere Kaliber, so die meisten Armeemodelle, arbeiten mit verriegeltem Verschluß. Bei diesen sind der beweglich gelagerte Lauf und der Verschluß durch ein Verriegelungsstück verbunden. Beim Schuß läuft, ausgelöst durch den Rückstoß, zunächst das ganze System gemeinsam ein kurzes Stück zurück.

In dieser Zeit soll das Geschoß den Lauf verlassen haben. Das Verriegelungsstück trennt sich durch die Art seiner Führung von Lauf und Verschluß. Der Lauf wird gestoppt. Das Verschlußstück läuft weiter zurück. Es wirft dabei die leere Hülse aus, spannt Schlagbolzen und Rückholfeder und führt beim Schließen eine neue Patrone aus dem Magazin in den Lauf ein. Die Waffe ist für den nächsten Schuß bereit (Abb. 332).

Abb. 332. Sichern der Pistole bei gespanntem Hahn.

Pistolen mit Massenverschluß

Walther PP und PPK waren die ersten Pistolen, die sowohl mit einem außenliegenden Hahn als auch mit einem Spannabzug mit doppelter Aktion ausgerüstet waren. Durch die besondere Konstruktion ihrer Sicherung, bei deren Betätigung der Schlagbolzen blockiert, dem Hahn der Zutritt zum Schlagbolzen verwehrt und die Schlagbolzenfeder entspannt wird, ist es möglich, die Waffe geladen und entspannt, aber auch gleichzeitig entsichert und dennoch gefahrlos zu führen. Geladen wird die Waffe, indem zunächst das Magazin gefüllt wird. Dabei werden die Patronen einzeln mit dem Boden voraus vorsichtig in das Magazin eingeführt, dann schiebt man das Magazin in die Waffe, bis es hörbar einrastet. Der Sicherungshebel steht auf gesichert, jetzt wird das Verschlußstück mit der linken Hand bis zum Anschlag zurückgezogen und losgelassen. Nun ist die Waffe geladen und entspannt.

Eine Schußwaffe ist nach den Verwaltungsvorschriften zum Waffengesetz dann schußbereit, wenn sie geladen ist.

Geladen ist eine Waffe, wenn Patronen oder Geschosse in der Trommel, im Magazin oder im Patronenlager sind.

Ob die Waffe gesichert oder nicht gespannt ist, spielt keine Rolle.

Bei den obengenannten Modellen, jedoch nicht im Kaliber.22 lfB, zeigt ein Signalstift an, ob sich eine Patrone im Lauf befindet (siehe Abb. 331).

Während des gesamten Ladevorgangs hält man die Waffe mit der Mündung schräg nach unten. Dabei liegt der Zeigefinger seitlich neben dem Abzugsbügel. Anschließend wird der Sicherungshebel in Feuerstellung gelegt. Zum Schießen wird der Abzug durchgezogen, damit löst sich der erste Schuß. Nach diesem bleibt die Waffe mit gespanntem Hahn feuerbereit. Man kann auch vor dem ersten Schuß den außenliegenden Hahn mit dem Daumen aufziehen, d.h. spannen, so daß ein präzises Zielen möglich ist (Abb. 333 oben und mitte).

Zum Zerlegen werden diese Modelle mit der rechten Hand am Griff erfaßt, gesichert, das Magazin entfernt und anschließend das Verschlußstück mit der linken Hand zweimal kräftig zurückgezogen, um sicher zu sein, daß sich keine Patrone mehr im Lauf befindet. Danach wird wieder mit der linken Hand der Abzugsbügel nach unten aus dem Rahmen herausgezogen. Der rechte Zeigefinger drückt den Abzugsbügel dann so zur Seite, daß er sich gegen den Rahmen abstützt. Jetzt zieht die linke Hand das Verschlußstück bis zum Anschlag zurück, hebt es hinten leicht an und läßt es unter dem Druck der Rückholfeder nach vorne vom Lauf abgleiten. Die Waffe ist dann soweit zerlegt, wie es zum Reinigen nötig ist. Das Zusammensetzen erfolgt in umgekehrter Reihenfolge (Abb. 333 unten, Abb. 334).

Pistolen mit verriegeltem Verschluß

Hier sei als Beispiel die P 38 von Walther angeführt. Die Funktion ihrer Sicherung ist identisch mit der der PP-Modelle. Das Laden geschieht auch in der zuvor beschriebenen Weise. Entladen werden Selbstladepistolen grundsätzlich in gesichertem Zustand, wobei zunächst das Magazin entnommen und dann durch Zurückziehen des Verschlußstücks die im Lauf befindliche Patrone ausgeworfen wird.

Zum Zerlegen wird bei leerer Waffe der Verschluß zurückgezogen, bis er in geöffnetem Zustand vom Fangstück festgehalten wird. Danach ist der unter dem Vorderteil des Verschlußstücks befindliche Hebel nach vorne umzulegen. Anschließend zieht man den Verschluß noch etwas zurück und kann ihn nun unter dem Druck der Rückholfeder vorsichtig nach vorne vom Griffstück abgleiten lassen. Jetzt sind Lauf und Verschluß vom Griff getrennt. Wenn man nun den Lauf mit Verschluß umdreht, so daß die Unterseite nach oben zeigt und den dann sichtbaren Bolzen nach vorne drückt, läßt sich der Lauf aus dem Verschluß nehmen.

Für Selbstverteidigungszwecke werden auch Pistolen mit mehreren Läufen angeboten. Die bekannteste und auch heute noch zu erwerbende Waffe dieser Art ist der „Derringer". Er hat zwei übereinander gebockte Läufe und einen Abzug. Die Waffe ist zwar sehr klein, aber im Kaliber .38 special durchaus wirkungsvoll.

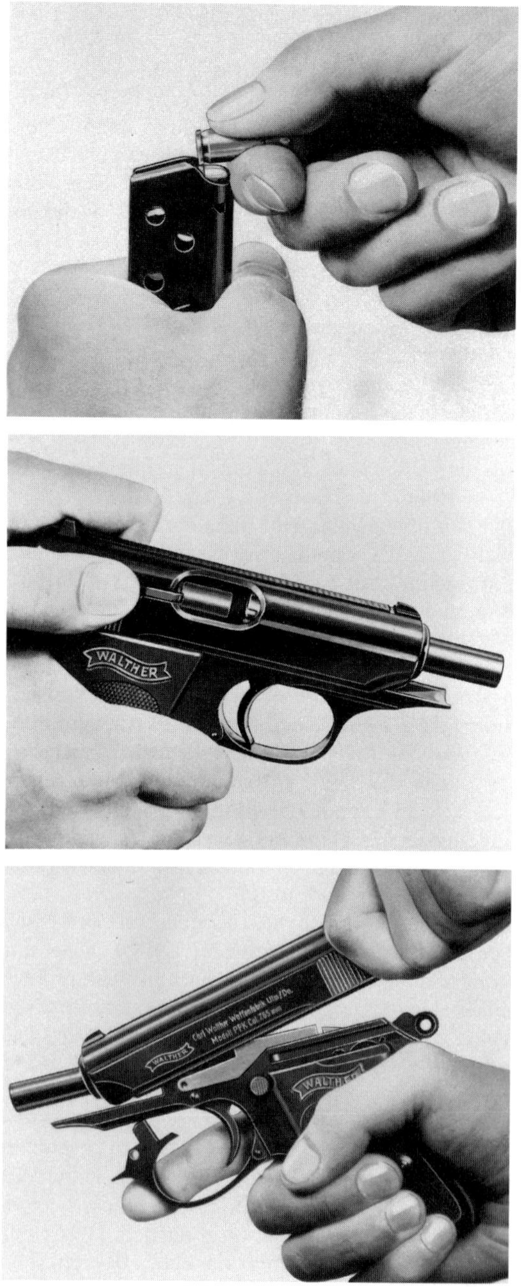

Abb. 333. Füllen des Magazins (oben); Einführung der 1. Patrone in den Lauf (Mitte); Zerlegen der Pistole (unten).

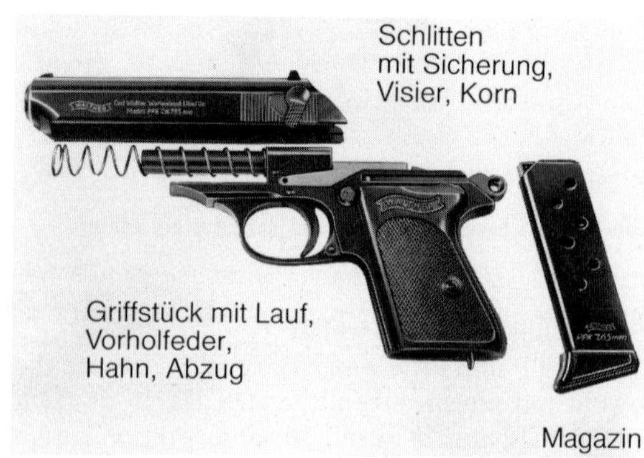

Abb. 334. Die drei Hauptteile der Walther-PPK-Pistole.

11.2 Revolver

Die Revolver unterscheiden sich von den Pistolen durch ihre drehbare Walze oder Trommel. Die Patronenlager befinden sich in der Trommel und nicht im Lauf.

> Bei den Revolvern sind Lauf und Patronenlager getrennt.

Der Revolver ist eine zuverlässige echte Ein-Hand-Waffe. Er faßt fünf oder sechs, in Ausnahmen auch mehr Patronen. Mit einem Blick ist zu erkennen, ob die Waffe geladen ist. Störungen, wie sie bei Selbstladepistolen beim Zuführen der Patronen auftreten können, sind ausgeschlossen. Bei Patronenversagern wird einfach wieder gespannt und damit die nächste Patrone hinter den Lauf gebracht. Bei Waffen mit einfacher Bewegung = Single-Action geschieht dies, indem der Hahn mit dem Daumen gespannt wird, bei Revolvern mit doppelter Bewegung = Double-Action mittels Durchziehen des Abzugs. Das verhältnismäßig hohe Gewicht der Revolver ist ein Nachteil, ein weiterer ist der Leistungsverlust durch den Gasdruckabfall im Schlitz zwischen Trommel und Lauf. Revolver mit festen Trommeln sind überholt. Bei ihnen muß zum Laden und Entladen eine seitlich hinter der Trommel angebrachte Klappe geöffnet werden. Die leeren Hülsen werden dann einzeln mit einem an der Waffe befindlichen beweglichen Stift ausgestoßen, eine neue Patrone eingeführt und dann die Trommel um eine Kammer weitergedreht. Diese Waffen haben meist keinen Spannabzug, sondern nur einfache Bewegung.

Die modernen Revolver aller Fabrikate haben mit Ausnahme einiger Scheibenwaffen doppelte Bewegung; also Spannabzug und ausschwenkbare Trommeln. Die durch einen Schieber gehaltene Trommel wird zum Laden und Entladen seitlich aus der Waffe herausgeschwenkt. Durch Eindrücken der Trommelachse werden alle Hülsen auf einmal ausgeworfen, dann können die neuen Patronen leicht eingeführt werden. Mit speziellen Ladestreifen kann dies auf einmal geschehen. Anschließend wird die Trommel in die Waffe zurückgedrückt und ist damit feuerbereit. Die wenigsten Revolver haben eine Sicherung. Der Rückspringhahn ruht stattdessen in der Sicherungsrast und zwar so, daß das Zündhütchen der unter dem Hahn liegenden Patrone vom Zündstift nicht erreicht wird. Der Hahn zündet nur, wenn er zuvor ganz aufgezogen wurde. Wenn er aus halbem Weg abschlägt, wird er von der Fang- oder Sicherungsraste aufgefangen, so daß ein unbeabsichtigtes Losgehen der Waffe nahezu ausgeschlossen ist. Es gibt rechts- und linksdrehende Trommeln. Für den Jäger besonders interessant sind die kurzläufigen Modelle auf leichtem oder mittlerem Rahmen. Sie erfüllen im Kaliber .38 special die an Leistung und Feuerbereitschaft zu stellenden Forderungen, sind sehr robust und mit Aluminiumrahmen auch überraschend leicht. Allerdings ist zu beachten, daß aus den meisten dieser Modelle keine High-Speed-Patronen verschossen werden dürfen. High-Speed-Patronen entwickeln eine höhere Vo, aber auch einen höheren Gasdruck, als die normalen Patronen.

Kipplaufrevolver

Bei diesen Typen konnten der Lauf und die Trommel gemeinsam abgekippt werden und alle Patronen mit einem gemeinsamen Ausstoßer rasch ausgeworfen werden. In dieser Stellung konnte auch ohne

> Zu den Kurzwaffen gehören Pistolen und Revolver. Pistolen gibt es als Einzellader, Mehrlader und als Selbstlader. Bei den Selbstladern unterscheidet man nach Massenverschluß und verriegeltem Verschluß. Das Merkmal aller Pistolen ist, daß sie das Patronenlager im Lauf haben. Das Merkmal der Revolver ist die Trommel mit 5 und mehr Patronenlagern.

Zur Wiederholung und Kontrolle

- Wodurch unterscheidet sich eine Pistole vom Revolver?
- Was versteht man unter einem Massenverschluß?
- Worauf ist beim Entladen einer Pistole besonders zu achten?
- Wie wird ein moderner Revolver geladen?
- Was ist ein Spannabzug?
- Haben Revolver eine Sicherung?
- In welche Richtung dreht die Trommel beim Revolver?
- Was zeigt ein evtl. Signalstift an?

viel Mühe rasch nachgeladen werden. Waffen dieser Art sind aber heute kaum noch anzutreffen und deshalb nur der Vollständigkeit halber erwähnt.

12 Einsteckläufe und Adapter

Einsteckläufe, Adapter und Reduzierpatronen werden benützt, um aus Schrotläufen eine Büchsenpatrone oder aus großkalibrigen Büchsen und Kurzwaffen kleinere Patronen verfeuern zu können.
Einsteckläufe werden in erster Linie in Drillingen oder Bockbüchsflinten im Schrotlauf zusätzlich geführt. Ursprünglich wurden sie nur in einer kurzen Ausführung von 22 cm Länge im Kaliber .22 lfB, später auch in einer 44 cm langen, für das Kaliber .22 Mag. gebaut. Jetzt gibt es auch Einsteckläufe, die so lang sind wie ihr Mutterlauf, z. B. im Kaliber 5,6 × 50 R und .222 Rem (Abb. 335).

Abb. 335. Einstecklauf.

Einsteckläufe können so justiert werden, daß sie mit dem Kugellauf der Waffe auf eine bestimmte Entfernung denselben Treffpunkt haben.
Beim Einsetzen eines Einstecklaufes muß man selbstverständlich sicher sein, daß er für diese Waffe bestimmt ist und man muß darauf achten, daß er ordentlich festgestellt wird.

Einsteckläufe tragen den Namen, die Firma oder das Warenzeichen des Herstellers und die Bezeichnung der Munition, für die sie gebaut sind.

Adapter
Adapter sind Stahleinsätze in Patronenform. Innen haben sie ein Patronenlager für eine kleinere Patrone des Originalkalibers. Somit kann beispielsweise aus eine Waffe mit der Patrone 5,6 × 57 bei der Verwendung des Adapters eine Patrone .222 Rem. benützt werden (Abb. 336).

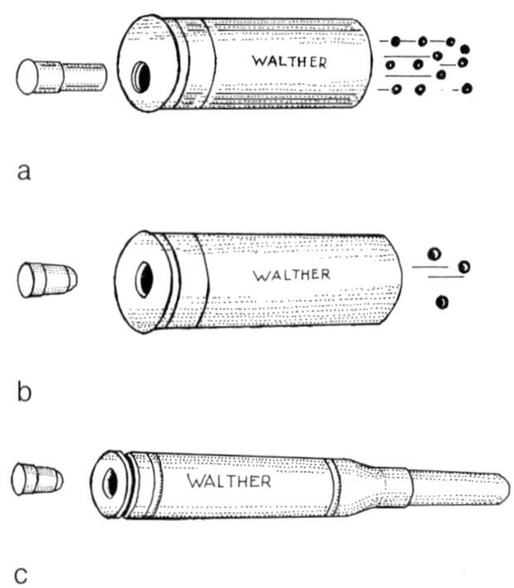

Abb. 336. a Schrot-Reduzierlauf, b Schrot-Trainingslauf, c Einsteckpatrone für Büchse.

Reduzierpatronen
Reduzierpatronen gleichen äußerlich den Adaptern. Sie haben aber einen eigenen kurzen gezogenen Lauf, so daß aus großkalibrigen Büchsen oder auch aus Schrot- oder Kurzwaffenläufen kleinkalibrige Patronen verschossen werden können.
Hierzu gehört auch der Fangschußgeber. Er sieht aus wie eine Schrotpatrone und ermöglicht es, aus einem Schrotlauf für den Fangschuß eine Revolverpatrone im Kaliber .38 special zu verwenden.
Für Revolver im Kaliber 357 Mag. und .38 special gibt es einen Fangschußgeber, aus dem man z. B. für den Fangschuß auf Raubzeug eine Kleinkaliberpatrone .22 lfB verfeuern kann.
Für Gewehre mit Mauser-Systemen in den Kalibern 7–7,62 und 8 mm gibt es ein komplettes Einstecksystem für die Kleinkaliberpatrone .22 lfB.

13 Ballistik

Die Ballistik ist die Lehre vom Schuß. Sie wird unterteilt in
Innenballistik
Mündungs- oder Übergangsballistik
Außenballistik
Ziel- oder Endballistik.
Die Innen- und die Übergangsballistik behandeln die Vorgänge in der Waffe und an der Mündung. Die Außenballistik beschreibt den Weg des Geschosses nach Verlassen des Laufes sowie die Kräfte, die ihn beeinflussen und die Endballistik die Wirkung im Ziel (Tab. 13).

13.1 Innen- und Übergangsballistik

Wenn der Abzug ausgelöst wird, vergeht eine gewisse Zeit, bis der Schlagbolzen auftrifft. Es ist dies die Schloßzeit, sie beträgt je nach Konstruktion 2–3 tausendstel Sekunden. Durch den vorschnellenden Schlagbolzen wird das Zündhütchen gezündet, seine Flamme schlägt in den Pulverraum. Das Pulver entflammt und setzt sich in heißes hochgespanntes Gas um, wobei 1 Gramm Nitrozellulosepulver etwa 1 Liter Gas bilden. Der dadurch entstehende große Druck wirkt nach allen Seiten, er ist auch Voraussetzung für eine gleichmäßige und gesteuerte Verbrennung des Pulvers.
Das Geschoß setzt sich in Bewegung. Die Zeitspanne vom Auftreffen des Schlagbolzens bis zu diesem Moment nennt man Schußentwicklungsdauer.
Zwischen dem Patronenlager und dem gezogenen Teil des Laufs liegt der konisch gebohrte Übergangskegel. Bei den deutschen Normkalibern ist dessen Länge vorgeschrieben und verhältnismäßig groß. Ausländische Waffen haben durchweg kürzere Übergänge.
Wenn sich das Geschoß durch den Gasdruck in Bewegung setzt, wird es zunächst noch vom Patronenhals geführt, ehe es vom gezogenen Lauf erfaßt wird. Die Strecke, die es dabei zurücklegt, ist der rotationslose Geschoßweg. Verläßt jedoch der Führungsteil des Geschosses den Patronenhals, bevor es vom Drall erfaßt wird, kommt es zum „unerwünschten Freiflug".

Der Freiflug ist ein Teil des rotationslosen Geschoßweges.

Der Auszugswiderstand der Patrone und der Einpreßwiderstand, den das Geschoß im Übergang vom Patronenlager zum Lauf überwinden muß sowie die Reibung im Lauf selbst sind bei der Flinte mit ihrem glatten und großkalibrigen Inneren viel geringer als im gezogenen Büchsenlauf. Deshalb wird in Büchsenpatronen ein Treibmittel mit anderem Abbrandverhalten und damit anderem Gasdruckkurvenverlauf als in Flinten verwendet (Abb. 337 und 338).

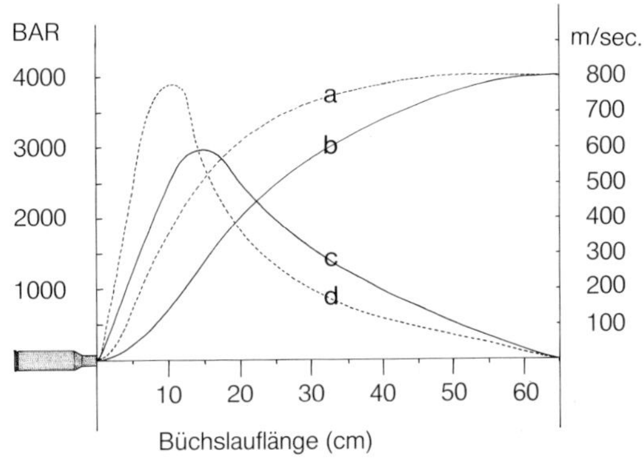

Abb. 337. Schematische Darstellung des Gasdruckverlaufs und der Beschleunigung im Büchsenlauf. a Beschleunigung offensives Treibladungsmittel, b Beschleunigung progressives Treibladungsmittel, c Druckverlauf progressives Treibladungsmittel, d Druckverlauf offensives Treibladungsmittel.

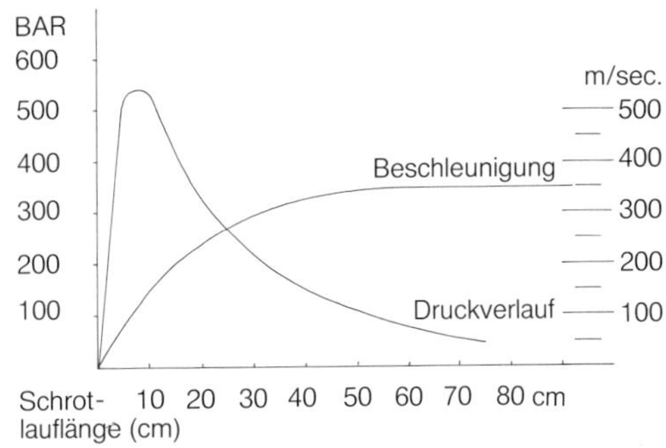

Abb. 338. Schematische Darstellung des Gasdruckverlaufs und der Beschleunigung im Flintenlauf.

Tab. 13.
Ballistische Daten

Kaliber Geschoß-Art	Gewicht (g)	Fluggeschwindigkeit [m/s] V_0	V_{100}	V_{200}	Energie [J] E_0	E_{100}	E_{200}
.22 Hornet							
TM/MJ	3,0	740	560	425	824	471	275
VM	3,0	740	560	425	824	471	275
.222 Rem.							
TM	3,24	970	785	625	1530	1001	638
VM	3,24	970	785	625	1530	1001	638
SG	3,2	970	735	555	—	—	—
5,6x50 Mag.							
TM	3,24	1095	915	755	1942	1354	922
VM	3,24	1095	915	755	1942	1354	922
5,6x50 R Mag.							
TM	3,24	1070	890	740	1854	1285	883
VM	3,24	1070	890	740	1854	1285	883
TM	3,6	1000	845	705	1780	1270	885
5,6x52 R							
TM	4,6	870	740	640	1736	1256	942
VM	4,6	870	740	640	1736	1256	942
5,6x57							
KS	4,8	1040	920	805	2600	2031	1560
VM	4,8	1040	920	805	2600	2031	1560
5,6x57 R							
KS	4,8	1040	920	805	2600	2031	1560
VM	4,8	1040	920	805	2600	2031	1560
.243 Win.							
KS	6,2	955	840	740	2825	2195	1700
TM	6,5	935	850	770	2845	2340	1920
SG	4,5	1000	855	725	—	—	—
6,5x54 M. Sch.							
TM	10,3	670	585	510	2315	1766	1344
6,5x57							
TMS	6,0	1010	880	760	3061	2325	1736
VM	6,0	1010	880	760	3061	2325	1736
KS	8,2	870	795	715	3100	2590	2099
HMoH	10,0	815	710	625	3326	2521	1952
SG	6,0	1010	820	660	—	—	—
TMF	6,0	1010	840	695	3060	2117	1449
6,5x57 R							
TMS	6,0	985	860	740	2914	2217	1638
VM	6,0	985	860	740	2914	2217	1368
KS	8,2	845	770	695	2923	2433	1982
HMoH	10,0	780	680	595	3041	2315	1766
TMF	6,0	985	820	675	2911	2017	1367
6,5x68							
TMS	6,0	1150	1005	870	3963	3031	2266
VM	6,0	1150	1005	870	3963	3031	2266
KS	8,2	960	875	795	3777	3139	2590

Kaliber Geschoß-Art	Gewicht (g)	Fluggeschwindigkeit [m/s] V_0	V_{100}	V_{200}	Energie [J] E_0	E_{100}	E_{200}
.6,5x68 R							
TMS	6,0	1100	960	835	3630	2766	2090
KS	8,2	930	850	770	3541	2963	2433
..270 Win.							
HMK	8,4	955	835	730	3826	2933	2237
TM	8,4	965	860	770	3914	3110	2492
KS	9,7	895	805	720	3885	3143	2514
.7x57							
KS	8,0	900	790	695	3240	2496	1932
TM	9,0	780	670	565	2737	2020	1432
KS	10,5	800	720	650	3365	2717	2217
TIG	10,5	800	705	635	3365	2609	2119
HMK	11,2	770	695	625	3316	2708	2188
TIG	11,5	780	720	670	3502	2982	2580
SG	9,0	800	705	615	—	—	—
.7x57 R							
KS	8,0	890	780	685	3168	2434	1877
TM	9,0	780	670	565	2737	2020	1432
KS	10,5	780	700	635	3198	2570	2119
TIG	10,5	780	685	620	3198	2462	2021
HMK	11,2	750	675	610	3149	2551	2080
TIG	11,5	750	695	645	3237	2776	2394
.7x64							
KS	8,0	970	855	750	3764	2924	2250
ST	10,0	880	790	705	3872	3121	2485
KS	10,5	880	795	720	4061	3316	2717
TIG	10,5	880	770	700	4061	3110	2570
HMK	11,2	850	765	690	4042	3277	2668
TM	11,2	800	700	615	3581	2747	2119
TIG	11,5	865	795	735	4307	3630	3110
SG	9,0	900	795	700	—	—	—
.7x65 R							
KS	8,0	930	820	720	3460	2690	2074
KS	10,5	860	775	700	3885	3149	2570
TIG	10,5	870	760	690	3973	3031	2502
HMK	11,2	830	750	675	3855	3149	2551
TM	11,2	770	675	590	3316	2551	1952
TIG	11,5	835	765	705	4012	3365	2855
.7 mm Rem. Mag.							
TM	9,4	1005	905	815	4748	3846	3120
KS	10,5	960	870	790	4840	3974	3277
TM	11,3	925	850	780	4836	4081	3433
..30-06							
TM	9,7	910	810	715	4012	3178	2482
KS	9,7	910	800	705	4016	3104	2411
ST	11,7	840	750	670	4128	3291	2626
TUG	11,7	840	745	665	4130	3267	2590
HMK	11,7	840	755	675	4130	3335	2668
SG	9,5	900	780	675	—	—	—

Tab. 13. (Fortsetzung)

Kaliber Geschoß-Art Gewicht (g)		Fluggeschwindigkeit [m/s] V_0	V_{100}	V_{200}	Energie [J] E_0	E_{100}	E_{200}
.308 Win.							
TM	9,7	870	770	680	3669	2874	2246
KS	9,7	870	765	670	3670	2838	2177
HMK	11,7	780	700	625	3561	2865	2286
TUG	11,7	780	690	615	3541	2786	2217
Match	12,3	750	700	655	3463	3012	2639
Match	10,9	800	740	685	3488	2984	2557
SG	9,5	860	745	645	—	—	—
.300 Win. Mag.							
Match	10,9	980	910	845	5234	4513	3891
8,15x46 R							
TM	9,8	550	455	380	1480	1025	715
8x57 JS*							
HMK	12,1	820	730	650	4071	3227	2560
TM	12,7	800	685	595	4061	2982	2246
TIG	12,8	800	700	625	4101	3139	2502
SG	12,1	800	695	600	—	—	—
8x57 JR							
TM	12,7	705	610	525	3159	2364	1746
8x57 JRS*							
HMK	12,1	770	685	605	3590	2835	2217
TM	12,7	730	625	540	3384	2482	1854
TIG	12,8	750	660	595	3600	2786	2266
8x60 S*							
HMK	12,1	845	750	665	4316	3404	2678
8x68 S*							
KS	11,7	990	890	790	5735	4635	3650
HMK	12,1	970	870	775	5690	4581	3630
VM	12,7	930	800	690	5494	4061	3021
KS	14,5	870	780	695	5484	4415	3502
9,3x62							
HMK	16,7	780	700	630	5081	4090	3315
VM	18,5	695	605	530	4464	3384	2600
TM	18,5	695	605	530	4464	3384	2600
TUG	19,0	740	675	625	5199	4326	3708
9,3x64							
VM	18,5	820	695	605	6220	4464	3384
TM	18,5	820	695	605	6220	4464	3384
TUG	19,0	785	720	670	5857	4925	4267
9,3x72 R							
TM	12,5	615	475	380	2364	1413	903
9,3x74 R							
HMK	16,7	750	675	605	4699	3806	3061
TM	18,5	695	605	530	4464	3384	2600
VM	18,5	695	605	530	4464	3384	2600
TUG	19,0	695	630	580	4591	3767	3198

* nur für Läufe mit S-Kaliber

Kaliber Geschoß-Art Gewicht (g)		Fluggeschwindigkeit [m/s] V_0	V_{100}	V_{200}	Energie [J] E_0	E_{100}	E_{200}
.375 H&H Mag.							
KS	19,4	790	710	650	6054	4890	4098
VM	19,4	790	685	595	6053	4542	3433
10,75x68							
VM	22,5	680	580	495	5202	3786	2757
.404 Rimless							
VM	26,0	705	600	535	6461	4680	3721

* nur für Läufe mit S-Kaliber
Quelle: Dynamit Nobel

Das Büchsengeschoß wird im Lauf enorm beschleunigt und gleichzeitig durch den Drall in eine hohe Umdrehungsgeschwindigkeit von ca. 3500/s versetzt. Dabei treten am Lauf Längs-, Quer- und Drehschwingungen auf, so daß die Laufmündung sich von Schuß zu Schuß in einer geringfügig anderen Position befindet, was mit die Ursache dafür ist, daß Schußserien aus ein und derselben Waffe immer unterschiedliche Trefferbilder ergeben.
Der Gasdruck beträgt, wenn das Geschoß die Mündung passiert, bei Büchsen immer noch bis zu ca. 500 Bar und bei Flinten noch ca. 50 Bar. Es kommt deshalb zum Mündungsknall und bei kurzen Läufen auch zu einem Mündungsfeuer. Bei diesen wird der Rückstoßeffekt noch verstärkt. Er ist um so größer, je leichter die Waffe und je kürzer der Lauf je schwerer das Geschoß und je größer seine V/0 sind.
Nach Verlassen des Laufes wird das Geschoß von den austretenden Pulvergasen überholt und auf den ersten Metern noch beschleunigt. Wenn das Geschoß schneller fliegt als der Schall, entsteht zusätzlich der Geschoßknall.

13.2 Außen- und Zielballistik

Der Flug des Geschosses wird auf seinem Weg von der Mündung bis ins Ziel vom Luftwiderstand und von der Erdbeschleunigung (Erdanziehungskraft) beeinflußt. Die Luft bremst das Geschoß um so stärker ab, je ungünstiger seine äußere Form und seine Querschnittsbelastung sind.

Die Querschnittsbelastung ist der Wert aus dem Geschoßgewicht in Gramm dividiert durch den Geschoßquerschnitt in cm^2.

Aus dem Abgangswinkel, der Anfangsgeschwindigkeit, dem Geschoßgewicht und der Geschoßform ergibt sich deshalb eine ballistische Flugkurve. Ein Jagdbüchsengeschoß in Schulterhöhe waagerecht abgefeuert, erreicht bestenfalls eine Entfernung von ca. 450 Metern. Dasselbe Geschoß kann unter einem Abgangswinkel von ca. 33 Grad abgefeuert bis zu 6 km weit fliegen (Abb. 339).

Je gestreckter eine Flugbahn verläuft, desto rasanter ist sie. Um nun die Möglichkeiten einer Patrone voll auszuschöpfen, wird jede Waffe so eingeschossen, daß sich Flugbahn und Visierlinie über eine möglichst große Entfernung annähern.

Die Seelenachse wird deshalb gegen die Visierlinie leicht angestellt.

Ein Beispiel des sich für eine bestimmte Patrone ergebenden theoretischen Hochschusses bei unterschiedlichen Schußwinkeln

Schuß-winkel	Zielentfernung				
	100 m	150 m	200 m	250 m	300 m
0°	+4	+3½	0	−8	−20½
15°	+4	+4	+1	−7	−18
30°	+5	+6	+4	−3	−13
45°	+8	+11	+11	+6	−1
60°	+13	+21	+25	+27	+25
75°	+30	+53	+71	+91	+108

Siehe dazu Abb. 340, S. 459.

Da die meisten Schießstände nur 100-Meter-Bahnen haben, werden Jagdbüchsen auf diese Entfernung beim Schuß mit dem Zielfernrohr mit 3–4 cm Hochschuß eingeschossen. Aus den Schußtafeln kann man dann die Entfernung ablesen, bei der sich für eine bestimmte Patrone theoretischer Fleckschuß ergibt. Es ist dies die sogenannte GEE = die günstigste Einschußentfernung. Aufgrund der weiter oben erwähnten Einflüsse fällt die Flugbahn bei Entfernungen, die hinter der GEE liegen, stark ab, so daß „Weitschüsse" wenig Aussicht auf Erfolg bieten.

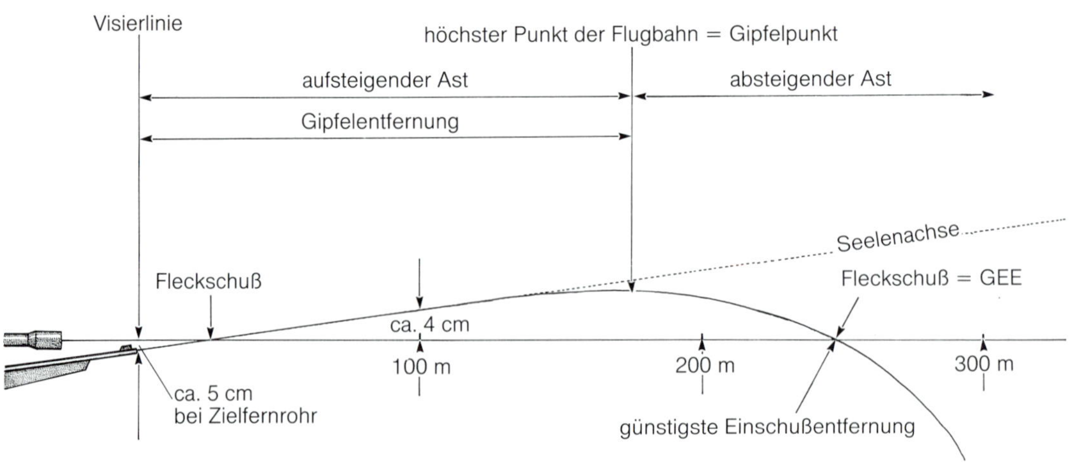

Abb. 339. Schematische Darstellung einer Flugbahn.

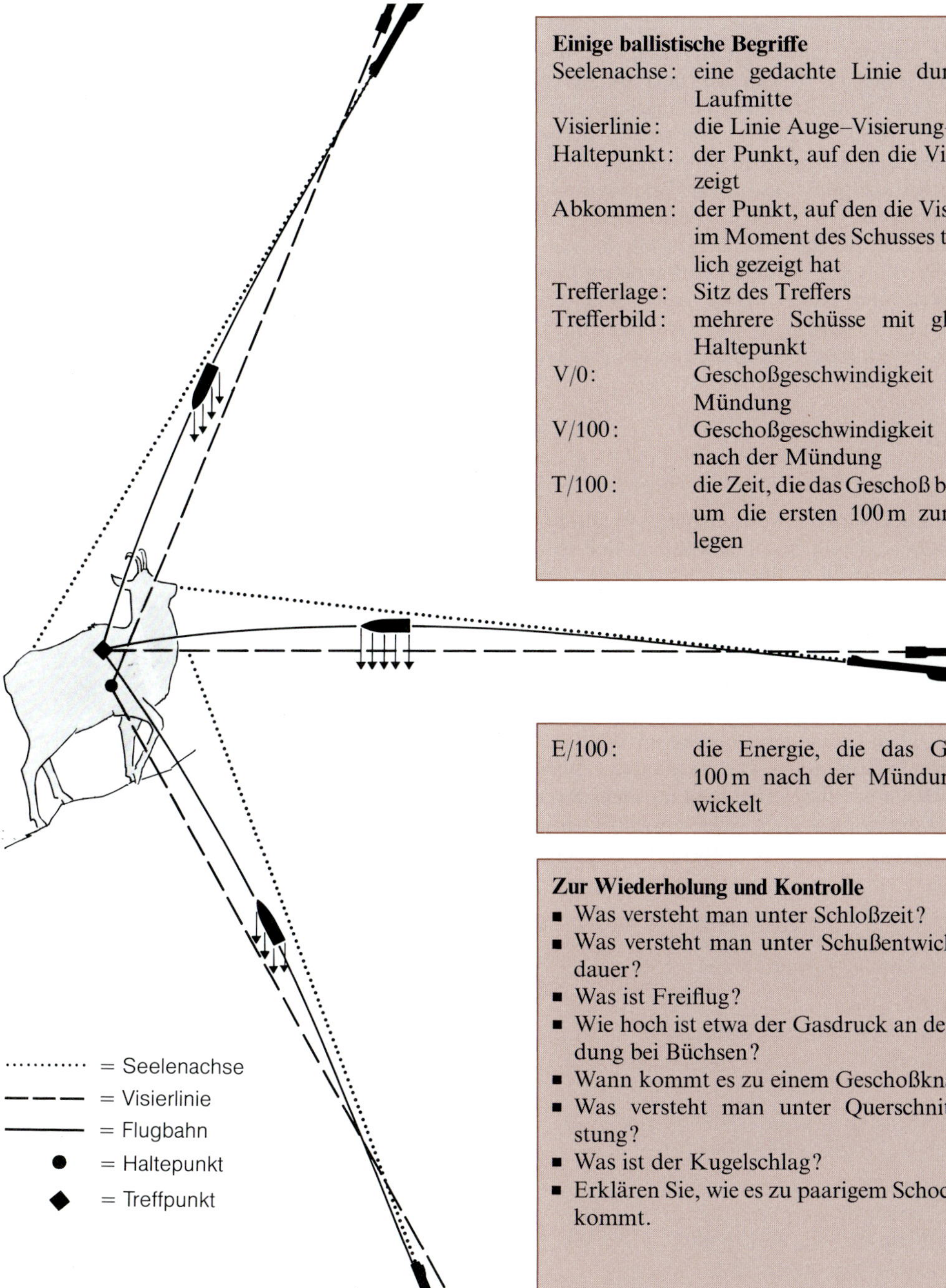

Abb. 340. Kugelschuß im Hochgebirge.

Einige ballistische Begriffe

Seelenachse:	eine gedachte Linie durch die Laufmitte
Visierlinie:	die Linie Auge–Visierung–Ziel
Haltepunkt:	der Punkt, auf den die Visierung zeigt
Abkommen:	der Punkt, auf den die Visierlinie im Moment des Schusses tatsächlich gezeigt hat
Trefferlage:	Sitz des Treffers
Trefferbild:	mehrere Schüsse mit gleichem Haltepunkt
V/0:	Geschoßgeschwindigkeit an der Mündung
V/100:	Geschoßgeschwindigkeit 100 m nach der Mündung
T/100:	die Zeit, die das Geschoß braucht, um die ersten 100 m zurückzulegen
E/100:	die Energie, die das Geschoß 100 m nach der Mündung entwickelt

Zur Wiederholung und Kontrolle

- Was versteht man unter Schloßzeit?
- Was versteht man unter Schußentwicklungsdauer?
- Was ist Freiflug?
- Wie hoch ist etwa der Gasdruck an der Mündung bei Büchsen?
- Wann kommt es zu einem Geschoßknall?
- Was versteht man unter Querschnittsbelastung?
- Was ist der Kugelschlag?
- Erklären Sie, wie es zu paarigem Schockreflex kommt.

Hier sei noch darauf hingewiesen, daß sich die Flugbahn jeder Patrone unter den Verhältnissen des Hochgebirges ändert. Wegen der dort dünneren Luft ergibt sich für eine im Flachland eingeschossene Waffe in größeren Höhen etwas Hochschuß. Steile Kugelschüsse ergeben bergauf und bergab Hochschuß. Der Schütze muß in diesem Fall die anvisierte Trefferfläche (Blatt) tief anfassen (Abb. 340).

Beim Auftreffen auf das Ziel entwickelt das Geschoß als Produkt aus der noch vorhandenen Geschwindigkeit und seiner Masse Auftreffenergie. Man hört den Kugelschlag. Der erfahrene Jäger kann nach dessen Klang Rückschlüsse auf die Art des Treffers ziehen.

$$E = \frac{m \cdot v^2}{2} =$$

E = Energie (Joule)
m = Geschoßmasse in kg
v = Geschwindigkeit in m/s

Je nach Geschoß wird die Auftreffenergie in Durchschlagsleistung oder in Stoppwirkung verbraucht. Das richtig konstruierte Teilmantelgeschoß vergrößert seinen Querschnitt und löst im Wildkörper hydrodynamische Schockwellen aus, die bei genügender Restgeschwindigkeit von mehr als 800 m/s beim Durchschlagen in beiden Körperhälften wirksam werden und so zum paarigen Schockreflex führen. Es entstehen bei diesem Vorgang im Wildkörper pulsierende Hohlräume. Die mechanische Wirkung des Geschosses in Verbindung mit dem Nervenreiz, der durch die Schockwellen ausgelöst wird, führt bei Organtreffern zum sofortigen Verenden des Wildes.

Unter dem Begriff Ballistik versteht man die Lehre vom Schuß. Sie wird unterteilt in

Innenballistik
Mündungs- oder Übergangsballistik
Außenballistik
Ziel- oder Endballistik.

Die Innenballistik beschreibt die Vorgänge im Lauf nach Betätigen des Abzuges.

Die Mündungsballistik behandelt die Vorgänge an der Mündung und das Verhalten des Geschosses beim Verlassen des Laufes und die Außenballistik seinen Weg bis ins Ziel.

Die Endballistik erklärt die Wirkung im Ziel.

14 Umgang mit Waffen

Die Erlaubnis, Waffen zu besitzen und zu führen, verpflichtet zu besonderer Sorgfalt. Es muß jedem Jäger zur Selbstverständlichkeit werden, alle Regeln peinlich genau zu beachten. Überall dort, wo man anderen Leuten begegnet, sollte man nicht mit der Waffe prahlen, sondern eher eine vernünftige Zurückhaltung üben. „Zivilisten" fühlen sich sonst leicht herausgefordert und unnötig provoziert.

Eine Waffe darf nie auf einen Menschen gerichtet sein, auch dann nicht, wenn man sicher glaubt oder weiß, daß sie nicht geladen ist.

Wenn eine Waffe in geladenem Zustand geführt wird, ist sie zu sichern, Kurzwaffen müssen in Futteralen oder Holstern getragen werden, aus denen sie nicht herausfallen können. Wenn man eine Waffe von einem anderen übernimmt, muß man sie zunächst öffnen und sich vergewissern, daß sie nicht geladen ist. Wer eine Waffe übergibt, muß dies immer so tun, daß der Lauf weder auf ihn noch auf einen anderen zeigt. Eine eingestochene Waffe darf man niemals aus der Hand legen oder weitergeben. Beim Laden wendet man sich von eventuell dabeistehenden Personen ab.

Kipplaufwaffen werden niemals zugeschlagen, sondern bei schräg nach unten weisenden Läufen durch Anheben des Kolbens und Nachdrücken des Verschlußhebels geschlossen.

Beim Schießen mit mehrläufigen Waffen und Selbstladewaffen muß man immer daran denken, daß nach der Abgabe nur eines Schusses diese Waffen immer noch geladen sein können. Vor jedem Laden ist der Lauf zu kontrollieren. Wenn man abdrückt und hört, daß der Schlagbolzen auch abschlägt, ohne daß die Patrone zündet, so hat man einen Versager. In diesem Fall darf man die Waffe nicht sofort öffnen, sondern man hält sie in Erwartung eines eventuellen Nachbrenners für etwa 10 Sekunden weiter auf den Kugelfang gerichtet. Nachbrenner gibt es, wenn das Zündhütchen oder die Zündung nicht normal funktionieren, sondern zunächst glimmen und erst mit einer gewissen Verzögerung dann die Treibladung entzünden. Nach schlappen Schüssen oder nach Schüssen, die anders klingen als normal, muß man unbedingt vor dem nächsten Schuß den Lauf auf Rückstände kontrollieren. Es kann vorkommen, daß ganze Geschosse oder Reste des Mantels im Lauf steckenbleiben. Würde man in einem solchen Fall weiterschießen, käme es zwangsläufig zu einem Unfall.

14.1 Auf dem Schießstand

Beim Besuch des Schießstandes dürfen Waffen vom Parkplatz bis auf den Stand nur im Futteral und nicht offen transportiert werden. In oder auf dem Schießstand müssen Langwaffen stets ungeladen und mit offenem Verschluß sowie ohne Riemen getragen werden, wobei Kipplaufwaffen entweder abgekippt über den Unterarm oder so über die Schulter gelegt werden, daß der oder die Läufe vor dem Körper abwärts zeigen (Abb. 341). Repetierer und vergleichbare Waffen zeigen mit der Mündung beim Tragen nach oben. Abgestellt werden alle Gewehre nur in den dafür vorgesehenen Ständern. Im Rücken der Aufsichtführenden darf mit Waffen nicht hantiert werden. Fremde Gewehre betrachtet man nur, ohne sie anzufassen. Probeanschläge sind nur auf den Ständen in Richtung Scheibe bzw. Kugelfang erlaubt.

Abb. 341. Schütze auf dem Schießstand, entladene Waffe über der Schulter.

Nur während des tatsächlichen Schießens darf eine Waffe geladen sein, sie muß nach Ende des Schießens unverzüglich entladen werden.

Auf den Ruf „Feuer einstellen", oder wenn eine rote Flagge gezeigt wird, sind sofort alle Waffen zu entladen und offen hinzulegen, es darf nicht mehr geschossen werden. Automatische Scheiben werden hereingeholt. Erst nach dem Kommando „Feuer frei" kann der Schießbetrieb wieder aufgenommen werden. Geladen wird aus Sicherheitsgründen in Büchsen grundsätzlich nur ein Schuß, wobei die Mündung in Richtung Scheibe zeigt.

Vor jedem Schießen, egal mit welcher Waffe, ist durch den Lauf zu sehen und zu kontrollieren, ob dieser frei von Rückständen ist.

Für den Umgang mit der Flinte gelten dieselben Vorschriften und Regeln mit dem einen Unterschied, daß hier auf den Wurftaubenständen zwei Patronen geladen werden dürfen.

Beim Tontaubenschießen steht der Schütze auf einem offenen Stand. Er muß deshalb besonders darauf achten, daß die Mündung seiner Waffe immer in die Flugrichtung der Tauben zeigt und er sich nie mit geschlossener Waffe umdreht. Anfänger neigen zu dieser Reaktion bei Patronenversagern, wenn die falsche Taube geworfen wird oder bei anderen unvorhergesehenen Überraschungen. Auf dem Trap-Stand stehen bis zu 5 Schützen nebeneinander auf den bezeichneten Ständen. Sie schießen nacheinander in der Reihenfolge von links nach rechts. Geladen wird, wenn der Vordermann abgeschossen hat. Ansonsten ist die Flinte offen und leer. Auf Stand 5 dreht sich der Schütze, wenn er geschossen und entladen hat, nach rechts weg und geht, ohne die anderen zu stören auf einen Platz hinter dem Stand Nr. 1, um dort zu warten, bis er wieder an der Reihe ist.

Flintenschießen

Beim Schießen mit der Flinte wird über die Schiene

visiert. Bockdoppelflinten haben oft hochgelegte und auch durchbrochene Schienen. Mit diesen ventilierten Schienen wird eine bessere Wärmeableitung erreicht. Sie sind unterschiedlich breit. Man hat versucht, mit überbreiten Schienen die Vorteile von Quer- und Bockflinte zu vereinen. Die schmale Silhouette der Bockdoppelflinte verdeckt weniger Blickfeld, aber man neigt mit ihr eher zum Verkanten. Die breite Oberfläche einer Querflinte dagegen beugt diesem Fehler vor. Das seitliche „Aus-dem-Ziel-Springen" der Doppelflinten beim Schuß hat seine Ursache im seitlich zur Waffenlängsachse wirkenden Rückstoß. Die Seelenachsen einer Querflinte sind deshalb so ausgerichtet, daß sie sich in ihrer Verlängerung kreuzen, aber nicht etwa erst bei der günstigsten Schrotschußentfernung von 35 m, sondern sehr viel früher.

Die Bockdoppelflinte liegt ruhiger, sie springt seitlich weniger aus dem Ziel, sondern mehr nach oben und damit in die Richtung, in die der Schütze meist ohnehin korrigieren muß (Abb. 342a und b).

Im Voranschlag steht der Schütze locker mit leicht gespreizten Beinen schräg zum Ziel. Das linke vorgestellte Bein ist etwas mehr belastet als das rechte.

Abb. 342. a der richtige Anschlag, b die richtige Armhaltung.

Der Oberkörper wird nur wenig nach vorne geneigt. Die Schaftkappe berührt unter dem rechten Ellenbogen den Hüftknochen, dabei wird die Flinte so gehalten, daß über die Mündung hinweg das Ziel oder die Stelle, wo es erwartet wird, bereits anvisiert werden kann. Die linke Hand hat den Vorderschaft so weit vorne, wie es noch bequem möglich ist, von unten erfaßt. Mit der rechten Hand wird der Kolbenhals sicher und fest gehalten und die Waffe in Anschlag gebracht (siehe Abb. 342b). Der Schütze folgt dem Ziel mit der Mündung seiner Waffe.

Dies alles geschieht in einer fließenden Bewegung, wobei das Ziel von hinten unten eingeholt und überholt wird. Dadurch paßt sich der Schütze der Zielgeschwindigkeit an. Beim Überholen oder Vorschwingen wird abgedrückt. Der Schuß fällt in dem Moment, in dem der Kolben die Wange berührt, während die Mündung das Ziel überholt. Dabei drückt die Kolbenkappe gegen die Schulter, die Wange berührt den Schaftrücken, der Hals wird leicht nach vorne gestreckt. Der rechte Ellenbogen befindet sich deutlich unter Schulterhöhe, während der linke Unterarm in einem Winkel von ca. 45 Grad seitlich abwärts zeigt. Wenn irgend möglich, wird mit beiden Augen offen gezielt, wobei das Ziel die ganze Aufmerksamkeit in Anspruch nimmt. Waffe, Schiene und Korn werden vom Schützen aber noch bewußt wahrgenommen.

Der Anschlag muß so oft wie möglich „trocken" geübt werden, bis der Bewegungsablauf „sitzt". Dabei wird mit der ungeladenen Waffe wieder und wieder auf einen bestimmten Punkt gezielt. Auge, Schiene, Korn und Ziel müssen dabei ausgerichtet werden. Manche Waffen haben ein zweites Korn, ein Hilfskorn, das der Kontrolle des Anschlags dient. Korn und Hilfskorn bilden bei korrektem Anschlag für den Schützen scheinbar eine kleine 8.

Alsdann wird der Anschlag mit geschlossenen Augen geübt. Wenn Haltung, Voranschlag und die Maße der Flinte stimmen, ist das Korn beim Öffnen der Augen korrekt auf das Ziel gerichtet und die Laufschiene liegt in der Mitte der Blickrichtung etwas unterhalb des rechten Auges. Der Schütze sieht die Schiene leicht von oben in ihrer ganzen Länge (Abb. 343).

Um mit beiden Augen offen schießen zu können, was ein großer Vorteil ist, muß beim Rechtsschützen das rechte Auge das Führauge sein. Ob dies der Fall ist, wird kontrolliert, indem man mit beiden Augen gleichzeitig über den Daumen des ausgestreckten Armes einen Punkt anvisiert. Schließt man nur das linke Auge, so muß der Daumen unverrückt weiter auf das Ziel zeigen. Springt er jedoch scheinbar nach links, so kann der Rechtsschütze nicht mit beiden Augen zielen. Er muß dann beim Schießen das linke Auge schließen und nur mit dem rechten visieren, sonst schießt er vorbei.

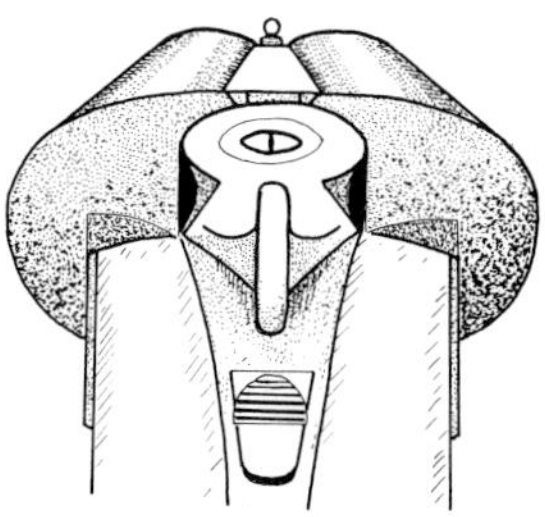

Abb. 343. Sie schießen richtig, wenn Sie genügend Schiene sehen.

> Grundsätzlich gilt beim Flintenschuß, daß schnell geschossen werden soll, aber nicht hastig.

Büchsenschießen

Beim Büchsenschießen werden mehrere Anschlagarten je nach den verschiedenen Scheiben angewendet.

1. Einschießen am Anschußtisch. Dabei wird die Waffe entweder auf Sandsäcken oder einer ähnlichen Unterlage aufgelegt. Wenn aufgelegt geschossen wird, ist es gut, darauf zu achten, daß das Gewehr kurz vor dem Abzugsbügel und nicht weit vorne unter dem Lauf aufgelegt wird. Es könnte sonst beim Schuß Trefferabweichungen geben. Der Schütze selbst umfaßt den Kolbenhals mit der rechten Hand und unterstützt mit der linken den sauber eingezogenen Kolben. Bei ausgeschnittenen Anschußtischen setzt man sich seitlich mit der linken Schulter zur Scheibe und lehnt den Oberkörper an (Abb. 344).
2. Bei den jagdlichen Anschlägen, liegend, sitzend, knieend oder stehend, gilt immer, daß der Schütze eine möglichst bequeme Haltung einnimmt und daß die Waffe im Anschlag schon so auf das Ziel zeigt, daß nur noch ganz geringe Korrekturen nötig sind. Wenn dies nicht der Fall ist, muß die ganze Grundstellung oder Haltung verändert werden, um zu gleichmäßigen Ergebnissen zu kommen. Am Beispiel des angestrichenen Anschlags zum Schuß auf die Rehbockscheibe soll das Schießen hier erläutert werden.

Der Schütze stellt sich mit gespreizten Beinen (aber nicht übertreiben) so auf, daß er mit ausgestrecktem linken Arm die zum Anstreichen gedachte Stange nicht ganz erreicht; dann geht er mit der Waffe probeweise in Anschlag, indem er sich mit der linken Hand an der Stange abstützt und gleichzeitig die Büchse mit der linken Hand so hält, daß der Vorderschaft die Stange nicht berührt, sondern Daumen oder Zeigefinger dazwischen liegen. Wenn er nun die Augen schließt und die Waffe einsetzt, anschließend durch das Zielfernrohr schaut, muß das Absehen im Ziel sein. Ist dies nicht der Fall, so wird im Anschlag die Fußstellung und die Höhe der haltenden linken Hand so lange verändert, bis das Absehen jedes Mal in bequemer Haltung beim Öffnen der Augen im Ziel ist. Jetzt wird die Fußstellung nicht mehr verändert. Man merkt sich die Stelle, an der die Hand lag und lädt jetzt die Waffe. Vor dem endgültigen „In-Anschlag-Gehen" wird noch zwei-, dreimal ganz ausgeatmet und dann die Waffe in der zuvor beschriebenen Weise angeschlagen. Wenn der Anschlag stimmt, wird eingestochen und bei angehaltenem Atem, dann wenn das Absehen in das Ziel zeigt, der Schießfinger langsam durchgezogen. Gelingt es nicht, den Schuß innerhalb von 10 oder 12 Sekunden auszulösen, wird der Versuch abgebrochen, die Waffe gesichert und entstochen und evtl. auch geöffnet und entladen. Meistens genügt es jedoch, nach dem Sichern und Entstechen einige Male tief auszuatmen, bevor man mit dem nächsten Versuch beginnt.

> Vor Ingebrauchnahme einer Waffe durch den Lauf sehen, um festzustellen, ob Rückstände darin sind.
> Waffe nie auf Menschen richten!
> Beim Laden und Entladen alle Waffen stets so halten, daß der Lauf in eine Richtung zeigt, in der niemand gefährdet wird.
> Bei Versager Waffe nie sofort öffnen (Nachbrenner!)

Abb. 344. Richtige Gewehrauflage.

> **Auf dem Schießstand**
> Waffen mit offenem Verschluß und ohne Riemen tragen!
> Grundsätzlich nur eine Patrone in Büchsen laden, in Flinten auf Wurftaubenständen zwei Patronen!
> Mündung der Waffe zeigt nur in Richtung Scheibe bei Büchsen, in Flugrichtung der Tauben auf dem Tontaubenstand!

14.2 Handhabung der Waffen im Revier

Mit Ausnahme bei Gesellschaftsjagden werden alle Waffen während der Jagd geladen und gesichert geführt. Geladen wird erst unmittelbar vor Beginn der tatsächlichen Ausübung der Jagd. Zweckmäßigerweise trägt man das Gewehr am Riemen mit der Mündung nach oben, entweder links oder rechts vor oder hinter der Schulter. Nur bei Niederschlag wird man die Waffe ausnahmsweise mit der Mündung nach unten tragen. Zur Pirsch und auf dem Weg zum Ansitz stellt man das Zielfernrohr, wenn möglich, auf eine kleine Vergrößerung ein.
Beim Passieren oder Überwinden eines Hindernisses ist unbedingt zu entladen. Auch beim Besteigen eines Hochsitzes wird das Gewehr nicht nur gesichert oder geöffnet, sondern entladen. Man hängt sich die Waffe quer über den Rücken oder über die linke Schulter (Mündung vor der Schulter schräg nach oben), so daß die Waffe mit dem Ellenbogen am Hochsitzeinstieg je nach dessen Breite dirigiert werden kann. Dann erfaßt man mit beiden Händen die Holme der Hochsitzleiter und tritt mit den Füßen nicht in der Mitte der Sprossen auf, sondern links und rechts neben den Holmen. Auf dem Hochsitz richtet man sich zunächst möglichst bequem ein, erst danach wird die Waffe wieder geladen und gesichert. Dann überzeugt man sich von seinen Schußmöglichkeiten und macht den einen oder anderen Probeanschlag und stellt am Zielfernrohr eine große Vergrößerung ein.

> Vor jedem Schuß das Hinterland prüfen.
> Nie ohne natürlichen Kugelfang schießen.
> Gefährdungsbereich beachten!

Beim anschließenden Warten stellt man die Waffe nach Möglichkeit sicher in eine Ecke oder legt sich das Gewehr über die Knie.
Beim Schießen mit der Büchse sollte man immer um einen ruhigen Anschlag bemüht sein, d.h. entweder auflegen oder anstreichen und sich selbst anlehnen, wo immer sich eine Möglichkeit dafür findet.
Auch auf der Pirsch wird man besser an einem Baum oder Zielstock anstreichen bzw. sitzend oder kniend schießen.
Der freihändig abgegebene Kugelschuß muß eine Ausnahme bleiben.
Beim Gehen im Gelände, ob alleine oder während einer Treibjagd, ist das Gewehr zu sichern und wird erst während des „In-Anschlag-Gehens“ entsichert.

Man beobachtet und beurteilt dabei ständig das Gelände hinsichtlich des möglichen Schußfeldes. Überall können Holzsammler, Pilzsucher, Spaziergänger oder Naturbeobachter angetroffen werden. Und nicht selten tauchen sie plötzlich gerade dort auf, wo man sie nie und nimmer erwartet hätte.

Wer mit dem Zielfernrohr schießt, muß berücksichtigen, daß der Lauf tiefer liegt als die Visierlinie und Hindernisse kurz vor dem Glas nicht zu sehen sind. Der Schuß aufgelegt über das Autodach hat so schon zu tödlichen Unfällen geführt.

Wenn man mit der Flinte jagt, ist zu bedenken, daß Schrote besonders bei flachen Schüssen von gefrorenem Boden, Steinen, Drähten, Wasserflächen usw. abprallen können.

Ist man gezwungen, mit der Kurzwaffe zu schießen, so wird man auch hier die Waffe am besten mit beiden Händen anschlagen, wobei die linke Hand die rechte Schießhand unterstützt. Für einen sauber gezielten Fangschuß sollte man möglichst die Ellenbogen aufstützen oder den Oberkörper anlehnen. Bei der Verwendung einer Selbstlade-Pistole nach dem Schuß unbedingt wieder sichern.

Es ist verboten:

1. mit Schrot, Posten, gehacktem Blei, Bolzen oder Pfeilen, auch als Fangschuß, auf Schalenwild und Seehunde zu schießen;
2. auf Rehwild und Seehunde mit Büchsenpatronen zu schießen, deren Auftreffenergie auf 100 m (E 100) weniger als 1000 Joule beträgt;
3. auf alles übrige Schalenwild mit Büchsenpatronen unter einem Kaliber von 6,5 mm zu schießen; im Kaliber 6,5 mm und darüber müssen die Büchsenpatronen eine Auftreffenergie auf 100 m (E 100) von mindestens 2000 Joule haben;
4. auf Wild mit halbautomatischen oder automatischen Waffen, die mehr als zwei Patronen in das Magazin aufnehmen können, zu schießen;
5. auf Wild mit Pistolen oder Revolvern zu schießen, ausgenommen im Falle der Bau- und Fallenjagd sowie zur Abgabe von Fangschüssen, wenn die Mündungsenergie der Geschosse mindestens 200 Joule beträgt (Abb. 345).

Abb. 345. Schrotschuß auf flüchtiges Wild. Von oben nach unten: quer streichende Ente; quer flüchtender Hase; Fuchs spitz von vorn; Fuchs spitz von hinten.

Einzeljagd: Geladen wird nur während der tatsächlichen Ausübung der Jagd. Beim Überwinden von Hindernissen und Besteigen von Hochsitzen wird entladen.
Gesellschaftsjagd: Geladen wird nach dem Anstellen. Nicht mit angeschlagener Waffe durch die Schützenkette ziehen!
Niemals mit der Kugel in das Treiben schießen!
Immer auf den Hintergrund achten!

Zur Wiederholung und Kontrolle
- Wie hält man einen Repetierer beim Laden?
- Was ist zu tun, wenn einem eine Waffe übergeben wird?
- Wie übergeben Sie einen Revolver an einen anderen Schützen?
- Wie werden Kipplaufwaffen schußfertig gemacht?
- Was machen Sie, wenn ein Schuß nicht losgeht?
- Was bedeutet eine rote Flagge auf dem Schießstand?
- Was ist vor jedem Schießen zu kontrollieren?
- Wie wird die Waffe beim Besteigen eines Hochsitzes getragen?
- Worauf ist bei jedem Schuß in freier Wildbahn zu achten?
- Was ist zu tun, wenn man durch eine Hecke kriechen muß?

14.3 Waffenpflege

Die Pflege der Waffen dient nicht nur ihrem Erhalt, sondern auch der Funktionssicherheit. Zum Reinigen braucht man neben Öl und ähnlichem einen abriebfesten Putzstock mit drehbarem Griff sowie zum Kaliber passende auswechselbare Bürsten, Wollwischer, Werghalter, Werg, Watte und evtl. feine Stahlwolle.
Die Waffe wird zum Reinigen soweit zerlegt, wie ohne Werkzeug möglich. Dann wird zunächst der Lauf mit einer Borstenbürste trocken durchgezogen und anschließend mittels Wollwischer bzw. Spray mit einem Spezialöl innen eingeölt. Speziell für die Laufpflege gedachte Mittel eignen sich meist nicht zur Schmierung und Pflege der Schloßteile. Für diese nimmt man am besten ein gutes Knochenöl, das sparsam aufzutragen ist.
Alle Läufe werden, wenn irgend möglich, vom Patronenlager her gereinigt, wobei streng darauf zu achten ist, daß die Wischer immer nur bis zur Mündung und nicht hinaus geschoben werden. Passiert dies doch einmal, so muß der Halter oder die Bürste vor der Mündung abgeschraubt und der Putzstock leer zurückgezogen werden. Die Mündung ist empfindlich und kann durch unsachgemäßes Hin- und Herziehen des Reinigungsgerätes der Präzision abträgliche „Vorweite" erhalten.
Bei Flintenläufen kann es notwendig werden, die manchmal doch erheblichen Bleiablagerungen mit Hilfe einer Drahtbürste oder feiner Stahlwolle zu entfernen. Rückstände in gezogenen Läufen, die von den Geschoßmänteln herrühren, werden mit Hilfe von besonderen Lösungsmitteln entfernt. Es kann dabei nötig werden, das Lösungsmittel über Nacht oder länger einwirken zu lassen.
Mit einem weichen Pinsel, einer Vogelfeder oder etwas Watte werden die Kammer, die Basküle und genauso die Auszieher und Ejektoren an der Kipplaufwaffe sowie der Schnepper am Vorderschaft und die Spannstangen schonend gesäubert. Die Montagesockel des Zielfernrohres werden ausgeblasen und mit Hilfe einer Feder oder ähnlichem gereinigt. Die Rille zwischen Schiene und Läufen ist besonders sorgfältig zu pflegen, weil sich hier leicht Feuchtigkeit festsetzt. Zum Schluß wird der Lauf mit trockenen Werg- oder Wattepolstern so lange durchgezogen, bis diese sauber bleiben; anschließend wird zur Aufbewahrung nochmals hauchdünn eingeölt.
Wenn man diese Arbeiten erledigt hat, wird auch der Schaft gepflegt, indem etwas Schaftöl, am besten mit dem Handballen, in das Holz eingerieben wird. Lackierte oder kunststoffversiegelte Schäfte werden lediglich mit einem Lappen abgewischt. Die Ritzen zwischen Schaft und System kann man mit Streichwachs verstreichen, so daß kein Wasser eindringt. Zuletzt werden die äußeren Metallteile der Waffe mit einem Laufpflegemittel oder etwas reiner Vaseline ein- und abgerieben, so daß keine Fingerspuren oder sonstige Flecken mehr zu sehen sind.
Vor jedem Schießen ist der Lauf zu entölen und wird deshalb mit ein oder zwei Polstern sorgfältig durch-

gezogen. Wer dies nicht macht, riskiert einen sog. Ölschuß. Der Ölschuß kann zu Treffpunktabweichungen führen.

Bei Gewehren mit Kammerverschlüssen, die nicht im Hülsenkopf verriegeln, ist auch das Patronenlager vor dem Schuß sorgfältig zu entölen, sonst kann es bei dieser Bauart zu Veränderungen der Treffpunktlage kommen.

Den Linsen der Zielfernrohre kann Öl schaden. Es ist also zu empfehlen, das Zielfernrohr, insbesondere immer dann, wenn man mit Sprays arbeitet, vor dem Reinigen wenn möglich abzunehmen.

Die Linsen reinigt man von Staub und ähnlichem mit einem weichen Pinsel, Flecken werden mit speziellen Präparaten, die es beim Optiker und im Fachgeschäft zu kaufen gibt, entfernt. Das Gehäuse des Zielfernrohrs wird lediglich mit einem weichen Tuch abgewischt.

15 Blanke Waffen oder kalte Waffen

Zur Ausübung der Jagd sind die blanken Waffen, d.h. Jagdmesser etc., für den Jäger unentbehrlich. Er benützt sie zum Abnicken oder Abfangen des Wildes, wenn kein Fangschuß möglich ist, zum Aufbrechen und „Aus-der-Decke-Schlagen", zum Abschwarten, Abbalgen und Zerwirken.

Blanke oder kalte Waffen sollten zum Abnicken oder Abfangen nur dann verwendet werden, wenn kein Fangschuß angebracht werden kann und nur von dem, der an gestreckten Stücken bereits die nötige Erfahrung und Geschicklichkeit gesammelt hat.

Mitgeführt werden Nicker, Weidblatt und gegebenenfalls auch der Hirschfänger in einer Scheide, und zwar so, daß sie fest sitzen und nicht klappern. In der Messertasche der Hose zeigt das schwere Heft am besten nach unten. Beim „Aus-der-Decke-Schlagen" und auch beim sonstigen Gebrauch soll das Messer zwischendurch nur aus der Hand gelegt, nie in die Erde gesteckt werden. Es würde sonst schneller stumpf.

Zum Nachschärfen nimmt man einen weichen Naturstein, wie den Arkansas oder einen ähnlichen und führt die Klinge unter Verwendung eines dünnflüssigen Öles von beiden Seiten so über den Stein, als wolle man eine dünne Scheibe von ihm abschneiden. Wenn die Klinge die gewünschte Schärfe hat, wiederholt man den ganzen Vorgang auf einem härteren Stein. Den letzten Schliff erhält die Klinge beim abschließenden Abziehen über ein Lederband oder einen Gürtel.

Das **Jagdmesser** ist ein Klappmesser mit einer feststellbaren, ca. 8–10 cm langen Klinge. Manchmal hat es daneben auch noch eine spezielle Aufbruchklinge und eine Säge. Zweckmäßigerweise sollte es zum Sauberhalten leicht zerlegbar sein.

Der **Nicker** gehört zur Standardausrüstung eines jeden Jägers. Er sollte eine durchgehende 10–12 cm lange kräftige Klinge haben und einen nicht zu schlanken rauhen Griff mit stumpfem Ende. Zum Schutz der Hand ist die Andeutung einer Parierstange von Nutzen (Abb. 346).

Das **Weidblatt** ist eine Gebrauchswaffe mit einer haumesserartigen, ca. 20 cm langen Klinge. Es dient sowohl als Standhauer, wie auch zum Abfangen von Rotwild und zum Aufschlagen des Schlosses. Als Weidbesteck bezeichnet man die gemeinsam in einer Scheide untergebrachte Kombination Weidblatt und Nicker (Abb. 347).

Der **Hirschfänger** hat eine lange, verhältnismäßig schmale Klinge und eine ausgeprägte Parierstange, er ähnelt einem Seitengewehr. Praktisch ist er kaum noch im Gebrauch und dient in erster Linie als Schmuck oder der Dekoration (Abb. 348).

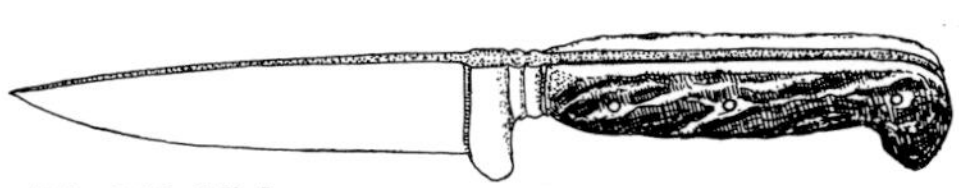

Abb. 346. Nicker.

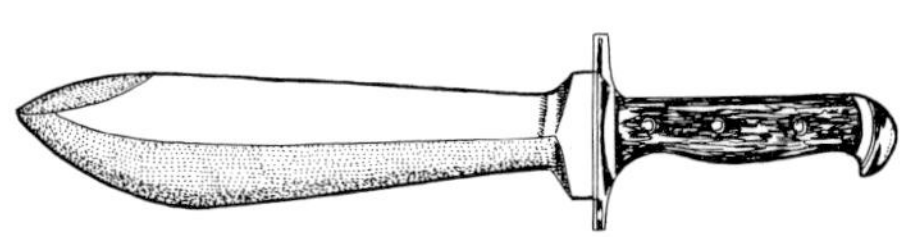

Abb. 347. Weidblatt.

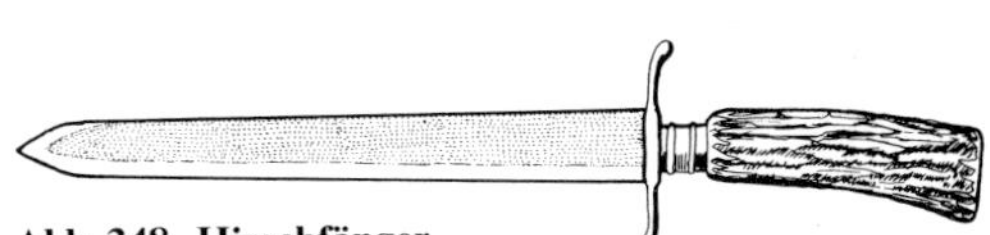

Abb. 348. Hirschfänger.

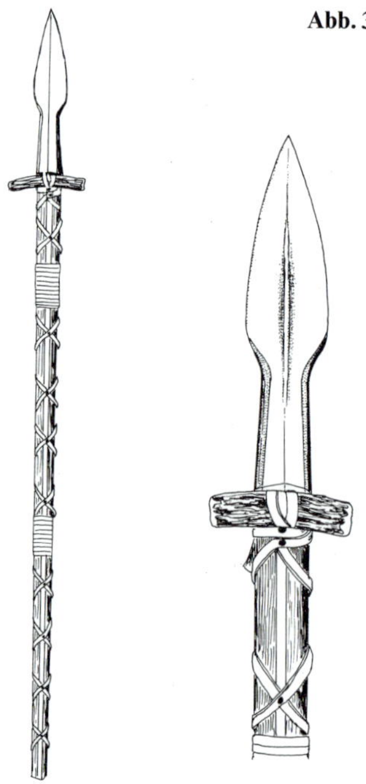

Abb. 349. Saufeder.

Die **Saufeder** gleicht einer Lanze. Sie hat eine etwa 30 cm lange zwei-, manchmal auch vierschneidige Klinge auf einem ungefähr 1,7 m langen Eschenschaft. Dieser verjüngt sich von der Klinge zum Ende hin und ist der Griffigkeit wegen kreuzweise mit Lederbändern umwickelt. Ein Stück einer Abwurfstange ist als Parierstange zwischen Schaft und Klinge festgebunden. Das wehrhafte Schwarzwild wird mit der Saufeder abgefangen. Früher ließ man es bei Treibjagden auch auflaufen, d.h. die Saufeder wurde hinten abgestützt und so gehalten, daß die anstürmende Sau in die Klinge lief (Abb. 349).

16 Unfallverhütung

Zur Vermeidung von Unfällen muß jeder Jäger die gültigen und allgemein bekannten Regeln und Vorschriften beachten. Er ist dafür verantwortlich, daß seine Waffen in einwandfreiem funktionssicheren Zustand sind. Er darf keine äußerlich überalterten Patronen oder solche, die er nicht einwandfrei identifizieren kann, verwenden.

Die Waffe ist immer so zu behandeln, als ob sie geladen wäre. Die Mündung darf deshalb nie auf einen Menschen gerichtet sein.

17 Verbotene Gegenstände

Zu diesen gehören Schußwaffen, die über den üblichen Umfang hinaus zusammengeklappt, zusammengeschoben, verkürzt oder schnell zerlegt werden können, ferner gehören dazu Schußwaffen, die zerlegbar und zum Verschießen von Randfeuerpatronen bestimmt sind, wenn ihr längster Teil kürzer als 60 cm ist.

Ebenso sind Schußwaffen verboten, die ihrer Form nach geeignet sind, einen anderen Gegenstand vorzutäuschen oder solche, die mit Gegenständen des täglichen Gebrauchs verkleidet sind und vollautomatische Schußwaffen, sowie Schußwaffen, die ihrer äußeren Form nach den Anschein einer vollautomatischen Kriegswaffe erwecken und Nachbildungen von ihnen.

Zu den verbotenen Gegenständen gehören auch Hieb- oder Stoßwaffen, die einen anderen Gegenstand vortäuschen oder die mit Gegenständen des täglichen Gebrauchs verkleidet sind, sowie Springmesser, Fallmesser, Stahlruten, Totschläger, Schlagringe und Würgegeräte.

Spring- und Fallmesser sind nur dann erlaubt, wenn ihre Klinge nicht länger als 8,5 cm mißt und in der Mitte nicht schmaler als 14 % ihrer Länge ist, wenn die Klinge nur einseitig geschliffen ist und einen durchgehenden Rücken hat, der sich zur Schneide hin verjüngt.

18 Gesetzliche Grundlagen

18.1 Waffenerwerb

Beim Erwerb oder auch bei der Veräußerung einer Waffe sind die gesetzlichen Vorschriften sorgfältig zu beachten. Die meisten Schußwaffen dürfen nur von Berechtigten erworben und damit auch nur an solche abgegeben werden. Man kann eine Waffe erwerben durch Kauf, durch Erbschaft, durch Fund oder Überlassung. Der Fund ist in jedem Fall unverzüglich einer Polizeidienststelle oder einer anderen Behörde anzuzeigen.

Langwaffen
Der Inhaber eines gültigen Jagdscheines kann gegen dessen Vorlage jederzeit Langwaffen erwerben. Er muß dies spätestens innerhalb von 4 Wochen der zuständigen Behörde seines Hauptwohnsitzes melden und eine Waffenbesitzkarte bzw. den Eintrag in eine Waffenbesitzkarte beantragen.
Beim Erwerb eines Selbstladers mit einem mehr als zwei Patronen fassenden Magazin muß der Jäger zunächst ein besonderes Bedürfnis nachweisen und bei der zuständigen Behörde eine Waffenbesitzkarte beantragen. Der Erwerb ist innerhalb von zwei Wochen der Behörde schriftlich anzuzeigen und die Waffenbesitzkarte zum Eintrag vorzulegen.

Kurzwaffen
Auch um eine Kurzwaffe erwerben zu können, muß zunächst eine Waffenbesitzkarte für diese Waffe beantragt werden. Der Bedürfnisnachweis entfällt dann, wenn der Jäger noch keine Kurzwaffen besitzt. Übt er jedoch die tatsächliche Gewalt bereits über zwei oder mehr Kurzwaffen aus, so kann er weitere nur dann erwerben, wenn er hierfür ein besonderes Bedürfnis nachweist und dieses von der Behörde anerkannt wird.
Der Erwerb selbst ist innerhalb von zwei Wochen der zuständigen Behörde anzuzeigen und in die Waffenbesitzkarte einzutragen.
Munition für Kurzwaffen kann nur erworben werden im Rahmen einer in die Waffenbesitzkarte eingetragenen Berechtigung. Munition für Langwaffen kann der Jäger gegen Vorlage seines gültigen Jagdscheines unbegrenzt erwerben.
Kurzwaffen kann man außer auf dem Schießstand nur leihen, wenn man die gleichen Voraussetzungen erfüllt, die notwendig wären, um diese Waffe zu kaufen. Auch Munition für Kurzwaffen darf man nur ausleihen, wenn in der Waffenbesitzkarte für dieses Kaliber eine Munitionserwerbsberechtigung eingetragen ist.

18.2 Führen von Waffen

Zum Führen einer Waffe ist ein Waffenschein erforderlich.
Eine Waffe führt, wer außerhalb seiner Wohnung, seiner Geschäftsräume oder seines befriedeten Besitztums die tatsächliche Gewalt über sie ausübt, auch wenn sie nicht geladen ist.

Kein Waffenschein ist erforderlich:
1. zum Transport ungeladener, nicht zugriffsbereiter, d. h. verpackter Waffen nach § 34 Abs. 4 Nr. 2c des Waffengesetzes,
2. für Jagdscheininhaber zur befugten Jagdausübung, zum Jagdschutz und im Zusammenhang damit. In diesem Fall dürfen die Waffen auch unverpackt zugriff- und schußbereit sein.

Daraus geht hervor, daß der Jäger mit Ausnahme auf dem Wege zur Jagd oder von der Jagd seine Waffen nicht führen darf, sondern transportieren muß. Zum Transportieren muß die Waffe ungeladen und verpackt sein.

18.3 Schießerlaubnis

Das Schießen ist erlaubt:
1. auf einer zugelassenen Schießstätte,
2. bei der befugten Jagdausübung und im Jagdschutz sowie zum Anschießen von Jagdwaffen im Revier, wobei letzteres auf die Überprüfung der Visierung oder der Treffpunktlage beschränkt ist,
3. im eigenen befriedeten Besitztum, sofern die Geschosse dieses nicht verlassen können und entweder Randfeuerschrotpatronen mit einem Durchmesser bis 9 mm oder Jagdwaffen verwendet werden, deren Geschosse weniger als 7,5 Joule entwickeln.

19 Aufbewahrung

Die Langwaffen, die Kurzwaffen und die Munition sind getrennt voneinander so aufzubewahren, daß sie dem unmittelbaren unbefugten Zugriff entzogen sind.

Wenn man das Haus für längere Zeit verläßt, ist es besser, die Waffen zur Aufbewahrung wegzugeben. Wer die Waffen lediglich für eine begrenzte Zeit zur Aufbewahrung übernimmt, braucht keine Waffenbesitzkarte. Es ist jedoch zweckmäßig, ihm eine schriftliche Bescheinigung und Fotokopien der Waffenbesitzkarten mit zu übergeben.

Jeder zumutbare Aufwand, mit dem vermieden werden kann, daß Waffen in unbefugte Hände gelangen, ist zu betreiben.

20 Transport

Alle Waffen werden auf jeden Fall in einem verschlossenen Koffer oder etwas ähnlichem leer und von der Munition getrennt transportiert. Grundsätzlich gehören sie im Auto in den Kofferraum. Gewehre und Kurzwaffen sind am besten aufgehoben in gepolsterten Leder- oder Kunststoffutteralen oder noch besser in verschließbaren Schalenkoffern. Zur Mitnahme in Flugzeugen sind diese Koffer Voraussetzung. Die althergebrachten Segeltuchfutterale sind nur geeignet, um Gewehre vor Staub und Regen geschützt umgehängt zu tragen.

Wald- und Landbau

1 Waldbau – Forstwirtschaft

Bestimmen der wichtigsten Baum- und Straucharten, deren Wuchsverhalten und Bedeutung für die Jagd

Eichen: Stieleiche, Traubeneiche

Stieleiche (Abb. 350 Blatt und gestielte Frucht):
Wuchsverhalten: Sie stellt hohe Ansprüche an Licht (Lichtbaumart) und Wasser, sie verlangt nach Mischung mit unter ihrem Schirm (Kronendach) wachsenden sonstigen Baumarten, wie Rot- und Hainbuche, die als schattenertragende Bäume für astreine Schäfte der Eichen sorgen.
Bedeutung für die Jagd: Früchte (Eicheln) liefern Kraftfutter, man nennt die Eicheln am Baum eine „Eichelmast". Die Triebe werden gern verbissen; die Eiche wächst dann von unten nach: Stockausschlag.

Abb. 350. Stieleiche.

Abb. 351. Traubeneiche.

Traubeneiche (Abb. 351 Blatt und ungestielte Frucht):
Wuchsverhalten: Sie stellt weniger hohe Feuchtigkeitsansprüche als die Stieleiche (sonst vgl. Stieleiche).

Rotbuche (Abb. 352 Blatt und Frucht):
Wuchsverhalten: Sie verlangt wertvolle Standorte und kommt als Reinbestand sowie in Mischung mit Eiche, Esche, Ahorn, Lärche, Fichte, Kiefer und Tanne vor.
Bedeutung für die Jagd: Die Buchecker ist das wertvollste Kraftfutter.

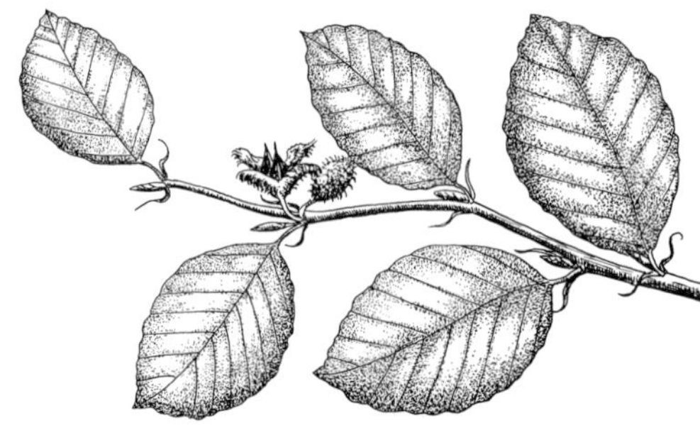

Abb. 352. Rotbuche.

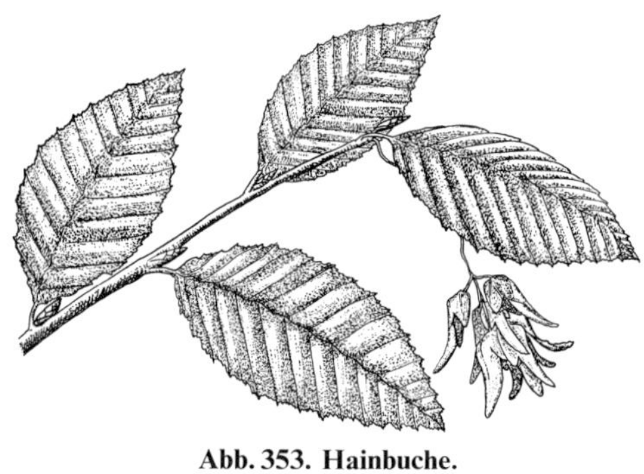

Abb. 353. Hainbuche.

Hainbuche (Abb. 353 Blatt und Frucht):
Wuchsverhalten: Durchschnittliche Standortansprüche; als Schattenbaumart wird sie hauptsächlich unter Eichen angebaut (s.d.).
Bedeutung für die Jagd: Bietet gute Deckung, gute Stockausschlagfähigkeit läßt Verbiß in Remisen zu.

Esche (Abb. 354 Blatt und Frucht):
Wuchsverhalten: Lichtbaumart mit Spitzenansprüchen an den Standort; hohe Naturverjüngungsfreudigkeit. Die Esche kommt in Mischung mit Buche und Ahorn vor.

Bedeutung für die Jagd: Hohe Beliebtheit als Verbiß- und Schälholz.

Abb. 354. Esche.

Abb. 355. Roterle.

Erle (Abb. 355) Rot-(Schwarz-)Erle Blatt und Frucht) (Abb. 356 Weißerle Blatt und Frucht)

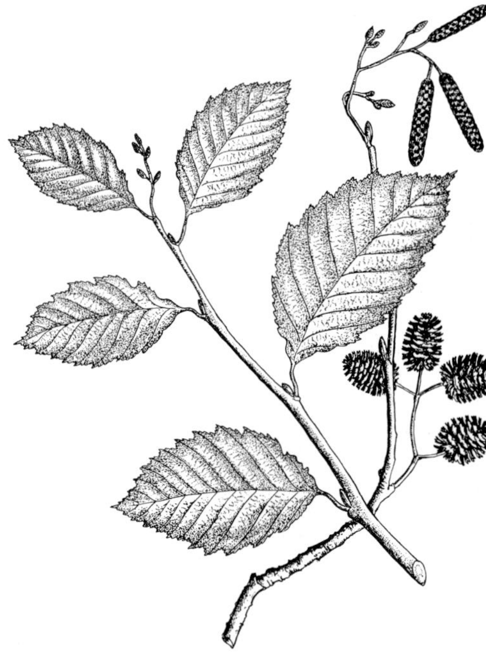

Abb. 356. Weißerle.

Roterle:
Wuchsverhalten: Verlangt dauerfeuchten Standort mit guter Nährstoffversorgung; kommt in Mischung mit Pappel vor.
Bedeutung für die Jagd: Bei Wiesen- und Naßstandortaufforstung vielfach einzige Deckungsbaumart.

Weißerle: Keine Wirtschaftsbaumart, sondern als Pionier für Geröllhaldenaufforstungen oder als Schirmholzart für frostempfindliche Baumarten geeignet, liebt trockene Böden.

Ahorn: Bergahorn, Spitzahorn, Feldahorn

Bergahorn (Abb. 357 Blatt und Frucht):
Wuchsverhalten: Als in der Jugend schattenertragender, mit zunehmendem Alter lichtbegehrender Baum beansprucht der Bergahorn feuchte, mittel- bis gutnährstoffversorgte Standorte der Mittelgebirgslagen und der unteren hochmontanen Bereiche. Vielfach mit Eiche, Buche, Esche, Fichte,

Tanne, Hasel, Weiß- und Schwarzdorn vergesellschaftet.

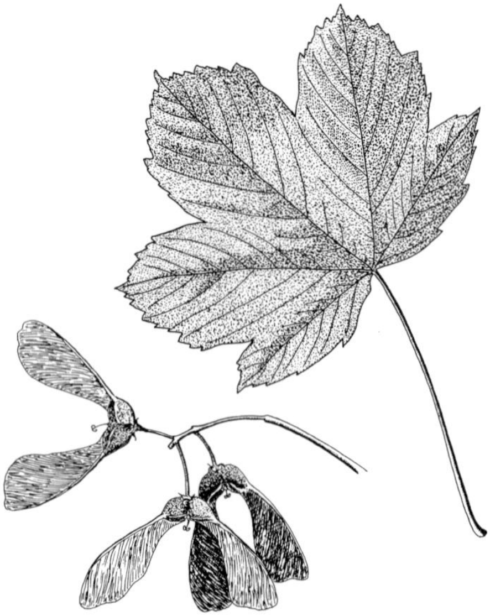

Abb. 357. Bergahorn.

Abb. 358. Spitzahorn.

Spitzahorn (Abb. 358 Blatt und Frucht):
Wuchsverhalten: In der Jugend schattenertragend, später ausgesprochener Lichtbaum. Wächst gut auf bindigen Böden des Kontinentalklimas, gedeiht aber auch auf weniger gut versorgten Standorten. Spitzahorn liefert die beste Laubstreu aller Ahornarten. Lebt in Mischung mit Esche, Ulme, Bergahorn, Eiche, Linde, Pappel, Weide, Erle.

Feldahorn (Abb. 359 Blatt und Frucht):
Wuchsverhalten: Bevorzugt lockere, kalkreiche Böden bei großem Wärmebedürfnis. Großer Lichthunger wird durch guten Standort kompensiert. Da er i. d. R. nur Baum zweiter Größe wird, ist der Feldahorn ein vielgesehener Baum/Strauch der lichtexponierten Waldrandlage und der Wegraine.
Bedeutung für die Jagd: Gut geeignet als Proßholz.

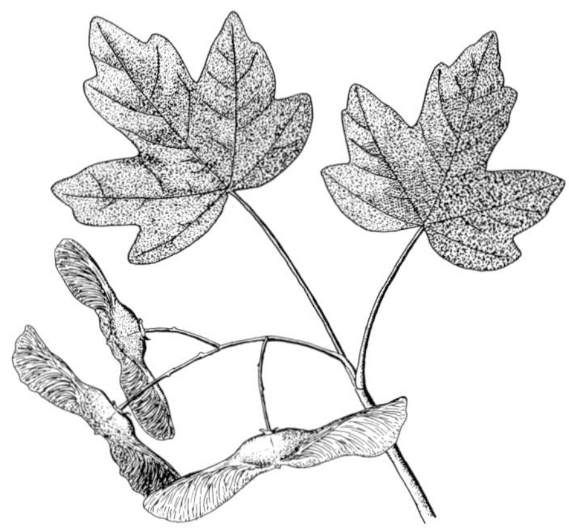

Abb. 359. Feldahorn.

Birken (Abb. 360 Blatt und Frucht):

Weiß- oder Sandbirke oder Hängebirke;
Moor- oder Haarbirke

Weißbirke:
Wuchsverhalten: Die Weißbirke ist ausgesprochen anspruchslos, sie wächst auf trockensten Böden, verträgt aber auch hohe Bodenfeuchtigkeit. Als Flachwurzler ist sie windwurfgefährdet. Wegen ihrer Frosthärte bietet sie frostempfindlichen Baumarten unter ihrem Kronendach Schutz. Ihre Blattstreu ist im ph-Wert günstiger als die der Rot-

buche. Vergesellschaftet mit Eiche, Eberesche, Weide, Aspe, Kiefer.

Moorbirke:
Wuchsverhalten: Abgesehen von ihrem Verlangen nach höherer Boden- und Luftfeuchtigkeit wächst die Moorbirke auch auf staunassen Böden. Sie ist frosthart und deswegen wie die Weißbirke ein Pionierbaum. Sie lebt mit Stieleiche, Aspe, Weide, Faulbaum, Weißbirke und Kiefer zusammen.

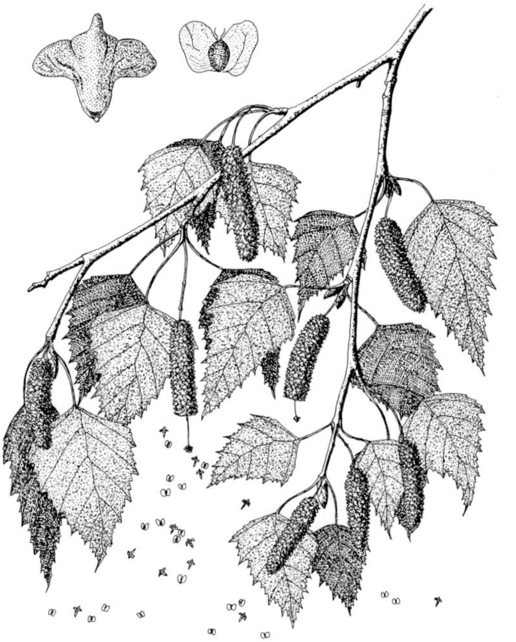

Abb. 360. Birke.

Pappeln: Aspe oder Espe oder Zitterpappel, Weiß- oder Silberpappel, Schwarzpappel

Aspe (Abb. 361 Blatt und Frucht):
Wuchsverhalten: Als eigentliche Waldpappel mit hoher Seitendruckverträglichkeit ist ihr fast jeder Standort recht, außer Stauwasser. Auf frischen und nährstoffreichen Standorten bringt sie gute Stammformen und Erträge. Sie verträgt sich gut mit Roterle, Esche, Stieleiche, Winterlinde, Ahorn, Weiß- und Schwarzdorn.

Bedeutung für die Jagd: Sie gilt wegen ihrer Anspruchslosigkeit als ideales Proßholz mit guter Wurzelbrutbildung.

Abb. 361. Aspe.

Abb. 362. Weißpappel.

Weißpappel (Abb. 362 Blatt und Frucht):
Wuchsverhalten: Lichtbaum mit mittleren Nährstoffansprüchen. Sie nimmt auch weniger feuchte Standorte in Kauf. Als Waldbaum spielt sie keine Rolle.

Schwarzpappel:
Wuchsverhalten: Sie hat unter allen Pappeln die höchsten Boden- und Feuchtigkeitsansprüche. Am besten gefallen ihr nährstoffreiche Aueböden. Sie ist Lichtbaum.
Bedeutung für die Jagd: In baumloser Landschaft oft einziger Schlafbaum für Fasan.

Weiden (Abb. 363 Blatt):
Salweide, Purpurweide, Ohrweide, Grau- oder Aschweide, Korb- oder Hanfweide, Silberweide, Lorbeerweide, Mandelweide, Sand- oder Kriechweide
Wuchsverhalten: Trockene über mäßigtrockene bis gut wasserversorgte Standorte, die je nach Art schwach- bis gut nährstoffversorgt sein sollten.

Abb. 363. Korb- oder Hanfweide.

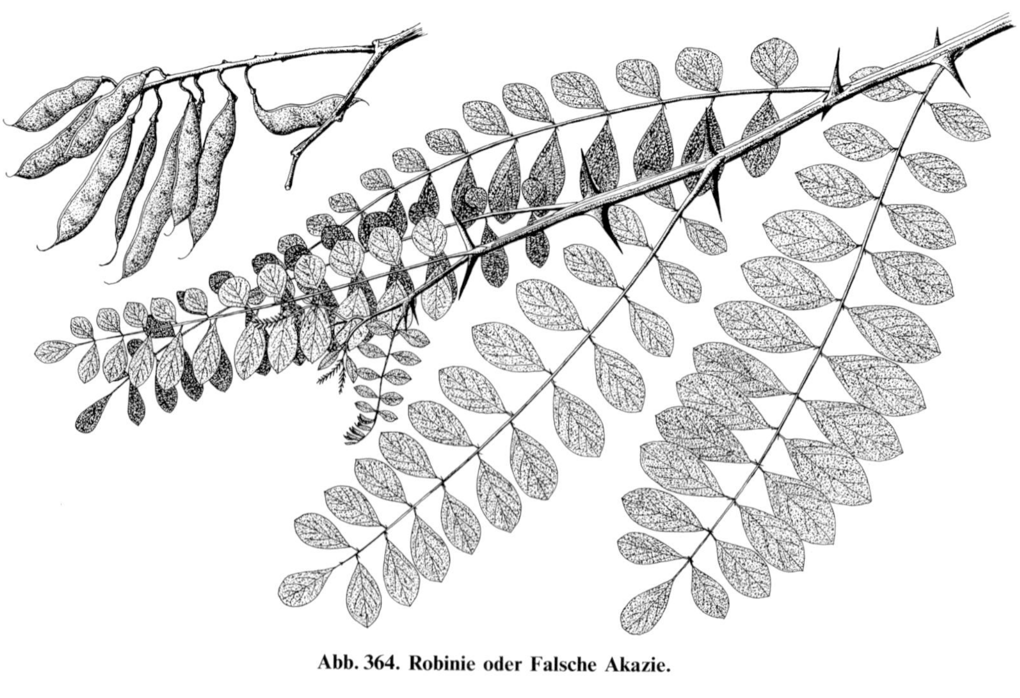

Abb. 364. Robinie oder Falsche Akazie.

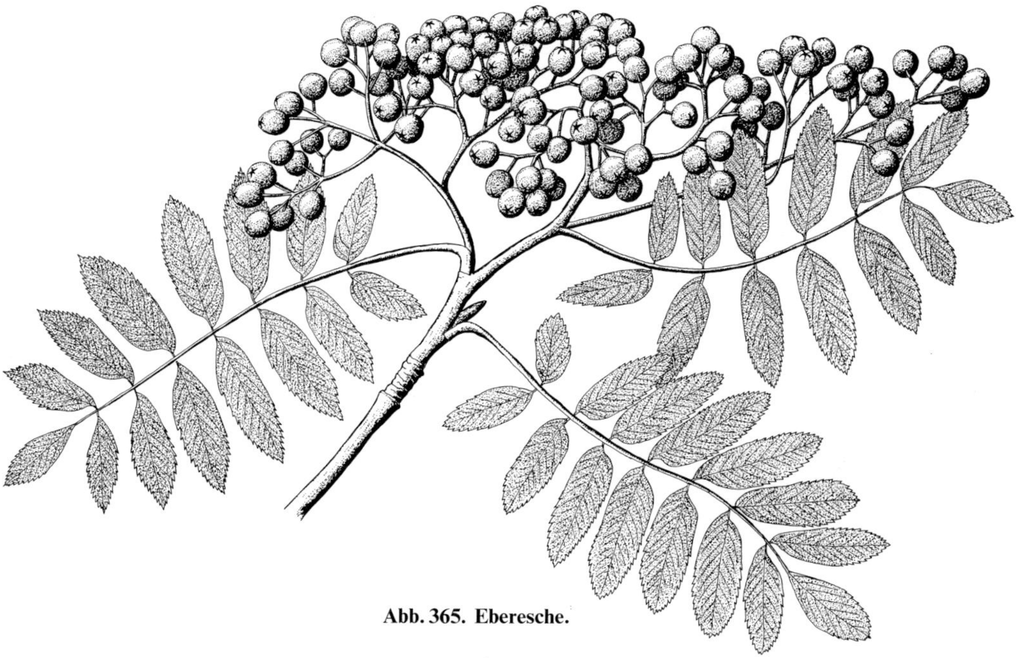

Abb. 365. Eberesche.

Bedeutung für die Jagd: Viele Weiden bieten guten Deckungsschutz, aber auch Verbißäsung (Proßholz). Die landläufige Meinung, alle Weiden seien hierfür geeignet, ist falsch. In Frage kommen folgende Arten bzw. Sorten: Hanfweide mit bestimmten Sorten, Ulbrichweide, Englische Aschweide, Bandstockweide, Kottenheider Weide (Mandelweidenbastard). Ungeeignet sind folgende Arten: Silber-, Dotter-, Lorbeer-, Asch- und Purpurweide. Aspe in Mischung mit Weide kann für Proßholzflächen nicht empfohlen werden.

Eberesche oder Vogelbeere (Abb. 365 Blatt und Frucht):
Wuchsverhalten: Als Lichtbaum kommt die frostharte Vogelbeere auf Waldböden jeder Beschaffenheit vor, sobald ein bestimmter Humusgehalt vorhanden ist. Sie kommt mit Stieleiche, Birke, Weide, Aspe, Kiefer und Faulbaum vor.
Bedeutung für die Jagd: Wegen starker Stockausschlagfähigkeit gute Proßholzeignung und außerdem gute Vogelnahrung.

Elsbeere (Abb. 366 Blatt und Frucht):
Wuchsverhalten: Bei hohen Nährstoffansprüchen und weniger hohen Feuchtigkeitsansprüchen lebt

Abb. 366. Elsbeere.

dieser Baum mit Eiche, Buche, Hainbuche, Ahorn, Wildobst, Weiß- und Schwarzdorn, Mehlbeere, Pfaffenhütchen, Liguster und Schneeball zusammen.
Bedeutung für die Jagd: Wildvogelfutter.

Mehlbeere (Abb. 367 Blatt und Frucht):
Wuchsverhalten: Wärmebedürftiger (aber frosthart), lichthungriger Baum, der Kalkböden und mittelgründigen Lehmböden bei geringen Wasseransprüchen.
Bedeutung für die Jagd: Wildvogelfutter und proßholzgeeignet.

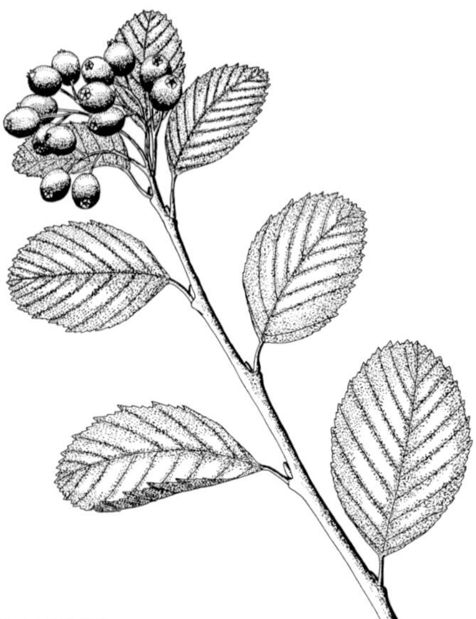

Abb. 367. Mehlbeere.

Kirsche: Vogelkirsche und Traubenkirsche.

Vogelkirsche (Abb. 368 Blatt und Frucht):
Wuchsverhalten: Sie bevorzugt warme, gut nährstoffversorgte (Kalk), frische Standorte. Sie ist vergesellschaftet mit Rotbuche, Hainbuche, Esche, Eiche, Ahorn, Weide, Wildobst, Hasel, Weiß- und Schwarzdorn, Pfaffenhütchen.
Bedeutung für die Jagd: Vogelfutter, Proßholz.

Traubenkirsche
Wuchsverhalten: Bei großer Anbauamplitude wächst diese Kirsche auf armen bis gut wasser- und

Abb. 368. Vogelkirsche, Wildkirsche.

nährstoffversorgten Standorten. Wegen ihrer Schattenerträgnis ist sie als Streuverbesserer gut mit Nadelholz zu mischen. Achtung: Die spätblühende Traubenkirsche ist als Fremdling ein Florenverfälscher.
Bedeutung für die Jagd: Proßholz, Vogelnahrung.

Haselnuß (Abb. 369 Blatt und Frucht):
Wuchsverhalten: Auf nährstoffreichen Standorten als Unterholz unter anderen Laubbäumen vielfach anzutreffen.
Bedeutung für die Jagd: Knospen und Nüsse als Wildäsung, Deckungspflanze.

Holunder:
Roter Holunder oder Hirschholunder oder Traubenholunder, Schwarzer Holunder.

Roter Holunder:
Wuchsverhalten: Als Halbschattenstrauch kommt er auf frischen, mittelnährstoffversorgten Standorten in Mischung mit anderen Laubgehölzen vor.
Bedeutung für die Jagd: Vogelnahrung, Triebe, Rinde, Knospen und Blätter sind Schalenwildäsung.

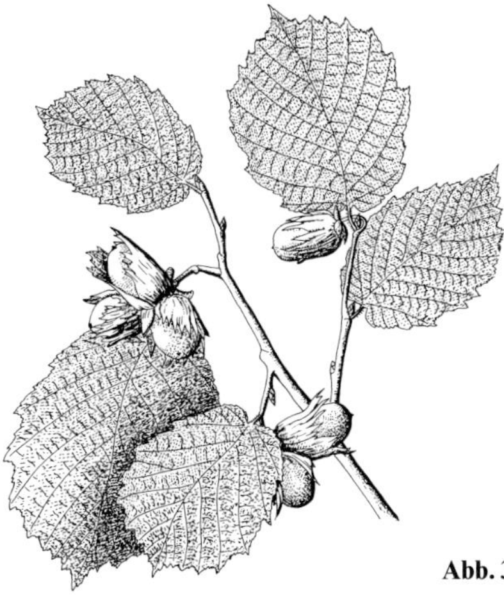

Abb. 369. Hasel.

Abb. 370. Wildapfel.

Schwarzer Holunder:
Wuchsverhalten: Als Halbschattenstrauch kommt er auf frischen, nährstoffreicheren Standorten in Mischung mit anderen Laubgehölzen vor.
Bedeutung für die Jagd: Vogelnahrung, Deckungspflanze.

Abb. 371. Gemeiner Schneeball.

Roter Hartriegel (Abb. 372 Blatt und Frucht):
Wuchsverhalten: Dieser Halbschattenstrauch ist mit fast allen Laubgehölzen der nährstoffreicheren Standorte vergesellschaftet.
Bedeutung für die Jagd: Er ist gut als Proßholz und Vogelnahrung geeignet.

Abb. 372. Roter Hartriegel.

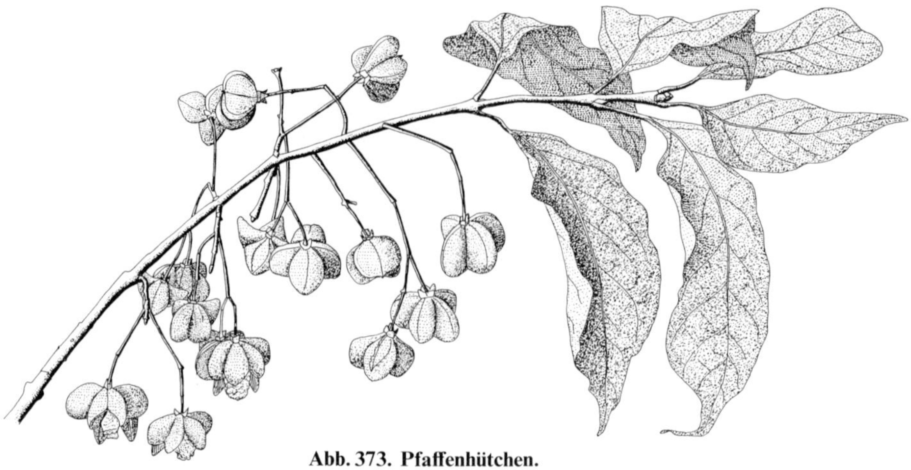

Abb. 373. Pfaffenhütchen.

Pfaffenhütchen (Abb. 373 Blatt und Frucht):
Wuchsverhalten: Bei mittlerer Nährstoff- und Wasserversorgung kommt das Pfaffenhütchen mit fast allen Laubhölzern vergesellschaftet vor.
Bedeutung für die Jagd: Proßholz und Deckungsstrauch.

Weißdorn (Abb. 374 Blatt und Frucht):
Wuchsverhalten: Als Strauch der mittelnährstoffversorgten Böden kann sich der Weißdorn mit allen anderen Laubhölzern vergesellschaften.
Bedeutung für die Jagd: Proßholz, Vogelnahrung, Deckungspflanze.

Schwarzdorn oder Schlehe:
Wuchsverhalten: Die Schlehe kommt auf gut nährstoffversorgten Böden mit allen dort auch wachsenden Laubhölzern vor.

Abb. 374. Eingriffeliger Weißdorn.

Bedeutung für die Jagd: Proßholz, Vogelnahrung, Deckungspflanze.

Besenginster (Abb. 375 Blatt und Frucht):
Wuchsverhalten: Bodenvag, kann mit fast allen anderen Laubgehölzen vergesellschaftet sein.
Bedeutung für die Jagd: Äsungspflanze.

Abb. 375. Besenginster.

Abb. 376. Wilde Himbeere.

Himbeere (Abb. 376 Blatt und Frucht):
Bei mindestens mittlerer Nährstoffversorgung lebt die Himbeere als Bodenpflanze in fast allen Laub- und Nadelwäldern. Sie ist Äsungs- und Deckungspflanze für das Wild.

Brombeere (Abb. 377 Blatt und Frucht):
Auf fast allen Standorten in Buchen-, Eichen- oder Birkenwäldern vorkommend. Gute Äsungs- und Deckungspflanze.

Abb. 377. Brombeere.

Heidelbeere (Abb. 378 Blatt und Frucht):
Auf schwach nährstoffversorgten Standorten in allen Nadelholzgesellschaften vorkommend. Äsungspflanze.

Abb. 378. Heidelbeere, auch Bickbeere oder Blaubeere.

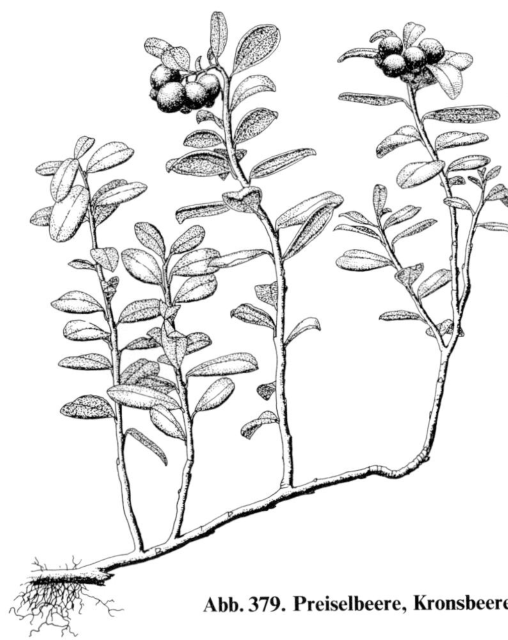

Abb. 379. Preiselbeere, Kronsbeere.

Preiselbeere (Abb. 379 Blatt und Frucht):
Saurer Bodenanzeiger in Nadelholzwaldgesellschaften. Äsungspflanze.

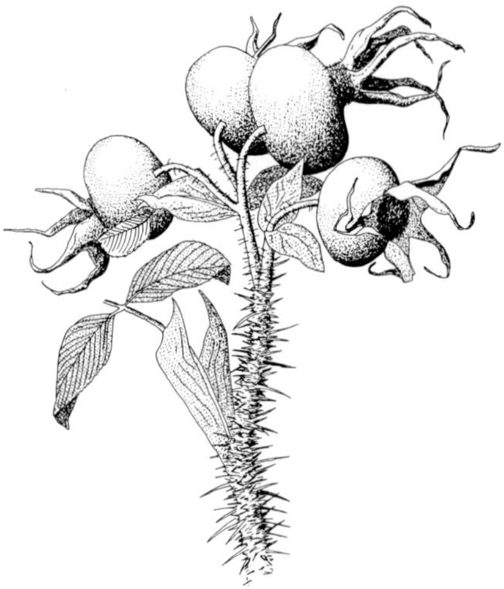

Abb. 380. Bauern- oder „Apfel"rose.

Fichte (Abb. 381 Zweig mit Zapfen):
Wuchsverhalten: Liebt frische Böden, hohe Windwurfgefährdung wegen Flachwurzelausbildung; bildet Rohhumuspolster, d.i. nicht umgesetzter Humus. Die Fichte ist sehr krankheitsanfällig.

Bedeutung für die Jagd: Trotz geringen Ästungsangebotes ist sie als Remisenpflanze beim Niederwild sehr beliebt. Die Fichtendickung bietet allem Wild warme, windaufhaltende Schutzzonen.

Abb. 381. Fichte.

Abb. 382. Weißtanne.

Tanne (Abb. 382 Zweig mit Zapfen):
Wuchsverhalten: Luftfeuchtigkeitsliebende Baumart mit Hauptvorkommen im Schwarzwald. Sie gilt als besonders schattenertragend und wächst in Mischung mit Buche, Fichte, Kiefer.
Bedeutung für die Jagd: Starker Verbiß der Jungpflanzen zwingt zur Regulierung der Wilddichte.

Kiefer (Abb. 383 Zweig mit Zapfen):
Wuchsverhalten: Lichtbaumart der Geest- und Trockenstandorte in Mischung mit Buche, Birke, Eiche, Tanne und Fichte.
Bedeutung für die Jagd: Die Dickungen und Stangenhölzer sowie der unter Althölzern wild aufwachsende Unterstand bieten gute Deckung.

Lärche (Abb. 384 Zweig mit Zapfen):
Wuchsverhalten: Lichtbaumart mit mittleren Bodenansprüchen, wächst in Mischung mit Buche oder faßt große Kieferndickungskomplexe als Baumart mit brandhemmendem Bodenbewuchs ein.
Bedeutung für die Jagd: Vom Rehbock als Fegebaum bevorzugt.

Douglasie:
Wuchsverhalten: Auf mäßig trockenen bis frischen Standorten ohne besondere Nährstoffvorräte. Heute

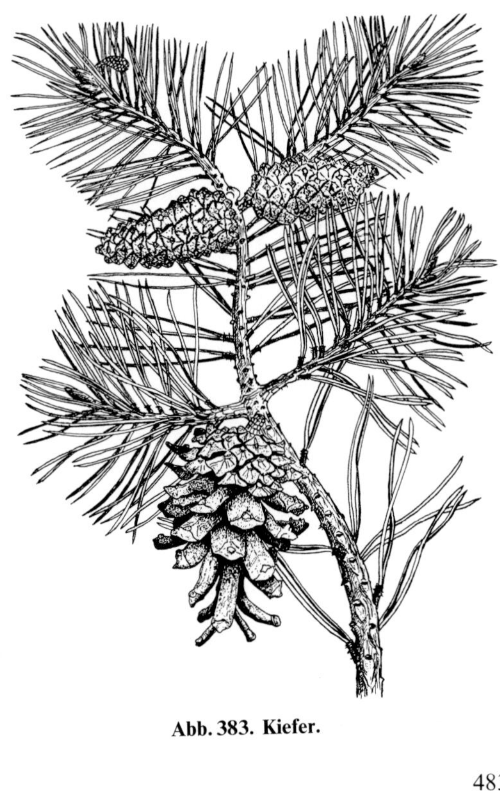

Abb. 383. Kiefer.

Abb. 384. Lärche.

aus dem Staat Washington und Brit. Kolumbien importierte Baumart, die im Tertiär auch in Mitteleuropa heimisch war. Lichtbaum im Alter, in der Jugend auch gut schattenertragend. Kommt häufig mit Fichte, Kiefer und Küstentanne vergesellschaftet vor. Sie ist Herzwurzler.
Bedeutung für die Jagd: Bevorzugter Fegebaum des Rehbockes.

Waldbauliche Begriffe

Abteilung:	Wirtschaftseinheit im Walde
abtreiben:	kahlschlagen
Abtrieb:	Kahlschlag
Abtriebsalter:	Einschlagsalter (Zielalter) der zu nutzenden Baumart
Altholz:	Baumholz im fortgeschrittenen Alter; d.h. Erntealter (Zielalter) abzüglich 40, bei Eiche 60 Jahre
Anflug:	Wildwuchs von Bäumen, deren Samen wegen geringen Gewichts leicht fliegt (z.B. Kiefer, Birke, Pappel)
Auewald:	fließwasserbegleitende Waldgesellschaft
Aufschlag:	Wildwuchs von Bäumen, deren Samen wegen zu großer Schwere dort keimt, wo er hinfällt (z.B. Eiche, Kastanie)
Ballenpflanze:	Pflanze mit von Erdreich umgebener Wurzel; Gegensatz: wurzelnackt
Baumschule:	gewerblicher Pflanzenanzuchtbetrieb (Forstbaumschule – spezialisiert auf Forstpflanzen)
Bestand:	Teil eines Waldes, der sich durch Baumart, Alter, Wüchsigkeit von anderen Waldteilen abhebt
Bestockung:	Bewuchs
Blöße:	holzleere Fläche innerhalb des Waldes
Derbholz:	Holzstärke ab 7 cm
Dickung:	Jungbestand, bei dem sich die Zweigspitzen benachbarter Bäume berühren bis zum Zeitpunkt der Astreinigung (Absterben unterer Äste infolge Lichtmangel)
Durchforstung:	Waldpflegemaßnahme mit beabsichtigter Bevorzugung des guten Stammes; hiermit wird Bestandessicherheit, Wert- und Massenzuwachs gefördert
Einschlag:	1. vorübergehender Pflanzenaufbewahrungsort im Schatten, wo die Pflanzenwurzeln mit Erdreich bedeckt werden 2. Fällen von Bäumen
Endnutzung:	Nutzung von Hölzern mit dem Ziel der Verjüngung von Beständen oder Waldnutzung für Umwandlung in eine andere Nutzungsart (z.B. Steinbruch)
Fehlstelle:	unbestockte Kleinfläche im Jungwuchs durch Pflanzenausfall
Festmeter:	Kubikmeter
Forsteinrichtung:	mittel- und langfristige Planung im Forstbetrieb
Forstort:	Waldteil mit oftmals geschichtsträchtigem oder landschaftsbezogenem Namen

Frühfrost:	Herbstfrost
Gestell:	Waldschneise, die der Waldeinteilung oder jagdlichen Zwecken dient
Hauung:	Holzeinschlag
Heister:	Holzpflanze über 2 m hoch
Hochwald:	Wald, der aus Saat oder Pflanzung entsteht und entweder einzelstammweise oder flächenweise genutzt wird
Holzboden:	Flächen, die der Holzproduktion dienen, dazu vorübergehende Blößen und Wege
Jungwuchs:	Forstkultur vom Zeitpunkt der Begründung bis zum Kronenschluß
Kahlschlag:	restlose Holznutzung auf einer Waldfläche
Kultur:	Schonung
Läuterung:	forstwirtschaftliche Maßnahme zur Pflege von Jungwüchsen mit Ausmerzung minderwertiger Bestandesglieder
Lichtholz:	Bäume mit hohen Lichtansprüchen (z.B. Eiche, Birke)
Mast:	Saatgutanhang an Waldbäumen – z.B. Eichelmast
Mischbestand:	Wald, dessen Bestockung aus mehr als einer Baumart besteht
Mittelwald:	vgl. Hoch- und Niederwald Wald, dessen Oberholz aus Kernwüchsen und Stockausschlag besteht; die darunter stehende Baumschicht (Unterholz) besteht aus Wurzelbrut und Stockausschlag
Monokultur:	Wald mit einer Baumart, auch Reinbestand
Nachbau:	nachträgliche Pflanzung von jungen Bäumen in weit vor der Endnutzung stehenden Beständen
Nachbesserung:	Auspflanzen von Fehlstellen in Forstkulturen
Nachhaltigkeit:	Ausgleich von Produktion und Nutzung im Forstbetrieb sowie sonstiger Waldleistungen
Naturverjüngung:	natürlicher Aufwuchs von Waldbäumen
Nebennutzungen:	Waldnutzung außerhalb der Holzernte (z.B. Nadelzweignutzung, Laubnutzung, Steine, Erden, Fischerei, Jagd)
Nichtholzboden:	holzleere Flächen, meist in räumlichem Zusammenhang mit Wald
Niederwald:	vegetative Waldverjüngung mit niedrigem Nutzungsalter
Pflanzgarten:	gegatterte Fläche, die der Anzucht von Forstpflanzen dient, auch Kamp
Plenterwald:	ungleichaltriger Hochwald mit allen Baumaltern in Einzelmischung
Raummeter:	Schichtholzaufmaß – wegen einbezogener Hohlräume mißt ein Raummeter nur 0,7 Festmeter
Reinbestand:	siehe Monokultur
Remise:	Wildschutzgehölz, von Menschenhand angelegt, das dem Schutz des Niederwildes dient
Schatt- oder Schattenholz:	Bäume mit geringen Lichtansprüchen (z.B. Tanne, Buche)
Schichtholz:	in kurzen Längen aufgestapeltes Holz, dessen Raumgehalt in Raummetern aufgemessen wird
Schirmholz:	Baum, dessen Krone kleine Pflanzen vor starker Besonnung oder Frost schützt
Schneebruch:	abgebrochene Bäume, Kronen oder Äste durch aufliegenden Schnee, ganz besonders nasser Schnee
Schutzwald:	Wald, dessen eigentliche Zweckbestimmung, nämlich Holznutzung, hinter die der speziellen Zweckbestimmung – hier: Wasser-, Erosions-, Lawinen-, Lärm- und Sichtschutz – zurücktritt
Spätfrost:	Frühjahrsfrost
Stangenholz:	Baumbestand von 15 bis 20 cm Durchmesser (in 1,3 m Höhe gemessen)

Stockausschlag: aus dem Stubben eines Baumes herausbrechende Reiser (besonders Linde, Eiche, Birke), nicht alle Bäume sind stockausschlagfreudig

Trauf: auch Waldmantel
bis in die untersten Stammregionen grünästiger Baum, der dahinterstehende Bäume durch Abbremsen von Sturm vor Windwurf und Windbruch schützen soll

Überhälter: Restbäume eines im übrigen abgetriebenen Altholzbestandes, die aus ästhetischen Gründen, wegen noch zu erwartenden Wertzuwachses oder als Samenbäume stehen bleiben

Umtriebszeit: Produktionszeitraum einer Baumart

Unterabteilung: kleinste Planungseinheit im Walde

Unterbau: mit boden- oder stammpflegerischem Ziel unter einem älteren Bestand angezogene Kultur

Verband: Pflanzenabstände innerhalb einer Reihe und von Reihe zu Reihe

Verjüngung: natürliche oder künstliche Bestandesbegründung

verschulen: Verpflanzen von Sämlingen, um durch weitere Pflanzabstände kräftigere Pflanzen zu erzielen

vollholzig: einer Walze nahekommender Stamm, wobei der obere Durchmesser von dem am Stammfuß wenig abweicht; Gegenteil: abholzig

Voranbau: Vorausverjüngung eines Bestandes unter Altholzschirm

Vollmast: alle Bäume eines Bestandes tragen viel Früchte

Vornutzung: Holznutzung vor der Endnutzung

Vorwald: vorübergehende anspruchslose Bestockung zum Schutze nachwachsender anspruchsvoller Bäume (Frostschutz, Humusanreicherung)

Waldbau: Lehre von der Begründung und Pflege des Waldes

Waldmantel: siehe Trauf

Windbruch: durch Sturm geknickte Bäume

Windwurf: durch Sturm mit dem Wurzelteller geworfene Bäume

Wirtschaftswald: bewirtschafteter Wald

Zopf: Baumspitze

Zwiesel: Baum mit zwei Spitzentrieben

Forstwirtschaft

Nur 29% der Bundesrepublik Deutschland sind bewaldet. Auf dieser Fläche wird Waldwirtschaft betrieben, die man auch Forstwirtschaft nennt.

In einem Industrieland wie der Bundesrepublik Deutschland sind nur noch wenige naturbelassene Wälder anzutreffen, was aber nicht ausschließt, daß man auch in einem Wirtschaftswald naturgemäße Waldwirtschaft betreiben kann. Der rasante weltweite Bevölkerungsanstieg und der damit verbundene Landschaftsverbrauch ließ die Waldfläche der Erde in den letzten 20 Jahren von $^1/_4$ auf $^1/_5$ der gesamten Landfläche sinken.

So vergrößert sich die Sahara täglich um viele Quadratkilometer. Urwälder müssen dem Landhunger der ständig anwachsenden Menschenzahl in den Entwicklungsländern für Ackerbau, Weidewirtschaft und der Gewinnung von Brennholz weichen, um schon nach kurzer Zeit ausgelaugt brachzufallen und zu erodieren. Aber nicht die Einheimischen in den Tropen sind schuld am Untergang der Regenwälder, sondern vor allem der stetig steigende Holzbedarf der Industrienationen. Sie konsumieren 90% aller Holzprodukte.

Um dem Raubbau an den Urwäldern der Tropen, die derzeitig noch 1,1 Milliarden ha ausmachen, wirksam zu begegnen, kann die Devise für alle Industrieländer nur lauten: Intensive Forstwirtschaft und damit verbundene Drosselung der Rohstoffimporte.

Der in Deutschland früher betriebene Waldraubbau ist lange beendet. Schon vor 200 Jahren begann man bei uns, auf streu- und waldweidegenutzten Böden ertragreiche Wälder aufzubauen. Diese haben zwar auch Nachteile für den Artenreichtum mit sich gebracht, sind aber inzwischen bei entsprechender Pflege ökologisch vielfältiger geworden. Aufgabe

der Forstwirtschaft ist es heute, den Ansprüchen, die an den Wald gestellt werden, durch eine entsprechende Waldpflege gerecht zu werden.
So haben die Forstleute bei ihren Aufgaben auf viele Funktionen des Waldes Rücksicht zu nehmen:

1. Der Wald als Rohstoffquelle.
2. Der Wald als Erholungsraum.
3. Der Wald mit seinen Schutzfunktionen wie Wasserschutz (Wasserspeicher und Filterung des Wassers), Klimaschutz, Erosionsschutz (z. B. Lawinenschutz), Reinhaltung der Luft, Lärmschutz, Sichtschutz, Windschutz.
4. Der Wald als ökologischer Stabilisator der Landschaft.
5. Der Wald mit ästhetischer Funktion – landschaftsbildprägend.
6. Der Wald als Lebensraum.
7. Der Wald als Teil der Agrar- und Infrastruktur.

Der Jäger ist mitverantwortlich für die Umsetzung dieser an den Wald gestellten Aufgaben. Er hat dabei die Wildbestände in Zusammenarbeit mit den Forstleuten so zu bewirtschaften, daß eine artenreiche Tier- und Pflanzenwelt erhalten bleibt.

Bestandesbegründung
Der Wald entsteht **natürlich** aus Samen (generativ) oder durch Stockausschlag, Wurzelbrut und Absenker (vegetativ). Häufiger wird der Wald jedoch **künstlich** über Saat oder Pflanzung begründet. Die für eine Pflanzung benötigten Forstpflanzen werden in forsteigenen Pflanzgärten oder in Baumschulen herangezogen. Selten werden sie als sog. Wildlinge am Ort ihrer Keimung gewonnen und weiter verpflanzt.

Abb. 385. Pflanzlade.

Jede Pflanzenwurzel ohne Erdballen (entblößte Wurzel) muß nach dem Ausheben vor Austrocknung geschützt werden. Dazu bedient man sich eines vorübergehenden Einschlags (vorläufiges Bedecken der Wurzeln mit Erde) oder eines wurzelschützenden Transportes (Abb. 385). Ideal ist das sofortige Wiedereinpflanzen. Dem geht dann allerdings ein wachstumanregender Wurzelschnitt mit scharfer Schere oder scharfem Axthieb voraus.

Pflanzverband
Alle Forstpflanzen werden im Reihenverband gepflanzt. Hiermit ist große Übersichtlichkeit bei der Pflege der Forstkultur, eine hohe Pflanzleistung sowie eine erleichterte Holzvorlieferung im Durchforstungsalter garantiert.
Für optimale Wuchsbedingungen und effektive Kulturpflege haben sich folgende Pflanzverbände eingebürgert:

Baumart	Reihen- Abstand	Pflanzen- Abstand	d. s. Pflanzen je ha
Eiche			
Stieleiche	1,6 m	0,6 m	10 400 Stück
Traubeneiche	1,6 m	0,8 m	7 800 Stück
Rotbuche	1,6 m	0,6 m	10 400 Stück
Roterle	1,6 m	1,6 m	3 900 Stück
Fichte	3,0 m	1,0 m	3 300 Stück
oder	2,5 m	1,0 m	4 000 Stück
Douglasie	3,0 m	1,0 m	3 300 Stück
Kiefer			
Wertholz	1,6 m	0,5 m	12 500 Stück
Bauholz	1,6 m	0,6 m	10 400 Stück

Zeitpunkt der Pflanzung
Alles Laubholz und Lärchen werden im Herbst nach Blatt- bzw. Nadelabfall oder im Frühjahr vor dem Austreiben gepflanzt. Alles sonstige Nadelholz pflanzt man im Frühjahr oder im Spätsommer nach Verholzen der Triebe.
Ballenpflanzen kann man ohne Rücksicht auf die Jahreszeit in die Erde bringen.

Pflanzverfahren
Handpflanzung mit Spaten, Hohlspaten, Wiedehopfhaue, Keilspaten (Abb. 386), Pflanzholz (Abb. 387).

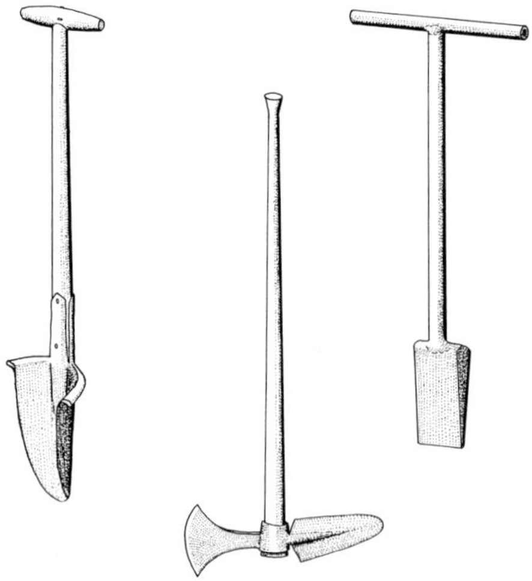

Abb. 386. Von links nach rechts: Hohlspaten, Wiedehopfhaue, Keilspaten.

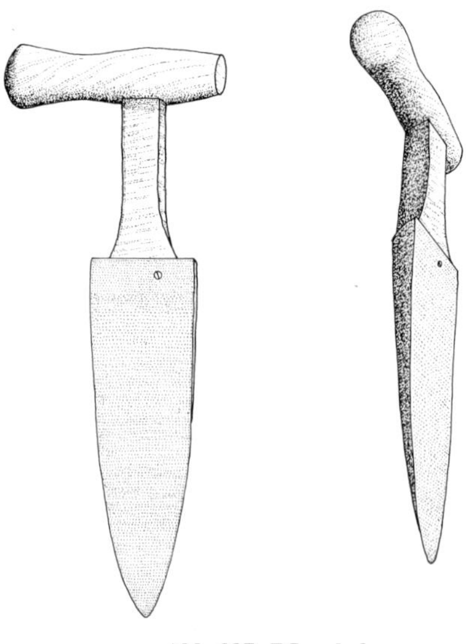

Abb. 387. Pflanzholz.

Maschinenpflanzung mit Erdlochbohrern für große Pflanzen oder mit Pflanzmaschine auf dafür geeigneten Flächen.

Kulturpflege

Die Kulturpflege soll den jungen Pflanzen in der ersten Phase uneingeschränktes Wachstum ermöglichen. Sie wird mechanisch von Hand bzw. maschinell, aber selten chemisch ausgeführt. Die mechanische Pflege geschieht mit Freischneidegeräten, Sensen oder Sicheln.

Bestandespflege

Sie gliedert sich in Läuterung und Durchforstung. Mit ersterer werden schlechtwüchsige Bestandesglieder entnommen, nämlich Kranke, Peitscher, Starkästige, Schlechtwüchsige und Zwiesel.
Die Durchforstung hat zum Ziel, Zukunftsstämme bis zum Endnutzungsalter (Zeitpunkt der Ernte des Endbestandes) zu sichern. Hierbei werden alle Bestandesglieder entnommen, die den Zukunftsbaum in der Krone bedrängen.
Während des Bestandeslebens werden mehrere Durchforstungseingriffe ausgeführt. Das Endnutzungsalter der einzelnen Wirtschaftsbaumarten wird unterschiedlich hoch angesetzt. Dieses richtet sich nach dem physiologischen Höchstalter des Baumes, dem optimalen Zuwachs sowie seiner für die Holzverwertung idealen Stammstärke.

Baumart	physiologisches Höchstalter	Nutzungsalter
Eiche	600 Jahre	250–300 Jahre
Buche	300 Jahre	120–150 Jahre
Esche	250 Jahre	140–180 Jahre
Bergahorn	500 Jahre	140–180 Jahre
Roterle	100 Jahre	60– 80 Jahre
Pappel	300 Jahre	60 Jahre
Fichte	700 Jahre	100 Jahre
Weißtanne	500 Jahre	150 Jahre
Kiefer	500 Jahre 600	120–140 Jahre
Lärche	600 Jahre	100–120 Jahre

Saurer Regen

Mit diesem Begriff sind alle Schadstoffbelastungen unserer Wälder gemeint. Sie gehen als Schwefeldioxid, Stickoxid, Photooxidantien, Fluorwasserstoff, Stickstoffmonoxid, Chlorwasserstoff und Schwermetallstäube mit Regen, Schnee und Nebel auf uns nieder.
Schwefeldioxid (SO_2) und Stickoxid (NO_x) steigen durch das Verbrennen fossiler Brennstoffe (Kohle, Öl, Gas) in erschreckendem Maße an. Die zuneh-

mende Industrialisierung aller Staaten und der damit verbundene beispiellose Landschaftsraubbau (um das Jahr 2000 werden statt bisher 25% Waldanteil der Erde nur noch 17% vorhanden sein) korrelieren zweifellos mit der wachsenden Erdbevölkerung und sind schuld am schleichenden Sterben der Natur.

Wie entstehen die hauptsächlichen Schadstoffe?
Schwefeldioxid ist ein Abfallprodukt aller Kraft- und Heizwerke, aber auch aller Heizungen privater Haushalte.
Besonders stark sind diese Emissionen in den Ballungsräumen mitteleuropäischer Großindustrie: Ruhrgebiet, Dessau/Bitterfeld, Erzgebirge, Oberschlesien.
Unter dem Einfluß von Wasser entsteht Schwefelsäure (H_2SO_4). Jährlich gehen 2 Mio. t auf die Bundesrepublik Deutschland nieder.
Stickoxide sind wesentlicher Bestandteil der Autoabgase, aber auch der Großfeuerungsanlagenabgase. Zusätzlich stoßen Otto- und Dieselmotoren bei unvollständiger Verbrennung ungesättigte Kohlenwasserstoffe aus.
Stickoxide bilden unter dem Einfluß von Wasser Salpetersäure. Über die emittierte Menge gibt es keine zuverlässigen Angaben.
Die Schadstoffemissionen teilen sich wie folgt auf: 71% Großfeuerungsanlagen, 19% Autoverkehr, 10% Haushalte.

Was hat es mit dem Ozon auf sich?
Unsere Erde umgibt in 20–40 km Höhe (Stratosphäre) eine Schicht, die das Gas Ozon in höherem Maße enthält als die übrige Atmosphäre. Dieses Gas ist dreiatomiger Sauerstoff (O_3) im Gegensatz zum zweiatomigen Luftsauerstoff (O_2). Ozon bindet Stickoxid unter dem Einfluß starker Sonneneinstrahlung an sich. Man nennt derartige chemische Prozesse im Volksmund „Schönwetter-Smog". Diese Verbindung wandert u.U. etliche hundert Kilometer weit.

Welchen Schaden richten o.a. Schadstoffe an?

1. Korrosionsschäden an Gebäuden, vor allem an Stahlkonstruktionen.
2. Schäden am Ökosystem Wald über den Boden durch dessen Versauerung mit einhergehender Abnahme des pH-Wertes. Hierbei werden neben den bereits genannten Säuren Aluminium- und Schwermetallkationen (Kationsäuren) im Boden angereichert, die wegen ihres Umfanges auf die Bodenorganismen giftig wirken. Als Folge treten chronische Wurzelschäden auf, wobei Faserwurzeln extrem kurzlebig bleiben. Zudem gelangen Schwermetalle auf stark versauerten Böden in das Grundwasser und gefährden letztlich auch menschliches Leben.
   Die Assimilation aller Bäume wird nachhaltig geschädigt. Hierfür sind sowohl die durch Schadstoffeintrag geschwächten Wurzeln verantwortlich wie auch die unmittelbar in der Photosynthese beeinträchtigten Nadeln und Blätter, bei denen die Spaltöffnungen die Transpiration nicht mehr regulieren können und damit hoher Wasserverlust eintritt.
   Großflächiges Waldsterben führt zu Klimaextremen. Diese beschleunigen den weiteren Tod noch gesunden Waldes und lassen den Sekundärbefall durch Insekten zu. Oftmals wird hierdurch die wahre Todesursache verkannt.
3. Gesundheitsschäden für alle übrigen Lebewesen, auch den Menschen.

Welche Baumarten leiden besonders?
Industrieemissionen sind schon seit über 100 Jahren bekannt, konnten jedoch wegen niedrigerer Schornsteine und geringerer Kapazität regional begrenzt werden.
Begonnen hat das Siechtum der Wälder mit dem Tannensterben. An zweiter Stelle steht die Fichte. Aber auch Kiefern, Eichen und Buchen zeigen Befallschäden.

Wie sieht ein vom „sauren Regen" geschädigter Baum aus?
Zunächst kränkeln die Bäume; die Nadelbaumkronen beginnen von innen her zu verlichten. In der zweiten Schadenstufe treten deutliche Nadel- und Blattverluste zwischen 26 und 60% auf. Nach Nadel- und Blattverlusten von über 60% sterben die Bäume ab.

Was kann man gegen das Waldsterben tun?

1. Ursachenforschung.
2. Ursachenbekämpfung, soweit Verursacher bekannt.

Wildschäden in der Forstwirtschaft und deren Verhütung

Art des Schadens	geschädigte Baumart	Wildart	Verhütung
Verbiß von Knospen und Trieben	Eiche, Buche, Esche, Weide, Hainbuche, Ahorn, Linde, Vogelbeere, Fichte, Lärche, Douglasie	Schalen- außer Schwarzwild, Hase, Kaninchen	tragbare Wilddichte, Äsungsverbesserung, Spitzenknospenschutz, Drahthose, Gatterschutz, chemische und Hausmittel
Schälen der Rinde	Buche, Esche, Pappel, Weide, Ahorn, Fichte, Douglasie, Tanne, Kiefer	Rot-, Elch-, Sika-, selten Dam- und Muffelwild	tragbare Wilddichte, Äsungsverbesserung, Gatterschutz, Plastik-Stammwickel, Manschetten, Drahthose, Aufrauhen der Rinde mit Rindenhobel, chemischer Schutz
Nagen an der Rinde	alle Bäume, außer Birke und Erle	Hase, Kanin	Regulierung des Besatzes, Manschetten, Drahthose, Gatterschutz
Fegen des Höhentriebes	alle Baumarten mit Bevorzugung seltener durch den Rehbock	Rot-, Elch-, Dam-, Sika-, Rehwild	Drahthose, sperrige trockene Baumwipfel, Stachelbaum, Stanniolstreifen, Blechdosen (angehängt), chem. Schutz

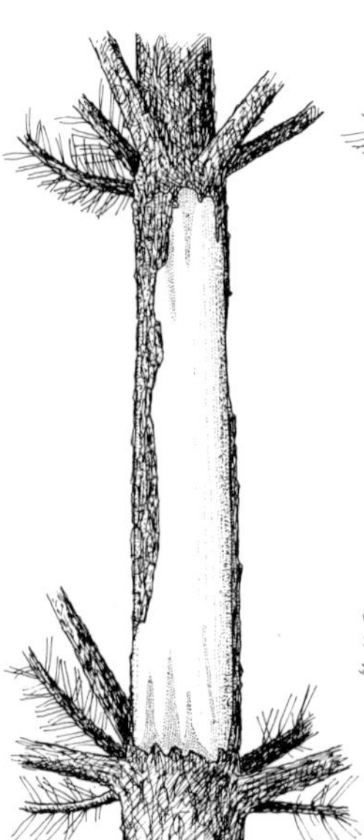

Abb. 388. Schälen der Rinde, Sommer (links), Winter (rechts).

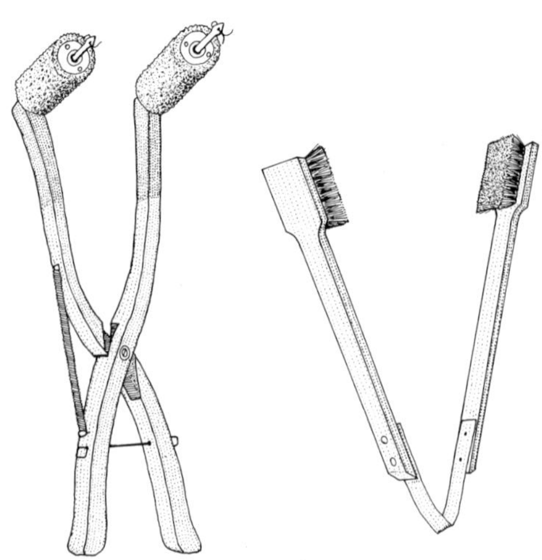

Abb. 389. Verbißmittel-Zange (links), Doppelbürste (rechts).

Minderung der SO_2-Emissionen,
konkret: gesetzlich vorgeschriebene Abgasreinigung der Großfeuerungsanlagen, wodurch Schwefeldioxid und Schwermetalle zurückgehalten werden können.
Reinigung der Autoabgase durch Einbau von Katalysatoren bei Ottomotoren bzw. Entrußungsanlagen bei Dieselmotoren (letztere helfen nicht der Vegetation, aber Mensch und Tier).
Verwendung emissionsungefährlicher Rohstoffe.

3. Waldbauliche Maßnahmen als flankierender Schutz.
Anbau immissionsresistenter Baumarten.
Bodenverbesserung durch Düngung auf schwachen Standorten, um den Schadensfortschritt zu verzögern. Jede unsachgemäße Düngung bedeutet allerdings einen Eingriff in das empfindliche Ökosystem Wald.
Erhalt tiefer Bekronung **junger** Bäume mit stärkeren Pflegeeingriffen.
Mäßige Durchforstung **älterer** Waldbestände, um das Kronendach des verbleibenden Bestandes nicht allzu sehr aufzurauhen, wodurch Schadstoffe leichteren Zutritt zum Waldbestandsinneren hätten.

2 Landbau

Zusammenfassung des Pflanzenbaues als Teil des Landbaues

Grünland

Wiese: Heu, Silage, Grünfutter
Weide: Sommerfutter
Knäuelgras (× × ×) (× ×)
Wiesenlieschgras (× × ×) (× ×)
Wiesenfuchsschwanz (× × ×) (× ×)
Glatthafer (× × ×) (× ×)

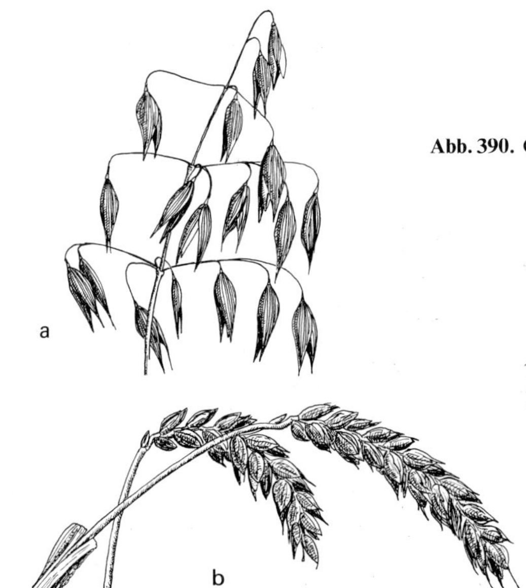

Abb. 390. Getreide. a Hafer, b Weizen, c Gerste, d Roggen.

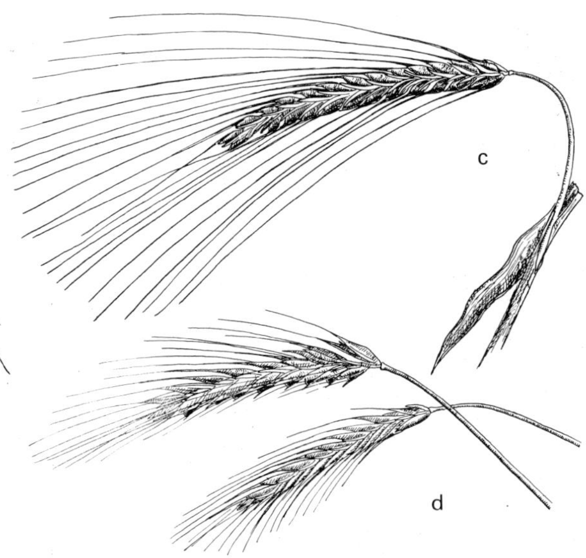

Erklärung:
(×) Wildackerpflanze
(× ×) Dauergrünland-Äsungspflanze
(× × ×) Wildwiesenpflanze

Englisches Raygras (× × ×) (× ×)
Honiggras
Quecke
Weißes Straußgras (× × ×) (× ×)
Wiesenschwingel (× × ×) (× ×)
Wiesenrispengras (× × ×) (× ×)
Deutsches Weidelgras (× × ×) (× ×)

Acker
Getreide (Abb. 390):
Weizen (Sommer-, Winterweizen)
Gerste (Sommer-, Wintergerste)
Hafer (×)
Roggen (Sommer-, Winterroggen)
Mais (×)

Hackfrüchte:
Zuckerrüben
Runkelrüben (×)
Steckrüben
Kartoffeln (×)

Feldgemüse:
Bohnen (×)
Erbsen (×)
Kohl (×)

Ölfrüchte:
Raps (×)
Rübsen (×) (× ×)
Ölrettich (×)

Zwischenfrüchte:
Lupine (×)
Wicken (×)
Klee (× × ×) (× ×)
Bohnen (×)
Buchweizen (× ×)
Gras (× × ×) (× ×)
Spörgel
Kleegrasgemisch (× × ×) (× ×)
Raps (×)
Rübsen (×) (× ×)
Senf (× ×)

Grundlagen der Pflanzenproduktion sind Klima, Licht, Wärme, Wasser, Boden, Ernährung und Pflanzenschutz.

Ansprüche der für die Wildäsung geeigneten Pflanzen

Hafer: Bestens geeignete Wildacker-Pionierpflanze, insbesondere zur Wildacker-Neubegründung auf sauren Waldböden geeignet, da anspruchslos und wenig frostempfindlich. Rot- und Weißklee kommen zur Untersaat in Betracht.
Roggen: Er stellt geringe Ansprüche an Klima und Boden. Wenngleich selbstverträglich, bevorzugt man in der Fruchtfolge Anbau nach Kartoffeln oder nach Gerste. Für Wildäsungsflächen-Neubegründungen kommt der einjährige Johannisroggen (Waldstaudenroggen) als anspruchslose Roggenart in Rotwildrevieren in Betracht.
Hingewiesen sei noch auf den perennierenden Angeliter-Försterroggen, der von Prof. v. Sengbusch aus Wild- und Kulturroggen gezüchtet wurde. Er treibt jährlich aus der langgemähten Stoppel wieder aus und bietet Äsung und Deckung für das Niederwild, insbesondere für Gelege und Jungwild. In Hochwildrevieren verschafft man dem Rotwild durch dreimaliges Mähen im Sommer ständige Grünäsung. Düngergaben mit 30 bis 60 kg NPK bei Aussaat und 50 kg in jedem Folgejahr nach der Ernte sind erforderlich.
Mais (Abb. 391): Bei durchschnittlichen Bodenansprüchen, aber hohem Wärmebedürfnis muß der Boden gut bearbeitet werden. Deswegen werden Ackerböden zu bevorzugen sein und niemals neu zu begründende Wildackerflächen. Mais gilt als Hackfrucht. Er ist Lieblingsfraß der Sauen. In der Fruchtfolge stellt der Mais keine besonderen Ansprüche.
Hirse (Abb. 408): Hirse verlangt nach guten, warmen Böden, hat aber geringe Wasseransprüche. Der Aussaatzeitpunkt liegt bei Anfang Mai. Hirse gilt ab September als **das** Rebhuhnkörnerfutter. Vorher ist sie Grünäsungspflanze, allerdings mit geringerer Bedeutung.
Buchweizen (Abb. 392): Anspruchslose Wildackerpflanze, selbst auf ärmsten Standorten anbaufähig, oft auch gemischt mit Spörgel (schnellwüchsige Futter- und Zwischenfruchtpflanze nordwestdeutscher Heidegebiete), Senf, Klee und Raps. Buchweizen verträgt keine Frühfröste (Herbstfröste). Er ist vor allem Birkwildäsungspflanze und wird weniger vom Schalenwild angenommen. Die Körner sind auch bei Rehwild und sonstigem Federwild begehrt.

Abb. 391. Mais.

Abb. 392. Buchweizen.

Kartoffel: Frostempfindliche, an die Bodengüte keine besonderen Ansprüche stellende Hackfrucht. Für den Wildacker ist die Kartoffel bei richtiger Sortenwahl (Schmackhaftigkeit) sehr wertvoll: Rotwild- und Sauenlieblingskost.

Zuckerrübe: Als anspruchsvolle Hackfrucht (sie liebt warme, tiefgründige, gut wasser- und nährstoffversorgte Böden) wird sie für die Wildackerbestellung wohl kaum in Frage kommen.

Stoppelrübe (Abb. 393): Anspruchslose Wildäsungspflanze, die noch mittlere Fröste überdauert. Man baue Sorten an (Samson, Maschinella), deren Rübenkörper nicht allzu tief im Boden steckt.

Topinambur (Abb. 394): Ideales Wintersaftfutter des Wildackers, das zugleich reichlich für Deckung sorgt. Topinambur stellt geringe Bodenansprüche. Bei ausreichendem Schutz (Gatterung) während der Hauptwachstumsperiode regeneriert sich diese Hackfrucht über 4 bis 8 Jahre. Um ein Überhandnehmen des Topinamburbestandes zu verhindern, kann man im Herbst die Knollen hochpflügen und sie somit dem Wilde teilweise zur Verfügung stellen.

Sonnenblume: Die Sonnenblume hat geringe Bodenansprüche, ist aber für Stickstoffgaben sehr dankbar. Ihre Bedeutung liegt in der Deckungsgewährung für das Niederwild.

Markstammkohl, Westfälischer Furchenkohl (Abb. 395): Mittlere Bodenansprüche für den Markstammkohl, geringe für den Furchenkohl. Alle Kohlarten sind frosthart. Im Sommer ist der Verbiß mäßig, im Herbst und Winter gut. Bei vorübergehender Nichtbeäsung wächst der Kohl im zeitigen Frühjahr noch einmal aus.

Raps (Abb. 396): Durchschnittliche bis hohe Bodenansprüche bei guter Durchwurzelung des Bodens. Für den Wildacker bestens geeignet und zwar als Winterraps im Gemenge mit Markstammkohl im Verhältnis 9:1. Der Winterraps liefert bereits ab Herbst gute Blattäsung. Zudem verträgt er einige

Abb. 393. Stoppelrübe, Rübsen.

Abb. 394. Topinambur. Oben: Triebspitze mit Austrieben und Blüten; unten: Knollen.

Abb. 395. Westfälischer Furchenkohl.

Frostgrade. Es gibt verschiedene Rapssorten, z. B. Akela-, Liho-, Librador- und Lihonovaraps. Bei der neuerdings mit dem Hasen- und Rehsterben in Verbindung gebrachten 00-Rapssorte steht die erste Null für Erucasäurearmut, die zweite Null für Glucosinolatfreiheit. Die damit verbundene Bitterstoffarmut, die herkömmlichen Rapssorten nicht eigen ist, hebt die Schmackhaftigkeit für das Wildtier. Folgen eines übermäßigen Genusses sind Vergiftungserscheinungen an Leber, Nieren und im Blut, die man veterinärmedizinisch als hämotoxisches Syndrom als Folge einer hämoglobinämischen Nephrose bezeichnet.

Ab 1991 soll diese Sorte als einzige Rapssorte im EG-Bereich subventioniert werden.

Um das Wildsterben auf Grund einseitiger Blattäsung in begleitwuchsfreien Rapsschlägen in Grenzen zu halten, sollte der Jäger für ein vielfältiges Angebot anderer Äsungspflanzen sorgen.

Ölrettich (Abb. 397): Für den Wildacker bestens geeignete Ölfrucht, selbst auf schwachversorgten Böden. Außer als Äsungslieferant (Rebhuhn und Fasan bevorzugen reife Samen) bietet der Ölrettich viel Deckung für das Niederwild. Ölrettich ist einsömmerig. Er wird oft im Gemenge mit Sommerraps angebaut.

Lupine (Abb. 398): Für Süßlupinenanbau reichen leichte Standorte aus. Sie gedeiht allerdings auf anlehmigen, gut wasserversorgten Böden besser. Sie gilt somit als bodenvag (anpassungsfähig). Für den

Abb. 396. Raps.

Wildacker ist die einsömmerige Süßlupine gut geeignet.

Die perennierende Bitterlupine (Dauerlupine) wird nur im Jugendstadium verbissen. Hernach wird sie wegen ihres Bittergehaltes gemieden, aber als Deckungspflanze gerne aufgesucht. Alle Lupinen durchwurzeln den Boden hervorragend und sind gute Stickstoffsammler.

Wicke (Abb. 399): Als Zottelwicke gern im Gemenge mit Roggen im September angebaut, als sog. Wickroggen. Dem Wild steht damit Äsung für die gesamte äsungsarme Zeit zur Verfügung. An die Bodengüte werden keine besonderen Ansprüche gestellt.

Außerdem ist die Sommerwicke bekannt, die im Frühjahr mit Erbse, Bohne und Hafer gedrillt wird.

Abb. 397. Ölrettich.

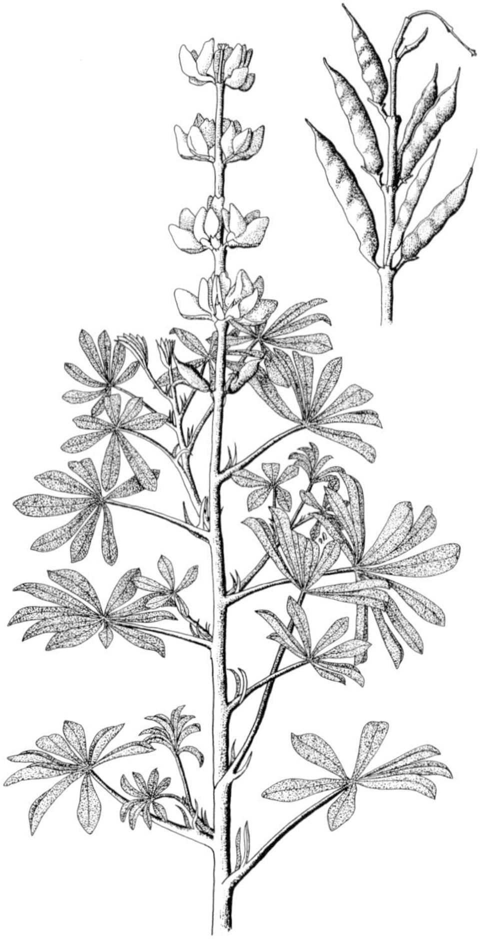

Abb. 398. Süßlupine, gelbe Lupine.

Erbse: Sie beansprucht gut humusversorgte, feuchtigkeitsausgeglichene Standorte. Deswegen kommt sie kaum für alle Wildäcker in Frage. Meist wird sie als wesentlicher Anteil eines eiweißreichen Futtergemenges im Frühjahr gesät.

Bohne: Sie verlangt durchschnittlich nährstoff-, aber gut wasserversorgte Böden. Sie wird sowohl als Silofutter, wie auch als Wildackerpflanze wegen ihres hohen Eiweißgehaltes geschätzt. Stützfrüchte sind Sonnenblumen und Hafer.

Senf: Diese Deckungs- und Äsungspflanze stellt geringe Bodenansprüche, ist aber sehr dankbar für hohe Stickstoffdüngung.

Büschelschön (Phacelia): Büschelschön stellt hohe Bodenansprüche. Diese Pflanze friert erst bei etlichen Frostgraden ab. Sie hat einen hohen Deckungswert, bietet beste Bienenweide und ist Bodenverbesserer, aber ohne großen Futterwert.

Landsberger Gemenge: Dieses Gemisch aus Inkarnatklee, Welschem Weidelgras und Winterwicken überwintert. Es wird um die Monatswende August/ September ausgesät. Landsberger Gemenge liefert sowohl Äsung als auch Winterfutter, nämlich Heu oder Silage.

Klee (Abb. 400, 401):.Klee gilt als ideale Wildäsung. Er wird als Rot-, Weiß-, Horn-, Wund-, Inkarnat-, Alexandriner-, Gelb-, Schweden-, Perser-, Bokha-

Abb. 399. Wicke, Zottelwicke.

ra-, Sumpfschotenklee, Luzerne (Abb. 402), Serradella (Abb. 403), Esparsette (Abb. 404) angebaut. Alle Kleearten sind Stickstoffsammler. Ihre Blattmasse gilt als besonders eiweißreich.
Es gibt einsömmerige und mehrjährige Kleearten.
Besonders beliebt ist Klee auf Wildwiesen als Gemisch mit Gräsern (Lieschgras, Deutsches Weidelgras, Rotschwingel, Wiesenrispe).
Hervorzuheben ist die Luzerne, die auf gut nährstoffversorgten, wenig verunkrauteten Böden optimal gedeiht und dabei bis zu 10 Jahren aushält, wobei sie allerdings im Winter wenig Äsung bietet.

Nicht minder bekannt ist Serradella als Vertreter ärmerer Standorte. Sie gedeiht sehr gut unter Spörgel, der vorzeitig gesät und gemäht wird, aber auch im Gemenge mit Weiß- und Schwedenklee. Der Aussaatzeitpunkt von Serradella sollte nicht vor Ende April liegen (bei Nachsaat unter Spörgel Aussaat Ende Mai). Sie gilt als einigermaßen frostvertragend. Serradella und Luzerne sind als Grünpflanzen und Heu sehr begehrt.
Weiter ist noch Esparsette zu nennen, die über etliche Jahre wiederkommt. Sie verlangt nach kalkreichen Böden, die sie bestens durchwurzelt. Esparsette wird mit anderen Klee- und Grasarten gemischt.
Gräser: Es gibt eine Reihe von Gräsern und Kräutern, die dem Wild als natürliche Äsung zur Verfügung stehen. Um jedoch dem immer mehr auf äsungsarme Tageseinstände (Dickungen) zurückgedrängten Wild Pflanzen mit hohem Nährwert zu bieten, sät man vielfach besonders beliebte Gräser und Kräutermischungen ein, die an besonnten Partien zu liegen haben, gedüngt und gemäht werden müssen.
Es kommen in Betracht: Deutsches Weidelgras, Wiesenschwingel, Wiesenfuchsschwanz, Lieschgras, Glatthafer, Straußgras, Rotschwingel, Wiesenrispe, Raygras.
Als Kräuter sind Zichorie, Schafgarbe, Wilde Petersilie, Sauerampfer, Wegwarte, Spitzwegerich, Löwenzahn, Johanniskraut, Kleiner Wiesenknopf, Kümmel, Wucherblume, Echte Kamille, Wilde Möhre, Dill, Beifuß, Fenchel, Salbei und Bibernelle bevorzugt (Abbildungen auf den folgenden Seiten).
All diese Kräuter sind auf landwirtschaftlich genutzten Flächen Mangelware und in Forstkulturen auch nicht gerade üppig, zumal hier der Dickungsschluß das Wachstum der Kräuter beendet. Für die Äsung des Wildes haben sie aber einen hohen Stellenwert, denn sie enthalten Vitamine, Mineralien und Spurenelemente.
Man kann die Kräuter in bunter Mischung säen, allerdings wirken sie dann wie ein Magnet auf das Wild und halten als Daueräsungsfläche dem Verbiß kaum stand. Deswegen mischt man Kräuter- und Grassaat in einem Verhältnis von 1:10 oder Kräuter- und Leguminosensaat im Verhältnis von 1:4. Dennoch auftretende Ausfälle von Kräutern können im Frühjahr behoben werden. Anschließendes Anwalzen ist hernach erforderlich. Im allgemeinen

Abb. 400. Weißklee.

Abb. 401. Rotklee.

Abb. 402. Luzerne.

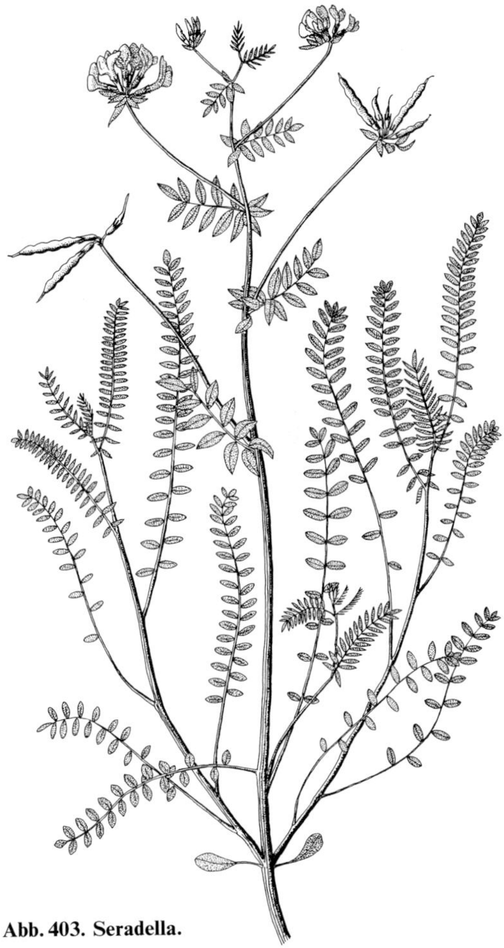

Abb. 403. Seradella.

kann eine Gras-, Klee-, Kräutersaat 3 bis 4 Jahre bei guter Pflege und Düngung der Äsungsfläche bestehen. Dann empfiehlt es sich, neu zu bestellen.
Heute geht man bisweilen dazu über, die örtlich vorkommenden, standortangepaßten Kleearten, Gräser und Kräuter zu pflegen und somit ohne großen Aufwand für lange Zeit zu erhalten. Dieser Form der natürlichen Äsungsflächenpflege kommt hohe ökologische Bedeutung zu. Verzichtet man außerdem noch auf den Einsatz von Herbiziden und setzt ausschließlich organische statt mineralische Dünger ein, so wird man sehr bald die Früchte seiner Arbeit ernten können. So ist beispielsweise erwiesen, daß

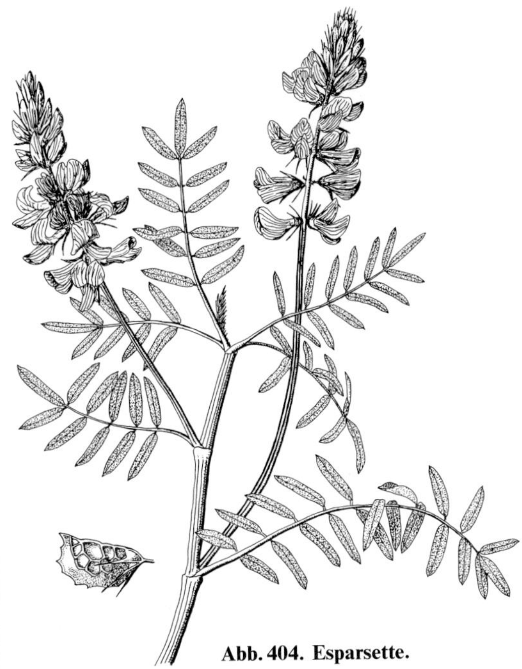

Abb. 404. Esparsette.

der Regenwurm als wichtiger **Bodenfruchtbarkeitsfaktor** auf mit Mist gedüngten Flächen um das 1,5fache gegenüber ungedüngten Flächen zunimmt. Auf mit leicht löslichen, mineralischen Düngern behandelten Flächen gibt es nur noch die Hälfte dieser wertvollen Bodenlebewesen verglichen mit unbehandelten Äckern.
Neu ist in diesem Zusammenhang das sog. Ackerrandstreifenprogramm, bei dem durch Zusammenwirken von Landwirten, Jägern und Landwirtschaftsbehörden 3 bis 6 m breite Getreidefeldränder pflanzenschutz- und düngemittelfrei gehalten werden. Mit dieser Maßnahme hebt man die Artenvielfalt von Ackerwildkrautgesellschaften und schafft neue Lebensgrundlagen für die bedrohte Tierwelt. In den letzten 30 Jahren sind bereits 20 Ackerwildkräuter ausgestorben und weitere rund 70 Arten vom Aussterben bedroht. Zu hoffen bleibt, daß eine Vernetzung dieser vielfältigen Ackerränder eintritt und Kornblumen, Klatschmohn, Echte Kamille und Akelei neben Wachtel, Rebhuhn, seltenen Singvögeln und Faltern zu bewundern sein werden.

Tab. 14: Aussaatzeiten

Pflanze	Menge/ha	März	April	Mai	Juni	Juli	August	Sept.	Okt.
Hafer	120 kg	×	×						
Winterroggen	90–140 kg							×	×
Sommerroggen	130 kg	×	×						
Angeliter Försterroggen	60–100 kg						×	—	×
Körnermais	15– 30 kg		×	—	×				
Futtermais	20– 45 kg		×	—	×				
Buchweizen	100 kg		×	—	×				
Frühkartoffel	24 dt	×	×						
Spätkartoffel	26 dt		×	×					
Zuckerrübe, pil. Präzisionssaatgut	10 kg	×	—	×					
Stoppelrübe	2 kg	×	—	—	—	—	×		
Topinambur	15 dt		×	×					
Kohl	4 kg		×	×					
Sommerraps	8 kg	×	—	—	—	—	×		
Winterraps	7 kg					×	×		
Ölrettich	12– 20 kg		×	×					
Süßlupine	200 kg		×	—	×				
Bitterlupine	200 kg			×	—	—	×		
Winterwicke	100 kg						×	×	
Erbse	200 kg	×	×						
Bohne	220 kg	×	×						
Senf	9– 15 kg	×	—	—	—	—	—	×	
Sonnenblume	20– 30 kg		×	—	×				
Büschelschön	20 kg		×	—	—	—	×		
Hirse	40 kg		×	×					
Landsberger Gemenge	70 kg						×	×	
Klee	20 kg			×	—	—	×		
Gräser	20 kg			×	—	—	×		

Pflanzenernährung

Pflanzen brauchen zum Leben und zu ihrer Entwicklung Luft, Wärme, Licht, Wasser und Nährstoffe.

Alle Komponenten stehen den Pflanzen mehr oder weniger natürlich zur Verfügung, auch Nährstoffe, die über vermoderndes Gras, Laub, Streu, Äste und Einträge aus der Luft sowie Exkremente wildlebender Tiere und physikalische/chemische Verwitterung dem Boden zugeführt werden. Da allerdings durch die Ernte, hauptsächlich in der Landwirtschaft, sämtliche oder ein Teil der Biomasse eingefahren wird, muß man den Nährstoffvorrat durch Düngung aufbessern. Hierzu gibt es natürliche Dünger (organische Dünger) wie Jauche, Gülle, Kompost und Mist sowie die Gründüngung über untergepflügte Pflanzen und nicht abgeerntete Pflanzenteile. Weit bedeutungsvoller sind heute die Mineral- oder Handelsdünger. Diese in den richtigen Mengen und zur richtigen Zeit unter Beachtung des Liebigschen Minimumgesetzes sowie in Kenntnis der Nährstoff- und Standortansprüche unserer Kulturpflanzen ausgebracht, bringen optimale Erträge bei ökologischer Verträglichkeit.

Für den mit der Düngung unerfahrenen Jäger empfiehlt es sich, den Rat von Fachleuten einzuholen. Das sind Landwirte und Forstleute bzw. auch landwirtschaftliche Untersuchungsstellen, die eingesandte Bodenproben untersuchen und Düngungsvorschläge ausarbeiten.

Was kann man von den chemischen Bestandteilen (Elementen) unserer mineralischen Dünger erwarten?

Kalk (Ca): Kalk wirkt der Bodenversauerung entgegen. Er macht die im Boden vorhandenen sonstigen Nährstoffe unter Zuhilfenahme der aktivierten Bodenbakterien pflanzenverfügbar. Hüttenkalk sorgt für allmähliche, Branntkalk für schnelle Bodenreaktion. Der Säuregrad des Bodens wird über den pH-Wert bestimmt. Neutrale Böden zeigen pH-Werte um 7, saure um 5 und darunter.

Stickstoff (N): Stickstoff ist für den Eiweißaufbau verantwortlich, er sorgt außerdem für das Wachstum der Pflanzen. Zu hohe N-Gaben machen die Pflanze labil, schieben den Reifezeitpunkt hinaus und gelangen ins Grundwasser, wo sie eine Nitratanreicherung bewirken. Stickstoff wird als Kalkammonsalpeter oder Kalkstickstoff verabreicht.

Phosphor (P): Phosphor ist für die Blütenbildung und die schnelle Reifung der Samen verantwortlich. Er steht als Thomasmehl, Thomasphosphat, Rhenaniaphosphat und Superphosphat zur Verfügung. Die Wirkung dieses Grundnährstoffes tritt sehr langsam ein.

Kalium (K): Kalium dient der Zellenstärkung und damit der Standfestigkeit der Pflanzen. Kali wird häufig mit Phosphor als Thomaskali eingesetzt.

Magnesium (Mg): Magnesium sorgt für sattes Pflanzengrün, denn es baut Chlorophyll mit auf. Magnesium-Mangelerscheinungen zeigen sich durch vergilbte Blatteile oder helle Flecken auf dem betroffenen Pflanzenteil. Die Magnesiumgabe erfolgt über Magnesiumkalk oder Volldünger.

Eisen (Fe): Eisen ist am Fermentaufbau beteiligt. Zusätzlich sind Spurenelemente (Bor, Kupfer, Chlor, Zink, Mangan) in ganz geringen Mengen über die normalen Mehrnährstoffdünger einzusetzen.

Bodenbearbeitung

Die Bodenbearbeitung dient der Bereitung des Saat- oder Pflanzplatzes, der Einebnung der Bodenoberfläche, dem Einbringen von Düngern und Bodenbewuchs und der Belüftung des Bodens. Als Geräte werden eingesetzt:

Pflug – Wenden, Mischen und Lockern des Bodens.

Egge – Zerkleinern der Pflugscholle, Aufreißen des Unkrautfilzes, Bedecken des Saatgutes mit Erde.

Grubber – Öffnen verdichteter Böden; gern eingesetzt bei Wildackerneubestellung, wo noch zusätzlich mit Hindernissen im Boden durch Stubbenreste zu rechnen ist.

Fräse – Zerschlagen und Einarbeiten von Gründüngern in den Boden.

Zur Wiederholung und Kontrolle

- Welche Bedeutung haben Buche und Eiche für die Jagd?
- Wie unterscheidet man Stiel- und Traubeneiche im Blatt und in der Frucht voneinander?
- Beschreiben Sie das Eschenblatt.
- Welche Standortansprüche stellt die Kiefer?
- Nennen Sie die Unterschiede zwischen Licht- und Schattenbaum.
- Was ist ein Niederwald?
- Worin liegt der Unterschied zwischen Festmeter und Raummeter?
- Was ist eine Naturverjüngung?
- Welche Wildschäden gibt es im Walde?
- Wie verhütet man das Verbeißen?
- Was verstehen Sie unter „saurem Regen"?
- Welche Baumarten sind hiervon am stärksten betroffen?
- Welche Feldfrüchte kommen für die Wildackerbestellung in Frage?
- Welche Gräser sind für die Wildäsungsflächenbestellung besonders gut geeignet?
- Welche Wildschäden richtet das Schwarzwild im Felde an?
- Wer kommt für den Wildschaden des Hasen auf?
- Wie schützt man sich gegen Wildschäden im feldmäßigen Gemüseanbau?

Wildschäden in der Landwirtschaft und deren Verhütung

Art des Schadens	geschädigte Pflanzen	Wildart	Verhütung
Körneraufnahme	Weizen, Gerste, Hafer, Mais	Schwarzwild, Fasan	Regulierung der Wilddichte, Aufstellen von Scheuchen, Knallapparaten, Beizen des Saatgutes, verwittern
Milchgetreide-aufnahme	Weizen, Hafer, Mais	Schwarzwild	Regulierung der Wilddichte, Aufstellen von Scheuchen und Knallapparaten, verwittern
Trampelschäden	alle Getreidearten, Gräser	Schwarz-, Rot- u. Damwild	–
Jungpflanzenausriß	Mais	Taube, Fasan	Abschuß
Knollenaufnahme	Kartoffel	Schwarz-, Rot- u. Damwild	Regulierung der Wilddichte, Aufstellen von Scheuchen und Knallapparaten, verwittern
Rüben- und Blatt-aufnahme	Steckrübe	Schwarz-, Rot- u. Damwild, Rehwild	wie vor
Fruchtaufnahme	Raps	Rebhuhn, Taube	Aufstellen von Scheuchen
Blatt- und Frucht-aufnahme	Gemüse, Futter-pflanzen	Schalenwild, Taube	Regulierung der Wilddichte, verwittern, Aufstellen von Scheuchen
Benagen der Wurzel	Weinrebe	Hase, Kanin	Abschuß
Traubenaufnahme	Wein	Fasan	Abschuß
Anpicken der Früchte	Obst	Federwild	Abschuß, Aufstellen von Scheuchen
Verbiß der Triebe	Obstbäume, Jungpflanzen in Baumschulen	Schalen- außer Schwarzwild, Hase, Kanin	Gatterschutz, Aufstellen von Scheuchen
Schälen der Rinde	Obstbäume	Rot- u. Damwild	wie vor

Landschaftspflege

1 Der Jäger als Naturschützer und Landschaftspfleger

Ist Ihnen bekannt, daß nach der amerikanischen Studie „Global 2000" damit zu rechnen ist, daß um die Jahrhundertwende bis zu 20% aller Pflanzen- und Tierarten ausgerottet sein werden? In Artenzahlen ausgedrückt sind das zwischen 500000 und zwei Millionen. Die Roten Listen nach dem Vorbild des „Red Data Book" (International Union for Conservation of Nature) helfen dabei, nach Bestandeserhebungen über ausgestorbene oder verschollene, vom Aussterben bedrohte, stark gefährdete, gefährdete und potentiell gefährdete Organismen Auskunft zu geben. Die Roten Listen werden auf Bundesebene von der Bundesforschungsanstalt für Naturschutz und Landschaftsökologie, auf Landesebene von den entsprechenden Landesanstalten veröffentlicht. Je umfangreicher die Anzahl der Zähler vor Ort, desto besser ist die Aussage dieser Erfassung. Die Roten Listen können dann auch Entscheidungshilfen für die Bewirtschaftung und Bejagung von Wildtieren geben, vielmehr noch lassen sich ihre Angaben wirkungsvoll für die Landschafts- und Biotopplanung einsetzen.

Emotionsfreie Beziehungen des Technikfanatikers Mensch zur Natur haben leider dazu geführt, daß wir alle mehr oder weniger naturabstinent geworden sind. Es gilt, die menschlichen Wünsche und Bedürfnisse mit den Belangen der Natur in Einklang zu bringen und diese in unser Bewußtsein zurückzuholen. Hierzu bedarf es aber außer politischer Willenserklärungen entschiedenen Handelns.

Da rund 85% der Gesamtbodenoberfläche der Bundesrepublik Deutschland land- und forstwirtschaftlich genutzt und damit auch bejagt werden, liegt es auf der Hand, daß die Jäger sich aus diesem Grunde auch dem Gedanken des Umwelt-, Natur- und Landschaftsschutzes verschrieben haben. Daß sie dabei nicht nur Wildhege betreiben, zeigt ihre eindeutige Verpflichtung gem. § 1 BJagdG, einen artenreichen, gesunden Wildbestand zu erhalten, der den landschaftlichen und landeskulturellen Verhältnissen angepaßt ist.

Den Jägern sind die Bestimmungen des Bundesnaturschutzgesetzes und Bundeswaldgesetzes ebenso bekannt wie die für das jeweilige Bundesland geltenden landesrechtlichen Vorschriften (vgl. Jagdrecht und verwandtes Recht). Als praktizierende Landschaftspfleger und Naturschützer bringen sie gute Voraussetzungen für ökologisches Gespür sowie umwelt- und naturkundliche Zusammenhänge mit. Sie verfügen über hinreichende Formenkenntnisse oder bekommen sie im Rahmen ihrer umfassenden Jungjägerausbildung vermittelt.

An dieser Stelle sollen ökologische Grundbegriffe erläutert werden.

Hatte der Mensch früher die Unbill von Umwelt und Natur zu bewältigen, so gilt es heute, die ins Gegenteil verkehrten Verhältnisse zu revidieren.

Veränderungen der Landschaft durch Zersiedelung, moderne Technologien, Eutrophierung der Gewässer mit Überdüngung, chemische Schädlingsbekämpfung, industrialisierten Land- und bisweilen auch Waldbau, eine gnadenlose Rohstoffgewinnung haben wesentlichen Einfluß auf die Artenvielfalt von Tieren und Pflanzen. Ökonomische Zielsetzungen ohne ökologische Rücksichtnahmen stellen auch zunehmend die menschliche Wohlfahrt in Frage.

Ökonomische Entscheidungen der mit der Natur umgehenden Berufsgruppen – Bauern, Förster, Wasserwirtschaftler, Jäger, Imker, Fischer, Landschaftsgestalter – sind ohne ökologische Betrachtungsweisen heute keine ganzheitlichen Entscheidungen mehr; sie sind Stückwerk.

Selbst die Berücksichtigung der ökologischen Beziehungen einzelner Individuen zu ihrer Umwelt (Autökologie) muß hinter das Denken in Beziehungen ganzer Lebensgemeinschaften zu deren Umwelt (Populationsökologie) gestellt werden.

Jede Lebensgemeinschaft (Biozönose) bildet mit dem ihr zugeordneten Lebensraum ein Beziehungsgefüge, das Ökosystem.

Hierbei sind zu unterscheiden:

natürliche Ökosysteme, die vom Menschen unbeeinflußt sind,

naturnahe Ökosysteme, die vom Menschen beeinflußt sind, in ihrer Ursprünglichkeit aber den natürlichen Ökosystemen annähernd entsprechen,

halbnatürliche Ökosysteme, die vom Menschen genutzt werden und von natürlichen über naturnahe Ökosysteme zu dieser Form degradiert sind. Sie können nach Beenden der Nutzung wieder zu naturnahen Ökosystemen aufrücken,

Agrar- und Forst-Ökosysteme werden vom Menschen angelegt und von ihm gestaltet.
Alle 4 Ökosysteme nennt man auch Bio-Ökosysteme.

Außerdem gibt es Stadt-, Industrie- und Verkehrsökosysteme, die zusammenfassend als Techno-Ökosysteme bezeichnet werden. Wir Jäger haben es in aller Regel mit Agrar- und Forstökosystemen zu tun, die sich uns in Form der Kulturlandschaft darstellen. Die vielfach vertretene Auffassung, die Tierwelt reguliere sich in derartigen Ökosystemen ohne Dazutun der Jäger nach dem Prinzip Räuber-Beute-Abhängigkeit, soll hier widerlegt werden: Jede Beutetierart (beinahe alle Tiere, mit Ausnahme des Großraubwildes, in Europa Wolf, Bär, Luchs, Vielfraß) hat eine größere Populationsdichte als der Prädator (Räuber). Dieser übt eine positive Auslese in der Beutetierpopulation aus, die sich in der Hauptsache auf kranke, schwache, alte und junge Tiere erstreckt. Nun ist es aber keineswegs grundsätzlich so, daß die Räuberdichte eine absolute Kontrolle über die Beutepopulation ausübt, sondern auch die Räuberpopulation kann vom Umfang der Beutetierpopulation abhängen.
Auf ein konkretes Beispiel abhebend, bedeutet das: Gute Mäusejahre lassen die Schleiereulenpopulation anwachsen und nach Zusammenbruch der Beutepopulation die Zahl der Prädatoren wieder sinken.
Daß diese Theorie aber nicht immer stimmt, zeigt das Beispiel Fuchs/Maus: Nach Abflauen der Beutepopulation verringert sich keineswegs die Räuberpopulation. Der Grund ist darin zu suchen, daß der Fuchs kein Nahrungsspezialist, sondern ein Nahrungsopportunist ist – sein Beutespektrum ist vielfältig. Die Folge davon ist, daß er auf Beutetierarten ausweicht, die in ihrer Bestandsdichte keinen großen Räuberdruck vertragen, z.B. Rebhuhn. Ähnliches ist auch auf das Räuber-Beute-Verhältnis Habicht/Rebhuhn zu übertragen.
Hinzu kommt, daß unser heimisches Raubwild keine natürlichen Feinde in Form des Großraubwildes mehr hat. Hier muß der Jäger eingreifen.
Ähnlich verhält es sich mit unseren Pflanzenfressern, die bei enger Auslegung des Begriffes als Prädatoren zu gelten haben, da sie die Vegetation bei starker Vermehrung (ohne Eingriff des Jägers) übermäßig verbeißen und eine Kulturlandschaft verarmen lassen können.
Dem Jäger kommen damit wichtige Aufgaben bei der Aufrechterhaltung eines intakten Naturhaushaltes in einer strapazierten Kulturlandschaft zu.
Er erfüllt darüber hinaus wesentliche landschaftspflegerische Aufgaben, wenn es darum geht, standortgemäße Hegebüsche anzulegen, die erwarten lassen, daß Agrarökosysteme in manchen Fällen im Laufe der Zeit wieder zu halbnatürlichen Ökosystemen aufrücken.

2 Lebensräume

(Siehe hierzu die Farbtafeln auf den Seiten 133, 141, 248, 510 und 511)

Hecken

Diese Vegetationsform gehört im weitesten Sinne zu der mit Bäumen und Büschen bestandenen Landschaft. Auf Grund ihrer besonderen Lebensbedingungen stellen Hecken aber einen eigenen Biotop dar. Wenngleich anthropogenen Ursprungs, sind sie dennoch von großem ökologischen Wert. Wegen der auf geringer Breite vorkommenden unterschiedlichen Licht-, Temperatur- und Feuchtigkeitsverhältnisse können hier vor allem Insekten, Säuger (jagdbar: Fuchs, Hase, Kaninchen, Steinmarder, Hermelin, Mauswiesel), Vögel (jagdbar: Habicht, Bussard, Turmfalke, Fasan, Rebhuhn, Ringeltaube, Hohltaube), Amphibien, Reptilien, Mollusken, aber auch viele Kraut- und Strauchpflanzen leben. Man denke nur an die unterschiedlichen Expositionen, die einerseits schattenliebenden Gewächsen auf der Nordseite Wachstumschancen bieten und andererseits an Trockenheit und Sonne adaptierten Pflanzen auf der Südseite. Es kommt hinzu, daß Hecken besten Windschutz garantieren. Sie verhindern damit Erosion und bewirken sogar kleinklimatische Veränderungen im Wärme- und Wasserhaushalt.

Wiesen und Weiden

Wiesen und Weiden sind Kulturland. Gäbe es keine Mahd oder Beweidung, wäre unsere Landschaft, abgesehen von einigen Alpenmatten und Küstenbereichen, eine Busch- und Waldlandschaft. Je nach

Bodenart, Wasserversorgung und Nutzungsart gibt es unterschiedliche Wiesenformen:

- *Trockenrasen* mit geringer Humusauflage, oft auf Kalk
- *Magerrasen* auf Sandstandorten
- *Auewiesen* im Marschbereich unserer Flüsse, Riedwiesen auf sauren, nassen Standorten
- *Salzwiesen* an der Meeresküste.

Alle diese Wiesenbiotope haben eine charakteristische Vegetation und Fauna. Durch sachgemäße Beweidung und Mahd werden sie erhalten. Grünland ist für den Tierartenschutz wertvoller als intensiv bewirtschafteter Acker.
So gibt es nach Untersuchungen BONESS' (1953) in Graslandökosystemen fast 2000 Arten höherer Tiere, nämlich Fliegen, Schmetterlinge, Käfer, Spinnen, Wanzen, Hautflügler, Milben, Asseln, Springschwänze, Schnecken u.v.a. An Vögeln trifft man den Jäger besonders interessierende, wie Brachvogel, Uferschnepfe, Bekassine, Kiebitz, Sumpfohreule, Weißstorch, Graureiher, Wiesenweihe und Gänse an, bei Vorhandensein von Wasserflächen auch verschiedene Entenarten.

Moore
Hier unterscheidet man zwischen Hoch- und Niedermoor. Ersteres ist als nährstoffarmes Moor, das ausschließlich über Tagwasser (Regenwasser) ernährt wird, bekannt. Hochmoore weisen meist eine Uhrglaswölbung auf. Die Pflanzengesellschaft ist arm: Torfmoose, Wollgras, Sonnentau, Weißes Schnabelried, Rauschbeere, Moosbeere, Krähenbeere, Pfeifengras, Binse. Die Tierwelt setzt sich aus Rädertierchen, Libellen, Amöben, Nematoden, Milben, Käfern, Schnecken, Spinnen, in den Randbereichen auch aus Amphibien, Reptilien und, den Jäger besonders begeisternd, Birkhühnern und Goldregenpfeifern zusammen. Torfabbau, Erholungsnutzung, Eutrophierung durch angrenzende landwirtschaftliche Nutzflächen, aber auch aus der Luft, Entwässerung und jagdliche Gestaltung gefährden diese inzwischen sehr seltenen Moore.

Niedermoore entstehen durch Verlandung, Abtreiben von Bruchwäldern oder Wasserüberschuß in Quellbereichen als sog. Sümpfe. Sie haben Anschluß an das Grundwasser. Je nach dessen Nährstoffgehalt sind sie schwach, mittel oder gut nährstoffversorgt. Pflanzen- und Tierwelt stellen sich darauf ein. So sind Seggen, Schwertlilien, Binsen, Wasserschwaden, Siegwurz, Glanzkraut, Schachtelhalm und Schilf vorhanden. Nach Entwässerung findet sich schnell aus der Umgebung anfliegendes Saatgut von Baum- und Straucharten ein, nämlich Weide, Haarbirke, Kiefer, Faulbaum, Heide. Die Tierwelt setzt sich aus Großem Brachvogel, Bekassine, Uferschnepfe, Tüpfelsumpfhuhn, Wiesenweihe, Schilfrohrsänger, Schafstelze, Braunkehlchen u.a. Vögeln, die auch in sonstigen Feuchtgebieten vorkommen, zusammen. Weiterhin leben hier Reptilien und Amphibien und viele Insekten. Niedermoore sind durch Entwässerungsmaßnahmen, Eutrophierung und Herrichtung als Fischteiche besonders gefährdet.

Heide
Diese Vegetationsform ist fast immer anthropogen. Viehherden vernichteten Wald und ließen Zwergstrauchheiden entstehen. Zudem begünstigen Waldrodungen zugunsten landwirtschaftlicher Nutzflächen und eine steigende Holznachfrage im Mittelalter sowie die Waldstreunutzung das Heidewachstum. Die Heidschnuckenhaltung mit ständigem Verbiß der Besenheide verhalf dieser, sich fortwährend zu regenerieren. Neben der Heide wächst auf derartigen armen Sanden (nach Waldverwüstung) Ginster, Wacholder, Drahtschmiele, Preiselbeere, Krähenbeere.
Sobald derartige Flächen nicht mehr beweidet, chemisch oder maschinell gepflegt werden, wehen Kiefern und Birken an, die nach und nach zu Wald werden.
Als Tiere sind viele Spinnen vertreten, außerdem Wanzen, Käfer, Schmetterlinge, Reptilien und Birkwild.
Heiden sind gefährdet durch Sukzession, Erholungsbetrieb und militärische Nutzung.

Berg und Fels
Außer in den Alpen gibt es in der Bundesrepbulik Deutschland sonst keinen Lebensraum, in dem alle Höhenstufen von der Hügelstufe über die montane Stufe, die subalpine, alpine bis hin zur Schneestufe vorkommen. Jede dieser Höhenstufen hat ihre eigene Tier- und Pflanzenwelt mit Übergängen in

den Grenzbereichen. Während die unteren Bergbereiche Laub- und Mischwälder mit einer entsprechenden Begleitflora wachsen lassen, decken die Hänge der subalpinen Stufe, durch menschliche Beeinflussung auch schon teilweise die der montanen Stufe, nur Nadelbäume. Im oberen Bereich bei 1800 m beginnt der Latschenwald. Über 2000 m (alpine Stufe) trifft man Almen, Grasheiden und Zwergsträucher an, die in der Schneestufe in vereiste Gipfel übergehen. Die Tierwelt reicht von verschiedenen Insektenarten über felsangepaßte wärmeliebende Reptilien, Amphibien und Fledermäuse bis zu den für Jäger interessanten Uhus, Wanderfalken, Steinadlern, Alpenschneehühnern, Alpendohlen, Alpenkrähen, Kolkraben, Schneehasen, Murmeltieren, Gemsen und Alpensteinböcken.
Berge und Felsen sind durch die egoistischen Freizeitwünsche der Menschen besonders gefährdet.

Wald

Dieser Lebensraum ist, soweit er bewirtschaftet wird, unter „Waldbau" abgehandelt worden. Wald in seiner Ursprünglichkeit oder als natürliche Vegetationsform, auch entsprechend bewirtschaftet, bildet Waldgesellschaften mit aufeinander abgestimmter Baum-, Strauch-, Kraut- und Moosschicht, die je nach Klima, Mineralstoff- und Wasserangebot zu unterschiedlicher Üppigkeit neigen.
Von herausragender ökologischer Bedeutung sind Waldränder, deren Tier- und Pflanzenwelt besonders vielfältig ist. Außerdem tragen sie zur Windruhe im Waldinnern bei und verhindern Bodenfeuer, dämmen Lärm und haben hohen ästhetischen Wert.
Wälder, die periodisch oder ganzjährig unter Wasser stehen, haben bei allen Naturschützern und -freunden große Sympathien: Als Auewälder (fluß- oder bachbegleitend, periodisch überflutet. Baumarten: Esche, Ulme, Stieleiche, Ahorn, Erle, Weide) und Bruchwälder (oft längere Zeit unter Wasser bei fast ganzjährig hohem Grundwasserstand mit mehr oder weniger mächtiger Torfschicht, Baumarten: Erle, Weide, Birke, Kiefer) geben sie einer Vielzahl von Tieren Lebensraum. So sind ein Großteil der in der Bundesrepublik Deutschland noch lebenden Frösche (12 Arten) hier noch anzutreffen.
Aber auch innerhalb des Waldes gibt es begehrte Kleinstbiotope. Gedacht sei in diesem Zusammenhang an tote stehende und umgefallene Bäume, die Höhlenbrüter, Insekten, Pilze und Pflanzen anziehen. Hochstehende Wurzelteller bieten ebenfalls Unterschlupf. Die Förster vernachlässigen bei pflichtgemäßem Trachten auf ökonomische Maximierung keineswegs die Strauch- und Krautvegetation. Umsichtiges Durchforsten, sachgemäßes Rücken des eingeschlagenen Holzes und zusätzliches Unterbauen strauchloser Althölzer mit standortangepaßten Pflanzen sind wertvolle Hilfen für den Wald.

Ödland

Hierunter fallen Bahndämme, Ruinenumland, Gemäuer, Müllplätze, Straßenränder, Abraumhalden, auch Brachen, kleinflächige private Kiesabgrabungen. So sehr der „ordentliche Deutsche" gegen derartige Biotope voreingenommen ist, haben sie doch oft eine große ökologische Bedeutung: Sie sind Heimat für viele angepaßte Pflanzen und Tiere.

Acker

Äcker sind immer anthropogenen Ursprungs. Ohne sie gäbe es nicht den ersehnten Wohlstand der Menschheit. Wenn man noch an die Dreifelderwirtschaft oder an die natürliche Düngung ohne Pestizideinsatz und Vollmechanisierung zurückdenkt, kann man sich vor Augen führen, wie wohl sich Ackerwildkräuter und Tiere auf diesem Biotop gefühlt haben mögen.

Geschützte Pflanzen (s. Farbtafel Seite 510)

1 = Gemeiner Seidelbast (Daphne mezereum L.)
2 = Sumpfporst (Ledum palustre L.)
3 = Lungenenzian (Gentiana pneunomanthe L.)
4 = Schachbrettblume (Fritillaria meleagris L.)
5 = Frühlings-Adonisröschen (Adonis vernalis L.)
6 = Alpen-Edelweiß (Leontopodium alpinum CASS.)
7 = Zwergbirke (Betula nana L.)
8 = Moor- oder Sumpfbärlapp (Lycopodiella inundata (L.) HOLUB)
9 = Wilde Tulpe (Tulipa sylvestris L.)
10 = Königsfarn (Osmunda regalis L.)
11 = Waldprimel (Primula elatior L.)
12 = Christrose (Helleborus niger L.)
13 = Rundblättriger Sonnentau (Drosera rotundifolia L.)
14 = Stechpalme (Ilex aquifolium L.)

1
2
3
4
5
6
7
8
9
10
11
12
13
14
D. B. 88

Kreuzotter

Kammolch

Feuersalamander

Teich- oder Streifenmolch

Laubfrosch

Zauneidechse

Blindschleiche

Rotbauchunke

Ringelnatter

Biotop	Pflanzen	Tiere
Bahndamm	Huflattich, Silberdistel, Distel, Wolfsmilch, Unechte Kamille, Leinkraut, Habichtskraut, Gänseblume, Hohlzahn, Trespe, Raygras	Kaninchen, Mäuse, Ziegenmelker, Eidechsen, Zikaden, Schrecken, Schmetterlinge, Grabwespen, Wildbienen
Ruinen, Mauern, Stützmauern	Mauerpfeffer, Ruprechtskraut, Hirtentäschel, Moose	Ameisen, Wildbienen, Mauereidechsen, Schnecken, Schrecken, Spinnen, Hausrotschwanz, Schwalben, Schleiereule, Turmfalke, Fledermäuse
Müllplätze, Abraumhalden	Brennessel, Taubnessel, Distel, Franzosenkraut, Hirtentäschel, Bilsenkraut, Gänsefingerkraut	Wanderratten, Hausmäuse, Erdkröten, Möwen (Silber- und Lachmöwe), Sperling
Straßenränder Pflasterzwischenräume	Distel, Beifuß, Eisenkraut, Brennessel, Klette, Franzosenkraut, Kamille, Klatschmohn	Wegwespe, Grabwespe, Rasenameise, Zikaden, Spinnen, Eidechsen, Mäuse
Kiesabgrabungen	Brombeere, Ginster, Gräser, Weiden- und Erlengestrüpp, trocken- und feuchtigkeitsliebende Blumen	Uferschwalbe, Watvögel, Gelbbauchunke, Geburtshelferkröte, Erdkröte, Grasfrosch, Sandschrecken, Blauflügelige Ödlandschrecke, Spinnen, Fliegen, Grabwespen, Faltenwespen, Lehmwespen, Laufkäfer

Wer sieht heute noch Ackerblumen und -wildkräuter, wie Klatschmohn, Kornblume, Vergißmeinnicht, Gänsedistel, Hederich, Vogelmiere, Knöterich, Bittersüßer Nachschatten, Stiefmütterchen, Kamille, Margerite, Ruhrkraut, Rainfarn, Senf, Wicke, Winde, Huflattich, Hornkraut? Solche Pflanzengesellschaften waren Nahrungs- und Dekkungsinseln für viele Tiere, die zudem noch Hecken und Feldraine als Aufenthaltsorte und Schutzzonen aufsuchen konnten. Bei den Tieren der Feldmark denken wir Jäger besonders an Fuchs, Hermelin, Mauswiesel, Hase, Rebhuhn, Fasan und Wachtel.

Doch neuerdings zwingt die Lebensmittelüberproduktion in Europa, auf Extensivierungsmaßnahmen im Landbau zu sinnen. So kommen Dauerbrache oder Rotationsbrache, Ackerrandstreifen-Aufforstungsprogramme sowie anderweitige Nutzung in Betracht. Die Bundesrepublik Deutschland sieht vor, solche Vorhaben als Gemeinschaftsaufgabe „Verbesserung der Agrarstruktur und des Küstenschutzes“ zu bezuschussen. Man rechnet damit, daß 400000 ha aus der Nutzung genommen werden. Eine generelle Extensivierung auf großer Fläche wäre aus ökologischer Sicht vorteilhafter als das von der EG beschlossene Flächenstilllegungsprogramm. Für Bauern und Jäger entstehen hier große Chancen, Landschaft und freilebenden Tieren zu helfen und damit uns allen mehr Lebensqualität zu gewähren.

Gewässer

Unter diesem Oberbegriff versteht man Bäche, Flüsse, Quellen, Seen, Teiche, Weiher, Tümpel, Altwasser und Kleinstgewässer (Pfützen, Wassertonnen).

Bäche, Flüsse und Quellen werden unter dem Begriff Fließgewässer, die übrigen unter Stillgewässer erfaßt.

Hydrographisch unterscheidet man bei Fließgewässern den Bach, Ober-, Mittel-, Unterlauf und Mündung. Fischbiologisch gibt es folgende Regionen:

Forellenregion Äschenregion	d.i. hydrographisch die Bachregion
Barbenregion Brachsen- oder Bleiregion	d.i. hydrographisch Mittel- und Unterlauf
Brackwasserregion	

Bei den stehenden Gewässern spricht man vom

See	wenn eine Uferzone mit Landufer, Schilfgürtel, Schwimmblattgürtel und Unterwasserpflanzen, eine Freiwasserzone mit Temperaturabhängigkeit vom einfallenden Licht und eine lichtfreie Bodenzone vorhanden sind.
Teich	wenn es sich um ein künstliches Gewässer handelt, aus dem das Wasser abgelassen werden kann.
Weiher	wenn es sich um flache stehende Gewässer mit einer seengleichen Uferzonierung handelt, die aber wegen geringer Tiefe Lichteinfall bis auf den Weihergrund zulassen und damit voll durchmischt sind.
Tümpel	wenn es sich um kleine, bis zu 50 cm tiefe Weiher handelt, die meist schnell verlanden.
Sonstige Kleingewässer	wenn es sich um Pfützen, Regentonnen, Wasseransammlungen in Astgabeln alter Bäume handelt, die im allgemeinen schnell austrocknen.

Allen unbelasteten Gewässern ist eine artenreiche Flora und Fauna zugeordnet. Sie werden gestört und auch zerstört durch:

1. Vernichtung (zuschütten, übermäßige Nutzung, Gewässerregulierung, Grundwasserabsenkung)
2. Freizeitgelüste der Menschen (Sport, Angeln) ohne Maßen
3. Eutrophierung (Düngemitteleintrag)
4. Verschmutzung (Pestizideintrag, Abwassereinleitung)
5. Übermäßige Fischerei.

Watt

Das Wattenmeer ist neben den Alpen der größte zusammenhängende mitteleuropäische Naturraum. Es erstreckt sich von Dänemark bis nach Holland und umfaßt 7500 km². Die Wattvegetation umfaßt die üppige Salzwiesenflora mit Schlickgras-, Queller-, Andelgras- und Rotschwingelzone sowie die Mikro- und Makroalgen des eigentlichen Wattbereiches. Das faunistische Leben ist von 100 Fischarten, 100 Vogelarten und über 1000 verschiedenen Bodenlebewesen geprägt. Als Säuger sind die Seehunde (vereinzelt auch Kegel- und Ringelrobbe) aus dem Watt nicht wegzudenken. Von den jagdbaren Vögeln leben als Brutvögel im Watt: Eider- und Brandente, Silber-, Sturm- und Lachmöwe.
Das Seehundsterben in jüngster Zeit zeigt, wie wichtig politische Entscheidungen zu Gunsten einer sauberen Nordsee sind.

Lebensbedrohend sind:

- Industrialisierung des Watts
- Verschmutzung der Nordsee
  durch Dünnsäureverklappung
  durch Schadstoffeinleitung aus meeranliegenden Städten durch ungeklärte oder nur teilweise geklärte Abwässer
  durch Schadstoffe über die Elbe, Weser, Ems, Themse und den Rhein
  durch Luftschadstoffe
- Eutrophierung durch Stickstoff und Phosphate über die o.a. Flüsse aus der Landwirtschaft und den Haushalten
- Massentourismus
- Eindeichungen.

Am Beispiel des Lebensraumes „See" soll der Begriff „Nahrungsketten" erläutert werden.
Da gibt es zunächst die Produzenten, das sind die Pflanzen, z.B. Algen, die organische aus anorganischer Substanz aufbauen. Für diesen Vorgang benötigen sie Sonnenlicht, Wasser, Kohlendioxid und Mineralsalze.
Da sie am Beginn einer Nahrungskette stehen, werden sie auch Urproduzenten (oder Primärproduzenten) genannt. Fest steht allerdings, daß diese Urproduktion nur im durchlichteten Bereich des Sees stattfinden kann. Von den Urproduzenten leben die Konsumenten, zunächst die Primärkonsumenten, die Pflanzenfresser, dann die Sekundärkonsumenten, Lebewesen, die von tierischer Substanz existieren.

Im Lebensraum „See“ gelten als Primärkonsumenten Wasserflöhe, Rädertierchen (Filtrierer), Kaulquappen und Schnecken. Von ihnen leben die Sekundärkonsumenten, z. B. Egel, Kleinkrebse, Gelbrandkäfer und deren Larven. Es gibt aber auch Übergänge zwischen Primär- und Sekundärkonsumenten, z. B. die Detritusfresser, die Schwebestoffe aus pflanzlichen und tierischen Resten zu sich nehmen. Man nennt sie auch Allesfresser. Egel usw. werden gefressen von Libellen, Spinnen, diese wiederum von Amphibien, Reptilien und Friedfischen.

Mit dieser Aufzählung sind wir keineswegs am Ende. Es folgen größere Fische (Raubfische, z. B. Hechte) und Greifvögel (z. B. Weihe, Fischadler). Die Greifvögel vernetzen Wasser- und Landnahrungsketten.

Abgestorbene Organismen, wozu Pflanzen und Tiere gehören, werden durch Autolyse (Selbstverdauung durch Enzyme, die aus dem toten Körper diffundieren) reduziert. Sodann folgen die Bakterien (Destruenten oder Reduzenten), die für die Umwandlung organischer in anorganische Substanz sorgen, die den Produzenten (Pflanzen und Algen) dann wieder zur Verfügung steht.

Dieses Beziehungsgefüge ist natürlich weitaus komplizierter als hier dargestellt, denn das beschriebene Nahrungskettensystem müßte treffender Nahrungsnetz heißen, um die vielfältigen negativen und positiven Abhängigkeiten zu demonstrieren.

Nur das Vorhandensein aller Funktionsgruppen, nämlich Produzenten, Konsumenten und Destruenten, macht das komplexe Ökosystem aus (Ökosystem = Zusammenwirken von Lebensraum und Lebensgemeinschaft).

3 Biotopgestaltung oder Biotophege

Manche Jäger, die gleichzeitig Grundeigentümer ihrer Jagdflächen sind, können im Gegensatz zu anderen in der freien Natur wirkenden Berufsgruppen für einen Teil ihrer Flächen gewinnmaximierende Ziele außer acht lassen.

Sein Handwerk als Landschaftspfleger muß der Jäger allerdings erlernen.

Jeder Biotop, ob naturnah oder nicht, bedarf in unserer dichtbesiedelten Industrielandschaft der Betreuung. Das kann günstigstenfalls sogar das Unterlassen von Maßnahmen bedeuten.

Der überwiegende Teil der Jäger hat es mit ausgeräumten Feldfluren zu tun, die zwar 7 Monate hindurch ausreichend Äsung, aber keine Deckung bieten. Eine geringere Zahl von Jägern betreut Jagden in deckungbietenden Waldungen, deren Dickungsstadium aber keine Äsung vorhält. Hier muß man ansetzen.

So ist nicht von ungefähr für die niedersächsischen Feldjagden der Begriff „Hegebusch“ kreiert worden, dessen Aufgabe darin besteht, durch standortgemäße Bäume, Sträucher und Kräuter Deckung, Brutmöglichkeit und Nahrung für die äsungsarme Zeit zu bieten. Gleichzeitig schützen derartige Begründungen den Boden angrenzender Äcker vor Erosionen und die Kulturpflanzen vor Auswinterungsschäden. Sie verbessern die Bienenweide und haben zudem landschaftspflegerisch einen hohen Stellenwert.

Für die unterschiedlichen Standorte kommen in Betracht:

Gehöfteinbindungen

Wind- und sonnenschützende Bäume und Sträucher, wie Stieleiche, Pappel, Weide, Feldahorn, Schneeball, Hasel, Pfaffenhütchen.

Ackerstandorte

Man vermeide flachwurzelnde Gehölze, die dem Landwirt die Bodenbearbeitung erschweren, weiterhin für den Gehölzrand Bäume erster Größenordnung, die die angrenzenden Kulturpflanzen im Wuchs beeinträchtigen und zudem aufprallende Winde im Gegensatz zu Sträuchern und geringwüchsigeren Bäumen nicht ableiten. Besonders wichtig ist die Pflanzenverträglichkeit untereinander, man spricht von sog. Pflanzengesellschaften.

Kalkstandorte. Bäume: Buche, Esche, Hainbuche, Bergahorn.

Sträucher: Hasel, Vogelkirsche, Schlehe, Kreuzdorn, Schneeball, Liguster.

Feuchte Standorte auf besserem Substrat. Bäume: Bergahorn, Salweide, Ohrweide, Stieleiche.

Sträucher: Schlehe, Hasel, Schneeball, Heckenkirsche, Vogelkirsche.
Feuchte Standorte, anmoorig. Bäume: Stieleiche, Roterle, Sandweide, Moorbirke.
Sträucher: Faulbaum, Pfaffenhütchen, Schwarzer Holunder, Traubenkirsche.
Trockene Sandstandorte. Bäume: Sandbirke, Robinie, Kiefer, Weißerle, Aspe.
Sträucher: Brombeere, Eberesche, Hundsrose, Ginster, Traubenkirsche.

Ödländereien

Auch Brachland genannt; derartige Flächen lassen in der Sukzession standortangepaßte Bäume, Sträucher und Kräuter hochkommen. Nachhelfen kann man mit Pionierbaum- und -straucharten, wie Weißerle, Sandbirke, Vogelbeere, Sal- und Mandelweide, Schlehen und Roterlen, Hundsrose, die Schutz für den Anbau anspruchsvollerer Folgebaumarten und Straucharten bei entsprechendem Standort bieten, nämlich: Linde, Buche, Eiche, Elsbeere, Bergahorn, Sanddorn.

Bachufer

Beginnend unterhalb des Niedrigwasserbereiches spricht man von der Laichkrautzone, der die Röhrichtzone im Niedrigwasserbereich, die Weichholzzone im Mittelwasserbereich und anschließend die Hartholzzone im Überschwemmungsbereich folgt.
Generell muß der Anbau von Nadelbäumen im Fließwasserbereich wegen Versauerungsgefahr des Wassers durch Nadelstreu abgelehnt werden.
Man verwende in der Weichholzzone als Baumarten Erlen, Silberweiden, Aspen, Schwarz- und Silberpappeln und in der Strauchschicht Weidenbüsche, wie Purpur-, Mandel- und Korbweide. Die Hartholzzone, leider bei zunehmender Regulierung unserer Bachläufe kaum noch intakt, wird bepflanzt mit Stieleiche, Esche, Berg- und Spitzahorn sowie mit Flatterulme. An Sträuchern kommen hier Hartriegel, Pfaffenhütchen, Schlehe und Schneeball in Frage.

Böschungen und Hänge

Alle Bepflanzungen sollen Erosionen verhindern. Hauptsächlich werden hier Sträucher nützlich sein, nämlich Weißdorn, Schlehe, Hundsrose, Hartriegel, Hainbuche, Strauchweiden, Feldahorn.

Mit dem Bepflanzen der ausgewählten Flächen allein ist es nicht getan. Vielmehr muß kleineren Pflanzen Verbiß-, Schäl- und Fegeschutz zukommen (s. Kap. Waldbau). Startdüngungen helfen derartigen Pflanzen auch schnell aus der Wildschadens- und Grasgefährdungszone heraus. Bei zunehmender Hegebuschhöhe und damit verbundenem Dichtschluß leidet die erwünschte Krautflora. Hier muß freigestellt und u. U. der eine oder andere stockausschlagfähige Baum oder Strauch abgeschlagen werden.
Insektizide (chemische Mittel gegen Insekten), Herbizide (chemische Mittel gegen Unkräuter) und Rodentizide (chemische Mittel gegen Mäuse) sollten nach Möglichkeit nicht eingesetzt werden. Sie stören meist empfindlich das biologische Gleichgewicht und lassen den Hegebusch zu dem verkommen, was die ohnehin ihn umgebende Feldflur schon ist. Wenn der Einsatz chemischer Mittel unumgänglich ist, setze man immer das am wenigsten toxische ein.

Wälder

Viele Wälder bieten zwar Deckung, aber wenig Äsung. Auch hier gilt es zu helfen, nämlich Schneisenaufschluß, der gleichzeitig der Bestandeserschließung dient, mit Grüneinsaat.
Weitere Möglichkeiten der Äsungsverbesserung sind starke Durchforstungen, die einerseits den Zuwachs am verbleibenden Bestand steigern und andererseits die Bodengare und damit die Bodenvegetation fördern.
Kostenaufwendig und kaum durchführbar erscheinen Waldumwandlungen von nicht standortgerechten in standortangepaßte Baumarten, insbesondere bei nicht hiebsreifen Wäldern.
In Nadelholzkulturen wird immer mitaufwachsender Wildwuchs willkommen sein, wie z.B. Eiche, Birke, Eberesche, Kirsche.
Die Landesjägerschaften sind bereit, sich an den Kosten für das Pflanzgut standortgerechter Hegebüsche zu beteiligen.

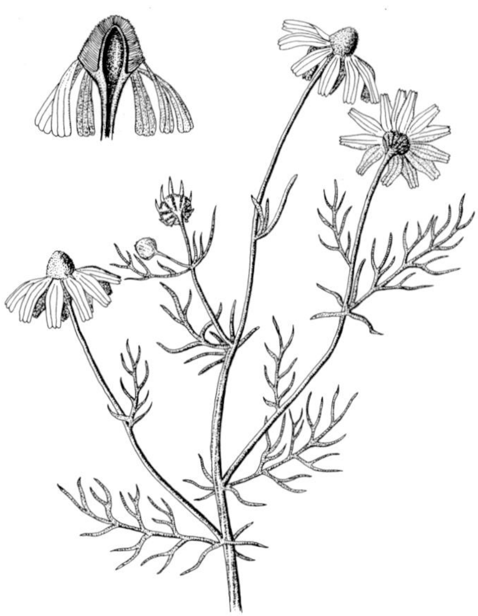

Abb. 405. Echte Kamille.

Abb. 407. Spitzwegerich.

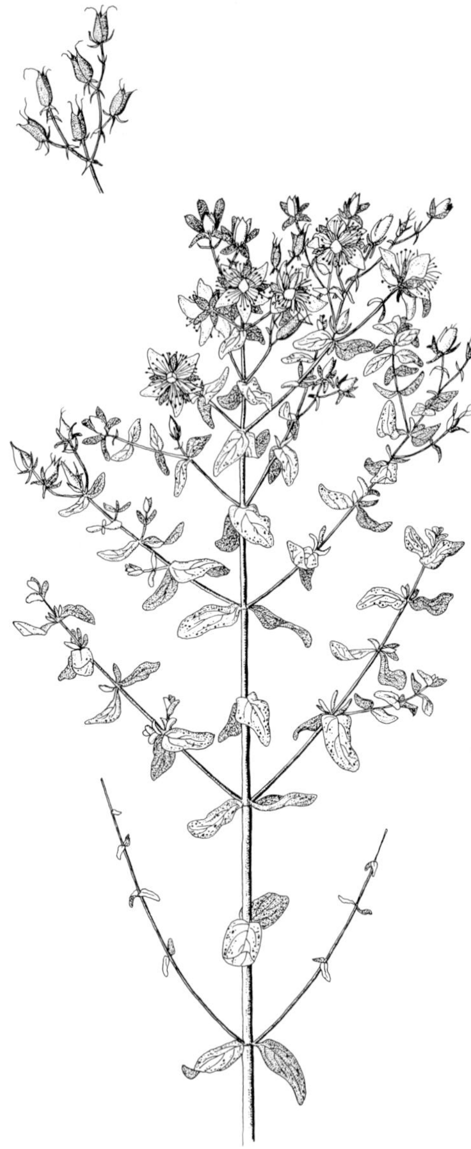

Abb. 406. Johanniskraut, Oben links Früchte.

Abb. 408. Kolbenhirse.

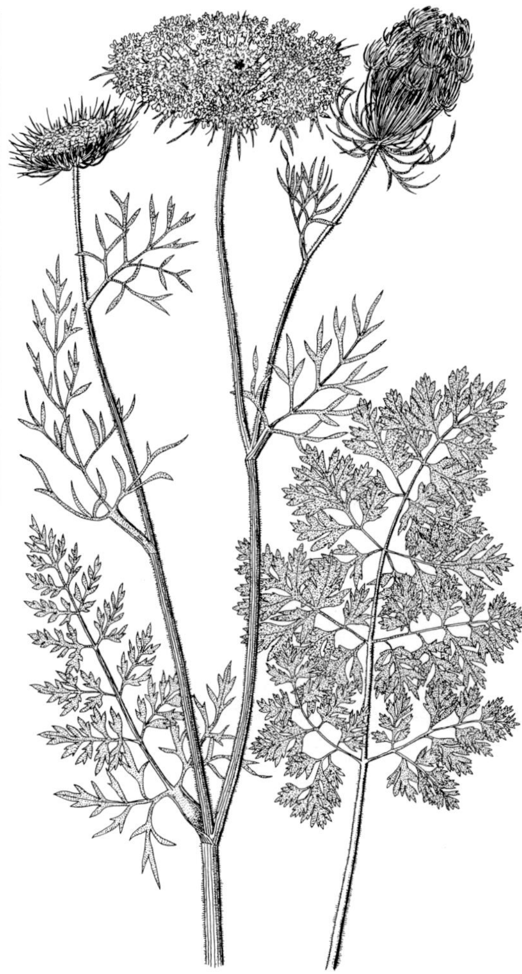

Abb. 409. Wilde Möhre.

Abb. 410. Beifuß.

Abb. 411. Schafgarbe.

Abb. 412. Wiesensalbei.

Abb. 413. Sauerampfer.

Abb. 414. Dill.

Jagdrecht und verwandtes Recht

Stand: 1.10.89

1 Bundesjagdgesetz und Landesjagdgesetze

vom 29. 11. 1952 in der Fassung vom 29. 9. 1976 – BGBl. I S. 2849, zuletzt geändert: 29. 3. 1983 – BGBl. I S. 377 – mit dem für jedes Bundesland gültigen Landesjagdgesetz und Anschlußvorschriften.

Bis 1848 verfügten die Landesherrn über das Jagdrecht. Erst ab diesem Zeitpunkt war es untrennbar mit dem Grund und Boden verbunden. Auf das richtungsweisende Reichsjagdgesetz vom 3.7.1934 folgte 1952 das Bundesjagdgesetz als Rahmengesetz mit den Ergänzungen der Bundesländer in Form der Landesjagdgesetze sowie den Verordnungen des Bundes (z.B. Verordnung über Jagdzeiten vom 2.4.1977) und der Länder (z.B. Verordnung über Sonderbestimmungen für die Jagdzeiten, Verordnung über das Vorverfahren in Wild- und Jagdschadenssachen, Verordnung zur Durchführung des Landesjagdgesetzes, Verordnung über die Jäger- und Falknerprüfung) sowie den Ausführungsbestimmungen der Bundesländer zu ihren Landesjagdgesetzen (d. s. Runderlasse).

Terminologie der Jagdgesetze:

Jagdrecht

Es umfaßt die Befugnis, auf einem bestimmten Gebiet wildlebende Tiere, die jagdgesetzlichen Bestimmungen unterliegen, zu hegen, auf sie die Jagd auszuüben und sie sich anzueignen.

Die Jagdausübung erstreckt sich auf das Aufsuchen, Nachstellen, Erlegen und Fangen von Wild.

Hierzu gehört auch das Aneignen kranken oder verendeten Wildes, von Fallwild, von Abwurfstangen und von Eiern des Federwildes.

Das Jagdrecht ist untrennbar mit dem Eigentum an Grund und Boden verbunden.

Seine Ausübung ist jedoch nur möglich, wenn bestimmte rechtliche Erfordernissen erfüllt sind, nämlich ein Jagdschein erworben und die Berechtigung zur Jagdausübung in dafür ausgewiesenen Eigenjagdbezirken oder gemeinschaftlichen Jagdbezirken vorhanden ist. Das wiederum setzt voraus, daß man eine Jägerprüfung bestanden hat und Eigentümer oder Pächter eines *Eigenjagdbezirks* von mindestens 75 ha zusammenhängender land-, forst- oder fischereiwirtschaftlich genutzter Grundfläche ist oder aber in *gemeinschaftlichen Jagdbezirken* von mindestens 150 ha zusammenhängender Grundfläche einer Gemeinde, die nicht zu einem Eigenjagdbezirk gehört, Jagdgenosse der die Jagd ausübenden Jagdgenossenschaft bzw. deren Pächter ist.

Wild

Alle im § 2 BJagdG aufgezählten Tiere unterliegen dem Jagdrecht. Die Länder können weitere Tiere bestimmen, die dem Jagdrecht unterliegen. Der Jäger spricht von jagdbaren Tieren.

Alle nicht dem § 2 BJagdG oder den jagdgesetzlichen Bestimmungen der Bundesländer unterliegenden Tiere sind durch das Naturschutz- bzw. durch das Fischereirecht geschützt.

Alle freilebenden Tiere, und zwar unabhängig davon, ob jagd-, naturschutz- oder fischereirechtlich geschützt, sind herrenlos im Sinne des § 960 BGB.

Hegegemeinschaften

Mit dem Jagdrecht ist die Pflicht zur Hege verbunden. Die Hege hat zum Ziel die Erhaltung eines den landschaftlichen und landeskulturellen Verhältnissen angepaßten artenreichen und gesunden Wildbestandes sowie die Pflege und Sicherung seiner Lebensgrundlagen.

Die Hege muß so durchgeführt werden, daß Beeinträchtigungen einer ordnungsgemäßen land-, forst- und fischereiwirtschaftlichen Nutzung, insbesondere Wildschäden, möglichst vermieden werden (§ 1 BJagdG).

Für mehrere zusammenhängende Jagdbezirke können die Jagdausübungsberechtigten zum Zwecke der Hege des Wildes eine Hegegemeinschaft als privatrechtlichen Zusammenschluß bilden (§ 10a BJagdG). Sie verfolgt insbesondere eine einheitliche biologische und jagdliche Bewirtschaftung des Wildes mit gemeinsamen Abschußrichtlinien.

Jagd- und Schonzeiten

Der Bundesminister für Ernährung, Landwirtschaft und Forsten legt mit Zustimmung des Bundesrates die Jagd- und Schonzeiten für das in § 2 (1) aufgeführte Wild fest (§ 22 BJagdG). Maßgebend hierfür sind die in § 1 (2) BJagdG aufgeführten Grundsätze der Hege. Die Jagdzeit benennt den Zeitraum, in dem die Jagd auf bestimmte Wildarten ausgeübt werden darf. Während der übrigen Zeit spricht man

von Schonzeit. Den Ländern ist es allerdings erlaubt, die Jagdzeiten abzukürzen oder aufzuheben; sie können die Schonzeiten für bestimmte Gebiete oder für einzelne Jagdbezirke aus besonderen Gründen, insbesondere solchen der Wildseuchenbekämpfung und Landeskultur, zur Beseitigung kranken oder kümmernden Wildes, zur Vermeidung von übermäßigen Wildschäden, zu wissenschaftlichen sowie Lehr- und Forschungszwecken, bei Störung des biologischen Gleichgewichts oder der Wildhege aufheben.
Wild, für das keine Jagdzeit verordnet wird, ist ganzjährig mit der Jagd zu verschonen.
Aus Gründen der Landeskultur können Schonzeiten für Wild gänzlich untersagt werden (Wild ohne Schonzeit). Hierzu gehören Fuchs und Wildkaninchen. Einzelne Bundesländer haben zusätzlich für Waschbären, Marderhund und Nutria ganzjährige Bejagung zugelassen.
Weiterhin untersagt das BJagdG die Bejagung der für die Aufzucht notwendigen Elterntiere bis zum Selbständigwerden der Jungtiere, auch für Wild ohne Schonzeit. Die Länder dürfen für Schwarzwild, Wildkaninchen, Fuchs, Ringel- und Türkentaube, Silber- und Lachmöwe Ausnahmen bestimmen. Außerdem dürfen sie genehmigen, daß Nestlinge und Ästlinge der Habichte für Beizzwecke ausgehorstet werden. Federwildgelege dürfen nicht ausgenommen werden, es sei denn mit Zustimmung der Länder für wissenschaftliche Lehr- und Forschungszwecke oder für Zwecke der Aufzucht. Ringel- und Türkentaubeneier sowie Silber- und Lachmöweneier dürfen gesammelt werden, sofern seitens der Länder nicht eingeschränkt.

Wildverkehrsordnung
Auf Grund der Bestimmungen des § 38 BJagdG ist der Bundesminister für ELF ermächtigt, durch Rechtsverordnung, mit Zustimmung des Bundesrates, soweit dies aus Gründen der Hege, zur Bekämpfung von Wilderei und Wildhehlerei, aus wissenschaftlichen Gründen oder zur Verhütung von Gesundheitsschäden durch Fallwild erforderlich ist, Vorschriften zu erlassen über

1. die Anwendung von Ursprungszeichen bei der Verbringung von erlegtem Schalenwild aus dem Erlegungsbezirk und der Verbringung von erlegtem Schalenwild in den Geltungsbereich dieses Gesetzes,
2. den Besitz, den Erwerb, die Ausübung der tatsächlichen Gewalt oder das sonstige Verwenden, die Abgabe, das Feilhalten, die Zucht, den Transport, das Veräußern oder das sonstige Inverkehrbringen von Wild,
3. die Ein-, Durch- und Ausfuhr sowie das sonstige Verbringen von Wild in den, durch den und aus dem Geltungsbereich dieses Gesetzes,
4. die Verpflichtung zur Führung von Wildhandelsbüchern.
5. das Kennzeichnen von Wild.

Die Länder erlassen insbesondere Vorschriften über

- die behördliche Überwachung des gewerbsmäßigen Ankaufs, Verkaufs und Tausches sowie der gewerbsmäßigen Verarbeitung von Wildbret und die behördliche Überwachung der Wildhandelsbücher
- das Aufnehmen, die Pflege und die Aufzucht verletzten oder kranken Wildes und dessen Verbleib (§ 36 BJagdG).

Einige Länder haben wegen Fehlens einer entsprechenden Bundesverordnung eigene Verordnungen erlassen.

Wildschaden
Wird ein Grundstück, das zu einem gemeinschaftlichen Jagdbezirk gehört oder einem gemeinschaftlichen Jagdbezirk angegliedert ist, durch Schalenwild, Wildkaninchen oder Fasanen beschädigt, so hat die Jagdgenossenschaft dem Geschädigten den Wildschaden zu ersetzen. Hat der Jagdpächter den Ersatz des Wildschadens ganz oder teilweise übernommen, so trifft die Ersatzpflicht den Jagdpächter.
Wildschaden an Grundstücken, die einem Eigenjagdbezirk angegliedert sind, hat der Eigentümer oder der Nutznießer des Eigenjagdbezirks zu ersetzen. Im Falle der Verpachtung haftet der Jagdpächter, wenn er sich im Pachtvertrag zum Ersatz des Wildschadens verpflichtet hat.
In diesem Falle haftet der Eigentümer oder der Nutznießer nur, soweit der Geschädigte Ersatz von dem Pächter nicht erlangen kann (§ 29 BJagdG).

Schutzvorrichtungen

Ein Anspruch auf Ersatz von Wildschaden ist nicht gegeben, wenn der Geschädigte die von dem Jagdausübungsberechtigten zur Abwehr von Wildschaden getroffenen Maßnahmen unwirksam macht.

Der Wildschaden, der an Weinbergen, Gärten, Obstgärten, Baumschulen, Alleen, einzelstehenden Bäumen, Forstkulturen, die durch Einbringen anderer als der im Jagdbezirk vorkommenden Hauptholzarten einer erhöhten Gefährdung ausgesetzt sind, oder Freilandpflanzungen von Garten- oder hochwertigen Handelsgewächsen entsteht, wird, soweit die Länder nicht anders bestimmen, nicht ersetzt, wenn die Herstellung von üblichen Schutzvorrichtungen unterblieben ist, die unter gewöhnlichen Umständen zur Abwendung des Schadens ausreichen. Die Länder können bestimmen, welche Schutzvorrichtungen als üblich anzusehen sind (§ 32 BJagdG). Das geschieht auf dem Verordnungswege.

Jagdschaden

Jagdschaden ist der vom Jäger oder seinem Beauftragten angerichtete Schaden. Der Jagdausübungsberechtigte hat dem Grundstückseigentümer oder Nutzungsberechtigten für jeden aus mißbräuchlicher Jagdausübung entstehenden Schaden zu haften (§ 33 BJagdG).

Verfahren in Wild- und Jagdschadenssachen

Die Länder können in Wild- und Jagdschadenssachen das Beschreiten des ordentlichen Rechtsweges davon abhängig machen, daß zuvor ein Feststellungsverfahren vor einer Verwaltungsbehörde (Vorverfahren) stattfindet, in dem über den Anspruch eine vollstreckbare Verpflichtungserklärung (Anerkenntnis, Vergleich) aufzunehmen oder eine nach Eintritt der Rechtskraft vollstreckbare Entscheidung (Vorbescheid) zu erlassen ist. Die Länder treffen die näheren Bestimmungen hierüber (§ 35 BJagdG).

Flurschaden

Alle durch Haustiere oder Nichtjäger (Ausnahme: beauftragte Nichtjäger der Jagdausübungsberechtigten) hervorgerufenen Schäden nennt man Flurschäden. Sie sind im Gegensatz zu Wild- und Jagdschäden versicherungsfähig.

Jagdschutz

Der Jagdschutz obliegt neben den Behörden der allgemeinen Gefahrenabwehr dem Jagdausübungsberechtigten sowie den bestätigten Jagdaufsehern. Hauptberuflich angestellte Jagdaufseher sollen Berufsjäger oder forstlich ausgebildet sein. Die bestätigten Jagdaufseher haben innerhalb ihres Dienstbezirkes in Angelegenheiten des Jagdschutzes die Rechte und Pflichten der Polizeibeamten und sind Hilfsbeamte der Staatsanwaltschaft, sofern sie Berufsjäger oder forstlich ausgebildet sind. Sie müssen sich durch einen Dienstausweis ausweisen können.

Der Jagdausübungsberechtigte darf bei jagdrechtlichen Zuwiderhandlungen den rechtsbrechenden Personen Jagd- und Fanggeräte, gefangenes oder erlegtes Wild abnehmen und deren Personalien feststellen. Damit gehen die Rechte des Jagdausübungsberechtigten über jedermanns Rechte bei Straftatverfolgungen hinaus.

Jedermann hat das Recht, auf frischer Tat Ertappte zu verfolgen, vorläufig festzunehmen und die Personalien festzustellen. Schußwaffengebrauch ist nur bei Notwehr zulässig.

Dem Jagdgast kann durch den Jagdausübungsberechtigten schriftlich gestattet werden, wildernde Hunde und streunende Katzen (bei Einhaltung der länderweise verschiedenen Bestimmungen) zu erlegen. Im übrigen stehen diesem Personenkreis bei der Jagdschutzausübung nur die Rechte eines jedermann zu.

Jene bestätigten Jagdaufseher, die Hilfsbeamte der Staatsanwaltschaft sind und damit die Rechte und Pflichten von Polizeibeamten haben, dürfen bei Fluchtverdacht und Verdunklungsgefahr Festnahmen vornehmen. Sie dürfen zudem körperliche Durchsuchungen, Hausdurchsuchungen und Beschlagnahmen ausführen. Dieser Personenkreis wird insbesondere für die Verfolgung der Straftat „Jagdwilderei" (§ 292 StGB) in Betracht kommen:

„Wer unter Verletzung fremden Jagdrechts dem Wild nachstellt, es fängt, erlegt oder sich zueignet, oder eine Sache, die dem Jagdrecht unterliegt, sich zueignet, beschädigt oder zerstört, wird ...... bestraft." Besonders schwere Fälle liegen vor, wenn die Tat zur Nachtzeit, in der Schonzeit, unter Anwendung von Schlingen oder in anderer nicht weidmännischer Weise oder von mehreren mit Schuß-

waffen ausgerüsteten Tätern gemeinsam begangen wird. Derselbe Paragraph nennt außerdem den gewerbs- oder gewohnheitsmäßigen Täter.
Wilderei wird mit unterschiedlicher Motivation und auf sehr unterschiedliche Weise ausgeübt. Da gibt es den Fleisch-, aber auch den Trophäengierigen. Selbst Jagdausübungsberechtigte, die die Grenzjagd ausüben und Jagdgäste können straffällig werden. Der Gelegenheitswilddieb nutzt seinen zufälligen Aufenthalt im Revier für die Straftat. Der Gewohnheitswilderer lebt mit der Planung dieses Deliktes.
Der Wilderer „arbeitet" mit der Waffe, pirschend oder mit dem Suchscheinwerfer seines Autos; ebenso gilt der Schlingen- und Fallensteller als Wilderer. Sein Verhalten ist scheu und feige.
Vielfach ist die Wilderei durch Gesang und Gedicht verherrlicht worden. Die rauhe Wirklichkeit zeigt allerdings gnadenlose Feindschaft zwischen Jäger und Wilderer. Für den Jagdausübungsberechtigten ergibt sich der Zwang zum unregelmäßigen Begang seines Reviers. Eingefahrene Gewohnheiten, wie immer gleiche Mittagsruhezeiten und Schlechtwettermüßiggang allzu bequemer Jäger sowie Einstellen der Reviergänge während der Schonzeit des Wildes, nutzen die Straftäter für ihr Vorhaben.

Vorgehen gegenüber dem Wilderer:
1. Niemals Held sein wollen! Brutalität gegenüber Tieren wird oft auch Menschen gegenüber geübt.
2. Verdächtiges registrieren, d.s. wenig vertrautes Wild, Fallwild mit Schußverletzungen, verdächtige Spuren, insbesondere in unzugänglichen Revierteilen, Schüsse mit Jagdnachbarn erörtern (Datum, Uhrzeit, Ort der Schußabgabe), Kennzeichen verdächtiger Kraftfahrzeuge merken, Personengedächtnis schulen.
3. Bei Wildererbeobachtung möglichst im Hinterhalt bleiben (genaue Ortsangabe, Zeitangabe, Personenbeschreibung vornehmen). Evtl. Festnahme ohne fremde Hilfe nur bei Tage vornehmen, Waffen sicherstellen. Sicherheitsabstand bei Abführen des vorausgehenden Täters einhalten und möglichst schnell nächstgelegenes Haus anlaufen.
Gegenüber Schlingenstellern, die ihr Fanggerät immer auf Umwegen anschleichen, ist ebenso äußerste Vorsicht geboten. Diese Täter zinken ihre Schleichpfade, um zur Schlinge zu gelangen. Wenn möglich, beobachtet man, ob der Täter nach Wildentnahme aus der Schlinge diese wieder fängisch stellt. Eingreifen empfiehlt sich nur dann, wenn hieraus keine Gefahr für den Beobachtenden erwächst. Andernfalls benachrichtigt man Jagdnachbarn und Polizei, um den Straftäter bei seiner Arbeit festzunehmen.

1.1 Verordnung über den Schutz von Wild

– Bundeswildschutzverordnung – BWildSchV vom 25.10. 1985, BGBl. I, S. 2040.

Diese Verordnung befaßt sich mit dem Schutz selten gewordener heimischer Wildarten.

Neben den in einer Anlage zur BWildSchV aufgeführten 53 Federwildarten fallen 4 Haarwildarten, nämlich Steinwild, Schneehase, Murmeltier und Seehund unter die Besitz-, Verwendungs- und Handelsbeschränkungen dieser Verordnung. Für 18 einheimische Greifvögel und Falken hat man Haltungsverbote sowie Haltungsbeschränkungen eingeführt. Außerdem gibt es zukünftig Aufzeichnungs- und Kennzeichnungspflichten für Präparatoren und Händler. Die BWildSchV setzt EG-Recht in nationales Recht um.
Der Gesetzgeber stützt seine Verordnung auf § 36 BJagdG (Inverkehrbringen und Schutz von Wild). Bisher hatten die Bundesländer Wildverkehrsordnungen für Schalenwild und Greifvogelschutzbestimmungen erlassen, die nunmehr überholt sind.
Zukünftig ist es untersagt:
Für jedermann: Tiere oder Teile davon (lebend oder tot), die in Anlage 1 der Verordnung genannt sind, zu besitzen, zu erwerben oder zu verkaufen, es sei denn, man besaß sie schon bei Inkrafttreten der Verordnung oder erwirbt sie vom Jagdausübungsberechtigten.
Ausgenommen von der Verwendungseinschränkung sind Rebhuhn, Fasan, Ringeltaube, Graugans, Stock-, Pfeif-, Krick-, Spieß-, Tafelente, Bläßhuhn sowie Bläßgans, Reiherente und Waldschnepfe, wenn man sie für nicht gewerbliche Zwecke erworben hat.
Für Jagdausübungsberechtigte: Beute gegen Entgelt abzugeben, es sei denn, es handelt sich um Bläß-

gans, Reiherente und Waldschnepfe, die an Private verkauft werden.
Außerdem besteht freie Verfügungsgewalt über Rebhuhn, Fasan, Ringeltaube, Graugans, Stock-, Pfeif-, Krick-, Spieß-, Tafelente, Bläßhuhn.
Für Falkner: Ohne einen gültigen Falknerjagdschein Greife und Falken zu halten, insgesamt mehr als 2 Habichte, Steinadler und Wanderfalken zu halten und diese nicht dauerhaft gekennzeichnet zu haben, Haltung und Bestandesanzeige bei der nach Landesrecht zuständigen Stelle zu unterlassen.
Für Präparatoren u.a.: Auf das Führen von Aufnahme- und Auslieferungsbüchern über die in Anlage 1 genannten Tierarten zu verzichten.

2 Feld- und Forstordnungsgesetze der Länder

Die Feld- und Forstordnungsgesetze regeln – länderweise unterschiedlich – die Ordnung in Feld und Wald. So definieren sie alle Ordnungswidrigkeiten auf land- und forstwirtschaftlichen Grundstücken sowie auf Heiden, Mooren und Ödländereien. Sie geben darüber hinaus die Bestellung, Befugnisse und Kennzeichnung der Feld- und Forsthüter bekannt.
Wegen vielfältiger Interessen, die die Allgemeinheit an die freie Landschaft stellt und mit der sich auch der Jäger auseinanderzusetzen hat, haben einige Länder dieses Gesetz in ihre Jägerprüfungsordnungen als zu prüfendes Recht mitaufgenommen.

3 Tierschutzgesetz

vom 18.8.1986, BGBl. I, S. 1319
Das Tierschutzgesetz regelt den Umgang des Menschen mit allen Tieren.

Im einzelnen sind für den Jäger zu nennen:

- Schutz vor Tierquälerei
- Verbot des Aussetzens von Haustieren
- Verbot des Aussetzens gezüchteter oder aufgezogener Wildtiere bei nicht ausreichender Vorbereitung der artgemäßgen Nahrungsaufnahme und Klimaanpassung
- Verbot der Tierausbildung, wenn damit Schmerzen oder Schäden für das Tier verbunden sind
- Verbot der Schärfeabrichtung und -prüfung
- Verbot der gegenseitigen Tieraufhetzung, außer bei weidgerechter Jagdausübung, nämlich Baujagd, Hetze bei Nachsuche
- Verbot des betäubungslosen Tötens von Wirbeltieren, außer bei weidgerechter Jagdausübung, nämlich Abnicken und Abfangen von Schalenwild, Abschlagen von Hase und Kaninchen, Abfedern von Federwild. Kranke und altersschwache Hunde des Jägers dürfen nur nach Betäubung durch den Tierarzt getötet werden. Das Töten des eigenen alten Hundes und Gefälligkeitstöten des Hundes Dritter mit dem Gewehr verbietet sich
- Verbot des betäubungslosen Kürzens der Rute an Welpen, die 8 Tage und älter sind
- Verbot des betäubungslosen, nicht schmerzfreien Eingriffes, es sei denn, beim Menschen unterbleibt in vergleichbaren Fällen eine Betäubung
- Verbot des Abverlangens von Leistungen, denen das Tier außer in Notfällen wegen seines Zustandes offensichtlich nicht gewachsen ist oder die seine Kräfte übersteigen
- Verbot der Futterdarreichung, die dem Tier erhebliche Schmerzen, Leiden oder Schäden bereitet.

Neben Grundsätzlichem regelt das Gesetz der Tierhaltung, das Töten von Tieren, Eingriffe an Tieren, Tierversuche, Eingriffe und Behandlungen zur Aus-, Fort- und Weiterbildung, Zucht von Tieren, Handel mit Tieren, Verbringungs-, Verkehrs- und Haltungsverbot sowie sonstige Bestimmungen zum Schutz der Tiere.
Nach wie vor ist eine Verordnung des Bundes über das Halten von Hunden im Freien (6.6.1974, BGBl. I, S. 1265) in Kraft (vgl. Hundehaltung), wonach angebundenen Hunden im Freien eine Hütte zur Verfügung zu stehen hat. Mittelgroße Hunde im Zwinger müssen wenigstens 6 m^2 Grundfläche belaufen können. Für jeden weiteren Hund in demselben Zwinger werden weitere 3 m^2 verlangt (Welpen sind hiervon nicht berührt).

4 Waffengesetz

vom 19.9. 1972, BGBl. I, S. 1797, in der Fassung vom 8.3.1976, BGBl. I, S. 432, geändert 31.5.1978, BGBl. I, S. 641 und 14.7. 1980, BGBl. I, S. 956.
Das Waffengesetz regelt den Erwerb von Schußwaffen und Munition, die Genehmigungspflicht für den Besitz von Waffen, das Bedürfnis zum Erwerb einer Schußwaffe, die Anmeldepflicht für Schußwaffen, das Schießen mit Schußwaffen außerhalb von Schießständen, das Führen und Verwahren von Schußwaffen, die Ein- und Ausfuhr von Schußwaffen, die Kennzeichnung von Schußwaffen und Munition, den amtlichen Beschuß von Schußwaffen. Zudem werden waffenrechtliche Begriffe erläutert (vgl. Jagdwaffenkunde).

5 Bundeswaldgesetz und Landeswaldgesetze

vom 2.5. 1975, BGBl. I, S. 1037, geändert 27.7. 1984, BGBl. I, S. 1034, mit dem für jedes Bundesland gültigen Landeswaldgesetz.
Das Bundeswaldgesetz ist ein Rahmengesetz. Es bezweckt, den Wald zu erhalten und erforderlichenfalls zu mehren, die ordnungsgemäße Bewirtschaftung nachhaltig zu sichern, die Forstwirtschaft zu fördern sowie einen Interessenausgleich zwischen Allgemeinheit und Waldbesitzerbelangen herbeizuführen. Die Bundesländer haben Landeswaldgesetze beschlossen, die die Bewirtschaftung des Waldes, die Änderung in eine andere Nutzungsart als Wald, den Zutritt zum Wald und die Bestimmung zum Erholungswald regeln.

6 Gesetz über Naturschutz und Landschaftspflege und Landesnaturschutzgesetze

vom 20.12. 1976, BGBl. I, S. 3574 in der Fassung vom 12.3. 1987, BGBl. I, S. 889, mit dem für jedes Bundesland gültigen Landesnaturschutzgesetz.

Das Bundesnaturschutzgesetz verfolgt folgende Ziele des Naturschutzes und der Landschaftspflege:

1. die Leistungsfähigkeit des Naturhaushalts,
2. die Nutzungsfähigkeit der Naturgüter,
3. die Pflanzen- und Tierwelt,
4. die Vielfalt, Eigenart und Schönheit von Natur und Landschaft als Lebensgrundlagen des Menschen und als Voraussetzung für seine Erholung in Natur und Landschaft nachhaltig zu sichern (§ 1 BNatSchG).

Es gibt weiterhin Definitionen für Landschaftsprogramme, Landschaftsrahmenpläne, Zusammenwirken der Länder bei der Planung, allgemeine Schutz-, Pflege- und Entwicklungsmaßnahmen, Schutz, Pflege und Entwicklung bestimmter Teile von Natur und Landschaft (Naturschutzgebiete, Nationalparke, Landschaftsschutzgebiete, Naturparke, Naturdenkmale), Schutz und Pflege wildwachsender Pflanzen und wildlebender Tiere, Erholung in Natur und Landschaft und für die Mitwirkung von Verbänden.
Erläutert werden:

Naturschutzgebiete
Naturschutzgebiete sind rechtsverbindlich festgesetzte Gebiete, in denen ein besonderer Schutz von Natur und Landschaft in ihrer Ganzheit oder in einzelnen Teilen

1. zur Erhaltung von Lebensgemeinschaften oder Lebensstätten bestimmter wildwachsender Pflanzen- und wildlebender Tierarten,
2. aus wissenschaftlichen, naturgeschichtlichen oder landeskundlichen Gründen oder
3. wegen ihrer Seltenheit, besonderen Eigenart oder hervorragenden Schönheit erforderlich ist.

Alle Handlungen, die zu einer Zerstörung, Beschädigung oder Veränderung des Naturschutzgebietes oder seiner Bestandteile oder zu einer nachhaltigen Störung führen können, sind nach Maßgabe näherer Bestimmungen verboten. Soweit es der Schutzzweck erlaubt, können Naturschutzgebiete der Allgemeinheit zugänglich gemacht werden (§ 13 Bundesnaturschutzgesetz).

Nationalparke
Nationalparke sind rechtsverbindlich festgesetzte einheitlich zu schützende Gebiete, die

1. großräumig und von besonderer Eigenart sind,
2. im überwiegenden Teil ihres Gebietes die Voraussetzungen eines Naturschutzgebietes erfüllen,
3. sich in einem vom Menschen nicht oder wenig beeinflußten Zustand befinden und
4. vornehmlich der Erhaltung eines möglichst artenreichen heimischen Pflanzen- und Tierbestandes dienen (§ 14 Bundesnaturschutzgesetz – auszugsweise –).

Landschaftsschutzgebiete
Landschaftsschutzgebiete sind rechtsverbindlich festgesetzte Gebiete, in denen ein besonderer Schutz von Natur und Landschaft

1. zur Erhaltung oder Wiederherstellung der Leistungsfähigkeit des Naturhaushalts oder der Nutzungsfähigkeit der Naturgüter,
2. wegen der Vielfalt, Eigenart oder Schönheit des Landschaftsbildes oder
3. wegen ihrer besonderen Bedeutung für die Erholung erforderlich ist.

In einem Landschaftsschutzgebiet sind alle Handlungen verboten, die den Charakter des Gebietes verändern oder dem besonderen Schutzzweck zuwiderlaufen (§ 15 Bundesnaturschutzgesetz – auszugsweise –).

Naturparke
Naturparke sind einheitlich zu entwickelnde und zu pflegende Gebiete, die

1. großräumig sind,
2. überwiegend Landschaftsschutzgebiete oder Naturschutzgebiete sind,
3. sich wegen ihrer landschaftlichen Voraussetzungen für die Erholung besonders eignen und
4. nach den Grundsätzen und Zielen der Raumordnung und Landesplanung für die Erholung oder den Fremdenverkehr vorgesehen sind.

Naturparke sollen entsprechend ihrem Erholungszweck geplant, gegliedert und erschlossen werden (§ 16 Bundesnaturschutzgesetz).

Naturdenkmale
Naturdenkmale sind rechtsverbindlich festgesetzte Einzelschöpfungen der Natur, deren besonderer Schutz

1. aus wissenschaftlichen, naturgeschichtlichen oder landeskundlichen Gründen oder
2. wegen ihrer Seltenheit, Eigenart oder Schönheit

erforderlich ist. Die Festsetzung kann auch für den Schutz des Naturdenkmals notwendige Umgebung einbeziehen (§ 17 Bundesnaturschutzgesetz –auszugsweise–).

Geschützte Landschaftsbestandteile
Geschütze Landschaftsbestandteile sind rechtsverbindlich festgesetzte Teile von Natur und Landschaft, deren besonderer Schutz

1. zur Sicherstellung der Leistungsfähigkeit des Naturhaushalts,
2. zur Belebung, Gliederung oder Pflege des Orts- oder Landschaftsbildes oder
3. zur Abwehr schädlicher Einwirkungen erforderlich ist.

Der Schutz kann sich in bestimmten Gebieten auf den gesamten Bestand an Bäumen, Hecken oder anderen Landschaftsbestandteilen erstrecken (§ 18 Bundesnaturschutzgesetz – auszugsweise –).
Die Ländergesetze füllen das Rahmengesetz durch Vorschriften über zulässige Eingriffe in Natur und Landschaft, Bodenabbau, Schutz, Pflege und Entwicklung bestimmter Teile von Natur und Landschaft, Schutz und Pflege wildwachsender Pflanzen und wildlebender Tiere. Sie benennen die Naturschutzbehörden, beschreiben ihre Zuständigkeit und erklären sich zu Ordnungswidrigkeiten.

6.1 Verordnung zum Schutze wildlebender Tier- und Pflanzenarten

Bundesartenschutzverordnung – BartSchV – vom 19. 12. 1986, BGBl. I, S. 2705.

Diese Verordnung befaßt sich mit dem besonderen Schutz aller nicht dem Jagdrecht unterliegenden einheimischen oder europäischen wildlebenden Tier- und Pflanzenarten, wobei vom Aussterben bedrohte in der Anlage 1 derselben Verordnung besonders hervorgehoben werden.
Ungeschützt sind: Scher-, Rötel-, Erd-, Feld-, Hausmaus, Nutria, Marderhund, Bisam, Waschbär, Wanderratte.

Neben Ein- und Ausfuhrbeschränkungen für besonders geschützte, aber auch nicht besonders geschützte Tiere und Pflanzen zeigt die Verordnung Aufzeichnungs- und Kennzeichnungspflichten sowie Vorschriften für die Haltung, Zucht und Vermarktung gezüchteter Tiere auf. Die jagdbaren Säuger Elch, Alpensteinbock, Seehund, Schneehase und Murmeltier gehören neben fast allen Federwildarten zu den nicht besonders geschützten Tieren, deren Ein- und Ausfuhr nur mit einer Genehmigung nach § 21 b BNatSchG zulässig ist.

Für sämtliche Greifvögel, die der Verordnung (EWG) Nr. 3626/82 unterliegen (d. s. alle einheimischen), ist bei der Ein- und Ausfuhr zusätzlich zu den gemeinschaftsrechtlich vorgeschriebenen Dokumenten auch eine Genehmigung nach § 21 b des BNatSchG erforderlich. Von den besonders geschützten Arten sind folgende Säuger vom Aussterben bedroht:

Biber, alle einheimischen Fledermausarten, Baumschläfer, Europäischer Wildnerz, Bayerische Kleinwühlmaus, Sumpfmaus, Birkenmaus, Alpenspitzmaus.

Unnötiges Beunruhigen, Fangen oder Töten bzw. Verletzen wildlebender Tiere sind unstatthaft.

7 Fleischhygienegesetz

in der Fassung vom 24. 2. 1987, BGBl. I, S. 649.

Seit dem 1.1.1981 muß in Vollzug entsprechender EG-Richtlinien das Wildbret von Haarwild in der Bundesrepublik Deutschland amtlich beschaut werden. Hierauf kann verzichtet werden, wenn man keine Merkmale feststellt, die als bedenklich für den Genuß zu erachten sind, und wenn das Wildbret für den eigenen Verbrauch oder den einzelner Personen, an die das Wildbret abgegeben wird, bestimmt ist, oder wenn das erlegte Stück an nahegelegene be- oder verarbeitende Betriebe gelangt, die das Wildbret für den eigenen Haushalt oder für Verbraucher dort selbst verwenden.

Mengenmäßig sind damit rund $^2/_3$ allen Wildbrets nicht beschaupflichtig, das nämlich in o.a. Personenkreis verbleibt. Wildschweine und alles sonstige fleischfressende Wild, das für den menschlichen Verzehr bestimmt ist, unterliegen in jedem Falle der Trichinenschau.

Für Haarwild aus Gattern gelten grundsätzlich die für alle genußtauglichen Haustiere vorgeschriebenen Schlachttieruntersuchungen, nämlich außer Fleischbeschau auch eine Lebendbeschau.

Verdächtige Merkmale am lebenden Stück Wild, die eine Verwendung für den menschlichen Verzehr bedenklich erscheinen lassen, sind:

Lähmungserscheinungen, anomale Verhaltensweisen, Atemnot, verschmutzter Spiegel, zu spätes Verfärben, starkes Abkommen. Erlegtes Wild mit folgenden Krankheiten oder auf Krankheiten hindeutenden Erscheinungen muß als genußuntauglich verworfen werden:

Offene Knochenbrüche, Gelenkschwellungen, zahlreiche Abszesse, Verklebungen, Geruchabweichungen, verbreiteter Parasitenbefall in der Unterhaut oder Muskulatur, Tollwut, Milzbrand, Wild- und Rinderseuche, Brucellose, Trichinen, Schweinepest, Myxomatose, Rotlauf, Vergiftungen, Nagerseuche, Tuberkulose, Nagerpest, Hasenseuche, Gelbsucht. Weiterhin sind Stücke, die erst nach langer Nachsuche gefunden werden (Gefahr des Verhitzens – d.h. stickige Reifung) oder solche mit schlechtem Schuß (Weidwundschuß mit Bakterienverbreitung über Teile des Wildbrets) genußuntauglich, wenn nicht sehr qualitätsgemindert. Dazu gehören auch unsachgemäß aufgebrochene Stücke, bei denen der Pansen oder Darm aufgeschärft worden sind.

Schwierig ist oft die Krankheitsdiagnose und damit die Entscheidung für genußtauglich oder genußuntauglich. Wenn nicht äußerlich wahrnehmbar, wie Abszesse, offene Knochenbrüche, Geruchabweichungen, Gelenkschwellungen, Myxomatose, gelten für Erkrankungen an inneren Organen die im Abschnitt „Wildtierkrankheiten“ genannten inneren Krankheitssymptome. Im Zweifelsfalle ziehe man den nächsten Tierarzt hinzu.

Neuerdings wird auf Schwermetall- und Pestizidrückstände im Wildbret hingewiesen. Übermäßiger Wildbretverzehr, insbesondere der Verzehr von Innereien (Leber, Nieren), erscheint deswegen nicht empfehlenswert. Für unbedenklich werden monatlich 500 g gehalten. Eine vielseitige Kost mindert das Risiko erhöhter Schadstoffaufnahme.

7.1 Durchführung von Fleischuntersuchungen

Einzelheiten der Durchführung von Fleischuntersuchungen regelt die Verordnung über die hygienischen Anforderungen und amtlichen Untersuchungen beim Verkehr mit Fleisch (Fleischhygiene-Verordnung) vom 30.10. 1986, BGBl. I, S. 1678 und die Allgemeine Verwaltungsvorschrift über die Durchführung der amtlichen Untersuchungen nach dem Fleischhygienegesetz vom 11.12. 1986, Bundesanzeiger 238a vom 23.12. 1986.

Zur Beschaupflicht von erlegtem Haarwild wird in o.a. Verwaltungsvorschrift ausgeführt, daß eine Anmeldung zur Beschaupflicht dann nicht erforderlich ist, wenn

1. keine nach der Fleischhygiene-Verordnung aufgeführten Veränderungen, die einen Verzehr bedenklich erscheinen lassen, vorliegen,
2. das Haarwild in einem EG-Staat zur Strecke gekommen ist,
3. nicht mehr als die Tagesjagdstrecke verwertet wird und
4. das Wild nach Erlegen be- und verarbeitenden Betrieben ungefroren in der Decke zugeführt und dort in haushaltsübliche Teilstücke zerlegt oder zu verzehrfertigen Speisen zubereitet wird.

Das kleine Jägerrecht braucht nur dann beschaut zu werden, wenn beim Erlegen, Aufbrechen oder Zerwirken Merkmale, die gesundheitlich bedenklich sind, vorgefunden werden.
Zusätzlich schreibt die Fleischhygiene-Verordnung vor, daß Wildkammern über Kühleinrichtungen verfügen müssen, sofern bei erlegtem Schalenwild eine Auskühlung auf +7 °C binnen 24 Stunden und bei Hasen und Kaninchen auf mindestens +3 °C nicht erreicht werden können. Außerdem müssen Wildkammern über Wasser- und Abflußanschluß verfügen. In Autos befördertes Frischfleisch muß in geschlossenen Behältnissen oder unter entsprechendem Schutz aufbewahrt werden.

8 Lebensmittel- und Bedarfsgegenständegesetz

vom 15.8. 1974, BGBl. I, S.1945, geändert durch Art. 4 des 2. Gesetzes zur Änderung des Pflanzenschutzgesetzes vom 15.8.1975, BGBl. I, S. 2172.
Alles in den Verkehr gebrachte Wildbret unterliegt den Bestimmungen des Lebensmittelrechts. Danach ist es untersagt, gesundheitsschädigende Lebensmittel (Wildbret kranker Tiere) anzubieten, abzugeben oder für den Verkauf vorrätigzuhalten. Als genußuntauglich sind alle unter „Fleischbeschau" genannten Krankheiten bzw. von der Norm abweichende Veränderungen anzusehen.
Dazu gehört auch alles Fallwild, d.h. nicht durch Zeichen äußerer Gewalteinwirkung verendetes Wild (äußere Gewalteinwirkung: Schuß, Unfall). Unfallgeschädigtes Wildbret muß nach dem Grad der Verletzungen und dem Zeitpunkt der Versorgung eingestuft werden. Dabei erscheinen besonders hohe Hygieneansprüche angezeigt.

9 Tierseuchengesetz

in der Fassung vom 28.3.1980, BGBl. I, S. 386 mit Verordnung zum Schutze gegen die Tollwut vom 11.3.1977, BGBl. I, S. 444.
Wildseuchen sind nach § 24 BJagdG der zuständigen Behörde, d.i. in der Regel die untere Jagdbehörde, anzuzeigen. Soweit Wildseuchen zugleich Viehseuchen sind (z.B. Salmonellose und Ornithose bei Tauben und Möwen, Schweinepest bei Schwarzwild, Tollwut) gilt für ihre Bekämpfung auch das Tierseuchengesetz. Die Jagdbehörde kann den verstärkten Abschuß oder Totalabschuß von Tieren der befallenen Art gem. § 24 BJagdG anordnen. Die Veterinärbehörde ordnet Maßnahmen nach dem Tierseuchengesetz an, wie unschädliche Beseitigung toten Wildes und Tötung erkrankter bzw. verdächtiger Tiere. Dem Jagdausübungsberechtigten kann die Durchführung in dem von ihm betreuten Jagdbezirk auferlegt werden, er hat sie aber auf jeden Fall zu dulden.

Die zusätzlich aufgrund des Tierseuchengesetzes erlassene Tollwutverordnung v. 11.3.1977 – BGBl. I, S. 444 – erlegt jedem Jagdausübungsberechtigten auf, tollwuterkranktem oder -verdächtigem Wild nachzustellen und es nach § 41 des Tierseuchengesetzes unschädlich zu beseitigen. Untersuchungsmaterial ist von der Beseitigungspflicht ausgenommen. Als solches Material ist bei Tieren bis zur Größe eines Fuchses der gesamte Wildkörper, sonst nur der Kopf der zuständigen Behörde oder einem staatlichen Veterinäruntersuchungsamt abzuliefern. Bestätigt sich der Tollwutverdacht, sind Füchse verstärkt zu bejagen. Erweist sich die Bejagung als erfolglos, können Maßnahmen zur Tötung der Füchse am Bau – womit die Begasung gemeint ist – eingeleitet werden. Der Fuchs darf dadurch weder ausgerottet werden, noch dürfen sicher vom Dachs befahrene Baue einbezogen werden.
Tollwutgefährdete Bezirke werden zu Sperrbezirken erklärt. Amtliche Bekanntmachungen in der Tagespresse sowie Hinweisschilder machen darauf aufmerksam. Alle streunenden Hunde und Katzen sind dort zu erlegen.

10 Gesetz über die Beseitigung von Tierkörpern, Tierkörperteilen und tierischen Erzeugnissen

(Tierkörperbeseitigungsgesetz)

vom 2.9.1975, BGBl. I, S. 2313.
Das Tierkörperbeseitigungsgesetz schreibt die unschädliche Beseitigung seuchenbefallenen Wildes oder des durch eine Wildseuche eingegangenen Wildes (Fallwild) vor, d.h. hierfür kommen die Tierkörperbeseitigungsanstalten in Frage. Sind solche nicht vorhanden, darf der Jagdausübungsberechtigte nur abseits öffentlicher Wege und Plätze und außerhalb von Wasserschutzgebieten das Fallwild vergraben. Die das Stück überdeckende Erdschicht muß mindestens 50 cm mächtig sein. Außerdem sollte der Kadaver mit Chlorkalk oder Kornitol verwittert werden.

11 Jagdbehörden

Die Jagdbehörden sind in Untere Jagdbehörde – mit Ausnahme von Hamburg und Berlin,
Mittlere Jagdbehörde (auch Höhere oder Obere) – mit Ausnahme der Stadtstaaten sowie Saarland und Schleswig-Holstein
und Oberste Jagdbehörde untergliedert.

Der Sitz der **Unteren Jagdbehörde** ist das Landratsamt (gilt für Bayern, Hessen, Rheinland-Pfalz, Schleswig-Holstein) bzw. der Landkreis/Stadtverwaltung (gilt für Niedersachsen und Nordrhein-Westfalen, Bremen) oder das Kreisjagdamt (gilt für Baden-Württemberg) oder aber die untere Verwaltungsbehörde im Saarland.
Die **Obere (mittlere) Jagdbehörde** befindet sich beim Regierungspräsidenten bzw. bei der Bezirksregierung (gilt für Baden-Württemberg, Bayern, Niedersachsen, Rheinland-Pfalz) oder bei der Bezirksdirektion für Forsten und Naturschutz in Hessen oder aber beim Landesjagdamt in Nordrhein-Westfalen.
Die **Oberste Jagdbehörde** ist mit Ausnahme von Berlin (hier: Senator für Stadtentwicklung und Umweltschutz) und Bremen (hier: Senator für Wirtschaft und Außenhandel), Hamburg (hier: Behörde für Bezirksangelegenheiten, Naturschutz und Umweltgestaltung), Saarland (Minister des Innern), Hessen (hier: Minister für Landesentwicklung, Umwelt, Landwirtschaft und Forsten) bei den Ministerien für Ernährung, Landwirtschaft und Forsten bzw. auch Umwelt und Weinbau ansässig.

Ihre Aufgaben bestehen in:

Untere Jagdbehörde – Ausstellung von Jagdscheinen, Genehmigung von Abschußplänen, Genehmigung von Jagdpächterverträgen, Abschußüberwachung, Abnahme von Jägerprüfungen (Saarland: Jagdverband; Bayern und Hessen: Mittlere Jagdbehörde), Organisation und Durchführung der Trophäenschau, Statistik, Genehmigung der Abrundung von Jagdbezirken, Bestätigen von Jagdaufsehern.
Mittlere Jagdbehörde – Erteilen von Widerspruchsbescheiden (als erste Beschwerdeinstanz), gem. Gesetzgebung einiger Bundesländer Möglichkeit zur

Herausgabe von Verordnungen betr. Abschußverbot für bestandesbedrohte Wildarten, Aufheben von Schonzeiten für krankes oder kümmerndes Wild, aus Gründen der Wildhege oder Landeskultur bei Störungen des biologischen Gleichgewichts oder zur Vermeidung übermäßiger Wildschäden, Zulassung der Jagd auf Tiere ohne Jagdzeit, um eine Störung des biologischen Gleichgewichts zu verhindern, Erteilen von Aushorstgenehmigungen für Habichte, die zur Beizjagd verwendet werden sollen, Erteilen von Genehmigungen für Lebendfang von Wild in der Schonzeit, Erteilen von Genehmigungen für das Erlegen von Wild während der Schonzeit oder aber von Tieren ohne Jagdzeit für wissenschaftliche Zwecke, Abnahme von Jägerprüfungen in Bayern und Hessen, Statistik, Aufsichtsbehörde für Untere Jagdbehörde, allgemeine Abschußregeln im Rahmen der Hegerichtlinien der Obersten Jagdbehörden, Anerkennung von Hegegemeinschaften.

Oberste Jagdbehörde – Zweite Beschwerdeinstanz, Vorlagen für Antwort auf Petitionen in Jagdangelegenheiten an die Landtage, Statistik, Gesetzesvorlagen, zuständig für Verordnungen: z.B. Schonzeiten, Bestimmung weiterer Tiere, die dem Jagdrecht unterliegen, Verwaltungsvorschriften, Genehmigungsbehörde für das Aussetzen oder das Ansiedeln fremder Tiere in freier Natur (sofern nicht delegiert), Zusammenarbeit mit den Landesjagdverbänden.

Der Bundesminister für Ernährung, Landwirtschaft und Forsten hat keine jagdbehördlichen Funktionen. Er ist zuständig für die Gesetzesvorlage des Bundesjagdgesetzes, ergänzende Rechtsvorschriften, z.B. Jagdscheinformblatt, Statistik, Umsetzung der EG-Bestimmungen in nationales Recht.

12 Jagdliche Organisationen

Der Deutsche Jagdschutz-Verband e.V. ist die Dachvereinigung aller Landesjagdverbände. Letztere teilen sich weiter in Kreisgruppen/Jägerschaften auf, die eine weitere Untergliederung in Hegeringe erfahren. Der DJV ist zuständig für Angelegenheiten von grundsätzlicher Bedeutung auf Bundesebene und internationaler Ebene entsprechend seiner Zielsetzungen, zu denen u.a. gehören: Interessenvertretung der Jäger, Anhörung bei Gesetzesvorhaben sowie bei der Vorbereitung von Jagdzeitenverordnungen, Förderung von Naturschutz und Landschaftspflege, Maßnahmen des Tierschutzes, Ausrichtung von Meisterschaften im jagdlichen Schießen sowie von Jagdhornbläserwettbewerben auf Bundesebene, Öffentlichkeitsarbeit, Berufsjägerangelegenheiten, Jagdgebrauchshundewesen, Förderung jagdkultureller Maßnahmen und Einrichtungen, Verleihung von Auszeichnungen, Ahndung von ehrenrührigen Handlungen durch Ehrengerichtsverfahren, Förderung jagd- und wildkundlicher Forschung, Mitarbeit bei der Sammlung neuer wildtierkundlicher Erkenntnisse durch den Niederwild- und Schalenwildausschuß.

13 Artenschutz

Artenschutz ist Teil des Naturschutzes. Zu nennen sind der Biotopschutz als umfassender Schutz von Arten sowie der spezielle Schutz von Pflanzen und Tieren.

Alle weltweit gefährdeten Arten sind im „Red Data Book" erfaßt. Die einzelnen Staaten oder auch deren politische Gebietsteile bzw. Regionen weisen Artengefährdung über ihre „Roten Listen" nach.

Im einzelnen gelten in der BRD von rd. 90 Säugetierarten 53, von rd. 330 Vogelarten rd. 100 als bestandesbedroht. Bereits 1577 Pflanzenarten sind in der Bundesrepublik Deutschland gefährdet.

Gesetzgebender Schutz für Arten in der Bundesrepublik Deutschland

Bundesnaturschutzgesetz i.d.F. vom 12.3. 1987 – BGBl. I S.889 mit dem für jedes Bundesland gültigen Landesnaturschutzgesetz, Bundesartenschutzverordnung vom 19.12. 1986 – BGBl. I, S.2705. Bundeswildschutzverordnung vom 25.10. 1985 – BGBl. I, S.2040.

Bekanntmachung über die Durchführung der Vorschriften zum Washingtoner Artenschutzübereinkommen, und zwar befugte Zollstellen, anerkannte Sachverständige – Bundesanzeiger.

Bundesjagdgesetz vom 29.11. 1952 i.d.F. vom 29.9. 1976 – BGBl. I, S.2849 mit dem für jedes

Bundesland gültigen Landesjagdgesetz und den Bundes- bzw. Länderverordnungen über die Jagdzeiten.

Gesetzgebender oder übereinkommender Schutz für Arten im EG-Raum

Europäische Naturschutzkonvention vom 19.9. 1979 (Biotopschutz sowie Schutz wildlebender Pflanzen und Tiere), EG-Vogelschutzrichtlinien vom 2.4.1979 – Amtsblatt der EG Nr. L103/1 vom 25.4. 1979 – Übereinkommen zur Erhaltung der wandernden wildlebenden Tierarten vom 23.6. 1979.

Gesetzgebender oder übereinkommender Schutz für Arten auf internationaler Ebene

Washingtoner Artenschutzübereinkommen (Handelsverbot mit lebenden oder toten weltweit gefährdeten Tier- und Pflanzenarten oder deren Produkten),
Übereinkommen über Feuchtgebiete, insbesondere als Lebensraum für Wasser- und Watvögel, von internationaler Bedeutung (Ramser-Konvention 1971 – in der Bundesrepublik gültig seit 25.6.1976 – BGBl. II, S.1266).

Weiterhin sind als **internationale Artenschutzgremien** bekannt: World Wildlife Fund – WWF – seit 1961 bestehend.
Ziel: Förderung und Unterstützung internationaler Aktionen und Gremien zum Schutze gefährdeter Landschaften, Tiere und Pflanzen. Symbol ist der Panda.
Internationaler Rat für den Vogelschutz mit deutscher Sektion seit 1924. Er befaßt sich mit dem Vogelschutz auf nationaler und internationaler Ebene.
International Union for Conservation of Nature and Natural Resources – IUCN – seit 1948 zu deutsch: Internationale Naturschutz-Union.

Prüfungsreviergang

Mehrere Bundesländer schreiben in der für ihren Zuständigkeitsbereich gültigen Jägerprüfungsordnung eine praktische Prüfung im Revier vor. Hierbei werden alle jagdlichen Bereiche abgefragt.
Dem Jungjäger sollen dabei jagdpraktische revierprüfungsrelevante Themen und Fragen vermittelt werden.
Der Katalog stellt einen Fragenquerschnitt aus Jägerprüfungen aller Bundesländer, die Prüfungsreviergänge durchführen, dar.

1 Jagdbare Tiere

Bestimmen (Ansprache) präparierter jagdbarer Tiere,
Bestimmen vorhandener Fährten, Spuren und Geläufe, Schädelansprache,
Bestimmen ausgelegter Losung und Gewölle,
Erkennen jagdbarer Tiere aufgrund im Revier aufgefundener Federn oder Körperteile,
Trophäenansprache mit Stärke- und Güteklasseneinstufung,
Erkennen der Eier allen jagdbaren Federwildes,
Ansprache von Plätzstellen des Rehbockes mit Erklärung ihrer Bedeutung,
Erkennen von Wildwechseln,
Ansprache von Riß und Rupfung,
Erkennen von Betten,
Erkennen von Suhlen mit Erklärung der Unterschiede für Rot- und Schwarzwild.

2 Jagdwaffen

Vorschriftsmäßiges Besteigen eines Hochsitzes mit **entladener** Waffe,
Laden und Abstellen der Waffe auf dem Hochsitz,
Demonstrieren der Erlegung von Wild bzw. Raubzeug unter Beachtung der Sicherheitsbestimmungen (Kugelfang, kein Büchsenschuß über die Horizontale),
Entfernungen schätzen mit der Frage nach möglicher Kugel- oder Schrotschußabgabe,
Übersteigen von Hindernissen (Gräben, Zäune) mit entladener Waffe,
Entstechen einer mit Pufferpatronen geladenen Waffe,
Verhalten des Jägers mit der Waffe auf Gesellschaftsjagden unter Beachtung der „10 Gebote" auf der Rückseite des Jagdscheines.

3 Jagdbetrieb

Ansprechen von Wild, lebend oder verendet,
Verhalten auf Einzel- und Gesellschaftsjagd,
Bestimmen von Jagdhunderassen,
Bestimmen ausgelegter bzw. aufgestellter Fallen und Erklären der Funktionsweise und Aufstellungsvorschriften (z.B. Schwanenhals),
Stellungnahme zu vorgezeigten Fütterungen und Bestimmen der ausgelegten Futterarten,
Ansprache ausgelegter Brüche sowie selbständiges Herrichten derselben,
Erkennen der Sicherheitssignale: Anblasen, Abblasen, Treiber in den Kessel
Stellungnahme zu jagdlichen Einrichtungen, besonders im Hinblick auf die Einhaltung der Unfallverhütungsvorschriften bei Herstellung und Benutzung derselben (z.B. Hochsitz),
Erkennen von Verbiß-, Schäl- und Fegeschäden,
Ansprache der verschiedenen Anschüsse,
Schätzen von Entfernungen im Gelände sowie Äußerung über mögliche Schußabgabe,
Bestimmen der wichtigsten Baum- und Straucharten,
Bestimmen von Wildäsungspflanzen.
Bestimmen von Sämereien der Wildäsungspflanzen.

4 Wildverwertung

Versorgen und Verwertung erlegten Schalen- und sonstigen Haar- sowie Federwildes,
Bringung erlegter Stücke,
Behandlung der Trophäe des erbeuteten Stückes,
Benennen der Körperteile und aller Organe nach Aufbrechen solcher Stücke,

Erklären der hygienischen Maßnahmen,
Behandlung seuchenverdächtiger Stücke,
Aus-der-Decke-Schlagen, Abschwarten bzw. Abbalgen von Stücken, Behandlung der Decken, Schwarten und Bälge.

5 Jagdrecht und verwandtes Recht

Wildfolge anhand eines im Revier gestellten Falles,
Stellungnahme zu Schutzvorrichtungen an Weinbergen, Gärten, Forstkulturen usw. zur Verhütung von Wildschäden,
Beurteilung von Wildschäden,
Ansprache von Jagdschäden, Festnahme und Waffengebrauch mit praktischen Beispielen,
Erläutern der Begriffe „Natur- und Landschaftsschutz“ anhand konkreter Beispiele in der Landschaft,
Begehen eines Jägernotweges,
Angliederung und Abrundung von Jagdflächen mit Objektbeispielen während des Revierganges,
Einrichten von Wildschongebieten nach Waldgesetz und Wildschutzgebieten nach Jagdgesetz (hier: Beurteilung solcher Gebiete für entsprechende Widmung),
Abfragen von Jagd- und Schonzeiten anhand gestellter Fälle,
Ansprache naturgeschützter Tier- und Pflanzenarten.

Literaturverzeichnis

AID: Flurgehölze und nützliche Tierwelt. Bonn 1978.

Arbeitsgruppe Auerwild: Die Entwicklung des Auerwildes in Baden-Württemberg. Selbstverlag der Landesforstverwaltung Baden-Württemberg, Stuttgart 1974.

Ausserer, C.: Der Alpensteinbock. Universum-Verlag GmbH., Wien 1946, 2. Aufl.

Backhouse, K.M.: Die Welt der Tiere – Robben. Pawlack Verlag, Herrsching 1969.

Barth, D., Giménez, T., Hoffmann, B., und Karg, H.: Testosteronkonzentration im peripheren Blut beim Rehbock. Saisonale und rhythmische Veränderungen sowie Beziehungen zu einigen Verhaltensweisen und anderen saisonabhängigen Parametern. Zeitschrift für Jagdwissenschaft (3), 1976.

Barth, W.E.: Der Hannoversche Schweißhund als Beispiel der Entwicklung eines deutschen Jagdhundes. Diss., Hann-Münden 1969.

Bauer, E.F.: Gebrauchshunde für die Jagd. Schaper-Verlag, Hannover 1976.

Baumgart, W.: Der Sakerfalke. Die Neue Brehm-Bücherei. A. Ziemsen Verlag, Wittenberg Lutherstadt 1978.

Bayern, A.v., und Bayern, J.v.: Über Rehe in einem steirischen Gebirgsrevier. BLV Verlagsgesellschaft, München, Bern, Wien 1981, 3. Aufl.

Behlert, R.: Phonoakustische Methode zur Vergrämung von Graureihern *(Ardea cinerea)* in Fischzuchtanlagen. Zeitschrift für Jagdwissenschaft (3), 1977.

Behnke, H.: Jagd und Fang des Raubwildes. Verlag Paul Parey, Hamburg und Berlin 1982, 12. Aufl.

Bencze, L., Walter, V., und Kiss, G.: Umfang von Schälschäden des Rotwildes und Holzwertminderung in Pappelbeständen. Zeitschrift für Jagdwissenschaft (4), 1977.

Beninde, J.: Zur Naturgeschichte des Rothirsches. Verlag Paul Schöps, Leipzig 1937.

Bergmann, F.: Beiträge zur Kenntnis der Infrastruktur beim Rotwild. Zeitschrift für Jagdwissenschaft (1), 1976.

Bergmann, H.H., Klaus, S., Müller, F., und Wiesner, J.: Das Haselhuhn. Die Neue-Brehm-Bücherei. A. Ziemsen Verlag, Wittenberg Lutherstadt 1978.

Berndt, R., und Knolle, F.: Brutvorkommen und Bestandsentwicklung des Graureihers im Braunschweiger Land während der letzten hundert Jahre. Beiträge zur Naturkunde Niedersachsens (4), 1963.

Beske, F.: Lehrbuch für Krankenschwestern und Krankenpfleger, Band II – Krankheitslehre. Georg-Thieme-Verlag, Stuttgart 1970, 2. Aufl.

Bettmann, H.: Wildtauben. BLV Verlagsgesellschaft, München 1973.

Bettmann, H.: Die Waldschnepfe. BLV Verlagsgesellschaft, München 1975, 2. Aufl.

Bettmann, H.: Rehwild – Alter. Niedersächsischer Jäger (13), 1981.

Bieger, W.: Die Auswertung der Wildmarkenforschung. Allgemeiner Deutscher Jagdschutzverein, Berlin 1932.

Boetticher, H.v.: Wachteln, Rebhühner, Steinhühner, Frankoline und Verwandte. Verlagshaus Reutlingen, Oertel und Spörer 1958.

Bohn, G.: Krankheiten des Jagdgebrauchshundes. Verlag J. Neumann, Neudamm und Berlin 1938.

Bornhalm, D.: Stockente, wohin führt dein Weg? Niedersächsischer Jäger (5), 1979.

Brandt, K.: Das Gehörn und die Entstehung monströser Formen. Verlagsbuchhandlung Paul Parey, Berlin 1901.

Braunschweig, A.v.: Wildkrankheiten. Landbuch-Verlag GmbH., Hannover 1976.

Brenndörfer, M.: Möglichkeiten der Verringerung von Wildverlusten beim Mähen. Kuratorium für Technik u. Bauwesen in d. Landwirtschaft e.V., 1977.

Brown, L.: Adler. Pawlak Verlag, Herrsching 1970.

Brown, L.: Die Greifvögel. Verlag Paul Parey, Hamburg und Berlin 1979.

Brüll, H.: Das Leben deutscher Greifvögel. Gustav Fischer Verlag, Stuttgart 1964.

Brüll, H.: Die Beizjagd. Verlag Paul Parey, Hamburg und Berlin 1979, 3. Aufl.

Brüll, H., Lindner, A., Lutterotti, L.v., und Scherzinger, W.: Die Waldhühner. Verlag Paul Parey, Hamburg und Berlin 1977.

Bruns, H., Sartorius, O., und Lotze, K.: Das Ansprechen des Rehwildes. Verlag M. und H. Schaper, Hannover 1970.

Brütt, E.: Fallenbau und Fallenfang. Landbuch-Verlag GmbH., Hannover 1971.

Bubenik, A.B.: Geweihe und ihre biologische Funktion. Naturwissenschaft und Medizin (36), 1971.

Bundesjagdgesetz: In der Fassung der Bekanntmachung vom 29.9.1976 – BGBl. I, S. 2849.

Burrows, R., Matzen, K.: Der Fuchs. BLV Verlagsgesellschaft, München 1972.

Calo, N.N.: Wo bleiben die alten Damhirsche? Niedersächsischer Jäger (22), 1981.
Claußen, G.: Salz für das Wild. Niedersächsischer Jäger (6), 1979.
Corneli, R.: Die Jagd und ihre Wandlungen. Verlag von Ellermann, Harms und Cie., Amsterdam 1884.
Corneli, R.: Der Fischotter – dessen Naturgeschichte, Jagd und Fang. Wilhelm Baensch Verlagshandlung, Berlin 1885.
Creutz, G.: Taschenbuch der heimischen Raub- und Rabenvögel. Urania Verlag, Leipzig, Jena 1957, 3. Aufl.
Czynk, E.: Das Auerwild. Verlag J. Neumann, Neudamm 1897.
Czynk, E.: Das Sumpf- und Wasserflugwild und seine Jagd. Verlagsbuchhandlung P. Parey, Berlin 1898.
Deutscher Jagdschutzverband: Optimale Rehwildhege heute – Diskussion über zeitgerechte Hege und Bejagung des Rehwildes. DJV-Nachrichten (6), 1980.
Diezel, C.E.: Diezels Niederjagd (Bearb. v. D. Müller-Using). Verlag Paul Parey, Hamburg und Berlin 1978, 22. Aufl.
Dittrich, B.: Tauben – Raben – Hühnervögel. Wilde Tiere 5. Jahr-Verlag KG., Hamburg 1980.
Dobschova, F. u.a.: Der Jagdprüfungsbehelf. Österreichischer Jagd- und Fischerei-Verlag des N.-Ö. Landesjagdverbandes 1977, 9., neubearb. Aufl.
Dombrowski, R.v.: Der Fuchs. Verlag von Carl Gerold's Sohn, Wien 1883.
Drechsler, H.: Zeitlicher Ablauf der jährlichen Geweihbildung des Rothirsches. Niedersächsischer Jäger (11), 1981.
Drechsler, H., und Hattemer, H.: Rosenstock- und Geweihmerkmale von Harzhirschen und ihr Zusammenhang mit dem Alter. Zeitschrift für Jagdwissenschaft (1), 1976.
Drescher-Kaden, U.: Untersuchungen am Verdauungstrakt des wiederkäuenden Schalenwildes. Niedersächsischer Jäger (16), 1980.
Duderstadt, H., Scholz, E.-F., Strauß, W., und Winkel, G.: Biologie für das 7. und 8. Schuljahr. Verlag Moritz Diesterweg, Frankf., Berlin, München 1974.
Dürsch, W.: Waffen für die Jagd. Landbuch-Verlag, Hannover 1981.
Eck, S., und Busse, H.: Eulen. Die Neue Brehm-Bücherei. A. Ziemsen Verlag, Wittenberg Lutherstadt 1977.
Ehrgott, H., Raeder, Chr., und Vogel, F.: Der Hund, Dein Jagdgefährte. Pinx-Verlag, Frankfurt/M. 1970.
Eiberle/Matter: Untersuchung über kritische Wetterfaktoren beim Haselhuhn. Forstarchiv 5, 1985.
Ellenberg, H.: Zur Populationsökologie des Rehes (*Capreolus capreolus* L., Cervidae) in Mitteleuropa. Spixiana-Zeitschrift für Zoologie 15.12.1978.
Ellenberg, H.: Über Geschlechterverhältnisse bei Rehen. Niedersächsischer Jäger (2), 1980.
Ellenberg, H.: Frühjahrs- und Sommernahrung bestimmen die Dynamik von Rehpopulationen. Niedersächsischer Jäger (7), 1980.
Ernst, F.: Vom Schälen des Rotwildes in Gebirgslagen. Zeitschrift für Jagdwissenschaft (2), 1975.
Fischer, M., Lamster, H., und Schumann, H.-G.: Ansprechen des Muffelwildes. VEB Deutscher Landwirtschaftsverlag, Berlin 1973.
Fischer, M., und Schumann, H.-G.: Ansprechen des Schwarzwildes. VEB Deutscher Landwirtschaftsverlag, Berlin 1973, 2. Aufl.
Floericke, K.: Das jagdbare Flugwild unserer Heimat. Richard Eckstein Nachf., Leipzig 1926.
Floericke, K.: Aussterbende Tiere. Kosmos, Gesellschaft der Naturfreunde, Franckh'sche Verlagshandlung, Stuttgart 1927.
Floericke, K.: Wisent und Elch. Kosmos, Gesellschaft der Naturfreunde, Franckh'sche Verlagshandlung, Stuttgart 1930.
Fox: Vom Wolf zum Hund. BLV Verlagsgesellschaft, München 1975.
Frank, H.R.: Die Biologie des Dachses. Zeitschrift für Jagdkunde, **II,** (1, 2), 1940.
Frevert, W., und Bergien, K.: Die gerechte Führung des Hannoverschen Schweißhundes. Verlag Paul Parey, Hamburg und Berlin 1979, 4. Aufl.
Frevert, W.: Das jagdliche Brauchtum (Neubearb. von F. Türcke). Verlag Paul Parey, Hamburg und Berlin 1981, 11. Aufl.
Friderich, N.N.: Naturgeschichte der Vögel Europas (Bearb. v. A. Bau). E. Schweizerbart'sche Verlagsbuchhandlung, Stuttgart 1922, 6. Aufl.
Fuschlberger, H.: Das Gamsbuch. F.C. Mayer Verlag, München 1939.
Fuschlberger, H.: Das Hahnenbuch. F.C. Mayer Verlag, München 1942.
Geissler, B.: Perückenbildung beim Damhirsch. Zeitschrift für Jagdwissenschaft (2), 1976.
Georgii, B.: Untersuchungen über das Nebennierengewicht des Rehes. Zeitschrift für Jagdwissenschaft (2), 1976.
Gerhardt, U.: Das Kaninchen. Verlag von Dr. Werner Klinkhardt, Leipzig 1909.
Goedde, A.: Die Fasanenzucht. Verlag Wiegandt, Hempel und Parey, Berlin 1880, 2. Aufl.
Goethe, F.: Silbermöve in Niedersachsen. Avifauna von Niedersachsen 1966 und 1973.
Groß, A.: Der brauchbare Jagdhund. Landbuch Verlag Hannover 1984, 5. Aufl.

Haglund, B., und Claesson, E.: Die Jagdwaffe und der Schuß. Verlag Paul Parey, Hamburg 1978.
Hansen, P., Bülow, D.v., und Lotze, K.: Das Ansprechen des Damschauflers. Verlag M. und H. Schaper, Hannover 1974, 4. Aufl.
Hartfiel, W.: Dauer und Intensität der Winterfütterung zur Minderung von Wildschäden. Niedersächsischer Jäger (24), 1979.
Hartwig, E., und Söhl, M.: Zur Nahrung der Silbermöve auf der Nordseeinsel Sylt. Zoologischer Anzeiger, Jena 1975.
Hatlapa, H.-H.: Zur biologischen Bedeutung des Präorbitalorgans beim Rotwild, Prägung, Individualgeruch, Orientierung. Berliner und Münchener Tierärztliche Wochenschrift (5), 1977.
Heck, L.: Der deutsche Edelhirsch. Verlag Paul Parey, Berlin 1935.
Hegendorf, N.N.: Der Gebrauchshund (Neubearb. v. H. Reetz). Verlag Paul Parey, Hamburg und Berlin 1980, 14. Aufl.
Helemann, W.: Zeitgemäße Rehwildhege – Brauchen wir den Abschußplan? Die Pirsch (10), 1975.
Hellmich, J.: Großtrappen. Niedersächsischer Jäger (15–17), 1979.
Hennicke, C.R.: Die Raubvögel Mitteleuropas. Hermann Gesenius-Verlag, Halle a.d.S. 1903.
Hennig, R.: Das Schwarzwild. Landbuch-Verlag GmbH., Hannover 1972.
Heptner, W.G., und Nasimowitsch, A.A.: Der Elch. Die Neue Brehm-Bücherei. A. Ziemsen Verlag, Wittenberg Lutherstadt 1974, 2. Aufl.
Hessische Landesforstverwaltung: Anlage und Unterhaltung von Äsungsflächen. Merkblatt 10, 1977.
Hoffmann, M.: Die Bisamratte. Die Neue-Brehm-Bücherei. Akademische Verlagsgesellschaft Geest und Portig KG., Leipzig 1952.
Hoffmann, R.: Morphologische Untersuchungen am Darm des Rehes (*Capreolus capreolus*, Linné 1758), einschließlich der assoziierten Strukturen. Schriften des Arbeitskreises für Wildbiologie und Jagdwissenschaft an der Justus Liebig-Universität, Gießen (2), 1977.
Hofmann, R.R.: 1 Hirsch = 5 Rehe? Die Rechnung stimmt nicht! Die Pirsch (10), 1975.
Hofmann, R.R.: Die Charakterisierung des wiederkäuenden Schalenwildes nach Äsungstypen. Selbstverlag DJV 1976.
Hofmann, R.R.: Des Wildtiers unsichtbare Welt. Die Pirsch (6), 1977.
Hofmann, R.R.: Wildbiologische Informationen für den Jäger. Jagd und Ausbildungsbuch I. Ferdinand Enke Verlag, Stuttgart 1978.
Hofmann, R.R.: Die Ernährung des Rehwildes im Jahresablauf. Allgemeine Forstzeitschrift, 1279, 1978.
Hofmann, R.R.: Wildbiologische Informationen für den Jäger. Jagd und Hege Ausbildungsbuch IV. Ferdinand Enke Verlag, Stuttgart 1981.
Hofmann, W.: Die eitrigen Hauterkrankungen des Hundes. Tierärztliche Praxis (3), 1973.
Huber, W.: Das Alpenmurmeltier. AG Buchdruckerei B. Fischer, Münsingen–Bern.
Huxmann, B.: Veränderungen des nordwestdeutschen Greifvogelbestandes in den letzten Jahrzehnten – ihre Ursachen sowie mögliche und nachweisbare Folgeerscheinungen. Schriftl. Hausarbeit für die 1. Staatsprüfung für das Lehramt 1977.
Kaiser Friedrich II.: Über die Kunst mit Vögeln zu jagen. Carl A. Willemsen: Kommentar zur lateinischen und deutschen Ausgabe. Insel-Verlag, Frankfurt/a.M. 1970.
Kalchreuter, H.: Habicht, Mensch und Beutetier. Selbstverlag Wildforschungsstelle Baden-Württemberg 1980.
Keve, A.: Der Eichelhäher. Die Neue Brehm-Bücherei. A. Ziemsen Verlag, Wittenberg Lutherstadt 1974, 2. Aufl.
Kießling, W.: Das Rebhuhn und seine Jagd. Verlag J. Neumann, Neudamm 1923.
Kießling, W.: Das Schwarzwild und seine Jagd. Verlag J. Neumann, Neudamm 1925.
Kießling, W.: Der Rothirsch und seine Jagd. Verlag J. Neumann, Neudamm 1925, 2. Aufl.
Kirchner, H.: Der Vogel im Fluge. Verlag J. Neumann, Neudamm und Berlin 1938, 2. Lieferung.
Kleymann, M.: Beiträge zur Kenntnis der Infrastrukturen beim Rotwild. Zeitschrift für Jagdwissenschaft (1), 1976.
Kleymann, M.: Gibt es wieder Reiherjagd? Die Pirsch (7), 1981.
Koch, T.: Kurze Geschichte des Damwildes. Niedersächsischer Jäger (7–22), 1981.
Köhler, N.N.: Köhler's schädliche Vogelarten. Verlag von Herrmann Gesenius, Halle a.d.S. 1896.
Krahmer, M.: Hegeabschuß des Rehwildes auf vererbungswissenschaftlicher Grundlage. Verlag Paul Parey, Berlin 1935.
Krahmer, V.: Habicht und Sperber. Die Neue Brehm-Bücherei. A. Ziemsen Verlag, Wittenberg Lutherstadt 1972.
Krichler, F.: Der Jagdhund. Verlag von Otto Klemm, Leipzig 1894, 7. Aufl.
Kropff, E.: Unsere Jagdarten. Verlag J. Neumann, Neudamm 1898.
Kühn, A.: Grundriß der allgemeinen Zoologie. Georg Thieme Verlag, Stuttgart 1957.

Kutzer, E.: Beitrag zu einer Feldhasenstudie – 1. Gesundenuntersuchung an erlegten Feldhasen in österreichischen Revieren. Zeitschrift für Jagdwissenschaft (1), 1976.
Lagoni-Hansen, A.: Der Waschbär. Verlag Dieter Hoffmann, Mainz 1981.
Lampel, W.: Jagdballistik. Verlag J. Neumann-Neudamm, Melsungen, 3. Aufl.
Lampel, W., und Langenbach, H.-J.: Der Schuß auf Schalenwild, Verlag J. Neumann-Neudamm, Melsungen 1974, 2. Aufl.
Lampel, W., und Mahrholdt, R.: Waffenlexikon. BLV Verlagsgesellschaft, München 1981, 9. Aufl.
Leeder, K.: Wildkunde und Jagdbetrieb. Verlag Wilhelm Frick, Wien und Leipzig 1913 und 1918, 1. und 2. Aufl.
Lettow, E., Teichert, G., und Pantke, G.: Augenerkrankungen bei Hund und Katze. Tierärztliche Praxis (3), 1973.
Lincke, M.: Hochsitze und Jagdschirme. Verlag J. Neumann, Neudamm 1922.
Linke, W.: Der Rothirsch. Die Neue Brehm-Bücherei. A. Ziemsen Verlag, Wittenberg-Lutherstadt 1954.
Lloyd, G., und Lloyd, D.: Greifvögel und Eulen. Delphin Verlag, Stuttgart und Zürich 1971.
Löns, R.: Natürliche Jagdhundkunde. Otto Weber-Verlag, Heilbronn.
Lotze, K.: Das Ansprechen des Hirsches. Verlag M. und H. Schaper, Hannover 1973, 9. Aufl.
Ludwig, A.: Das Birkwild. Verlag von Carl Gerold's Sohn, Wien 1894.
Ludwig, A.: Das Birkwild. Richard Eckstein Nachf., Leipzig 1924.
Maltzahn, G. v.: Rehwildjagd. Wild und Hund (2), 1980.
Maringgele, F. J.: Altersbestimmung beim Reh und beim Rothirsch mit Hilfe der Trockengewichtsbestimmung der Augenlinse. Zeitschrift für Jagdwissenschaft (4), 1978/79.
Mebs, Th.: Eulen und Käuze. Kosmos Gesellschaft der Naturfreunde, Franckh'sche Verlagsbuchhandlung, Stuttgart 1966.
Meyer, A. B.: Unser Auer-, Rackel- und Birkwild und seine Abarten. Verlag von Adolph W. Künast, Wien 1887.
Meyer, H.: Hunde-Kunde von A–Z, Kynologisches Taschenlexikon. Humboldt-Verlag, Frankfurt/M., Wien 1955.
Meyer, P.: Beispiele angeborener Zahn- und Gebißanomalien beim europäischen Reh nebst einigen Bemerkungen zu deren Genese und Terminologie. Zeitschrift für Jagdwissenschaft (2), 1975.
Meyer, P.: Territoriumsmarkierung beim Reh und Morphologie des sog. Stirnorgans. Diss. 1968.
Meyer, P.: Die Bewirtschaftung des Wildes. Forum Umwelt Hygiene (1), 1975.
Meyer-Brenken, H.: Beiträge zur Kenntnis des schwarzen Rehwildes. Diss. 1966.
Meyer-Brenken, H.: Nochmals: Sikawild. Niedersächsischer Jäger (2), 1979.
Meyer-Brenken, H.: Zum Geschlechterverhältnis bei Rehwild, Jahresbeobachtung eines Rehwildbestandes. Niedersächsischer Jäger (21), 1979.
Meyer-Brenken, H.: Geweihbildung bei Ricken. Niedersächsischer Jäger (6), 1980.
Meyer-Ravenstein, H.-J.: Wildbretqualität von Hasen und Wildkaninchen nach verschiedenen Behandlungen und Lagerungen. Niedersächsicher Jäger (22), 1979.
Mohr, E.: Der Wisent. In: Kleinschmidt (Hrsg.): Die Neue Brehm-Bücherei. Akademische Verlagsgesellschaft Geest und Portig KG., Leipzig 1952.
Müller, F.: Wildbiologische Informationen für den Jäger. Jagd und Hege Ausbildungsbuch III. Ferdinand Enke Verlag, Stuttgart 1980.
Müller-Using, D.: Rotwildaltermerkblatt. Hrsg. v. Schalenwildausschuß des DJV 1971, 5. Aufl.
Neal, E.: Der Dachs. BLV Verlagsgesellschaft, München 1975.
Nemetschek, G.: Status der Waldschnepfe im Kreise Lüchow-Dannenberg. Lüchow-Dannenberger ornithologische Jahresberichte 1976.
Niedersächsischer Jäger, 16, 1982.
Niedersächsischer Landtag: Testabschuß von Graureihern. Niedersächsischer Jäger (3), 1981.
Niedersächsischer Minister für Ernährung, Landwirtschaft und Forsten: Grundsätze und Richtlinien für die Hege und Bejagung des Schalenwildes in Niedersachsen. Nieders. MBl. Seite 556, 1986
Niederwildausschuß des DJV: Merkblätter.
N. N. Damwild – Damtier – Damvieh? Niedersächsicher Jäger (3), 1979.
N. N. Zur Problematik des Zielalters beim Rehbock. Niedersächsischer Jäger (12), 1981.
Nordrhein-Westfälische Landesforstverwaltung: Technische Maßnahmen zur Abwehr von Schälschäden. Informationen für den Waldbesitzer Nr. 1.
Nordrhein-Westfälisches Ministerium für Ernährung, Landwirtschaft u. Forsten: Hinweise für die Durchführung des Muffelwildabschusses im Lande Nordrhein-Westfalen 1964.
Notz, F.-W. v.: Früh- oder Spätreife? Wann trägt der Rehbock sein stärkstes Gehörn? Gedanken zum Gipfelpunkt der Gehörnbildung beim Rehwild. Niedersächsischer Jäger (7), 1982.

Olt, A., und Ströse, A.: Die Wildkrankheiten und ihre Bekämpfung. Verlag J. Neumann, Neudamm 1914.
Pay, C.M.: Die Waldschnepfe. F.C. Meyer Verlag, München 1937.
Peterson, R., Mountfort, G., und Hollom, P.A.: Die Vögel Europas. Verlag Paul Parey, Hamburg und Berlin 1979, 12. Aufl.
Pfister, H.P., und Rimathé, R.: Forschungsobjekt Hase. Niedersächsischer Jäger 1980/81.
Phillips, J.: Nitratvergiftung beim Rehwild. Niedersächsischer Jäger (12), 1975.
Piechocki, R.: Der Turmfalke. Die Neue Brehm-Bücherei. A. Ziemsen Verlag, Wittenberg Lutherstadt 1979.
Pielowski, Z.: Aktuelle Hegerichtlinien für den Feldhasen in Polen. Niedersächsischer Jäger (21), 1979.
Prell, H.: Die Verbreitung des Elches in Deutschland zu geschichtlicher Zeit. Verlag Dr. Paul Schöps, Leipzig 1941.
Pückler, M.G. v.: Schießverbot auf Bisam. Wild und Hund (19), 1985.
Radler, K., und Reulecke, K.: Die Gewichtsentwicklung bei Kälbern und einjährigem Rotwild im Westharz und ihr Zusammenhang mit der Wilddichte. Zeitschrift für Jagdwissenschaft (3), 1979.
Raesfeld, F. v.: Das Rehwild. Naturgeschichte, Hege und Jagd der Rehe in freier Wildbahn (Neubearb. v. A.H. Neuhaus und K. Schaich). Verlagsbuchhandlung Paul Parey, Berlin 1978, 8. Aufl.
Raesfeld, F. v.: Das Rotwild (Neubearb. v. F. Vorreyer). Verlag Paul Parey, Hamburg und Berlin 1978, 8. Aufl.
Raesfeld, F. v.: Das Deutsche Waidwerk (Neubearb. v. R. Schwarz). Verlag Paul Parey, Hamburg und Berlin 1980, 14. Aufl.
Regener, E.: Jagdmethoden und Fanggeheimnisse. Verlag von Eduard Döring, Potsdam 1873, 4. Aufl.
Reinken, G.: Damtierhaltung auf Grün- und Brachland. Verlag Eugen Ulmer, Stuttgart 1980.
Rennie, J.: Die Lebensweise der Vögel. Baumgärtners Buchhandlung, Leipzig 1835.
Reulecke, K.: Gewichtsentwicklung bei Kälbern und Jährlingen. Wild und Hund (5), 1980.
Reuther, C.: Der Fischotter (*Lutra lutra* L.). Biologie, Status und Schutz am Beispiel des Harzes. Mitteilungen aus dem Ergänzungsstudium ökologischer Umweltsicherung, Gesamthochschule Kassel (3), 1977.
Reuther, C.: Die Bedeutung der Uferstruktur für den Fischotter und daraus resultierende Anforderungen an die Gewässerpflege. Zeitschr. für angewandte Zoologie (1/2), 1985.
Richter, H.N.: Das Muffelwild. Landbuch-Verlag GmbH, Hannover 1974.
Rieck, W.: Damwildalter-Merkblatt. Hrsg. v. Schalenwildausschuß des DJV.
Riesenthal, E. v.: Jagdlexikon. Verlag J. Neumann, Neudamm 1920, 2. Aufl.
Riesenthal, E. v.: Naturdenkmäler unter den Jagdtieren Deutschlands. Heger Verlag, Wilhelm-Gottl. Korn, Breslau 1925.
Robin, K.: Räumliche Verschiebungen von markierten Rehen in einem voralpinen Gebiet der Ostschweiz. Zeitschrift für Jagdwissenschaft (3), 1975.
Romer, A.S.: Entwicklungsgeschichte der Tiere II. Editions Rencontre, Lausanne 1970.
Sägesser, H.: Unser Rehwild. AG Buchdruckerei B. Fischer, Münsingen–Bern.
Sägesser, H., und Nievergelt, B.: Der Alpensteinbock. AG Buchdruckerei B. Fischer, Münsingen–Bern.
Sartorius, O.: Stärkste Damschaufler der Welt. Verlag M. und H. Schaper, Hannover 1970.
Sauer, F.: Wasservögel. Lizenzausgabe mit Genehmigung des Mosaik-Verlages GmbH. München, für die Bertelsmann Club GmbH., Gütersloh 1982.
Schäff, E.: Unser Flugwild. Verlag von Strecker und Schröder, Stuttgart.
Schindler, B.: Wert- und Bewertungsprobleme bei Jagdhunden. Schriften des Arbeitskreises für Wildbiologie und Jagdwissenschaft an der Justus Liebig-Universität, Gießen 1976.
Schmid, E.: Zeitgemäße Rehwildhege. Die Pirsch (3, 4, 5), 1972.
Schmidt, F.: Naturgeschichte des Baum- und des Steinmarders. Verlag Paul Schöps, Leipzig 1943.
Schmidt, H.W.: Die Hüttenjagd. Verlag Paul Parey, Berlin 1913.
Schmidt, P.: Das Reh – Sein Leben – Sein Verhalten. Hallwag Verlag, Bern und Stuttgart 1974.
Schmidt, V.: Das Muffelwild. Verlag J. Neumann, Neudamm und Berlin 1935.
Schmiedeberg, R. v.: Das Rebhuhn. Verlag Paul Parey, Berlin 1896.
Schneider, E.: Freilandbeobachtungen zur Ethologie des Feldhasen. Diplomarbeit in Biologie an der Georg August Universität, Göttingen 1973.
Schneider, E.: Hasen als Forschungsobjekt. Die Pirsch/Der Deutsche Jäger (23), 1979.
Schuhmacher, E.: Das Federwild des deutschen Jägers. Verlag J. Neumann, Neudamm 1937.
Schulte, J.: Auerwild einbürgern? Niedersächsischer Jäger (3), 1978.
Schulte, J.: Wald- und Landbau für Jäger. Landbuch-Verlag GmbH., Hannover 1979.

Schulte, J.: Das Federwild. Handbuch-Verlag GmbH, Hannover 1987.
Schulze, H.: Jäger, Jagd und Wild. Landbuch-Verlag GmbH., Hannover 1967.
Schulze, H.: Jäger, Jagd und Wild. Bd.1: Haarwild. Bd. 2: Federwild. Landbuch-Verlag GmbH., Hannover 1976.
Schwerin, H.-J. v.: Das Raubwild. Landbuch-Verlag GmbH., Hannover 1971.
Schwerin, H.-J. v.: Hase und Kaninchen. Landbuch-Verlag GmbH., Hannover 1972.
Snethlage, K.: Das Schwarzwild. Verlag Paul Parey, Hamburg und Berlin 1982, 7. Aufl.
Specht-Naumann, N.N.: Die Vögel Europas, Bd. I. K.G. Lutz Verlag, Stuttgart 1922, 1. und 3. Lieferung.
Stach, N.N., Eiserhardt, H.: Jagd und Fang des Raubwildes. Verlag Paul Parey, Hamburg und Berlin 1951, 6. Aufl.
Stahl, D.: Mehr Freude am Schwarzwild. Die Pirsch/Der Deutsche Jäger (6), 1979.
Stubbe, M.: Raubwild, Raubzeug, Krähenvögel. VEB Deutscher Landwirtschaftsverlag, Berlin 1977.
Tabel, C.: Der Jagdgebrauchshund. BLV Verlagsgesellschaft München, Wien, Zürich 1981, 6. Aufl.
Treichler, J.: Ein Beitrag zur Ernährung des Rehwildes (*Capreolus capreolus* L.) unter besonderer Berücksichtigung der verschiedenen Möglichkeiten der Winterfütterung. Diss. 1972.
Treichler, J., Nogai, K., und Stahlhut-Klipp, H.: Beitrag zur Zusammensetzung der Rehwildmilch. Deutsche Tierärztliche Wochenschrift (8), 1974.
Trommer, G.: Greifvögel. Verlag Eugen Ulmer, Stuttgart 1983, 3. Aufl.
Trumler, E.: Hunde ernst genommen. R. Piper und Co. Verlag, München, Zürich 1976, 3. Aufl.
Türcke, F., und Schmincke, S.: Das Muffelwild. Verlag Paul Parey, Hamburg und Berlin 1965.
Türcke, F., und Tomiczek, H.: Das Muffelwild. Verlag Paul Parey, Hamburg und Berlin 1982, 2. Aufl.
Ueckermann, E.: Das Damwild. Verlag Paul Parey, Hamburg und Berlin 1956.
Ueckermann, E.: Die Fütterung des Schalenwildes. Verlag Paul Parey, Hamburg und Berlin 1970. 2. Aufl.
Ueckermann, E.: Einfluß der Chemie auf die moderne Land- und Forstwirtschaft und Auswirkungen auf das heimische Wild. Vortrag vom 3.2.1977 bei der Internat. Grünen Woche 1977, Berlin.
Ueckermann, E.: Über die Spießerstufe hinausgehende Geweihentwicklung beim Damhirsch (*Dama dama* L.) vom 1. Kopf. Zeitschrift für Jagdwissenschaft (2), 1978.
Ueckermann, E.: Die Einbürgerung des Sikawildes. Niedersächsischer Jäger (16), 1981.
Ueckermann, E.: Möglichkeiten und Schritte einer Vereinheitlichung von Schalenwild-Abschußrichtlinien. Niedersächsischer Jäger (1), 1982.
Ueckermann, E., und Scholz, H.: Umfang des Schälens durch Muffelwild in Fichtenbeständen und Bewährung einiger technischer Schälschutzmaßnahmen. Zeitschrift für Jagdwissenschaft (3), 1975.
Ueckermann, E., und Scholz, H.: Vergleich der Ersatzdentinbildung im 1. Schneidezahn und der Zementzonenbildung im 1. Molar mit dem Abnutzungsgrad der Backenzähne im Unterkiefer beim Rothirsch. Zeitschrift für Jagdwissenschaft (2), 1976.
Ueckermann, E., und Scholz, H.: Wildäsungsflächen. Verlag Paul Parey, Hamburg und Berlin 1981, 2. Aufl.
Usinger, A.: Die Ruf-, Lock- und Reizjagd (Bearb. von H. Behnke). Verlag Paul Parey, Hamburg und Berlin 1978, 5. Aufl.
Valentinitsch, F.: Das Haselhuhn. Richard Eckstein Nachf., Leipzig 1925.
Vauk, G., und Jokele, I.: Vorkommen, Herkunft und Winternahrung Helgoländer Dreizehenmöven. Erweiterte Fassung eines Vortrages anläßlich der Jahreshauptversammlung der Deutschen Ornithologischen Gesellschaft 1974 in Wilhelmshaven.
Velthuysen, H.: Der Bisam – kein Wild, aber auch keine Ratte. Niedersächsischer Jäger (6), 1982.
Vogt, F.: Das Rotwild. Österreichischer Jagd- und Fischereiverlag, Wien 1947.
Völkel, R.: Rehwild-Raufenfütterung – Jagdliche Einrichtungen selbst gebaut. Landbuch-Verlag GmbH., Hannover 1974.
Völkel, R.: Fasanenschütte, Trog, Salzlecke – Jagdliche Einrichtungen selbst gebaut. Landbuch-Verlag GmbH., Hannover 1976.
Voser-Huber, M.L., und Nievergelt, B.: Das Futterverhalten des Rehes in einem voralpinen Revier. Zeitschrift für Jagdwissenschaft (4), 1975.
Wacker, F.: Altersbestimmung Schwarzwild. Verlag Dieter Hoffmann, Mainz 1978.
Wagenführer, K.: Die Trittsiegel des Otters. Otter-Post (2), 1984.
Wagenführer, K.: Die Gangarten des Otters. Otter-Post (3), 1984.
Wagenknecht, E.: Zum Muffelwild. Niedersächsischer Jäger (1), 1979.
Wagenknecht, E.: Zum Wahlabschuß beim Muffelwild. Niedersächsischer Jäger (21), 1979.
Wallmeyer, B.: Pelztragende Tiere von A–Z. Bertelsmann-Lexikon-Verlag 1974.

Weber, E.: Leitfaden der Jagdwaffenkunde. BLV Verlagsgesellschaft, Lizenzausgabe Eduard Kettner, Köln 1973.
Weick, F.: Die Greifvögel der Welt. Verlag Paul Parey, Hamburg und Berlin 1980.
Wenzel, F.: Der Bussard. Landbuch-Verlag GmbH., Hannover 1960.
Wipper, E.: Die ökologischen und pathologischen Probleme beim Europäischen Seehund an der Niedersächsischen Nordseeküste. Inaugural-Diss. zur Erlangung der tiermedizinischen Doktorwürde der Tierärztlichen Fakultät der Ludwig-Maximilians-Universität, München 1974.
Wipper, E.: Hinweise aus Theorie und Praxis zur richtigen Winterfütterung des Rehwildes. Niedersächsischer Jäger (22), 1979.
Wittmann, P.: Der Edelfasan. Verlag von Adolph W. Künast, Wien 1891.
Wölfel, H.: Ranghöhe und Geweihbildung beim Rothirsch. Die Pirsch (14), 1980.
Wölfel, H.: Möglichkeiten zur Altersschätzung an Rotwildkälbern. Niedersächsischer Jäger (11), 1982.
Wurm, W.: Das Auerwild. Verlag von Carl Gerold's Sohn, Wien 1885.
Wurm, W.: Waldhühnerjagd. Verlagsbuchhandlung Paul Parey, Berlin 1897.
Wurm, W.: Kritische Naturgeschichte des Auerwildes. Verlagsbuchhandlung Paul Parey, Berlin 1909.

Bildquellen

Arjes, S.: Vorsatz und Seite 352
Arndt, H., Lübeck: Abb. 113
Behnke, H., Behrendt, R.: Jagd und Fang des Raubwildes. Verlag Paul Parey, Hamburg und Berlin 1974, 10. Aufl.: Abb. 147 (geändert)
Fa. Blaser, Isny: Abb. 312, 329a + b
Fa. Boese, Limburg: Abb. 201
Brandt, K.: Fährten- und Spurenkunde. Verlagsbuchhandlung Paul Parey, Berlin 1931: Abb. 10a, 66, 69a, b, 82 oben links (geändert)
Brumpreiksz, U., Bottrop: Abb. 250
Dannegger, M., Überlingen: Abb. 37, 38, 57, 61, 100
Diedrich, J., Ronnenberg: Abb. 67, 109, 110, 111, 112, 122, 136, 137
Dobschova, F.: Der Jagdprüfungsbehelf. Österreichischer Jagd- und Fischerei-Verlag des N.-Ö. Landesjagdverbandes, Wien 1977, 9. Aufl.: Abb. 14, 178 (geändert)
Fa. Dynamit-Nobel, Hamburg: Abb. 275, 276, 277, 278
Elser, H., Fuldabrück: Abb. 259, 260
Frankonia-Jagd, Würzburg: Abb. 280, 281, 292, 293, 294, 295, 310b, 323, 330, 340, 343
Griffon-Club, München: Abb. 223
Haglund, B., Claesson, E.: Die Jagdwaffe und der Schuß. Verlag Paul Parey, Hamburg 1978, 4. Aufl.: Abb. 338 (geändert)
Haltenorth, Th.: Die Wildkatze. Die Neue Brehm Bücherei, A. Ziemsen Verlag, Wittenberg Lutherstadt 1957: Abb. 64 (geändert)
Hoepfner, H., Ronnenberg: Abb. 252
Holthaus, W., Düsseldorf: Abb. 257, 258
Hönnig, B., Norden: Abb. 222
Fa. Krieghoff, Ulm: Abb. 296, 299, 300, 301, 335
Lampel, W., Mahrholdt, R.: Waffenlexikon. BLV-Verlagsgesellschaft, München, Bern, Wien 1975, 8. Aufl.: Abb. 287a, b (geändert)
Laßwitz, H., Hannover: Abb. 5, 6, 81, 83, 120
Linke, M.: Hochsitze und Jagdschirme. Verlag J. Neumann-Neudamm, Melsungen 1922: Abb. 160, 161, 162, 163, 164, 167, 168 (geändert)
Markmann, H.-J., Braunschweig: Abb. 230, 261, 262
Fa. Mauser, Oberndorf: Abb. 324, 325
Nieger, W., Wiesbaden: Abb. 244
Niestlé, A., Werther: Abb. 21, 29, 30, 58, 62, 77, 84, 86, 88, 89, 105, 114, 117, 118, 119, 124, 125, 130, 131, 134, 135, 139, 140, 141, 142, 143, 265
Raesfeld, R. v.: Das Rehwild. Verlagsbuchhandlung Paul Parey 1923, 3. Aufl.: Abb. 26 (geändert)
Rauwolf, J., Wernberg-Köblitz: Abb. 237, 238
Sägesser, H., Nievergelt, B.: Der Alpensteinbock. AG Buchdruckerei B. Fischer, Münsingen-Bern: Abb. 40 (geändert)
Sassenhagen, S., Unterlüß: Abb. 242
Fa. Sauer und Sohn, Eckernförde: Abb. 285, 287c, 288, 306, 326
Schendel, K., Wedemark: Abb. 79, 93, 121, 133, 138
Schmidt, Wrisse: Abb. 231
Schorn, A., Sendenhorst: Abb. 248
Stach/Eiserhardt: Jagd und Fang des Raubwildes. Verlag Paul Parey, Hamburg und Berlin 1951: Abb. 148 (geändert)
Stegmann, H., Düsseldorf: Abb. 256
Fa. Steyr-Daimler-Puch, Österreich: Abb. 327
Strauss, M.: Merkblatt Nr. 17 des Niederwildausschusses des DJV: Abb. 96 (geändert)
Teuwsen, E., Schulze, C.: Fährten und Spuren. Verlag J. Neumann, Neudamm, 1936, 3. Aufl.: Abb. 65, 80 links unten (geändert)
Fa. Carl Walther, Ulm: Abb. 331, 332, 333, 334
Fa. Lothar Walther, Königsbronn: Abb. 200, 336
Weber, E.: Jagdwaffenkunde. Lizenzausgabe für die Fa. Eduard Kettner, Köln 1973: Abb. 337 (geändert)
Wiesner, W., Celle: Abb. 220, 221, 224, 225, 226, 227, 228, 229, 232, 234, 235, 236, 239, 240, 241, 243, 245, 246, 247, 249, 251, 253, 254, 255, 263, 264, 266, 267
Fa. Wisam, Herford: Abb. 173
Fa. C. Zeiss, Oberkochen: Abb. 307, 308, 309

Alle übrigen Abbildungen wurden nach Vorschlägen der Verfasser gezeichnet.

Sachregister

Halbfette Seitenzahlen verweisen jeweils auf die Textseite, auf der ein Begriff am ausführlichsten behandelt wird; Seitenzahlen mit Sternchen * verweisen auf Abbildungen.